# 告子章句上

凡二十章。

【原文】

告子曰："性犹杞柳也，义犹桮棬也，以人性为仁义，犹以杞柳为桮棬。"孟子曰："子能顺杞柳之性而以为桮棬乎？将戕贼杞柳而后以为桮棬也？如将戕贼杞柳而以为桮棬，则亦将戕贼人以为仁义与？率天下之人而祸仁义者，必子之言夫！"

【张居正注评】

杞柳，是柜柳，其条可编造器用的。桮棬，即杞柳所造盘桮之类。告子有疑于孟子性善之言，因辩之说道："夫子以人性本善，是将仁义看做性中固有之物，无待于外求矣。自我言之，性是天生成的，就如木中之杞柳一般，仁义是人做造的，就如器中之桮棬一般。人性中本无仁义，必须矫揉造作，而后有仁义，就如杞柳本非桮棬，必须矫揉造作，而后可以成桮棬也。今谓性善，是执其人为之勉然者，而指以为天性之自然，非定论矣。"孟子因折其

陈侯鼎

非说道："物有异形，心无二理，杞柳、桮棬何可以比人性？吾且问子：子果能顺杞柳之性，不加矫揉，即成桮棬之器乎？必将戕贼杞柳之性，斩伐之，屈折之，而后可以成桮棬之器也。若将戕贼杞柳而后可以成桮棬，亦将戕贼人性，斩伐之，屈折之，而后可以成仁义与？戕贼可施于杞柳，而不可施于人性，则人性至顺而无待于勉强明矣。子乃谓仁义出于人为，非其本有，此言一出，天下之言性者，必将谓仁义非性分之理弃之而不肯为矣。是率天下之人，而祸仁义之道者，必自子之此言始也，其害可胜言哉！"战国之时，性学不明，人各据其意见之偏以论性，故告子有杞柳之喻，而孟子力折其妄如此。

【原文】

告子曰："性犹湍水也，决诸东方则东流，决诸西方则西流。人性之无分于善不善也，犹水之无分于东西也。"孟子曰："水信无分于东西，无分于上下乎？人性之善也，犹水之就下也。人无有不善，水无有不下。

【张居正注评】

湍水，是坎中旋转不定之水。告子谓性为恶，因以杞柳为喻，及孟子之言尚未尽解，乃又小变其说，说道："人性谓之为恶固不可，谓之纯然为善亦不可。看来性无定体，犹之湍聚之水，濚回圆转，本无定向，决而引之于东则流于东，决而引之于西则流于西，人性无分于善不善，顾人所习何如，是即湍水之无分于东西，顾人所决何如耳。"告子之言如此，是以性为无善无不善，犹不知性之本善也。孟子就其言而折之说道："子以水论性，谓水可东可西，信无分于东西矣，然岂无分于上下乎？盖水之东西无常，而就下有常，其可决而东者，必东方之地势为下也，可决而西者，必西方之地势为下也。人性之本然，但可以为善，犹之水性之本然，但可以就下。举天下之人，虽有圣愚贤不肖之殊，然论其性，圣贤此善，愚不肖亦此善，其有不善，非性之本体矣。就如天下之水，虽有江淮河海之异，若论其性，江淮此下，河海亦此下，其有不下，非水之本性矣。知水之必下，则知性之本善，乃谓无分于善不善，岂知性者哉！"

【原文】

"今夫水，搏而跃之，可使过颡，激而行之，可使在山。是岂水之性哉？其势则然也。人之可使为不善，其性亦犹是也。"

【张居正注评】

搏，是排击。跃，是跳跃。颡，是额。孟子又告告子说："人性之本善，固犹水性之本下矣。其有不善，则岂性之本然也哉！今夫水性就下，本无过颡在山之理也，惟逆其上流，从下面搏击之，则可使之跳跃，而上过乎颡。遏其下流，从上面拥迫之，则可使之冲激，而上至乎山。过颡在山，此岂水之本性则然哉？搏之不容于不跃，激之不容于不行，人力所为，势不得不然也。然则人性本善，乃亦可使为不善者，或为气禀所拘，或为物欲所蔽，亦犹水之过颡、在山，由人为之使然耳，岂本然之良也哉？"于此见性本善也，故顺之而无不善，本无恶也，由反之而后为恶。故前章以杞柳论性，则致辩于戕贼之害，此章以湍水论性，则致辩于搏激之害，皆欲人谨之于为，以全天命之本然也。

【原文】

告子曰："生之谓性。"孟子曰："生之谓性也，犹白之谓白与？"曰："然。""白羽之白也，犹白雪之白，白雪之白，犹白玉之白与？"曰："然。"

【张居正注评】

生，指人物之知觉运动而言。告子认气为性，前既以杞柳湍水为喻，至此又复辩论说道："我所谓性无分于善不善者，盖以人有此生，斯有此性，性之在人，与生俱生者也。其生而有知觉，知觉即性也。生而能运动，运动即性也。知觉运动之外，更别无性，又何分于善不善哉？"告子论性之病，其原皆出于此。孟子因诘问说："子以人生而有知觉运动，便谓之性，犹如凡物之白者，同叫做白，更无分别与？"告子答说："然。白之为色既同，则称之为白，固当不异也。"孟子又诘问说："天下之物，号为白者亦多矣，今若比而同之，则白羽之白，即如白雪之白，白雪之白，即如白玉之白，更无分别与？"告子答说："然。白羽此白也，白雪白玉，亦此白也。其白既同，安得不同谓之白乎？"告子之言如此，是徒泥其色之同，而不思其质之异，固亦甚矣。

【原文】

"然则犬之性，犹牛之性，牛之性，犹人之性与？"

【张居正注评】

孟子因告子坚执白之谓白之说，乃折之说："道性不可一致而论，犹白不可一律而观也。子说凡物之白，都可谓之白，则凡人物之生，都可谓之性矣。然则人有知觉运动，犬与牛亦有知觉运动也，犬之性，将无异于牛之性，牛之性，将无异于人之性与？殊不知以生而言，物之知觉运动，若与人同；以生之理而言，人有仁义礼智之禀，则与物异，何可比而同之也？子乃谓生之谓性，是同人道于犬牛矣，何其悖理之甚哉？此告子理屈辞穷而不能为之对也。"

【原文】

告子曰："食色，性也。仁，内也，非外也；义，外也，非内也。"孟子曰："何以谓仁内义外也？"曰："彼长而我长之，非有长于我也，犹彼白而我白之，从其白于外也，故谓之外也。"

【张居正注评】

告子以人之知觉运动为性，终不肯屈于孟子之辩，至此又说道："欲知生之谓性，求之仁义则难明，验之食色则易见，故口之于味，食而甘之，目之于色，见而悦之，嗜欲之所在，是即天性之所在也。知食色之为性，则知甘之悦之之念生于内，是仁爱之心，乃在内，非在外也。可甘可悦之物在于外，是事物之宜乃在外，非在内也。然则人但当用力于仁，而不必求合于义矣。"孟子说："仁义本同

告子

一理，而理皆根于一心，子乃谓仁在内，义独在外，果何所见乎？"告子答说："我谓义为外者，盖以义主于敬，而敬莫先于敬长，今有人焉，其年长于我，我即以彼为长，

是因其长在于彼，斯从而长之，非先有长之之心存于内也。即如彼之色白，我即以彼为白，是因其白见于外，斯从而白之，亦非先有白之之心也。长与白，皆在于人，而长之白之不由于我，此我所以谓义之在外也。"然告子徒知彼长彼白之在于外，而不知我长我白之本于心，徇外而遗内，则亦岂得为通论哉！

【原文】

曰："异于白马之白也，无以异于白人之白也；不识长马之长也，无以异于长人之长与？且谓长者义乎？长之者义乎？"

【张居正注评】

首"异于"二字是多了的。孟子闻告子彼长我长之说，因折之说道："子谓彼长而我长之，犹彼白而我白之，遂以义为在外，不知长人之长，与白人之白不同。盖马白而我以为白，犹人之白而我以为白，是诚无以异也。若夫马有长者，人亦有长者，不识长马之长，亦与长人之长，无亦异乎？自我言之，长马之长，不过口称其长而已，若长人之长，则必有恭敬逊让之礼，岂得同于长马之长乎？白马白人不异，则子谓从其白于外，犹之可也。长马长人不同，子乃谓之非有长于我也，大不可矣。且子所谓义者，果何在乎？将以长者、年长于我，为义之所在乎？抑将以长之者、恭敬逊让，为义之所在乎？如以长者为义，则义诚在外矣，若义不在彼之长，而在我长之之心，则安得谓义为在外乎？"

【原文】

曰："吾弟则爱之，秦人之弟则不爱也，是以我为悦者也，故谓之内。长楚人之长，亦长吾之长，是以长为悦者也，故谓之外也。"曰："耆秦人之炙，无以异于耆吾炙，夫物则亦有然者也，然则耆炙亦有外与？"

【张居正注评】

炙，是烧肉。耆字与嗜字同。告子因孟子以长之之心为义，不得于心，又辩说道："我所谓义外者，义虽不因长而后有，实因长而转移者也。试以仁之在内者观之，吾之弟与我同气之亲也，我则爱之；秦人之弟，非我族类，我则不爱也。均之为弟，而有爱有不爱，是仁爱之念，由我之喜悦而生，我所不悦者，不能强也。此所以说仁在内也。若义则不然，楚人之长，吾固敬事之，吾之长，吾亦敬事之。均之为长，则均之为敬，是喜悦之宜，以彼之年长为主，亲疏之不同，非所论也。此所以说义在外也。"告子此言，是终以长者为义，不知长之者为义矣。然甘食悦色，则告子之所明者，孟子乃因明以通其蔽，说道："长楚人之长，亦长吾之长，岂但长长有同然之情哉！秦人之炙，吾食而嗜之，吾之炙，吾亦食而嗜之，味同则嗜同，在物则亦有然矣。今子以长在外，而谓长之亦在外，然则秦人之炙，吾之炙，固皆在外者也。而所嗜炙之心，亦在外而不在内与？自我言之，炙虽在外，而所以嗜之者心也，正如长虽在外，而所以长之者心也，子知甘食之由于心，而独以敬长为外，则何其明于彼，而暗于此哉？"然告子以义为外，固未为知义，其所谓仁内，亦未必知仁。盖仁者恻隐之心，天地万物一体之念，而非甘食悦色之谓也。肥酡为腐肠之药，妖冶为伐性之斤，以斯言仁，则何啻认盗为主，纵人欲而灭天理乎？此孟子所以深斥其谬也。

## 【原文】

孟季子问公都子曰："何以谓义内也？"曰："行吾敬，故谓之内也。"

## 【张居正注评】

孟季子，是孟子族弟。公都子，是孟子门人。孟季子闻孟子义内之说，未达其旨，乃私问于公都子说："人皆以义为在外，夫子独以义为在内，此其说果何为乎？"公都子答说："义主于敬，知敬之所自出，则知义之在内矣。有人于此，或齿尊于我而我敬之，或德尊于我而我敬之。所敬之人，虽若在外，然知其齿之当敬，而行吾尚齿之心以敬之；知其德之当敬，而行吾尚德之心以敬之。有是恭敬之心，斯有是恭敬之礼，则敬固由中出，而非外至者也。敬在吾心而不在外，则义之非外明矣，此所以说义在内也。"

## 【原文】

"乡人长于伯兄一岁，则谁敬？"曰："敬兄。""酌则谁先？"曰："先酌乡人。""所敬在此，所长在彼，果在外，非由内也。"

## 【张居正注评】

伯兄，是长兄。孟季子闻公都子之言，犹未能达，乃又辩说："子以行吾敬明义之在内，似谓敬即义矣，不知敬义固当有辨也。试以敬长而言，伯兄长于我，我所敬也，设使乡人又长于伯兄一岁，则将敬伯兄乎？敬乡人乎？"公都子答说："敬以亲疏为杀，乡人虽长，疏不逾戚，必当敬兄也。"季子又问说："伯兄当敬固矣，设使乡人饮酒，有伯兄在，则当先酌谁乎？"公都子答说："酌以宾主为序，伯兄虽亲，主不先客，必当先酌乡人也。"孟季子遂就公都子之言强辩说道："义果在内，则敬有常尊可也，今所敬者，既在于伯兄，以为长而先酌者，又在于乡人。则是所敬所长，因人以为转移，于彼于此，屡变而无定在，随时制宜之权，主张全不由我，义果在于外，而非由于内也。安得谓行吾敬，为在内乎？"然季子徒知所敬所长之人在外，而不知敬之长之之心，却在于内，是徒强辩以求胜，而卒不能不屈于正论也。

## 【原文】

公都子不能答，以告孟子，孟子曰："'敬叔父乎？敬弟乎？'彼将曰：'敬叔父。'

曰：'弟为尸，则谁敬？'彼将曰：'敬弟。'子曰：'恶在其敬叔父也？'彼将曰：'在位故也。'子亦曰：'在位故也。庸敬在兄，斯须之敬在乡人。'"

**【张居正注评】**

凡祭祖考，立子弟为主以象神，叫做尸。斯须，是暂时。孟季子以敬长之心，皆随人转移，谓义非由内。公都子屈于其辩，而不能答，乃述其言以告孟子，孟子教公都子说："敬长之心，本在于内，而季子以为在外，即如所言，亦何难辩之有？子试问他，弟与叔父皆至亲也，将敬叔父乎？敬弟乎？彼将答说家庭之间，所尊者父兄，弟卑而叔父尊，当敬叔父矣。子又问他说，弟为尸以象祖考，则将谁敬乎？彼将答说宗庙之间，所敬者祖考，叔父虽尊而尸犹尊，将敬弟矣。子又问他说，既说敬弟，则叔父不得申其尊矣，安在其为敬叔父也。彼将应子说，我所谓敬弟，盖因弟在象神之位，故敬之，非以卑而逾尊也。子便可说，我前所谓先酌乡人，也是为乡人在宾客之位，故先酌之，非以疏而加亲也。盖兄在家庭之间，无时而不敬，是庸敬在兄也，就如叔父有常尊的一般；乡人在酌酒之时，有时而当敬，是斯须之敬，在乡人也，就如弟在尸位暂时崇奉的一般。因时制宜，通变之权，皆由中出，义之在内明矣。持此以折彼，彼将何词之可辩乎？"

**【原文】**

季子闻之，曰："敬叔父则敬，敬弟则敬，果在外，非由内也。"公都子曰："冬日则饮汤，夏日则饮水，然则饮食亦在外也？"

**【张居正注评】**

孟季子闻孟子教公都子之言，心犹未悟，又向公都子辩说："敬之所施，诚如夫子之言，当其尊在叔父，则敬心由叔父而生，而因致敬于叔父。及弟在尸位，则敬心由尸而生，而因致敬于弟，敬由中出，感由外生，义果在外，非由内矣。"季子之言如此，盖犹执所敬在此，所长在彼之见，而未能解也。公都子乃即易见者晓之说道："子以敬为在外，何不观饮食之事乎？冬日可饮汤也，则从而饮汤；夏日可饮水也，则从而饮水。汤水之宜，因时而变易，正如当敬叔父则敬，当敬弟则敬，致敬之节因人而化裁也。今子谓敬在外，而不在内，然则饮食之宜，亦在于物，而不由于我矣。殊不知汤与水虽在外，所以斟酌冬夏之宜而可饮则饮者，皆由心而生也。叔父与弟虽在外，所以斟酌常暂之宜，而可敬则敬者，亦皆由心而生也。义之在内，观于饮食之宜，而益明矣，岂可谓其在外也哉！"于是季子理屈词穷，不能复有所辩矣。夫告子、孟季子皆以义为在外，而孟子独辩其在内，反复譬喻亲切如此。盖知仁义之在内，则知人性之善，而皆可以为尧舜矣，其开世觉民之功，岂不大哉！

**【原文】**

公都子曰："告子曰：'性无善无不善也。'或曰：'性可以为善，可以为不善。是故文、武兴，则民好善；幽、厉兴，则民好暴。'"

**【张居正注评】**

公都子问于孟子说："性之在人，必有一定之理，而人之论性，亦宜有一定之见，何今之言性者，纷纷其不一也。告子论性，则谓人性浑然中藏，止能知觉运动而已，本无有于善，而不可以善名，亦无有于不善，而不可以不善名，此一说也。或者又说人性本无定体，习于善则可以为善，习于不善，则可以为不善。是故有文武之君在上，率民以善，则民皆翕然而从于善，非其性之本善，习俗使然也。以幽厉之君在上，率民以暴，则民亦翕然而从于暴，非其性之本恶，亦习俗使然也。此可见性之所系于所习，而可以为善，可以为不善也，又一说也。夫是二者，一则谓善恶非出于性，一则谓善恶惟系于习，其说之不同如此。"

**【原文】**

"或曰：'有性善，有性不善。是故以尧为君而有象，以瞽瞍为父而有舜。以纣为兄之子，且以为君，而有微子启、王子比干。'今曰'性善'，然则彼皆非与？"

**【张居正注评】**

公都子又问孟子说："天下之言性者，不但如前二说而已，或者又说，性禀于有生之初，非人力所能移也。有生来性善的，虽染于恶而亦不为恶，有生来性不善的，虽导以善而亦不能化于善。是故以尧为君，宜无不善之民，而有象之凶傲，是象之性本恶，而帝尧不能使之改也，岂非不善之一定者乎？以瞽瞍之顽为父，而有舜之圣子，以纣之恶，为兄之子，且以为君，而有微子启，与王子比干之贤，是舜与微子比干之性本善，而瞽瞍商纣不能为之累也，岂非善之一定者乎？由诸说观之，或言善恶皆性之所无，或言善恶皆性之所有，未有以性为本善者。今夫子论性独谓其有善而无恶，然则诸家之说，岂皆差谬而无一言之当者与？在夫子折衷众论，必有一定之见，幸举以教我可焉。"

**【原文】**

孟子曰："乃若其情，则可以为善矣，乃所谓善也。若夫为不善，非才之罪也。"

**【张居正注评】**

情，是从性中发见出来的。才，是情之能运用处。孟子答公都子说："众人论性，皆致疑于善恶之间，而我独以为善，非无谓也。盖论性于无感之时，其至善之中存者，尚不得而知也。乃若其情之感物而动，动皆天理之公，触事而发，发皆人心之正，此则有和平而无乖戾，有顺利而非勉强，但可以为善，不可以为恶也。情既善，则性之本善可知矣。此吾所以谓性为至善也。然天下不皆为善之人，乃亦有昏愚暴戾而为不善者，此岂其性情禀赋之殊，才质偏驳之罪哉！物欲之累，有以陷溺其良心，人为之私，有以戕贼其真性，性本善而人自底于不善之归耳。所以说非才之罪也。知才之善，则知情之善；知情之善，则知性之善。而三说者，乃致疑于善恶之间，其说不亦谬乎？"

【原文】

"恻隐之心，人皆有之；羞恶之心，人皆有之；恭敬之心，人皆有之；是非之心，人皆有之。恻隐之心，仁也；羞恶之心，义也；恭敬之心，礼也；是非之心，智也。仁义礼智，非由外铄我也，我固有之也，弗思耳矣。故曰：'求则得之，舍则失之。'或将倍蓰而无算者，不能尽其才者也。"

【张居正注评】

铄，是以火销金，自外至内的意思。倍，是一倍。蓰，是五倍。算，是算术。孟子又告公都子说："我谓即情之善，可以验性之善者，盖以人有此性，则有此情，同此情，则同此善。故遇可伤可痛之事，则恻隐之心，人皆有之；遇可愧可憎之事，则羞恶之心，人皆有之。以之交际往来，则恭敬之心，无一人不有；以之辨别可否，则是非之心，无一人不有，此情之可以为善也，而实根之于性。盖仁主于爱，恻隐之心，乃吾性之仁所发也；义主于宜，羞恶之心，乃吾性之义所发也；礼主于敬，恭敬之心，由吾性之有礼也；智主于辨，是非之心，由吾性之有智也。此仁义礼智四者，岂是从外面铄入于内的，乃与生俱生，与形具形，我所固有之天性也。惟其为固有之理，所以发而为才，无有不可以为善者，但人自不思，而反求之于己耳。所以说性具于心，苟思而求之，则得其理，而为圣为贤。舍之而不求，则失其理，而为愚为不肖，其善恶相去之远，或差一倍，或差五倍，以至于大相悬绝，而不可计算者，由人自不思不求，不能察识而扩充之，以尽其才之分量耳。其为不善，岂才之罪也哉！"

【原文】

孟子曰："富岁，子弟多赖，凶岁，子弟多暴，非天之降才尔殊也，其所以陷溺其心者然也。"

【张居正注评】

富岁，是丰年。赖，是倚藉。孟子又明性善说："人性本有善而无恶，常情或因物而易迁。试观丰稔之年，人家子弟衣食充足，则有所赖藉，而为善者多，虽有为不善者少矣。凶荒之岁，人家子弟饥寒切身，则无所赖藉，而为暴者多，虽有为善者亦少矣。夫子弟一也，而凶岁多暴，独异于富岁之多赖者，非天之降才厚于彼而薄于此，如是其殊异也。良由饥寒迫于外，利欲攻其中，其礼义廉耻之心，就是陷于井而不能自全，溺于水而不能自拔的一般，此所以放僻邪侈，无所不至，为暴则易，为善则难也。夫岂才之罪哉！知为暴非才之罪，则知人性同归于善，而人当求识其本心矣。"

## 【原文】

"口之于味，有同耆也，易牙先得我口之所耆者也。如使口之于味也，其性与人殊，若犬马之与我不同类也，则天下何耆皆从易牙之于味也？至于味，天下期于易牙，是天下之口相似也。"

## 【张居正注评】

易牙，是古之知味者。孟子承上文说："人之形体，不但其足相似，惟口亦然。口之于饮食，诚有甘旨之味，未有不以为美而同其嗜好者也。故至今言饮食者，皆以易牙所调之味为美，非是他独能知味，不过于我众口之中，先得其嗜好之性耳。如使口之于味，所好不同，其性与人殊异，就如犬马之与我不同类的一般，则天下之人，其欲至不齐矣，何独所嗜好者，皆依从易牙所调之味而翕然以为美也。惟口之于味，天下皆期于易牙，而千万人无异好，是嗜味之性不殊，而天下之口，举相似也。比类以推，而形体之同，岂止于口之同嗜也哉？"

## 【原文】

"惟耳亦然，至于声，天下期于师旷，是天下之耳相似也。"

## 【张居正注评】

孟子承上文说："人之形体，不但其口相似，惟耳亦然。今观耳之于声，举天下之人，无有不期待于师旷者。师旷所审之音，其律吕之相宜，宫商之迭奏，无有不以为谐和中节，而翕然乐听之者，岂是师旷独能审音也，不过先得我耳之所同然耳。以耳之于声，天下皆期于师旷，是听德之聪不殊，而天下之耳举相似也。比类而推，而形体之同，又岂止于耳之同听哉！"

## 【原文】

"惟目亦然，至于子都，天下莫不知其姣也，不知子都之姣者，无目者也。"

## 【张居正注评】

子都，是古之美人。姣字，解做好字。孟子又承上文说："人之形体，不但其耳相似，惟目亦然。古今言美色者，莫过于子都。至于子都之美，不但一人见之，而知其容色之姣好也，举天下之人见之，无不知其容色之姣好者。若于子都而不知其姣好，则必瞽目之人，视之而不见者耳。凡有目者，岂有不知其姣好者哉！以目之于色，天下期于子都，是可见天下之目相似也。比类以推，而形体之同，又有不止于目之同美者矣。

【原文】

"故曰：口之于味也，有同耆焉；耳之于声也，有同听焉；目之于色也，有同美焉。至于心，独无所同然乎？"

【张居正注评】

孟子承上文说："人有此形，即有此性。今观形体在人，无一之不相似。所以说，口之于味，天下期于易牙，而知人之嗜味无不同焉。耳之于声，天下期于师旷，而知人之好音，无不同焉。目之于色，天下期于子都，而知人之悦色，无不同焉。夫口耳目，乃形气之粗者，尚皆有同然之性如此，至于心为一身之主宰，众动之纲维，又口之所以知嗜，耳之所以知听，目之所以知美者也，岂无以一人之心，合众人之心，而同以为然者乎？"盖既同得天地之气以成形，则必同得天地之帅以成性，未有形体皆同，而虚灵不昧之真，反有独异者也。

【原文】

"心之所同然者何也？谓理也，义也。圣人先得我心之所同然耳。故理义之悦我心，犹刍豢之悦我口。"

【张居正注评】

道在事物为理，从心中裁处为义。凡牲畜草食的叫做刍，谷食的叫做豢。孟子承上文说："观众体之相似，固可以知人心之有同然矣。心之所同然者，果何在乎？心无定体，以理为体，理在人心，无不同此统会之善者。心无定用，以义为用，义在人心，无不同此裁制之宜者。心所同然，谓此理义而已。圣人之心此理义，吾人之心亦此理义。但圣人知则先知，而于理义之所当然者，由之无不至；觉则先觉，而于理义之所以然者，察之无不精，惟能先得我心之所同然耳。而原其禀赋之良，则何尝加于吾性之外哉！故此理义之在我心，不独圣人悦之，人心无不悦之者。盖根之于心，同此秉彝之良，则悦之于心，同此懿德之好，就如刍豢之味，脍炙我口一般。举天下之人，无不口悦刍豢，则举天下之人，无不心悦理义，此理义所以为同然之心，而圣人所以与我同类也。彼为暴者，良由陷溺其心，而自丧其同然之美耳，岂其才之罪也哉！"人能反求诸身，而自得其理义之良心，油然乐善之衷，无为声色臭味之欲所夺，则操存久而念虑纯，涵养熟而性真湛，圣人信可学而至矣。

【原文】

孟子曰："牛山之木尝美矣，以其郊于大国也，斧斤伐之，可以为美乎？是其日夜之所息，雨露之所润，非无萌蘖之生焉，牛羊又从而牧之，是以若彼濯濯也。人见其濯濯也，以为未尝有材焉，此岂山之性也哉？"

## 【张居正注评】

牛山，在齐国东南。萌，是芽。蘖，是芽之旁出的。濯濯，是光洁的模样。孟子说："人心本自有天理之良，而善端每戕于物欲之害，观之山水，则可知矣。齐有牛山，其林木茂盛，昔尝见其美矣。但以其邻近都邑，在于大国之郊，举国之人，皆樵采于其中，斧斤之斩伐者众，而山木之茂盛者，遂失其常，尚能如昔日之美乎？然其根株之未尽拔者，日夜之所生息，雨露之所浸润，潜滋暗长，岂没有萌蘖之发焉。使这萌蘖无害，则林木或可复生，乃牛羊又从而践踏之，于是并这萌蘖之生，也不得遂其长养之性，而牛山之上，遂至于濯濯然光洁，更无材木之可观矣。人止见今日之牛山，濯濯然光洁，便说道昔日之牛山，就是如此，原未尝有材木之生，此岂山之性本然哉！山能生木，而不能免于斧斤之伐，牛羊之牧，是以至于无材耳。知山木之害，在于斧斤牛羊，而不当归咎于山，则人心之害，可以例推矣。"

## 【原文】

"虽存乎人者，岂无仁义之心哉？其所以放其良心者，亦犹斧斤之于木也，旦旦而伐之，可以为美乎？"

## 【张居正注评】

孟子承上文说："牛山之木，以有斧斤牛羊之害，遂至于失其美，则知濯濯者山之变，而有美材者，固山之常也。岂惟山有美材，虽存乎人者，本其有生之初，亦何尝无仁义之良心哉？盖吾人之心，皆有这恻隐羞恶之良，此乃不虑而知，不学而能，本然之善心，随感而即见，就如山木之尝美一般。但人不知有操存涵养之功，往往为外物所诱，情欲所牵，于是恻隐之心，反移于残忍，羞恶之心，反遂于贪昧，其所以放失其良心而不存者，亦如斧斤于山木一般。今日伐之，明日又伐之，欲山木之尝美，不可得矣。况以物欲之斧斤，而旦旦焉攻伐吾心之仁义，岂能保全其美，而不至于丧失也哉？"

## 【原文】

"其日夜之所息，平旦之气，其好恶与人相近者几希，则其旦昼之所为，有梏亡之矣。"

## 【张居正注评】

平旦，是平明时候。梏，是拘械不得转动的意思。孟子承上文说："人所以丧失其仁义之良心者，固由于物欲之害矣。然物欲能为人心之害，而不能使善端之终泯也。盖其日间纷扰，到得夜间宁静，其良心亦必有所生息，积而至于平旦之时，一物未接，正是夜气清明之际，此时良心发现，善念萌生，也知好仁恶不仁，好义恶不义，其好

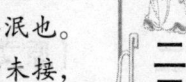

恶大率与人公是公非之心，相去不远。但这一念之良，放失既久，发见甚微，所存者仅仅几希之间而已。使于此几希之理，培养而扩充之，则良心犹可望而复全也。夫何夜气之清明无几，而旦昼所为，复皆不仁不义之事，将那几希之善端随即禁梏而亡失之矣。正如山林既伐，幸有萌蘖之生，牛羊又从而人牧之也，良心安得不尽丧乎！"

【原文】

"梏之反复，则其夜气不足以存。夜气不足以存，则其违禽兽不远矣。人见其禽兽也，而以为未尝有才焉者，是岂人之情也哉？"

【张居正注评】

反复，是展转更迭的意思。孟子承上文说："良心之既失，而仅存者，既不免于旦昼之梏亡矣。使其梏害未甚，则培养之功，犹可以复施也。惟是今日之所为，既害其昨夜之所息，今夜之所息，又不胜其明日之所为，日复一日，反复相寻，滋息之机愈微，而梏亡之害愈数。由是夜气之生，寖薄寖消，而仁义之良心，将尽丧而无复存焉者矣。夜气既不足以存，则平旦之气，亦无复清明之候，必将好人所恶，恶人所好，而始焉与人相近者，今去禽兽不远矣。人见其所为，无异于禽兽，因以为天质之不美，本未尝有才。不知人情之常，但可以为善，不可以为恶。其为恶而至于去禽兽不远者，乃由于物欲之梏亡，旦昼之反复，以至于此。若以为未尝有才，是岂人情之常也哉！"盖山木之美，山之常也，不可因其濯濯，而谓山之无材；好恶之正，人之常也，不可因其梏亡，而谓人性之无仁义。惟自其萌蘖之生，几希之念观之，而山木人心之本体，始可得而见矣。

【原文】

"故苟得其养，无物不长；苟失其养，无物不消。"

【张居正注评】

孟子承上文说："山木伐而犹有萌蘖之生，良心放而犹有几希之善，可见人心之与物理，其生息之机，皆未尝亡，顾所以养之者何如耳。苟或其生息之机，得所培养，则不但山木之萌蘖，得雨露之浸润而益滋也。即吾心几希之理，亦将与夜气而常存，而可渐复其仁义之良矣，其何物之不长乎？苟或其生息之机，失所培养，则不但山木之既伐，加以牛羊之牧而遂濯濯也。即吾心清明之气，亦将随旦昼而梏亡，而去禽兽也不远矣，果何物之不消乎？"夫养之得失少异，而物之消长顿殊，则山木之濯濯，诚不可归咎于山，而人心之梏亡，要不可归咎于性矣。是安可无培养之功乎？

【原文】

孟子曰："无或乎王之不智也。虽有天下易生之物也，一日暴之，十日寒之，未有能生者也。吾见亦罕矣，吾退而寒之者至矣，吾如有萌焉，何哉？"

## 【张居正注评】

或字，即是疑惑的惑字。王，指齐宣王。暴，是温暖的意思。罕，是少。萌，是草木初生的芽。昔齐宣王亲信谗邪，疏远忠正，不知纯心用贤之道，故孟子私议之说："君德莫大乎至明，然必有忠贤辅导之功，朝夕薰陶之益，乃能成德。今齐王之不智，固所宜然，无足怪也。所以然者，为何？盖君心惟在所养，与君子处，则养之以善，而日进于高明；与小人居，则养之以恶，而日流于卑暗。王之不智，只为远君子而亲小人故耳。譬如草木之为物，虽有天下极易生的，也须和气培养，方能畅茂，若使一日暴之，才得些阳气之温和，却乃十日寒之，不胜其阴气之肃杀，必然枯槁零落，岂有能生之理。今我见王之时少，虽有忠言说论，从容献纳，就如一日暴之一般，及我既退，那谗谄面谀之人，左右杂进，都能蛊惑君心，败坏君德，就如十日寒之一般。故王虽善端发动，非无萌蘖之生，然一时之开悟，不胜众欲之交攻，一人之启迪，不胜群邪之引诱，暂明复蔽，终归于昏暗而已。我亦将如之何哉？王之不智由然矣。"夫人主深居九重，臣下稀得进见，忠言说论，本难尽闻。若左右便嬖之人，加以逢迎谄谀，则正人愈疏，小人愈密，蒙蔽日久，虽智必昏，贤者皆不乐为之用矣。如齐宣王者，岂非后世永鉴哉！

## 【原文】

"今夫弈之为数，小数也。不专心致志，则不得也。弈秋，通国之善弈者也，使弈秋诲二人弈，其一人专心致志，惟弈秋之为听。一人虽听之，一心以为有鸿鹄将至，思援弓缴而射之，虽与之俱学，弗若之矣。为是其智弗若与？曰：非然也。"

## 【张居正注评】

弈，是围棋。数，是技艺。秋，是古代善弈的人名。射鸟的以丝绳系箭叫做缴。孟子承上文说："忠言启迪，固在于贤者，而专心听信则系于人君。今我之进见日少，亦由王听信不专故也。譬如下棋的一般，棋虽是小小的技术，然其中纵横变化，自有一种妙算，若非专心致志，将精神意念只在里面讲求，何由得它的妙处。就是弈秋通国称为高手，设使他教二人下棋，一人专心致志，一一听弈秋的指示，更不想别样念头。其一人虽在旁同听，却不精专，心中想着鸿鹄将至，欲弯弓系箭射而取之，一心要学棋，一心又在鸿鹄，虽与他同学，不及多矣。这岂是资禀知识本来不同与？我以为不然，盖存心有纯驳，则造诣有深浅，用志不分，故专而有成。驰心于外，故画而不进，非其智有差别也。今齐王虽有为善之资，而无必为之志，既不能虚己以受教，又不能纯心以用贤，其与学艺于弈秋，而分志于鸿鹄者，一而已矣。安望其亲近君子，疏远小人，以成明哲之德哉！所以说无惑乎王之不智也。"大抵人君一心，攻之者众，凡投间抵隙，以移其耳目，而夺其心志者，不止如鸿鹄之牵引而已。若非讲明义理，

以养此心，信任贤人君子，以维持此心，则人欲日炽，天理日亡，施之政事，必将颠倒错乱，其害有不可胜言者。先儒程氏所谓涵养气质，薰陶德性，其言最为明切，人主不可不知。

【原文】

孟子曰："鱼，我所欲也，熊掌，亦我所欲也，二者不可得兼，舍鱼而取熊掌者也。生，亦我所欲也，义，亦我所欲也，二者不可得兼，舍生而取义者也。"

【张居正注评】

熊掌，是熊蹄，其味甚美。孟子见世人徇利而忘义，往往丧失其羞恶之心，乃就死生之际，摘其良心不昧者，以开导之，说道："理义之在人心，小而取舍，大而死生，无不权度于斯，顾人决择如何耳。今夫鱼之味美，我之所欲食也，熊掌之味亦美，亦我之所欲食也。使两味不可得兼，就中择取一味，其宁取于熊掌乎！盖熊掌之味，比鱼更美，故舍鱼而取熊掌也。就如人有此生，乃躯命所关，生固我之所欲也，而义为守身之大闲，纲常赖以立，名节赖以全，亦我之所欲也。求生则义必有亏，赴义则生必有害，二者也不可得兼，就中摘取一件，其宁取于义乎！"盖义之所在，比生更重，故舍生而取义也。夫生之与义，轻重较然如此，人可不审其权度，以为临事应变之准乎！

【原文】

"生亦我所欲，所欲有甚于生者，故不为苟得也；死亦我所恶，所恶有甚于死者，故患有所不辟也。"

【张居正注评】

辟，是躲避。孟子承上文说："人之所以舍生取义者，果何心哉！盖生本我之所欲，然其心以为仗义而死，即捐躯殒命，而凛然大节，植万古之纲常，其义之可欲尤有甚于生者。故虽可以侥幸得生，而一念慕义之心，必不肯苟且以求活也。死本我之所恶，然其心以为不义而生，即偷生苟免，而有觍面颜，昧人间之廉耻，其不义之可恶，尤有甚于死者。故虽可以展转脱祸，而一念恶不义之心，必不肯避难以图存也。"盖好生恶死，虽人情趋避之常，而舍生取义，则天理民彝之正，于此见羞恶之良心，人所固有，而不可无察识之功矣。

【原文】

"如使人之所欲莫甚于生，则凡可以得生者，何不用也？使人之所恶莫甚于死，则凡可以辟患者，何不为也？由是则生而有不用也，由是则可以辟患而有不为也。"

## 【张居正注评】

孟子又承上文说："人之利害，莫切于生死，而今义不苟生者，惟其有是秉彝之良心也。设使人无好义的良心，惟知有生之可欲，而所欲莫甚于生，则凡可以苟全性命，为得生之计者，将无所不用其力矣。岂肯捐躯以就义乎？设使人无恶不义的良心，惟知有死之可恶，而所恶莫甚于死，则凡可以苟免祸灾，为辟患之地者，将无事不可为矣，岂肯轻身以犯难乎？由其有是好义之心，而义之可欲，有甚于生，故宁舍生取义，虽可以苟生而有不用也。不然，岂乐于轻生者耶？由其有是恶不义之心，而不义之可恶，有甚于死，故宁捐生赴难，虽可以避患而有不为也。不然，岂乐于就死者耶？"观此而秉彝之良心，为人之所必有，昭然自见矣。

## 【原文】

"是故所欲有甚于生者，所恶有甚于死者，非独贤者有是心也，人皆有之，贤者能勿丧耳。"

## 【张居正注评】

孟子又承上文说："人情莫不好生而恶死，而今以秉彝之良心观之，义之可欲，尤甚于生，不义之可恶尤甚于死，即此欲义恶不义之心，非独贤者有此心也。秉彝之良，不以贤愚而有丰啬，人人皆有之，但众人汩于利欲之私，多有丧失其良心者，惟贤者操存此心，守而勿失，是以可生可死，而此欲义恶不义之心，独能坚定而不变耳。其实贤者勿丧之心，即众人固有之心，而物欲未昏之时，曷尝无天理暂明之候哉！"

## 【原文】

"一箪食，一豆羹，得之则生，弗得则死。嘑尔而与之，行道之人弗受，蹴尔而与之，乞人不屑也。"

## 【张居正注评】

箪，是竹器。豆，是木器。嘑，是以口招呼。蹴，是用脚践踏。行道，是过路的人。乞，是乞丐。孟子又承上文说："欲义恶不义之心，人人皆有，何以验之？今夫一箪之饭，一豆之羹，其为物至微，然自饥饿之人视之，得此则生，不得则死，其为躯命所关则甚重也，宜乎以得食为急，不暇计礼义之何如矣。设使置箪豆于旁，大声招呼，而使人就食，便是行道的人，也将恶其声音，鄙之而不受，以其嘑尔之可羞也。设使弃箪豆于地，用足蹴踏而复与人使食，便是乞丐的人，也将恶其无礼，委之而不屑，以其蹴尔之可羞也。"夫路人乞丐，至微贱者，犹知礼食为重，不肯以生死之故，而泯其羞恶之心，况于士君子之流乎！此可以验良心为人之所必有矣。

【原文】

"万钟则不辨礼义而受之，万钟于我何加焉？为宫室之美，妻妾之奉，所识穷乏者得我与？"

【张居正注评】

所知穷乏，是相知贫穷的人。得我，是感我恩惠。孟子又承上文说："礼义之心，虽人所固有，而物欲之蔽，则人所易昏。箪食豆羹，生死所系，尚知呼蹴为可耻，而不之受矣。至于万钟之禄，岂特箪豆之微，辞受之间，其当辨宜何如者，乃不辨礼义之当得与否，而冒焉受之，夫万钟虽厚，特身外之物耳。不得于我何损，得之于我何加？非若箪食豆羹得失，有关于生死者也，而顾冒焉受之，却是为何？岂将为宫室计，而欲极其华美，为妻妾计，而欲极其奉承，为所识穷乏者计，而欲其感我之周济与？使真以此三者之故，而受无礼义之万钟，则大异乎不受嘑蹴之心矣，岂不可慨也哉！"

【原文】

"人有鸡犬放，则知求之，有放心而不知求。学问之道无他，求其放心而已矣。"

【张居正注评】

孟子承上文说："仁义甚切于人，而人自失之。总之只是放心于外，不知照管而已。人家饲养鸡犬，为物甚轻，似不足挂意，设使放失在外，主人尚且到处追寻，期于必获。至于人心，是一身的主宰，万事的纲维，何等样重，乃任其放逸，曾不知点检于出入之间，收敛于纷驰之后，爱小物而忘大体，亦不思之甚矣。岂知心不可一念或放，放则不可一日不求矣乎？今夫学问之道，如讲习讨论，省察克治，其事非止一端，然其切要工夫，非有他术，只是求此放心而已矣。盖天下之理，皆管于心，吾惟收敛放逸之心，使常在腔子里面，则精神有所检摄，志气自然清明，虚灵之内，万理昭著，心存仁存，而义亦无不在矣。学问之功，外此岂复有他务哉！大抵人心，易于放失，如六马在御一般，御勒稍疏，必致奔溃。故须时常摄伏，然后操纵在我，无泛驾之虞，存心之功，亦犹是也。而欲存心者，又不可不从事于学问。学问废，则义理无所讲明，而智虑日昏，心日放而不自知矣，况知求乎！故存心之外，无学问，而学问之外，亦更无存心之功也。"

【原文】

孟子曰："今有无名之指屈而不信，非疾痛害事也，如有能信之者，则不远秦、楚之路，为指之不若人也。"

【张居正注评】

手第四指，叫做无名指。信，与伸字一般。孟子见人昧于事心，因借指为喻说道：

"吾人立身，所贵于不屈者，在志意，不在一指也。今有无名之指，卷曲而不伸，于身非有疾痛之苦，于事未为举动之害，似不必于求伸也。如或有能医治其指，转屈为伸者，就是秦楚之路，相去数千里，亦将不惮远赴之劳，务求伸之而后已，这是为何？盖以众人之指皆伸，而我之一指独屈，以指不若人为耻，故不远秦楚之路以求伸也。盖虽一指之屈伸，无关于立身之大节，而人情耻不若人，其中有独切者矣。"

## 【原文】

"指不若人，则知恶之，心不若人，则不知恶，此之谓不知类也。"

## 【张居正注评】

孟子承上文说："一指至小也，其屈伸无所关系，尚以不若人为耻，务矫其屈以求伸，至于心为一身之主，少有邪曲，则自反不直，而有愧于人心同然之良矣。视一指之微，轻重迥别，其可恶当何如也。却乃屈挠于物欲，甘人下而不辞，梏亡其几希，近禽兽而不耻，此之谓轻其所重，重其所轻，不知类之甚矣，尚安得为人乎？诚使推爱指之念，反而求之于心，志以帅气，道以制欲，则不必涉秦楚之路，而治心之方，已即此而在。虽伸于万物之上可也，人何不反而求之？"

## 【原文】

孟子曰："拱把之桐梓，人苟欲生之，皆知所以养之者。至于身，而不知所以养之者，岂爱身不若桐梓哉？弗思甚也。"

## 【张居正注评】

拱，是两手所围。把，是一手所握。桐、梓，俱是木名。孟子说："吾身之与外物，其轻重。本自有辨，乃人之脉焉而弗觉者多矣。今有桐梓之木，其大不过拱把之间，至微细也。人苟爱其美材，而欲有以生之，则必培植灌溉，皆知所以养之矣。至于吾身为纲常伦理所系，属天下国家所倚赖，其当养为何如者？却乃内不知以理义养其心，外不知以中和养其气，致使良心萌蘖，伐于物欲之斧斤，夜气几希，梏于旦昼之攻取，是岂爱吾之身，反不若爱桐梓之切哉？良由本心之明，蔽于物欲，而轻重之辨，昧于反观，其亦不思之甚耳。诚一思之，举凡天下可爱可重之物，无足以当吾身者，而何有于拱把之桐梓哉！然所谓养身者，非徒优游安伏，全生保躯体之谓也。必寡欲以养心，集义以养气，使志虑清明而不乱，精神强固而不摇，然后可以摄五官，宰众动，以其身任纲常之重，为民物之宗矣。不然恣耳目之欲者，伤天性之和，是戕生之道也，岂善养身者哉！"

## 【原文】

孟子曰："人之于身也，兼所爱。兼所爱，则兼所养也。无尺寸之肤不爱焉，则无尺寸之肤不养也。所以考其善与不善者，岂有他哉？于己取之而已矣。"

【张居正注评】

肤，是皮肉。孟子说："人固以养身为贵，尤以善养为难。且如人之一身，四肢百骸，件件皆吾所爱惜也。既兼所爱，则必调养培息，件件皆当兼养而不忍有所戕贼矣。极而言之，无有尺寸之肌肤，不在所爱之中，则无有尺寸之肌肤，不在所养之内也。然同一爱养，有养得其道而为善的，又有养失其道而为不善的，所以稽考其养之善与不善，岂待求之于外，而有他术哉？只是于自己身上，反而求之，审其何者为重而在所当急，何者为轻而在所当缓，养其所当重则善，养其所当轻则不善，善与不善，特近取于吾身而自得其理矣。使非反之于己而审其轻重之伦，有不失其养之宜者哉？"

【原文】

"体有贵贱，有小大。无以小害大，无以贱害贵。养其小者为小人，养其大者为大人。"

【张居正注评】

孟子承上文说："人于兼爱兼养之中，必当考其善与不善者为何。盖所养有得失，而人品亦因之以判也。彼众体虽同具于一身，然有贵贱之分，小大之别焉。心志总摄乎众体，是贵而大者也，口腹听命于一心，是贱而小者也。既有小大，则大者在所当重，不可以小而害大矣。既有贵贱，则贵者在所当尊，不可以贱而害贵矣。小大贵贱之间，养之善与不善，正系于此，若使征逐于口腹，不胜其食饕之欲，惟知养其小体，则所养者小，所就亦小，将日流于污下，而与愚不肖同归矣。岂不谓之小人乎。若能持守其心志，周夺于攻取之私，惟知养其大体，则所养者大，所就亦大，将上达于高明，而与圣贤同归矣。岂不谓之大人乎？夫大人小人之分，惟在于所养之善与不善若此，此兼爱兼养者，不可不知自考也。"

【原文】

"今有场师，舍其梧槚，养其樲棘，则为贱场师焉。养其一指而失其肩背，而不知也，则为狼疾人也。"

【张居正注评】

场师，是治园圃的人。梧槚二木，是材之美者。樲棘，是小枣。孟子承上文说："贵贱大小，同一体也。乃谓小不可以害大，贱不可以害贵者，何哉？试自材木而言，梧槚其贵者也，樲棘其贱者也。设使为场师者，于梧梗美材，弃置之而不加培养，却把那樲棘之木，培养之而望其有成，则是美恶不分，徒费栽培之力，以无用害有用者也，非贱场师而何？养身者，以贱害贵，殆无以异此矣。又自一身而言，肩背其大者也,一指其小者也,设使养生者,于一指之小,爱惜而不忍伤,却将肩背之大,丧失而不自觉,则是轻重反常,就如狼之疾走,但知顾前,不能顾后的一般,非狼疾之人而何?养身者,以小害大,殆无以异此矣。养身者,可不知戒哉!"

## 【原文】

"饮食之人,则人贱之矣,为其养小以失大也。饮食之人无有失也,则口腹岂适为尺寸之肤哉?"

## 【张居正注评】

孟子承上文说:"观养木与养指者之弊,可见人之养身,当养其贵且大者矣。乃若饮食之人,为饥渴所困,只图餍足,则必为人所轻,而莫不鄙贱之矣。盖为其专养口腹之小体,而失心志之大体,自处于可贱之地,故从而贱之也。若使饮食之人,食其所当食,饮其所当饮,不至以小害大,以贱害贵,则饮食于人,得之则生,不得则死,乃躯命之所关,岂止于尺寸之肤而已,又何可贱之有哉?但养小体之人,无有不失其大者,此其所以为可贱耳。盖口腹虽所当养,而心志必不可失,善养心志者,又只在辨礼义而已,能辨礼义,则自嘑蹴不受,至于万钟不取,皆确然有一定之见,而生死不能惑,利害不能迁矣。不能辨礼义者,安能养其心志哉!"

## 【原文】

公都子问曰:"钧是人也,或为大人,或为小人,何也?"孟子曰:"从其大体为大人,从其小体为小人。"

## 【张居正注评】

公都子问于孟子说:"天下之人,都是一般的形体,然或称为大人,而为世所尊,或称为小人,而为众所鄙,此何谓乎?"孟子答说:"大人小人之分,惟在审所从违而已。盖吾人一身,体有大小,诚使一身举动,惟以大体为主,而小体莫不听命,这叫做从其大体。从大体者,以志帅气,而四肢百骸皆有所管摄,充其向往之念,可以为圣为贤,而人皆尊仰之,岂不为大人乎?若使此身举动,一惟小体是徇,而大体反不得主张,这叫做从其小体。从小体者,心为形役,而方寸之中,全无所执持,究其委靡之弊,将至为愚为不肖,而人皆轻贱之,岂不为小人乎?大人小人之分,惟系于所从如此,人可不慎于决择也哉!"

## 【张居正注评】

孟子曰:"有天爵者,有人爵者。仁义忠信,乐善不倦,此天爵也;公卿大夫,此人爵也。"

## 【张居正注评】

孟子见当时重势位而轻道德，因发此说："人皆知爵位之为尊，而不知吾身之可尊者，不独在爵位也。有性分之尊，为天所与，而予夺不系于人，称之为天爵者焉。有势分之尊，为人所与，而得失难必于己，称之为人爵者焉。如何谓之天爵？心之慈爱为仁，裁制为义，不欺为忠，无妄为信，备此四德于身，而爱乐之有常，欣慕之无厌，这是维皇降衷之理。天然固有之良，虽大行不可得加，穷居不可得损者，乃所谓天爵也。如何又谓之人爵？九命而为公，六命而为卿，三命而为大夫，列此爵命于朝，而得之者贵，失之者贱，这是人主驭世之权，朝廷命官之典。人可得而予之，亦可得而夺之者，乃所谓人爵也。"爵有天人之异如此，人岂可徒慕在外之荣，而不知反求诸身乎？

## 【原文】

"古之人修其天爵，而人爵从之。今之人修其天爵，以要人爵，既得人爵，而弃其天爵，则惑之甚者也，终亦必亡而已矣。"

## 【张居正注评】

孟子承上文说："爵位虽有天人之分，而得失则有相因之理。古之人有见于道德为重，其反己自修，惟知有仁义忠信之理，可爱可求而已，何必于人爵乎？然而道德既崇，名誉自著，公卿大夫之爵，有不求而自至者焉，此人爵，从天爵而两得者也。今之人则不然，其始初亦知天爵之可修也。但其意非为道德，不过假此以要声名，求富贵，为得人爵之地耳。及至人爵既得，志意已满，遂以天爵为无用而弃之，而不知仁义忠信为何物矣。夫假天爵以要人爵，是不知天爵之为尊，其心固已惑矣。既得人爵而弃天爵，又不知人爵之当保，则惑之甚者也。盖人爵之可要，徒以有此天爵耳。天爵既弃，名实俱亏，终必并其所得之人爵，两失而不能保矣，岂非惑之甚哉。于此见天爵之与人爵，得则俱得，失则俱失者也。而天爵非人爵，无以弘济世之用，人爵非天爵，无以彰命德之公，是以为士者，道不虚尊，贵干经世，为人主者，官不虚设，务在任贤。"

## 【原文】

孟子曰："欲贵者，人之同心也。人人有贵于己者，弗思耳矣。人之所贵者，非良贵也。赵孟之所贵，赵孟能贱之。"

## 【张居正注评】

赵孟，是晋国世卿。孟子说："人情莫不好荣而恶辱，故见人爵之荣，美慕而欲得之者，此人心之所同然也。乃天下有至尊至贵之理，人人各足于己，而无待于外者，此其可欲为何如。但人多蔽于物欲，未尝反己而思，是以惟见在人之贵为可欲，而不见在己之贵为可欲耳。岂知贵之在己者，乃天然自有之贵，所谓良贵也。人之所贵者，依名而立，恃势而尊，乃外至之贵，非良贵也。如赵孟为晋国执政之卿，能操爵以贵人者，然能以爵与人而使之贵，亦能夺之而使之贱，贵贱荣辱，皆赵孟之所得专，非吾力之所能必，所以说非良贵也。若夫吾身之良贵，人安得而贱之哉！然则欲贵者，信不可不反求诸身矣。"

## 【原文】

"《诗》云：'既醉以酒，既饱以德。'言饱乎仁义也，所以不愿人之膏粱之味也；令闻广誉施于身，所以不愿人之文绣也。"

## 【张居正注评】

诗，是《大雅·既醉》之篇。令，是善。孟子承上文说："人之所贵，固非己之良贵矣。而良贵之可欲，于何见之？《诗经·既醉》之篇有云：'既醉以酒，既饱以德。'夫饱不曰味而曰德者，何哉？盖言德莫美于仁义，君子戴仁而行，抱义而处，则理义悦心，而天下之至味在我矣。若他人之膏粱，人自食之，于我何有焉？所以不愿人之膏粱之味也。仁义既积于躬，由是令闻昭宣，广誉四达，实大声宏，而天下之至荣在我矣。若他人之文绣人自衣之，于我何加焉？所以不愿人之文绣也。夫曰饱乎仁义，则知良贵为可贵矣。曰不愿膏粱文绣，则知赵孟之贵不足贵矣。人顾有舍良贵而外慕者，何其弗思之甚哉。此章言势分之贵，无与于己，性分之贵，不资于人，欲人重内而轻外，不可徇物而忘我也。"

## 【原文】

孟子曰："五谷者，种之美者也。苟为不熟，不如荑稗。夫仁，亦在乎熟之而已矣。"

## 【张居正注评】

荑稗，是草之似谷，其实亦可食者。孟子勉人为仁说："学莫先于为仁，而仁必期于有得，不观之五谷乎？彼五谷之为物，夫所生以养人，人所资以为食，固种类之美者也。然所以谓之美者，以其由种而耘而获，可以为粒食之资耳。设使苗而不秀，秀而不实，则反不如荑稗之成熟，犹可以资食用，而美者失其为美矣。五谷犹不可不熟如此，况于仁为吾心之生理，兼四端，包万善，是何等样美德，岂可不加培养之功？是以为仁者，亦在乎省察于念虑，已精而益求其精，体验于躬行，已密而益求其密，由期月之能守，以至于终食之不违。必使天理浑全，德性常用，亦如五谷之苗而秀，秀而实焉斯已矣。不然，是自丧其心德之美，而与五谷之不熟者等耳。岂有不愧于他道之有成哉！"孟子之意，非以他道为足尚，盖甚言为仁之不可不熟也。欲熟仁者，又

自收放心始，放心不收，而欲熟仁难矣。

【原文】

孟子曰："羿之教人射，必志于彀，学者亦必志于彀。大匠诲人必以规矩，学者亦必以规矩。"

【张居正注评】

志，是期必。彀，是引弓至满。孟子说："天下之事，未有无法而可底于成者，故善教者必有所据，善学者必有所循，不观之曲艺乎？天下称善射者，莫过于羿，羿之教人以射，宜若有心得之巧矣。乃其教之之法，只是开弓引满，期至于彀率，从他学射者，也只是开弓引满，期至于彀率，彀率之外，羿不能有异教，弟子不能有异闻也。盖彀率乃弓满之限，引满而后可以命中，此射者一定之法，学者安得而违之哉！天下称良工者，莫过于大匠，大匠教人制器，宜亦有独运之智矣，乃其教之之法，只是引规执矩，使知为方圆。从他学艺者，也只是引规执矩，学之为方圆，规矩之外，大匠不能别有所传，弟子不能别有所习也。盖规矩乃制器之则，有则而后可以成器，此大匠一定之法，学者亦安得而违之哉！"曲艺且然，则圣人之道可知已，是以尧舜禹相授受。不过曰精一执中，孔颜相授受，不过曰博文约礼，曰精一，曰博约。此圣学之彀率规矩也，学道者宜究心焉。

## 告子章句下

凡十六章。

【原文】

任人有问屋庐子曰："礼与食孰重？"曰："礼重。""色与礼孰重？"曰："礼重。"曰："以礼食，则饥而死，不以礼食，则得食，必以礼乎？亲迎，则不得妻，不亲迎，则得妻，必亲迎乎？"屋庐子不能对，明日之邹以告孟子。孟子曰："于答是也，何有？"

【张居正注评】

任是国名，即今山东兖州府地方。屋庐子是孟子弟子。战国之时，人多昧于理欲之辨。故任国之人，有问于屋庐子说："人不可一日无礼，尤不可一日无饮食，不知礼与食二者，果孰为重乎？"屋庐子答说："饮食虽切于养生，而食又赖礼以节其流，无礼则必失之纵，是礼重于食也。"任人复问说："礼固可好，而好色亦人之所好也。不知色与礼二者，又孰为重乎？"屋庐子答说："好色虽人之所欲，而色又赖礼以别其嫌，无礼则必至于淫，是礼重于色也。"任人欲逞其辩，遂设难以问屋庐子说："子谓礼重于食固也，设使身当饥饿之际，此时若拘于礼，则必不能得食，而受饿以死。若不拘礼，则可以得食，而救饿以生，当此躯命所关之时，尚必以礼食乎？吾恐食可以无礼，而生不可以灭性，谓礼之重于食，殆不然矣。子谓礼重于色，固也。设使身处穷乏之中，此时若拘于亲迎之礼，则必不可得妻而婚姻以废。不拘于亲迎之礼，则可以得妻，而家室以完。当此怨旷无聊之日，尚必以亲迎乎。吾恐婚礼可以不行，而人伦不可以或废。谓礼之重于色，殆不然矣。"屋庐子屈于其说，不能对。明日乃往邹邑，备述任人之言以告孟子。孟子说："礼之重于食色者，理之常。任人之所诘问者，事之变，于答此问，何难之有。"盖事无常形，而理则有定分，惟以理折之，则其辩不攻而自屈矣。

## 【原文】

"不揣其本而齐其末，方寸之木可使高于岑楼。金重于羽者，岂谓一钩金与一舆羽之谓哉？"

## 【张居正注评】

揣，是度量。岑楼是楼之高锐如山者。钩，是带钩。孟子承上文说："吾谓任人之问，不难于答者，何以言之？盖理欲轻重，本有一定之分，故谓礼重而食色轻者，乃据其大分而言也。如任人之论，则执其偏胜之说，以校量一定之理，而本末轻重，将失其平矣，且如岑楼至高，寸木至卑，为从其根底而比较之也。如不从下面，揣度其根本，惟就稍末，比并其高低，则举方寸之木，可升之岑楼之上，寸木反高岑楼反卑矣。举食色而加于礼之上，其高下失平，何以异于是哉。金之质至重，羽之质至轻，为其分剂适均而称量之也，岂是说金不必多，一钩也为重，羽不必少，一车也为轻。将取一钩之金，以抵一舆之羽，则钩金反轻，舆羽反重矣。取礼之常，而当食色之变，其轻重不敌，又何以异于是哉！要之岑楼不以寸木之加而损其高，钩金不以舆羽之多而损其重。礼之大体，亦非可以食色之变，而改其度君子惟道其常而已。"

## 【原文】

"取食之重者与礼之轻者而比之，奚翅食重？取色之重者与礼之轻者而比之，奚翅色重？"

## 【张居正注评】

孟子承上文说："礼之重于食色，犹之岑楼本高，钩金本重也，而任人乃谓食色为重，礼为轻，其所以比较之者，失其平矣。盖礼有轻重，食色亦有轻重，惟取礼与食色之并重者而比之，乃见礼之为重耳。若饥死以灭性，乃食之重者也。待礼而后食，乃礼之轻者也。取食之重者，与礼之轻者而比之，则食乃躯命生死所关，其重于礼甚矣。岂但如任人所云食重而已哉。不得妻而废人伦，乃色之重者也，亲迎而后婚，乃礼之轻者也。取色之重者，与礼之轻者而比之，则色乃居室大伦所系，其重于礼亦甚矣，岂但如任人所云色重而已哉，此正所谓寸木可高于岑楼，钩金反轻于舆羽者，惟其比轻之太偏，故其重轻之悬绝耳。岂可据之为定论乎？"

### 【原文】

"往应之曰：'纷兄之臂而夺之食，则得食，不紾，则不得食，则将紾之乎？逾东家墙而搂其处子，则得妻，不搂，则不得妻，则将搂之乎？'"

### 【张居正注评】

紾，是捩转臂膊，用绳拴缚。孟子又承上文说："礼与食色，从其偏重者较之，则轻重易差；从其兼重者较之，则定分自见。汝何不往应任人说：'子以饥死为灭性，食固重矣，然敬兄亦礼之重也。设使当饥饿之际，紾缚兄之臂膊而夺之食，则得食，不紾则不得食，则将干犯礼义，忍于紾兄而夺之乎？子以不娶为废伦，色固重矣，然以正相从，尤礼之重也。设使当鳏旷之时，逾东家墙而牵搂其处女，则得妻，不搂则不得妻，则将蔑弃礼法，敢于逾墙而搂之乎？'吾知紾兄之臂，则忍于恶逆，不但不以礼食矣。搂人处子，则敢于强暴，不但不亲迎矣。此则宁可饥饿而死，必不可紾兄以戕恩。宁可不得妻而废伦，必不可搂人处子以乱法。礼之重于食色，显然较著矣。以此而应任人，任人尚何说之可解哉。大抵先王制礼，本以防范人情，维持世教，有之则治，无之则乱者也。而猖狂自恣之徒，乐放佚而惮拘检，至有乞墙不羞，钻穴不耻，则礼坊之坏极矣。时君世主不能以教化堤防之，而反为流连之乐，荒亡之行，纵败度，欲败礼，思以匡世励俗，不亦难乎。"此孟子于任人之辩，而力折其妄，为世教虑至深远也。

### 【原文】

曹交问曰："人皆可以为尧舜，有诸？"孟子曰："然。""交闻文王十尺，汤九尺，今交九尺四寸以长，食粟而已，如何则可？"曰："奚有于是？亦为之而已矣。"

### 【张居正注评】

曹交是曹君之弟，是时性道不明，人皆高视圣贤，以为不可几及。而孟子每道性善，必称尧舜，曹交疑之，因问于孟子说："圣人莫过于尧舜，尧舜之为圣，疑若古今绝德，非人之所能为，乃有言人皆可以为尧舜者，不识果有此理乎？"孟子答说："尧舜虽圣，与人同类，何不可为

周文王

之有，信有此理也。"曹交不喻为字之意，乃以形体自负说："交闻自古能为尧舜者，莫如周之文王，商之成汤，文王之长十尺，汤之长九尺，是有此非常之躯干，方有此非常之事功，则欲为圣人，必非眇小者之可能也。今交九尺四寸以长，比文不足，比汤有余，似具圣人之体貌矣。及揣已量力，则但知食粟焉耳。更无他长可以表见于世，有其形而无其实，交之有愧于汤文远矣，敢问如何，乃可以为尧舜乎？"孟子答说："圣人所以为圣，不在形体之间，子乃以尺寸长短，较量汤文，何有于此。亦惟励作圣之志，反已自修。去其不如汤文者，就其如汤文者，黾勉为之而已矣。岂有志欲为，而力不逮者哉？"

## 【原文】

"有人于此，力不能胜一匹雏，则为无力人矣，今曰举百钧，则为有力人矣。然则举乌获之任，是亦为乌获而已矣。夫人岂以不胜为患哉？弗为耳。"

## 【张居正注评】

匹，是鸭鸟。乌获是古时有勇力的人。孟子承上文说："吾谓作圣之功在修为，不在形体者何，视观人之勇力可知矣。有人于此，匹雏虽至轻也，举之而不能胜，则为无力之人矣。今有人焉，百钧虽至重也，而曰我能举之而不难，则为之有力之人矣。人力之强弱，惟辨于举物之胜与不胜如此。然则乌获之力，能举千钧者也，使有能举乌获之任者，不必其形体之相似，而膂力相当，是亦今之乌获而已矣。若使能为尧舜之所为，岂不即今之尧舜乎？人乃谓尧舜之道，非我之材力所能负荷，往往以不胜任为患。岂知力之不胜，不足为患，患在志安于卑近，而无克念之诚。功狃于因循，而无勇往之力，可为而不为，斯乃圣狂之攸判耳。诚一为之，夫何不胜之足患哉？"

## 【原文】

"徐行后长者谓之弟，疾行先长者谓之不弟。夫徐行者，岂人所不能哉？所不为也。尧舜之道，孝弟而已矣。"

## 【张居正注评】

孟子承上文说："人之不能为尧舜者，其患固在于不为矣。然尧舜岂难为者哉，今夫长者在前，我徐行而让步于后，这便是知敬长之礼，叫做弟。使长者在后我疾走而突出其前，这便是有傲长之心，叫做不弟。夫徐行者，不过于步趋之间，遵先后之序，岂有甚高难行之事，为人所不能者哉？惟其忽长幼之节，是以废事长之礼，盖有自不肯为耳。岂知这孝弟之道，近之，则为吾人知能之良，推之实圣人尽性之事。故虽尧舜为人伦之至，其道若至大而无以加，然尧惟亲睦九族，而后有平章之化，舜惟慎徽五典，而后有风动之休。是尧舜之道，亦只在孝弟而已。孝弟之外，别无性分，则性分之外，别无事功。虽尧舜岂得而加毫末于其间哉。夫圣道不越于孝弟，而孝弟惟在

于徐行，则欲为尧舜者，信乎其不难矣。"

【原文】

"子服尧之服，诵尧之言，行尧之行，是尧而已矣。子服桀之服，诵桀之言，行桀之行，是桀而已矣。"

【张居正注评】

孟子又承上文说："尧舜之道，不外于孝弟，则圣人果不难为矣。子欲学为圣人，岂必求之远且难哉。自吾一身而言，衣服言动之微，皆道之所在，学圣则圣，学狂则狂，在子之趋向何如耳。子若服尧之服，而非先圣之法服不敢服；诵尧之言，而非先圣之法言不敢言；行尧之行，而非先圣之法行不敢行。如此则反身循理，无一事不在于规矩之中，虽不必容貌如尧，而衣冠言动，都与尧相似，是亦一尧而已矣。子若服桀之服，而从其诡异之制；诵桀之言，而从其邪僻之词；行桀之行，而从其暴虐之事。如此，则悖理乱常，无一事不出于规矩之外，虽不必容貌如桀，而衣冠言动都与桀相似，是亦一桀而已矣。夫能为尧则必能为舜，而出于尧，则必入于桀，为圣为狂，机惟在我，子可以不审择所从哉？"

【原文】

曰："交得见于邹君，可以假馆，愿留而受业于门。"曰："夫道若大路然，岂难知哉？人病不求耳。子归而求之，有余师。"

【张居正注评】

曹交闻孟子之言，有感于心，说道："交始初只疑圣道难为，幸而得闻夫子之教，乃知尧舜可学而至。此一念求教之诚，有不容自己者，如得见于邹君，可以假借旅馆，以为驻居之所，愿暂留于此，而受业于夫子之门墙，庶几得尽闻圣道之传，终成学圣之志矣。夫假馆而后受业，则其求道之不笃可知。"孟子乃从而拒之说："子欲假馆受业，意以道之难知，而求师于我也。不知这个道理具于性分之内，著于日用之常，天下古今，坦然共由，就与那大路一般，岂有隐僻难知之理，而待人指示者哉？但人自迷于向往之途，病在不知所以求之耳。子诚归于家庭之间，而求此道于事亲敬长之际，于吾之所谓孝、弟者，皆务身体而力行之，则行止疾徐，随所寓而皆道，衣冠言动，随所觉而皆师，不必身亲授受，而自师资之有余矣。岂必留此受业，而后可以求道哉？"孟子此言，虽为曹交而发，然孝、弟不待外求，尧舜可学而至，实万世不易之论也。

【原文】

"先生以仁义说秦楚之王，秦楚之王悦于仁义而罢三军之师，是三军之士乐罢而悦于仁义也。为人臣者怀仁义以事其君，为人子者怀仁义以事其父，为人弟者怀仁义以事其兄，是君臣、父子、兄弟去利，怀仁义以相接也，然而不王者，未之有也。何必曰利？"

## 【张居正注评】

孟子又告宋轻说："先生所以说二国者，既不可以利为名，则亦有仁义而已矣。诚使先生以仁义说秦楚之王，说道殃民非仁，伐国非义，则秦楚之王必欣然悦于仁义，而休兵止杀，以罢三军之师。三军之师，得蒙休息生养之泽，其谁不乐。是士卒亦乐，罢而悦于仁义之道也。仁义一倡，举国之人皆将熙熙然争趋于仁义。为人臣的，心存仁义以事君，自谓臣职之当尽非有所利而为忠矣。为人子的，心存仁义以事父，自谓子职之当供，非有所利而为孝矣。为人弟的，心存仁义以事兄，自谓弟道之当执，非有所利而为恭矣。君臣、父子、兄弟之间，知有仁义而不知有利，是去利怀仁义以相交接也。如此，则彝伦式叙，上下交欢，有尊君亲上之风，无悖逆陵犯之俗，其不能兴王业而王天下者，未之有也。利之害如彼，仁义之利如此。先生欲说秦楚之王，亦说之以仁义可也，何必以利为言哉？"夫宋轻志于息兵欲以救一时之民困，而孟子晓以仁义，则以正万世之人心。论治道者，宜知所择焉。

## 【原文】

孟子居邹，季任为任处守，以币交，受之而不报。处于平陆，储子为相，以币交，受之而不报。他日，由邹之任，见季子；由平陆之齐，不见储子。屋庐子喜曰："连得间矣。"

## 【张居正注评】

季任是任君之弟，处守是居守其国，连是屋庐子的名。昔孟子居于邹国，时有任君之弟季任者，因其兄有朝会之事，替他居守其国，一向仰慕孟子之贤，遂使人自任至邹，执币帛以为纳交之礼。孟子受其币而不往报焉。及处于齐平陆之邑时，储子正为齐相，他也仰慕孟子之贤，使人自齐至平陆，执币帛以为纳交之礼。孟子亦受其币而不往报焉，其受币之同如此。及至他日，孟子自邹到于任国，乃亲去见季子，以报前日之礼。又一日，自平陆到于齐国，却不亲去见储子，以报他前日之礼。其报礼之异如此。屋庐子幸其请问有由，乃喜而说道："连也仰慕夫子之道，每欲请问，但无间隙之可乘耳。今观处季任储子之事，一见一不见，是必有义理存乎其间，今乃得其间隙而可以请问矣。"夫孟子之处二子，固必有称物平施之道，屋庐子一得其间而即喜，亦可见其善学孟子矣。

## 【原文】

问曰："夫子之任，见季子；之齐，不见储子，为其为相与？"曰："非也。《书》

曰：'享多仪，仪不及物曰不享，惟不役志于享。'为其不成享也。"

**【张居正注评】**

《书》是《周书·洛诰篇》。以物奉上叫做享。仪是礼意，物是币帛。役字解做用字。屋庐子问孟子说："季子、储子同一币交，则宜同一往见也。今夫子至任，往见季子，及至齐，却不肯见储子，意以为同一币交，如何有成享不成享之辨？"乃疑而问之。孟子晓之说道："二子之币交，有成享不成享之异，但观其所处之势而可知矣。当时季子为君，居守托国政于其身，若自任之邹，必出境而远涉，越国见贤，国谁与守，其不得之邹者，乃势之所不能，非心之所不欲也。若储子则异乎是，其官则齐相也，主治有人，既无居守之责，况平陆及齐邑也，相去甚近，又无越国之劳，可来而不来，可以见而不见，是其不之平陆，乃心之所不欲，非势之所不能也。夫季子不得之邹，则虽以币交，而礼意已备，此所以谓之成享。储子得之平陆而不一至，虽以币交，而仪不及物，只见其为弥文而已，此所以谓之不成享也。或人又何疑乎？"观此而知为君相者，既不可无敬贤之礼，尤不可无好贤之诚，敬贤而不能以诚，贤者犹不肯至，况于简贤弃礼者哉。

**【原文】**

屋庐子悦。或问之，屋庐子曰："季子不得之邹，储子得之平陆。"

**【张居正注评】**

屋庐子问孟子之言，得其所以不见储子之故，在于礼义之不足，始知圣贤交际，自有理义而不苟也，遂欣然有悦于心。或人不晓其意，以为同一币交，如何有成享不成享之辨，乃疑而问之。屋庐子晓之说道："二子之币交，有成享不成享之异，但观其所处之势而可知矣。当时季子为君居守，托国政于其身，若自狂之邹，必出境而远涉，越国见贤，国谁与守，其不得之邹者，乃势之所不能，非心之所不欲也。若储子则异乎，是其官则齐相也，主治有人，既无居守之责，况平陆乃齐邑也，相去甚近，又无越国之劳，可来而不来，可以见而不见，是其不之平陆，乃心之所不欲，非势之所不能也。夫季子不得之邹，则虽以币交而礼意已备，此所以谓之成享。储子得之平陆，而不一至，虽以币交，而仪不及物，只见其为弥文而已，此所以谓之不成享也。或人又何疑乎！"观此而知为君相者，既不可无敬贤之礼，尤不可无好贤之诚。敬贤而不能以诚，贤者犹不肯至，况于简贤弃礼者哉。

**【原文】**

淳于髡曰："先名实者，为人也；后名实者，自为也。夫子在三卿之中，名实未加于上下而去之，仁者固如此乎？"孟子曰："居下位，不以贤事不肖者，伯夷也；五就汤，五就桀者，伊尹也；不恶污君，不辞小官者，柳下惠也。三子者不同道，其趋一也。一者何也？曰：仁也。君子亦仁而已矣，何必同？"

## 【张居正注评】

淳于髡是齐之辩士，名，是声誉，实，是事功，淳于髡，因孟子仕齐无功而去，乃讥之说道："士君子处世，只有出处两端，若以功名为急务，而汲汲然先之，这是心存于救民而为人也。若以功名为缓图，而泄泄然后之，这是志在于守己而自为也。自为为人，总之全尽此心之理，仁者之事也。今夫子当路于齐，位居三卿之中是已出而用世，非复自为之时矣。乃上不能致君，下不能泽民，名实未加于上下，忽然致事而去。又不能终其为人之志，人己两无所成，进退皆无所据，仁者固如此乎？"孟子晓之说道："子疑我去国为未仁，是徒泥去就之迹，而未能深谅我之心也。且以古人言之，宁居下位，而不肯以我之贤，事人之不肖者，伯夷也；感币聘而五就汤，因汤进于桀，而五就桀，惓惓以救世为心者，伊尹也；不羞污君，而必事之。不辞小官，而必居之，由由然与物无忤者，柳下惠也。三子之行，或清或任或和，其道虽若不同，然其志意之所趋向，则一而已矣。所谓一者云何，乃仁之所在也。盖清非忘世，任非好名，和非辱身，总归于理之当然，心之无私而已。然则君子处世，可就则就，固非有意于为人，而以名实为先；可去则去，亦非有意于自为，而以名实为后，要求合乎此心之仁焉耳。何必其行之尽同也。子乃执去就之迹，以议我之未仁，殆未识仁者之心矣。"

## 【原文】

曰："鲁缪公之时，公仪子为政，子柳、子思为臣，鲁之削也滋甚。若是乎，贤者之无益于国也！"曰："虞不用百里奚而亡，秦穆公用之而霸。不用贤则亡，削何可得与？"

## 【张居正注评】

公仪子，名休。子柳、子思都是鲁之贤者。淳于髡又讥孟子说道："贤者，处世之迹，固难尽同，而其济世之功，实难取必。昔者鲁缪公之时，以公仪休为相，而使之总理国政，以子柳、子思为臣，而使之分理庶职。此三人者，皆当世所谓贤人，而缪公用之，宜乎有扶衰拨乱之功，有尊主庇民之效矣。乃当时邻国交侵，疆宇日蹙，鲁之削弱滋甚。以国势衰微之际，众贤支持而不足，如此乎贤者之无益于人国，其去就未足为重轻也。"淳于髡此言，盖谓孟子即不去位，未必能有益于齐也。孟子答说："贤才用舍国之存亡系之，何可谓其无益。昔百里奚初仕于虞，虞公贪受晋赂，不听其言，遂见执于晋，与虢俱亡。及其在秦穆公加之相位，言听计从，遂霸西戎，显名天下。夫以虞公一不用百里奚，即至于灭亡而不救，虽欲求如鲁之削地，不可得矣。然则鲁之仅至于削而不亡者，犹赖群贤维持之力也。岂可谓贤者无益于人国乎！"

## 【原文】

曰："昔者王豹处于淇，而河西善讴；緜驹处于高唐，而齐右善歌；华周、杞梁之妻善哭其夫，而变国俗。有诸内，必形诸外。为其事而无其功者，髡未尝睹之也。是故无贤者也，有则髡必识之。"

【张居正注评】

王豹是卫人，淇是水名。绵驹，是齐人。高唐是齐邑，即今高唐州。华周、杞梁都是齐臣。淳于髡又设问以讥孟子说："贤者之抱负难知，而事功易见，使其果有益于人国，髡岂有不知者乎？昔者卫人王豹善讴，居于淇水之上，河西之人，凡近淇水而居者，皆化之而善讴。齐人绵驹善歌，居于高唐之邑，齐右之人，凡近高唐而居者，皆化之而善歌。华周、杞梁之妻，因夫死于战斗，哭之而衰至于城为之崩，由是一国之中，其俗皆变而善哭。即此三事推之，可见名实相须，有才猷蕴蓄于内者，必有功业昭著于外。苟身为其事，可以自见其才，而却无功效之可指，则是内外不相符，髡未尝见有此人也。看来当今之世，实是无贤者。若果有贤者生于其时，其才猷自足以经世，其功业自足以及民，髡必知其人矣。今既未见其人，安望其有益于国哉？"淳于髡此言，盖讥孟子仕齐无功，未得为贤也。岂知贤者所存，固未易窥测矣乎！

【原文】

曰："孔子为鲁司寇，不用，从而祭，燔肉不至，不税冕而行。不知者以为为肉也，其知者以为为无礼也。乃孔子则欲以微罪行，不欲为苟去。君子之所为，众人固不识也。"

【张居正注评】

燔肉，是郊祭胙肉。税冕，是脱去冠冕。孟子因淳于髡讥己未得为贤，又晓之说道："子谓事功可以观人，似以贤者为易知，不知贤者固未易测也。盍即孔子之事观之，昔孔子为鲁司寇，摄行相事，三月而鲁国大治，齐人闻而恐惧，因以女乐遗鲁君，鲁之君相，惑于声色，果怠弃政事，疏孔子而不用。是时孔子已有去志，但未即行耳。适遇鲁有郊祭，孔子以大夫陪祀，礼当有燔肉之颁，又不颁及孔子，于是孔子祭毕即行，虽冠冕亦不暇脱，其毅然不肯少留如此。当是时，人之不知孔子者，以为燔肉甚微，偶然遗漏，如何便去。其知孔子者，以为郊必致燔，乃是待大夫之礼，今既这等疏慢，如何不去，此两说者，皆非深知孔子者也。乃孔子之意，以为使我因受女乐而去，则显其君相之失。设若无故而去，则又非出处之宜，故不以受女乐之大过去，而以不赐燔肉之细故行，使君相之罪，既泯于无迹，而在己之去，亦不为无由。其见几既如此明决，而用意又如此忠厚。然则君子之所为，信有出于常情拟议之外者，或以为为肉，或以为为无礼，皆众人浅陋之见，乌能知君子微意之所存哉？"君子之不易知如此，则孟子之所为，固非髡之所能识也。乃以知贤自任，而谓世无贤者，妄亦甚矣。盖是时游士、说客，皆挟其富强之术，以干世主，就功名。而孟子独以仁义之道与齐王言，欲以攻其好勇、好货、好色之疾，所以言常不合，仕齐不久而辄去也。然终不肯显言齐王之失，正与孔子去鲁同意。淳于髡乃以为未仁，又以为未贤，岂知孟子者哉。

## 【原文】

孟子曰："五霸者，三王之罪人也；今之诸侯，五霸之罪人也；今之大夫，今之诸侯之罪人也。"

## 【张居正注评】

五霸，是齐桓、晋文、秦穆、宋襄、楚庄。三王，是夏禹、商汤、周文武。孟子见世道浸衰，王降而霸，霸降而战国，其势将使先王纪纲法度，荡然无存者，故著其罪以警惕之，说道："自古治世安民，德莫有过于三王者，三王既往，五霸迭兴，虽不无扶衰拨乱之功，然矫命雄行，惟威力是尚，王法从此坏矣，此得罪于有道之世，而为三王之罪人也。至于今之诸侯，岂但不知有王法之可守。即五霸所申之禁令，亦皆废之不遵，而惟以巧诈相倾，殆又得罪于五霸，而为五霸之罪人也。至于今之大夫，岂但不知有霸略之可图，即诸侯所不敢萌之妄念，彼皆导之以必为，而惟以阿谀取容，殆又得罪于诸侯，而为今之诸侯之罪人也。"盖世变之趋愈下，故人心之伪愈滋，非得王者起而正之，祸乱之作可胜言哉。

## 【原文】

"天子适诸侯曰巡狩，诸侯朝于天子曰述职。春省耕而补不足，秋省敛而助不给。"

## 【张居正注评】

孟子承上文说："所谓五霸为三王之罪人，何以见之？盖三王之时，纪纲振举，法度修明，天子以时巡行于诸侯之国，这叫做巡狩。巡守者，巡其所守之土地也。诸侯以时朝觐于天子之廷，这叫做述职。述职者，述其所修之职事也。时乎春日，正是百姓每耕田的时候，中间有牛种不足的，必赈贷以补益之，使他不妨于耕。时乎秋日，正是百姓每收获的时候，中间有粮食不给的，必赈贷以周助之，使他不妨于敛。天子省于畿内，诸侯省于国中，察闾阎之疾苦，行周恤之恩惠。三王之世，民皆家给人足，而无匮乏之患者，盖以此耳。"

## 【原文】

"入其疆，土地辟，田野治，养老尊贤，俊杰在位，则有庆，庆以地。入其疆，土地荒芜，遗老失贤，掊克在位，则有让。"

## 【张居正注评】

辟，是开垦。掊克，是聚敛。让，是切责。孟子承上文说："以巡狩之事言之，天子之适诸侯，本欲察邦国之治否，以验职业之修废也。若入其疆内，见得土地开垦，田野修治，老者养之以安，而不至冻馁，贤者尊之以爵，而罔或遗逸，且用俊杰有才之士，使之布列庶位，分猷而宣力。如此，是能克谨侯度，有功于王室者也，能无庆赏之典乎？则增益其土地，以示优异之恩，而有功者上，诸侯莫不欣然以为劝矣。若入其疆内，见得土地荒芜，四境不治，老者遗弃，而冻馁不免，贤者放失，而礼意不及，惟用掊克聚敛之臣，使之损下益上，蠹政而殃民。如此，是怠弃封守，违背乎王章者也，能无威让之令乎？则切责其愆尤，以示斥罚之义，而有罪者下，诸侯莫不凛然以为惩矣。夫以巡狩一行，而庆让并举，所以纲纪世道之具，联属人心之机，皆在于此，此所以为三王之制也。"

## 【原文】

"一不朝则贬其爵，再不朝则削其地，三不朝则六师移之。是故天子讨而不伐，诸侯伐而不讨。五霸者，搂诸侯以伐诸侯者也，故曰：五霸者，三王之罪人也。"

## 【张居正注评】

孟子承上文说："以述职之事言之，诸侯朝于天子，本自有常期也。使其如期而至，固必有赉，予之典矣。设或一次不朝，是慢上之渐也，则贬其爵位，以次而降其官。再次不朝，是陵替之端也，则削其土地，以次而损其禄。如或三次不朝，则悖乱已极，不但当削其地而已，遂命六军之众，往诛其人，而更置贤者，以守其国焉。此述职之法，亦与巡狩同一庆让之典者也。由此观之，三王之世，礼乐征伐之权，皆出自天子，臣下无敢擅专者，故天子但出令以讨罪，而不必亲兴伐国之师。诸侯但承命以伐人，而不敢擅兴讨罪之旅。此体统名分所在，由三王以来，未之改也。今五霸不用天子之命，牵连与国之诸侯，以攻伐诸侯之叛己者，名虽为伐，实同于讨，岂非以臣而僭君，以下而犯上，得罪于王法者乎？我故说五霸者，三王之罪人也。"

## 【原文】

"五霸，桓公为盛。葵丘之会，诸侯束牲载书而不歃血。初命曰，诛不孝，无易树子，无以妾为妻。再命曰，尊贤育才，以彰有德。三命曰，敬老慈幼，无忘宾旅。四命曰，士无世官，官事无摄，取士必得，无专杀大夫。五命曰，无曲防，无遏籴，无有封而不告。曰，凡我同盟之人，既盟之后，言归于好。今之诸侯皆犯此五禁。故曰：今之诸侯，五霸之罪人也。"

## 【张居正注评】

葵丘，是地名。束牲载书，是束缚牲口，将誓书用椟盛载于上。歃血，是涂血于口，以示不背盟誓的意思。树子，是册立的世子。摄，是兼官。曲防，是曲为堤防。旱则壅泉专利，涝则激水病邻的意思。遏籴，是闭阻籴谷，不使转贩。孟子说："所谓今之诸侯，为五霸之罪人，何以见之？盖五霸之中，惟齐桓公九合诸侯，一匡天下，最为强盛。当时葵丘之会，诸侯咸集，桓公但就坛坫之上，束缚牲体，盛载盟书，以与诸侯约誓，更不消杀取其血，以涂于口，而诸侯莫不听从，其信义足以服人如此。当时盟誓之词，共有五件。第一件相戒命说，五刑之属虽多，而罪莫大于不孝，有则断以大义，必诛无赦，以正纲常。世子既以树立，受命于朝，不得嬖爱庶子，擅谋更易，以摇国本。妻乃己之敌体，名分已正，不得有所废立，用妾为妻，以乱嫡庶。此修身正家之事，不可犯禁者一也。第二件相戒命说，贤才之生，为国桢干，必尊礼贤者，而隆其体貌，养育才者，而厚其常禄，于以彰显有德之士，使豪杰能自表见，而益坚其效用之心。此用贤图治之资，不可犯禁者二也。其第三件相戒命说，人之老者不可慢，必恭敬之以尊高年，人之幼者不可弃，必慈爱之以恤孤弱。四方之宾客行旅不可忽，必善待之以柔远人。如此，则近悦远来，而人心悦服，不可犯禁者三也。其第四件相戒命说，有功之士，但当世其禄，而不可世其官，使名器至于冒滥，百官之事，但当有分职，而不可有兼职，使庶务至于废弛。欲举用有德之士，必选于众，而务在得人；欲诛罚有罪之大夫，必告于朝，而不可擅杀。如此，则择人任事，而刑赏清明，不可犯禁者四也。其第五件相戒命说，邻国有水旱之灾，当交相体恤，无得曲防水利，使专于己而病于人。邻国遇凶荒之岁，当交相接济，无得闭遏籴贩，使我有余而彼不足。至于国邑之土地人民，皆当听命王朝，无得专擅分封，而不告天子。如此，则既有睦邻之仁，又有尊王之义，不可犯禁者五也。戒命既毕，又复丁宁之说，凡我同盟之人，自今日既盟之后，当同归于和好。既欲讲信修睦，以笃邻国之交，尤当协力一心，以尊天子之命。庶会盟为不虚，而和好可常继矣。夫五霸之禁严切如此。宜乎诸侯世守勿失者，今之诸侯皆务以合从、连衡，济其巧诈之习，不复讲信修睦，守其和好之盟，则犯此五禁，恬然不知有葵丘之会矣。其得罪于五霸，不亦多乎？我故说，今之诸侯，五霸之罪人也。"

## 【原文】

"长君之恶其罪小，逢君之恶其罪大。今之大夫皆逢君之恶，故曰：今之大夫，今之诸侯之罪人也。"

## 【张居正注评】

孟子承上文说："所谓今之大夫，为今之诸侯之罪人，何以见之？盖诸侯之设立大夫，谓其能辅之以正也。若君之过既已彰著，不能犯颜敢谏，却乃曲意顺从以助其失，这叫做长君之恶。此则过本在君，而彼为之赞助，乃柔媚之小人，其罪犹小，或可恕也。若君之过尚未萌动，不能潜消默化，却乃先意迎合，以导其非，这叫做逢君之恶。此则君本无过，而彼为之引诱，乃倾险之奸人，其罪甚大，不可容也。今之大夫，皆阿意顺旨，以逞其逢君之谋，而蠹国殃民，使陷于危亡之祸，设使诸侯能自觉悟，必不能免于刑戮。我故说，今之大夫，今之诸侯之罪人也。"夫大夫得罪于诸侯，诸侯得罪于五霸，五霸得罪于三王，皆由于王道之不行耳。若王者在上，操礼乐征伐之权，以施刑赏忠厚之政，虽有五霸，尚无所用其威令，而况于诸侯与大夫乎。世道升降之机，良可慨矣。

【原文】

孟子曰："今之事君者皆曰：'我能为君辟土地，充府库。'今之所谓良臣，古之所谓民贼也。君不乡道，不志于仁，而求富之，是富桀也。"

【张居正注评】

孟子见得战国之时，人臣惟务富强之术，以阿时好，而其君皆信任之，至蠹国殃民而不悟，故警之说："人臣事君，惟当正言匡救，以向道志仁为先，不当曲意逢迎，以富国强兵为事。乃今之事君者，何其谬也。见其君乐于聚财，则以兴利之说进，扬扬然自夸其能说，我能为君开辟土地以尽地利，充实府库以聚货财，使用无不足，欲无不遂。这等有才干的，在今日必以为良臣矣。然非暴征横敛，穷民之力，何由得之？是乃古之所谓民贼也。何也？君方拂民，从欲，不能向道，不能志于仁，而但以黩货为务，是一桀而已。乃又为之克剥攘夺以富之，是以贪济暴，谓之富桀可也。夫君日益富，则民日益贫，必至于困苦无聊而已，非民贼而何？"

【原文】

"'我能为君约与国，战必克。'今之所谓良臣，古之所谓民贼也。君不乡道，不志于仁，而求为之强战，是辅桀也。"

【张居正注评】

与国，是交好的邻国。孟子承上文说："今之事君者，见其君喜于用兵，则以战胜之说进，扬扬然自夸其能，说我能为君连合与国，以壮声势，每战必胜，以树勋名，使威伸列国，功盖天下。这等有谋略的，在今日亦必以为良臣矣，然非兴师动众，糜烂其民，何由得之，是亦古之所谓民贼也。何也？君方好大喜功，不能向道，不能志于仁，而但以黩武为事，是一桀而已。乃又为之奋勇争斗以辅之，是以威助虐，谓之辅桀可也。夫师旅日兴，则死亡日众，必至于离散无余而已，非民贼而何？"

【原文】

"由今之道，无变今之俗，虽与之天下，不能一朝居也。"

【张居正注评】

孟子承上文说："今之人君，皆以民贼为良臣者，岂不以国富兵强，遂可以取天下乎？然得天下有道，在得民心而已。今剥民之财以为富，残民之命以为强，其道则权谋功利，非先王之正道也。其俗则兼并攻夺，非先王之善俗也。若率由今日之道，而不能变今时之俗，上下相安，承敝袭陋，则虽与之以天下，而人心不归，国本不固。有智力者，又将起而夺之，危亡之祸，可立而待也。安能以一朝居乎？"夫富强之臣，其无益于人国也如此。而时君世主，顾乃偏信独任，贪近利而忘远图，亦独何哉？欲保天下者必力行仁义，以固结人心而后可。

## 【原文】

白圭曰："吾欲二十而取一，何如？"孟子曰："子之道，貉道也。"

## 【张居正注评】

白圭是周人，名丹。貉，是北方夷狄之国。白圭见得当时赋敛太重，民力不堪，故问于孟子说："国家因地制赋，固不能不取诸民，然如今之税法，则甚重矣。吾欲于二十分之中而取其一，使上不妨于经费，下不病于诛求，不识夫子以为何如？"孟子答说："为国者当有公平正大之体，立法者当为经常久远之规。故什一而税，乃尧舜以来，所以治中国之道也。如子二十取一之制，则是貉之道而已。以貉之道治中国之民，必有窒碍而难行者。子之言何其陋哉。"

## 【原文】

"万室之国，一人陶，则可乎？"曰："不可，器不足用也。"曰："夫貉，五谷不生，惟黍生之；无城郭、宫室、宗庙、祭祀之礼，无诸侯币帛饔飧，无百官有司；故二十取一而足也。"

## 【张居正注评】

陶，是烧造瓦器。朝食叫做饔，夕食叫做飧。孟子既以白圭之论为难行，又诘问之说："治国之必资于赋，就如用器之必资于陶也。且如万室之国，生齿甚繁，而但使一人烧造瓦器以供其用，子以为可乎？"白圭答说："不可。盖用器既有万家，而制器乃止一人。以有限之力而供无穷之用，何以能足？其势有所不可也。"夫一人之陶不足以供万家，则二十取一之赋，不可以治中国，可类推矣。故孟子因其明而晓之说："吾以子之道为貉道者，何哉？盖貉人之国，地高气寒，五谷不能生长。惟黍米一种，耐寒而生，物产甚薄，既无以为纳贡之需矣。且其居处无常，制度未备，无城郭宫室之营造，无宗庙祭祀，牺牲粢盛之备办，无诸侯交际之币帛，燕享之饔飧，无百官有司之廪禄。习俗如此朴陋，用度如此其省约，故虽二十取一，亦可以充足而有余耳。此在夷狄则然，岂可例论中国哉。"

## 【原文】

"今居中国，去人伦，无君子，如之何其可也？陶以寡，且不可以为国，况无君

子乎？"

**【张居正注评】**

孟子承上文说："华夷之界限不同，而制度之繁简亦异。居貉之地，则可以行貉之道耳。今居中国，处冠裳文物之区，有君臣祭祀交际之礼，以纲纪人伦，不可去也。有百官有司之禄，以任用君子不可无也。今欲二十而取一，则交接之礼仪尽废，是去人伦矣。建设之官尽省，是无君子矣。如此，则何以立国，何以治人？如之何其可哉？吾就子之所明者而譬之，且如万室之国，陶以一人，用器者多，而供给者寡，则必不可以为国，子固知之矣。况中国之大，不止于万室，养君子以叙人伦，不止如陶人之制器而已。使国无君子，则纲常何以扶植，政教何以推行，又岂可以为国乎？君子不可无，则经用不可废，二十取一，自不足用矣。子欲舍什一之法，而从事于貉道几何不胥中国而为夷狄哉？"

**【原文】**

"欲轻之于尧舜之道者，大貉、小貉也；欲重之于尧舜之道者，大桀、小桀也。"

**【张居正注评】**

孟子又告白圭说："中国之地，乃尧舜以来相传之土宇，则赋税之法，亦当从尧舜以来所定之章程。故什一而税，上可以足国，而下不至于病民，此尧舜之道万世无敝。人不得以私意而轻重之者也。从古至今，其取诸民者，惟貉为最轻，惟夏桀为最重耳。今欲更制立法，以尧舜之道为可损而欲轻之，则因陋就简，而与貉同道，彼为大貉而吾亦小貉矣。以尧舜之道为可加，而欲重之，则横征暴敛，而与桀同事，彼为大桀，而吾亦小桀矣。桀固不可为，貉亦岂可为哉？子当守尧舜之道，以治中国之民。若曰二十取一而足，吾未见其能行也。"

**【原文】**

白圭曰："丹之治水也愈于禹。"孟子曰："子过矣。禹之治水，水之道也。"

**【张居正注评】**

丹，是白圭的名。周人白圭，曾筑堤壅水，注之他国，以除一时之患。乃自夸其功于孟子说："古今称治水者，必归大禹。然禹之治水，用力甚劳，历时最久。今丹之治水，堤防一筑，泛滥即除，不必四载之勤，八年之久也。岂不胜于禹乎？"孟子斥之说："有非常之人，然后能建非常之功。神禹之功，万世莫及。而子自负其能，欲加于神禹之上，吾窃以为过矣。昔禹之治水，岂尝用其私智，以穿凿为能乎？亦岂尝急于近功，以堤防为事乎？盖水有自然之性，而不容强，有必由之道，而不可遏。故禹惟因水之道，顺而治之。或上流有所湮塞，而不得循其故道，则因而为之疏瀹；或下流有所泛滥,而不得归于正道,则因而为之决排,此盖以水治水,而不以己与之者也。万世而下,称其平成永赖之功,而尤服其行所无事之智者,盖以此耳。今子壅水而注之邻国,尚不知治水之道为何如,而顾自以为功,求胜于禹,不亦过乎?"

## 【原文】

"是故禹以四海为壑。今吾子以邻国为壑,水逆行,谓之洚水。洚水者,洪水也。仁人之所恶也。吾子过矣。"

## 【张居正注评】

壑,是低洼受水之处。孟子承上文说:"水性就下,而海则地势之最下者也。禹惟顺水之性,故因势而利导之,虽千支万派,无不使之奔趋于海。是以四海为受水之处,而各得其所归,所以水无逆行,而民无垫溺也。今吾子之治水,堤防于此,而灌注于彼。是以邻国为受水之处,而移祸于他邦。虽暂免一国之患,而人之遭其陷溺者多矣。其视以海为壑者,不亦异乎。盖水性可顺而不可逆。逆而壅之,则泛滥四出,洚洞无涯,这个叫做洚水。所谓洚水者,即尧时之所谓洪水也。洪水为灾,则怀山襄陵,下民昏垫,是乃仁人之所深恶者。今吾子以邻国为壑,使洪水之害,及于他邦,其为不仁甚矣。禹之治水以导利,子之治水以贻害,乃又居以为功,求胜于禹,岂不过哉。"

按:白圭之在当时,以薄赋,则欲轻于尧舜之道;以治水,则欲多于神禹之功。此皆以私智邪说,惑世诬民者。故孟子辞而辟之,非孟子则尧舜之道不明,神禹之功不著矣。故曰:孟子之功不在禹下。

## 【原文】

孟子曰:"君子不亮,恶乎执?"

## 【张居正注评】

亮,是明理自信的意思。执,是有持守。孟子说:"君子于天下之事,灼然有定见,而自信不疑,这叫做亮。确然有定守,而特立不变,这叫做执。执则临事有担当,才能有成,而惟亮则先事有主宰,才能有执,此应事接物之准也。若使研穷未到,造诣未深,道理上不曾分明,心体上不曾透彻,则事到面前,未免有影响之疑。二三之惑,方以为可行,又以为可止,非颓靡而不振,则迁就而不常,岂能有所执持,而成天下之事乎?信乎亮之不可无也。然所谓亮者,须要实见得是,方能信理信心。不然,则亦硁硁之小信,执一而不通者耳。"孔子曰:"君子贞而不谅。"孟子所谓亮,即孔子所谓贞也。此又不可不辩。

## 【原文】

鲁欲使乐正子为政。孟子曰:"吾闻之,喜而不寐。"公孙丑曰:"乐正子强乎?"

曰:"否。""有知虑乎。"曰:"否。""多闻识乎?"曰:"否。"

**【张居正注评】**

乐正子,是孟子弟子,名克。时鲁君知其贤,欲用之以执国政。孟子闻之,对门人说:"乐正子见用于鲁,是贤人得志之时,吾道可行之会。吾喜之甚,至于忘寝而不寐焉。"孟子盖深知乐正子之所长,故喜之如此。公孙丑乃问说:"人必有用世之全才,然后可以当大任。夫子喜乐正子之为政,必为其才有足取矣。不知乐正子之为人,果强毅有执,可以担当大事者乎?"孟子答说:"否。强固彼之所短也。"丑又问:"乐正子果知虑有余,可以裁决大议者乎?"孟子答说:"否。知虑亦彼之所短也。"丑又问:"乐正子果多闻博识,可以理繁治剧者乎?"孟子答说:"否。多闻识亦彼之所短也。"盖是三者皆当世之所尚,而非乐正子之所长,故公孙丑疑而历问之如此。然乐正子之抱负,有超出乎三者之长,而不囿于习俗之所尚者。公孙丑盖未之知也。

**【原文】**

"然则奚为喜而不寐?"曰:"其为人也好善。""好善足乎?"曰:"好善优于天下,而况鲁国乎?"

**【张居正注评】**

公孙丑又问孟子说:"今之为政者,皆以强力智虑多闻为尚,而乐正子皆无之,则无以居其位,而称其职矣。夫子乃为之喜而不寐,何为者哉?"孟子答说:"为政者不以一材一艺为长,而以兼容并包为度。乐正子虽无赫然可见之才,而其为人,则善人也。故闻一善言,见一善行,则心诚好之。不啻己出,汲汲然惟恐求之弗得,取之弗广者。此则乐正子之所长而已。"公孙丑又问说:"鲁,大国也。执政,重任也。好善一节,便足以治鲁国乎?"孟子答说:"善之出于己者有限,而善之资于人者无穷。为政者患不能好善耳。诚能好善,则虚怀雅量,足以容贤。开诚布公,可以广益。由是以天下之才,理天下之事,且绰绰乎治之而有余,况区区一鲁国乎?然则勇、知、多闻,不必兼备于己,而得位行道,自可以建立于时,吾之所以喜而不寐者以此。"

**【原文】**

"夫苟好善,则四海之内皆将轻千里而来告之以善。"

**【张居正注评】**

孟子承上文说:"吾谓好善优于天下者,为何?盖善者,天下之公理,好善者,天下之公心也。苟能不炫己之才,而惟好人之善,则虚而能受,如江海之纳众流;大而有容,如天地之包万物。将见风声所播,意气所招,不但相识的人,益思忠告,近处的人,皆来亲附,就是四海之内,在千里之外的,亦莫不感同气之相求,幸善言之可售，皆不惮涉远而来，告我以善矣。至是则强者效其力，智者献其谋，多闻者程其艺。合天下之见闻，资一国之治理，何所处而不当乎？我所谓好善优于天下者此也。"

## 【原文】

"夫苟不好善，则人将曰：'訑訑，予既已知之矣。'訑訑之声音颜色，距人于千里之外。士止于千里之外，则谗谄面谀之人至矣。与谗谄面谀之人居，国欲治，可得乎？"

## 【张居正注评】

訑訑，是自足其智，不嗜善言的模样。孟子又告公孙丑说："天下之治，用人则有余，自用则不足。未有不亲善士，不受善言，而能成天下之治者也。夫苟自恃其才，不知好善，平时妄自尊大，视天下之人，个个都不如我，且好自称夸；谓天下之事，件件无有不知。这风声一传，则天下之士闻之，必将私议说，此人訑訑然，自足其智，不嗜善言，却又自言天下之善，我既已悉知之矣。这样的声音颜色，人皆知其无受善之心，非惟缄口而不言，抑且望风而远去。是距绝善人于千里之外也。夫君子小人，相为消长，使直谅多闻之士，自绝千里之外而不肯来，则谗谄面谀之徒，必然阿意取容，相继而至矣。谗谄面谀之人，常在左右，与之游处，则所闻无善言，所见无善行，政事日非，而祸乱将作矣。求国之治，何可得乎？夫惟好善则有休休之度，无訑訑之容，有直谅多闻之贤，无谗谄面谀之士。善言日进，善政日修，其于治天下何难之有。此好善之优于天下，而乐正子之为政，所以为可喜也。"按：孟子此言于治道最为关切。人君处崇高富贵之地，正士易疏，而佞人易亲，谀言多顺，而忠言多逆。使非诚心好善之主，未有能任贤不贰，纳谏如流者也。故好问、好察，虞舜之所以圣；饰非拒谏，商纣之所以亡。有天下者，可不鉴哉。

## 【原文】

陈子曰："古之君子何如则仕？"孟子曰："所就三，所去三。"

## 【张居正注评】

陈子名臻，是孟子弟子。就，是仕于其国。陈子问孟子说："今之君子，急于求仕，苟且以就功名，固不可。然不仕无义，但以隐为高亦不可。不知古之君子，何如而后肯仕乎？"孟子答说："君子之处世，不必于仕，亦不必于不仕，只看道理何如，遭际何如。如其可就则就之，固未尝绝人而逃世，其所就有三焉。如其可去则去之，亦不肯枉己以徇人。其所去亦有三焉。或所处之地不同，或所遇之人不一，故其去就之迹，有不能一律而齐者。然就非贪位，去非好名，亦各尽其道而已。此古之君子所以随时处中，而不失其正也。"

【原文】

"迎之致敬以有礼，言将行其言也，则就之。礼貌未衰，言弗行也，则去之。"

【张居正注评】

孟子既明君子之去就有三，乃历数以告陈子说道："自古国君之于贤者，其上则能用之，其次能敬，其下能养。这三件礼有厚薄，而君子所视以为进退者，恒必由之。如使为国君的，有乐道忘势之心，有任贤图治之志，其始则屈己以迎之。内致其敬，外尽其礼，且欲虚怀以听之，说道：吾将采纳其言，见诸行事。这乃是可与有为之君，吾道大行之机也。君子方欲辅世长民，择君而事，岂得不委身而就之乎。使其言果得行，义无可去，则君子亦将久于其国矣。其或礼貌之恭敬，虽若未衰，而言论之敷陈，终不见用，则任贤之意不专，求治之心不笃。虽有礼文，不过虚拘而已。君子以道自重见几而作，岂得不洁身而去之乎？夫道合则留，不合则去。君子之去就，此其一也。"

【原文】

"其次，虽未行其言也，迎之致敬以有礼，则就之，礼貌衰，则去之。"

【张居正注评】

孟子又告陈子说："君子得君而事，言听计从，固所深愿，然而不可必得也。其次则在人君礼遇之何如。若进见之始，情意未孚，虽未即采纳其言，见诸行事，然接待之间，内致其敬，外隆其礼，未尝有一毫慢易其心，这犹是敬贤礼士之君，足用为善之机也。君子进必以礼，岂得不欣然而就之。如使礼意之勤，始终无替，君子亦不轻去也。及礼貌衰薄，渐不如初，此非为他，好所移，则必为小人所间，是亦不可与有为矣。贤者避色，岂得不毅然而去之乎。是盖以礼意之盛衰，决吾身之进退。君子之去就，又其一也。"

【原文】

"其下，朝不食，夕不食，饥饿不能出门户，君闻之，曰：'吾大者不能行其道，又不能从其言也。使饥饿于我土地，吾耻之。'周之，亦可受也，免死而已矣。"

【张居正注评】

孟子又告陈子说："君子以礼貌为去就，已非其为道之本心。然亦不可必得也。又有下一等的，其君既不能用，又不能敬，使贤者身处固穷，朝夕之间，俱不能食，至于饥饿不能出门户，其简贤弃礼如此，既而闻之，乃始悔过，说道：贤者在吾国中，大则当推心委任，小则当不时周给。今吾大者不能行其道，使尽展经纶，又不能从其言，使随事补益，则已失待贤之礼矣。乃至困郁无聊，饥饿于吾之土地，是又不能尽养贤之道，吾之耻也。于是致其供馈以周之。夫君之于民，固有周恤之义，而又有此悔过之言，揆之情礼，亦可受也。然岂滥受而无节哉，岂可以免死而止耳。夫周之可受，则有辞之馈，不可以终绝，是亦一就也。然受止于免死，则非义之交，不可以苟留。是亦一去也。君子之去就，又非其一乎？"合而观之，则知行道者，君子之本心。礼贤者，人君之盛节。明主诚能任贤使能，各行其志，使天下仕者皆愿立其朝，则上下交而德业成矣。

## 【原文】

孟子曰："舜发于畎亩之中，傅说举于版筑之间，胶鬲举于鱼盐之中，管夷吾举于士，孙叔敖举于海，百里奚举于市。"

## 【张居正注评】

设版以筑墙，叫做版筑。士，是狱官。孟子说："天生圣贤，所以维持世道，康济民生，不偶然也。然穷达有数，屈伸有时，往往有自困而亨者。如舜以圣人之德，践天子之位，万世称为圣君。然侧陋未扬之日，尝耕于历山，躬执耒耜，其发迹乃在于畎亩之中。使不遇尧，则一耕稼之农夫而已。傅说，辅佐高宗，成中兴之业，是商之良弼。然当初隐居傅岩，亲操版筑，就与做工的人一般。是其举用乃在版筑之间，何其贱也。胶鬲左右文王，成开创之功，是周之贤相。然当初身亲贸易，鬻贩鱼盐也，与做商贾的一样，是其举用乃在鱼盐之中，何其陋也。这两人都是王者之佐，使不遇高宗、文王，则终身工贾而已，谁则知之。管夷吾，相桓公，一匡天下。然其始尝拘囚缧绁，桓公释之以为相国，是荐举于士师之中者。孙叔敖，相楚庄以霸天下。然其始尝隐处海边，庄王用之以为令尹，是荐举于海滨之野者。百里奚相秦，而显其君于天下。然其初混迹市廛，穆公拔之牛口之下，而加之百姓之上，是乃举于市井之中者。这三人都是霸者之佐，使不遇三君，则终身罪废而已，谁则知之。"夫自古圣贤，虽君相异位，王伯异术，然皆起于困穷拂郁之中，则天意之曲成，盖有在矣。张子西铭有云："贫贱忧戚，庸玉汝于成。"即此意也。

## 【原文】

"故天将降大任于是人也，必先苦其心志，劳其筋骨，饿其体肤，空乏其身，行拂乱其所为，所以动心忍性，曾益其所不能。"

## 【张居正注评】

大任，是重大的责任。空，是穷。乏，是绝。拂，是背戾。曾字是与增加的增字同。孟子承上文说："舜之为君，傅说诸臣之为相，皆天之所笃生，以济世安民者。然皆起于困穷拂郁之中，这是为何？盖为君为相，是世间极大的责任，必才全德备之人，才足以当之，而非备尝艰难，更历变故，则无以成其德，而达其才也。故天将以君相之任，付托于斯人，则必先置之困穷之地，内则苦其心志，使不得展舒。外则劳其筋骨，饿其体肤，穷乏其身。使不得安养。见有行事，则违拂谬乱其所为，使不得称意。这等样愁苦无聊，真人情之所不能堪者，天岂无意于斯人哉。盖良心多发于忧勤，而气禀每纵于佚乐，经了这般挫折，则惕然而自奋，是所以竦动其仁义礼智之心，而使之益纯也；受得这般贫苦，则泊然而无求，是所以坚忍其声色臭味之性，而使之益定也。又且磨炼于人情，阅历于世故，则闻见日广，智虑日生，是又增益其才力之所不能而使之充裕也。这等才全德备的人，出而当天下之大任，岂有不光明俊伟，超出寻常者哉。然则天之所以困之者，正所以厚之也。"尝观自古创业之君，皆以险阻艰难得之，而其后守成之主，多以丰亨豫大失之。则知天命无常，天心莫测。或以无虞而失国，或以多难而兴邦。人主常能仰承天心，慎保天命，则祖宗之业，万世无坠矣。

【原文】

"人恒过，然后能改；困于心，衡于虑，而后作；征于色，发于声，而后喻。"

【张居正注评】

恒字解作常字。衡，是不顺的意思，作，是奋起。征，是验。喻，是晓。孟子承上文说："自古圣贤，莫非天授，然必由困穷而后能兴起，况常人乎。夫人非圣贤，孰能无过？然必先有过失，乃能惕然省悟，幡然改图，有所惩于前，则有所儆于后，人情大抵然也。盖事未有不慎其始而能善其终者。中人之性，少有怠惰，或不能谨于平日，到那事势穷蹙，仓皇失措的时候，其心困而不舒，其虑衡而不顺，思前算后，都行不去了。然后悔过自新，奋然感发而兴起，精神意气，都从那愤激中鼓动出来。而平时怠惰之失，庶几其能改矣。事未有不始于微而成于著者，中人之资，少有昏昧，便不能烛于几微，到那事理暴著掩护不得的时节，验于人之色，发于人之声，群讥众讪，都堪不得了。然后反听内照，豁然警悟而通晓，聪明智慧，都从那障蔽中磨砺出来，而昏昧之失，亦庶几其能改矣。"夫困心衡虑而作，则虽柔必强；征色发声而喻，则虽愚必明。其与圣贤之动心忍性，增益不能者，其机一也。可见人不患其有过，而患其不能改。以成汤之圣，不称其无过，而称改过；以宣王之贤，不美其无阙，而称补阙。欲为圣贤者，毋自弃焉。

【原文】

"入则无法家拂士，出则无敌国外患者，国恒亡。"

【张居正注评】

法家，是法度世臣，拂士，是辅拂贤士。孟子承上文说："善心每发于忧勤，祸患常生于怠忽。过然后改，岂独人情为然，就是治国之道，也是如此。若使为人君者，有世臣大家，谨守其法度，有忠臣贤士，匡救其阙失，则内有所严惮，而不敢纵肆。有强大之敌国，常畏其凌逼，有军旅之外患，常恐其疏虞。则外有所警惧，而不敢怠荒，此国之所由兴也。若使入而在内，无法家拂士，则必亲谀佞而废箴规；出而在外，无敌国外患，则必怀宴安而忘警惕，将见心志日荒，政事日坏，而祸乱随之矣。国岂有不亡者乎？"盖治国之道，譬之治身治家。治身者，以药石攻疾，常恶其苦口，而不知补救之功大。治家者，以铃柝警盗，常厌其聒耳，而不知防御之益多。故人主不乐忠言，是讳疾也。疾将日深，不虞外患，是诲盗也。盗将日至，此必亡之势也。故明君能容切直之言，盛世不忘无虞之戒。有天下者可以鉴矣。

【原文】

"然后知生于忧患，而死于安乐也。"

【张居正注评】

孟子总结上文说："好生、恶死，人之常情。然但知安乐之可以得生，忧患之足以致死而已。今观圣贤之成德，中人之改过，乃在于动心忍性，困心衡虑之余，而国家之危亡，顾在于内外无虞之日。然后知人之生全，多出于忧患，而其死亡，多由于安乐，此其明效大验，彰彰甚著者也。盖人处忧患之中，则操心也危，虑患也深，有恐惧修省之诚，而无放僻邪侈之行。故可以成身，可以保国。譬如多病的人，兢兢保护，反得生全。所以说生于忧患。人处安乐之日，则求无不得，欲无不遂。盘乐怠傲之情多，而忧勤惕励之意少。故大则亡国，小则丧身。譬如壮盛的人，恣情纵欲反致死亡。所以说死于安乐也。"夫人情莫不恶忧患，而所恶有甚于忧患者莫如死；亦莫不好安乐，而所好有甚于安乐者莫如生。人能于安乐之中，不忘忧患，则有生全之福，无死亡之祸矣。《易经》上说：危者，安其位者也。亡者，保其存者也。有国家者宜三复于斯。

【原文】

孟子曰："教亦多术矣，予不屑之教诲也者，是亦教诲之而已矣。"

【张居正注评】

术，是教人的方法。不屑，是不以其人为洁而拒绝的意思。孟子说："学者受教之地不同，君子教人之法亦异。故或与或不与，或抑或扬，无非因人而施，期于成就，其为教亦多术矣。如何见得教之多术？盖人皆知教之为教，而未

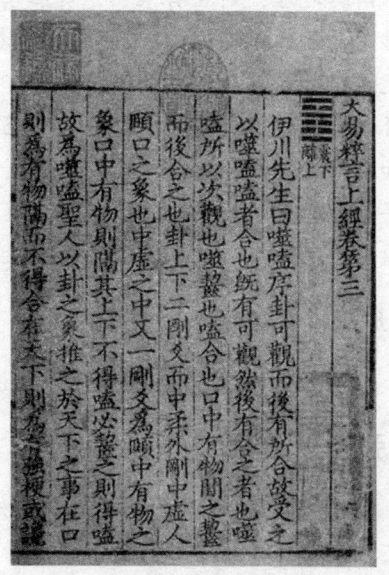

《易经》书影

知不教之为教。彼进之门墙，列于弟子，有问则答，有惑则解，这固是教诲他。乃亦有习于不善，惑于异端，气质未能变化，心志未能专一，则君子亦有不以为洁而拒绝之者。这叫做不屑之教诲。若使其人果能幡然悔悟，惕然省改，遂能易恶以至中，去邪而从正，这也是我教诲他一般。可见来而不拒，因才而笃者，固教也；拒而不纳，使有激而兴者，亦教也。"观不教之为教，而教之多术可知矣。昔孔子之于孺悲，孟子之于曹交，皆是如此。然施教者，固必有曲成不遗之仁。受教者，尤贵有随事修省之实。若因其不屑，而阻于上进，是则自暴自弃者耳，亦将如之何哉？

## 尽心章句上

凡四十二章。

【原文】

孟子曰："尽其心者，知其性也。知其性，则知天矣。"

【张居正注评】

尽，是完全、充满的意思。孟子说："人身方寸之中，神明不测的，叫做心，心所具之理，叫做性。吾心至虚至灵，浑涵万理，其体本无不全，然非研穷事物，识得吾心所具之理，则理有未明，即心有所蔽，安能满其本然之量乎。若是能尽其心，而于神明之本体完全充满，无少亏欠者，必是能知其性，而于民彝物则之理，融会贯通，无所疑惑者也。夫天者理而已矣，天以此赋于我，我以此成于性，本是联合而无间的。既知其性，则心思之莹彻，可以穷神，识见之玄微，可以达化。知吾性之仁与礼，便知道天之元亨，知吾性之义与智，便知道天之利贞，而于穆不已之命，可以默悟而潜孚矣。岂有不能知天者乎？学而至于知天，则物格知至，而所以造其理者，无余蕴矣。"

【原文】

"存其心，养其性，所以事天也。"

【张居正注评】

承上文说："君子之学，以致知为入门，尤必以践履为实地，心固尽矣，犹恐出入之无常，则操而存之，使一动一静，常在于方寸之中，而不夺于外诱之私；性固知矣，犹恐作为之或害，则顺而养之，使事事物物，常循其自然之则，而不涉于矫揉之失。君子存养之功，交致其密如此，这是为何？盖心为天君，性由天命，是皆天之所付于我者，若放逸其心，戕贼其性，这就是慢天衮天，而非所以事之矣。今吾能操存此心，是所以奉吾之天君，而不敢违越。顺养此性，是所以保吾之天命，而不敢失坠，就如上帝临汝，日在左右的一般，岂非所以事天乎？能事天，则意诚心正，而所以履其事者有全功矣。"

**【原文】**

"夭寿不贰，修身以俟之，所以立命也。"

**【张居正注评】**

贰，是疑惑。承上文说："君子知天事天，其于察识存养，固能兼体矣。然死生祸福之说，最易以惑人，而省察克治之功，最难于持久，使识见未融，工夫有间，于知天事天，犹未为至也。诚知人之生死，犹昼夜之必然，数之长短，皆造化之默制。或夭或寿，坦然无所疑贰于其中。而惟一意修身，安心俟命，完吾性分之固有，而利害付之不闻，尽吾职分之当为，而祸福听其自至。真有壮老一节，始终一心者，这是为何？盖天之所命于我者，不但使之禀血气以有生，而实使之参三才而独立。今夭寿之间，看得这等透彻；修身之功，持得这等坚定。是将天赋与我的，浑然全备，无一毫戕贼；挺然树立，无一些失坠。幸而寿则自作元命，而好德考终。不幸而夭，则亦顺受天命，而没齿无憾，岂不谓之立命乎？"学至于立命，则为知之尽，仁之至，而知天事天，胥造其极矣。

**【原文】**

孟子曰："莫非命也，顺受其正。是故知命者，不立乎岩墙之下。"

**【张居正注评】**

岩墙，是险峻之墙，基薄而将覆者。孟子教人以知命之学，说道："凡人之生，吉凶祸福，皆有一定之数，宰于冥漠之中，莫非天之所命也，而能顺受其正者少矣。惟君子尽其在我，听其在天，或降之以福，固顺以受之，而不敢以吉为可趋；或降之以祸，亦顺以受之，而不敢以凶为可避。就如受父母之命，东西南北，遵道而行，这才是顺受其正。若冥行妄趋，蹈危履险，至于丧身陨命而不顾。这就如立在岩墙之下的一般。覆压之患，必所难免，其不知命甚矣。是以知命之君子，虽不肯侥福于回，然必择地而蹈，必不肯立身于岩墙之下，而自取覆压之祸也。"盖惟知命，而后能顺受其正，不知有正命者，安望其能顺受也哉。

**【原文】**

"尽其道而死者，正命也；桎梏死者，非正命也。"

**【张居正注评】**

桎梏，是刑具，如今杻镣一般，承上文说："莫非命也。何以叫做正命？盖命禀于天者也。人能存心养性，尽了自家修身的道理，而不免于死者，这是天数该死，莫之为而为，莫之致而致，乃所谓正命也。若夫暴横凶恶之人，身犯重罪，为桎梏所拘囚而死者，此则自作之孽，乃人情所共愤，王法所不容，非天降之灾也，岂得为正命乎？"夫命之修短，虽制于天，而死之善恶，则系于己。此知命之君子，所以顺受其正，而不立于岩墙之下也。世之人，或纵欲以戕生，或行险以犯难，及至躯命不保，而一切归咎于命，不亦谬哉。

## 【原文】

孟子曰："求则得之，舍则失之，是求有益于得也，求在我者也。"

## 【张居正注评】

孟子见人徇欲而忘理，因晓之说道："人情不能无慕好，则不能无贪求之念。而不知物有所当求，不可不辨也。今有物于此，不求则已，而求则得之，不舍则已，而舍则失之，以求而得，以不求而失，是求之不劳，而得之甚易也。岂非求之有益于得者乎？所以然者为何？以其求在我而已。"盖仁义礼智，皆吾性分中的道理，自天赋之，则为降衷之良，自我具之，则为懿德之好，于我之自有者而自求之，足乎已，无待于外。此所以随求而随得也。求之有益于得，人其何惮而不求也哉。

## 【原文】

"求之有道，得之有命，是求无益于得也，求在外者也。"

## 【张居正注评】

承上文说："有物于此，不可以妄求也。而求之有道，不可以必得也。而得之有命，道有所拘，命有所限，是求之徒切，而得之甚难也。岂非求之无益于得者乎。所以然者为何？以其求在外而已。盖富贵利达，皆吾身外之物也。穷通之故，在天而不在人，予夺之权，在人而不在我，得之自外，失之自外，于我本无所加损，而我亦不能自制其得失。此所以难求而未必得也。求之无益于得，人亦何劳于必求也哉。"大抵外慕重者，则内视必轻。战国之士，虽垄断乞墦之事，且不为耻，宁知有道德之可求，义命之当安乎。欲维世风，培士气者，必陶之以教化，使人皆厉无求之节而后可。

## 【原文】

孟子曰："万物皆备于我矣。反身而诚，乐莫大焉。"

## 【张居正注评】

这是孟子勉尽人性的意思，说道："人生天地之间，以形自视若甚微，以道自视则甚大。盖天下之物，万有不齐，虽纷然其至迹矣。然物不能外于理，理不能外于心。

大而君臣父子，即吾性之统体。小而事物细微，即吾性之散殊，无一物无当然之理，则无一物不具于性分之内，浑然完备，森然包罗，何尝有分毫之欠缺乎？人惟不能反求其理，斯无以兼体诸身耳。苟反之于身，于吾所性之理，心诚好之，无一念不极其真纯。身诚体之，无一事或待于勉强，如此，则理与心融，心与理浃，天全而性得，怡然有顺适之休矣。其乐孰有大于此者乎？"

【原文】

"强恕而行，求仁莫近焉。"

【张居正注评】

承上文说："人能反身而诚，则天理浑全而仁矣。苟或未诚，是犹有私意间隔，而天理尚未纯也。必勉加克己之功，力行推己之术。如己之所欲，亦人之所欲也，则勿以私之于己；己之所恶，亦人之所恶也，则勿以加之于人。强恕而行如此，虽未即与仁为一，而私欲渐克，天理复还，去大公无我之度，庶几为不远矣。求仁之方，其孰有近于此者乎？要之理一而已。在外则为物，在内则为性，实此谓之诚，纯此谓之仁。本同出而异名者也。人惟廓一心以为统会之基，循众理以为涵养之地，不以妄念汩其天真，不以私意拂其顺应，则心与理合，而性分自无不全矣。尚何有物我之辨，安勉之殊哉？"

【原文】

孟子曰："行之而不著焉，习矣而不察焉，终身由之而不知其道者，众也。"

【张居正注评】

见理分明叫做著，洞析精微叫做察。孟子说："道在天下，本人之所共由，宜人之所共知也。而人每病于不知道者，何哉？身自由之，身自昧之耳。今人日用之间，出入往来所践履者，那一事不是道，然徒行之而已。而道所当然之理，在于所行之中者，则茫然不知其条贯也。践覆之久，性情形体所安便者，那一事不是道，然徒习熟而已。而道所以然之故，在于所习之内者，则懵然莫察其端倪也。夫不行无望其能著也，即行矣，而犹不著，则终于不著矣。不习无望其能察也，既习矣，而犹不察，则终于不察矣。此蚩蚩之民，所以自少至老，终身由于斯道之中，而不知斯道为何物者，比比皆然也。自由而自昧之，岂不可叹之甚哉。要之百姓日用而不知。此凡民之常，无足怪也。乃贤智者，又往往求道于庸行之外，务知人之所不必知，则与不著不察者，相去能几何哉？"子思说："人莫不饮食也，鲜能知味也。"孟子之言，盖本于此。

【原文】

孟子曰："人不可以无耻，无耻之耻，无耻矣。"

【张居正注评】

孟子说:"羞恶之心,人皆有之。故见善则迁,知过能改,凡以其有耻也。人若贪昧隐忍,无这羞耻之心,小则丧失廉隅,大则败坏名节。以不肖自待,人亦以不肖憎之;以下流自处,人亦以下流恶之,其为可耻莫甚焉,此人之不可以无耻也。有能知无耻之可耻,而内愧于心,介然萌悔悟之机,外怍于人,奋然厉进修之志,将见善由是而日迁,过由是而日改,终身无复有耻辱之累矣。"夫无耻由于有耻如此,人岂可自失其耻心,而甘为小人之归哉。

【原文】

孟子曰:"耻之于人大矣,为机变之巧者,无所用耻焉。不耻不若人,何若人有?"

【张居正注评】

机,是机械,是变诈。孟子说:"吾人立身行己,道非一端,而独不可以无耻者,何哉?盖羞恶之心,人所固有,存此则进于圣贤,失此则入于禽兽。其关系于人品心术,诚甚大矣。世间有一等奸险小人,暗地害人,则机械深藏而莫测,多方欺人,则变诈百出而不穷。似这等为机变之巧的,其所为之事,皆人所深耻而不肯为者,而彼方且以智巧为得计,其于愧耻之心,恬然无所用之矣。人而至于无所用耻,则无耻一事,已不能如人,由是良心丧而悔悟亡。大节一隳,万事瓦裂。凡可以行险侥幸,欺天罔人者,皆将不顾礼义而为之矣,更有何事可以如人者乎?信乎耻之所系者大也。"大抵小人能为奸邪者,其处心积虑,皆极天下之至巧,往往使人堕其术而不觉。若轻信而误用之,则流毒播恶不可胜言。岂但决廉耻之防,为世教之玷哉?此又用人者所当知也。

【原文】

孟子曰:"古之贤王,好善而忘势;古之贤士,何独不然?乐其道而忘人之势。故王公不致敬尽礼,则不得亟见之。见且由不得亟,而况得而臣之乎?"

【原文】

孟子说:"人君固当尊贤,贤士亦当自重。今之君每自恃其势,而今之士多狥人之势,此上下之所以不交也。尝考古之贤王,崇高富贵,其势分无以加矣。而一念屈己下贤之诚,惟知有道德之可好,不知有势分之足恃也。古贤王待士之厚如此。若古贤士之自待,何独无所好,无所忘哉。乐己之道,而怡然抱德义以自高;忘人之势,而漠然视富贵若无有,此则贤士之所以自待者耳。二者势若相反,而君臣各尽其道,实所以相成。设使王公内无敬贤之心,而诚意不至,外无尊贤之礼,而仪节或疏,则贤士以道自重者,心不肯枉己以求合,虽欲数数见之而不可得矣。夫见且犹不得数,况欲縻之以爵禄，授之以事任，使之委质为臣，岂可得乎？"此可见惟贤王方能遂贤士之高，惟贤士方能成贤王之大，此隆古泰交之盛，所以不可及也。今则上轻于待士，士亦轻于自待矣，岂不两失其道哉。孟子此言，固以矫当世上骄下谄之风，亦以明己不见诸侯之义也。

## 【原文】

孟子谓宋勾践曰："子好游乎？吾语子游。人知之，亦嚣嚣；人不知，亦嚣嚣。"

## 【张居正注评】

宋勾践是人姓名。游，是游说诸侯。嚣嚣，是自家有一段快乐无求于人的意思。孟子与宋勾践说道："今列国策士，无不喜为游谈以干世主者，子亦好游说乎？吾告子以游说之道。夫游说而冀其言之获售，往往以人之知与不知为欣戚，此非知道者也，子之游也。如其言见信而人知之，此心固嚣嚣然自得也，初不因人之知，而遽以为喜。如其言不见信而人不知之，此心亦嚣嚣然自得也，初不因人之不知，而遽以为忧，夫自足于己，而置得失于两忘，无求于人，而任穷通于所遇，则随其所往，无非顺适之境，而游道斯为美矣。"

## 【原文】

曰："何如斯可以嚣嚣矣？"曰："尊德乐义，则可以嚣嚣矣。"

## 【张居正注评】

勾践问说："得失之念，人情所不能忘也。今曰嚣嚣，非大有涵养之士不能，敢问何如斯可以至于嚣嚣乎？"孟子答说："所谓嚣嚣者，非可以矫情饰貌为之也，以其足诸己而无待于外耳。彼人所得之善，如孝弟忠信，根于所性者叫做德，其理有常尊也。吾则恭敬奉持之而不敢忽，所守之正，如进退取与，各有所宜者，叫做义。其理本至乐也，吾则欣慕爱乐之而不敢忘。夫尊德则良贵在我，见大人可以藐之而何羡乎爵位之荣。乐义，则真趣在我，随所遇可以安之，而何计乎得丧之迹。由是而人知之可也，人不知亦可也，有不可以嚣嚣者乎？"

## 【原文】

"故士穷不失义，达不离道。穷不失义，故士得己焉；达不离道，故民不失望焉。"

## 【张居正注评】

孟子又告宋勾践说："人惟充养之未盛，是以感遇之易迁。诚能尊德乐义，则何往而不宜哉。故当其穷而在下，身至困矣。惟能尊德乐义，则操持坚定，而可贞之守，必不以贫贱而移，岂至于失义乎？及其达而在上，身既显矣，惟能尊德乐义，则措注

光明，而可行之道，必不能富贵而谄，岂至于离道乎？夫砥行饬躬，士之所以自爱其身也。今能穷不失义，则不降其志，不辱其身，而生平砥砺之大节，兢兢然惟恐其失坠者，果能全所守焉，士于是乎不失己矣。兴道致治，民之厚望于士也。今能达不离道，则上不负君，下不负民，而苍生仰望之风心，嗡嗡然思见其德化者，果能如所愿焉。民于是乎不失望矣，穷达无往而不宜，则此身随寓而自得，而所谓人知之亦嚣嚣，人不知亦嚣嚣者此也。使非有尊德乐义之心，安能见诸行事之实如此哉？"

【原文】

"古之人，得志，泽加于民；不得志，修身见于世。穷则独善其身，达则兼善天下。"

【张居正注评】

孟子既告宋勾践以尊德义之实，又举古人以证之说道："古之人以道济天下为志者也，当其得志而居可为之位，则推此德义于人，而需膏泽于黎庶。身在廊庙，而功在斯民也。其或此志弗遂，而无可致之权，则修此德义于身，而显大名于当世。身在畎亩，而声在寰区也。夫不得志，而修身见于世，则知古人之处穷，非泯泯而无称也。位之所不在，则敛斯道于吾身，德自我尊，义自我乐，以一身会民物之理，而百世其可师矣。不有以独善其身乎？得志而泽加于民，而知古人之处达，非汲汲于干进也，位之所在，则推斯道于天下，德与天下共尊之，义与天下共乐之。以一身立民物之命，而四海皆度内矣。不有以兼善天下乎？夫穷达无往而不善，此古之人所以不失己。不失望也。士欲嚣嚣，可不以古人为法哉？古人能嚣嚣者，惟伊尹为然。观其耕莘之时，则严一介不取之操，就汤之日，则以一夫不获为耻，其能不失己、不失望，可见矣。"

【原文】

孟子曰："待文王而后兴者，凡民也。若夫豪杰之士，虽无文王犹兴。"

【张居正注评】

孟子说："善虽由教而入，非因教而后有也，在人之自勉何如耳。古今语教化之善者，莫如周文王。其时成人有德，小子有造人才之兴起者，诚济济然其盛矣。然吾以为秉彝之良，人所固有，必待文王之教，而后能奋发有为。是其气禀之偏，必矫揉而后善，习俗之染，必变化而后新，此乃凡民则然耳。若夫豪杰之士，生来才智明敏，既迥出于寻常，志气坚强，又不屈于物欲，使遇文王在上，固相忘于道化之中矣。即不幸而不遇文王，亦自有出类拔萃之能，而无待于观感渐摩之助。以砥砺于道德，则卓然有以自立；以奋迅于事功，则毅然有以自任。不待闻文王之风，被文王之泽，而后能感发兴起也。此则惟豪杰之士能之耳，岂可概责之凡民哉。"孟子此言，见为士者，不可以凡民自安，而当以豪杰自待也。然豪杰之士，虽不待教而兴，未尝不应运而出，有文王为之君，则必有太颠、闳夭、散宜生之徒为之辅佐，所以上下交，而德业成也。使豪杰之生，而不遇圣王，则亦何以自见其辅世长民之功哉？

【原文】

孟子曰："附之以韩魏之家，如其自视欿然，则过人远矣。"

【张居正注评】

附，是增益。韩、魏是晋之世卿。欿然，是不自满的意思。孟子说："人情之所易溺者，莫如富贵，少有所得，而即矜己夸人，侈然自满者多矣。有人于此，官非卿士之素也，家非有世禄之资也。一旦举韩魏之家而附益之，忽然贵为上卿，富有百乘，享此非望之福，其快意宜何如者，乃能自视欿然，恰似不曾增益的一般，略无骄盈之念、盛满之容。这等的人，识见高明，物欲不能昏其志；涵养坚定，势利不能动其心。举世之所夸张羡慕者，而视之如浮云，轻之如敝屣，其中自有至贵至富者在矣，其过人也，不亦远乎！然则世之溺情于富贵未得，而不胜其贪饕之欲，既得，而不胜其餍足之态者，视此亦可愧矣。"

【原文】

孟子曰："以佚道使民，虽劳不怨。以生道杀民，虽死不怨杀者。"

【张居正注评】

孟子说："圣王在上，而民无怨咨者，非不役一人，不杀一人，而后为德也。惟其有不忍伤民之心而已。王者不忍疲民之力，则使民本非其所欲也，而势有不得不使之者，如播谷乘屋之类，何能不用民之力乎？然役使之中，有休养之利存焉，这是以佚民之道使民也，由是民之服役者，皆将曰：上之劳我者，所以安我也，感休养之美意，虽身勤于事，悦而忘其劳矣。夫岂有怨其厉己者哉？王者不忍残民之命，则杀民本非其所欲也，而法有不得不杀之者，如除害去恶之类，何能不戕民之生乎？然刑谬之内，有安全之意寓焉。这是以生民之道杀民也。由是民之见杀者，皆将曰：上杀我者，本以生我也。体安全之至情，虽身陷于罪，悦而忘其死矣。岂有怨其虐我者哉？夫民情莫不好佚而恶劳，好生而恶杀也。而至于劳之杀之不怨，惟其使之有道，非妄使也，杀之有道，非妄杀也。世主疲民以非时之役，而驱之若牛羊，威民以严峻之刑，而刈之若草菅，使民劳不得息，死非其辜。如此，而欲民之无怨，得乎？"

【原文】

孟子曰："霸者之民，驩虞如也。王者之民，皞皞如也。"

【张居正注评】

驩虞，与欢娱二字同，是感戴喜悦的意思。皞皞是广大自得的模样。孟子说："王霸之治教不同，功效亦异，但自其民风观之可见矣。以霸者之民言之，生聚于战争之余，休养于憔悴之日，煦煦之仁，所施能几，而共荷之以为功，沾沾之惠，所济能几，而共享之以为利。即其欢欣鼓舞之状，殆犹饥者之易食，渴者之易饮一般，有不胜其感悦之至者矣。不可以彷佛其驩虞之情景乎？乃若王者之民，则异于是，涵濡于道化之中，游泳于太和之世，耕食凿饮，无一民不遂其生，而各乐其乐，不知其乐之所从来也。老终壮养，无一民不被其泽，而各利其利，不知其利之所自出也。即其广博周遍之恩，殆犹天之无不覆，地之无不载一般，有相忘于造化之内者矣。不可以想见其皞皞之气象乎？"盖霸者有心以悦民，故民悦之，而效之所感者浅；王者无心于得民，故民忘之，而化之所及者深。此王道之异于霸功，而论治者，不可不审所尚也。

## 【原文】

"杀之而不怨，利之而不庸，民日迁善而不知为之者。"

## 【张居正注评】

庸是功。承上文说："王民皞皞之化，所以异于驩虞者，何以见之？惟其有大公至正之体，而刑政治教，一无所容心于其间耳。民之所恶莫如死，王者以刑纠万民，固有时而杀之矣。而民之见杀者，曾不以为怨恨。盖天讨有罪，王者亦惟承天意以杀之而已。为民除残，为民去暴，而非有意于作威也，何怨之有？民之所趋莫如利，王者以政养万民，固尝有以利之矣。而民之享其利者，曾不以为功德。盖天时有生，王者亦惟顺天时以布令而已。分之田里，导之树畜，而非有意于市恩也，何庸之有？至于民之去恶迁善，又莫如教化。王者以教正万民，亦尝导民以善矣。而民之被其教者，日迁于善，曾不知谁之所为。盖天降下民，厥有恒性，王者亦惟因性牖民，使自得其本然之善而已。民德日正，民行日兴，而非有科条诏令之可指也，孰得而知其为之者哉？夫治出于上，而不见其作为之迹，化成于下，而莫得其感应之端，所谓王民皞皞，其气象盖如此。岂霸者驩虞之民，可同日而语哉？"

## 【原文】

"夫君子所过者化，所存者神，上下与天地同流，岂曰小补之哉？"

## 【张居正注评】

承上文说："王者之道，其刑政治教，民皆无得而名，则德业之盛，岂可以易言哉？盖王者以一身统理天下，凡政教所施及，就如其亲身所经过。经过处才只俄顷之间，而风声鼓动，万民之耳目皆新，其感发兴起之机，殆有勃然而不可遏者矣。所过有不化乎？王者以一心运量天下，凡政教所推行，都本于心思所存主，存主处才只一念之微，而志意感通，四海之精神已会，其潜乎默运之妙，殆有渊然而不可测者矣。所存不亦神乎？夫天地以神化而成覆载万物之功，王者以神化而究甄陶一世之泽，则尽天地之间，皆气化之流行，亦皆王道之充塞，而德业之盛，上下与天地同运而并行矣。岂但如霸者之功，解纾患难于一时，仅小小补塞其罅漏而已哉？"王道之大如此，此王民所以囿于大造之中，睢睢而莫知其然也。世主溺于功利之说，反厌王道而迂缓，遂以见小欲速之心乘之，未有不殃民偾事者。明主宜究心焉。

【原文】

孟子曰："人之所不学而能者，其良能也；所不虑而知者，其良知也。"

【张居正注评】

孟子欲明人性之善，因指良心以示之说道："人皆知己之有性，而不知其出于天。试自知能观之，则可见矣。大凡人之于事，由学习而后能的，这不叫做良能。惟是不由学习之功，而精神自会运用，一举动皆成法吻合，这乃是天然自有之能，非一毫人力可与。贤者能之，而不肖者，亦无待于勉强也，非良能而何？人之于理，由思虑而后知的，这不叫做良知。惟是不费研穷之力，而聪明自尔疏通，一意念皆与至理默契，这乃是天然自有之知，非一毫人谋可及。智者知之，而愚者亦无待于思索也，非良知而何？人皆有知能之良如此，则善原于性，性出于天，不假于外求可知矣。乃有凿以人为之私者，岂非自丧其本然之善也哉？"

【原文】

"孩提之童无不知爱其亲者，及其长也，无不知敬其兄也。亲亲，仁也；敬长，义也。无它，达之天下也。"

【张居正注评】

承上文说："吾所谓良能良知者，何以验之？尝观孩提之童，太朴未漓，一赤子之心而已，何学何虑也。然于其父母，无有不欢欣眷恋相依而不能舍者，皆知爱其亲也。及其稍长，情欲未荡，亦尚赤子之心而已，何学何虑也。然于其兄，无有不恭敬奉承，退逊而不敢慢者，皆知敬其兄也。夫以孩提而知爱亲敬长之道，此可以验知能之良矣。然是爱亲敬长之心，非自外至，即吾性之仁义也。仁主于爱，而爱莫切于爱亲。故于孩提之爱，可以观仁义主于敬，而敬莫先于从兄。故于孩提之敬，可以观义，夫爱敬之心，不过为一人之私情，而即谓之仁义者，何哉？此无他故，仁义乃人性之同具，天下之公理也。今以孩提之爱，推之天下，无一人不同此爱，爱同，所以为吾性之仁也。以孩提之敬，推之天下，无一人不同此敬，敬同，所以为吾性之义也。使非出于吾性之仁义，何以能达之天下也哉？"夫观仁义之理，不出于爱亲敬长之间，则知道率于性，无不同也。观爱敬之道，不出于孩提知能之良，则知性原于天，无不善也。乃世之言性者，不知验之于纯一之初，而徒求之于研丧之后，其致疑于性善之说宜矣。

【原文】

孟子曰："人之有德、慧、术、知者，恒存乎疢疾。独孤臣孽子，其操心也危，其虑患也深，故达。"

【张居正注评】

德慧，是德性之聪慧。术知，是处事之智巧。疢疾，如说灾患一般。孟子说："人情每快志于安乐，而拂意于困穷，不知困穷，乃成德之地也。故凡聪明内含，而德性中有警敏之识，可以烛事理于未然，这叫做德慧。技能外运，而才术中有机智之巧，可以善事理之当然，这叫做术智。人之有此德慧术知者，非优游安逸者能然也。多因遭罹患难，有以激发其善心，涉阅忧虞，有以顿挫其逸志，故德慧以困衡而生，术智由磨练而出，大率从疢疾中来耳。何以验其然也？且如为臣尽忠为子尽孝，理之常也。独有孤远之臣，忠不得自效于君；庶孽之子，情不得自达于亲，这正是臣子之有疢疾的。此等之人，其操心则朝乾夕惕，一念不敢以自安；其虑患则左隄右防，一事不敢以少忽。惟是经过这等样危苦，所以战兢之中，精明焕发，人情自尔其周知。惩艾之久，险阻备尝，世故自尔其习熟，此所以事理无不达，而德慧术知，所由成也，疢疾之有益于人如此。处忧患者，岂可失意于变故之临，而不思其为进德之地也哉？"人主当治平之日，则逸欲易生，处多难之时，则忧勤独切，君德之益亦如此。

【原文】

孟子曰："有事君人者，事是君则为容悦者也。"

【张居正注评】

孟子说："人臣事君，人品不同，事业亦异。约而言之，大概有四等。有一等事君的人，方其未得君之时，固不胜其患得之心矣。及得君而事之，其终日所孜孜图维者，专在容悦一事上着力。或君之所为不善，则曲意阿徇，惟恐拂其所好，虽陷于有过，亦所拂恤。或君之所欲未形，则先意逢迎，惟恐不投其所好，虽置君于恶，亦所弗顾，但知为容悦之资，全身保禄而已。其于君德之成败，国事之理乱，漫然不知究心，此特鄙夫之事，妾妇之道而已，有臣若此，将焉用之？人臣之品，此其最下者也。"

【原文】

"有安社稷臣者，以安社稷为悦者也。"

【张居正注评】

孟子又说："容悦之臣，固无足言矣。又有一等安社稷的臣，谋国之念，甚于谋身，其心之所孜孜图维者，惟以安社稷为事。如君为社稷之主，则绳愆纠缪，务使主德无阙，而保国祚于荣昌；民为社稷之依，则济弱扶倾，务使民志不摇，而奠邦基于巩固。以一身任安危之寄，决大疑，戡大难，而劳怨不辞；以一身当利害之冲，事求可，功求成，而险阻不避。殚精竭力，眷眷焉惟社稷之安是图，必社稷安而后此心始安，就如小人务悦其君的一般，有不能一息释然于怀者。此则志存乎立功，事专于报主，以功名为志，而富贵不足以累其心者也。岂非人臣之忠者乎？"

**【原文】**

"有天民者，达可行于天下而后行之者也。"

**【张居正注评】**

孟子又说："社稷之臣，其忠固可称矣，然不免为一国之士也。等而上之，又有所谓天民者，乃天生此民中独能全尽人道者。其人品既高，自任甚重，推其用世之志，固欲大有所为。原其重道之心，实不肯轻于一试，必酌量于出处之际，审察于上下之交达而度，其道行于上，而可以成佐命之功。然后出其身以事是君，苟非得君行政之会，宁隐处以终身矣。达而度其道行于下，而可以建庇民之业，然后出其身以泽是民。苟无兴道致治之机，宁遁世而不悔矣。盖惟其抱负甚宏，故志愿甚大，志愿大，故所以自待其身者甚不轻也。此所谓志于道德，则功名不足以累其心者，人品之高，又在社稷臣之上矣。"

**【原文】**

"有大人者，正己而物正者也。"

**【张居正注评】**

孟子又说："天民欲以道济天下，而不免较量于出处之间，是犹有意于正人也。等而上之，又有所谓大人焉。大人身修道立，惟自尽正己之功。而德盛化神，效自极感人之速，上而正其君，不必形之讽议也。身范克端，而精诚感孚，人主之非心自格，君德遂无不正矣。下而正其民，不必申之禁令也。表仪既树，而风声鼓舞，蒸黎之耳目咸新，民行遂无不正矣。此则功在社稷，而无计安社稷之劳；道济天下，而无意必行藏之迹，所谓大而化之者也。臣道至此，殆无复有加焉者矣，其人臣之上品乎。"合此章之言而观之，人臣之品，不但容悦小人与君子不同，即社稷臣以上，若天民大人，亦有此三等。人主必明以辨之，使贤奸不至于混淆；断以决之，使用舍不摇于疑贰，则谗谄自远，忠贤自近。君正莫不正，而社稷有磐石之固矣。

**【原文】**

孟子曰："君子有三乐，而王天下不与存焉。父母俱存，兄弟无故，一乐也。仰不愧于天，俯不怍于人，二乐也。"

【张居正注评】

孟子说："人情自一物以上，皆不能无喜好之念，而至于王天下，则其乐宜无以加矣。乃若君子之乐，随寓而安，虽所在皆顺适之地，而无待于外，其所乐皆性分之真。今以其所乐言之，止有三件。虽君临万国，富有四海，而为天下之王，这等样尊荣之乐，亦不在此三者之中焉。三者云何？父母吾之自出，兄弟吾之同气，是人之至亲也。父母具存，而享康宁之福，兄弟既翕，而无变故之虞。此人之深愿不易得者，幸而得之，则上可以遂孝养之志，下可以尽友于之情。家庭之间，怡然无遗恨矣。此君子所乐之一也。天所降衷之良，人所同得之性，是我所当尽也。今则仰无所愧，而无一不与天知，俯无所怍，而无一不可对人言，此克己之功，所难能者，而能尽焉。则内省既无恶于志，外感自不疚于心，覆载之内，旷然皆顺境矣。此君子所乐之二也。性分之真乐盖如此。"

【原文】

"得天下英才而教育之，三乐也。君子有三乐，而王天下不与存焉。"

【张居正注评】

孟子承上文说："伦理无方，性分克尽，二者固皆君子之所乐矣，其三乐何如？盖君子身任斯道之责，则得人以寄斯道之传者，其至愿也。顾未必能尽一世之人才，而教育之也。今惟举天下明睿之才，皆在吾教育之内。以吾之修身者教之，使各修其身；以吾之尽性者教之，使各尽其性。如此，则英髦辈起，而彬彬皆传道之人；才俊蔚兴，而济济皆任道之器。为往圣继绝学，为万世开太平，教思无穷之心，于此而大慰矣。岂非君子之三乐乎？夫是三乐者，或系于天，或系于人，皆不出于秉彝之好。或以成己，或以成物，皆自得其性分之真，此君子所以乐之而不厌也。彼王天下之乐，特势分之荣耳，岂在君子所乐之中哉？"所以说，君子有三乐，而王天下不与存焉。然是三者，在天在人者，皆不可必，所可自尽者，惟克己之功而已。人能克己而至于俯仰无愧，虽天人之间，未必尽如吾愿，固无害于可乐也。不然己私未克，天理未全，俯仰之间，可愧怍者多矣，安望其能乐乎？

【原文】

孟子曰："广土众民，君子欲之，所乐不存焉。"

【张居正注评】

孟子说："天下有不一之遇，而无不一之性，人惟性有未全，斯不能不迁于所遇耳。尽性之君子则不然，彼土地人民，乃得位行道者所必资也。诚使所统之地，不止于一隅，而幅员极其广远，所治之民，不止于一邑，而生聚极其众多。夫地广，则政

教之所及者弘；民众，则德泽之所施者博。君子苟得大国而治之，则此固其心之所甚愿矣。然土谓之广，是犹有分土也；民谓之众，是犹有分民也。君子于此，但欲之而已，而其大道为公之志，将必范围天地，曲成万物，而后其心始快也。其所乐岂在此乎？广土众民，既非所乐，则所乐当必有进于是者矣。"

## 【原文】

"中天下而立，定四海之民，君子乐之，所性不存焉。"

## 【张居正注评】

孟子承上文说："广土众民，固非君子之所乐矣，乃若所乐则何如？盖君子以奠安海宇为责，以康济群生为志者也。若使土不但广而已，而立国中于天下，尺地莫非其有焉；民不徒众而已，而安民尽乎四海，一民莫非其臣焉。此则举一世之版图，皆在其统驭之中，则举一世之民物，皆被其治教之泽，如天之无不覆，地之无不载也。君子大行之心可遂矣。岂非其心之所乐乎？然此特势分之乐，乐之自外至者耳，乃若君子所性，天与之为秉彝之良，人得之为受中之理，足乎己而无待于外者，则有不在于是者焉。以天下之大，而犹无关于性分，则吾性之全体，固有超出于天下之外者矣。人每视势分为轻重，其所见不亦小哉！"

## 【原文】

"君子所性，虽大行不加焉，虽穷居不损焉，分定故也。"

## 【张居正注评】

孟子承上文说："君子行道之志，至于王天下极矣。乃但可以言乐，不可以言性。君子所性，却是如何？盖土地有广狭，人民有众寡，此皆可得而加损者也。若君子所性，不但爵位稍得所欲，不能有所增也，便使得志，而大行于天下，吾性浑然自若而已。何尝因大行而遂有加益乎？不但爵位稍失所欲，不能有所减也，便使不得志，而穷约以终身，吾性亦浑然自若而已。何尝因穷居而遂有亏损乎？所以然者为何？盖凡物之不足者，乃可以加，有余者，乃可以损，由其分数未定故也。惟君子之性，自天赋之，则为定命，自我得之，则为定理，万善咸备，本无不足也。何一毫可得而加？一物不容，本非有余也。何一毫可得而损？此所以可穷可达，而吾性之全体，不因之而少变也。使可得而加损，则亦外物，而非吾性之本然矣，人可不反而求之吾心也哉？"

## 【原文】

"君子所性，仁、义、礼、智根于心，其生色也睟然，见于面，盎于背，施于四体，四体不言而喻。"

## 【张居正注评】

睟是温和，盎是丰满。孟子承上文说："君子所性之定分，固不以穷达而有加损矣，乃所性之蕴蓄何如。德之爱曰仁，宜曰义，理曰礼，通曰智。此四德者，人所同具之性也。但众人为气拘物蔽，而失之耳。惟君子气禀极具清明，物欲不能间隔，故于仁义礼智之四德，浑全而无所亏欠，坚定而不可动摇，已植根于心矣。由是诚中形外，其生色乌可已乎？其生色于面貌，则清和润泽，睟然示人以可亲，一四德之光辉也；其生色于肩背，则丰厚盈溢，盎然示人以可象，一四德之充满也。以言乎施于四体，则动静妙于从心，蹈舞由于自得，固有不言而自晓其意者，一四德之发越也。盖内之所积者极其盛，故外之所发者不容掩，君子所性之蕴有如此，此天之所与我者，本如是其全备也。岂穷达之所能加损哉？然则自乐其乐，而王天下之乐，不与存焉，信非有所得者不能矣。世之决性命以饕富贵者，计较于穷通得丧之故，方寸之内，念虑纷纭，感遇之途，欣戚万变。欲与之言定性之学，岂不难哉？"

## 【原文】

孟子曰："易其田畴，薄其税敛，民可使富也。"

## 【张居正注评】

易是耕治，畴是耕熟的田。孟子说："明王治天下，只有教养两端。然欲正民之德，必先厚民之生。以厚生之政言之，田畴乃民之常产，使荒芜不治，则民之失业者多矣。必驱游惰之民，使各尽力于南亩。春焉而耕，夏焉而耘，无妨其耕耨之时可焉。租税乃国之常赋，使征敛无艺，则下之供上也难矣。又必除掊剋之政，使得轻减其征输，宁损上益下，无损下益上，务存夫宽恤之意可焉。夫田畴易，则地利之所获甚丰，税敛薄，则租赋之所供有限。以力本自尽之民，值轻徭薄赋之世，财有所生而无所耗，间阎之间，殆将家给而人足矣，岂不可以使民富乎？"此则尽地之利以养民，而不竭民之利以奉己，所谓开财之源者如此。

## 【原文】

"食之以时，用之以礼，财不可胜用也。"

## 【张居正注评】

孟子承上文说："易田畴而薄税敛，固可以开财之源矣。然财货既裕，则奢侈易生，又不可无以节之也。夫民不能无食，苟食不以时，则财耗于口腹之欲矣，于是制为法令。凡民间所以资生者，不特饔飧有节而已也，如鱼不盈尺，不设网罟，果实不熟，不轻采取之类。一切冗食以糜财者，皆在所必禁焉。民不能无用，苟用不以礼，则财耗于不经之费矣，于是定为章程。凡民间所以制用者，不特尊卑有等而已也，如非养老，不得用牲，非宾祭，不得烹宰之类。一切滥用以糜财者，皆在所必省焉。夫食以时，则生殖滋蕃，用以礼，则经费有制。由是康阜之利，以俭啬而益饶，富厚之资，以节缩而益裕，将有取之不穷，用之不竭者矣。财货岂可胜用乎？此则因民生日用之常，施樽节爱养之术，所谓节财之流者又如此，养民之政，至是其克举之矣。"

【原文】

"民非水火不生活。昏暮叩人之门户求水火，无弗与者，至足矣。圣人治天下，使有菽粟如水火。菽粟如水火，而民焉有不仁者乎？"

【张居正注评】

承上文说："人君务本节用，使民富而财足，则厚生之政成矣。民德不由此而可正乎？彼民赖水火以生，非此则无以为生活之资，其于日用甚切，宜各私所有，而不相假借矣。然当昏暮的时候，叩人之门户，以求水火，随求随与，无少吝啬者，此何故哉？盖水火乃天地间至足之物，取之无尽，用之不竭，故有求而必应也。至于民待菽粟以为命，就如水火一般，均之不可一日无者，而求之未必肯与，由上之人，无导利惠民之政耳。惟圣人治天下，既重农轻赋，以开财之源，又因时制用，以节财之流，能使百姓每家家殷实，在在丰盈，其所积菽粟之多，就如水火一般样至足，无者可求，有者可与，此所以天下无不富之民，而财不可胜用也。夫菽粟既如水火，则衣食足而礼义生，教化行而风俗美，民皆驩然有恩以相接，秩然有礼以相与，同归于仁厚之域，而成其雍熙之世矣。焉有自底弗类，而为不仁者乎？"夫以仁民之化，必自足民先之，治天下者，何可不加意于爱养之政也哉？昔孔子论政，谓既庶而富，既富而教，其施为次第类如此。

【原文】

孟子曰："孔子登东山而小鲁，登太山而小天下，故观于海者难为水，游于圣人之门者难为言。"

【张居正注评】

东山，在今兖州府曲阜县。太山，即东岳，在今泰安州地方。孟子说："道莫大于圣人，圣莫盛于孔子。大哉孔子之道，岂易以言语形容哉！自其身所处而言，在鲁国则为鲁国之一人，就如登东山之巅，下瞰鲁国，凡四封远迩，皆在指顾之中，而鲁国自失其为大矣；在天下则为天下之一人，就如登太山之巅，下瞰寰宇，举九州疆界，皆在俯视之中，而天下自失其为大矣。夫大而至于小天下，则小鲁又不足言。盖其所处既高，则视下益小，其地位然也。惟其地位如此，故人见了圣道之大，其小者都不足观了。"夫未观于海，凡百川之水，皆可以为水也。惟看了沧海，亲睹其汪洋浩瀚之势，则众水皆会归于此，而百川之水，不过其支流余派，举不足以深广称矣，岂不难于为水乎？未游于圣门，凡百家之言，皆可以为言也。惟入得宫墙，亲聆其切近精实之训，则众理皆统宗于此，而百家之言，不过其微谈绪论，举不足以美富称矣，岂不难于为言乎？孔子之道大如此。

【原文】

"观水有术，必观其澜。日月有明，容光必照焉。"

【张居正注评】

澜，是水势湍急处。容光，是罅隙通明处。承上文说："孔子之道，观之太山沧海，固可以见其大矣。然岂无为之本者哉？今夫水行乎地，必源头深远，方能起得波澜。故观水自有方法，不必寻源以穷其发端也。惟于波流潆洄，水势猛急之处观之，则知狂澜之滔滔，乃源泉之混混者所出也，而其本自可见矣。日月丽乎天，必体魄明朗，方能布得光采。故观日月者，亦有方法。不必测象以究其精曜也，惟于些小空隙，光明必照之处观之，则知普照之无遗，乃贞明之不息者所出也，而其本自可见矣。然则孔子之道，川流源于敦化，即水之由源而达委也，光辉根于笃实，即日月之由明而生光也。其大而有本者，何以异于此哉？"

【原文】

"流水之为物也，不盈科不行；君子之志于道也，不成章不达。"

【张居正注评】

盈是充满。科是低洼去处。承上文说："圣人之道，固大而有本矣，欲学圣人者，岂一蹴所能至哉。彼流水之为物，以大海为归者也，然未能遽至于海也，必须停注坑坎之中，盈满于此，而后可流通于彼。若积水尚浅，未至于盈科，则坎止不行，有难以至海矣，水之进必以渐如此。况君子之志于道，将以大圣为归者也，有不由渐而后至乎？故必和顺发为英华，光辉出于笃实，有这等成章之美，然后可以为上达之基。苟章美之未宣，则必造诣之未至也，而圣道之高不可及者，何以为从入之阶？文采之未著，则必充养之未深也，而圣道之大而有本者，何以为会通之地？若曰：圣道不必成章而后达，则是流水不必盈科而后行也。岂有是理也哉？然则有志于圣道者，信不可无循序渐进之功矣。不但下学功夫为然，大学明德新民之功，必由知止而后造于能得；中庸至诚尽性之事，必由形著而后至于能化。圣学莫不皆然，作圣者所宜究心也。"

【原文】

孟子曰："鸡鸣而起，孳孳为善者，舜之徒也；鸡鸣而起，孳孳为利者，蹠之徒也。"

【张居正注评】

孳孳是勤勉的意思。蹠，是盗蹠。孟子分别圣狂之几，说道："论人品善恶者，不当于其事为之著，而当于其意念之微，试以大舜与盗蹠观之。舜为千古之大圣，其善非一端之可尽矣。然使有人于此当鸡鸣之时，事物未交之际，从此时起得身来，乘着夜气清明，良心不昧，这孳孳一念，自朝至暮，都只在天理上体会，无一念不在于为善。如此之人，虽未能遽至于舜，而率此向善之心，其为善将何所不至。舜此善念，我亦此善念，是即舜之徒矣，岂必每事尽善，而后谓之舜乎？蹠为千古之大盗，其恶亦非一端之可尽矣。然使有人于此，当鸡鸣之时，事物未交之际，从此时起得身来，夜气不存，良心尽昧，这孳孳一念，自朝至暮，都只在人欲上经营，无一念不在于为利。如此之人，虽未必遽至于蹠，而充此徇利之心，其为利将何所不至。蹠此利心，我亦此利心，是即蹠之徒矣。岂必众恶皆归，而后谓之蹠乎。"

【原文】

"欲知舜与蹠之分，无他，利与善之间也。"

【张居正注评】

承上文说："舜之与蹠，其人品相去，不啻天壤悬绝矣。而为舜则舜，为蹠则蹠，都从鸡鸣之一念始，然则欲知舜蹠之所以分，其初岂有他哉，惟在利与善之间而已。盖人心不为善则为利，本有相乘之机，而出乎善则入乎利，实在几微之际。故一念向善，便就是舜，不过从这天理一边路上来，其始之异乎蹠者，原只毫末之间而已。使移此为善之心而为利，安知其不遂为蹠乎。一念趋利，便就是蹠，不过从这人欲一边路上来，其始之异乎舜者，原只毫末之间而已。使移此为利之心而为善，又安知其不遂为舜乎？"理欲差之毫厘，而圣狂判于千里，学者不可审其取舍之几，而致谨于鸡鸣之一念也哉。《书经》上说，惟圣罔念作狂，惟狂克念作圣，即此意也。

【原文】

孟子曰："杨子取为我，拔一毛而利天下，不为也。"

杨朱

【张居正注评】

杨子姓杨名朱。取是仅能毂的意思。孟子欲辟异端而卫正道，故说："道之所贵者中，中之所贵者权。圣人所以仁至义尽，与时偕行者此也。彼异端之学何其纷纷矣乎？今世有杨子者，厌世务之劳，而专主于爱身之说。其意但知有一身，而不知有天下，仅能毂为我而已。充其为我之心。虽使他拔落一毛之微，而可以利济天下之大，他亦将爱惜而不肯为，况所损有不止于一毛者，彼岂肯为之哉？"盖有见于义，无见于仁，其执于为我之一偏如此。

【原文】

"墨子兼爱，摩顶放踵利天下，为之。"

【张居正注评】

墨子姓墨名翟。摩顶放踵是擦磨头顶直至足跟，吃受辛苦的意思。承上文说："世有墨子者，黜私己之图，而专爱物之见。其意但欲一视同仁，而不复问其亲疏，惟知兼爱而已。充其兼爱之心，虽自顶至踵，劳苦一身之筋骨而可以利济天下之生灵，彼亦将无所吝惜，而慨然为之，况其害未至于摩放者，又何事不可为也哉？"盖有见于仁，无见于义，其执于兼爱之一偏如此。

【原文】

"子莫执中。执中为近之。执中无权，犹执一也。"

【张居正注评】

子莫是鲁之贤人。承上文说："杨子为我，墨子兼爱。因各倚于一偏，而胥失乎中矣。有子莫者，矫杨墨之失，而执中于二者之间。非不为我也，而不至如杨子之绝物；非不兼爱也，而不至如墨子之徇人，执中如此，似乎近于道矣。然道无定形，中无定在，必随时变，易与势推移，当为我而为我，当为人而为人，乃所谓权也。今子莫以不杨不墨为中，而不知随时权变为中。则杨子执为我之一，墨子执兼爱之一，而子莫所执者，乃二者中间之一，均之昧于通变之方，其为执一，一而已矣。恶足以语于时中之道哉？"

【原文】

"所恶执一者，为其贼道也，举一而废百也。"

【张居正注评】

承上文说："子莫之执中，无以异于杨墨之执一矣。乃执一之所以可恶者，何哉？盖杨子为我似义，而却害乎仁；墨子兼爱似仁，而却害乎义。子莫执中似中，而却害乎权，持其一偏之见，害吾时中之道，斯为可恶耳。然其害道何如？盖吾儒时中之道，一理浑然，泛应曲当，千变万化，头绪甚多，非一端之所能尽也。今举一为我，而仁之百端尽废矣；举一兼爱，而义之百端尽废矣；举一执中，而时中之百端尽废矣。所得少而所失多，害道孰大于是，此其所以为可恶也。知异端之可恶，而学者可无反正之功哉。"尝考虞廷授受，惟曰允执厥中，而孟子又恶子莫之执中，何哉？盖圣人之所谓中，存主不偏，应感无滞，虽有执中之名，其实未有所执也。若子莫徒欲矫其偏，以求所谓中者而执之，少涉安排，便不能无倚着之私矣。此所以与杨墨并为吾道之贼也。有卫道之责者，不可不辨于斯。

## 【原文】

孟子曰："饥者甘食，渴者甘饮，是未得饮食之正也，饥渴害之也。岂惟口腹有饥渴之害？人心亦皆有害。"

## 【张居正注评】

甘，是嗜好的意思。孟子见世之厌贫贱而慕富贵者，往往陷溺其心，故借口腹以明心者，说道："饮食于人，本有正味也。惟是饥者得食，食虽不甘，亦将以为甘美，而贪食之不已。渴者得饮，饮虽不甘，亦将以为甘美，而嗜饮之无厌。是岂可甘而甘，能得饮食之正味乎？良由口腹，为饥渴所迫，而急于饮食，故精粗美恶，皆有所不暇择，而因失其正味耳。则饥渴为之害也，岂惟口腹有饥渴之害哉？人心有正理，犹饮食有正味也。惟以贫贱之故，摇乱其心。则富有所不当得者，亦将贪之以为利；贵所不当得者，亦将贪之以为荣，不暇决择，而失其正理。亦犹饥渴之甘于饮食，不复知有正味也。心志之有害，何以异于口体之有害哉？"

## 【原文】

"人能无以饥渴之害为心害，则不及人不为忧矣。"

## 【张居正注评】

承上文说："贫贱之害心，无异于饥渴之害口腹。可见贫贱者，人心之饥渴也。以贫贱而动心，是以饥渴之害为心害也。有人于此能以道而御情，以理而制欲。时乎贫也，安于处约，不贪慕于利禄，而为欲富之图；时乎贱也，安于困穷，不徼幸于荣名，而为欲贵之计。虽有饥渴之忧，而不能为吾心之害。是其识见高明，超然于流俗之外；持守坚定，挺然于豪杰之中。希圣希贤，有不难致者，尚何以不及人为可忧哉？"世之充诎于富贵，陨获于贫贱者，是自丧其理义之心，而甘为人下也。学者宜深以为戒焉。

## 【原文】

孟子曰："柳下惠不以三公易其介。"

## 【张居正注评】

介，是介然有分辨的意思。孟子说："人情和则易至于流。古有柳下惠者，人皆称其为圣之和，宜其同流合污，混然无别矣。然其与人虽无分于尔我，而义利之界限甚

明，居官虽无择于崇卑，而志趣之操持甚固。观其进也，进不隐贤，必以其道，是其身出，则道在必行，灼然定见，有非三公之位所能移者矣。其退也，则遗佚不怨，阨穷不悯，是其道屈，则身在必隐，确然定守，有非三公之势所能夺者矣。"盖可贵可贱，而不肯少逾礼义之闲；可富可贫，而不肯少贬生平之节，其介如此。此其和之所以不可及也。徒知其和而不知其介，岂善观柳下惠者哉。

【原文】

孟子曰："有为者辟若掘井，掘井九轫而不及泉，犹为弃井也。"

【张居正注评】

掘井，是穿地为井，八尺为轫。孟子勉人为学，当要其成。说道："天下之事，不贵于有为，而贵于有成。有人于此，或有志于圣贤之道德，而讲学穷理，或有志于帝王之事功，而励精图治。其工夫锐然有为，就如掘井的一般。盖学不徒勤，必以至道为极，井不徒掘，必以得泉为期。设使掘井至九轫之深，已将有及泉之渐矣，乃未及泉而遂止，则力怠于垂成，而井置之无用，将举九轫之功，而尽废之矣。岂非自弃其井者乎？然则为学者，始勤而终怠，进锐而退速，其归于无成，与弃井者，何以异哉？"此自强不息之功，不独学者当自奋励，有天下国家者，亦所宜深省也。

【原文】

孟子曰："仲子，不义与之齐国而弗受，人皆信之，是舍箪食豆羹之义也。人莫大焉亡亲戚君臣上下。以其小者信其大者，奚可哉？"

【张居正注评】

仲子，即於陵陈仲子。昔齐人皆称陈仲子为廉士。孟子因辨其非，说道："君子观人，当论其大德，而略其小节。试就陈仲子为人言之，非义不食，非义不居，推是心也，设使不义而与之齐国之大，彼亦将以为不义之富贵，辞之而不肯受，其廉介之操真实而非矫诈，通国之人，无不信其为贤矣。自我看来，这千乘之国，若看得轻了时，也不难让，但只是舍箪食豆羹之义，小小廉洁之行而已，何关大节？人道之大，莫过于亲戚君臣上下，在天为伦纪，在人为纲常。凡生人之异于禽兽，中国之异于夷狄，独以其有此耳。今仲子避兄离母，是无亲戚，而骨肉之情绝矣；不食君禄，是无君臣上下，而事使之谊乖矣。其忘亲背理洁身乱伦；如此，是其大节已亏，虽有小善，不足赎矣。人乃从其不食不居，区区之小廉，而遂信其高出一世，为矫矫之大节，岂得为至当之论哉？"此制行者，必贵立人道之纲纪，而持论者，亦当定取人之权衡也。

【原文】

桃应问曰："舜为天子，皋陶为士，瞽瞍杀人，则如之何？"孟子曰："执之而已矣。"

**【张居正注评】**

桃应是孟子弟子。士,是掌刑狱的官。桃应问于孟子说道:"天下之事,处常易而处变难。且如舜为天子,皋陶为士师,设使瞽瞍犯法而杀人,皋陶将如何以处之?吾恐舜虽爱父,不可以私恩,害天下之公。皋陶虽执法,不可以刑辟加天子之父,情法两难之间,如何斯为善处之术也?"孟子答说:"法不行,不足以示信;法不执,不足以示公。今皋陶既为士师之官,则当守士师之法。使瞽瞍而杀人,推皋陶之心,惟知执法而已,岂知有天子之父哉?私天子之父,则废天下之公,皋陶必不然也。"

**【原文】**

"然则舜不禁与?"曰:"夫舜恶得而禁之?夫有所受之也。"

**【张居正注评】**

桃应又问说:"皋陶固以执法为正矣,然舜为天子,生杀予夺之柄,皆操于己者也。独可坐视瞽瞍之罹于法,而不禁皋陶之执其父与?"孟子说:"夫舜恶得以己意禁之乎?盖使法自我创,则禁自我行可也。今皋陶所执之法,乃原于天讨,而奉为无私之命,沿于先王,而守为不易之典。盖有所传受,而非可以私意出入者,舜虽有天子之命,安得而废天下之公哉。"

**【原文】**

"然则舜如之何?"曰:"舜视弃天下犹弃敝蹝也。窃负而逃,遵海滨而处,终身䜣然,乐而忘天下。"

**【张居正注评】**

蹝,是草鞋。桃应又问说:"舜于瞽瞍,若禁皋陶之执法,势固有所不行。若听皋陶之执法,心必有所不忍,当此两难之时,又何以为曲全之术也?"孟子说:"舜,大孝人也。推其爱亲之心,但知有父,而不知有天下,视弃天下之大,犹如弃敝蹝之轻也。其心以为朝廷之上,不可以私而挠公。大海之涯,或可避难而远害,必且窃负瞽瞍而逃。遵循海滨而处,自屏于寂寞之乡,以为全亲之计。承颜顺志,不但苟免一时,将终身䜣然快乐,而忘其有天下矣。若然,既不枉士师之法,又不伤父子之恩,舜之心如此而已。是可见人臣以执法为官守。即天子之父,且不敢宥,而况其下者乎。人君以爱亲为天性,即天下之大,且不敢顾,而况其小者乎?"学者诚得虞舜皋陶之用心,而引申触类以求之,则私恩公义,各得其宜,而天下无难处之事矣。

**【原文】**

孟子自范之齐,望见齐王之子,喟然叹曰:"居移气,养移体,大哉居乎!夫非尽

人之子与?"

【张居正注评】

范是齐邑，即今东昌府范县地方。孟子尝自范邑往赴齐国，中途适遇齐王之子，望见其仪容气体，大异于人，乃喟然叹说："人之气体本同，而居养各异。惟其居处在尊贵之地，则神气为所移易，而精采自觉其发扬；惟其奉养有丰厚之资，则形体为所移易，而容貌自觉其充盛。夫气体由于居养如此，居之所系，岂不甚大矣哉！彼王子者，其气宇虽与人异，而禀气于父母，犹夫人也；其形体虽与人异，而受形于父母，犹夫人也。本其有生之初，都只是人子而已。岂其在齐民之中，另是父母所生，而自为一类乎？"

【原文】

孟子曰："王子宫室、车马、衣服多与人同，而王子若彼者，其居使之然也；况居天下之广居者乎？"

【张居正注评】

承上文说："凡人住居必有宫室，乘载必有车马，被服必有衣裳，此日用之常也。而王子之宫室、车马、衣服，虽与人美恶有异，然其所以自奉者，大要也只是这模样，其不同于人者几何？乃气体若彼其迥异者，特以其所居地位为国君之储贰，所居既尊，则所养自厚，其气体不求异于人，而自当与人不同耳。夫以王子所居，但只是势分之尊，犹能移人气象如此。况仁也者，统括四端，包涵万善，乃天下之广居也。使君子居之，其气象不尤异乎？吾知以之宅心，则心逸日休，而浩然之气，自充塞于两间，以之居身，则身安德滋，而睟然之光，自宣著于四体。岂但如王子，仅以气体而异乎人哉？"

【原文】

"鲁君之宋，呼于垤泽之门。守者曰：'此非吾君也，何其声之似我君也？'此无他，居相似也。"

【张居正注评】

垤泽，是宋国城门的名。孟子又说："吾谓居能移气，观之鲁君之事，又有可信者焉。昔者鲁君曾往宋国，当暮夜之时，城门已闭。鲁君亲自呼于垤泽之门。守门者说：'吾君无境外之事，不曾出城。此呼门者，非吾君也，何其声音与我君相似也？'夫鲁君呼门，而守者疑其似宋君，此岂有他故哉？盖鲁宋均千乘之国，二君皆诸侯之尊，惟地位之既同，故声气之相似，此守者所以不能无疑也。"居能移气，此固其明征矣。彼王子之异于人，何足怪哉？然则君子居广居，而能涵养德性，变化气质，益可信其必然矣。

## 【原文】

孟子曰："食而弗爱，豕交之也；爱而不敬，兽畜之也。"

## 【张居正注评】

孟子见当时诸侯好贤而无实，以致贤者多不乐就，乃警动之说道："人君待士，固不可无交际之文，尤不可无爱敬之实。诚知悦贤而不能养，无贵于悦也，而飨之以大烹，优之以厚禄，是知所以食之矣。既食之，即当知所爱之，使或食而弗爱，但有庖饩之惠，殊无亲厚之情，这就如豢犬豕的一般，徒能喂饲之而已。岂有贤士当交之以道者，而可交之如犬豕乎哉。知食而弗爱，非所以待贤，而联之以恩意，体之以腹心，是知所以爱之矣。既爱之，即当知所敬之，使或爱而弗敬，但有亲昵之意，而无礼貌之加，这就如畜禽兽的一般，徒能怜惜之而已，岂有贤士当接之以礼者，而可畜之若禽兽乎哉。"要之人君待士，本无豕交兽畜之心，而爱敬少疏，斯不能无简贤弃礼之失，甚言食而不可不爱，爱而不可不敬也。

## 【原文】

"恭敬者，币之未将者也。恭敬而无实，君子不可虚拘。"

## 【张居正注评】

将是执奉。拘是羁留。承上文说："人君待贤，食而不可不爱，爱而不可不敬矣。然所谓恭敬，岂徒币帛交错，止于备礼而已乎？盖恭敬虽因币帛而将，非因币帛而后有也。当币帛未陈之时，已先有此恭敬之念，恭敬之念存于中，而后币帛之礼将于外，是币帛者礼之文，而恭敬者，乃礼之实也。设使徒以币帛为恭敬，修饰以繁文，而阔略于诚意，恭敬而无实，是亦豕交兽畜之类耳。君子仕于人国，视礼意诚否以为去留者也。国君既无敬士之诚，则君子必当见几而作，岂能悬空名以羁留当世之贤士，设虚位以拘系天下之豪杰哉？"然则有志于留贤者，慎无使仪不及物可也。是时列国诸侯，惟知厚币以招士，而不知有待士之诚；士惟知币聘之为荣，而不知有自重之节。故孟子警之如此。

## 【原文】

孟子曰："形色，天性也，惟圣人然后可以践形。"

## 【张居正注评】

形，是形体，如耳目手足之类。色，是形体能运用处，如耳能听，目能视，手持足行之类。践，是跟着道理行的意思。孟子说："人之有生，气凝聚而为形，形运用而为色，有是形，即有是色，人皆以为形色具而即可以为人矣。然目视耳听，必有聪明之彝；手持足行，必有恭重之则。推之起居言动，莫不各有自然之理存焉。是乃所以主宰乎形色，而为天精天粹之至性也。人惟不能尽其性，是以形体虽具，不过血肉之躯而已，未可谓之践形也。惟是圣人气禀极其清明，物欲不能摇夺。乃能于天之所赋于我者，全尽而无亏；我之所受于天者，允蹈而无歉。时乎视听，则聪明之理能践焉；时乎持行，则恭重之理能践焉。以至起居言动，无不各尽其理。此所以耳目手足，不为虚生，而四肢百骸，皆有着落也。自非圣人，或心为形役，或性以习迁，不亏体而忝所生者少矣，况能践形乎哉？"所以说，惟圣人然后可以践形。欲尽人道者，不可不以圣人为法也。

## 【原文】

齐宣王欲短丧。公孙丑曰："为期之丧，犹愈于已乎？"孟子曰："是犹或紾其兄之臂，子谓之姑徐徐云尔，亦教之孝弟而已矣。"

## 【张居正注评】

昔者齐宣王以人子为父母持丧，必满三年则太久，欲短少其年月，其废人子之情，悖先王之制甚矣。公孙丑不能力救其失，乃附会之说："三年之丧，不行已久，今若短而为期，一年便就除服，岂不还强似止而不行者乎？"是在齐王固忍于薄亲，在公孙丑亦轻于立论矣。孟子闻而责之说："子之事亲，犹弟之事兄，亲丧不可短，犹兄之臂不可紾也。今王欲短丧，而子乃谓为期胜于已，是无异于人有捩转其兄之臂而缚之者，其不弟甚矣。子乃从容劝解说，紾从你紾，不可太猛，姑且徐徐而紾可也。夫弟之于兄，断无可紾之理，不争疾徐之间，紾固不可，徐徐而紾，亦岂可哉？子但当教之以孝弟之道，使知天性至亲，彝伦至重，则彼敬兄之念，惕然有感，自知兄之不可紾矣。然则王欲短丧，子惟当启以三年之爱，罔极之恩，则彼孝亲之念，油然而生，自知丧之不可短矣。何可为期年之说，以蹈徐徐之弊哉！"

## 【原文】

王子有其母死者，其傅为其请数月之丧。公孙丑曰："若此者何如也？"曰："是欲终之而不可得也，虽加一日愈于已。谓夫莫之禁而弗为者也。"

## 【张居正注评】

公孙丑期丧之说，孟子既斥其非矣，此时适有齐王之子，其生母死，压于嫡母，而不敢终其丧者。王子之傅，为请于王，欲使得行数月之丧。公孙丑因执此以问孟子说："为期之丧，既曰不可，今王子乃请行数月之丧。数月之与期年，多寡则有间矣。若此者是耶？非耶？"孟子晓之说："王子之请，与短丧之事不同。王子生母之丧，压于嫡母之尊，情固无穷，而分则有限。虽欲终三年之丧而不可得也。当此情为势屈之际，推王子报亲之心，虽加一日之丧，亦可以少尽人子一日之孝，犹胜于止而不加者，况于数月之久乎？此王子之请不容已也，乃其欲为而不能也。若我所责于齐王者，盖谓其势无所压，分无所拘，情可自尽而不尽，事所得为而不为也，岂可与王子之事例论哉？盖王子欲伸其情于分之外，而齐王乃欲杀其情于制之中，此正无三年之爱于父母，而我所谓当教以孝弟之道者也。子又附其说以成之，非与于不仁之甚者哉？"

【原文】

孟子曰："君子所以教者五。有如时雨化之者，有成德者，有达财者。"

【张居正注评】

时雨，是及时之雨。财字，与材字同。孟子说："君子教人之心，固欲人同归于善。但人品不同，时会各异，教之所被，有不能一律而齐者，其条目大约有五。有一等人，造诣既深，真积既久，所少者点化之功耳。君子迎其将得之机而启发之，由是触之即应，感之即通，怡然理顺，有不自觉其契悟之速者矣。譬如草木之生，栽培已至，即此时而得雨以润之，便畅茂条达而不可遏。这叫做如时雨化之者，此君子之一教也。其次养虽未充，而天资纯粹，德性可以渐磨。君子则因其德而造就之，抑其过，引其不及，涵育熏陶，务有成全其德器。这叫做成德，此又君子之一教也。其次德虽未优，而天资明敏，才识可以扩充。君子则因其材而诱进之，矫其偏，使归于正，开导启迪，务有以疏通其技能。这叫做达材，此又君子之一教也。"

【原文】

"有答问者，有私淑艾者。此五者，君子之所以教也。"

【张居正注评】

淑，是善。艾，是治。承上文说："君子因人而施教，不但成德达材而已。又有一等人，师非专师，学非常学，偶因其一言之质正，一事之咨询，遂就其问而答之，以释其疑，以解其惑。此虽未至终日与言，而大叩则大应，小叩则小应，是亦训迪之所加矣。答问非君子之一教乎？又有一等人，居不同地，生不同时，但溯其觉人之遗休，传世之余泽，私窃其善而师之，以饬其躬，以砥其行。此虽未尝及门受业，然或见而知之，或闻而知之，均一化诲之所及矣。私淑艾又非君子之一教乎？合此五者而观之，学者之材质虽殊，要皆有曲成之术，后生之遭逢虽异，无往非造就之仁，其为教一而已矣。所以说，此五者，君子之所以教也。"盖圣贤之教人，如天地之生物，各因其材而笃焉。是以天地无弃物，圣贤无弃人。有世教之责者，所宜深念也。

【原文】

公孙丑曰："道则高矣，美矣，宜若登天然，似不可及也。何不使彼为可几及而日

孳孳也？"孟子曰："大匠不为拙工改废绳墨，羿不为拙射变其彀率。"

【张居正注评】

公孙丑苦于入道难，因问于孟子说："道不可以无传，教当使人易入。乃若夫子之道，峻极而不可逾，纯粹而无可议，则诚高矣，美矣。学者非不欲勉强以求之也。然仰钻徒切，从入无阶，就如登天的一般，虽欲企而及之，势不能也。夫子何不别为卑近易行之法，使道之高妙者稍有持循之方，而学者得以孳孳焉用力以求至乎？"孟子晓之说："道有一定之体，教有一定之法，何可贬也？不观之曲艺乎？大匠教人以制器，工有巧拙，宜不必拘于成法矣。然绳墨者，制器一定之则也。大匠亦不能因其拙而废弃绳墨，别改为简便之法也。非不欲改也，成法所在，不可得而改也。羿教人以射，射有巧拙，宜亦不拘于成法矣。然彀率者，射者一定之则也。羿不能舍此以教，弟子不能舍此以学，虽有拙射，羿亦不能因其拙而更易彀率，别变为迁就之术也。非不欲变也，成法所在，不可得而交也。夫大匠与羿，其教人尚有一定之法，况君子立教，又非曲艺所可比者，岂能废成法，而别为卑近之说，以循人哉？"

【原文】

"君子引而不发，跃如也。中道而立，能者从之。"

【张居正注评】

跃如，是踊跃，见于目前的模样。承上文说："由曲艺观之，教人者，固皆有不易之法矣。然道虽不容少贬，而理则不容终藏。是以君子立教，但告以务学的方法，不告以得道的妙处。如教人以致知，使知此道而已，而知之精细的去处，则待其自悟，未尝轻示之也。教人以力行，使体此道而已，而行之纯熟的去处，则待其自化，未尝强聒之也。就如射者引弓至满而不发矢的一般，虽其至道之妙，不容以轻传，而上达之机，固已指示于言意之表，其所不发者，殆踊跃著见于吾前矣。夫引而不发，则斯道若隐而难知，而跃如之妙存焉，则其理固显而易见，非难非易，无过不及，昭昭然揭中正之矩以示人，特人不知所从耳。惟善学者，由其所引之端，究其不发之蕴，为能因言见道，灼然明向往之途，体道成身，确然敦践履之实，高不失之太过也，卑不失之不及也，而道之中立者，始于是乎有从入之地矣。岂不可几及为患哉？"夫道一而已矣，自阻，则苦其登天之难；自勉，则契其跃如之妙？是在学之者，有力有不力耳？公孙丑乃欲贬道以循人，何其所见之谬乎？

【原文】

孟子曰："天下有道，以道殉身；天下无道，以身殉道；未闻以道殉乎人者也。"

【张居正注评】

以死随物，叫做殉。孟子说："君子一身，与道为体者也。身固不能离道，道亦不能离身，观其出处而可知矣。当夫明良交会为天下有道之时，正吾身应运而出之候也。身既出，则道不容以或违，以身靖献于上，即以道而致其君也。以身表率于下，即以道而泽其民也，此道紧紧随身，盖身显而道与之俱显矣，肯负其行道之志乎？若明良不作，为天下无道之时，正吾道不可则止之日也。道既屈，则身不容以不退，上无以成正君子之功，则卷怀以独善也。下无以究泽民之用，则敛德以自全也，此身紧紧随道，盖道隐而身与之俱隐矣，肯变其守身之节乎？夫以道殉身，以身殉道，是君子出处进退，无往而不与道俱也。此吾之所尝闻者也。若夫身显而道不能行，惟知枉道以求合；道屈而身不能隐，惟知希世以取容，此乃以道殉人。苟且以赴功名之会，一鄙夫患失之事，妾妇顺从之行而已，我实未之闻也。"当是时列国策士，驰骛于功利之场，惟知以身之显晦为欣戚，而不知以道之用舍为进退。孟子所以有感而为是言也。

【原文】

公都子曰："滕更之在门也，若在所礼而不答，何也？"孟子曰："挟贵而问，挟贤而问，挟长而问，挟有勋劳而问，挟故而问，皆所不答也。滕更有二焉。"

【张居正注评】

滕更，是滕君之弟。挟，是恃己骄人的意思。公都子问于孟子说："滕更以国君之弟，来学于夫子之门墙，若当在礼貌之中，而每有质问，夫子拒而不答，果何故哉？"孟子晓之说："学者之从师也，不贵执求教之礼，而贵有受教之诚。盖师也者，师其道也，不可以有挟也。若矜其爵位，挟贵而来问，矜其才能，挟贤而来问，或挟长而问，恃其年加于我，或挟有勋劳而问，恃其有功于我，又或挟故而问时，恃其有故旧于我。五者之中，但有一件，其求教之意，便不诚笃。虽有所问，皆在所不答也。今滕更来学，而不免有挟贵挟贤之意，挟此二者以骄其师，则不胜其满足之念矣，此我所以不答其问者，正欲矫其矜己骄人之失，而发其尊师重道之情也，岂为吝教乎哉？夫滕更以国君之弟而有向道之心，其贵其贤，亦可嘉矣。"孟子因其有挟而遂不答，可见位高不可耻于下问，贤智不可以之先人。惟虚己受教，斯可以来天下之善，集众思而广忠益矣。

【原文】

孟子曰："于不可已而已者，无所不已。于所厚者薄，无所不薄也。其进锐者，其退速。"

【张居正注评】

孟子说："君子立身行己，固不可不用其心。以处事言之，凡是有关于纲常，切于性分，此在所当为而不可已者也。若于此不可已者，顾止之而不为，则志怠于因循，气衰于鼓舞，其究必至于逡巡畏缩，视天下之事，无一件可担当，而无所不可已矣，岂能有任事之力乎？以待人言之，凡人有情爱相属，分谊相维，此在所当厚而不可薄者也。若于此所当厚者，顾薄之而周恤，则悖睦之意微，刻薄之私胜，其究必至于残忍少恩，视天下之人，无一人可亲厚，而无所不可薄矣，岂复有胞与之情乎？以为学言之，功固有所当进，序亦在所当循。若志意太高，工夫太骤，其始非不勇猛锋锐，而气过激则易衰，力已竭而难继，奋发未几，而怠惰随之，其退必速矣，岂能望其成功于终乎？"夫是三者，颓靡自委者，固不足以有为，急遽无序者，亦同归于废弛。君子如欲有为于天下，岂可不惩其太过不及之弊，而酌施为缓急之宜哉！

## 【原文】

孟子曰："君子之于物也，爱之而弗仁；于民也，仁之而弗亲。亲亲而仁民，仁民而爱物。"

## 【张居正注评】

孟子说："人物之生，本同一气，而亲疏厚薄，分则悬殊，惟其分之殊，而用恩自不能无序矣。故其于物也，取之有时，用之有节，推其心岂忍一物之失所乎？然但爱之而已，而未必有治教渐摩之泽，则爱之而弗仁也。其于民也，所欲与聚，所恶勿施，推其心，岂忍一夫之不获乎？然但仁之而已，而未必有天伦维系之恩，则仁之而弗亲也。夫仁而弗亲，非故靳其恩于民也。以民视亲，其亲疏自不同矣。君子隆一本之恩以亲其亲，而因推亲亲之念以仁其民，自不得以待吾亲者，而概施之于民也。使于民亦亲之，则何以别于吾亲乎，此所以仁之而弗亲也。爱而弗仁，非故靳其恩于物也。以物视民，其贵贱则不同矣。君子扩民胞之度以仁其民，而因推仁民之心以爱乎物，自不得以爱吾民者，而概施之于物也。使于物亦仁之，又何以别于吾民乎，此所以爱之而弗仁也。"夫亲亲、仁民、爱物，统而言之，则均谓之仁，分而言之，则各有其等。此君子之仁，所施虽甚博，而所操则甚约，惟其举此加彼，善推所为而已。世有以其所不爱，及其所爱，恩及禽兽而功不至于百姓者，岂不悖哉。

## 【原文】

孟子曰："知者无不知也，当务之为急；仁者无不爱也，急亲贤之为务。尧舜之知而不遍物，急先务也；尧舜之仁不遍爱人，急亲贤也。"

## 【张居正注评】

孟子说："人君之治天下，知以明理，仁以爱人，二者不可偏废。然有要焉，不可不知焉。盖知者通达万变，于天下之事，固无所不知，若事事而求其知，则不胜其劳，而事亦有所难治。惟于庶事纷纭之中，求其所当务者。如关治道之大体，系民生之切务，惟以此为急，而励精以图之，则弘纲既举，细目自张，凡众务之杂陈于前者，自然次第举行，而事无不治矣。其为知也不亦大乎！仁者包含遍覆于天下之人，固无所不爱，然人人而用其爱，则不胜其烦，而爱亦有所难周。惟于众人泛爱之中，求其人之贤者。如德可以正君而善俗，才可以修政而立事，惟以此为急，而虚己以亲之，则众贤在位，庶事自理。凡群黎之待惠于我者，自然德泽旁流，而爱无不洽矣。其为仁也不亦博乎！果何以征之，尝观诸尧舜矣。若钦明，若濬哲，古今称大知者，至尧舜而极，然岂能物物而徧知之哉？其所急者，亦惟先务是图。如授人时，治洪水，齐七政，辑五瑞之类是已。此外一日万机，虽未尝不加之意，而政教之大纲，不与存焉。即尧舜之智，亦有所不暇图耳，况智不如尧舜者乎？曰如天，曰好生，古今称至仁者，亦至尧舜而极，然岂能人人而徧爱之哉？其所急者，亦惟亲贤是务，如尧以不得舜为己忧，舜以不得禹皋陶为己忧是已。此外百工庶职，虽未尝不加之意，而赞襄之重寄不与存焉。即尧舜之仁，亦有所不暇及耳。况仁不如尧舜者乎？"欲知仁智之要务，诚不可以尧舜为法矣。

## 【原文】

"不能三年之丧，而缌、小功之察；放饭流歠，而问无齿决，是之谓不知务。"

## 【张居正注评】

察是详审。放饭是纵意吃饭。流歠是长饮无节。齿决，是以齿啮断干肉。承上文说："观尧舜之所急，则知仁、知各有所当务矣。乃若知不急先务，仁不急亲贤，而惟琐细之事是图。譬之丧服，三年之丧，是重服；缌麻三月，小功五月，是轻服。制服者，谨其重而后及其轻可也。乃今于父母重丧，不能自尽，却于缌麻小功之服，讨论之必详焉。又譬之饮食，放饭长饮，是大不敬，齿决干肉，是小不敬，饮食者，慎其大而后及其小可也。乃今于放饭流歠之大过，不知自检，却于干肉无齿决之礼，讲求而不置焉。若此者，察察为明，虽若详于细微之事，而惛愦莫辨，实则昧于缓急之宜，舍重而图轻，得小而忘大，真乃不知务之人矣。"仁智不知所务，何以异此，此尧舜智不徧物而智，而光被四表，仁不徧物而爱，而泽及群生，惟其知务故也。人主欲识为治之大体，宜于此留意焉。

## 尽心章句下

凡三十六章。

## 【原文】

孟子曰："不仁哉，梁惠王也！仁者以其所爱及其所不爱，不仁者以其所不爱及其所爱。"

【张居正注评】

孟子说："天地以生物为心，而人君奉天子民，固当以好生为德。乃若残忍少恩，不仁哉，其梁惠王乎？盖仁者之心，主于爱人，故其用爱无所不至，亲其亲矣，而又推亲亲之心以仁民，仁其民矣，而又推仁民之心以爱物，笃近以举远，由亲以逮疏。充其一念恻怛之良，必至于无所不爱而后已，这是以其所爱及其所不爱也。不仁之人，偏于惨刻，故其惨刻亦无所不至。暴殄百物未已也，而害且移之百姓未已也，而害且移之至亲。薄者薄矣，而厚者亦薄；疏者疏矣，而亲者亦疏。充其一念忿戾之私，必至于众叛亲离而后已，这是以其所不爱及其所爱也。今惠王所为若此，安能免于不仁之祸哉。"

【原文】

公孙丑曰："何谓也？""梁惠王以土地之故，糜烂其民而战之，大败，将复之，恐不能胜，故驱其所爱子弟以殉之，是之谓以其所不爱及其所爱也。"

【张居正注评】

糜烂，是血肉溃烂。公孙丑问说："夫子讥梁惠王为不仁，谓其以所不爱，及其所爱，此何说也。"孟子答说："人君以土地视民，则所重在民，而土地为轻；以民视子弟，则所厚在子弟，而民为薄，此差等之较然者也。今惠王始初以土地之故，争地以战，则驱无辜之民，毙于锋镝之下，使之肝脑涂地，而遭糜烂之殃。既也以大败之故，欲复战而恐不能胜，则驱所爱之子弟，殉于行陈之间，使之身先士卒，而冒死亡之患。是其因土地而荼毒生灵，既播其恶于众，因生灵而贻祸骨肉，又割其爱于亲。此之谓以其所不爱，及其所爱也，残忍如是，非不仁而何哉？"是时列国务于战争，轻人命如草菅，不止梁惠王为然。孟子举其不仁之甚者，以示戒也。

【原文】

孟子曰："春秋无义战。彼善于此，则有之矣。征者，上伐下也，敌国不相征也。"

【张居正注评】

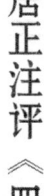

这是孟子追论春秋诸侯无王之罪，以警戒当时的意思，说道："大凡征伐之举，必天子出命以讨罪，诸侯承命以行师，方可谓之义战也。若春秋之书，所载战伐之事，固非一端。然或书名以示贬，或书人以示讥，无有一件以为合义而许之者，但就中容有假尊王之名，窃攘夷之号，兴兵致讨，为彼善于此者。如召陵之师，责包茅之不贡，城濮之役，遏荆楚之凭陵，此类是已。然此特比于叛义悖理之举，为少优耳。何尝遽以为尽善乎？彼其所以无义战者，何也？盖征者，以上伐下之名，惟天子得而专之也。若同为诸侯，势均力敌，不相上下，这叫做敌国。敌国之中，如有强侵弱，众暴寡者，当上告天子，听命诛讨，无有相征伐之理。使敌国相征，则为擅兴师旅而无王矣，今春秋之时，皆敌国相征，非有以上伐下之权，犯义于纪，乃王者之罪人也。安得有义战乎？"宜孔子之致严于书法也。

## 【原文】

孟子曰："尽信书，则不如无书。吾于《武成》，取二三策而已矣。仁人无敌于天下，以至仁伐至不仁，而何其血之流杵也。"

## 【张居正注评】

武成，是《周书》篇名。策是竹简。流是漂流。杵，是舂米的杵子。孟子见当时好杀之君，多藉口于武王伐纣之事以自解，故辩之说道："书以纪事为义，本欲传信于天下后世者也。然亦有事掩于虚词，词浮于实事，而不可尽信者，学者惟识其大义足矣。若但执过甚之言，而皆信为必然之事，不惟无以明圣贤之心，且适滋后人之惑矣。岂如无书之为愈哉？何以见书之不可尽信也？彼武成一书，乃武王伐纣既归，而史官作以纪事者也。其简篇固为甚多，吾于其间，仅取其所称奉天伐暴，反政施仁之二、三策而已矣。自此之外，如所谓血流漂杵之一言，以理断之，仁人之师，上奉天讨，下顺民心，天下自然莫与之敌。今以武王之至仁，伐纣之至不仁，必有兵不血刃，而人自归附者，何至与商纣师徒为敌，至使血流漂杵，若是之惨酷乎。即此推之，武成之不可尽信也明矣。今乃有托古训，以逞其杀戮之心，如时君世主之为，非惟得罪于天下，实得罪于武王也。"

## 【原文】

孟子曰："有人曰：'我善为阵，我善为战。'大罪也。国君好仁，天下无敌焉。南面而征，北狄怨；东面而征，西夷怨，曰：'奚为后我？'"

## 【张居正注评】

孟子见当时之臣，务导君以战伐之事，故警戒之说道："兵凶战危，本非国家之利也。如有人自夸其能，说我善为阵，而整饬行伍；我善为战，而决胜交锋。斯人也，上不顾国家之安危，而惟引君于贪忿，下不恤生民之利害，而惟陷人于死亡，乃负天下之大罪，不容于有道之世者也。夫善陈善战，不过一人之敌而已。诚使国君好仁而不嗜杀人，以宽代虐，以治易乱，则天下之民，皆将望之以为归，而人自无与为敌者矣，奚用此善陈善战之臣为乎？我尝有感于商周之事矣。昔成汤征葛伯也，南面而征则北狄怨，东面而征则西夷怨，都相顾而说，我等四方之人，均一憔悴于虐政者也，汤兴吊民伐罪之师，何不先来救我，以甦重困，而使我独后于他人乎？夫以成汤之师一出，而人心冀望如此，谁敢抗之者哉？好仁无敌，此正其一验矣。"

## 【原文】

"武王之伐殷也，革车三百两，虎贲三千人。王曰：'无畏！宁尔也，非敌百姓也。'若崩厥角稽首。"

## 【张居正注评】

革车，是兵车。虎贲，是勇士。若崩厥角，是叩头至地，如兽角崩坠有声一般。承上说："昔武王伐殷纣也，革车止三百两，而车马未见其盛，虎贲止三千人，而士卒未见其多，宜乎其易敌矣。然观武王入殷之初，与商民说：尔等不必畏惧，我今伐纣，为他恣行暴虐，使尔等困苦不堪，故来安宁尔等，非与百姓为仇敌也。商民闻之，欢欣感激，都来武王面前，稽首至地，就如兽角崩坠一般。夫王言一布，而人心倾服如此，又谁敢抗之者哉？好仁无敌，此又其一验矣。"

周武王

## 【原文】

"征之为言正也，各欲正己也，焉用战？"

## 【张居正注评】

承上文说："所谓仁人无敌于天下者，其故何哉？盖征之为言，以己之正，而正人之不正者也。如葛伯无道，成汤则以大义正之；商纣不仁，武王则以大义正之。于时百姓为暴君所虐，苦不聊生，方欲仁人以仁义之师，来正己之国也。故未至而望若云霓，既至而喜若时雨，如商民之延颈以待，周民之稽首以迎，有不俟兵威之加而自服矣，焉用战为乎？"然则人臣不以汤武望其君，而但以战陈之事，邀功启衅，使上下均受其殃，其罪真不容于死矣。用人者可不以之为鉴也哉。

## 【原文】

孟子曰："梓、匠、轮、舆，能与人规矩，不能使人巧。"

## 【张居正注评】

孟子说："君子设教以觉人，有可以言传者，有不可以言传者，在学者之自得而已，不观诸曲艺乎？彼木工有梓匠，车工有轮舆，其教人之法，但能与之以规，曰如此而为圆，与之以矩，曰如此而为方，循其一定之制，导之使从，这是其可能者也。若由规矩而熟之，不疾不徐，不甘不苦，机发于心，而妙应于手，乃所谓巧也。斯则不泥于成法之中，而又不出于成法之外，师不得以言而传于弟子，弟子不得以言而受于师，惟在人之自悟何如耳，安能以此而教人哉？"然则圣贤之道，下学可以言传，即规矩之谓也。上达必由心悟，即巧之谓也。学者要当会道于心，以俟其自得之机，岂可求道于言，而疑其有不传之秘哉？

## 【原文】

孟子曰："舜之饭糗茹草也，若将终身焉；及其为天子也，被袗衣，鼓琴，二女果，若固有之。"

## 【张居正注评】

糗，是干饭。袗衣，是彩妆锦绣之衣。二女，即尧女娥皇、女英。果，是侍侧。孟子说："常人之情，处贫贱则多慕于外，处富贵则易动于中。惟是大舜方其隐于侧微之日，所饭者干糗，而粗粝不堪，所茹者野蔬，而齑盐不足，其贫贱极矣。舜之心，乃不以此为忧，而安于所遇，若将守穷约以终身焉，非惟不冀未来之富贵，且忘见在之贫贱矣。反其升于帝位之时，被五章之服，而有黼黻以华其躬，鼓五弦之琴，而有音乐以适其性，且侍之以尧之二女，而内助又得其人，其富贵极矣。舜之心，亦不以此为喜，而视之欿然，若己所固有而无与焉。非惟不追已往之贫贱，且忘见在之富贵矣。穷达之遇不同，而圣心之天常泰，此正所谓大行不能加，穷居不能损者也。非有得于性分之理，恶能不移于外物之感哉。"

## 【原文】

孟子曰："吾今而后知杀人亲之重也：杀人之父，人亦杀其父；杀人之兄，人亦杀其兄。然则非自杀之也，一间耳。"

## 【张居正注评】

孟子见当时列国仇杀无已，有感而说："我以前但知杀人之亲为不可，而不知其祸之甚重也。自今而后，乃知杀人亲之重矣。何也？夫亲莫大于父兄。人之有父兄，便以为快，不知天道有好还之理，人情无不报之仇。杀人之父，人亦必杀其父；杀人之兄，人亦必杀其兄。然则初心本非忍于自杀其父兄也，此往彼来，其中特间一人耳。其实与手刃父兄者，何以异乎！"夫始于戕人之亲，而终于自戕其亲，为人子弟者，当惕然省矣。苟能反而观之，则爱人之亲者，人必爱其亲，敬人之亲者，人必敬其亲，其理不可以例推也哉！

## 【原文】

孟子曰："古之为关也，将以御暴；今之为关也，将以为暴。"

## 【张居正注评】

关，即今各处钞关。孟子说："事有在古为良法，而在今为弊政者，不特大者为然，即关市亦有可见者矣，何也？古之为关者，重门击柝，以时启闭。故有异言者，则讥察之，有异服者，则讥察之，将以御止暴客，警备非常而已，初未尝征其税而为暴也。今之为关者，讥防不谨，而税课是图，商货之出必有征，商货之入必有征。古人御暴之处，适为今人行暴之资而已。如此，安望行旅有即次之安，商贾怀出途之愿乎？"即是推之，凡以私而坏公，因利而害义者，将不止于关市之一事矣。世道不重可慨哉。

## 【原文】

孟子曰："身不行道，不行于妻子；使人不以道，不能行于妻子。"

## 【张居正注评】

孟子说："斯道本通于人己之间，以此行己，以此率人，皆未有能外是道者也。如使身不行道，纲常未立，伦纪弗修，则己既不正，焉能正人？虽妻子至近，欲责使妻尽妻道，子尽子道，亦将导之而不化矣，况其远者乎？如使人不以道，工作非时，奔走无节，则己所不愿，焉能强人？虽妻子至亲，欲责使妻供夫命，子供父命，亦将驱之而不从矣，况其疏者乎？然则欲道之即行，令之即从无他，惟在本诸身者，皆合于道而已。诚合于道，虽家邦可达，蛮貊可行，而奚有于妻子之率从哉？"

## 【原文】

孟子曰："周于利者凶年不能杀，周于德者邪世不能乱。"

## 【张居正注评】

孟子说："君子处世非难，自处为难。盖世之邪正系乎人，而德之修否存乎我也。故人之为生，有遭凶荒而饥死者，由于利之不足耳。苟使家有余资，廪有余粟，财货如此充盈，虽当凶荒之年，可无匮乏之患，必不至饥饿转徙，而罹死亡之祸矣。是周于利者之足以自赡如此，人之修身有当邪世而摇乱者，由于德之不足耳。苟使仁义备诸己，道德积诸躬，将见识趣高明，持守凝定，虽当谣诐之世，亦有贞固之操，必不至改其素行，而从邪愿之俗矣。是周于德者之足以自立如此。"然君子不幸而遭邪世，又非徒卓然自守，能立于风靡波流之际，为可贵也。必将拨乱反正，以抒其素所蓄积而后已，是世道且待我以易，而人心不至于陷溺者也。若止于硁硁自全，以独善其身，则斯世终何赖乎？此又孟氏未发之意也。

## 【原文】

孟子曰："好名之人能让千乘之国，苟非其人，箪食豆羹见于色。"

## 【张居正注评】

孟子说:"观人者,不当据其迹,而当察其心,不徒徇其名,而当考其实。彼让人之所难能也,以千乘之国让人,尤人之所难能也。然有一等好名之人,心在于窃虚声,则虽千乘之国,可以取于人也,亦将辞之而不居;心在于猎美誉,则虽千乘之国,未可以与人也,亦将委之而不容。若此者,非真能轻视富贵,而忘得失之念也,不过矫情饰貌,而干廉让之名耳。这等干名的人,原其诈伪之心,若将以人为可欺,而本无能让之实,则其真情固难掩。"盖真能让国的人,表里一致,始终一节,自然没有破绽处。苟非其人,虽能让千乘之大国,而于一箪之食、一豆之羹,这样的小物,得之则喜,失之则怒,反不觉其计较之念,见于颜色之间矣。是非能舍于大,而不能舍于小也。前日之让国为名誉所强也,故不胜其矫饰之私。今日之动色乃真情所发也,故难掩于轻忽之际。此观人者,当察其心,而不可轻信其迹,当考其实,而不徒徇其名也。

## 【原文】

孟子曰:"不信仁贤,则国空虚;无礼义,则上下乱;无政事,则财用不足。"

## 【张居正注评】

孟子说:"为国之道固多端,而致治之要有三事,是在人君知所重,而急图之耳。今夫国之所恃以尤重者,以有仁贤为之辅也。苟信任弗专,而存一猜疑之心,或外亲而内疏,或始合而终间,则贤者皆隳志解体,望望以去,而朝廷之上,无复有所倚赖矣。国其有不空虚者乎?国之所恃以纲维者,以礼义为之防也。苟纵肆弗检,而自坏中正之制,则名分无以辨,民志无以定,将上逼下僭,日入于悖乱而终莫之救矣。国其有不乱者乎?国之所恃以充裕者,以有政事为之具也。苟废坠弗修,而全无经理之方,则其源无以开,其流无以节,将民贫国耗,日忧于匮乏,而终莫之赡矣。财用其有能足者乎?"夫论治法固三者均重,而论治人,惟仁贤为先。人君诚能取仁为辅,任贤勿贰,则礼义由之以出,政事由之以立,而盛治可必臻矣。尚何乱与不足之足虑哉?

## 【原文】

孟子曰:"不仁而得国者,有之矣;不仁而得天下者,未之有也。"

## 【张居正注评】

孟子说:"天下虽有适然之数,终不能胜必然之理。且如不仁之人,本不可以得国也。然或遘昏庸之会,逞私智之巧,上以力而胁其君,下以术而愚其民,则以一夫之身而盗千乘之国者,容有之矣。如田恒之于齐,三卿之于晋是也。若以不仁而得天下者,吾恐四海若是之广,兆民若是之众,欲以力制之,而至柔者不可以威屈,欲以术愚之,而至神者不可以计欺。求其能成混一之举,而遂侥幸之图者,自古以来,未之

有也。其必如三代之仁，而后可望天下之归耳。"盖天命之不可妄干，神器之不可虚据如此。

【原文】

孟子曰："民为贵，社稷次之，君为轻。"

【张居正注评】

孟子说："大凡国之所恃以立者有三：曰民，曰社稷，曰君。人皆知君为尊，社稷为重，而不知民之所系，更甚切也。以我言之，民虽至微，然民为邦本，本固邦宁。虽无可尊之势，而有可畏之形，民其至贵者也。社稷虽系一国之镇，然民以土为安，而报祀为民生而报也。民以食为天，而祈谷为民命而祈也，不可与民而并论矣。所以说，社稷次之。至于君虽为神人之共主，然临抚兆庶，皆由于民心之爱戴也。保守疆土，皆由于社稷之安宁也，又不可与二者而并论矣，所以说君为轻。"夫君、民、社稷轻重之等有如此，为人君者，可不以民社为重，而日兢兢以计安之乎？

【原文】

"是故得乎丘民而为天子，得乎天子为诸侯，得乎诸侯为大夫。"

【张居正注评】

丘民，是田野间小民。承上文说："吾所谓民为贵者，何以见之？盖田野小民，其势则微，其分则贱，若无足畏，然其心未可以易得也。若使能得丘民之心，群黎百姓，无不心悦诚服，则民心之所归，即天意之所向，可以履帝位而为天子矣。若夫天子虽至尊贵，然得天子之心，而为天子所宠遇，不过得为五等之诸侯而已，岂能比得于丘民之心者哉！诸侯虽亦尊贵，然得诸侯之心，而为诸侯所信任，亦不过得为三命之大夫而已，又岂能比于得丘民之心者哉！"夫以得天子、诸侯之心，犹不若得丘民之心，是可见民心之向背，所关为最重也。吾谓民为贵者，盖有见于此耳。

【原文】

"诸侯危社稷，则变置。牺牲既成，粢盛既洁，祭祀以时，然而旱干水溢，则变置社稷。"

【张居正注评】

承上文说："吾谓君轻于社稷者为何？盖诸侯之立，所以主社稷也。苟或诸侯淫佚无道，致敌国之侵陵而动摇其社稷，则当变易君位，更置贤者以主之，而人君不能有常尊矣。君位之存亡，系于社稷之安危，是可见社稷为重，君为轻也。吾谓社稷轻于民者为何？盖社稷之立，所以佑民生也。苟牺牲既成，粢盛既洁，克备其享献之物，春焉而祈，秋焉而报，不愆其祭祀之期，君不失礼于神，神宜造福于民也。乃不能御灾捍患，或恒旸而旱乾，或淫潦而水溢，则当毁其坛壝，更易其地以祀之，而社稷不能有常享矣。社稷之更置，系于生民之利害，是可见社稷虽重于君而轻于民也。"合而观之，国以民为贵，不益可见乎？尝考《书经》有云：天子作民父母，而为天下王，则知君为最贵。孟子乃谓民贵于社稷，君为轻者，何也？盖《书》之言，所以示万世之为臣者，不可不知君道之尊。孟子之言，所以示万世之为君者，不可不知民社之重，知民社之重，而兢业以图存，乃所以自成其尊也。

## 【原文】

孟子曰："圣人，百世之师也，伯夷、柳下惠是也。故闻伯夷之风者，顽夫廉，懦夫有立志；闻柳下惠之风者，薄夫敦，鄙夫宽。奋乎百世之上，百世之下，闻者莫不兴起也，非圣人而能若是乎？而况于亲炙之者乎？"

## 【张居正注评】

亲炙是亲近熏炙。孟子说："行造其极之谓圣人。而谓之圣人，不但可为法于当时，虽自一世递至百世，犹可以师表于无穷也。所谓百世之师，谁足以当之？伯夷、柳下惠者，是其人也。盖伯夷虽往，而清操如在。故今闻其风者，即愚顽之夫，亦变而有知觉，怯懦之夫，亦变而有立志，无不以其清为师者也。柳下惠虽往，而和德如存。故今闻其风者，即偷薄之夫，亦交而为敦厚，粗鄙之夫，亦变而为宽大，无不以其和为师者也。夫以伯夷、柳下惠振起于百世之上，时不为不久，而清风和气，能使百世之下，闻者莫不感发而兴起此，岂可以倖致哉？盖伯夷圣之清，柳下惠圣之和，其德既已造于圣人地位，所以能师表百世，而感人于无穷也。自非圣人求其感人于当时且不可得，而况能感人于百世之下乎？以百世之下，犹尚感发如此，况幸而生同其时，亲炙其清和之范，日囿于薰陶之中，其渐摩变化，将不知当何如者。岂但闻风而兴起乎哉？"此所以称为百世之师也。学者欲有闻于世而重模范于后人，可不以圣人为法乎？

## 【原文】

孟子曰："仁也者，人也。合而言之，道也。"

## 【张居正注评】

孟子说："天下之理，存之于心则为仁，措之于事则为道，而要之皆切于吾人之身者也。故人皆知吾性之有仁矣，而不知仁非他也。在天为生物之心，在人为有生之理，乃即人之所以为人者也。盖人有形，必有所以纲维。是形者，仁是也。非仁，则形骸虽具，不过有是血肉之躯而已。人有是气，必有所以主宰是气者，仁是也。非仁，则气体徒充，是亦蠢然之物而已。所以说仁也者，人也，求仁于人之外不可也。然仁，

理也；人，物也。若单说人，则物固无所恃以立；若单说仁，则理亦无所恃以行。惟是以仁之理，合于人之身，性依形以附丽，而率性之动始彰。气载理以推行，而践履之能始著。大而天常人纪，小而日用事为，坦然为天下古今共由之道，即此而在矣。道岂非合仁与人而为言者哉？"夫有此人，即有此仁，则仁固非由于外至，而体此仁，即成此道，则道亦不可以远求矣。世之外心以求仁，外身以求道者，岂不惑哉？

【原文】

孟子曰："孔子之去鲁，曰：'迟迟吾行也，去父母国之道也。'去齐，接淅而行，去他国之道也。"

【张居正注评】

孟子说："君子当去国之日，固以洁身为贵，尤以合道为难。昔者孔子仕鲁不合，尝去鲁矣。其去鲁也，自言说：迟迟吾之行也。殆有去而不忍遽去者焉。夫义不可留，即当勇退，乃迟迟其行者，非濡濡也。盖鲁为父母之国，以恩为主者也。若一不合而急遽以去，其如显君相之失何，故宁过于缓，无过于急，用意忠厚，去父母国之道当然也。及其仕齐不合，亦尝去齐矣。其去齐也，炊不待熟，以手承水取米而行，时刻不少停焉。夫义不可留，固所当去，乃不俟终食，非急迫也。"盖齐为他国，以义为主者也，若义不合而迁延不去，其如失自重之道何。故宁过于急，无过于缓。见几明决，去他国之道当然也。夫孔子之去国，迟速各适其宜如此，此所以为时中之圣，而非一节之士可及也。

【原文】

孟子曰："君子之厄于陈、蔡之间，无上下之交也。"

【张居正注评】

君子指孔子说。厄字与厄字同，是穷困的意思。孟子说："孔子大圣，抱道终身，宜乎行，无不得，何至困穷？然当时辙环天下，至陈蔡二小国之间，乃绝粮七日，从者病，莫能兴，其厄甚矣。何以至此？盖君子处世。上而君用之，则其交在上；下而臣荐之，则其交在下。惟有上下之交，故无困厄。"当时陈蔡二国，上不知孔子，而无能用之君；下不知孔子，而无能荐之臣。上下无交，是以道不行，而不免于厄耳。此于孔子之道固无所损，而陈蔡二国之君既不能举，又不能养，使饥饿于我土地，其简贤弃礼，不足与有为可知矣。

【原文】

貉稽曰："稽大不理于口。"孟子曰："无伤也，士憎兹多口。《诗》云：'忧心悄悄，愠于群小。'孔子也。'肆不殄厥愠，亦不殒厥问。'文王也。"

## 【张居正注评】

貉稽是人姓名。理是赖。憎字当作增字，是增益的意思。悄悄是忧患的模样。愠是怒。肆是发语辞。殒是坠。问是声誉。昔貉稽问于孟子说："人之誉望显扬，本赖于众口，今稽每遭人之讪谤，是于众口甚无所利赖也，奈何？"盖未免有尤人之意，而不知自返。故孟子答说："毁誉由人，不可必修为在我所当尽。虽为众口所讪何伤乎？夫为士者道修而不能保，其谤之不兴，德高而不能必，其毁之不来，较之常人，众口之讪，愈益多耳。试把自古两个圣人增兹多口的来说。孔子，圣人也。然在当时，上下无交，谗毁时有，或讥其栖栖为佞，或笑其累累无依。沮于晏婴，毁于武叔，且不免见愠，而重为世道忧。那《邶风》上说：'忧心悄悄，愠于群小。'此孔子之谓也。文王，圣人也。然在当时，蒙难正志，明夷利贞，或多忌其文明，或卑訾其柔顺。谮于崇侯，拘于羑里，亦不免见愠，而终不为圣德累。那《绵雅》上说：'肆不殄厥愠，亦不殒厥问。'此文王之谓也。夫以文王、孔子之圣，而多口且如此，况其下者乎？"由是观之，人患不能为孔子、文王耳。群小之可忧，愠怒之不殄固无伤也。子亦求尽，其在我者而已，何以不理于口为病哉！

## 【原文】

孟子曰："贤者以其昭昭使人昭昭，今以其昏昏使人昭昭。"

## 【张居正注评】

昭昭是明。昏昏是暗。孟子说："自古圣贤之治，如《尧典》克明峻德而推之以亲睦九族，平章百姓，协和万邦。《大学》自明明德，而推之以齐家治国平天下，由己及人，自内达外，都有个本原。故贤者欲求于天下，必先求于身，省察克治在我之明德既明，然后有法制、禁令，以使家国天下之人，同归于明德。这便是以其昭昭，使人昭昭。今之为治者则不然，不求诸身，而徒求诸天下，未能省察克治，以自明其德，而乃以法制、禁令责人。以其身之所无，欲使亲睦于家，平章于国，协和于天下，必无是理也。这便是以其昏昏，使人昭昭。"夫有诸己而后求诸人，是以躬行率之，贤者之治，所以不令而从也。暗于己而求明于人。是以刑政驱之，今之治所以虽令不从也。然则有治人之责者，可不先于自治乎？

## 【原文】

孟子曰："逃墨必归于杨，逃杨必归于儒。归，斯受之而已矣。"

## 【张居正注评】

孟子说："吾儒之于异端，距之不严，则无以尽闲邪之义，待之不恕，则无以开反正之端，二者必不可废也。方今杨墨之徒，执迷不悟，固难望其以吾道为依归矣。如使天理未尽梏亡，人心不终锢蔽，为墨氏之学者，知兼爱之为非，欲逃而去之，则其势不得不别寻简便的门路，而归之于杨。为杨氏之学者，知为我之为非，欲逃而去之，则其势不得不反求中正的道理，而归之于儒。盖杨墨虽同归于异端，然墨氏务外而不情，杨氏太简而近实。故其变而从道，难易不同如此。夫吾儒之所以痛排杨墨者，但以杨墨之能害道耳。今以渐来归，则为吾儒者，惟当悯其陷溺之久，取其悔悟之新。以杨而来者，吾即以儒受之，使去其害义者，以就吾之义而已矣。以墨而来者，吾即以儒受之，使去其害仁者，以就吾之仁而已矣。岂可追其既往而复与之辩哉？"盖未归之前，异端与吾道为敌，既归之后，异端与吾道为徒。此所以圣贤立教，每于距绝之中，存招徕之意，言易入而道易行也。

【原文】

"今之与杨、墨辩者，如追放豚，既入其苙，又从而招之。"

【张居正注评】

放豚，是走出去的猪。苙是猪圈。招是用绳拴缚四蹄。孟子又说："方今之世，既难得辟邪卫道之人。即有知吾道之为是，杨墨之为非，能倡其说而与之辩者，却又以一切先入之成心，不平之客气，务要与他相持，到底不肯放宽。杨既归于我矣，犹咎其昔日为我之非义；墨既归于我矣，犹咎其昔日兼爱之非仁。深恶痛绝，既不容之于门墙，责备求全，又不假之以声色，就如追赶放逸的豚猪一般。既入其苙围而制之，使不得奔突亦可矣，又从而拴缚其四蹄，使一步不可行焉。"如此，不惟隘吾兼容并包之量，而且阻人迁善改过之门。故已归者，苦其严而思复叛；未归者，畏其严而不复来。吾道之不明于天下，不惟异端害之，而儒者科条太密，门户太高，亦当交任其责矣。有卫道之心者，可不慎所以待之哉。

【原文】

孟子曰："有布缕之征，粟米之征，力役之征。君子用其一，缓其二。用其二而民有殍，用其三而父子离。"

【张居正注评】

殍是饿死的人。离是离散。孟子说："为人君者，天下之财力，皆其财力，其势不容不用乎民。所贵取之以时，不至于横征虐使，俾民不堪命耳。自古征赋之制有三件。一件叫做布缕之征，是取百姓每蚕织之利以为用，如今之丝绢蔴苧是已。一件叫做粟米之征，是取百姓每田入之利以为用，如今之夏税、秋粮是已。一件叫做力役之征，是取百姓每丁夫之力以为用，如今之当差做工是已。这三件，君子虽例得取之于民，然每于催科之中寓抚字之意。如布缕取之于夏，则粟米力役在所缓；粟米取之于秋，则布缕力役在所缓；力役取之于冬，则布缕粟米在所缓。但用一件以充国之用，常缓二件以宽民之生，故上无诛求督责之扰，下无饥馑流亡之患，赖有此耳。苟一时而并用其二，则小民奔命不给，有饥死而转于沟壑者矣。一时而并用其三，则小民室家难保，将父子逃亡而散于四方矣。"夫使百姓困穷离析，无以聊生，虽欲责之以常赋，驱之以往役，谁复有能供其令者乎？危亡之祸可立致矣。然则用一缓二之规，人君不独爱其民，实自爱其国也。

【原文】

孟子曰："诸侯之宝三：土地，人民，政事。宝珠玉者，殃必及身。"

【张居正注评】

孟子说："万物中难得而可贵者，都叫做宝。然宝得其宝则安，宝失其宝则危，不可不慎也。试以诸侯之宝言之。诸侯控一国之尊，享千乘之富，珍奇非不足于府，玩好非不足于前。然其所当宝重而爱惜者，不过三件而已。彼国有土地，锡之天子，传之先人，乃基业之所由系，非是则无以立国矣，此第一件当宝也。国有人民，赋税为我供，缓急为我使，乃根本之所由固，非是则无以守位矣，此第二件当宝也。国有政事，利以之兴，害以之除，乃纪纲之所由植，非是则无以保土地而理人民矣，此第三件当宝也。诸侯能知此三者为国大宝，而念念谨守，时时修饰，使之无一些玷缺损坏之处，将见国祚巩于磐石，遗泽传之子孙，不止于一身无患而已。至于珠宝，饥不可食，寒不可衣。若以之为宝，而徒取给于耳目之玩，则内以嗜欲丧志，外以征求剥民，攘夺将兴，危亡立至，此身且不免于受殃，而况能常有珠玉哉？"可见有国家者，求利必生害，多藏必厚亡。所以，自古帝王抵璧于山，投珠于渊，不贵难得之物，不蓄无用之器，其能保身以及民，保民以及国，有由然也。后之人君，可不知所取法哉。

【原文】

盆成括仕于齐，孟子曰："死矣，盆成括！"盆成括见杀，门人问曰："夫子何以知其将见杀？"曰："其为人也小有才，未闻君子之大道也，则足以杀其躯而已矣。"

【张居正注评】

盆成是姓。括是名。昔盆成括方仕于齐。孟子逆料他说："我观盆成括，非享寿禄之器，今虽进用，乃死亡之日近矣。"既而盆成括有罪见杀，门人问说："死生有命，非人所可预知。今夫子果何所据，而能察见未来，知括之将见杀也。"孟子答说："我于括之死，非揣以适然之数，乃断以必然之理也。夫人不贵有才而贵闻道，道苟得闻，必善用其才，以此济事，而亦以此保身。今括之为人，儇巧捷给，不过小有才耳，于君子仁义忠信之大道，茫然其无闻也。既未闻道，而使之一旦进用，处必争之地，乘得志之时，则其势必至于恃才妄作，启衅招尤，适足以取杀身之祸而已矣。我所以预知其败者为此故也，岂有他术哉。"是可见人之有才，本不足为害，惟不求合于道，而

专用其才，则大者乱国，小者杀身，反不若朴拙无能之为愈也。取才者尚其审诸。

【原文】

孟子之滕，馆于上宫。有业屦于牖上，馆人求之弗得。或问之曰："若是乎从者之廋也？"曰："子以是为窃屦来与？"曰："殆非也。夫子设科也，往者不追，来者不拒。苟以是心至，斯受之而已矣。"

【张居正注评】

上宫是往滕国去的腰站。业屦是织屦将成的。廋，是藏匿。昔孟子将往滕国，馆过于上宫之地。当时偶有织屦将成置于牖户之上，忽然遗失，馆人寻求而不得，或人遂疑为门人窃取以去，乃对孟子说："夫子从者，何其善匿人之物如此？"盖以穿窬之心，而度圣贤之徒也。孟子答说："未成之物，直得几何？据子之意，得毋谓我之门人，专为窃取一屦而来与？"或人自悟其非，说道："我固知从者为游学而来，非为窃屦而来也。但夫子设立科条以待学者，往者之失，则必不追咎，以塞其自新之路；来者自勤，则必不拒绝，以阻其向化之机，只据眼前，苟以求亲师友从事学问之心而来，斯容受以教诲之而已矣。然则谓从者窃屦而来，固非也。谓夫子能保其往，是岂可哉？"夫或疑从者之窃屦，其见陋矣。至于论圣贤之设科，不追既往，实与前章归斯受之之意同，此记者所以有取而载之也。

【原文】

孟子曰："人皆有所不忍，达之于其所忍，仁也；人皆有所不为，达之于其所为，义也。"

【张居正注评】

孟子说："立人之道曰仁与义，此人所固有者，惟在识其端而推广之耳。今夫恻隐之心人皆有之，故见可哀可矜之事，便惨然有所不忍，此仁之端也。但为气拘物蔽，有不忍于此，而或忍于彼，则仁即为之壅遏矣。必自其所不忍达之于其所忍，使地无远近，情无亲疏，遇疾苦一般矜怜，遇患难一般悯恤，这才是吾心全体之仁。盖仁主于慈爱，而世间当爱之物甚多，不可以一念之恻隐，便谓之仁也。羞恶之心，人皆有之，故见可愧可耻之事，便毅然有所不为，此义之端也。但为气拘物蔽，有不为于此，而或为于彼，则义即为之扞格矣。必自其所不为，达之于其所为，使事无大小，时无顺逆。见利必不敢以苟求，见害必不敢以苟免，这才是吾心全体之义。"盖义主于断制，而世间当断之事甚多，不可以一念之羞恶便谓之义。

【原文】

"人能充无欲害人之心，而仁不可胜用也；人能充无穿窬之心，而义不可胜用也。"

## 【张居正注评】

穿，是穿穴，窬是逾墙，皆为盗贼的事。承上文说："如何是人皆有所不忍，达之于其所忍？彼不仁之事，至于处心积虑，要坑害人，此乃最刻毒的心肠，人皆有所不忍者也。能由此而推之，凡一切自私自利，不便于人之事，其类不同，同归于害人，务要件件体贴，将此心不忍的念头，扩充到极处，则仁之全体在我。由是而亲亲、仁民、爱物，无往非此心之贯彻，而仁之为用，不可胜穷矣。如是人皆有所不为，达之于其所为，彼不义之事，至于穿穴逾墙而甘为盗贼，此乃最卑污的行止，人皆有所不为者也。能由此而推之，凡一切瞒心昧己不合天理之事，其类不同，同归于穿窬，务要件件检点，将此心不为的念头，扩充到极处，则义之全体在我。由是而正家、正国、正天下，无往非此心之运量，而义之为用，不可胜穷矣。"

## 【原文】

"人能充无受尔汝之实，无所往而不为义也。士，未可以言而言，是以言餂之也，可以言而不言，是以不言餂之也，是皆穿窬之类也。"

## 【张居正注评】

"尔"、"汝"是轻贱的称呼。餂是探取人情，如以舌去餂取物件的模样。孟子说："仁义在人，固不可不充矣。然义之为道甚广，而充之为事多端，尤当推类以至于尽者也。彼人以尔汝轻贱之称加于我，我乃不以为辱，而甘心受之，是其贪昧隐忍，即穿窬之心也。然其中或有惭忍而不肯受之之实，是其知耻一念，即不为穿窬之心也。必自此心而充之，思我为人所轻之故，而反己自修，以去其可耻之行，是能充无受尔汝之实矣。夫卑污苟贱之事，既有所不为，则光明正大之义，自无所不协，安往而不为义乎？然不但行己当慎，即一语一默，亦有不可苟。设使士人于应酬之际时未可以言，而乃轻躁以发言，道是故意开端要人来答我，以言探取人情者也。时既可以言，而乃缄默以不言，这是故意落后，要人来问我，以不言探取人情者也。若此者，比之无受尔汝事甚微，而人易忽矣。自我观之，是皆穿窬之类也。盖盗贼以穿窬探取人之物，士人以语默探取人之情，其为心术，同一暗昧，同一阴险，何差别之有乎？人必类推至此而悉去之，然后真能充无穿窬之心者也。"孟子此章之旨最为精微。盖人无智愚贤不肖，无不有此仁义之心。但众人一念之差，正是看得些小阴骘，以为无害于仁，细微举动，以为无害于义，卒之人品化而为禽为兽，功效流而为杂霸、杂夷。其几皆决于此，不可不慎也。

## 【原文】

孟子曰："言近而指远者，善言也；守约而施博者，善道也。君子之言也，不下带而道存焉。"

【张居正注评】

孟子说："人之为言，固不可失之浅陋，然使其高谈阔论，只顾耳边好听，而不切于事理，未可为善言也。惟所言者，切近精实，若不足以动听，而其旨则包藏深远，愈探而愈无穷，这等言语才是彻上彻下，可以垂世而立教者也。非善言而何？人之为道，固不可失之狭小，然使其好大喜功，只顾外面粉饰，而其中漫无所守，未得为善道也。惟所守者，简要省约，若不足以致用，而施之则功用溥博，愈推而愈不匮。这等的道理，才是有体有用，可以经世而宰物者也。非善道而何？求其能是二者，其惟君子乎？我观君子之言，止据目前常见之事，平平敷衍，若不下于衣带之近，然天命之精微，人道之奥妙，不越此浅近之论以该括之，而道无不存焉。"夫以带视道，其远近为何如者？乃君子不下带而道自存，信乎为言近指远之善言也。

【原文】

"君子之守，修其身而天下平。人病舍其田而芸人之田，所求于人者重，而所以自任者轻。"

【张居正注评】

承上文说："我又观君子之守，止就一身，本分之内，暗然自修，初无责效于人之意。然内而百官象其德，外而万民顺其治，不越此身范之端，而天下自平矣。夫以身视天下，其博约为何如者，乃君子修其身而天下平，信乎为守约施博之善道也。这等看来，可见人必先治己身，而后可以治人，与农夫必先芸己田，而后可以芸人田，事虽异而理则同耳。今不务守约，而徒欲施博，其为病就如舍己之田不芸，只管替人芸田的一般。所求于人者甚重，而所以自待其身者却甚轻。如责人为子尽孝，而自己孝不如人，却不知愧。责人为臣尽忠，而自己忠不如人，却不知勉。颠倒谬妄如此，其去君子之善道不亦远乎？"孟子此言，专为战国君臣惑杨朱、墨翟之横议，慕管仲、晏子之近功，欲使立言者必本六经，为治者必法三代，而惜乎古道既远，至今终不可复也。

【原文】

孟子曰："尧、舜，性者也；汤、武，反之也。动容周旋中礼者，盛德之至也。哭死而哀，非为生者也。经德不回，非以干禄也。言语必信，非以正行也。"

【张居正注评】

回，是邪曲。孟子说："圣人之德，要其终，固无优劣之殊，而原其始，实有安逸之异。以尧舜言之，其知为生知，其行为安行，此乃是天生成的。其初无亏欠，故后来亦不假修习，性之之圣也。以汤武言之，其知则思而后得，其行则勉而后中，此乃自已成习的。其初虽有亏欠，后来却能复还本体，反之之圣也。所谓性之之事何如？时乎动容之际，则周旋曲折，无不中礼，岂有意于中哉？乃盛德之至，自然与礼而妙合也。时乎哭人之死，则哀痛惨怛若不胜情，岂有意于为生者哉？乃其天性之慈，自然为死而兴哀也。所行者皆经常之德，而无所回邪，岂以干禄之故哉？率性而行，自然趋于正直，非勉强要做好人，以求闻达于人也。所言者皆信实之言，而无所虚妄，岂以正行之故哉？"根心而言，自然符于践履，非勉强要行好事，以求践其言也。是其优游于成法之中，而不事勉强，顺适于天命之内，而相为合一，盖性焉安焉之德如此。

【原文】

"君子行法，以俟命而已矣。"

【张居正注评】

承上文说："所谓反之之事何如？彼天理当然叫做法，吉凶祸福叫做命。法所当自尽，而命不可必得者也。反之之君子，凡一身所行，如上文动容之礼，哭死之哀，经德之正，言语之信，虽不能自然而然。然其心只知这天理中有一定之规矩，毫发不可逾越，而事事之所率循，念念之所执守，举不出于此。由此而获吉与福，是命之通也，固俟之而无所徼求，由此而罹凶与祸，是命之塞也；亦俟之而无所规避。是虽未至于无心，而亦不出于有为。"盖复焉执焉之德如此。夫以行法俟命之君子，比于性之之圣，规模虽有广狭，从人虽有安勉，然论道统则汤武同归于执中，论心法则尧舜不敢以自圣，此忧勤惕励，为圣学相传之要也。

【原文】

孟子曰："说大人，则藐之，勿视其巍巍然。堂高数仞，榱题数尺，我得志，弗为也。食前方丈，侍妾数百人，我得志，弗为也。般乐饮酒，驱骋田猎，后车千乘，我得志，弗为也。在彼者，皆我所不为也，在我者，皆古之制也，吾何畏彼哉？"

【张居正注评】

八尺叫做仞。榱题是椽头。方丈是桌面摆列方广有一丈。孟子说："今布衣游谈之士，欲进说于王公大人之前者，往往视大人太尊，视己太卑，不胜其畏惧之心。所以理为势屈，而言不尽意耳。自我言之，彼虽尊贵，那进言之人，只合藐视而轻忽之，切勿将他巍巍然可畏之气象看在眼里，则志意舒展，而言语得尽矣。所以然者何哉？彼大人者，堂有数仞之高，榱题有数尺之长，不过宫室华美而已，我若得志，必不为此侈靡之事也。食前有方丈之广，侍妾有数百之众，不过声色艳丽而已，我若得志，必不为此奢纵之事也。般乐逸游而饮酒，驱驰车马而田猎，且每一出游，则后车随从者有千乘之多，不过快意适观而已，我若得志，必不为此荒亡之事也。而在彼之声势气焰赫然动人者，皆我所不屑焉。而在我者，居天下之广居，立天下之正位，行天下

之大道，其所抱负操持，皆千古圣贤之法制，是我重而彼轻，我大而彼小矣，吾何畏彼之有哉？此吾当藐视之也。"是时战国游士，意气非不盛，谈吐非不高，然其心只知有诸侯之尊，而多方欲中其欲，曲意以希其宠，所以到底止成就得顺从之妾妇。而孟子独能以道德自重，义命自安，宜其为狂澜之砥柱也。

【原文】

孟子曰："养心莫善于寡欲。其为人也寡欲，虽有不存焉者，寡矣；其为人也多欲，虽有存焉者，寡矣。"

【张居正注评】

欲是口鼻耳目四肢之欲。孟子说："人之有心，乃具众理，而应万事之本，诚不可不养。然养心之功，不可他求，只要见得心本至虚，而为欲所累。心本至灵，而为欲所昏，将一身中口鼻耳目四肢之欲，寡之又寡，不使其放纵而无所节制，这便是养心极好的方法。吾儒一生学问，一生人品，举系于此。如使其为人也，能知养心之要，而为寡欲人焉，则外感不杂，内境常清，泰宇定而天光发，心未有不存者也。虽有不存，不过暂失之耳，不亦寡乎？如其为人也，不能知养心之要，而为多欲人焉，则物感既摇，中心无主，嗜欲深而天机浅，心未有能存者也。虽有存焉，不过偶得之耳，不亦寡乎？"夫人心道心，迭为消长如此，信乎养心莫善于寡欲也。然寡欲不特可以养心，而神完气固，亦可以保身。况人君者，心为万化之原，身为万民之主，其关系尤重，而保守尤难，寡欲之功，尤不可不深念也。

【原文】

万章问曰："孔子在陈曰：'盍归乎来！吾党之士狂简，进取，不忘其初。'孔子在陈，何思鲁之狂士？"孟子曰："孔子'不得中道而与之，必也狂狷乎。狂者进取，狷者有所不为也'。孔子岂不欲中道哉？不可必得，故思其次也。"

【张居正注评】

狂简是志大而略于事。进取是求望高远。万章问于孟子说："昔者孔子在陈国之时，知道之不行，尝自叹说：我初周流天下，本为行道计也。道既不行，何不归来于我鲁国乎？盖吾党后学之士，大段资性狂简，激昂于意气，而阔略于事为。充其志，直欲进而取法古人，终身以为向往，不肯改变其初心。其狂如此，尽可副我传道之望，此我所以有感而思归也。夫士而曰狂，未便是高世绝俗之品，乃孔子在陈，独思想鲁之狂士，其意何居？"孟子答说："孔子思狂士，非其本心，殆有所不得已耳。孔子尝说：道之所贵者中，诚得中道之人而与之，吾之愿也。今既不得其人，其必得狂狷之士乎？盖狂者，志向高明，而期望甚远；狷者，持守贞固，而有所不为。得这两样人，激励裁抑之，庶乎可进于中道也。观孔子之言如此，此其心岂不欲得中道之士哉？世教衰微，中行之士，不可必得，而斯道又不可以无传，不得已而求其次，此所以思及于狂士也。然则狂狷虽未至于中行，中行而下，固资质之最高者矣，孔子思之，何莫非为道之心哉。"

【原文】

"敢问何如斯可谓狂矣？"曰："如琴张、曾皙、牧皮者，孔子之所谓狂矣。""何以谓之狂也？"曰："其志嘐嘐然，曰：'古之人！古之人！'夷考其行，而不掩焉者也。"

【张居正注评】

琴张、曾皙、牧皮，都是孔子门人。嘐嘐是志大言大的模样。夷是平。掩是覆盖的意思。万章又问孟子说："狂士之思，固非圣心之得已，已然当时在鲁之士亦多矣。敢问如甚么样人，斯可谓之狂士乎？"孟子答说："当时孔子弟子在鲁者，如琴张、曾皙、牧皮这样的人品，俱是孔子之所谓狂士矣。"万章又问说："有狂之名，必有狂之实，敢问何所考验而遂称之为狂也？"孟子答说："欲知狂之所以为狂，惟于其志愿观之，则可见矣。其志嘐嘐然夸大，卑视今世之士，以为不足称数，动辄称说古之人古之人。论学术必以古圣贤之道德自期，论事功必以古帝王之经济自任，其志大言大如此。及因所言，以考其所行，则志大而不能充其志，言大而不能践其言。平日所自许者，却多有空缺去处，不能一一掩盖得来，狂之为狂盖如此。此则践履虽歉于笃实，而志愿则极其高远，稍裁抑之，至于中道不难矣。此孔子所以致思也。"

【原文】

"狂者又不可得，欲得不屑不洁之士而与之，是狷也，是又其次也。"

【张居正注评】

孟子又答万章说："孔子之思，狂士固有取于志愿之高矣。乃其思及于狷，亦自有说。盖中行而下，狂士最高。这等样人，世间亦不常有，惟狂者又不可得。于是思得不屑不洁之士，操履极其谨严，廉隅不肯少贬，一切卑污苟贱之事，有玷于行谊，有浼于名节者，深恶而不屑。为得这等样人而与之，志虽不足，守则有余，此所以谓之狷也。以中行之士律之，下狂士一等，此又其次焉者矣。"夫中行不得而思及于狂，狂又不得而思及于狷，其取人愈恕，而为道之心愈益加切矣，是岂孔子得已哉？

【原文】

"孔子曰：'过我门而不入我室，我不憾焉者，其惟乡原乎！乡原，德之贼也。'"曰："何如斯可谓之乡原矣？"曰："何以是嘐嘐也？言不顾行，行不顾言，则曰：'古之人！古之人！''行何为踽踽凉凉？生斯世也，为斯世也，善斯可矣。'阉然媚于世也者，是乡原也。"

【张居正注评】

憾是恨。原字与愿字同，是谨愨的意思。踽踽是独行的模样。凉凉是薄，阉是闭藏。万章又举孔子之所恶者，问于孟子说："孔子尝云：人情不见亲厚，则怨恨易生。若过我之门，不肯入我之室，我亦无恨于彼者，惟是于乡原之人为然。盖乡原之为人，似德非德实害乎德，方以其不见亲就为幸，何恨之有，孔子深恶乡原之人若此。敢问其所为何如便称之为乡原乎？"孟子答说："欲知乡原之为人，惟观其讥狂狷之言可见矣。其讥诮狂者说：何用如此，嘐嘐然也，言夸大而不过其行，行阔略而不顾其言，每事便说古之人，古之人，何其大言而不惭耶。其讥诮狷者说：何必如此，踽踽然独行，凉凉然寡薄，举一世之人，一无所亲厚为哉！人既生于斯世，则但当为斯世之人，使举世之人，皆称以为善人可矣，何必生今而慕古，远重以为高哉！夫观其讥狂狷之言如此，既不为狂者之绝俗，亦不为狷者之洁己，惟阉然深自闭藏，与时俯仰，以求亲媚于一世之人者，这乃是乡原之行也。孔子所以深恶之者，盖为此耳。"

【原文】

万子曰："一乡皆称原人焉，无所往而不为原人，孔子以为德之贼，何哉？"曰："非之无举也，刺之无刺也，同乎流俗，合乎污世。居之似忠信，行之似廉洁，众皆悦之，自以为是，而不可与入尧舜之道，故曰：'德之贼也。'"

【张居正注评】

万章又问孟子说："一乡之人，公论所出，今一乡皆称为原人，是其为人无所往而不谨厚矣。谨厚为士人之美行，孔子乃深恶之，谓其为德之贼，何哉？"孟子答说："人之处世，心术贵于光明，行己贵于正直。若乡原之为人，欲明指其失而非之，则掩覆甚周，无可举之显过，欲伺察其恶而刺之，则闭藏甚密，无可刺之深奸。惟只与时浮沉，混同于流俗，随众委靡，苟合乎污世，其立心本无忠信之实，而深情厚貌，恰似诚笃不欺一般；其行事本无廉洁之操，而好名能让，恰似清介有执一般。此正其阉然求媚于世的去处。故一乡之众，喜其软熟，皆欣然悦之，称以为善人。彼亦遂以为自以为是，居之不疑，迷而不悟，是以病根深锢，终其身汩没于尘世，而不可与入尧舜之道。夫尧舜之道，大中至正之道也。今乡原窃其近似，而淆其本真，在己既不觉其非，在人又皆惑其伪，非德之贼而何！此孔子所以深恶之也。"

【原文】

"孔子曰，恶似而非者：恶莠，恐其乱苗也；恶佞，恐其乱义也；恶利口，恐其乱信也；恶郑声，恐其乱乐也；恶紫，恐其乱朱也；恶乡原，恐其乱德也。"

## 【张居正注评】

孟子又告万章说:"乡原之为人,人皆称之,而孔子独恶之,非无谓也,为其似是而非耳。孔子尝说,天下有真是者,人皆知其为是,有真非者,人皆知其为非,此不足以惑人,无可恶也。惟似是而却非是,反乱天下之真是者,此为可恶耳。试举其类言之,莠草似苗非苗,所以莠为可恶,恐其乱真苗也。佞口似义非义,所以佞为可恶,恐其乱真义也。利口似信而实非信,所以恶利口者,恐其乱信也。郑声似雅乐而非雅乐,所以恶郑声,恐其乱雅乐也。紫色似朱而实非朱,所以恶紫色者,恐其乱朱也。至于乡原,不狂不狷,似若有得于中行。然非之无举,刺之无刺,不可与入圣道,将使天下之人迷谬于名实,而不知所适从,皆自乡原启之。则无恶于乡原者,固以其似德非德,而反乱乎德也。"由孔子此言观之,其所以恶乡原而斥其为德之贼者,其意益可见矣。

## 【原文】

"君子反经而已矣。经正,则庶民兴;庶民兴,斯无邪慝矣。"

## 【张居正注评】

经,是常道。孟子又告万章说:"乡原虽足以乱德,而邪说终不能胜正,君子于此,固自有绝之之术焉。彼纲常伦理之懿,为天下古今所共由者,这叫做常道。常道不明,斯邪说所由盛也。君子欲辟异端,而息邪说,只是将此常道见之于躬行,施之于正教,使其昭如日星,坦如正道,与天下共由之而已矣。大经既反而归于正,则化本端而民有所观,感治具张而人有所持循,莫不勃然兴起,惟吾常道之是遵矣。庶民岂有不兴者乎?庶民既兴起于常道,则是非明白,无所回互。彼似是乱真之邪慝,虽足以惑世,而斯民灼然有定见,确然有定守,皆知真是之所在,自不为其所惑矣。尚何邪慝之足患乎?"夫观孔子之思狂狷,可以见传道之心;观孔子之恶乡原,可以见卫道之志。其惓惓一念,无非为斯道计焉耳。孟子发其蕴于万章,而又终之以辟邪之术,此所以有功于圣门也。

## 【原文】

孟子曰:"由尧、舜至于汤,五百有余岁,若禹、皋陶,则见而知之;若汤,则闻而知之。"

## 【张居正注评】

见知、闻知,俱指知道说。孟子说:"斯道之统,必待人而后传,而圣人之生,实间出而不偶。吾尝溯观往昔,世道凡几变矣,中间有数的几个圣人,大率五百年而一出。这数圣人者,生不一时,而道则相继。惟其有见知者,以开其先;是以有闻知者,

以继其后也。试举而言之：自尧舜以精一之旨，相授受于唐虞，而万世道统之原，实自此始。由尧舜以来至于汤计其时，盖五百有余岁。汤出而尧舜之道统始有所传，非汤生而能知尧舜之道也。由有祗台之禹迈种之皋陶，此二圣臣者当明良喜起之时，与尧舜会聚于一堂，亲见其道而知之，是以成汤得以其建中之极，而追溯其执中之传。"盖闻之于禹与皋陶而知之者也，此汤之得统于尧舜者然也。向非有禹、皋陶见知，汤亦安能上接夫尧舜之统哉？

【原文】

"由汤至于文王，五百有余岁，若伊尹、莱朱，则见而知之；若文王，则闻而知之。"

【张居正注评】

承上文说："汤得闻尧舜之道，固与禹、皋陶有赖矣。由汤之时，历数以至于文王，计其时亦五百有余岁。文王出，而成汤之道统始有所传，亦非文王生而能知成汤之道也。由有阿衡若伊尹，左相若莱朱。此二圣臣者，当一德咸有之日，与成汤交修，终始亲见其道而知之，是以文王得以其小心之诚，而远继乎制心之学，盖闻之于伊尹、莱朱而知之者也。此文王之得统于成汤者然也。向非伊尹、莱朱之见知，文王亦安能上接夫成汤之统哉？"

【原文】

"由文王至于孔子，五百有余岁，若太公望、散宜生，则见而知之；若孔子，则闻而知之。"

【张居正注评】

承上文说："文王得统于汤，固于伊尹、莱朱有赖矣。由文王之时，历数之以至于孔子，计其时亦五百有余岁。孔子生，而文王之道统，斯有所传，孔子亦非无自而得统于文王也。盖由有太公望、散宜生者，疏附先后，亲炙其缉熙敬止之范，有以见而知之，是以孔子继其道于数十世之下。于贤者识其大，于不贤者识其小，觐耿光于未泯，幸斯文之在兹，乃得闻而知之也。则孔子所以得道统于文王者，又于太公望、散宜生而有赖矣。"夫由尧舜以至于孔子，道统之所以不绝者，皆赖见知者以开于前。则今日欲传孔子之道，岂可无见知之人乎？

【原文】

"由孔子而来至于今，百有余岁，去圣人之世若此其未远也，近圣人之居若此其甚也，然而无有乎尔，则亦无有乎尔！"

**【张居正注评】**

承上文说:"由群圣相承之统观之,必有见知者以开其先,然后有闻知者以继其后,道统所以相继而不绝也。乃自孔子以来至于今,论其时世不过百有余岁,去圣人之生时若此其未远也,非若时不相及而不得见也。论其居处,自邹至鲁,壤地相接,近圣人之居若此其甚也,非若地不相邻而不可见也。宜若有得于见知之真者矣。然求之当今之世,其于孔子之道,已无有见而知之,若禹、皋之于尧舜,伊、莱之于汤、吕,散之于文王者矣,则五百余岁之后,去圣人之世渐远,近圣人之居,不知当何如者,岂复有闻而知之,如汤之于尧舜,文王之于汤,孔子之于文王者哉?然则文王以来,相承之统,其可使之寥寥无传耶?吾盖不能以无忧矣。"孟子此言,虽不以见知自居,而自任之意,实不容掩。又以见夫天理、民彝不可泯灭,百世之下必有神会而心得之者,所以明其传之有在,而俟后圣于无穷也。

# 《四书五经》名句

四书五经 第三部分

马博 ◎ 主编

# 导　读

　　数千年来，儒学经籍浩繁，汗牛充栋，人们要想一窥堂奥，殊属不易。除鸿儒学者外，一般人对儒学的汲取主要是以儒学经籍的名篇名句，尤以"四书五经"为首。

　　"四书五经"是举世闻名的东方"圣经"，光照千秋的文化瑰宝。数千年来，它启迪了炎黄子孙对宇宙自然的体悟、对人生哲理的深刻认识、对人伦天理的创造性阐释，提供了修身、齐家、治国、平天下的智慧和经验。其中的格言警句、妙语佳言、成语典故至今仍大量地体现在各类文化书籍和日常生活、社交活动中。

　　"四书"是指《大学》、《中庸》、《论语》和《孟子》，"五经"是指《周易》、《尚书》、《诗经》、《礼记》和《春秋左传》。"四书五经"是儒家的重要典籍，它们在流传的过程中，对中国的政治、经济、文化和社会生活等各个方面都产生了深远影响。千百年来，"四书五经"启迪了中国人对宇宙自然的体悟感受，影响了炎黄子孙待人处世的人生哲学，启发了华夏儿女的智慧灵根，为中华民族精神的形成做出了巨大贡献。

　　儒学的经典名句，具有能传之千古，播之四海的功能，让世世代代的人们受其熏陶教育，从而使整个儒学的传承，像浩浩长江，永不衰竭，且历久常新。即使遭致浩劫，像火中凤凰，亦能劫后重生，而不稍减其光艳。本部分从"四书五经"中摘取名句几千条，内容涉及治国、道德、修养、伦理、节操、处世、教育、哲学、文艺、爱情等，举凡涉及思想文化等各个领域，无敢阙如，靡不毕包，涵盖了"四书五经"中的主要内容，且在每个名句后面，均附注释及解读，俾对初涉古籍的青少年有所裨益，更有助于为广大读者提供有益的资料，免其翻检之劳。

# 《大学》名句

【原文】

　　大学①之道,在明明德②,在亲民③,在止于至善④。

【注释】

　　①大学:大人之学。大人,指有位者,即官员之称。《左传·昭公十八年》:"而后及其大人。"注云:"大人,公卿大夫也。"郑玄注:"大学者,以其记博,学可以为政也。"故《大学》即为官从政之学。②明明德:前一"明",为"彰显"之意;后一"明",为清明、光明之意。明明德,意为彰显自己本来清明的品德。③亲民:有两解。朱熹注:"亲者,新也,革其旧之谓也。"意为使人民日新,又日新,进步不已。又,明代学者王阳明解"亲民"为亲近人民,即亲爱其民。④止于至善:意为大学之道,必至于至善而不迁也。至善,善的最高境界。

【解读】

　　大学的道理,在于彰显自己本来清明的德性,在于(用这种清明的德性)使广大人民日新、又日新,进步不已,在于使广大人民达到善的最高境界。

　　朱熹认为,《大学·经文》是孔子的话,而由曾子讲述出来的。《大学》的主要内容是讲修身、齐家、治国、平天下的学问。这里讲的"大学之道,在明明德,在亲民,在止于至善",这三点是《大学》一书的总纲,也是治国的总方针。

【原文】

　　古之欲明明德于天下者,先治其国;欲治其国者,先齐其家①;欲齐其家者,先修其身②;欲修其身者,先正其心③;欲正其心者,先诚其意④;欲诚其意者,先致其知⑤;致知在格物⑥。物格而后知至,知至而后意诚,意诚而后心正,心正而后身修,身修而后家齐,家齐而后国治,国治而后天下平。

【注释】

　　①齐其家:整治好自己的家庭或家族,使之和美兴旺。齐:整治,管理。
　　②修其身:修养自身的品性。
　　③正其心:使自己的思想、意念端正。
　　④诚其意:使自己的心意诚实,不自欺欺人。

⑤致其知：使自己获得知识。
⑥格物：认识、研究万事万物。格：探究，推究。

【解读】

这一段分别从逆向和正向论述的八个环节，环环相扣，逻辑清楚，被宋儒朱熹称作《大学》"八条目"。"格物、致知、诚意、正心、修身"专注于心性修养和道德养成；"齐家、治国、平天下"说的是由近及远、由简到繁的治政之事，意在阐明高尚的道德是清明政治的基础。

【原文】

为人君止①于仁，为人臣止于敬，为人子止于孝，为人父止于慈，与国人②交止于信。

【注释】

①止：居停。这里有做到、达到的意思。
②国人：古代指居住在大邑内的人。范文澜、蔡美彪等《中国通史》："农民住在田野小邑，称为野人；工商业者住在大邑，称为国人。"今泛指国内之人、全国的人。

【解读】

这一句是说，君仁臣敬，父慈子孝，民间交往讲究诚信。总之，在社会上和家庭里，不同身份的人都要遵守相应的道德行为规范。这是社会形成公序良俗的基础，也是保证社会和谐发展的基本条件。

【原文】

所谓诚其意者，毋自欺也。如恶恶臭①，如好好色②，此之谓自谦③。故君子必慎其独④也。

【注释】

①恶（wù务）恶（è扼）臭（xiù秀）：恶腐臭的气味。前一个"恶"：动词，厌恶，讨厌。后一个"恶"：形容词，污秽。臭：气味。
②好（hào耗）好（hǎo郝）色：喜爱美丽的女色。前一个"好"：动词，喜爱。后一个"好"：形容词，美，善。
③谦（piè窃）：通"慊"（qiè窃）。满足，满意。
④慎其独：在他一个人独处（chǔ楚）时也谨慎不苟。

【解读】

所谓使意念真诚，是说不要自己欺骗自己。要像厌恶腐臭的气味和喜爱美丽的女色一样，发自内心，心安理得。所以，道德高尚的人即使独处（chǔ 楚）一地，无人看到、无人监督时，也会谨慎不苟、严格律己，不做伤天害理的事。

【原文】

民之所好①好之，民之所恶②恶之，此之谓民之父母。
有国者不可以不慎，辟则为天下僇③矣。
道得众则得国④，失众则失国。

【注释】

①好（hào 耗）：与下面"好之"的"好"均为动词，喜好、喜爱之意。
②恶（wù 务）：与下面"恶之"的"恶"均为动词，讨厌、厌恶之意。
③辟（pì 譬）则为（wié 唯）天下僇（lù 路）矣：如果政治措施有所偏颇，就会被天下民众推翻。辟：通"僻"，偏颇。为：被。僇，通"戮"，杀戮。
④道得众则得国：政治措施能获得民众支持，就能巩固统治，保有国家政权。道：这里指当政者所采取的政治措施。

【解读】

当政者必须以民众的好恶（hào wù 耗务）为自己的好恶，必须谨慎地采取能得到民众拥护的政治措施。只有这样，才能赢得民心，巩固政权；否则就会失去民心，乃至丧身亡国。

【原文】

小人闲居①为不善②，无所不至③，见君子而后厌然④，掩⑤其不善，而著⑥其善。

【注释】

①闲居：独处。②为不善：做不善的事。③无所不至：什么坏事都干得出来。④厌（yā）然：闭藏貌，即遮遮掩掩、躲躲闪闪的样子。⑤掩：掩藏。⑥著：显露。

【解读】

小人独处无人时，总是做坏事，什么坏事都做得出来。见到君子以后，却又遮遮掩掩，以便隐藏他的坏行为，假装成一副善良的样子。

这几句话在告诫人们，要识别小人的两面派行为。小人总是干坏事（不然何以叫小人），甚至无所不至，而他们干了坏事后，还要装成正人君子的样子。因此，人们总是在小人坏事暴露、东窗事发后才明白其为小人。小人的这种两面派作法，关键在于他们缺乏一个"诚"字。因此，我们要特别警惕那种言不由衷、支支吾吾、花言巧语，行为遮遮掩掩、躲躲闪闪的人。因为这种人心中有鬼，故常将真相掩藏起来，而以假

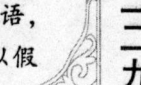

象示人。

【原文】

一家①仁，一国兴②仁；一家让③，一国兴让；一人④贪戾⑤，一国作乱。

【注释】

①一家：指国君家庭。②兴：兴起。③让：谦让，不争权夺利。④一人：指国君。⑤贪戾（lì）：贪婪暴戾。戾，乖戾，乖张。

【解读】

如果国君的家庭成员之间，仁爱和睦，那么整个国家就会兴起仁爱和睦的风气；如果国君的家庭成员之间，互相谦让有礼，整个国家就会兴起谦让有礼的风气。反之，如果国君贪婪残暴，整个国家就会产生动乱。

这是曾子阐述国君应如何"齐家治国"的话。他从正反两个方面说明国君必先提高自己及家庭成员的道德水平的道理，强调国君及其家庭成员素质的好坏，对国家盛衰治乱的重要作用，从而阐明治国在齐其家，特别是首先整顿好国君的家的道理。据说，《大学》一书，系曾子所作。以孔孟为代表的儒家学说，提倡德政、爱民，反对暴政、虐民。因此很重视提高每一个人的品德，而提高品德的途径在"修身"。所以修身，便是儒家，特别是宋以后以程（程颢、程颐兄弟）朱（熹）为代表的理学强调得较多的课题。朱熹还特地把《大学》《中庸》从《礼记》中抽出来，与《论语》《孟子》合并为"四书"。《大学》是专讲治国大道的。

程颐

【原文】

未有上好仁而下不好义者也，未有好义其事不终①者也。

【注释】

①其事不终：指事业半途而废。

【解读】

"仁"和"义"是儒家治国的根本原则。没有处（chǔ楚）上位的人喜好仁德而属下不喜欢道义的。这说明，当政者做出榜样有不可估量的作用。

【原文】

国不以利为利。以义为利也。

【解读】

国家不能以财富而要以道义为最高的利益追求。在纷纷扰扰的国际争端中，我们以这把尺子稍加衡量，正义和非正义即昭然若揭。先贤的这一治国理念，在言简意赅的论述中，穿越时代和疆域，给后人的启示是隽永的。

【原文】

道得众①，则得国②；失众，则失国。是故君子先慎乎德③。

【注释】

①道得众：（作国君的人）有了好的道德品质，才能得到人民的拥护。②则得国：才能保有国君之位。③先慎乎德：首先要认真修养好（自己的）品德。

【解读】

有了德，才有人民的拥护，有了人民的拥护，就能保有国家；失去人民的拥护，就会失去国家。所以君子总是首先认真修养好（自己的）品德。

《大学》一书是专门给做官的"大人"们讲修身、齐家、治国、平天下的学问。所以多数情况是针对国君及执政者来讲的。修、齐、治、平之中，修身为本，而修身的核心是德。有德才有一切，缺德、寡德，甚或失德、丧德，则失去一切。这就要求做官的首先要认真提高个人的道德素质。"先慎乎德"，方能作民之表率，也才能得到人民的拥护和支持。

【原文】

有德此①有人，有人此有土，有土此有财，有财此有用②。

【注释】

①此：这样，这。②用：开支。

【解读】

（国君）有了好的道德，才有人民的拥护；有了人民的拥护，就会有土地；有了土地，才会有财富；有了财富，（国家）才能有开支。

这几句话深刻地揭示了在以农耕为基础的社会中，国君的道德素养与人民、土地、财富、开支几者之间的密切关系。而土地、财富、开支这三者之有无，又全系于国君道德水准之高下。德是决定一切的。儒家之重视道德修养，于此可见。

【原文】

德者本也①，财者末②也。外本内末③，争民④施夺⑤。

【注释】

①德者本也：道德是立国的根本。②末：末枝。此指财富。③外本内末：轻视根本而看重末枝。④争民：使民争斗。⑤施夺：施之以劫夺的教育。

【解读】

道德是立国的根本，财富只是末枝，（如果国君）轻视道德这个根本，而只看重财富这个末枝，就是使百姓与百姓相互争利、国家与人民相互争利，就是对人民施行抢夺别人财富的教育。

这里揭示了轻视对人民的道德教育，而只看重财富的危害性，强调了道德是立国之本。儒家的学说，始终重视"道"，而轻视"财"；重视"义"，而轻视"利"，这其间的是非，并非一句话就能说清楚的。但是，如果当"道"与"财"，即社会的"公义"与个人的"私利"发生冲突时，无疑应重"义"而轻"利"。这是毫无疑义的。

【原文】

楚国无以为宝，惟善以为宝。

【解读】

楚国没有什么可以当做宝贝的，只有把善人当做宝贝。

这是《大学》一书引楚书中的话。"惟善以为宝"，这是讲当时的楚国以善人为宝的事。据史载，楚昭王使王孙圉聘（古代诸侯之间派使者问候）于晋，赵简子问楚之白珩（珍贵玉器）在吗？价值多少？王孙圉回答：我们楚国没有把白珩看成宝。楚国认为宝贵的是观射父等人，他们行事于诸侯，使别国诸侯找不到挑衅我们国君的借口。又载：秦使臣欲观楚宝，楚国昭奚恤使几个贤人列坐，说："客人不是想看楚国的宝器吗？楚所宝贵的是贤臣，请尽管观赏。"秦使无以对，归告秦王说："楚多贤臣，没办法图谋，有观射父、昭奚恤等人在。"

【原文】

长国家①而务财用者②，必自小人矣。

【注释】

①长国家：执掌国家政权。②务财用者：一心只知聚敛财富的人。

【解读】

执掌国家政权，一心只知聚敛搜刮财富以为己用的人，必然是从小人那里受到影响的。

仁人、贤人理财是为国，更为民，而聚敛财富，不顾人民死活，搜刮民脂民膏以为己用，是小人行径。二者有本质上的不同。

【原文】

仁者以财发身①，不仁者以身发财②。

【注释】

①以财发身：指（仁者之君）能散施财富于人民，从而得到美誉令名。②以身发财：（不仁之君）只知利用自身的权力、地位聚敛财富。

【解读】

仁德之君能将国家财富用之于民，从而得到美誉令名；不仁德之君利用自身的权力、地位，只知聚敛财富以为己用。

执政者理财为民，并用之于民，就会得民心，得到人民的拥护，因而也会"以财发身"；执政者如理财为己，利用手中的权力，就会只知聚敛、专事搜刮，虽然富裕了，凭借身份地位发了财，但必将遭到人民的反对，最终也会丧国亡身。

【原文】

生财有大道，生之者①众，食之者②寡，为之者③疾④，用之者⑤舒⑥，则财恒足⑦矣。

【注释】

①生之者：从事生产的人。②食之者：消耗财富的人。③为之者：生产的过程。④疾：快。⑤用之者：使用的期限。⑥舒：从容。⑦足：富足。

【解读】

创造社会财富有大的原则：那就是从事生产、直接创造物质财富的人多，而单纯消耗的人少；生产的过程快，而使用期限从容，这样（国家的）财富就会经常保持富足。

努力发展生产，同时厉行节约，这叫"开源节流"，这一原则在任何时候应该说都是对的。社会财富当然可以极大地创造，但有相当一部分资源是不可再生的，因此在努力发展生产的同时，节约仍是必不可少的。因此，在提倡消费的同时，也应倡导节

约，反对浪费，反对奢侈。

**【原文】**

惟命①不于常②，道善则得之③，不善则失之矣。

**【注释】**

①命：指天命。②不于常：指帝位不常，上天不会专佑一家。③之：指前面的"天命"，亦即天命所归之帝位。

**【解读】**

天命是不会始终如一，专佑一家的，所作所为善，才会得到天命，得到帝位；所作所为不善，就会失去天命，失去帝位了。

中国长达数千年的文明史中，"天命"这一概念，频频出现，这是为什么？说到底是为了回答天子地位权力的合法性、帝王是谁授予的这一重要的问题。学者们提出，天子的地位、权力是"天命攸归"，帝王是"奉天承运"，目的在使天子地位及权力的合法性有了理论依据。但《尚书·周书·康诰》则提出"惟命不于常"的观点，《大学·第十章》则进而发出："道善则得之，不善则失之矣"的警告，目的在告诫帝王们：天命是不常的，要想长保帝位，就要施行善政，否则天必不佑，帝位必然会失去。

# 《中庸》名句

【原文】

诚者天之道①也，诚之者②人之道③也。

【注释】

①天之道：即天道，上天本来之道。②诚之者：要做到这个"诚"字。之，这。③人之道：人世间之道。

【解读】

"诚"，是天道的本来原则，而要做到"诚"，这也是人世间本来的原则。

这是孔子答鲁哀公问政的话。"诚"是做人的一个很重要的品质，儒家学说讲"天人合一"，指出"诚"是"天之道"，亦即"诚"来源于"天道"，"诚"就是"天道"的本来原则。为什么说"诚"就是"天道"的本来原则呢？所说的"天"，指宇宙、指大自然。"天道"，就是大自然的客观规律，"天道"是不以人的主观意志为转移的。这就要求人们必须以老老实实的态度即"诚"来对待它，来不得半点虚假，更不能"自欺"。所以说"诚"是"天之道"。

【原文】

天下国家可均①也，爵禄②可辞③也，白刃④可蹈⑤也，中庸⑥不可能也。

【注释】

①均：平治也，即平定治理。②爵禄：爵位俸禄，即高官厚禄。③辞：谢绝。④白刃：锋利的刀刃。⑤蹈：踩。⑥中庸：中庸之道。"不偏之谓中，不易之谓庸"，中庸，即不偏不倚，无过无不及之意。

【解读】

天下国家是可以平定治理好的，高官厚禄是可以辞去的，锋利的刀刃是可以去踩的，但要完全做到中庸的要求，却是非常困难的。

这是孔子的话，他认为天下最难以办到的三件事：平治天下、辞去高官厚禄、身蹈白刃，有一部分人完全可以做到，而最不容易做到、比这更难达到的境界是"中庸"，于此突出了中庸之重要、中庸之难以企及。在儒家的学说中，中庸既是一个哲学

思想，也是一个治国理念，还是一个道德范畴，内容是非常丰富、非常深刻的。故孔子说："中庸其至（最高境界）矣乎！民鲜能久矣。"他慨叹中庸这种最高境界的德行，人们长期以来很少能做到啊！为什么中庸难以企及呢？据后世学者阐释，认为是有智慧的人做得过头了，而智商不高的人又达不到，所以为难。

【原文】

君子之道，辟如行远必自迩①，辟如登高必自卑②。

【注释】

①辟如行远必自迩：就像走远路一定要从近处起步一样。辟如：譬如，比如。辟，通"譬"。迩：近。

②自卑：从低处开始。卑：低下。

【解读】

君子实践中庸之道，应当循序渐进，从自身做起，从自家做起，从身边做起。

【原文】

好学近乎知①，力行近乎仁，知耻②近乎勇。知斯三者③，则知所以修身④；知所以修身，则知所以治人；知所以治人⑤，则知所以治天下国家矣。

【注释】

①近乎知（zhì 至）：接近于智慧。

②知耻：谓有羞恶（wù 务）之心。

③斯三者：这三条（三项、三点）。斯：这。

④则知所以修身：就知道应该如何修养自身的品德。所以：用来……的方法。

⑤治人：治理百姓。

【解读】

儒家认为，爱好学习就接近于智慧了，努力行善就接近于仁德了，有知耻之心就接近于勇敢了。因此，智、仁、勇三项是修身达德的门径。"力行近乎仁"则更凸显了行仁者的精神活力，表明"仁"不是抽象的概念，而是需要真心实意地表达恻（cè 册）隐、关爱情感的锲（piè 窃）而不舍的行为。

【原文】

凡事豫①则立②，不豫则废③。

【注释】

①豫：也作"预"。指事先准备、策划。
②立：成功。
③废：失败。

【解读】

做事要想成功，必须事先计划、有准备，否则就会遭致失败。

【原文】

博学之，审①问之，慎思之。明辨之，笃行②之。

【注释】

①审：详细，周密。
②笃（dǔ 堵）行：切实履行，专心实行。笃：忠实，一心一意。

【解读】

广泛地学习，详细、周密地提问、求教，细致缜（zhěn 诊）密地思考事物之理，明确地分辨是非优劣，选择至善的道德而坚定不移地执行之。

【原文】

人一能之，己百之①；人十能之，己千之。果能此道矣②，虽愚必明，虽柔必强。

【注释】

①人一能之，己百之：别人一次能做到的事，我则付出百倍的努力。
②果能此道矣：如果真能这样。此道：这里指上文所说的"人一能之……己千之"的做法。

【解读】

"世上无难事，只要肯登攀。"如果真能具有这种百折不挠的精神，付出超乎常人千百倍的努力，那么，即使是笨人也会聪明起来，即使是弱者也会强大起来，无论做什么事都会成功。

【原文】

君子诚之为贵。诚者，非自成己①而已②也，所以成物③也。

【注释】

①成己：完善自己，使自身有所成就。
②已：止。
③成物：成就万物，使自身以外的一切有所成就。

【解读】

"成己"以至"成物"，将完善自己和完善外部世界的实践活动相结合，是儒家中庸之道的一种表现。君子的真诚之所以可贵，就是因为这种真诚并非仅仅自我完善而已，还要成就万物。完善外部世界。

【原文】

君子尊德性而道问学，致广大而尽精微①。极高明而道中庸②，温故而知新，敦厚以崇礼③。

【注释】

①尊德性而道问学，致广大而尽精微：尊崇人的自然至诚之性，通过善学好问，思想境界要达到广博宏大，研讨事理要达到精细入微。德性：指人的自然至诚之性。道：由，从，通过。问学：求知，求学。广大：广博宏大。这里指宏观世界。精微：精细入微。这里指微观世界。
②极高明而道中庸：达到崇高明睿（ruì 瑞），且遵循中庸之道。极：到，达到。中庸：儒家主张待人处（chǔ 楚）事不偏不倚，无过无不及，认为中庸是最高的德行。中，不偏于一方。庸，不改变常态。
③敦厚以崇礼：为人朴实宽厚而言行尊崇道德规范。

【解读】

这句话指出君子修养德行的路径。

【原文】

唯天下至诚，为能经纶①天下之大经②，立天下之大本，知天地之化育③。

【注释】

①经纶：原指整理丝缕、理出丝绪并编丝成绳。引申为筹划治理国家大事。
②大经：常道，常规，大法。《史记·太史公自序》："夫春生夏长，秋收冬藏，此天道之大经也。"
③化育：化生养育万物。

【解读】

　　只有具备天下最真诚的品性，才能策划制定治理国家的法则、规范，确立国家的根基，掌握天地间化生养育万物的道理。"至诚"所形成的具有伟大人格和美好品性的人，则会成为国家的政治领袖、民族精神的导师。

# 《论语》名句

【原文】

子①曰："学而时②习③之，不亦说乎④？有朋⑤自远方来，不亦乐乎？人不知而不愠⑥，不亦君子⑦乎？"

【注释】

①子：古代对有地位、有学识、有道德修养的男子的尊称。《论语》中单提"子"字，一般指孔子。

②时：以时，即在一定的或适当的时候。

③习：一般解释为温习，但孔子教授的课业有些带有实践性，如礼、乐、射、御，所以此处的"习"也有实习、演习、练习等含义。

④不亦……乎：相当于"不也……吗"、"不是……吗"，表示委婉的反问语气。说：通"悦"，愉快，高兴。

⑤有朋：旧注说，"同门曰朋"，即同学于一位老师门下称朋。后泛指志同道合的人或宾朋。

⑥人不知而不愠：别人不了解自己，也不气恼、怨恨。知：了解。愠：恼怒，怨恨。

⑦君子：西周、春秋时对贵族的通称，春秋末年后逐渐成为有德者的称谓。

番君鬲

【解读】

这是《论语》开篇的第一章。开门见山便提"学"和"习"二字，是因为两者"乃入门之道，积德之基"（朱熹语），是达到"仁"的境界的先决条件。因此，"学"且"习之"自然成为一件让人高兴的事。同时，敞开大门，喜迎远方乃至异域的宾朋，切磋砥砺，畅叙友谊，表现出一种博大的胸怀和开放的心态。

【原文】

有子①曰："其为人也孝弟②而好犯上者，鲜③矣；不好犯上而好作乱者，未之有④也。君子务本⑤，本立而道⑥生。孝弟也者，其为仁之本与⑦！"

## 【注释】

①有子：姓有，名若，字子有，鲁国人。孔子晚年最得意的弟子之一。

②孝弟：孝：尽力奉养并顺从父母。弟：通"悌"，敬爱兄长。

③鲜：少。

④未之有也："未有之也"的倒装句，意为"没有这种情况"。之：代词，指"不好犯上而好作乱者"。

⑤务本：致力于根本。务：致力于。本：立身行事的根本。

⑥道：在古人的思想体系中，"道"有很宽泛的含义。这里直指社会的道德规范、做人的基本准则

⑦其为仁之本与：（孝悌）也许就是实践仁德的开始吧！其：表示推测之词，也许，大概。为仁：行仁，实践仁德。仁，古代儒家的一种含义极广的道德范畴，其核心是"爱人"。与：通"欤"，语气助词。这里表示揣测语气。《四书集注》引程子对这句话的阐释说："谓行仁自孝弟始，孝弟是仁之一事。"

## 【解读】

有若提出，君子要在为人处世的根本上狠下功夫，抓住了这个根本，立身行事的原则也就有了。而孝悌就是实践仁德的开始。

## 【原文】

曾子①曰："吾日三省吾身②：为③人谋而不忠乎？与朋友交而不信乎？传④不习乎？"

## 【注释】

①曾子：姓曾，名参，字子舆，鲁国人。孔子的弟子，是孔子思想的主要传承人之一。

②吾日三省吾身：我每天多次反省检查自己。省：检查，反省。"三省"还有两种解释：一是从三个方面检查反省，二是三次检查反省。一般认为"三"为古文中常见的虚数表示法，表示多次。

③为：替。

④传：传授。这里用作名词，指老师传授的知识和技能。孔子以"六艺（礼、乐、射、御、书、数）"教授学生。

## 【解读】

孔子把当政者要求的下对上要讲"忠、信"，拓展为人与人之间要讲诚信，从而使"信"与孝悌一样，也成为实践仁德的一个重要的道德规范。

【原文】

其①身正②，不令③而行④；其身不正，虽令不从。

【注释】

①其：指居上位的人。②正：正派，做事合乎正道。③令：发布命令。④行：执行。

【解读】

在上位的人本身正派，不发布命令百姓也会照样去做；他本身若不正派，即使下严令也不会有人服从。

这是孔子的话。在人治社会中，人们常见的现象是：官场中法令规章卷帙浩繁，汗牛充栋，而当权者自身却并不遵守，因此要使政令顺利推行，首先要使自己正派起来，奉公守法，秉公办事，而不能以权谋私，胡作非为。

【原文】

苟①正其身②矣，于从政③乎何有④？不能正其身，如正人⑤何？

【注释】

①苟：如果。②正其身：指国君使自己作风正派起来。③于从政：对于管理国家事务。④何有：有什么困难呢？⑤正人：使别人正派。

【解读】

如果国君能使自己作风正派起来，这对于从事国务活动还会有什么困难呢？如果自己作风不正派，又怎么能要求别人正派呢？

这是孔子的话。这里讲的意思仍是强调"政者，正也"，欲正他人，则先正自身的道理。能正自身，从政不难，若自身都不能正，则虽令不从，又怎么能去正别人呢？

【原文】

慎终①追远②，民德归厚③矣。

【注释】

①慎终：指对父母的丧礼要注重丧祭，恪尽其哀。终，指父母之丧亡。②追远：子女感时念亲，追而祭之。③归厚：趋向淳厚的社会风气。

【解读】

办理父母的丧事要谨慎地尽礼尽哀，对祖先要诚敬地追念致祭，（能做到这样）民间的风习，就会归于淳厚了。

这是曾子的话。他告诫人们，使"民德归厚"的做法，要从"慎终追远"做起。注重丧祭，目的是强调仁、孝。仁、孝，是中华民族的优良传统，有了仁、孝，民间的风习就自会淳厚，而不是刁顽。

【原文】

乡原①，德之贼②也。

【注释】

①乡原：指那种外貌老实谨慎而实际是伪君子的人。原与"愿"通，乡原，即乡愿。②德之贼：道德的蟊贼，即道德的破坏者。

【解读】

那种外貌老实巴交的好好先生，是道德的蟊贼。

这是孔子痛斥乡愿的话。所谓乡愿，孟子对这类人有一个很好的描述，说这类人的特点是，要说他不对，又没什么大过错，要责怪他，又无可指责之处，他总是迎合流俗，讨好污世，乍看起来为人好像忠厚老实，行事也好像清廉，大家都喜欢他，他自己也以为不错，但就是与真正的道德要求搭不上边，因此说他是道德的破坏者。这种道德的假象，容易造成道德的误导。

【原文】

恶紫之夺朱①也，恶郑声②之乱雅乐③也，恶利口④之覆邦家⑤者。

【注释】

①恶紫之夺朱：厌恶那不正的紫色代替朱红的正位，充任正色。朱，朱红色。紫，紫色。古人认为朱红色是正色，紫色是不正的颜色。②郑声：郑国的音乐，淫声也。郑国（今河南郑州一带）之俗，有溱洧之水，男女聚会，讴歌相感，故古人认为是淫声，不能作祭祀之用。③雅乐：即《诗经·大雅》和《诗经·小雅》的音乐，儒家认为这是先王之正乐。④利口：指华而不实，花言巧语，只知讨好取媚国君的人。⑤覆邦家：颠覆国家。

【解读】

讨厌用不正的紫色代替朱红的正色地位，憎恨那郑国的靡靡之音搅乱了严肃正统的雅乐，更憎恶那花言巧语的人能导致国家之颠覆。

这是孔子的话。孔子厌恶邪僻之夺正道，例如紫色代替朱红、郑声代替雅乐、伶牙俐齿的小人代替严肃正经的君子，并提醒人们：邪气有时也能压倒正气，应提高警惕，严加防范。孟子在《孟子·尽心下》中亦引孔子此说，怒斥"乡愿"，"恐其乱德也"。朱熹对"利口"之人也进行了揭露，他说："利口之人，以是为非，以非为是，以贤为不肖，以不肖为贤，人君苟悦而信之，则国家之覆也不难矣。"

【原文】

人而无信①，不知其可②也。

【注释】

①无信：没有信用。②可：可以。

【解读】

人如果不讲信用，不知道他怎么可以立身处世。

这是孔子的话。他告诫人们，一个人如果不讲信誉，是无法在社会上立身的。即使这个人还有其他的才干，也没有人敢用他。诚实，不说谎，这是做人道德的起码要求，如果多数人诚信失落，以假面孔示人，那么这个社会也就无法维系了。

【原文】

子曰："道①千乘之国②，敬事③而信，节用④而爱人⑤，使民⑥以时。"

【注释】

①道：通"导（繁体为'導'）"，治理，管理。
②千乘之国：拥有一千辆兵车的诸侯国。乘：古时由四匹马拉着的一辆车叫一乘。古代的兵车，一乘有甲士三人、步卒七十二人、后勤人员二十五人，实际兵力为一百人。当时根据拥有兵车的多少来衡量一个诸侯国的强弱大小。诸侯国地盘方圆百里，有兵车千辆，称"千乘之国"。
③敬事：严肃认真地对待工作。敬：严肃，慎重。
④用：资财。
⑤人：指各级官吏。
⑥民：民众，百姓。

【解读】

严肃认真地对待工作，讲究信用；节约资财，并且爱护各级官吏；根据农时役使百姓：这是孔子为政治国思想的总纲，也是他对贤人政治的描绘。

【原文】

子曰："弟子入①则孝，出则弟②，谨③而信。泛爱众而亲仁④。行有馀力，则以学文⑤。"

【注释】

①入：古代父子分别居处，"入"指进到父母住处，即在家的意思。
②弟：通"悌"，见第2条注②。
③谨：慎重小心，也表示郑重和恭敬。
④亲仁：亲近有仁德的人。
⑤行有余力，则以学文：厉行道德修养之外还有精力的话，就用来学习文献典籍、研究学问。文：文献典籍。

【解读】

孔子认为，作为弟子，修身先于、重于学文。孝悌谨信、博爱大众、亲近仁人等方面的道德修养应摆在首要的位置上。

【原文】

有子曰："礼①之用，和②为贵。"

【注释】

①礼：泛指奴隶社会贵族等级制的典章制度和道德规范。
②和：恰当，适中，和谐。

【解读】

礼的运用以达致和谐为贵。孔子主张，在礼的规范和调节下，在人际乃至国际之间，处理事务应适当、适中、不偏不倚，以达到和谐相处的目的。所以，它还是一种关乎大局的思维模式。

【原文】

子曰："君子食无求饱，居无求安①，敏于事②而慎于言，就有道而正焉③，可谓好学也矣。"

【注释】

①食无求饱，居无求安：饮食不追求过分饱足，居住不追求过分安逸。饱：饱足。安：安逸。
②敏于事：做事勤奋努力。敏：勤勉，勤奋努力。于：在……方面。
③就有道而正焉：向道德高尚的人看齐，纠正自己的错误。就：靠近，凑近。有道：指注意思想修养而道德高尚的人。正：纠正，匡正。

【解读】

所谓好学，绝不单纯指喜好读书。在物质生活上坚持低标准，在做人做事上坚持高标准，勤勉谨慎，见贤思齐，同样是好学，同样会促使精神生命的升华。

【原文】

子曰："不患①人之不己知②，患不知人也。"

【注释】

①患：忧虑，担忧。
②不己知："不知己"的倒装形式。

【解读】

别人不了解自己无须担忧，而"不知人"才真的值得担忧。对于当政者来说，"不知人"则会贤愚不分，忠奸不辨。

【原文】

子曰："为政以德①，譬如北辰②居其所而众星共③之。"

【注释】

①为政以德：即"以德为政"，依靠道德教化来治理国家。以：用，凭借，依靠。
②北辰：即北极星。
③共：通"拱"，环抱，环绕。

【解读】

孔子认为，以德治国的领导者，一定会受到人民的拥戴，这就像北极星处在它自己的位置上，而群星环绕在它的周围一样。

【原文】

子曰："道之以政①，齐之以刑②，民免而无耻③；道之以德，齐之以礼，有耻且格④。"

【注释】

①道之以政：即"以政道（导）之"。用法制政令来管理百姓。道：通"导"。
②齐之以刑：即"以刑齐之"。用刑律来约束他们。齐：使一致，使整齐。
③民免而无耻：只能使百姓免于犯罪而不知犯罪是可耻的。免：先秦古书中单用

"免"字，应为免罪、免刑、免灾、免祸等意思。

④有耻且格：有知耻之心，而且人心归服。格：归服。一说，"格，至也，至于善也"；一说，"格，正也，《书》曰：'格其非心。'"

【解读】

用道德教化和礼义来引导、约束民众，民众才会有羞恶之心，自觉地奉公守法。

【原文】

子曰："吾十有①五而志于学②，三十而立③。四十而不惑④，五十而知天命⑤，六十而耳顺⑥，七十而从心所欲，不逾矩⑦。"

【注释】

①有：通"又"。在古文中用于整数和比它小一位的数字之间。
②志于学：立志于做学问。
③立：自立。
④不惑：指对立身处世的原则心中有数，不再疑惑。
⑤天命：上天的旨意。应指人世间事物的发展规律。
⑥耳顺：能透彻地理解所听到的各种话（真话、假话，好话、坏话）。一说，能够听得进不同的意见。
⑦逾矩：超越法度。逾：超越，越过。矩：规矩，法度。

【解读】

孔子一生都在刻苦学习，认真实践，不断完善自己的人格。

【原文】

子贡问君子①。子曰："先行其言而后从之。"

【注释】

①子贡问君子：子贡问怎样做才算得上一位君子。子贡：复姓端木，名赐，字子贡，卫国人。孔子的弟子。孔子对他的器重仅次于对颜回。

【解读】

先把要说的事做好，然后再说出来，这样先做后说，比"言必信，行必果"更能取信于民。

【原文】

子曰："学而①不思则罔②，思而不学则殆③。"

【注释】

①而：却。
②罔：通"惘"，迷惑。
③殆：疑惑。

【解读】

这是孔子关于学与思的辩证思维。学习是一个不断思考、认知的过程；思考是学习的深化，是认知的必由之路，是把书本读懂读活而使之为我所用的关键。只读不思，人云亦云，必"罔"无疑；当然，学是思的基础，只有不断地学得新知识、了解新思想，才能使思维更准确、更深刻、更富于创造性。

【原文】

子曰："由①，诲女②知之乎？知之为知之，不知为不知，是知也③。"

【注释】

①由：姓仲，名由，字子路，又叫季路，鲁国人。孔子的弟子。为人坦诚直爽，有行政才干，是孔子最坚定的捍卫者。
②诲女：诲：教导。女：通"汝"，你。
③是知也：这（种态度）是聪明的。是：指示代词，这，此。知：通"智"，聪明。

【解读】

孔子教育学生，学习必须持老老实实的态度，不可强不知以为知，自欺欺人。

【原文】

哀公①问曰："何为②则民服？"孔子对曰③："举直错诸枉④则民服，举枉错诸直则民不服。"

【注释】

①哀公：春秋时鲁国的最后一位国君。姬姓，名蒋，"哀"是谥号［古代帝王、贵族、大臣或其他有地位的人死后被加封的带有褒贬意义的称号］。
②何为：怎样做。
③对曰：《论语》中记载对国君及在上位者问话的回答都用"对曰"，以表示尊敬。
④举直错诸枉：把正直的人提拔起来，安排在奸邪小人之上。错：通"措"，放置，安排。诸："之于"的合音。枉：弯曲或歪斜。这里借指心术不正的奸邪小人。

【解读】

在用人上，举直措诸枉，任人唯贤，才能使百姓心服口服。

【原文】

子曰："人而无信，不知其可①也。"

【注释】

①不知其可：不知道那怎么可以。

【解读】

诚信是一个人安身立命的根基。如果没有这个根基，人怎么能在社会上站得住脚、行得通、吃得开呢？

【原文】

子入太庙①，每事问。

【注释】

①太庙：古代开国的君主叫太祖，供奉祭祀太祖的庙叫太庙。周公（姬姓，名旦，周文王的儿子，武王的弟弟，成王的叔叔）是鲁国最先受封的君主，所以供奉祭祀他的庙也叫太庙。

【解读】

人生在世，不懂的东西很多，正确的态度是"知之为知之，不知为不知"，是不耻下问、"学而不厌"。孔子本是礼学专家，但他初入太庙参加祭祀时，不懂就问，而且每事必问，足见其注重调查研究的求实作风和学而不厌的求知态度。

【原文】

子曰："富与贵，是人之所欲也，不以其道得之①，不处②也。"

【注释】

①不以其道得之：不是通过正当的途径和方法去获得它（指"富与贵"）。
②处：这里是接受的意思。

【解读】

人人想望富有（发财）和显贵（升官），但必须取之有道。

【原文】

子曰:"见贤思齐①焉,见不贤而内自省②也。"

【注释】

①齐:同样,一致。
②内自省:内心自我反省。

【解读】

这是"以人为镜"的道德修养模式。

【原文】

子谓子产①"有君子之道四焉②:其行己也恭,其事上也敬,其养民也惠,其使民也义"。

【注释】

①子产:复姓公孙,名侨,字子产,郑国贵族。春秋末期杰出的政治家,曾担任过郑国的正卿(相当于宰相)。
②有君子之道四焉:具有君子的四种道德品行。这里的"君子"当指掌握实权的臣属。

【解读】

要求自己谦逊谨慎,侍奉君主恭顺敬业,养育百姓注意给予实惠,役使百姓合乎道义、时宜,这应该是执掌重权之臣必须具备的"官德"。

【原文】

子路①曰:"愿闻子之志②。"
子曰:"老者安之③,朋友信之④,少者怀之⑤。"

【注释】

①子路:即孔子的弟子仲由。
②愿闻子之志:希望听听老师您的志向。
③老者安之:(我愿)使老年人安乐。
④朋友信之:使朋友之间互相信赖。
⑤少者怀之:使年轻人得到关怀。

【解读】

　　这是孔子在和他的弟子颜回、仲由闲谈各自的志向时所说的一段话，是孔子执着于"仁"的理念和大同世界的具体体现。"要多谋民生之利，多解民生之忧"，"学有所教、劳有所得、病有所医、老有所养、住有所居"，不正是先哲所追求的理想境界吗？

【原文】

　　子曰："贤哉，回也①！一箪食②，一瓢饮，在陋巷③，人不堪④其忧，回也不改其乐。贤哉。回也！"

【注释】

　　①贤哉，回也：颜回真是贤良啊！回：姓颜，名回，字子渊，又称颜渊，鲁国人。聪颖好学，闻一知十，对孔子及其学说怀有深厚的崇爱之情，是孔子最得意的弟子。早逝。被后世尊为"复圣"。
　　②一箪食：一竹筒饭菜。箪：古代盛饭用的小而圆的竹器。食：旧读（音四），食物，饭菜。
　　③陋巷：简陋狭小的宅子。巷，宅屋。
　　④堪：忍受。

【解读】

　　有了崇高的志向、坚强的意志、充实的精神世界，才能安贫乐道。

【原文】

　　夫①仁者，己欲立而立人②，己欲达③而达人。

【注释】

　　①夫：用在句首的语气助词，没有实在意义。
　　②已欲立而立人：自己想建功立业，也帮助别人建功立业。立人：使人立，使别人建功立业。
　　③达：（事事）畅达。

【解读】

　　这句话道出了实现人与人之间和谐关系的一条重要原则，是孔子施行仁德的具体体现。

【原文】

子曰:"默而识①之,学而不厌②,诲人不倦,何有于我哉③?"

【注释】

①识:通"志",记住。
②厌:通"餍"。本义是饱足,引申为满足。
③何有于我哉:对我来说有什么困难呢?何有:即"有何",有什么(困难)。一说,(这三条)我做到了哪些呢?

【解读】

这种治学和育人的态度,真实地记录了教育家孔子的为人,对后世影响深远。

【原文】

子曰:"三人行,必有我师焉①。择其善者而从之②,其不善者而改之。"

【注释】

①必有我师焉:其中必定有人可以做我的老师。焉:于此,在这(三人)之中。
②从之:跟他们学习(这些优点)。从:跟从。之:指"其善者(他们的优点)"。

【解读】

老师就在身边,就在群众之中。要以人为镜,学其所长,避其所短。

【原文】

曾子曰:"士不可以不弘毅①,任重而道远。仁以为己任②,不亦重乎?死而后已③,不亦远乎?"

【注释】

①弘毅:弘:宽广,宏大。毅:刚毅,坚强。
②仁以为己任:即"以仁为己任",把实现"仁"看成自己的责任。
③已:停止。引申为罢休。

【解读】

士人的心胸必须开阔,意志必须坚强,因为他们要为实现儒家的理想境界——"仁"而奋斗终生,所担负的责任实在重大,而且路途实在遥远。

【原文】

子曰:"如有周公之才之美①,使骄且吝②,其馀不足观也已。"

【注释】

①美:美好。一说指美貌。宋·邢昺《论语正义》(又名《论语注疏》)曰:"周公,周公旦也。大圣之人也,才美兼备。"
②使骄且吝:如果他骄傲自满而且吝啬。使:假设,假使,如果。

【解读】

"骄"是败事的前因,"吝"是贪渎的根源。一个人只要沾上了这两个字,那么,即使再有才能,也没有什么值得一看的地方了。因为衡量一个人的好坏,道德品质是居于首位的。

【原文】

子绝四①:毋意②,毋必③,毋固,毋我。

【注释】

①子绝四:孔子在自身修养方面戒绝四种毛病。绝:戒绝,克服。
②毋意:不要臆断。毋:不要。意:同"臆",主观揣测,猜想。
③必:绝对肯定。

【解读】

在自身修养方面,克服主观臆断、绝对肯定、固执己见和唯我独尊这四种毛病,才能完善道德,养成高尚的人格。

【原文】

子曰:"三军①可夺②帅也,匹夫③不可夺志也。"

【注释】

①三军:按周朝的军制,天子有六军,诸侯大国可有三军。一军为一万二千五百人。春秋时,大国多设三军,如晋国称中军、上军、下军,楚国称中军、左军、右军。
②夺:使失去。
③匹夫:古时指平民中的男子。

【解读】

以三军主帅可夺而匹夫之志不可夺,勉励世人确立理想,坚守信念,保持气节,坚定不移。

【原文】

子曰:"岁寒①,然后知松柏之后凋②也。"

【注释】

①岁寒:一年到了最寒冷的日子。
②凋:凋谢。草木花叶脱落。

【解读】

"疾风知劲草。"只有在艰难困苦的环境中,才能看出一个人的意志品质。

【原文】

子曰:"克己复礼为仁。一日①克己复礼,天下归仁②焉。"
子曰:"非礼勿视,非礼勿听,非礼勿言。非礼勿动。"

【注释】

①一日:一旦。
②天下归仁:天下的人都会赞许你是仁人。归:意思同"与",即赞许,称赞。

【解读】

孔子要求人们克制一己的私欲,使"视听言动"都回复到周礼所规定的范围内。礼的内涵在现代社会中,可引申为人与人之间尊卑长幼的秩序和待人接物的规范与规定。

【原文】

司马牛①忧曰:"人皆有兄弟,我独亡②。"子夏⑤曰:"……君子敬而无失④,与人恭而有礼。四海之内皆兄弟也。"

春秋时期服饰

【注释】

①司马牛:复姓司马,名耕,一名犁,字子牛,宋国人。孔子的弟子。相传是宋国大夫桓魋的弟弟。
②我独亡:据《左传·哀公十四年》载,桓魋在宋国作乱,失败后逃亡。司马牛不赞成且未参与其兄的作乱,但也被迫逃亡到鲁国。

司马牛名义上有兄长，实际上等于没有，因此发出"我独亡"的忧叹。亡，通"无"。

③子夏：姓卜，名商，字子夏，卫国人。孔子的弟子。以文学著称。精通"六经"，对《春秋》一书尤多创见，历史上称他为传经之儒。

④无失：没有过失，不出差错。一说，通"毋佚"，不轻忽放纵。无，通"毋"，不要；失，通"佚"，与"敬（严肃认真）"的意思相反，轻忽，放纵。

【解读】

子夏对发愁没有兄弟的司马牛说："只要你做事严肃认真而没有过失，对人恭敬，依礼而行，那么天下到处都是你的兄弟。"

【原文】

自古皆有死。民无信不立①。

【注释】

①民无信不立：如果人民对当权者不再信任，那么国家就维持不住了。

【解读】

儒家认为，对于一个国家来说，取信于民比充足的粮食和军备还重要。

【原文】

子张①问政。子曰："居之无倦。行之以忠②。"
子路问政。子曰："先之③，劳之④。"请益⑤。曰："无倦。"

【注释】

①子张：复姓颛孙，名师，字子张，陈国人。孔子的弟子。孔子去世后，他在陈国聚徒设教，自成学派，被韩非列为儒家八派之首。
②居之无倦，行之以忠：居官不可懈怠，执行政令要忠诚。
③先之：先于下属和百姓，做在他们的前头，即率先垂范。
④劳之：慰劳（鼓励）下属和百姓。劳：旧读（音涝），慰劳（鼓励）。一说，"劳之"指"使之劳"，也就是使下属和百姓勤劳地工作。
⑤请益：请求多讲一些。益：增加。

【解读】

当政者必须勤政而不懈怠，忠实地执行政令，率先垂范，适时地对下属和百姓予以鼓励。

【原文】

季康子①问政于孔子。孔子对曰:"政者,正也。子帅②以正,孰③敢不正!"

子曰:"其身正,不令而行④;其身不正,虽令不从⑤。"

子曰:"苟正其身矣,于从政乎何有⑥?不能正其身,如正人何⑦?"

【注释】

①季康子:复姓季孙,名肥,"康"是谥号。春秋时鲁国大夫。鲁哀公时担任正卿,是当时鲁国政治上最有权力的人。

②帅:同"率",带头。

③孰:谁。

④不令而行:即使不发号施令,百姓也会照着去做。

⑤从:听从。

⑥于从政乎何有:在治理政事时还能有什么困难呢?何有:有什么(困难)呢?

⑦如……何:怎么能……呢。

【解读】

正人先正己,治民先治官。要求别人做到的,领导者首先要做到;要求别人不做的,领导者首先不去做。这样以身示范,做好榜样,何愁政风不正、百姓不从?

【原文】

仲弓为季氏宰①,问政。子曰:"先有司②,赦小过,举贤才。"

【注释】

①仲弓为季氏宰:冉雍担任季氏的总管。仲弓:姓冉,名雍,字仲弓,鲁国人。孔子的弟子。孔子把他列入德行科,并认为他的才干可以主持一个国家的工作。宰:总管。

②先有司:先于主管部门。古代设官分职,各有专司,故称主管部门为"有司"。司:主管。

【解读】

(凡事)给下属部门带头,宽恕他们小的过错,提拔德才兼备的下属官员,这是领导者调动下属工作积极性、保证政令畅通的重要措施。

【原文】

子适卫①,冉有仆②。子曰:"庶③矣哉!"冉有曰:"既庶矣,又何加焉?"曰:

"富之。"曰："既富矣，又何加焉？"曰："教之。"

**【注释】**

①适卫：到了卫国。适：到……去。
②冉有仆：冉有为孔子驾车。冉有：名求，字子有，鲁国人。孔子的弟子。仆：驾车的人。这里指为……驾车。
③庶：众多。这里指人口众多。

**【解读】**

孔子认为，一个地区或国家拥有众多的人口，经济繁荣了，生活富裕了，必须抓紧对百姓的教化。这种关乎民族素质提高和国家长治久安的富民教民政策，充分体现了儒家的治国方略。

**【原文】**

子曰："无欲速①，无见小利。欲速则不达。见小利则大事不成。"

**【注释】**

①无欲速：不要图快，即不要急于（在短时间内）很快做出政绩。

**【解读】**

子夏做了鲁国莒父这座城邑的长官，他向老师请教如何施政，孔子回答了这两句话。从政是关乎国计民生的大事，不可急于建功邀名、贪小利而坏大局。

**【原文】**

子曰："君子和而不同①，小人同而不和。"

**【注释】**

①君子和而不同：君子能与人和谐相处，却不肯盲目附和（别人的主张）。"和"与"同"是春秋时期常用的两个概念。和：和谐，调和，指以义相交，能提出自己的正确意见来纠正他人的错误意见，像烹饪时调和五味、弹琴时合谐八音那样，融合不同性质的各种因素，使持不同看法的人和谐相处。同：同一，指以私利相勾结，不分是非曲直，盲目附和甚至曲意迎合（别人错误的主张）。

**【解读】**

以义相交，能提出自己的正确意见来纠正他人的错误意见。和谐相处却不丧失原则立场，是政治成熟、负责任的表现；而以私利相勾结，抛弃正义的原则，同流合污，

最终分崩离析，则是卑劣小人的无耻行径。

【原文】

子曰："君子不以言举人①，不以人废言②。"

【注释】

①以言举人：仅凭某人的言论而举荐提拔他。以：因，凭，依据。
②以人废言：因为某人有缺点错误而拒不采纳他的正确言论、意见。

【解读】

"有言者不必有德"，所以举荐人才、提拔干部不能只看他怎么说，听其言还要观其行。"不以人废言"，则不会堵塞言路。

【原文】

子贡问曰："有一言①而可以终身行之者乎？"子曰："其'恕'乎②！己所不欲，勿施于人③。"

【注释】

①一言：言：字。汉语的一个字叫一言。
②其"恕"乎：也许就是"恕"吧！其：表示推测之词，也许，大概。恕：谓推己及人，以仁爱之心待人。一说，恕：宽容。
③己所不欲，勿施于人：自己不愿意的事情，不要强加给别人。

【解读】

"恕道"是孔子将心比心处理人际关系一生不变的准则。"己所不欲，勿施于人"这句话，国人无不熟悉，但很少有人知道它的世界影响。明末意大利传教士利玛窦把"四书""五经"翻译成拉丁文，法国启蒙运动领军人物伏尔泰看到这句话后，大为兴奋，把它称为"金律"，并作为自己的座右铭。后来这句话被写进法国大革命的《人权宣言》中。

【原文】

子曰："知及之①，仁不能守之，虽②得之，必失之。知及之，仁能守之，不庄以莅之③，则民不敬。知及之，仁能守之，庄以莅之，动之④不以礼，未善也。"

【注释】

①知及之：依靠聪明才智得到它。知：通"智"，指聪明才智。及：本义为追上，

这里是得到的意思。之：它，代指职位、政权等。

②虽：即使，纵然。

③庄以莅之：即"以庄莅之"。用庄重严肃的态度对待自己得到的这个职位（掌握的这个政权）。莅：临，面对。这里指临民，即行使权力，治理百姓。

④动之：动：行动。之：语气助词，没有实在意义。

【解读】

孔子认为，治理天下、巩固政权，不能单靠聪明才智，必须用仁德守住它、强化它，用庄重严肃的态度对待它，以求得百姓的尊敬和信服；在此基础上，再用礼来调和并完善施政的措施，才能收到理想的效果。

【原文】

丘也闻①有国有家者②，不患寡而患不均。不患贫而患不安③。盖均无贫，和无寡，安无倾④。

【注释】

①丘也闻：我孔丘听说。丘：孔子名丘。这里是孔子自称。也：表示句中停顿的语气词，没有实在意义。

②有国有家者：指诸侯和大夫。国：指周天子分封的诸侯国。家：古代大夫的家族，不是现代意义的家庭。

③"不患寡"两句：据清代学者俞樾考证（见于其所著《群经平议》），原文应是"不患贫而患不均，不患寡而患不安"（西汉·董仲舒《春秋繁露·度制》和《魏书·张普惠传》引用这两句话即如此），即不怕财富少，就怕分配不均匀，不怕百姓人口少，就怕社会不安定。

④盖均无贫，和无寡，安无倾：因为财富分配均匀了，就无所谓贫穷；国内和家族内部和睦团结了，就不显得人少势弱；社会安定了，就没有倾覆的危险了。盖：推测原因之词。

【解读】

促进社会分配公平，缩小贫富差距，以求"上下相安"（朱熹语），社会也就稳定了。

【原文】

孔子曰："益者三友，损者三友。友直，友谅①，友多闻，益矣；友便辟②，友善柔③，友便佞④，损矣。"

【注释】

①谅：诚实。
②便辟：习惯于装腔作势摆样子，内心却邪恶不正。辟：通"僻"，邪僻。
③善柔：假作和颜悦色，谄媚奉承。
④便佞：善于花言巧语，取媚于人。

【解读】

　　交友必先识友。孔子主张要交正直、诚信、见多识广的"益友"，不交"便辟"、"善柔"、"便佞"的"损友"。

【原文】

　　子张问仁于孔子①。孔子曰："能行②五者于天下，为仁矣。"
　　"请问之。"③曰："恭，宽，信，敏，惠④。恭则不侮，宽则得众，信则人任焉，敏则有功，惠则足以使人⑤。"

【注释】

①问仁于孔子：向孔子请教怎么做才算仁。问：询问，请教。于：向。
②行：实行，实践。
③"请问之。"：（子张说:）"请问是哪五项。"之：指上句所说的"五者"。
③惠：慈惠；对下属和百姓施以恩惠。
⑤使人：役使下属和百姓。使：差遣，支使，役使。人：指下属官吏及百姓。

【解读】

　　这是孔子从为官从政的角度对仁的解释。恭敬、宽厚、诚信、勤敏、慈惠是仁德的外在表现。态度恭敬就不会招致侮辱，宽厚待人就会赢得民众的拥护，诚信就能得到他人的任用，勤勉做事就会有所成就，对下属和百姓施以恩惠就能役使他们。总之，能够做到这五点，就一定会得到下属和百姓的拥戴。当然，这也应该是做人做事的基本要求。

【原文】

　　周公谓鲁公①曰："……故旧②无大故③则不弃也。无求备于一人。"
　　子夏曰："大德不逾闲，小德出入可也④。"

【注释】

①鲁公：指周公的儿子伯禽。因周公须留在朝廷辅佐成王，不能亲往封地，所以

成王特命伯禽代替其父赴鲁国就封，称鲁公。'

②故旧：老臣旧属。

③大故：重大事故。这里指造反、叛国等重大罪过。

④大德不逾闲，小德出入可也：人在大节上不能超越界限，在小节上有点儿出入是可以的。大德：即大节，指纲常伦理方面的节操。小德：指日常的生活小节。闲：木栏之类的遮挡物，引申为界限。

【解读】

《论语》选了周公和子夏的这两句话，体现了儒家的用人观。"金无足赤，人无完人。"不能指望一个人白璧无瑕。因此，对一个人不能求全责备，在大节不亏的前提下，可以宽恕他的小过。

【原文】

子张曰："……君子尊贤而容众，嘉善而矜①不能。"

【注释】

①矜：同情。

【解读】

有容乃大。尊重贤人，也包容普通的人；嘉勉能人，也同情没有什么才能的人：这是团结大多数人的要则。

【原文】

子夏曰："日知其所亡①。月无忘其所能②，可谓好学也已矣！"

【注释】

①日知其所亡：每天都能学到自己所不懂的知识和不会的技能。亡：通"无"。

②所能：已经掌握的知识和技能。

【解读】

日积月累，不断巩固学到的知识和技能，有这样的学习态度，才能不断充实自己。

【原文】

子贡曰："君子之过也，如日月之食焉①：过也，人皆见之；更②也，人皆仰③之。"

【注释】

①君子之过也，如日月之食焉：君子的过错，就像日食和月食一样。焉：语气助

词，这里表示肯定语气，同"也"。
②更：更改，改正。
③仰：抬头。这里引申指仰望、仰慕、敬仰。

【解读】

闻过则喜，知错必改，这是一种光明磊落的襟怀。"人谁无过？过而能改，善莫大焉。"（《左传·宣公二年》）无论是普通干部还是领导干部，概莫能外地都会常犯错误，这就像自然界常会发生日食和月食一样（日食每年至少发生两次，最多五次；月食每年最多发生三次）。犯了错误能真心诚意地彻底改正，就像复圆以后的日月一样，照样能得到群众的敬仰。

【原文】

子曰："尊五美①，屏四恶②，斯③可以从政矣。"

子张曰："何谓五美？"子曰："君子惠而不费，劳而不怨，欲而不贪，泰而不骄，威而不猛。"④

子张曰："何谓四恶？"

子曰："不教而杀谓之虐；不戒视成谓之暴；慢令致期谓之贼；犹之与人也，出纳之吝谓之有司。"⑤

【注释】

①尊五美：尊崇五种美德。
②屏四恶：摒除四种恶政。屏：排除，摈弃，摈除。
③斯：这样。
④"君子"以下五句：当政者给百姓好处，自己却无所耗费；役使百姓，却不招致百姓的怨恨；追求仁义，而不贪求财利；态度矜持舒泰，而不骄横；庄重威严，却不凶猛。欲：指欲仁欲义。下文孔子解释"欲而不贪"时说："欲仁而得仁，又焉贪？"
⑤"不教"以下四句：事先不加教育就杀掉，叫作"虐"；事先不加申诫却苛责迅速成功，叫作"暴"；迟迟下达命令却限期完成，叫作"贼"；同样是给人东西，出手时却显得吝啬，这叫小家子气。虐：残暴，侵害。不戒视成："不宿戒而责目前成"（东汉·马融语）。致期：克期，限期。贼：害。"缓于前而急于后，以误其民而必刑之，是贼害之也。"（朱熹语）出纳：偏义词。单指"出"而无"纳（入）"意。有司：见第36条注②。

【解读】

孔子从正反两方面道出了当政者应该具备的五种美德和必须摒弃的四种恶政。这是他做人处事的原则，也是他政治主张的基本点。孔子在解释"惠而不费"时说："因民之所利而利之，斯不亦惠而不费乎？"意思是：允许百姓做对他们自己有利的事情，不就是对他们自己有利而当政者无所耗费吗？允许就是"给政策"。这种"给政策"的思路，体现了儒家的民本思想，闪烁着从政治国的大智慧。所以，孔子提倡的"五美"在今天仍有重要的借鉴价值。

# 《孟子》名句

**【原文】**

未有仁而遗①其亲②者也,未有义而后③其君者也。

**【注释】**

①遗:遗弃。②亲:父母、家庭亲人。③后:背叛。

**【解读】**

如果一个人存有仁爱之心,他就决不会遗弃他的父母及家庭亲人;如果一个人存有正义之心,他就决不会背叛他的国君。

这是孟子对梁惠王讲的话。梁惠王对孟子的到来,抱有很大希望,他认为孟子是苏秦、张仪一类纵横家人物,所以一开头便说:"叟!不远千里而来,亦将有以利吾国乎?"先就说到"利"。孟子也毫不客气地说:"王何必曰利!亦有仁义而已矣!"孟子这样说,是有针对性的。当时整个社会风气败坏,诸

毛叔盘

侯更是见利忘义,置人民生死于不顾,战争频仍,民不聊生。针对这种情况,孟子倡仁义之说,提出国君要施仁政,而不要只想到个人私利。孟子认为,人,只要有了仁爱之心,在家不会遗弃老人,在国不会背叛君主。国民良好的道德素质,是保持社会稳定,国家长治久安的重要条件。

**【原文】**

以不忍人之心①,行不忍人之政②,治天下可运之掌上③。

**【注释】**

①不忍人之心:同情、关怀他人之心。忍,狠。②不忍人之政:同情、关怀他人的仁政。③运之掌上:在手掌上运转东西,言其容易。

**【解读】**

以同情、关怀他人之心,来施行同情、关怀他人的仁政,治理天下就像在手掌上

运转东西一样容易。

不忍人之政，就是仁政。孟子认为每一个人都有一颗不忍心看见别人受苦的同情心，这说明人性本善，这也是孟子哲学思想的理论基础。因此，施行仁政，每一个国君都可以做到。而只要施行仁政，天下人就会衷心拥护，治天下也就不难了。这就是以德服人。孟子在当时强调仁政，是从"民本"思想出发，针对暴政而言。

【原文】

三代①之得天下也，以仁②；其失天下也，以不仁。

【注释】

①三代：指夏禹王、商汤王、周武王，历史上称他们为仁德之君。②仁：仁爱。

【解读】

夏、商、周三代开国君主之所以得到天下，是因为他们有仁爱之心，关爱百姓；而他们的末代子孙失去了天下，是因为他们都是残暴昏庸之君，不关心百姓，施行了不仁的政治。

这是孟子对在他之前近两千年的历史规律进行的最精辟、最简练的总结和概括。他指出，得天下与失天下，最根本的原因是国君施不施行仁政，亦即对人民的态度的好与坏。仁，得天下，不仁，失天下，这一存亡之道，不仅是夏商周三代的历史规律，也是整个人类的历史规律。

【原文】

天子不仁，不保四海①；诸侯不仁，不保社稷②；卿大夫不仁，不保宗庙③；士庶人④不仁，不保四体⑤。

【注释】

①四海：天下。②社稷：社，土神；稷，谷神。代指诸侯的国家。③宗庙：家庙。代指卿、大夫等官员的地位、财产。④士庶人：士，古时介于大夫（官员）和庶人（百姓）之间的一个阶层，但这个阶层的某些人，随时皆可成为大夫或卿。庶人，平民百姓。⑤四体：性命。

【解读】

天子不仁，就不能保住他的天下；诸侯不仁，就不能保住他的国家；卿、大夫等官员们不仁，就不能保住他们的地位、财产；士、庶人不仁，就连他们的小命也保不住。

这是孟子的话。他从"不仁"的后果来阐明人欲安身立命，屹立于人世间，莫如

行仁；如恶仁而行不仁，则祸必及身。

**【原文】**

得道者①多助，失道者②寡助。

**【注释】**

①得道者：此指能以正道，即仁政德政来治理国家的人。②失道者：指不以正道治理国家的人，即施行暴政的人。

**【解读】**

能用正道，即以仁政德政来治理国家的人，能得到很多人的帮助；不能用正道，即用暴政治理国家的人，得到的帮助是不多的。

这是孟子的名言。孟子认为只要能以正道治国临民，则得"多助"，多助之至，天下人自会归顺于他，而并不在于封锁边界，仗恃天险，依靠军威。反之，如施行暴政，则"寡助"，寡助之至，则众叛亲离。这便是"得道者"与"失道者"的两种不同结局。

**【原文】**

老吾老①，以及人②之老；幼吾幼③，以及人之幼。

**【注释】**

①老吾老：尊敬我的老人。前一"老"字，作"敬老"、"尊敬"讲，后一"老"字，作"老人"讲。②及人：推广到别的人。③幼吾幼：爱护自己的子女。前一"幼"字，作"爱幼"、"慈爱"讲，后一"幼"字，作"幼儿"讲。

**【解读】**

尊敬自己的父母，推及到也尊敬他人的父母；爱护自己的子女，推及到也爱护他人的子女。

这是孟子的名言。孟子从儒家学说中的"恕"道，即推己及人立论出发，讲到国君如能尊敬天下所有的老人，爱护天下所有的儿童，这样，治理天下就像"运于掌"那样容易。"老吾老，以及人之老；幼吾幼，以及人之幼"，这是孟子冲破当时封建宗法氏族社会思想的束缚，而提出的一个具有深刻人性观、广义的民本思想的光辉论点，极具创造性和前瞻性。就是在两千多年后的今天，也仍闪耀着思想的光芒，照耀着人们向文明的高度挺进。

**【原文】**

行一不义①，杀一不辜②，而得天下，皆不为也。

【注释】

①不义：不合道义之事。②不辜：无罪之人。辜，罪。

【解读】

（如果叫伯夷、伊尹和孔子）去做一件不合道义的事，去杀一个无罪的人，从而就可以得到天下，称王称帝，（他们）都不会去干的。

这是孟子极力称赞伯夷、伊尹和孔子三个著名的历史人物的崇高品德的话。他指出，他们三个人都一样地不会去干"行一不义"、"杀一不辜"的坏事，甚至因此而享有天下，也都不会干的。为什么？因为他们都是仁德之人，具有极高的道德水平。"仁者爱人"，损人利己之事，仁者是决不会干的。

【原文】

士未可以言而言①，是以言餂②之也；可以言而不言③，是以不言餂之也。

【注释】

①未可以言而言：不该交谈而交谈。②餂：探取，勾取。③可以言而不言：该挺身而出说句公道话却不说。

【解读】

一个读书人，（见了地位尊贵的人）不该和他交谈却竭力巴结，这是用言谈讨好别人；该站出来说句公道话，却不说，这是用不说来讨好别人。

不该他说时，他却花言巧语，竭力讨好；该他站出来说时，他又像缩头乌龟，缄口不语。这两种行为都是谄佞的表现，是想以这种方式捞到某种好处，所以孟子斥之为小偷一类的人。

【原文】

闻伯夷之风①者，顽夫②廉③，懦夫④有立志；闻柳下惠之风⑤者，薄夫⑥敦⑦，鄙夫⑧宽⑨。

【注释】

①伯夷之风：伯夷，商朝时孤竹君墨胎初之子，其父将死，遗命立其弟叔齐，父卒，叔齐让伯夷，伯夷说："这是父亲的命令。"遂逃去，叔齐亦不肯被立而逃。周武王战胜商纣而有天下，伯夷、叔齐耻食周粟，隐于首阳山，采薇而食，遂饿死。伯夷之风，孟子认为是一种清廉之风。②顽夫：即贪夫。③廉：廉洁。④懦夫：懦弱的人。⑤柳下惠之风：柳下惠，春秋时鲁国人。尝为士师（掌刑狱的官），三次被罢官仍未离

去。人问之，他说："我以正直之心侍奉国君，当然该当三次罢官；如以不正直之心侍奉国君，又何必离开父母之邦呢？"孟子称柳下惠这种风骨为和顺之风。⑥薄夫：刻薄的人。⑦敦：厚道。⑧鄙夫：心胸狭窄的人。⑨宽：心胸宽广。

【解读】

听到伯夷清廉风骨的人，贪婪的人会廉洁起来，懦弱的人会立刚毅之志；听到柳下惠和顺风骨的人，刻薄的人会厚道起来，心胸狭窄的人会变得宽广起来。

孟子在论断"圣人，百世之师也"后，紧接着列举了两个品德高尚的人物对社会所产生的巨大影响。他充分颂扬了伯夷、柳下惠的巨大感召力、影响力，告诫人们学习他们清廉而刚正不阿的高风亮节，学习他们待人厚道而胸襟开阔的优秀品质。

【原文】

上无礼①，下无学②，贼民③兴，丧无日④矣。

【注释】

①上无礼：在上位的人不讲礼义。②下无学：下面的百姓又无学习的榜样。③贼民：乱民。④无日：不多久，没多少日子。

【解读】

在上位的人不讲礼义，下面的百姓又无学习的榜样，乱民就乘势兴起，（国家）灭亡的日子就不会很长了。

这是孟子的话。处上位的人讲礼义，这本身就是教化，让百姓有一个好的学习榜样，这也是教化，如二者皆无，则国民的道德素质可想而知，国家的前景也可想而知。故孟子预言："贼民兴，丧无日矣。"提出了一个令人猛省的警示。

【原文】

长君之恶①，其罪小；逢君之恶②，其罪大。

①长君之恶：指国君有过，不能劝谏，又顺从他，助长国君的过失。②逢君之恶：指国君的过失还没出现，便诱导并逢迎国君去犯罪。

【解读】

（有的官员）明知国君有过失而不加劝谏，这种人罪过还算小；（而有的官员）当国君的过失并未发生，却先诱导或逢迎国君去犯罪，他的罪就大了。

"长君之恶"的官员，应该劝谏而不能或不敢劝谏国君，从而顺之，这叫做失职，所以说"其罪小"。而国君想犯罪而行为并未发生，或者说国君还未想到要去干一件坏事，但有的官员却采取诱导的方法，邀恩讨好的逢迎方法，促使国君去犯罪，这种诱

导国君犯罪的官员，其罪过就大了。这后一种官员，是十足邪恶小人，不可不严加防范。

## 【原文】

争地以战，杀人盈野①；争城以战，杀人盈城。

## 【注释】

①盈野：满山遍野。盈，满。

## 【解读】

为了争夺一块土地而发动战争，被杀之人，满山遍野；为了争夺一座城池而发动战争，被杀之人，满城都是。

这是孟子反对战争，特别是反对不义之战的名言。孟子看到当时各国诸侯不仅不施仁政于民，反而为了扩充地盘，蓄意发动战争，造成杀人盈野，杀人盈城的人间惨剧。故孟子极力反对战争，特别是诸侯之间这种为了争夺一块地盘，而不惜以大量鲜血和生命为代价的不义之战。孟子认为像这样发动战争的人，其罪，不是一死就能抵偿得了的，而是死有余辜。

## 【原文】

善战者服上刑①，连诸侯者②次之，辟草莱③任土地者④次之。

## 【注释】

①上刑：最重的刑法。②连诸侯者：联合诸侯发动战争的人。③辟草莱：开疆拓土。④任土地者：指分土地给百姓，以收取重赋供战争军需之用的人。

## 【解读】

最善于带兵作战的人，应该服最重的刑法；联合诸侯发动战争的人，服次一等的刑法；开疆拓土以收取重赋为战争提供后勤支援的人，服再次一等的刑法。

如何惩治战争罪犯的问题，孟子提出了几个重要的议罪原则。孟子提出"善战者服上刑"的主张，这是一个很有名的论断。"一将功成万骨枯"，"善战者"杀死的人多，自然该服最重的战争罪。试观国际法中的战争罪及二战后对纳粹德国及日本等国的各级战犯的量刑，孟子的这些原则，实开国际法中惩治战争罪之先河。

## 【原文】

春秋①无义战②。

## 【注释】

①春秋：此指我国历史上的一个时代，公元前722年~前481年，因鲁国的史书《春秋》而得名。现在一般把公元前770年到前476年划为春秋时代。②义战：合乎正义的战争。

## 【解读】

春秋时代没有合乎正义的战争。

这是孟子的话。他一生都反对不正义的战争。据司马迁《史记·太史公自序》所载："春秋之中，弑君三十六，亡国五十二，诸侯奔走不得保其社稷者，不可胜数。察其所以，皆失其本已。"在二百四十二年间发生这样多的事，可见战争是频仍的。但孟子的"春秋无义战"，就将当时所有发生的战争的性质，作了一个明确的论断。这就是说，所有的战争都不过是统治集团内部的相互倾轧、争夺、兼并的战争。但他也接着指出："彼善于此，则有之矣。"意为不过有一方比另一方好一点，这倒是有的。

## 【原文】

有人曰："我善为陈①，我善为战。"大罪也。

## 【注释】

①陈：同"阵"，行军布阵。

## 【解读】

有人说："我善于行军布阵，我善于带兵作战。"这是大罪呀！这是孟子反战的话。孟子反对战争，是因为他看到了战争给无辜人民带来深重的灾难，所以他在战争频仍的战国时代不仅态度鲜明地反对战争，而且到处奔走提出"保民而王"的政治主张，提倡仁政、德政，认为国君只要行仁政就能无敌于天下，"焉用战？"他对所谓的军事家特别反感，认为凡宣布自己"我善为陈，我善为战"的人，都犯了大罪。因为这帮人都是"率土地而食人肉"的人，"罪不容于死"。这想法虽不切实际，但他反对因战争而给人民带来灾难的态度则是非常明确的。

## 【原文】

仁者①无敌②。

## 【注释】

①仁者：有仁德的人。
②无敌：没有可以和他对抗的，没有可以和他比拟的。

【解读】

　　有仁德的人是无敌于天下的。孟子主张以仁义而不是以功利为指导治理天下。他认为，只要这样坚持下去，弱国可以变成强国，就是拿着木棒也可以抗击"秦楚之坚甲利兵"。所以，从长远看，施行仁政的国家也是不可战胜的。

【原文】

　　老吾老以及人之老①，幼吾幼②以及人之幼，天下可运于掌③。

【注释】

　　①老吾老以及人之老：尊敬我自己的长辈，从而延伸到尊敬别人的长辈。前一个"老"：用作动词，尊敬（老人、长辈）；后一个"老"：名词，老人、长辈。及：延伸到，推广到。
　　②幼吾幼：爱护我自己的儿女。前一个"幼"：用作动词，爱护（晚辈、儿女）；后一个"幼"：名词，晚辈、儿女。
　　③运于掌：运转在手掌之中。比喻容易。

【解读】

　　如果一切政治措施都从恻隐之心出发，推己及人，以仁爱之心治国，那么，统一天下便是情理之中的事了。

【原文】

　　权①，然后知轻重；度②，然后知长短。物皆然③，心为甚。

【注释】

　　①权：秤锤。引申为测定重量。
　　②度：计量长短的标准。引申为计量长短。
　　③皆然：都是这样。然：如此，这样。

【解读】

　　称一称，才知道轻重；量一量，才知道长短。人心更需多方考察，才能知道其善恶。儒家考察君心善恶的标准，就看他是否施行仁政。

【原文】

　　明君制民之产①，必使仰足以事父母②，俯足以畜妻子③，乐岁④终身饱，凶年⑤免于死亡⑥；然后驱而之善⑦，故民之从之也轻⑧。

【注释】

①制民之产：规定民众的产业。孟子提出应保证农民一夫一妻有五亩（五亩合现在一亩二分多。周朝田制，六尺为步，百步为亩）宅地、百亩农田。
②仰足以事父母：对上足以赡养父母。仰：对上。事：服侍，赡养。
③俯足以畜妻子：向下足以养活妻子儿女。俯：向下。畜：同"蓄"，养活。子：儿女。
④乐岁：丰年。
⑤凶年：荒年。
⑥死亡：死去和流亡。
⑦驱而之善：引导（他们）走上善良的道路。之：动词，往，向……走去。
⑧民之从之也轻：百姓很容易服从领导。前一个"之"：结构助词，没有实在意义；后一个"之"：代词，他，指君主。轻：轻易，容易。

【解读】

"得民心者得天下"是儒家政治学说的核心。孟子"制民之产"的主张，使这一政治理念变成了切实可行的政纲，极大地丰富了"保民而王"的思想内容。这一主张对后世也产生了深远的影响。

【原文】

乐民之乐①者，民亦乐其②乐；忧民之忧者，民亦忧其忧。乐以天下，忧以天下，然而不王③者，未之有④也。

【注释】

①乐民之乐：以民众的快乐为快乐。前一个"乐"：动词，以……为快乐。后一个"乐"：名词，快乐。
②其：他的。
③王：动词，称王。
④未之有：即"未有之"。没有过这种情况。之：代词，指"乐以天下，忧以天下，然而不王"的情况。

【解读】

作为君主，顺民心，从民意，与天下百姓同忧同乐，必然会获得天下。作为领导者，以民心为重，以民意为准，与人民同呼吸共命运，就一定会得到人民的拥护和爱戴。

【原文】

左右①皆曰贤，未可也；诸大夫②皆曰贤，未可也；国人皆曰贤，然后察之，见贤焉，然后用之。左右皆曰不可，勿听；诸大夫皆曰不可，勿听；国人皆曰不可，然后察之，见不可焉，然后去之。左右皆曰可杀，勿听；诸大夫皆曰可杀，勿听；国人皆曰可杀，然后察之。见可杀焉，然后杀之。

【注释】

①左右：近臣，侍从。
②大夫：古职官名。周代在国君之下有卿、大夫、士三等。

【解读】

"兼听则明，偏信则暗。"领导者任用干部、处分下级，必须多方面听取意见，才能综合考量、明辨是非；偏听偏信某一方面的话而据以决断，就可能导致错误的结果。

【原文】

虽有智慧，不如乘势①；虽有镃基②，不如待时③。

【注释】

①乘势：趁势，借助有利的形势。
②镃基：大锄。
③待时：等待时机。时：特指农时。

【解读】

要干成一项事业，即使有足够的聪明才智，也不如抓住合适的时机，借助有利的形势。如果时机不成熟、形势不允许却贸然行事，那就是盲动，离失败也就不远了。这和耕作不看农时，农具再好也不会有收获是一个道理。

【原文】

昔者曾子谓子襄①曰："子好勇乎？吾尝闻大勇于夫子②矣：'自反而不缩③，虽褐宽博④，吾不惴⑤焉；自反而缩，虽千万人。吾往矣。'"

【注释】

①子襄：曾子的弟子。
②闻大勇于夫子：从老师孔子那里听到关于"大勇"的教导。于：从。夫子：老师，指孔子。大勇：异于常人、超乎寻常的勇敢。

③自反而不缩：反躬自问，自己是不占理的。自反：自我反省，反躬自问。缩：直。这里指正直，不理亏。
④褐宽博：古代贫贱者所穿宽大的粗布衣服。借指贫贱者。褐：粗布或粗布衣服。
⑤惴：既忧虑又害怕的样子。此处是使动用法，"使之惴"，使之惧怕。

【解读】

这是孟子转述曾子从老师孔子那里听到的关于什么是"大勇"的一段话。遇事首先反躬自问：如果自己理亏，即使是贫穷低贱的人，我也不去恐吓、凌辱他；如果正义在我一边，那么，即使面对千军万马的拦挡，我也会勇往直前。这种基于理性和道义的勇气是值得肯定和发扬的。

【原文】

以力服人者，非心服也，力不赡①也；以德服人者，中心②悦而诚服也，如七十子③之服孔子也。

【注释】

①力不赡：力量不足以抵御。赡：充足。
②中心：内心，心中。
③七十子：即"七十二子"。指孔子门下才德出众的七十二个弟子。七十，举其成数而言。

【解读】

孟子对诸侯国的君主们动辄炫耀武力、攻城略地，十分反感。他指出，以强大的武力压服别人，别人可能一时服软，但是口服心不服；只有以德待人、感化人，才能使人口服心服。大至一国之君，小至一般官员，都必须牢记：人心欺不得、压不服；只有以诚相待，以德感化，才能使人心悦诚服，和谐相处。

【原文】

无恻隐①之心，非人也；无羞恶②之心，非人也；无辞让③之心，非人也；无是非之心，非人也。恻隐之心，仁之端也；羞恶之心，义之端也；辞让之心，礼之端也；是非之心，智之端也。

【注释】

①恻隐：同情，怜悯。
②羞恶：对自己或别人的坏处感到羞耻厌恶。朱熹《四书集注》："羞，耻己之不善也；恶，憎人之不善也。"

③辞让：谦逊推让。

【解读】

孟子认为，具有恻隐、羞恶、辞让、是非之心，是做人的起码要求。恻隐之心，是感慨天地万物皆有物极必反、荣枯盛衰而萌生的悲悯之情，这是大仁的开端；面对缺陷与不足，感到羞愧，勇于承认，对丑恶的行为表示厌恶，这是义的开端；不居功、不矜能，懂得辞让，这是礼的开端；明辨是非善恶，坚持正义正道，这是智的开端。以上种种，就是孟子超越前人之处。孟子的"四端"之说是儒家学说的重要范畴，极为重要，后来西汉董仲舒再加上孔子所说的"信"，就成为儒家纲常名教的"五常"。

【原文】

子路，人告之以有过则喜；禹闻善言则拜①；大舜有大焉②，善与人同③，舍己从人④，乐取于人以为善⑤。自耕稼、陶、渔⑥以至为帝，无非取于人者。取诸人以为善⑦，是与人为善⑧者也。故君子莫大乎与人为善。

【注释】

①禹闻善言则拜：禹听到好的意见就拜谢（提意见的人）。禹：也称大禹、夏禹。夏朝建立者。原为夏后氏部落领袖，后因治理洪水有功，被舜确定为继承人，舜死后继位。

②大舜有大焉：大舜更为突出。有，通"又"。

③善与人同：自己有优点，愿意别人也有这些优点；别人有长处，肯于向别人学习。

④舍己从人：放弃自己的见解而接受别人的意见。

⑤乐取于人以为善：愿意从别人那里学习善言善行，自己来加以实践。于：从。

⑥耕稼、陶、渔：据《史记·五帝本纪》载，虞舜曾在历山耕田，在河滨制作陶器，在雷泽打鱼。稼：种植谷物。陶：制作陶器。渔：捕鱼。

⑦取诸人以为善：吸取别人的优点来做善事。取诸人：取之于人。诸，"之于"的合音。

⑧与人为善：原意为偕同别人一起做好事。后多用作善意地与人相处或帮助他人的意思。与：和，及，偕同。为善：行善，做好事。

【解读】

子路闻过则喜，"禹闻善言则拜"，大舜"善与人同，舍己从人"且"与人为善"。这些古圣先贤身上的优良品德，彰显了他们博大的胸怀和过人的胆识。正因为如此，虞舜才能从耕稼、陶、渔的一介平民登上帝位；影响所及，还自然形成了淳朴的社会风尚、良善的道德习俗。作为从政的领导者，每个人都应从中得到教益。

## 【原文】

天时不如地利，地利不如人和①。

## 【注释】

①［天时不如地利，地利不如人和］"天时、地利、人和"是战国时期常见的概念，《荀子》和《孙膑兵法》等书中均有提及，其内涵并不相同。孟子这里所说的"天时"，可能是指宜于攻战的阴阳寒暑等自然气候条件；"地利"当指利于防守的山川险阻、高城深池等地理优势；"人和"则指人心所向，内部团结。

## 【解读】

要想成就一番事业，天时、地利与人和缺一不可。"不如"不等于不重要，只不过是说三者有先后及主次之分，"人和"是第一要素。

## 【原文】

上有好者，下必有甚焉者①矣。"君子之德。风也；小人之德，草也。草尚之风②，必偃③。"

## 【注释】

①上有好者，下必有甚焉者：在上位的人爱好什么，下面的人必定对此更加爱好。
②草尚之风：即"草尚之以风"。风吹在草上。尚：上，加于……之上。
③偃：倒。

## 【解读】

君子的德行好比是风，风向哪边吹，草就向哪边倒。孟子引用孔子的话（《论语·颜渊》："君子之德，风；小人之德，草。草上之风，必偃。"）借以说明，当政者的言行举止具有很大的示范性，只要他们身体力行，臣下也一定更加努力地去效法。孔孟对两边倒的墙头草并不鄙视、不排斥，而是认为可以引导它倒向正义一边。

## 【原文】

孟子曰："民事不可缓①也。"

## 【注释】

①缓：延缓，推迟。

## 【解读】

这是"滕文公问为国（如何治理国家）"时，孟子回答他的话。此处所说的"民事",主要指的是与民生密切相关的农事。"王者以民为天,而民以食为天。""民事不可缓"即不违农时,"顺应天时,以尽地利"的意思。当然,推而广之,一切与民生密切相关的大事,都"不可缓",不可拖,必须抓紧办,办得快,办得好。

## 【原文】

民之为道也,有恒产①者有恒心②,无恒产者无恒心。苟无恒心,放辟邪侈③,无不为已。及陷乎罪④,然后从而刑之,是罔民⑤也。焉有仁人在位罔民而可为也?是故贤君必恭俭礼下⑥,取于民有制⑦。

## 【注释】

①恒产:指土地、田园、房屋等不动产。
②恒心:常存的善心。
③放辟邪侈:放纵违法,为非作歹。辟:通"僻",偏颇。
④陷乎罪:陷于罪。即犯了罪。乎:于。
⑤罔民:布下罗网陷害百姓。罔:通"网",指布下罗网。
⑥恭俭礼下:办事认真,节约用度,对下属以礼相待。
⑦取于民有制:按一定的规制(如税率十分抽一的什一之制)从百姓那里征收赋税。于:从。

## 【解读】

百姓有固定产业或收入,就有安分守己之心。相反,穷困潦倒、饥寒交迫,他们就可能铤而走险、违法乱纪。这时再将他们治罪,就无异于陷害他们。所以,使百姓安居乐业才是国家长治久安的大计。

## 【原文】

居天下之广居①,立天下之正位②,行天下之大道③;得志,与民由之④,不得志,独行其道;富贵不能淫⑤,贫贱不能移,威武不能屈:此之谓大丈夫⑥。

## 【注释】

①广居:宽大的住所。儒家用以喻仁。
②正位:中正之位。儒家用以喻礼。
③大道:正道。儒家用以喻义。
④与民由之:跟民众一起沿着大道前行。由:循着,沿着。之:代词,指"大道"。
⑤淫:乱。
⑥大丈夫:指有志气或有作为的男子。

【解读】

孟子主张以德服人，统一天下，反对武力征伐。他认可的大丈夫应该是：居于仁，立于礼，行于义；得志时，率众前行，不得志时，坚守原则，独善其身；富贵不能乱其心，贫贱不能变其志，威武不能屈其节。孟子道出了具有高尚节操、人格尊严而勇敢无畏的大丈夫的真谛，昭示了天地间的浩然正气。

【原文】

非其道①，则一箪食不可受于人；如其道，则舜受尧之天下，不以为泰②。

【注释】

①道：指道义。
②泰：过分。

【解读】

如果不合道义，即使是一竹筒饭也不能接受；如果合乎道义，那么，就像舜接受尧的禅让而得到天下一样，也不算过分。可见，能否"受于人"，应以是否合于"道"为标准。"临财毋苟得"，"君子爱财，取之有道"，说的都是一个意思。

【原文】

离娄①之明，公输子②之巧，不以规矩③，不能成方圆。

【注释】

①离娄：传说为黄帝时人，视力特强，"能于百步之外见秋毫之末"。
②公输子：即公输班。因为他是鲁国人，所以也称鲁班，是春秋时著名的巧匠。班，也作"般"或"盘"。
③规矩：校正圆形和方形的两种工具。引申为礼法、法度。

鲁班

【解读】

即使有离娄那样的视力、鲁班那样的巧技，没有规和矩，也画不出圆形和方形。礼制和法制就是治国的"规矩"。德治和法治双管齐下，就可以维护国家秩序和社会稳定，促进社会发展。

【原文】

　　城郭不完①，兵甲②不多，非国之灾也；田野不辟③，货财不聚，非国之害也。上无礼，下无学，贼民④兴，丧无日矣。

【注释】

　　①城郭不完：城墙不坚固。城：指内城的墙。郭：指外城的墙。完：坚固。
　　②兵甲：兵器和铠甲。泛指武器、军备。
　　③不辟：未加开辟。
　　④贼民：指犯上作乱之民。

【解读】

　　维护国家安全，城郭、兵甲、田野、货财并不是最重要的因素。当政者不依礼行事，百姓失去教化，这才是最可怕的。因为此时，违法乱纪的人会趁机而起，铤而走险，国家灭亡之日也就临近了。孟子这里再次强调仁政、礼教是强国的基础。

【原文】

　　爱人不亲，反其仁①；治人不治，反其智②；礼人不答，反其敬③：行有不得者，皆反求诸己④。其身正而天下归之。

【注释】

　　①反其仁：反思自己所行仁爱足不足。
　　②反其智：反思自己施政的智慧多不多。
　　③反其敬：反思自己对人的敬意够不够。
　　④行有不得者，皆反求诸己：任何做法如果没有达到预期效果，都要反躬自责。诸："之于"的合音。

【解读】

　　我爱别人，别人却不亲近我；我管理别人，却管理不好；我礼貌待人，却得不到相应的尊重。诸如此类的事情发生后，"不怨天，不尤人"，而是反躬自省，自己的仁爱足不足，智慧多不多，敬意够不够。这是何等博大的胸襟、何等高尚的品格！这就是孔子所说"躬自厚而薄责于人"（《论语·卫灵公》）的精神。有了这种精神，何愁百姓不拥戴、天下不归心！

【原文】

　　天下之本①在国，国之本在家②，家之本在身。

【注释】

①本：根本，根基，基础。
②家：这里指家庭，非指卿大夫的采地食邑。

【解读】

天下的根基在于国，国的根基在于家，家的根基在于人自身。只有自己严于修身，才能"齐家治国平天下"。因此，加强每个社会成员的思想修养，不断提高人的素质，是达到家庭和睦、社会和谐、国家兴旺、天下太平的必由之路。

【原文】

夫人必自侮，然后人侮之①；家必自毁，而后人毁之；国必自伐②，而后人伐之。

【注释】

①夫人必自侮，然后人侮之：人一定先有自取侮辱的行为，别人才侮辱他。夫：用在句首的语气助词，没有实在意义。然后：这样做了以后。然，这样，如此。
②伐：征伐。

【解读】

先哲孟子在这里有意无意地运用唯物辩证法分析了"人、家、国"由盛变衰的道理：外因是变化的条件，内因则是变化的根据，外因通过内因而起作用。实际上在告诫人们，不论是个人、家庭、家族还是国家，只要自尊自爱、自强不息，外人就不敢欺负。这也正是我们坚持独立自主、自力更生和对外开放方针的哲学理论依据。

【原文】

桀、纣①之失天下也，失其民也；失其民者，失其心也。得天下有道：得其民，斯得天下矣；得其民有道：得其心，斯得民矣；得其心有道：所欲与之聚之②，所恶勿施③，尔也④。

【注释】

①桀、纣：夏、商两代的亡国之君。夏桀暴虐荒淫，商纣暴敛重刑，百姓怨声载道。
②所欲与之聚之：百姓所想得到的东西，替他们积聚起来。与：为，替。前一个"之"：代指"民"，即百姓；后一个"之"：代指"所欲"，即想要得到的东西。
③所恶勿施：百姓所厌恶的，不强加于他们。
④尔也：如此而已，如此罢了。

【解读】

失民心者失天下，得民心者得天下。孟子不仅指出得民心的重要性，还提出赢得民心的具体做法："所欲与之聚之，所恶勿施"。

【原文】

人之患①在好②为人师。

【注释】

①患：指毛病。
②好：喜好，喜欢。

【解读】

孟子指出，人的毛病在于喜欢做别人的老师。"好为人师"与孔子的"三人行，必有我师焉"和"子入太庙，每事问"的态度大相径庭。

【原文】

声闻过情①，君子耻之②。

【注释】

①声闻过情：名声超过实情。声闻：名声，名誉。闻，旧读（wèn）（音问）。情：实际情形，真实情况。
②耻之：以之（声闻过情）为耻。

【解读】

这是"知耻"的另一境界，需要克服虚荣心和物质方面的双重诱惑，很不容易做到。

【原文】

万章①问曰："敢问友②。"孟子曰："不挟长③、不挟贵④、不挟兄弟⑤而友。友也者，友其德也，不可以有挟也。"

【注释】

①万章：战国时人，孟子的弟子。
②敢问友：（我）冒昧地问一下怎么交朋友。敢：斗胆，冒昧地。
③不挟长：不倚仗年岁大。挟：依仗，倚仗。

④贵：（自己）地位高，有权势。
⑤兄弟：（自己的）兄弟才高位显。"兄弟"后承上省略"贵"字。

**【解读】**

"同声相应，同气相求。"交友应该彼此看重对方的道德情操，平等相待。唐·李白《少年行》："府县尽为门下客，王侯皆是平交人。"平交最是难能可贵。

**【原文】**

鱼，我所欲①也，熊掌亦我所欲也；二者不可得兼②，舍鱼而取熊掌者也。生亦我所欲也，义③亦我所欲也；二者不可得兼，舍生而取义者也。

**【注释】**

①我所欲：我想得到的，我所喜欢的。
②得兼：即"兼得"，同时得到。
③义：道义。

**【解读】**

孟子以鱼和熊掌不可兼得时，"舍鱼而取熊掌"为喻，说明在生与义不可兼得时，应该"舍生而取义"。从古至今，无数的志士仁人"舍生取义"，为正义事业牺牲了自己的生命。如南宋文天祥，坚守气节，从容就义。死前，他写好了"赞"藏在衣带中："孔曰成仁，孟曰取义。惟其义尽，所以仁至。读圣贤书，所学何事？而今而后，庶几无愧！"

**【原文】**

故天将降大任于是人①也，必先苦其心志②，劳其筋骨③，饿其体肤④，空乏其身⑤，行拂乱其所为⑥，所以动心忍性⑦，曾益其所不能⑧。

**【注释】**

①是人：这个人。是：这。
②苦其心志：使他的心意苦恼。
③劳其筋骨：使他的筋骨困乏疲劳。
④饿其体肤：使他的肠胃饥饿。
⑤空乏其身：使他受到穷困之苦。空乏：穷困，资财贫乏。
⑥行拂乱其所为：违背他的意愿，搅乱他的行为，使他做事不顺。拂：逆，违背。
⑦动心忍性：使他的心受到惊动，使他的性情坚忍起来。
⑧曾益其所不能：增长他原不具备的才干。曾：同"增"。益：增加。

【解读】

　　所有要干一番大事业的人，都必然会在精神和身体各方面经受痛苦与曲折的考验，并以此来坚定自己的意志，增长自己的才干，使自己成长为处变不惊、临危不惧、百折不挠、无往不胜的栋梁之材。

【原文】

　　入①则无法家②拂士③，出④则无敌国⑤外患者。国恒亡。然后知生于忧患而死于安乐也。

【注释】

　　①入：指在国内。
　　②法家：严守法度的大臣。
　　③拂士：辅弼的贤士。指能够直言劝谏、矫正君主过失的臣子。拂：通"弼"，辅弼，辅佐。
　　④出：指在国外。
　　⑤敌国：力量相与匹敌的邻国。

【解读】

　　"生于忧患，死于安乐"是一个蕴含辩证思维的命题。逆境和忧患激励人们奋发向上，自强不息；优游安乐的环境，容易使人怠惰，人心涣散，从而使国家走向衰落。因此，对于一个人、一个单位、一个地区乃至一个国家来说，忧患意识不仅仅是盛世危言，它还应该是预警系统里的一个重要环节。

【原文】

　　仁言①不如仁声②之入人深也，善政③不如善教之得民也。善政，民畏之；善教，民爱之。善政得民财，善教得民心。

【注释】

　　①仁言：仁厚的言语。
　　②仁声：仁德的声望。朱熹《四书集注》引述程颐的说法："仁声，谓仁闻，谓有仁之实而为众所称道者也。"一说，"仁声"指具有教化作用，能使风俗变得淳厚的音乐或乐声。
　　③善政清明的政治；良好的政令。《尚书·虞书·大禹谟》："德惟善政，政在养民。"

【解读】

　　仁厚的言语不如仁德的声望那样深入人心，良善的政令不如良好的教育那样赢得民众。良善的政令，百姓畏服它；良好的教育，百姓喜爱它。良善的政令能得到百姓的财富，良好的教育能赢得百姓的拥戴。

【原文】

　　君子有三乐①，而王天下不与存焉②。父母俱存，兄弟无故③，一乐也；仰不愧于天，俯不怍④于人，二乐也；得天下英才而教育之，三乐也。

【注释】

　　①三乐：三种高兴的事。
　　②王天下不与存焉：称王天下是不在其中的。（称王天下属于君王之乐，而不是君子之乐。君王可以称王天下，但不一定有君子之乐。君子有如下三乐，而君主未必有。）
　　③故：事故，指灾患丧病。
　　④怍：惭愧。

【解读】

　　父母健在，兄弟们没有灾患丧病，这是孝悌之乐；抬头无愧于天，低头无愧于人，这是自律的结果，应属修身之乐；而得到天下的优秀人才，对他们进行教育，使他们成为"治国平天下"的栋梁，这是育人之乐。这"三乐"均属深层次、高境界的君子之乐，而不是浅层次、低俗化的小人之乐。

【原文】

　　其进锐①者，其退速。

【注释】

　　①锐：迅速，急切。

【解读】

　　前进太猛，做得过了头，退起来也会很快，结果还是达不到目的。这就应了孔子的话："欲速则不达"（《论语·子路》），"过犹不及"（《论语·先进》）。

【原文】

　　贤者以其昭昭①使人昭昭，今以其昏昏②使人昭昭。

【注释】

①以其昭昭：用他的清楚明白。以：用。其：他的。昭昭：明白。
②昏昏：糊里糊涂。

【解读】

教育者必须先受教育。作为领导者，大到党的路线、方针、政策和治国方略，小到本行业的名物、制度乃至细则等，都应了然在胸，然后才有资格去指导工作。否则，自己糊里糊涂，也绝不可能让下级干部和群众清楚明白。

# 《周易》名句

【原文】

　　天行健①，君子以自强不息②。
　　地势坤③，君子以厚德载物④。

【注释】

　　①天行健：天体的运行刚强劲健，昼夜不停。
　　②自强不息：自己奋发向上，永不止息。
　　③坤：指女性。借指大地坤元之德，即大地生养培育万物之德。
　　④厚德载物：指大地具有宽厚的德行，能够容纳、承载一切事物。厚德：宽厚的德行，高尚的道德。载：容纳，承载。

寓鼎

【解读】

　　君子既应效法天道，勤恳坚毅，奋发向上，永不停息，又要效法大地母亲那样，有坦荡宽广的胸怀，容得下万事万物。自强不息就可以一步步走向成功，厚德载物也会使自己的人生道路越走越宽广。

【原文】

　　居上位①而不骄，在下位②而不忧。

【注释】

　　①上位：高位，显达的职位。
　　②下位：低位，卑贱的职位。

【解读】

　　地位越高，越应该谨言慎行，谦逊而不张狂，这样才能少犯错误，受到人们的尊敬。地位低下或境遇不佳时，不能忧郁懈怠，自暴自弃；应该坚信，只要努力不懈，境遇是可以改变的。

【原文】

同声相应，同气相求。

【解读】

原指乐声相和。比喻同类事物互相感应，也比喻志趣相同或气质相类者互相吸引、聚合。值得玩味的是，这个"吸引"与"聚合"，并没有专指好的一面，所以孔子告诫："君子不党（不结党营私）。"聚而不党，就是所谓的"君子之交"了。

【原文】

积善①之家，必有馀庆②；积不善之家，必有馀殃③。

【注释】

①积善：积累善行。
②馀庆：指留给子孙后辈的德泽。
③馀殃：指留给子孙后辈的祸害、后患。

【解读】

积累善行的人家，留给晚辈的是美好的政治名声和宝贵的精神财富，能保子孙后代福泽绵长；积累恶行的人家，留给子孙后代的是千载骂名和无穷的后患。

【原文】

君子敬以直内①，义以方外②，敬义立而德不孤。

【注释】

①敬以直内：即"以敬使内直"。用严肃恭敬的态度使内心正直、真诚。
②义以方外：即"以义使外方"。用合乎道义的方式使外在的言行表现得方正。

【解读】

用严肃恭敬的态度来保持内心的正直和真诚，用合乎道义的方式来规范外在言行，这样兼具"敬"和"义"的有德行的人是不会孤单的：他的美德广泛地传布，必定会得到人们的响应，他也必定会得到人们的亲近和支持。所以，孔子说："德不孤，必有邻。"（《论语·里仁》）

【原文】

君子以俭德①辟②难，不可荣以禄③。

【注释】

①俭德：俭约的品德。
②辟：通"避"。
③荣以禄：（追求）荣华，（谋取）禄位。以：顺接连词，而，而且。

【解读】

君子以节俭为美德而能够避开危难，不可谋取禄位，追求荣华。这句话告诉我们，俭朴的德行能够防止奢靡腐化等行为，还可以帮助人躲避危险。可悲的是，从古至今，虽然明知欲海无边，而追求和迷恋奢华侈靡生活的人仍然不绝如缕，前"腐"后继。

【原文】

天道亏盈而益谦①，地道变盈而流谦②，鬼神害盈而福谦③，人道恶盈而好谦④。

【注释】

①天道亏盈而益谦：天的规律是亏损盈满的而补益空虚的。天道：天理，指天的规律。《易经集解》引唐·崔憬语："若日中则昃，月满则亏，损有馀以补不足，天之道也。"
②地道变盈而流谦：地的特征是迁变盈满的而流入低洼之处。地道：大地的规律和特征。
③鬼神害盈而福谦：鬼神祸害骄盈的而福佑谦下的。害盈：使骄傲自满者受祸害。福谦：使谦虚者得福。
④人道恶盈而好谦：人的本性是厌恶骄盈自满者而喜好谦逊礼让者。

【解读】

从天道、地道、鬼神和人道四个方面，反复申明"满招损，谦受益"的道理，说明保持谦虚美德的必要性和重要性。

【原文】

君子以言有物①而行有恒②。

【注释】

①言有物：说话或写文章有内容，不空洞。
②有恒：指严守道德规范，坚守高尚情操。

【解读】

说话要有依据，行动要有准则。"言有物"是有思想、有见识、有才学的表现，

"行有恒"是对道德规范和高尚情操的坚守。

【原文】

见险而能止，知①矣哉。

【注释】

①知：通"智"。

【解读】

见到危险能够停止不前，便是明智。可是利欲熏心、利令智昏后，又有几人看得见那潜在的危险而悬崖勒马呢！

【原文】

君子以见善则迁①，有过则改。

【注释】

①迁：归向，跟从，追随。

【解读】

从政者改过向善，不仅可以变被动为主动，还会让民众感受到仁爱的美德，进而受到民众的拥护。

【原文】

险以说①，困而不失其所②，亨③，其唯君子乎！

【注释】

①险以说：处于险境而能旷达乐观。以：而，却。说：通"悦"。唐·孔颖达疏曰"畅悦之心"，即旷达乐观之心。
②所：宜，即应处之所，应该坚持的信仰和操守。《左传·哀公十六年》："失志为昏，失所为愆。"
③亨：亨通。

【解读】

处于险难之中而能乐观面对，身陷困境而能坚持信仰和操守，最终依然能够通达顺利，这大概只有君子才能做到吧！人在世上，窘迫、穷困是难以避免的，关键是应乐观向上，守志不移，创造条件，积极应对，这样终会脱困而"亨"。

【原文】

君子以致命①遂志②。

【注释】

①致命：舍命，犹捐躯。
②遂志：实现理想，满足愿望。

【解读】

君子在困窘之时，宁可舍弃生命也要实现崇高的理想。孟子说得更具体："生亦我所欲也，义亦我所欲也；二者不可得兼，舍生而取义者也。"（《孟子·告子上》）

【原文】

时①止则止，时行则行，动静②不失其时，其道光明。

【注释】

①时：即"以叶"。根据时机。
②动静：指行动与止息。

【解读】

根据时机该停就停下来，该行动就采取行动，无论动还是静都不失时机，这就是顺应规律，前途当然是光明的。

【原文】

日中则昃①，月盈则食②，天地盈虚③，与时消息④，而况于人乎？

【注释】

①日中则昃：太阳升到正中后就会西偏。昃：太阳偏西。
②食：亏缺，亏损。
③盈虚：盈满或虚空。谓发展变化。
④与时消息：随着时间的推移而消亡或增长。息：滋长，繁衍。

【解读】

盛极而衰，物极必反。这里告诉人们的是，天地都会随着时间的推移而寒暑交替、陵谷变迁，更何况是人呢！所以，在盛大丰盈之时，要有忧患意识，保持戒惧之心，居安思危。

【原文】

仁者见之谓之仁，知①者见之谓之知。

【注释】

①知：通"智"。

【解读】

这句话的意思是：对于道的化生万物，仁者见它说它是仁，智者见它说它是智。指对同一事物的见解因人而异。后以"见仁见智"谓对同一问题各有各的见解。

【原文】

君子进德①修业②，忠信，所以进德也。

【注释】

①进德：增进品德。②修业：古时修业指修营功业，今指研究学术或学习技艺。

【解读】

君子增进品德，修营功业，要讲求忠信，忠信是用以增进品德的。

这是孔子解释《周易》"乾"卦"九三"爻辞的话。孔子认为，进德的根本问题是忠信，做到忠信，方能进德。进德，是指自我内心的进取，一种理想的追求，要"日新，日日新，又日新"。天天不断地进取和追求。

【原文】

君子以成德①为行②，日可见之行③也。

【注释】

①成德：完成品德修养。②为行：作为行为之目的。③行：行为。

【解读】

君子的行为，是以完成品德修养为目的，并且表现在每天的日常行为之中。

这是孔子阐释《周易》"乾"卦中"六爻"未尽之意的文字。孔子认为君子当以"成德为行"，且应见到"可见之行"。德与行是一致的，是同一事物的两面，藏在内心未露，就是德，表现为行动，就是行，而德，每天都应表现在自己的行为中。这就是"进德"。

【原文】

二人同心，其利断金①；同心之言，其臭如兰②。

【注释】

①其利断金：它的锋利可以达到切断金属的程度。
②其臭如兰：它的气味像兰草一样芬芳。臭：气味。

【解读】

这两句话与"人心齐，泰山移"异曲同工，都是强调团结的重要性。

【原文】

劳而不伐①，有功而不德②，厚之至也。

【注释】

①伐：自夸。
②德：自德，自以为对人有恩德。

【解读】

那些有德行的君子，付出辛劳却不自夸，取得成功而不居功自傲，这是至高美德的表现。而有些德薄之人，出了点滴之力，就到处吹嘘，招人厌弃。

【原文】

乱之所生也，则言语以为阶①。君不密则失臣②，臣不密则失身，几事③不密则害成。是以君子慎密④而不出⑤也。

【注释】

①阶：阶梯。引申指缘由、途径。孔颖达疏曰："阶，谓梯也。言乱之所生，则由言语以为乱之阶梯也。"
②君不密则失臣：孔颖达疏曰："臣既尽忠，不避危难，为君谋事，君不慎密，乃彰露臣之所为，使在下闻之，众共嫉怒，害此臣而杀之，是失臣也。"
③几事：机密的事。几：也作"机（繁体为'機'）"。事物出现前或变化前的细微迹象。
④慎密：谨慎保密。
⑤出：这里指出格、出圈儿。

【解读】

"祸从口出，患从口入。"（孔颖达语）祸乱往往是由言语引发的。君主说话不谨慎就会毁掉忠心辅佐的大臣，臣子说话不谨慎就会灾殃及身，机密的事情不注意保密就会酿成祸害。所以，君子说话处事须谨慎保密，不出格，不出圈儿，不乱说乱做。

【原文】

慢藏诲盗①，冶容诲淫②。

【注释】

①慢藏诲盗：漫不经心地收藏保管财物，等于诱人前来盗窃。诲盗：教人盗窃。
②冶容诲淫：女子修饰得很妖媚，等于教人淫乱。冶：形容女子装饰艳丽。

【解读】

这句话原有祸由自招的意思，包含着人们的生活经验和智慧。后常用"诲淫诲盗"指引诱人去干盗窃奸淫等坏事。

【原文】

《易》穷①则变，变则通②，通则久③，是以"自天祐之，吉无不利④"。

【注释】

①穷：极，穷尽，达到极点。
②通：通畅。
③久：恒久，长久。
④自天祐之，吉无不利：这两句话是《大有》卦的上九爻辞，意思是上天保佑，吉祥而无所不利。祐：同"佑"，保佑。

【解读】

此段之前，先举古圣先贤的事迹：伏羲氏、神农氏、黄帝、尧、舜通过改变前代的器用和制度，使百姓进取不懈；又在实践中神奇地变化它们，使百姓应用适宜。然后说明《易》理：穷极就要发生变化，变化就能畅通，畅通就可以长久地存在下去。正因为如此，便会有上天保佑，无往而不利。这说明变革创新自古有之，其功大矣。

【原文】

善不积不足以成名，恶不积不足以灭身。小人以小善为无益而弗为①也，以小恶为无伤而弗去②也，故恶积而不可掩③，罪大而不可解④。

【注释】

①弗为：不（屑于）去做。

②去：除掉，改掉。

③掩：掩饰，掩盖。

④解：解救。

【解读】

事物发展有一个由量变到质变的过程。以为小的善事无关大局而不屑于去做，那么，"一屋不扫，何以扫天下"？如何能够成就美名？而以为小的毛病无伤大体而不坚决改掉，那么，日积月累，渐成恶德，千里之堤难免溃于蚁穴。到时候，大错铸成，乃至恶贯满盈，掩盖不住，解救不了，岂不追悔莫及！

【原文】

德薄而位尊，知①小而谋大，力小而任重，鲜不及②矣。

【注释】

①知：通"智"。

②鲜不及：很少不及于（祸患）。鲜：少。及：遭受（祸患、灾难等）。

【解读】

功德不厚却地位尊崇，智能低下却心高志大，力量微弱却身担重任，这样的人没有几个能不遭致祸害。这是孔子对德薄、智小、力弱者的忠告，更是对执政者能否选贤任能的警示。汉代王符在《潜夫论·忠贵》中说："德不称其任，其祸必酷；能不称其位，其殃必大。"谓选拔任用的官员必须德才兼备，二者缺一不可。

【原文】

君子安①而不忘危②，存③而不忘亡④，治⑤而不忘乱⑥。

【注释】

①安：安定、稳定。②危：危险。③存：生存。④亡：灭亡。⑤治：治安良好，指天下太平无事。⑥乱：动乱，战乱。

【解读】

君子治国，在国家安定的时候，不要忘记危险的来临；存在的时候，不要忘记可能灭亡；在天下太平无事时，不要忘记动乱的发生。

这是孔子所著的《系辞传》里的话。《系辞传》分《上传》和《下传》，是孔子对《周易》的整体论述，阐释《周易》的哲学意义。这几句话的意思是说，安危、存亡、治乱，以至于兴衰、成败、否泰、穷通等等，在一定的时间和条件下，都是可以相互转化的。既如此，居安思危，就是非常必要的了。

【原文】

危者，安①其位者也；亡者，保②其存者也；乱者，有③其治者也。

【注释】

①安：认为安全、安定。②保：认为有保障。③有：认为有。

【解读】

危险的出现，是由于认为安全而发生；灭亡的到来，是由于认为可保长久的统治而发生；动乱的产生，是由于认为天下太平无事而发生的。

这是智者的思维。事物矛盾着的双方既是可转化的，那就要有"两点论"的思维逻辑，安不忘危，而不能麻痹大意。"大意"这是有惨痛的历史教训为佐证的。三国时，一代人杰关羽当时雄踞一方，曾使曹魏政权震动，但是由于"大意"，由于对孙吴政权的轻视，结果造成蜀政权一个顺江而下，东可吞没东吴，北可掩袭曹魏的重镇——荆州的丧失，关羽本人最后也败走麦城。更要命的是，由于关羽的这一"大意"，就像多米诺骨牌效应一样，接踵而来的是张飞之死、刘备兵败、白帝城托孤等等不幸事件的接二连三地发生。最终不仅使蜀政权丧失了统一中国的条件，而且蜀政权在丧失了这一切之后，就只好勉力支撑，等待灭亡的到来。

# 《尚书》名句

**【原文】**

任官惟贤才，左右①惟其人②。

**【注释】**

①左右：左右的大臣及亲信随从。②惟其人：只能是这贤才之人。

**【解读】**

任用官吏，只能任用德才兼备的人；国君左右的大臣及亲信随从，也只能是这样的人。

这是商朝名相伊尹还政于商代第二任帝王太甲，将要告老还乡时，向太甲提出的告诫。他说，政府官员，只有德才兼备的人方可任用，不是德才兼备的人决不能任用。而左右大臣及亲信随从，必是忠良之人，不是忠良之人，不可在王左右。这虽是先哲们的谆谆忠告，然而几千年来历朝历代帝王及大大小小统治者们，用人唯亲、唯顺者，又岂少矣哉！

**【原文】**

任贤勿贰①，去邪②勿疑。

**【注释】**

①贰：不专一。②邪：邪佞之人。

任用贤能的人，要坚信不疑；摒弃奸邪小人，要果断。

这是舜帝和大臣大禹、益稷三个人议论政事的话。益稷认为，朝廷用人，对贤德之人要充分信任，放手使用，不要疑虑重重；而摒弃邪佞之徒，要果断，不能优柔寡断，而留下后患。但要做到这点，是很不容易的。因为专制的帝王，由于惧怕权力、地位的丧失，一般具有猜忌、疑虑的心态，所以历代帝王杀贤人、诛功臣、搞"莫须有"、兴文字狱，代不乏人。试观明朝末代帝王崇祯皇帝，他并非无所作为之人，在杀了弄权多年的宦官魏忠贤后，十七年便换了十几个宰相，还诛杀了袁崇焕这样忠贞耿介、使清军不敢妄窥中原的贤能大臣，终于导致明朝的覆亡，其教训是惨痛的。

**【原文】**

惟治乱在庶官①，官不及私昵②，惟其能③。

【注释】

①庶官：百官。②私昵：和自己很亲热的人。③能：贤能之人。

【解读】

是天下大治，还是天下大乱，取决于百官们（思想素质的好坏）。提拔官员，不是提拔那些和自己很亲热的人，而应该是贤能的人。

这是商朝名相傅说对商高宗武丁进谏时说的话，故称之为"说命"。他强调治乱在官，官之好坏在贤能，所以要任贤使能。至于和自己私下很亲热的人，如明知其不贤能，决不能任用。

【原文】

旁①求俊彦②，启迪③后人。

【注释】

①旁：非一方，指广泛地。②俊彦：美士也，指贤能之人。③启迪：开导。

【解读】

广泛地访求俊杰美士，以开导教育后人。

这是商朝名相伊尹对继承商汤王位的太甲说的话。伊尹建议太甲要寻求俊杰美士，来辅佐自己，并垂范于他的继任者。太甲当上王后，桀骜不驯，不遵守商汤的遗训，不听从伊尹的忠告，伊尹便将太甲流放到外地，让其反思。三年后，太甲改正了错误，伊尹迎太甲回到京城，对其作了以上的告诫。

【原文】

罔①违道以干②百姓③之誉，罔咈④百姓以从己之欲。

【注释】

①罔：勿，不要。
②干：求取，谋取。
③百姓：百官。
④咈：违背，违逆。

【解读】

当政者拿原则作交易，牺牲国家利益向下属"买好"，就是"违道干誉"的一种做法；而以权谋私，搞"一言堂"，正是违背属下的意志、放纵一己私欲的专断作风。

【原文】

德①惟善政②，政在养民③。

【注释】

①德：此指德政。②善政：好的政治。③养民：养育人民（使百姓生活得好）。

【解读】

德政才是好的政治，政治的最终目的在于养育人民。

这是舜帝与大臣皋陶及大禹三人在一起议论政事时，大禹对舜帝说的话。"德惟善政，政在养民"，这是我国古代先哲们提出的政治好坏的标准及终极目的，言简意赅，内涵亦颇有深度。值得注意的是，21世纪刚一开始，江泽民同志就以党和国家最高领导人的身份，发出了"以德治国"的号召，这既是对我国历史上先进思想的传承，也是对当前政治的有力指导，其意义是不寻常的。

【原文】

德惟治①，否德乱②。

【注释】

①德惟治：为政以德则治。治，天下太平，政治清明。②否德乱：不以德则乱。

【解读】

只有推行德政，天下才会大治；不推行德政，天下就会大乱。

这是商朝名相伊尹归政于太甲（商代第二个帝王）时，所作的告诫。他告诫太甲，作帝王的，为善则治，为恶则乱，故治乱在于效法善或恶。伊尹从治乱的不同结局，来强调德政的重要，这很能发人深省。

【原文】

皇天无亲①，惟德②是辅③；民心无常④，惟惠之怀⑤。

【注释】

①无亲：没有亲疏之分，公正对待。②德：指有德的人。③辅：辅助（他）。④无常：（老百姓的心里）没有固定不变的要归顺之君主。⑤惟惠之怀：只怀念仁爱的君主。

【解读】

皇天对人没有亲疏之别，一律公正对待，他只辅助有德之人；百姓心中没有固定不变的要去归属的君主，只向往关爱自己的君主。

这是周成王对蔡仲（姬胡）到其封地蔡国时所作的诰命，故称之为《蔡仲之命》。这里从"皇天"与"民心"之向背，这两个当时认为最重要的着眼点，来强调德政的重要。要注意的是，我国古代思想家强调"天人合一"的理论，常将"皇天"与"民心"并举，但是，讲"皇天"实际上是讲"民心"。《尚书·虞书·皋陶谟》云："天聪明，自我民聪明；天明畏，自我民明威。"这意思是说，上天听到的、看到的，都来自于百姓听到的、看到的；上天赏罚之威，实可令人生畏，但上天之赏之罚，也都来自于人民的声音。这等于是说"民心"即是"皇天"之心，"民"就是"皇"，人民就是上帝；得罪人民就是得罪上帝，就会失去皇位。将"民心"与当时最大的思想权威"皇天"等同起来，对帝王的行为，加以事前的威慑和约束，这便是我国古代思想家的聪明之处。

周成王

【原文】

宥过无大，刑故无小①。罪疑惟轻，功疑惟重②。

【注释】

①宥过无大，刑故无小：一时过失，无论多大也可以宽恕；明知故犯，无论多小也要处以刑罚。宥过：宽恕别人的过失。宥，宽恕，原谅。无：无论。故：故意。

②罪疑惟轻，功疑惟重：罪行轻重有可疑之处无法确定的应从轻判处，而功劳大小不能确认的则应从重奖赏。疑：有疑点，不能确定。

【解读】

这一条中区分过失犯罪和故意犯罪的做法，以及"罪疑惟轻"原则，是保证公正执法、避免冤假错案的一个重要侧面。

【原文】

汝惟不矜③，天下莫与汝争能；汝惟不伐，天下莫与汝争功。
有其善②，丧厥③善；矜其能，丧厥功。

【注释】

①矜：自夸（贤能）。
②有其善：自居其善，自以为善。有：居，自认为……。
③厥：代词，其，他的。

【解读】

正因为你不自夸己能己功，所以天下没人与你争能争功；反之，自夸其善，自矜其能，结果只能是"丧善""丧功"。原因何在？其一，在中华民族的传统道德中，最忌居功自傲这种恶德。因为这样的人往往摆错自己的位置，夸大自己的力量，忽视或贬低上级、同人和民众的作用，故而必然脱离群众。其二，"满招损"。居功自傲者往往容易被一时的成绩冲昏头脑，忘乎所以，对形势做出错误的估计，最终给事业造成不可挽回的损失。

【原文】

无稽之言①勿听，弗询之谋②勿庸③。

【注释】

①无稽之言：没有根据、无从查考的话。蔡沈："无稽者，不考于古。"稽：查考，查证。
②弗询之谋：没有征询过（其他）意见的计划或方案。蔡沈："弗询者，不咨于众。"询：征询。
③庸：任用，采用。

【解读】

捕风捉影、无从查证的话不可听信，未经广泛征求意见、未作可行性研究的计划或方案不能采用，这是当政者或决策者所应具有的起码的政治素质。

【原文】

满招损①，谦受益，时乃天道②。

【注释】

①损：损害，祸患。
②时乃天道：这是天之常道。时：通"是"，这。

【解读】

自满招致祸害，谦逊得到好处，这是自然之理。这一点是所有的人特别是当政者时时刻刻不可忘记的。

【原文】

民惟邦本①，本固邦宁②。

【注释】

①邦本：国家的根本。邦，国。②宁：安宁。

【解读】

人民是国家的根本，根本巩固了，国家才会安宁。

当时夏朝的第三个帝王太康贪于逸乐，不理政事，百姓背叛了他，他被羿所逐，不得返国。他的五个弟弟埋怨太康，述说其祖父大禹的训诫而作歌，名《五子之歌》。"民惟邦本，本固邦宁"的意思，是说人君应当固民以安国。反之，民不固，国将不安。

【原文】

若保赤子①。

【注释】

①赤子：初生的婴儿。

【解读】

应当像爱护婴儿一样（爱护你的臣民，使其都能安康）。

周成王时，周公平息了殷遗民的叛乱，成王年幼，周公便代行天子之权，封成王叔父康叔去管辖殷之遗民。这是周公代成王对康叔所作的诏诰。"若保赤子"，这是儒家从民本思想出发引用得较多的话。意为国君对待自己的人民，要像爱护婴幼儿一样，精心料理，要使之安定、康乐，而不要剥夺他们的衣食，使之啼饥号寒。

【原文】

民之所欲①，天必从之②。

【注释】

①所欲：希望得到的东西。②从之：依从它。它，指"民之所欲"，即百姓的愿望。

【解读】

老百姓希望得到的东西，上天一定会依从百姓的愿望。

这是周武王伐纣，会师孟津时，在誓师大会上说的话。无可讳言，古时的人（也包括今天相当的一部分人）相信"上天"、"上帝"，相信"天意"，并以此作为对某些社会现象的权威解释，且深信不疑。但儒家与此不同，更前进了一步。他们强调"天人合一"，认为"天意"与"民心"是同一的，不是分离的；而且认为"天意"来自"民意"，"天心"来自"民心"。《尚书·周书·泰誓中》还明确说："天视自我民视，天听自我民听。"实际上这就把"天意"变成了"民意"，强调了民心的重要，从而提出了"民之所欲，天必从之"的观点。

【原文】

天视①自我民视②，天听③自我民听④。

【注释】

①天视：上天的看法、见解。②民视：百姓的看法、见解。③天听：上天所听闻到的。④民听：老百姓所听闻到的。

【解读】

上天的看法，来自于我们老百姓的看法；上天所听到的，来自于我们老百姓所听到的。

敬畏具有神秘力量的"上天"和"天命"，对古人、今人来说并不奇怪，但儒家的绝顶聪明之处在于，把上天"视听"的主渠道来源归结为民之"视听"，换句话说，民之视听就是天之视听。因此，一切当以民之视听为依据，为准绳。这就是说，天意就是民意！人民的一切应是执政者们所关注的中心。这也是儒家民本主义思想的理论基础。

【原文】

天聪明①，自我民聪明；天明畏②，自我民明威③。

【注释】

①聪明：此处代指见闻。聪，听觉灵敏；明，眼力好。②天明畏：上天能洞察明了一切，是可畏惧的。③自我民明威：上天所想要奖赏或想要讨伐、惩处的，来自于我百姓的意见而成其天威的。

【解读】

上天听取意见和观察人间善恶，是从我百姓中间来听取和观察的；上天奖赏好人或惩治恶人，也是依据我百姓的意见来实行奖赏或惩治以成天威的。

这是皋陶和大禹在舜帝面前讨论治国的事时皋陶的话。意思是说，既然"天视自我民视，天听自我民听"，那么上天对人的奖善惩恶，也自然是依据人民大众的见闻来决定：人民认为善的，上天就降福于他；人民认为恶的，上天就施行天罚。亦即所谓"皇天无心，以百姓之心为心"、"民之所欲，天必从之"之意。这实际上是借"皇天"这个最高的思想权威，来肯定民心的重要。

【原文】

知人则哲①，能官人②。

【注释】

①知人则哲：能洞悉人的品行才能，就可称他为明智。知：了解，洞悉。哲：智，明智。
②官人：给人官位，即任用官员。

【解读】

当政者必须善于任用官员，而善任的前提是"知人"。

【原文】

天聪明①，自②我民聪明。天明畏③，自我民明威。
天矜④于民，民之所欲，天必从⑤之。
天视自我民视，天听自我民听。

【注释】

①聪明：视听。聪：耳听。明：目视。
②自：来自。
③明畏：同"明威"。明：彰显其善；威：威治其恶。即表彰好人，惩治恶人。
④矜：怜悯，同情。
⑤从：顺从，听从。

【解读】

天意来自民意，民众的愿望，上天一定会顺从。这一观点是舜的掌管刑法的官皋陶首先提出来的，周武王讨伐商纣王时再次提出来，旨在反对商代迷信天命的绝对神权和滥用刑戮的严酷统治。"民之所欲，天必从之"一语，《国语》和《左传》中都有引用。这一民本思想被孟子继承下来并加以发展，如他提出令封建帝王胆寒心惊的著名观点："民为贵，社稷次之，君为轻。"

【原文】

民可近①，不可下②。民惟③邦本，本固邦宁。

【注释】

①近：亲近。
②下：被轻贱，被认为卑贱低下。
③惟：是。

【解读】

民众只可以亲近而不可以疏远，更不可以认为他们卑贱低下。民众是国家的根本，根本稳固了，国家才能安定。这种最早的"民本"思想，闪烁着历史唯物主义的熠熠光辉。

【原文】

火炎昆冈①，玉石俱焚②。天吏逸德③，烈于猛火。

【注释】

①火炎昆冈：大火焚烧昆仑山。炎：燃烧。昆冈：即昆仑山。《史记·李斯列传》中李斯的上书（即《谏逐客书》）里"今陛下致昆山之玉"一句，张守节《正义》曰："昆冈在于阗国东北四百里，其冈出玉。"冈：山脊。
②玉石俱焚：美玉和石头一齐烧毁了。比喻好的坏的一同毁掉。
③天吏逸德：掌管天文历法的官吏出现过失。这里指夏王仲康当政时，主管天文历法的官员羲氏、和氏酗酒失职，废日乱时。逸德：失德。蔡沈《书经集传》："……羲、和之罪，当不止于废时乱日，是必聚不逞之人，崇饮私邑，以为乱党，助羿为恶者也。"

【解读】

重要部门的领导者如果渎职，则造成的危害会比烈火使玉石俱焚还要严重。

【原文】

用人惟己①，改过不吝②。

【注释】

①用人惟己：采纳别人的意见就好像采用自己的意见那样。用人：用人之言，采纳别人的意见。惟：如。
②改过不吝：毫无保留地改正过错。吝：吝惜。

【提要】

《孔传》说："（商汤）用人之言，若自己出，有过则改，无所吝惜，所以能成王业。"对于当政者来说,"改过"比"用人"更不容易,因为"从谏如流"不光需要雅量,还要有甄别决断的能力。

【原文】

以义制事①,以礼制心②。

【注释】

①制事:处理政事。
②制心:约束人心。

【解读】

以道义为准则处理政事,以礼制为标准约束人心,体现了"以德治国"的思想。

【原文】

能自得师者王①,谓人莫己若②者亡。好问则裕③,自用④则小⑤。

【注释】

①王:动词,称王。古代指统治者以仁义取得天下,成为君主。
②莫己若:即"莫若己",没有人比得上自己。若:如,像,比得上。
③裕:多,指知识渊博。
④自用:自行其是,不接受别人的意见。
⑤小:这里相对"裕"而言,指知识面窄,孤陋寡闻。

【解读】

能自觉地主动地以贤能为师、以民众为师者,小则可以使自己知识渊博,大则可以得天下;而傲视贤能、卑视民众,刚愎自用、唯我独尊者,轻则孤陋寡闻,重则难免自取灭亡。

【原文】

天作孽①,犹可违②;自作孽,不可逭③。

【注释】

①孽:罪恶,灾祸。
②违:离别,引申为避离。
③逭:逃避。

【解读】

上天降下的灾祸还可以逃离得开,自己造成的罪孽则无法逃避惩罚。因此,人不可丢掉善良之心而做伤天害理之事,否则咎由自取,必有恶报。

【原文】

树德务滋①,除恶务本。

【注释】

①滋:增添,加多。

【解读】

树立美德,务求其不断滋长;铲除邪恶势力,务求挖掉其毒根。对于当政者来说,两者都是治本的举措。

【原文】

建官①惟贤,位事②惟能。

【注释】

①建官:设置官职,选任官员。
②位事:居官理事。位:居,指受任官职。

【解读】

选用德才兼备的干部,是任人唯贤的用人原则所决定的。选用一个好干部,就等于树立了一面旗帜。选任贤能之人,则贤能者进。

【原文】

不矜细行①,终累②大德。为山九仞③,功亏一篑④。

【注释】

①不矜细行:不注重小节。矜:慎重。细行:小节,小事。
②累:连累,牵连。
③仞:古时八尺或七尺叫作一仞。
④篑:盛土的筐子。

【解读】

这是西周开国大臣召公劝诫周武王的话。他以堆积九仞高的土山,只差一筐土也不能算大功告成为喻，希望武王能从小事做起，注重小节，以免损害了君主的大德。

## 【原文】

必有忍，其乃有济①；有容②，德乃大③。

## 【注释】

①其乃有济：才能有成。其：表推测、揣测之词。乃：才。济：成。
②有容：有所包容。
③大：高尚。

## 【解读】

当政者一定要胸襟开阔，度量过人，"忍小忿以就大谋"；同时，对属下不能求全责备，要包容他们的小节之亏、无心之失。这样才称得上政治品质高尚。

## 【原文】

政贵有恒①，辞尚②体要，不惟③好异④。

## 【注释】

①恒：常，持久。
②尚：崇尚，提倡。
③惟：思。
④好异：喜好标新立异。

## 【解读】

政治措施贵在有稳定性，不可朝令夕改；讲话、写文章要切合实际、简明扼要，力戒空话、官话、套话和标新立异、华而不实的长篇大论。

## 【原文】

兄弟阋于墙①，外御其务②。每有良朋，烝③也无戎④。

## 【注释】

①阋于墙：在萧墙内（即家中）争吵。比喻内部纷争。阋：争吵，争斗，斗狠。于：在。墙：指萧墙，即照壁、影壁。
②务：通"侮"，侮辱。
③烝：多。
④戎：互助。

【解读】

"阋于墙"是在家里争吵，属内部矛盾；遇到外敌，共御其侮是大义。后两句"平时虽有好友，人多也不相助"，更反衬出兄弟之情的诚笃深厚。这首诗所彰显的团结御敌的思想，已成为中华民族的巨大精神武器。

【原文】

它山之石，可以为错①。
它山之石，可以攻玉②。

【注释】

①错：磨刀石。
②攻玉：将玉石琢磨成器。

【解读】

"它山之石，可以为错"，"可以攻玉"，意为别地别国的贤才可以成为本地本国的辅佐，外地外国的先进经验可以拿来为我所用。

【原文】

君子如届①，俾②民心阕③；君子如夷④，恶怒是违⑤。

【注释】

①如届：如能施行至诚之道。届：至。这里指至诚之道，即最好的政治措施。
②俾：使。
③阕：止息。
④如夷：如能施行平和简易之政。夷：平。
⑤违：远离。

【解读】

贤能的官员如能施行至诚之道、平和简易之政，一定会使百姓心中的愤懑平息，怨言怒气自然会消除。

【原文】

不敢暴虎①，不敢冯河②。人知其一③，莫知其他④。战战兢兢⑤，如临深渊⑥，如履⑦薄冰。

【注释】

①暴虎：空手和老虎搏斗。暴：徒手搏击。
②冯河：不用船而徒步渡河。引申为有勇无谋，冒险行动。冯：通"淜"。东汉·许慎《说文解字》："淜，无舟渡河也。"清·段玉裁注："徒步曰冯河。……淜，正字。冯，假借字。"《论语·述而》："暴虎冯河，死而无悔者，吾不与也。"
③其一：指前两句所说的"暴虎"和"冯河"的危险。
④其他：指《小旻》诗中前几节所述奸人当道、国策失误的危险。
⑤战战兢兢：提心吊胆、谨慎戒惧的样子。毛亨："战战，恐也；兢兢，戒也。"
⑥如临深渊：好像来到深水潭边。临：面对，到……面前。
⑦履：踩。

【解读】

《小旻》这首诗讽刺周幽王重用奸邪小人及其施政中的种种错误决策。这里所选为结尾一节，表现了诗人提心吊胆、临深履薄、唯恐遭祸的心情。"不敢暴虎，不敢冯河"和"如临深渊，如履薄冰"，后世多用为临事谨慎，不冒险，不蛮干，而善于运筹，多谋善断。

【原文】

君子信盗①，乱是用暴②。
盗言孔甘③，乱是用餤④。

【注释】

①盗：谗佞之人，即惯于用谗言陷害人和用花言巧语讨好当权者的小人。
②乱是用暴：祸乱因此更加严重。是用：即"用是"，因此。用，因，因为；是，此，这。暴：甚，严重。
③盗言孔甘：谗佞之人说的话听起来很甜。孔：很，甚。甘：甜。
④餤：进食。引申为增多或加甚。

【解读】

作者告诫当政者莫用小人，别信谗言，否则，祸乱会因此更加严重。

【原文】

营营①青蝇，止于樊②。岂弟君子③，无信谗言。
营营青蝇，止于榛④。谗人罔极⑤，构我二人⑥。

【注释】

①营营：拟声词。苍蝇飞来飞去的声音。
②止于樊：停在篱笆上。樊：篱笆。孔颖达疏曰：（青蝇）"此虫污白使黑，污黑使白，乃变乱白黑，不可近之。当去止于藩篱之上，无令在宫室之内也。"而谗佞之人，"变乱善恶，不可亲之。当弃于荒野之外，无令在朝廷之上也。"下文"止于榛"与此句大意相同。
③岂弟君子：这里应指周幽王。岂弟：通"恺悌"。和乐平易。
④榛：一种丛生的小灌木。
⑤罔极：没有定准，变化无常。罔：无，没有。极：准则。
⑥构我二人：挑拨加害你我二人。构：构陷，陷害。

【解读】

"《青蝇》，大夫刺幽王也。"（毛亨）这首诗以苍蝇比喻进谗小人，告诫当政者不要听信谗言。苍蝇嗡嗡嘤嘤，淆乱黑白，追腐逐臭，驱去复还；"谗人"无良无德，出尔反尔，翻云覆雨，挑拨离间。两者类比，贴切传神。

【原文】

鸢飞戾天①，鱼跃于渊。岂弟②君子，遐不作人③？

【注释】

①鸢飞戾天：老鹰能够一飞冲天。鸢：老鹰。戾：到达。
②岂弟：见第153条注③。
③遐不作人：遐：通"何"。朱熹《诗集传》："瑕、何古音相近通用。"作人：即"使人作"，使人发挥聪明才智，也就是培养造就新人的意思。

【解读】

天高任鸟飞，海阔凭鱼跃。贤明的君主为什么不（让有志者发挥自己的聪明才智，）赶紧培养造就新人呢？

【原文】

刑于寡妻①，至于兄弟，以御于家邦②。

【注释】

①刑于寡妻：用礼法对待妻子。刑：礼法。这里用作动词，施行礼法。寡妻：嫡妻，正妻。

②御于家邦：御：统治，治理。家邦：家国。家，指家族。

【解读】

周文王将先人之德化为自己的言行，影响妻子、兄弟、家族，最终推行于天下。这种以家治来化导社会，从而达到国治的模式，应该是儒家"齐家治国平天下"理念的源头。

【原文】

毋纵诡随①，以谨无良②。

【注释】

①毋纵诡随：不要纵容诡诈放肆之人。纵：放纵，纵容。随：放肆，放任。
②以谨无良：以使不良之徒不敢肆意妄为。谨：谨慎，守本分。这里是"使谨慎"、"使守本分"的意思。

仲柟父簋

【解读】

当政者严格执法，不纵容坏人，不良之徒才能有所收敛，社会才能安定和谐。

【原文】

靡不①有初，鲜克有终②。
殷鉴不远，在夏后之世③。

【注释】

①靡不：无不。靡：无，没有。
②鲜克有终：很少能有"以善道自终者"。鲜：少。克：能。
③殷鉴不远，在夏后之世：殷商的明镜并不遥远，就在桀做君主的夏朝。相应地，周朝的明镜也不遥远，就在纣王做君主的商朝。殷鉴：殷商的镜子。谓殷商的子孙应以夏的灭亡为镜子。鉴，镜子，后泛指可以作为借鉴的往事。夏后：夏朝君主。后，古代称君主。

【解读】

《荡》是一首咏史诗，借夏桀被商汤所灭（兼指商纣被周武王所灭）的历史教训来讽喻暴虐昏庸的周厉王。而所选这几句诗的普世意义在于，警示当政者应接受历史教训，修养德行，善始善终地施行仁政，巩固自己的政权。

【原文】

白圭之玷①，尚可磨也；斯言之玷②，不可为③也。

【注释】

①白圭之玷：白玉上的斑点。白圭：古代王侯在举行重大仪式时所佩带的礼器，用白玉制成，上尖下方。
②斯言之玷：这里喻指政治、教化方面的错误言论。斯：这。
③为：治。这里指去除、消除（它的影响）。

【解读】

这是一首政治讽刺诗中的句子。作者以形象的语句告诫当政者，"一言既出，驷马难追"，有关政治、教化方面的言论，必须谨慎不苟。

【原文】

赫赫①宗周，褒姒②灭之。

【注释】

①赫赫：声威赫赫。②褒姒：周幽王宠妃。褒人所献，故号褒姒。褒姒不好笑，幽王百计使之笑，仍不笑，幽王举烽火以征诸侯，诸侯至而无寇贼，褒姒乃大笑。后犬戎入侵，幽王举烽火征兵，诸侯不至，犬戎遂杀幽王于骊山之下以去。从此西周灭亡。

【解读】

声威赫赫的宗周，是褒姒灭亡了它。

中国以男性为中心的几千年专制社会，总认为女人是"红颜祸水"。但从具体事实看，却是周幽王为博宠妃褒姒一笑的荒唐行为以致身死国灭，关女人何事？褒姒不过一笑而已。

# 《诗经》名句

【原文】

相①鼠有皮，人而无仪②。人而无仪，不死何为？

【注释】

①相：观察。
②仪：威仪。庄重严肃的容貌举止。

【解读】

这首诗以极其鄙视的口吻，直斥那些不懂礼仪、不知廉耻的达官显贵，认为他们连令人憎恶的老鼠都不如。

【原文】

有匪①君子，如切如磋，如琢如磨②。

【注释】

①有匪：犹言"斐斐"。指人物有文采，有才华。匪：通"斐"。有文采。
②切、磋、琢、磨：器物加工的工艺名称。《尔雅·释器》："骨谓之切，象（象牙）谓之磋，玉谓之琢，石谓之磨。"郭璞注："皆治器之名也。"

【解读】

这是赞美春秋时卫武公的诗。卫武公在位时增修城垣，兴办牧业，善于纳谏，政通人和。年九十余，率兵驱逐犬戎，立周平王，晋爵为公。死后卫人感念他的恩德，赋《淇奥》来歌颂他。足见百姓对于有道德、有作为的当政者是不会忘怀的。其中"如切如磋，如琢如磨"两句为后世广为使用，一则比喻人在修养道德、研究学问上精益求精，再则比喻同窗、同人、同志和朋友之间在道德、学问方面互相研讨，共同进步。

【原文】

不稼不穑①，胡②取禾三百廛③兮？不狩④不猎，胡瞻尔庭有县貆⑤兮？彼君子兮，不素餐兮⑥！

【注释】

①不稼不穑：指不从事农业劳动。稼：种植谷物。穑：收割。
②胡：何，为什么。
③三百廛：指三百家的税收。廛：古代一家之居所占的地亩。
④狩：打猎，特指冬天打猎。
⑤胡瞻尔庭有县貆兮：为什么看到你家庭院中挂着猎物猪獾呢？县：同"悬"。貆：貉，俗名猪獾。
⑥彼君子兮，不素餐兮：那些君子大人哪，可不是吃白食的哟！君子：西周、春秋时对贵族的通称。这里指高高在上、不劳而获的奴隶主。素餐：吃白食，白吃饱。

【解读】

《伐檀》描述一群奴隶伐木造车，边干边唱的情景，表达了他们对不劳而获、坐享其成的奴隶主的强烈愤懑和控诉。两个反问句揭示了奴隶社会残酷的剥削本质；而末句又用反讽的手法，给予剥削者以痛快淋漓的冷嘲热骂。

【原文】

硕鼠①硕鼠，无食我黍。三岁贯女②，莫我肯顾③。逝将去女④，适⑤彼乐土。乐土乐土，爰得我所⑥。

【注释】

①硕鼠：大老鼠。硕：大。
②三岁贯女：侍奉喂养你多年。三岁：多年。三，言其多，非实指。贯：侍奉。女：通"汝"，你。
③莫我肯顾："莫肯顾我"的倒装。莫：不。顾：顾念，体贴。
④逝将去女：决心要离开你。逝：通"誓"。
⑤适：往。
⑥爰得我所：（那"乐土"才）是我安居乐业的好去处。爰：相当于"是"。所：处所。一说，所：宜，应该（去的地方）。

【解读】

这首讽刺诗把残酷无情的剥削者比作贪婪的大老鼠，喝令它们"不要抢我们的粮食吃"，强烈地表达了奴隶们捍卫劳动果实的正义要求，鲜明地表现了"逝将去女"的反抗意识，而对"乐土（朱熹：'有道之国'）"的向往，则充满了他们追求美好生活的理想色彩。

# 《礼记》名句

【原文】

敖不可长①，欲不可从②，志不可满③，乐不可极④。

【注释】

①敖不可长：傲慢之心不可滋长。敖：通"傲"，傲慢。
②欲不可从：私欲不可放纵。欲：私欲，贪欲。从：通"纵"，放纵。
③志不可满：贪渎之心不可膨胀。志：心愿。
④乐不可极：享乐不可过分。极：到极点。

【解读】

这里强调的是，对于心志的某些方面必须加以节制，否则，人就会唯我独尊，为非作歹，贪婪无度，过分享乐。靠什么节制呢？这就是《礼记》所阐述的思想内容及其所制定的行为规范。

【原文】

政者，正①也。君为正，则百姓从②政③矣。

【注释】

①正：端正，指言行端正。②从：跟从。③政：通"正"，端正。

【解读】

"政"的意思就是"正"。做国君的只要（自己的）言行端正（做一国之表率），那么天下百姓的言行也就会跟着端正起来。

这是鲁哀公问"何谓为政"时孔子的回答。国君是一国之主，其言行、仪态及嗜好，均为一国之表率，其影响是深远的。在封建专制体制下，国君拥有绝对的权力，人们要对其绝对权力进行制约，几乎是不可能的。故孔子回答说："政者，正也。君为正，则百姓从政矣。君之所为，百姓之所从也。"儒家的另一大师荀子（名况，又叫孙卿）对此说得更生动形象，他说："君者，仪（仪表，即日晷）也，民者景（影子）也，仪正而景正。君者，槃（盘子）也，民者水也，槃圆而水圆。君者盂也，盂方而水方。"总之，在专制社会里，君贤则国治，君不能者其国乱，这似乎已是规律。因

此，在儒家的经典著作《礼记》中对国君的言行及应进行的教育，都作了很明确而又详尽的规定，借以提高国君的道德修养，使其自律。

【原文】

　　天子者，与天地参①，故德配②天地……居处有礼，进退有度③。

【注释】

　　①与天地参：意为同天、地配合为"三才"，参与天地之化育。古人认为天地之间，万物群生，唯人最灵，最有创造性，与天地配合为"参"，化生万物，故称"三才"：天、地、人。参，配合成三的。②配：匹配。③度：制度、规矩。

【解读】

　　天子与天、地并列为三，所以（天子的）德行应与天、地相匹配……起居要有一定的礼仪，应对进退要合乎规章制度。

　　这是孔子的话。他认为天子是天下人之共主，掌握着巨大的权力，既参与天地之化育，又操控万物生杀予夺之权，所以说"天子者，与天地参"，故德也应该与天地相匹配，即应有高尚的道德修养；接着便对天子在朝廷议事、燕处、听乐、行步、升车等等日常行为，提出正面要求；最后归结为"居处有礼，进退有度"，对天子的一言一行都进行严格规范，使之不至于走上邪途，为祸百姓。

【原文】

　　行伪①而坚②，言伪③而辩④，学非⑤而博，顺非而泽⑥，以疑众⑦。

【注释】

　　①行伪：行为诡诈。②坚：顽固坚持。③言伪：言语虚伪。④辩：善辩。⑤学非：学了邪恶的理论。⑥顺非而泽：善于掩饰罪行，而又能文过饰非。非，违章之事。泽，光泽文饰。⑦疑众：蛊惑人心。

【解读】

　　行为诡诈而又顽固坚持，言语虚伪又善于辩解，学了不少的邪恶知识，善于掩饰罪行、文过饰非，而能煽动蛊惑人心。

　　这是孔子的话。他指出识别邪恶之人，就应从这几个方面去考察。习惯于言行诡诈，学习有害的学说，是虚伪浮华的体现；善于辩解，善于文过饰非，是利口巧佞的体现，有这些现象的人，都不能作依靠的对象，因为他们缺乏一个"诚"字。

【原文】

　　修其教①不易②其俗，齐其政③不易其宜④。

【注释】

①修其教：整顿好教化。教，教化。②易：改变。③齐其政：统一他们的政令。④宜：指已适应了的合理的生活方式。

【解读】

要搞好对人民的教化工作，但不必改变他们的风俗习惯；要统一对人民的政令，但不必改变人们已适应了的合理的生活方式。

这里讲的是：全国东南西北四方人民，生活在不同的地区，风俗习惯不一样，性情的刚柔不同，语言、衣饰、佩带、用具及口味也不尽相同，但教化及政令必须统一。而这统一，绝不是"一刀切"，即不能改变他们的风俗习惯及已适应了的当地的生活方式。不改变其风俗习惯及合理的生活方式，这本身就是对人民的尊重。

【原文】

贵人①而贱禄②，则民兴让③；尚技④而贱车⑤，则民兴艺⑥。

【注释】

①贵人：尊重人才。②贱禄：轻视爵禄。③兴让：谦让的风气就会兴起。④尚技：崇尚技艺。⑤贱车：轻视车服。⑥兴艺：学习技艺的风气就会兴起。

【解读】

（有国有家的诸侯、大夫）如果尊重人才而轻视爵禄，这样民间就会兴起谦让的风气；如果重视技艺，轻视车服，这样民间就会兴起学习技艺的风气。

这是孔子的话。好的风气，也需要在上位的人的倡导。所谓"君子之德风，小人之德草，草上之风必偃（倒下）"就是这个意思。但"贵人而贱禄"、"尚技而贱车"，这话谈起容易，行之实难。中国历来重视做官而轻技，把做官的人当做"人上人"，而把从事"技"、"艺"的人，当做"巫医百工"之人，属匠人范畴，这大概是中国物质文明起步早，而进展迟缓的一个原因吧。

【原文】

上①好②是③物，下必有甚者④矣。

【注释】

①上：指国君。②好：喜爱。③是：这。④甚者：甚于君之人。

【解读】

国君爱好某种东西，下面臣民的爱好一定会比这更厉害。

国君是一国之主，万民之表率，众望之所归，其爱恶，是导向性的，影响是大的。明万历年间宫中尚促织（斗蟋蟀）之戏，结果造成民间不少悲剧；战国时楚王好细腰，结果宫中女子多饿死。故国君之喜好，可不慎与？

【原文】

德成①而教尊②，教尊而官正③，官正而国治。

【注释】

①德成：德行有成。②教尊：教化国人，才会有威望、有尊严。③官正：官吏正派。

【解读】

（在上位的人）德行有成，并能以此教化国人，自己才有威望，才有尊严；自己有威望、有尊严，下面官吏的作风才会正派起来；官吏作风正派了，国家才能达到大治。

这是教育诸侯世子及帝王太子的话。关于对世子、太子的教育，在三王时代规定必须用礼、乐来教育。礼，用来进行外在行为方面的规范；乐，用来进行内心精神方面的修养，礼乐涵养，在于内心而体现在外表，因此融合成快乐、恭敬、温文尔雅的风度。这就是说世子、太子将来要以这样的性格和行为做国君、做帝王。可见中国古代对帝王接班人的培养，道德要求是相当高的。

【原文】

用人之知①去其诈②，用人之勇去其怒，用人之仁③去其贪④。

【注释】

①知：通"智"，智慧。②去其诈：摒弃那种诈伪。去，弃。③仁：仁爱。④贪：贪欲。

【解读】

（国君）用人要用人的智慧，而摒弃诈伪；用人的勇气，而摒弃暴躁；用人的仁爱之心，而摒弃贪欲。

这里讲的是用人之道。是说用智者的智谋，勇者的果断，仁者的爱心，就足以治理天下。但用智者、勇者、仁者的智谋、果断及施与时，又要注意消除其可能产生的有害的一面，即智者如施诈，则诈，有害民之信用；勇者如施怒，则怒，有害民之性命；仁者好施与，则施与，使民易生贪欲。这些负面的影响，要注意消除。

【原文】

凡官民材①，必先论②之；论辨，然后使③之；任事④，然后爵⑤之；位定，然后禄⑥之。

【注释】

①官民材：以庶民之材为官。②论：考评、考核。③使：试用。④任事：能胜任其事。⑤爵：给予官衔。⑥禄：给予俸禄。

【解读】

凡以庶民之材为官，必须先考核；考核其德才之后，再试用；（经试用）能胜任其事，然后再确定其官阶；官阶确定之后，再给予相应的俸禄。

这是两千多年前记载我国古时任命官员的考核制度。从这个考核程序看，其操作、要求是严格的、慎重的、有章可循的，而不是"暗箱操作"，某一二人说了算数的。

【原文】

夫民，教之以德①，齐之以礼②，则民有格心③；教之以政④，齐之以刑⑤，则民有遁心⑥。

【注释】

①教之以德：用道德教育他们。②齐之以礼：用礼义约束他们。齐，整饬。③格心：向善之心。格，纠正。④政：政令。⑤刑：刑罚。⑥遁心：逃避之心。

【解读】

用道德教育他们，用礼义约束他们，那么百姓就有向善之心；用政令来教导他们，用刑罚来约束他们，那么百姓就有逃避之心。

这是孔子的话。中心是讲教民以德不以刑罚。在这段话后面，《礼记》还引《尚书》说，苗人不听命，就用刑罚制服他们，制订五种酷刑叫做"法"，因此苗民品质恶劣。事实如何，难以考证。但"苗民凶顽"，连舜帝也无法制服，《尚书》中有多处记载。可是，单纯以德，单纯以刑，都是一种片面行为，正确的应是在教化中德、刑并举，而以德济"刑"之不足，那么百姓就不会有"遁心"。

【原文】

礼之教化也微①，其止邪②也于未形③，使人日徙善远罪④而不自知也。

【注释】

①微：微妙，潜移默化。②止邪：制止邪恶。③未形：未形成（邪恶）。④徙善远罪：靠近善良，远离罪恶。

【解读】

礼的教化作用是微妙的、潜移默化的，它能在邪恶没有形成时就加以制止，能使人每天在不知不觉中靠近善良、远离罪恶。

这里讲的是礼在对人民的教化中所起的重要作用："止邪也于未形"、"使人日徙善远罪"。而"止邪"、"远罪"靠的是礼对人的潜移默化，而不是"当头棒喝"，不是声色俱厉的指斥。因此，中国几千年来一直重视礼教、崇奉礼教。礼是事前对犯罪的自觉制止，刑罚是事后对犯罪的强制惩处；礼是文明的表征，刑罚是对野蛮的惩罚。

【原文】

临财毋苟得①，临难②毋苟免③。

【注释】

①苟得：孔颖达疏曰："财利，人之所念，非义而取，谓之苟得。"
②难：指国难。孔颖达疏曰："难，谓有寇仇谋害君父。"
③苟免：苟且逃生而免于祸患。

【解读】

面对钱财，以义衡量，不该得到的不随便获取；国难当头，不能丧失气节，苟且逃生。"君子爱财，取之有道"，"不义之财不可取"，都是祖宗的忠告，须臾不可忘记；"时穷节乃见……生死安足论"（文天祥《正气歌》）和"苟利国家生死以，岂因祸福避趋之"（林则徐《赴戍登程口占示家人》），则生动地诠释了"临难毋苟免"的真谛。

【原文】

太上贵德①，其次务施报②。礼尚往来③。往而不来④，非礼也；来而不往，亦非礼也。

夫礼者。自卑而尊人⑤。虽负贩者⑥，必有尊也。而况⑦富贵乎？

**文天祥**

【注释】

①太上贵德：三皇五帝时代以德为贵。郑玄注："太上，帝皇之世，其民施而不惟报。"孔颖达疏曰："太上谓三皇五帝之世也。其时犹醇厚其德，不尚往来之礼。所贵者在于有德，故曰贵德也。德主务施其事，但施而不希其反（返）也。"

②其次务施报：夏商周三代君王的时代注重施惠和回报之礼。郑玄注："三王之世，礼始兴焉。"孔颖达疏曰："其次，谓三王之世也。务，犹事也。三王之世，独亲其亲，独子其子，货力为己，施则望报，以为恒事，古云'务施报'。"
③礼尚往来：礼注重有来有往。尚：尊崇，崇尚，注重。
④往而不来：我去施恩而受惠者不来报答。
⑤自卑而尊人：自我谦卑而尊重他人。
⑥负贩者：挑担叫卖的小贩。这里泛指处于社会底层的平民百姓。
⑦况：何况。

【解读】

"礼"的根本内涵是敬、让，讲究的是正常的往来之礼。这样的"礼"，是礼节，是礼数，是必不可少的相互尊重。抱着请托说情、拉帮结派的目的而往来，充斥着卑劣的私欲。这样的"礼"，是礼物，是贿赂，是对受礼者人格的侮辱与亵渎。

【原文】

曾子①曰："……君子之爱人也以德。细人②之爱人也以姑息③。"

【注释】

①曾子：见第三条注①。
②细人：小人。指见识短浅的人。
③姑息：无原则地迁就、宽容。

【解读】

君子爱人，是使所爱之人的德行臻于完美，因此，他们如有缺点、错误，君子会直言不讳地指出来，并督劝他们弥补、改正。见识短浅的人爱人，是无原则地宽容、迁就他们的缺点、错误，其结果会害了所爱之人。

【原文】

苛政①猛于虎也。

【注释】

①苛政：苛暴的政令。指反动统治者残酷地剥削、镇压人民的施政措施，如繁重的赋税、劳役和严刑峻法等。

【解读】

孔子从泰山旁路过，见一位妇人在坟前哭得很哀痛。孔子让子路去问她道："听你的哭声，好像有很伤心的事吧?"妇人说："是的。以前我的公公和丈夫都被老虎吃掉了，现在我的儿子又被老虎吃掉了。"孔子问道："那为什么不离开这里呢?"妇人回答："（这里）没有苛暴的政令。"孔子说："学生们要记住啊：苛暴的政令比老虎还要凶猛可怕!"这段逸事，从侧面揭露了统治者残酷压迫剥削人民的凶残面目。

【原文】

孔子曰："大道之行也，天下为公①，选贤与能②，讲信修睦③。"

【注释】

①大道之行也，天下为公：大道施行的时代，天下是民众公有的。大道：指政治上的最高理想。这里应指原始共产主义的准则。
②选贤与能：选拔任用贤能的人。与（繁体为"與"），通"举（繁体为舉)"，选拔。一说，"举"意通"举"，选拔。
③讲信修睦：人与人之间讲究信用，和睦相处。修睦：调整相互间的关系，使之亲密和睦。修，整饬，调整。

【解读】

天下为公原指君位不为一家私有，后来成为一种美好的社会政治理想。清·孙希旦《礼记集解》："天下为公者，天子之位传贤而不传子也。"这可看作原始民主的理念、原始共产主义的准则。"选贤与能，讲信修睦"至今仍是治国的极佳主张。

【原文】

玉不琢，不成器①；人不学，不知道②。

【注释】

①成器：成为有用的器物。
②知道：谓通晓天地之道，深明人世之理。知：了解，通晓。

【解读】

《学记》是世界教育史上第一篇教育学的专论。它总结概括了我国先秦时期丰富的教育思想和各种教育实践活动。"玉不琢，不成器；人不学，不知道"，说明学习对于人成才的重要性。而把人比作玉石，说明儒家认为人性本善，经过良好的教育（"琢"），人是可以发展成为有用之才（"成器"）的。南宋学者王应麟编写《三字经》时，收入了这两句话（因须押韵，"道"改为"义"）。

【原文】

虽有嘉肴①，弗食不知其旨②也；虽有至道③，弗学不知其善也。

【注释】

①嘉肴：宴席上美味的饭菜。
②旨：味美。
③至道：指最好的学说、道德或政治制度。至：极，最。

【解读】

即使有好饭好菜，不吃就不知道味美；即使有最好的学说，不学就不知道它的妙处。这两句话强调的是学习和实践的重要性。

【原文】

学，然后知不足；教，然后知困。知不足，然后能自反①也；知困，然后能自强也。故曰教学相长②也。

【注释】

①自反：自我反省，回过头来要求自己。
②教学相长：通过教学，学生学到知识和技能，得到进步，教师也得到提高。

【解读】

能知道自己的不足和困惑之处，是明智和谦虚的表现，而自我反省，不断增强自己的教学能力，则需要勇气和毅力。这段教育学的名句，千百年来激励着从事育人事业者不断地完善自我，诲人不倦。

【原文】

凡学之道，严师为难①。师严然后道尊②，道尊然后民知敬学③。

【注释】

①严师为难：尊敬老师是不容易做到的。郑玄注："严，尊敬也。"
②师严然后道尊：老师受到尊敬，然后他们讲授的东西才能受到尊崇。
③敬学：尊重教育。

【解读】

"师严然后道尊"，汉代经学家郑玄给这一条作注说："尊师重道焉，不使处臣位也。"意思是帝王也不能把老师当作臣子那样随意支使，可见古人对教师是多么尊崇。老师得到尊崇，真理和学问才被重视，百姓才知道尊重教育。

【原文】

张而不弛①，文、武②弗能也；弛而不张。文、武弗为也；一张一弛，文、武之道也。

【注释】

①张、弛：弓上弦叫张，卸弦叫弛。引申指弓弦拉紧和放松。这里喻指施政的严和宽、急和缓。

②文、武：指周文王和周武王。他们是古人心目中理想的治国明君。

【解读】

弓弦只拉紧而不放松，即便是周文王和周武王（那样的明君）也做不到；只放松而不拉紧，文王和武王也不会那样做；一时拉紧一时放松，这才是文王和武王治理民众的办法。掌握辩证思维，发布政令、处理政事时善于调节，张弛有度，宽严结合，不走极端，这样才能体现出当政者的智慧和能力，才能把国家治理好。

【原文】

君子约言①，小人先言②。

【注释】

①约言：少言，少说话。

②先言：未行动而先说出去。

【解读】

本句采用了"互文见义"的修辞方法（即上下文各有交错省却，而又相互补足，交互见义），意思应是"君子约言后言，小人繁言先言"。以言语和行动评价人的德行，孔子有很多论述，如"君子欲讷于言而敏于行"，"先行其言，而后从之"等，均表现了有道德修养的人实事求是、谦虚稳重而不炫耀的态度。这和那些说了不算、说到做不到、夸夸其谈、言过其实的浮薄"小人"形成鲜明对比。

【原文】

善则称人①，过则称己②，则民不争③。善则称人，过则称己，则怨益亡④。

【注释】

①善则称人：有成绩就归功于别人。称：称道。

②过则称己：有过失就自己承担责任。称己：这里是自我承担责任、归咎于自己

的意思。称，声言，说。

③争：争执。这里指争功诿过。

④怨益亡：（别人的）怨恨就越来越少了。益：愈益，越来越……。亡：通"无"。

【解读】

《左传·庄公十一年》中有这样一段话：大禹和商汤治国出现失误就责罚自己，所以他们很快兴旺起来；夏桀和商纣治国出现过错却责罚别人，所以他们很快灭亡。这是为什么？诿(委)过于人则人心不顺，必招民怨，难免丧国亡身；推功于众，则民心归服，万众拥戴，自然江山永固。

【原文】

君子不自大其事①，不自尚其功②。

【注释】

①自大其事：自己夸大所做工作的难度、成绩及其影响等。

②尚其功：加大自己的功绩。尚：超过，加。

【解读】

自大其事，自尚其功，无非想说明自己的做法比别人高明，自己的贡献比别人大，其目的则在于邀功扬名。由于摆不正自己的位置，妄自尊大，其结果，轻则脱离群众，重则身败名裂。

【原文】

口惠而实不至①，怨灾及其身②。

【注释】

①口惠而实不至：口头答应给人好处，实际上却没有做到。惠：恩惠，好处。

②怨灾及其身：怨恨和灾祸就会落到"口惠"者自己的身上。及：到。这里指殃及。

【解读】

民心不可欺，民事不可缓。答应给老百姓办的事，一定要抓紧办，要件件落到实处。否则，失信于民，岂止是"怨灾及其身"，还会降低政府的公信度，甚至损毁政府的形象。

【原文】

君民者①。子以爱之②，则民亲之；信以结之③，则民不倍④；恭以莅⑤之，则民有孙心⑥。

【注释】

①君民者：统治民众的人，即统治者、君主。君：主宰，统治。
②子以爱之：即"以子爱之"，把民众当成自己的儿子那样爱护他们。
③信以结之：即"以信结之"，用诚心、信义来结交他们。
④倍：同"背"。背离，背叛。
⑤莅：临，面对。
⑥孙心：顺从的心。孙：通"逊"，顺从。

【解读】

对于百姓是用德、礼教育和规范他们，还是用政令、刑罚约束和整治他们，从先秦起就是儒家和法家争执的焦点。儒家从人性和民本的观点出发，主张以慈爱、诚信、恭敬的态度对待民众，以取得民众的拥戴。

【原文】

下之事上①也，不从其所令，从其所行②。上好是物③，下必有甚者④矣。上之所好恶⑤，不可不慎也，是民之表⑥也。

【注释】

①下之事上：身份、地位在下的人侍奉身份、地位在上的人。下：下级，下属，身份、地位在下的人。事：服侍，侍奉。上：上级，上司，身份、地位在上的人。
②不从其所令，从其所行：不是听从他的号令，而是效法他的所作所为：从：听从，跟从。
③好是物：喜爱这个东西，喜欢这个事。好：喜好，喜欢，喜爱。是：这，这个。
④必有甚者：一定有（喜爱、喜欢得）更厉害的人。
⑤恶：厌恶，讨厌。
⑥表：表率。

【解读】

当政者是民众的表率。身教重于言教，当政者的一言一行，就是对民众无声的命令。所以，其言行、好恶绝不是个人的私事，而是关系到引导民众走什么路的大问题。

【原文】

小人溺于水①，君子溺于口②，大人③溺于民，皆在其所亵④也。

【注释】

①小人溺于水：小民淹死在水中。小人：小民，百姓。溺：淹没在水里。
②君子溺于口：卿大夫被自己这张伤人的嘴"淹"死。
③大人：这里指君主。
④亵：轻慢，不尊重。

【解读】

态度轻慢，没有敬畏之心，君主就会被自己的民众这个汪洋大海淹死。这不是危言耸听，而是被无数的史实所证明了的。所以，当权者必须以民为本，敬民爱民，而万万不可轻慢甚至虐害于民。

【原文】

心以①体全。亦以体伤。君以民存，亦以民亡。

【注释】

①以：因；依靠。

【解读】

心脏靠身体得到保全，也因身体而受到损伤。国君靠人民生存，也会因人民而败亡。唐太宗说："君，舟也；民，水也。水能载舟，亦能覆舟。"讲的也是这个道理。《缁衣》的这句话，足令后世当权者深戒。

【原文】

儒有不宝金玉①，而忠信以为宝②；不祈③土地，立义④以为土地；不祈多积，多文以为富⑤。

【注释】

①宝金玉：即"以金玉为宝"，把黄金、玉器当成珍宝。
②忠信以为宝：即"以忠信为宝"，把忠实诚信当成珍宝。
③祈：对天地神明告求。
④立义：奉行大义。
⑤多文以为富：即"以多文为富"，把学识渊博当成富有。

【解读】

《孟子·尽心下》："诸侯之宝三：土地、人民、政事。宝珠玉者，殃必及身。"而要保住土地、养育人民、治理政事，就要以忠信、立义、多文的儒家之道为济世方略。儒家的这些修身标准，就是为济世救民、匡扶天下而量身定做的。

【原文】

儒有可亲而不可劫①也，可近而不可迫②也，可杀而不可辱也。

【注释】

①劫：威胁，威逼。
②迫：胁迫。

【解读】

真正的儒者可亲可近，却不降志辱身。他们不惧怕威逼和胁迫，表现了刚强而坚毅的品格。这与孟子所推崇的"富贵不能淫，贫贱不能移，威武不能屈"的大丈夫形象何其相似！这几句话对各级领导干部处理与当今儒者——知识分子的关系，是否有可借鉴之处呢？

【原文】

儒有内称不辟亲①，外举不辟怨②，程功积事③，推贤④而进达之⑤。

【注释】

①内称不辟亲：举荐人担任官职，不避弃本宗族内的贤良之士。称：推举，荐举。辟：通"避"，躲开，避弃。
②不辟怨：不避弃仇人。
③程功积事：衡量功绩和积累事迹。程：衡量，估量。
④推贤：推荐贤才。
⑤进达之：使他进身乃至达于朝廷。之：他，指被推荐的贤才。

【解读】

"外举不弃仇，内举不失亲"（《左传·襄公二十一年》）的忠臣，在我国历史上不胜枚举。如春秋时，晋国"南阳无令"，"国无尉"，晋平公问大夫祁黄羊谁可以担任这两个职务。祁黄羊推荐解狐担任南阳令、祁午担任"尉"。晋平公问：解狐不是你的仇人吗？祁午不是你的儿子吗？祁黄羊回答道：您问的是谁可以担任这两个职务，"非问臣之仇也"，"非问臣之子也"。解狐和祁午到任，均很称职，"国人称善焉"。孔子听说了这件事，感慨道："善哉，祁黄羊之论也！外举不避仇，内举不避子，祁黄羊可谓公矣。"（见《吕氏春秋·孟春纪·去私》）这种以国家利益为重、光明磊落的君子之风，广为后人所称道。

# 《春秋左传》名句

【原文】

多行不义。必自毙①。

多行无礼，必自及②也。

【注释】

①毙：仆倒。指摔倒、失败。
②及：指及于祸、及于罪，即遭祸、遇害。

【解读】

不符合道义、礼制的事做多了，必定犯众怒、失民心，那么，等待他的结果自然是"自毙"和"自及"了。

【原文】

爱子，教之以义方①，弗纳于邪②。骄奢淫泆，所自邪也③。

【注释】

①爱子，教之以义方：爱自己的孩子，就要用做人的正道来教育他。以：用。义方：做人的正道。指为人处事应该遵守的规矩。
②弗纳于邪：不要让他走上邪路。弗：不。纳：放进去。于：到。
③骄奢淫泆，所自邪也：骄横奢侈，荒淫放荡，是走上邪路的起因。泆：又作"逸"或"佚"，放纵，放荡。所自邪：即"邪之所自"，走上邪路的缘由。

【解读】

春秋时，卫国大夫石碏曾经劝谏卫庄公不要宠爱儿子州吁。鲁隐公四年（公元前719年），卫庄公死，桓公即位。州吁与石碏之子石厚密谋杀害桓公并篡位。为确保阴谋得逞，州吁派石厚去请教石碏。石碏大义灭亲，设计除掉了州吁与石厚。上面这段话就是当初石碏劝谏卫庄公时说的，历来被认为是教子箴）言。

【原文】

为国家者①，见恶如农夫之务去草焉②，芟夷蕴崇③之，绝其本根，勿使能殖④，则善者信⑤矣。

【注释】

①为国家者：治理国家的人，当政者。为：治理。家：家族；卿大夫的采地食邑。
②务去草焉：一定要除去杂草。务：必须，务必。去：去除，除掉。
③芟夷蕴崇：铲尽削平之后再堆积起来。芟：割。夷：削平。蕴：积聚。崇：积聚。
④殖：增殖，增长。
⑤信：通"伸"，舒展，伸张。

【解读】

当政者对于黑恶势力，应该像农民对待杂草一样，不但一定要把它铲尽削平，还要"绝其本根，勿使能殖"。只有这样除恶务尽，才能使"善者信"，老百姓才能安居乐业。

【原文】

国家之败，由官邪①也。官之失德，宠赂章②也。

【注释】

①邪：不正。
②章：同"彰"，显明。

【解读】

国家的衰败，是由于官吏不走正道。而官吏们道德的丧失，是因为受到君主的宠信而贿赂公行造成的。可见，打击行贿受贿等贪腐行为，培养官员的清廉作风，是使国家立于不败之地的重要保证。

【原文】

师克①在和不在众。

【注释】

①师克：军队打胜仗。师：军队。克：战胜。

【解读】

军队打胜仗靠的是官兵一致，万众一心，而不是靠人多势众。周武王在统率各路诸侯讨伐商纣王的誓师大会上，讲了一段很经典的话："纣王拥有十万部众，竟有十万条心；我只有三千兵卒，却只有一条心。"武王伐纣之所以大获全胜，靠的就是万众一心；纣王兵多将广，最终却惨败而丧国亡身。这是"师克在和不在众"的最好注脚。

【原文】

夫战，勇气也①。一鼓作气②，再而衰③，三而竭④。

【注释】

①夫战，勇气也：作战，靠的是勇气。夫：发语词，没有实在意义。
②一鼓作气：第一次敲击战鼓时，士兵们勇气大振。鼓：用作动词，敲击战鼓。作：起。
③再而衰：第二次（敲击战鼓）时，士气有所衰落。再：两次。
④三而竭：第三次（敲击战鼓）时，士气已经完全没有了。竭：尽。

【解读】

古代作战，击鼓进军，擂第一通鼓时士气最盛。后多用"一鼓作气"来激励人们趁锐气正盛之时一举成事，或鼓足干劲，勇往直前。

【原文】

俭，德之共①也；侈，恶之大也。

【注释】

①共：通"洪"，大。

【提要】

节俭是美德之中的大德，奢侈是邪恶之中的大恶。古人对于节俭这种美德非常重视，看作保持自身廉洁和国家长治久安的重要因素。

【原文】

唯器①与名②，不可以假③人，君之所司④也。

【注释】

①器：器物，指确定人物等级、身份高低的各种服装、佩饰、用具及交通工具等礼器之物。②名：名分、爵号、称呼等。③假：借，给予。④司：掌管、主管。

【解读】

只有礼器和名分、爵号、称呼等，不能随便给予别人，这是国君所掌握的。

中国数千年来，由于等级森严，因此区别一个人的等级、地位的高低，常在所用的各种服装、佩饰、用具、建筑的规格，乃至日常交通工具等等，以及名分、爵号及称谓上来加以严格的区分，任何人不得逾越。否则，便会被视为"不轨"，视为"大不敬"，甚至视为叛逆，把这看成是政教之大节，而这一切是"君之所司也"。若轻率地以"器"、"名"与人，则是"与人政也"，就是说把国君的执政大权也给了别人，这是很危险的事。故孔子斩钉截铁地说："不可以假人！"

## 【原文】

为政者，不赏私劳①，不罚私怨②。

## 【注释】

①私劳：非公之劳，即非国家之劳，指为私人服务的劳绩。②私怨：私人之间的怨恨。

## 【解读】

主持国政的人，不应赏赐为自己私自效劳的人，不应惩罚对自己有私怨的人。

主持国政的人，掌握有最大的公权力，使用这种公权力，是为国家利益服务，而不是为个人利益服务。因此，一切当从国家的公义出发，秉公办事，决不能因个人的"私劳"、"私怨"，而借公权力以奖惩，阿党偏私。这实质上是以权谋私，是对公权力的滥用，其结果必对国家利益造成重大损害。

## 【原文】

然犹防川①，大决②所犯，伤人必多，吾不克③救也。不如小决使道④。

## 【注释】

①防川：防止洪水。以喻防止百姓议论时政。②决：溃堤。③克：能。④道：同"导"，疏导。

## 【解读】

（防止百姓议论时政）就像防止洪水一样。洪水冲垮了大口子，伤人必多，我无法挽救。不如开个小口子，把水慢慢地放掉，加以疏导为好。

这是春秋时郑国著名的政治家子产说的话。当时郑国人在乡村学校校舍里聚会，议论执政得失。有人认为这对执政者不利，主张毁掉乡校，使无议论场所，以钳制舆论。子产不同意，认为这些议论执政得失的话，是他的老师，是一剂治病的良药，因此说了以上的话。两千多年前，在专制社会里，有如此宽广的政治胸襟，是不多见的，子产是一个很开明的政治家。招怨之事不能做。如有使百姓不顺心之事，要做工作使之顺心。这样怨恨便可消解。这就是说，如果认真对待，做好工作，民怨虽大，也不可怕；如果不认真对待，不做工作，民怨虽小，也是可怕的。

【原文】

宽①以济猛②，猛以济宽，政是以和③。

【注释】

①宽：宽厚。②猛：严厉。③和：协和。

【解读】

用宽厚的政策措施，来调和并解决严厉的政策措施所造成的负面影响；用严厉的政策措施，来调和并解决宽厚的政策措施所造成的负面影响，这样政治就因此协和。

这是孔子针对当时子产死后，郑国政策中所出现的宽严皆误的情况作的历史经验教训的总结。郑国名相子产临死时对其继任者大叔说："为政宽难。"后大叔执政，"不忍猛而宽"。宽的结果，郑国多盗，大叔悔，便派兵剿灭，"尽杀之，盗少止"。针对这一情况，孔子认为，政令过于宽厚，百姓就可能放肆，罔顾法令，社会问题就多；出现这种情况，执政者就会使用严厉的手段来矫正，但政令过严，百姓就容易受到伤害。因此，宽严相济这固然是必要的，但如何使宽严恰当，刚柔相济，使之趋于中正之道，这便是执政者应十分重视的问题。

【原文】

故政不可不慎也，务三而已：一曰择人①，二曰因民②，三曰从时③。

【注释】

①择人：选择贤才辅佐。②因民：因民之利而利之。③从时：从四时之所务。即不违农时，努力生产。

【解读】

所以政事是不能不谨慎的，致力于这三条就行了：一是要选择贤能之人；二是要因民之利而利之；三是顺从四时之所务。

为政之事，千头万绪，此六字便概括无遗：择人，因民，从时。至今亦适用。择人，便是提拔使用干部的问题；因民，即从民之所欲，为百姓谋福利；从时，亦即遵循客观规律，把经济搞上去。而在人治社会里，择人是第一要务，任贤则兴，任佞则亡，故安危在择人。试观汉之文景、唐之贞观开元、清之康乾，无一不是用人得当、有贤臣辅佐而成为史家所称道之"盛世"的。然而，与长达几千年、经历三百多个帝王的我国人治历史相比，这样的"盛世"，也不过寥若晨星、凤毛麟角而已。究其实，在制度。

【原文】

唇亡①则齿寒②。

【注释】

①唇亡：没有了嘴唇。亡，失掉。②齿寒：牙齿感到寒冷。

【解读】

嘴唇没有了，牙齿就会感到寒冷。

这句话包含了历史上一个有名的故事。春秋时，晋是大国，晋献公想吞掉虢国，但中间隔了个虞国，便派人送了好马和宝玉给虞国国君，请求借道攻打虢国。虞国谋臣宫之奇劝阻虞公，认为虢虞两国是唇齿相依的国家，晋灭掉虢后，虞也保不住，唇亡则齿寒，必然顺道灭掉虞。但虞公贪恋名马及宝玉不从其谏。果然晋灭虢后，回军途中一举灭掉了虞国。这说明在国际风云变幻中，与邻国及友邦睦邻相处，形成守望相助、患难相扶持的态势，是非常重要的。

【原文】

国家之败①，由官邪②也。官之失德③，宠④赂章⑤也。

【注释】

①败：衰败。②邪：邪恶。③失德：道德的缺失。④宠：受宠幸。⑤赂章：贿赂公行。赂，贿赂。章，同"彰"，显，明，公开。

【解读】

国家的衰败，由于官吏的邪恶。官员们道德的缺失，加上受到宠幸而更肆无忌惮，以致贿赂公开，腐败成风。

官员们道德素质低，加上受到上级宠幸，更肆无忌惮，以致贿赂公行、腐败成风，从而导致一个朝代、一个国家的衰落以致覆灭，这是人类社会自有国家这个形态起，便存在的一个难以治愈的顽症。因此，吏治之风清廉与否，执政者应视为关乎其生死存亡的大事来严肃对待，认真加以解决。

【原文】

天反时①为灾，地反物②为妖，民反德③为乱。

【注释】

①天反时：大自然违反正常规律，如雨霜雷电过多或不及，甚至寒暑易节，均为

"天反时"。②地反物：指物失其本性。如草木虫鱼、禾稼之病害、人类之瘟疫均是。物，指万物之本性。③民反德：百姓违反道德。

【解读】

上天违反时令或自然常规就是灾难，地上的动植物违反自身的本性就有妖异，百姓违反应有的道德就有祸乱。

古人喜讲"天人感应"、"天人合一"，也于此可见。时由天，物在地，如果反常，故属灾异，但"民乱德"，民即人，人乱德，是指执政者，而并非指庶人。"天人感应"，是讲人君感之，非百姓感之；是指国无善政，既造成对人的祸害，也构成对大自然的破坏，而形成"天怒人怨"的局面。这三者中，"民反德为乱"最应注意。

【原文】

孝敬忠信为吉德，盗贼①藏匿②为凶德。

【注释】

①盗贼：偷窃或抢劫别人财物。②藏匿：掩匿、窝藏。

【解读】

孝顺、恭敬、忠诚、有信用是吉德，偷窃、抢劫、窝藏（凶犯或赃物）是凶德。

古人认为，"德者，得也"。自得于心，心之所得，有善有恶。善恶是以法来判别，合法则为吉德，不合法则为凶德。吉德的失落，必然导致凶德的到来。凶德既失德，也违法。所以德，也是用来立身处世的。盗贼藏匿既是凶德，那么就应：一不做作奸犯科凶德之事；二要加强孝敬、忠信等吉德素质的提高。

【原文】

数①典②而忘其祖③。

【注释】

①数：数着说。②典：指历史上的制度、事迹。③祖：祖先。此指事物的根由。

【解读】

列举过去发生的事情，责备其忘记了过去所受的恩惠。

春秋时晋国大夫籍谈出使周王室。席间，周王问籍谈为什么没有器物贡献王室，籍谈回答说，晋国从来没有受过王室的赏赐，哪有器物来贡献。周王当即扳着指头一一举出晋国受赏的事情，责问籍谈："你身为晋国司典（掌管典籍文书档案的官员）的后代，怎么连祖上这些事都忘了？"讥讽籍谈"数典而忘其祖"。"忘其祖"，即忘本，这也是一种道德上的缺失，即今之所谓忘恩负义。

【原文】

国之兴也，视民如伤①，是其福也；其亡也，以民为土芥②，是其祸也。

【注释】

①视民如伤：看待百姓如同受伤的人。②土芥：粪土草芥。

【解读】

国家兴起，（国君）把老百姓看成是受伤的人，这是国家和百姓的福；国家将灭亡时，（国君）把老百姓看作粪土草芥，这是国家和百姓的灾祸。

这里指出的是，历代统治者们在开国之初和行将灭亡时，对百姓的两种截然不同的态度，决定了国家的两种不同的结局及百姓的祸福，这是任何时候都不应忘记的历史经验和教训。

【原文】

夙兴夜寐①，朝夕临政②，此以知其恤民③也。

【注释】

①夙兴夜寐：早起晚睡，形容勤劳。②临政：（国君）亲自到朝廷处理政务。③恤民：体恤民情。

【解读】

早起晚睡，早晚都到朝廷去处理政事，因此而知道他是体恤人民，在为百姓操劳。

爱民，应当勤政。国君勤政的体现就是早起晚睡，朝夕临政，为百姓操劳。相反，不理朝政，耽于逸乐，沉湎于酒色，"从此君王不早朝"，政事荒废，这就根本说不上爱民。

【原文】

兵车之会①四，未尝有大战也，爱民也。

【注释】

①兵车之会：春秋时周室衰弱，无力号令诸侯，五霸霸主为维护各诸侯国现实的力量均势，保护社会稳定，以盟主（即霸主）的名义举行天下诸侯的盟会，以处理和协调各诸侯国的政事。其中有军队参加的盟会称兵车之会，友好的盟会称衣裳之会。

【解读】

（齐桓公主持的）有军队参加的诸侯盟会共有四次，但都不曾有过大的战争，这是因为爱护百姓。

春秋时代（公元前770年至前476年），周王室虽名为天下共主，但衰弱至极，已无力号令诸侯。这时有五个力量强大的诸侯出来主持大局，会盟天下诸侯，制定条约以维持现实的均势，称为五霸。其中最有名的为齐桓公及晋文公。孔子对五霸，特别是对齐桓公作了充分的肯定，他说："桓公九合诸侯，不以兵车（战争），管仲之力也。如其仁！如其仁！"他又说："管仲相桓公，霸诸侯，一匡（匡正）天下，民到于今受其赐。"这个评价还是公允的。

【原文】

信，国之宝也，民之所庇①也。

【注释】

①民之所庇：（是）民众所赖以庇护的东西。庇：庇护，保护。

【解读】

诚信是国家的无价之宝，是立国的根本，是老百姓赖以生存和得到庇护的基础。孔子说："人而无信，不知其可也。"他要求弟子"敬事而信"，不欺骗愚弄百姓。唐朝诤臣魏徵说："德礼诚信，国之大纲。"（《贞观政要》）可见，"信"作为中华民族传统美德之一，历来受到肯定和提倡。

【原文】

一日纵敌①，数世②之患也。

【注释】

①纵敌：放走敌人。
②数世：几代，几辈子。世：三十年为一世。另，改朝换代建立新王朝也称一世。

【解读】

从战役、战术上讲，有时要注意"穷寇勿迫"；但从战略上讲，穷寇必迫，除恶务尽。

【原文】

不以一眚掩大德①。

【注释】

①不以一眚掩大德：不因为人的一次过错而抹杀他的大功绩。以：因。眚：过失，错误。掩：遮蔽，遮盖，抹杀。

【解读】

春秋时，在秦晋殽之战中，秦军大败。秦穆公在迎接被晋国释放回来的败将时，主动承担罪责，哭着说："这是我的过错，你们有什么罪！我不能因为这一次失利而抹杀你们以往的大功绩。"作为一国之君，能以这样的心态和胸怀对待下属，确实难能可贵。

【原文】

华而不实①，怨之所聚②也。

秦穆公

【注释】

①华而不实：只开花不结果。比喻外表好看，内容空虚。华：古通"花"，开花。实：果实，这里指结果。

②怨之所聚：是怨恨聚集之地。

【解读】

华而不实不仅惹人嘲笑，遭人鄙视，而且是"怨之所聚"。对这一点，当政者尤须注意。

【原文】

畏首畏尾①，身其馀几？

【注释】

①畏首畏尾：原是对春秋时期郑国北面怕晋国、南面怕楚国的比喻之辞。现指怕这怕那、疑虑重重的样子。比喻做事胆子小，顾虑多。

【解读】

首也怕，尾也怕，那剩下来的身子还有多少？这样一个比喻用反讽的语气道出，实在分量不轻。那些在危急关头不能当机立断、挺身而出，而是恐惧畏缩、犹犹豫豫，结果坐失良机、断送大局的人们，应当引以为戒。

【原文】

人谁无过？过①而能改，善莫大焉②。

【注释】

①过：动词，有了过错，犯了错误。
②善莫大焉：没有比这更大的善行了。焉：于此，比这个。

【解读】

过错人人都有，不必大惊小怪，更不该文过饰非。有了过错能及时改正，这是再好不过的善行了。"子路，人告之以有过则喜"，"禹闻善言则拜"……古代大圣大贤为我们做出榜样，我们今人难道不该闻过则喜、知过必改而不断完善自己吗？

【原文】

礼，身之干①也；敬，身之基②也。

【注释】

①干：躯干。
②基：建筑物的根脚。引申指事物的根本。

【解读】

古人认为礼如同人的躯干，不懂礼就不成其为人。敬，指认真严谨地做事，是一个人立身于社会的根本。孔子肯定他的弟子冉雍所说"居敬而行简，以临其民（以严肃的态度、简约的办法治理百姓）"（《论语·雍也》），说明古圣先贤对严肃认真地做人做事是十分重视的。

【原文】

众怒难犯①，专欲②难成。
专欲无成，犯众兴祸③。

【注释】

①犯：触犯，冒犯。
②专欲：专权独断的私欲。
③兴祸：引发祸端。

【解读】

众人的怒气难以冒犯，专权独断的私欲难以实现。对于当政者来说，压制群众、独断专行都只会引发祸端,必须坚持民主,集思广益,时时处处维护民众的根本利益。

【原文】

《书》曰:"居安思危。"思则有备,有备无患。

【解读】

这是晋国大夫魏绛规劝晋悼公的一段话,意思是"处于安定的环境中,要想到可能发生的危险。想到了就应有所防备,有了防备才能没有祸患"。"居安思危"不是杞人忧天,而是在复杂多变的国际形势下,基于国家长远发展、社会长治久安的忧患意识。

【原文】

"善为国者,赏不僭而刑不滥①。"赏僭则惧及淫人②,刑滥则惧及善人。

【注释】

①赏不僭而刑不滥:奖赏不过头,刑罚不滥用。僭:僭越,过分,过头。
②惧及淫人:恐怕常给淫邪之人。

【解读】

善于理政的领导者,必须坚持以法治国,不能以言代法;执法要严明,赏罚要得当。只有这样,才能劝善惩恶,民心归服。

【原文】

临患不忘国,忠也;思难不越官①,信也;图国忘死,贞也。

【注释】

①越官:放弃职守。越:失坠,坠落。这里是放弃、丢弃的意思。

【解读】

面临祸患能够不忘国家,这是忠心;想到危难而能坚守岗位,不放弃职守,这是诚信;为了国家利益而舍生忘死,这是坚贞。这种爱国主义的情操,千百年来影响着无数志士仁人。他们捐躯赴难,视死如归,不愧为中华民族的脊梁。

【原文】

政不可不慎也。务三而已④:一曰择人,二曰因②民。三曰从时。

【注释】

①务三而已：致力于三个方面就行了。
②因：依靠。

【解读】

当政者要想处理好政事，必须做到三条：第一，任人唯贤，选拔任用德才兼备的优秀官员；第二，紧紧地依靠民众；第三，顺从天时，不做违背自然规律的蠢事。

【原文】

众怒不可蓄也，蓄而弗治①将蕴。蕴蓄，民将生心②；生心，同求将合③。

【注释】

①弗治：指不做处理，不做化解工作。
②生心：产生逆反之心、叛离之心。
③同求将合：有同样诉求的人将要联合起来。求：要求，诉求。

【解读】

这段话应是对第195条"众怒难犯"和"犯众兴祸"的更细致的解释。众怒蕴蓄→生心→同求将合；再往下发展，自然是"兴祸"无疑了。

# 《四书五经》故事

四书五经 第四部分

马博 ◎ 主编

# 导 读

　　"四书五经"是古代中国社会正统文化儒家思想的核心著作。它所包含的内容可谓博大精深，涉及中国古代思想、政治、经济、军事、文化诸多方面，形成了一个以天理为核心的思想体系。它们不仅是中国古代统治者几千年来钦定的教科书，而且还被西方学者誉为世界四大思想宝库（基督教思想、伊斯兰教思想、佛教思想、儒教思想）之一。

　　"四书五经"就是儒家的"圣经"。本部分具体包括：

　　《大学》经典故事、《中庸》经典故事、《论语》经典故事、《孟子》经典故事、《周易》经典故事、《尚书》经典故事、《诗经》经典故事、《礼记》经典故事和《春秋左传》经典故事。书中以浅显易懂的文字，情节化的故事来介绍"四书五经"，通过讲故事来阐明"四书五经"所包含的一些哲学和道理，让读者能够在轻松愉悦的欣赏和休闲中了解到"四书五经"以及它们所具有的精神实质。

# 《大学》故事

## 君子止于至善

　　孔子认为君子应该凭借着美好的德行闻名天下，而美德的根本内涵是仁义至善。因此，君子致力于修身，是为了达到仁义至善的最高境界。为了说明这个道理，孔子列举了许多例子。

　　《诗经·商颂·玄鸟》篇里这样说："京城是天子统治的地方，百姓喜欢选择京城周围方圆几千里的地方居住。"这说明，如果天子统治有方，百姓就会纷纷归顺他，并且选择在京城附近定居。推及开来，就是说至善是一切事理的中心，君子更应该将至善的德行放在心里永远不动摇。

孔子

　　《诗经·小雅·绵蛮》篇里说："小小的黄雀，不停地叫着，停在山坡的凹陷处。"读到这里，孔子就说："这个小小的黄雀都知道选择一个好的地方栖息，难道人们还不如这个黄雀吗？"这个比方，是为了说明这样一个道理：如果君子想要达到至善的境界，首先必须知道至善的所在。

　　《诗经·大雅·文王》说："文王的品德壮美，为人庄严静穆。文王对待所有的事情都是那么恭敬有加，他的美德从来没有动摇过。"周文王恭敬谦逊，一生都谨慎地治理国家。周文王做国君的时候，用自己的仁爱之心对待自己的全部臣民；他做为商朝的臣子，对待天子也是无比的恭敬，尽心地辅佐天子；周文王孝敬父母，疼爱子女；总之，周文王施行仁政，用仁爱道义治理国家，使百姓生活富裕，国家安宁康泰，天下太平。

　　孔子提及周文王是为了解释如何保持至善不动摇。孔子说，一个人做为一国之君，就要用仁义道德和刑法威严治理国家；做为国家的臣子，就要尊敬国君，进谏忠言，对君主忠心耿耿；做为父母的孩子，就要时刻孝顺父母；做为子女的父亲，就要疼爱孩子，对孩子慈祥却不失威严；一个人在和国家的其他人交往的时候，要诚心诚意地对待朋友。有的人没有做到很好的修养身心，也就不能达到至善的境界。但是，周文王却凭借自己的美德被世人称赞。并且，孔子认为，所有的人都应该努力追求至善的目标。

《诗经·卫风·淇澳》又说:"淇水的河岸蜿蜒曲折,翠绿的竹子颀长茂密而又无比幽深。文采斐然又有修养的君子,就像用骨器雕刻过的象牙,又像用石磨雕琢过的一块美玉。这种君子器宇轩昂,言语谦和得体,举止威严大方。这样的一个君子,是会让人永远地记住的啊。"

具体说来,君子的内心谦卑恭谨,不会受到外物的影响;君子的仪表堂堂,举止大方得体;君子的学识渊博,品行和学问俱佳。孔子用谦谦君子的例子来劝人们止于至善,追求至善的最高境界。

在《诗经·卫风·淇澳》一诗中,诗人用"如切如磨"来比喻君子的学问广博高深,用"如琢如磨"来比喻君子的德行闻名天下,用"瑟兮僴兮"来说明君子的内心谦恭谨慎,用"赫兮咺兮"来说明君子具有美好的品德。这样一位谦谦君子,他的美德已经达到至善的境界。正如卫武公一样,人们怎么会忘记他呢?

《诗经》还说:"哎呀,前代的许多贤王都让人永远也忘不了啊!"后世的国君应该把他们做为自己的榜样,尊敬有贤德才能的人,亲近亲人。只有尊敬有才能的人,前代贤王的美德才能够传承下去;只有亲近亲人,家族才能够延续下去。后世君主尊敬贤才,亲近亲人,国家就会长治久安,这也是普通百姓之福啊!这也是历代贤王能够名垂千古的原因。

## 君子慎其独

君子修养身心的时候,最难能可贵的是心念要真诚。诚的意思是说,不但不能欺骗别人,也不要自己欺瞒自己。即使是一个人的时候,君子也应该用真诚的意念来约束自己的行为,这就是人们常说的"君子慎其独"。

儒家经典《大学》在解释修身的时候,首先要求人们要意念真诚,即"诚其意"。所谓"诚其意",就是使意念真诚,不要欺瞒自己。比如在做好事的时候,要诚心诚意地去做。如果心有不甘,即使做了,也不会做好的,这也是不真诚的表现。

如果人们要做到了心念真诚,人们就会像讨厌污臭的气味一样讨厌邪恶的事情;人们也会像喜欢美丽的女子一样喜欢符合道德规范的善行。如果能够做到循规蹈矩,人们行善时就会像寒冷的时候首先想到棉衣一样自然。只有这样,人们的心里才会感到惬意、舒服。同样,这也是君子应该做到的。

每个人的想法只有说出来,才会被别人知晓。如果一个人把想法埋在心里,谁也无法清楚地知道他是怎么想的。但是,君子应该严格要求自己。即使独处的时候,君子也要慎言慎行,不能做违背常理的事情,君子要在细微处下工夫。

并不是每个人都能做到慎独的,如那些道德品质不好的小人。小人在独处的时候,一点儿也不注意约束自己的行为,什么样的坏事都做得出来。当小人看见有修养的君子的时候,他就会掩盖自己的缺点。小人会把自己不好的德性都掩藏起来,阳奉阴违,在君子面前假装是有美好品德的人。

实际上，一个人只有内心诚实，外表才会显现出诚意来。如果一个人内心不真诚，即使他表面装得再真诚，也是无济于事的。群众的眼睛是雪亮的，当一个人假装真诚的时候，人们却早已看透了他的五脏六腑，看清了他的内心本质。真诚是一个人的自然流露，不是依靠伪装就能得到的。这样一来，君子的一言一行都要十分谨慎，哪怕是独处的时候也要谨慎小心。

曾参曾经说："我时刻告诫自己要谨慎。即使是我一个人的时候，我也要求自己要慎于言行。独处的时候，我也这样告诉自己。周围有许多人的眼睛都在看着我，监督着我；许多人的手都在指点我，评价我。如果一个人能够做到这样谨慎的话，他也就不会去做邪恶的事情了。"

关于君子慎独，不止《大学》中有记载，《淮南子·缪称》中也有这方面的内容。《缪称》里说："羽毛堆积得多了，也能使船下沉；很多重量轻的东西放在一辆车上，也能压坏车轴。"这就是说，君子要从细微处做起。《诗经·大雅》中这样说："君子要一直谨慎言行，问心无愧。哪怕是屋子里极其细小的地方，君子也应该谨慎地对待。"这就是说君子要无愧于先祖。一个人要想成为品德修养好的君子，就不能忽略任何细微的地方。孔子曾经说："君子慎其独。"一个人独处的时候，是最能检验他的品行的时候。在修养身心的时候，独处也是很容易让人产生懒散心理的时候。如果一个人，在独处的时候也严格要求自己，那么他的修身养性就已经做得很成功了。

财富能够装饰屋子，使屋子变得华丽壮观；美好的品德能够修养身心，使人外表庄严谦和。这就是说，仁善之心能够让一个人的心胸宽广，他的身体也会觉得舒畅安宁、平和恬淡。所以，道德修养很高的君子一定是自己的意念真诚，不要有丝毫的哄骗。

总而言之，君子要慎于言行并且做到慎于独。

## 治国必先齐家

修身、齐家、治国、平天下是大学的宗旨之一，这四个方面环环相扣。身不修，无以齐家；家不齐，无以治国。所以，凡是有抱负的人，都会先修身养性，然后齐家，进而治国平天下。

具体地说，如果一个人不能修养自身，就谈不上管理自己的家族；不能很好地管理自己的家族的人，也必然不能治理国家。因此，君子要想有所做为，就必须从身边做起，从小事上着手。

古人待人接物的时候，恪守由近到远的原则。所以，君子要首先修身、齐家，然后才能治国、平天下。这也符合从近到远的原则，是由天伦之乐推及到治理国家。一个人首先管好自己的言行，才能有资格管理整个家庭，然后才能推广到国家。自古以来，没有管理好自己的家庭，却能很好地治理国家的人是没有的。所以，有修养的人并不是一定要离开家庭才能治理国家的。

如果一个人在家里就十分孝顺父母,那么这个人到了朝廷上,也会忠心耿耿地辅佐君主;如果一个人在家里就特别尊敬兄长,那么做官以后的他也会听从上司的命令;如果一个人在家里就非常疼爱自己的子女,那么做官以后的他也能以仁爱之心对待普通百姓。

《尚书·康诰》说:"天子和官员对待老百姓就要像对待自己的子女一样,要关爱普通老百姓。"

意思是说,要用揣度父母心意的方式去揣度百姓的想法。尽管不能十分准确地知道民众的想法,但也不会差很远。现实中也没有先学习如何抚养子女,然后才出嫁的女子。这说明爱护子女是人的本性使然,不需要刻意地去学习。如果君主和为官者都能用爱护子女的心意关爱百姓的话,整个国家也会一片和谐安宁了。

一个家庭的所有成员都能保有仁爱之心,仁爱的良好风气就会在这个家庭所在的国家中兴盛起来;一个家庭的所有成员都能够有谦逊的品德,谦逊的良好风气就会在这个家庭所在的国家中兴盛起来;同样的,如果一个国家的天子贪婪残忍,那么这个国家的其他人就会跟着作乱;关键在于这两者的关系非常地紧密。也就是说,有时候一句话可以毁掉一件事情,有时候一个人也能安邦定国。

古时的天子尧、舜执掌国家大权的时候,他们用仁义道德统领整个邦国,使得天下的百姓都以他们为学习的榜样;而桀、纣统领国家的时候,他们施行残暴的统治,使得整个邦国的百姓都跟着他们做坏事。尽管桀、纣两个人也要求天下的人们培养优秀的品德,但是,他们自己却没有修身养性。因此,百姓也就不听桀、纣的了,整个国家也就非常混乱了。

这样,品行高尚的君子应该首先严格要求自己,然后才可以教育别人做善事。君子应该首先革除自己以前的不好的习惯,然后才可以要求其他人更正坏习惯、弃恶从善。因此,只有自己做到了,然后才可以去要求其他人这样做。自己不愿意做的事情,也不能要求别人去做,这就是儒家所谓的"恕道"。如果一个人自己的行为有不合礼法不规范的地方,却要求其他人弃恶从善,这是不可能做到的。所以说,一个人要想治理国家,就必须先整治好他的家庭。

《诗经·周南·桃夭》说:"鲜艳的桃花十分妖娆美丽,桃枝上的桃叶碧绿青翠,这个女子今天就要出嫁了,全家的人都非常高兴。"因此,只有全家都为善,让他们开心畅快,然后才可以推及到治理好整个国家。

《诗经·小雅·蓼萧》里写道:"君子应该努力使一个家庭中的兄弟姐妹之间应该相亲相爱。"君子敬爱兄长,爱护兄弟。这样,君子才有资格教育百姓。

《诗经·曹风·鸤鸠》篇说:"一个国家的国君行为举止没有差错,仪态端庄,就会成为全国臣民学习的榜样。"这就是说,一个人无论是什么身份,即使是父亲、儿子或者兄弟,他也要先修养身心,按照礼仪规范做事,然后整个邦国的民众才会向他学习。

这些都充分说明了天子要想使国家繁荣昌盛,就必须首先治理好自己的家庭的道理。也就是说,治国必先齐家。

# 《中庸》故事

## 子路问强

子路问孔子:"什么才是强?"

孔子反问他:"你觉得是南方强呢?还是北方强呢?还是你自己觉得哪个地方强呢?"

孔子接着说:"用宽容来感化人,即使人家对我无礼,我也不报复他,这是南方的强,有德行的人拥有这种强。用兵器当枕头,直到战斗到死也不感到厌烦,这是北方的强,勇武好斗的人拥有这种强,表面上可以征服别人而以强者自居。

"因此,有德行的人如果既能协调人际关系,又能做到不随波逐流,能够独立自主,不偏不倚保持中立,这才是真正的强者。国家政治清明,遇到艰难险阻也不改变志向,这才是真正的强者。国家陷于混乱,社会变得动荡不安,如果你在这种情况下也能保持自己的品德和信念,这才是真正的强者!"

子路

也就是说,有德行的人是强者,勇武的人也是强者,但这些在孔子看来都不是真正的强者。真正的强,是那些无论遇到什么情况,都能毫不动摇,死守自己的信念的人,这种强,是"君子之强"。

子路性情鲁莽,容易冲动,好斗,因此孔子告诉他这些都不是强者。其实孔子之前就表达过这个意思:"三军可夺帅也,匹夫不可夺志也",其实这就是在否定勇武之强,而肯定坚守精神力量之强,宁死不改变自己的志向与节操。

## 舜其大孝

孔子说:"舜其大孝也与!德为圣人,尊为天子,富有四海之内。宗庙飨之,子孙保之。故大德必得其位,必得其禄。必得其名,必得其寿,故天之生物,必因其材而笃焉。故栽者培之，倾者覆之……"

舜行了什么"大孝"？竟然获得孔子如此赞誉？

舜自幼丧母，他的父亲瞽叟是个性格顽固的盲人。后来父亲续娶，后母对舜很不好，再后来后母又生了儿子象。父亲宠爱后妻，溺爱幼子，舜的境况就更惨，他们三人甚至想联合害死舜。

但舜从来不抱怨。舜为了维持全家人的生活，他很小就要辛苦操劳。虽然全家人都对他不好，但是舜却从不反抗。父亲想杀死他的时候，他就躲起来，等到父亲心情好了，他再出来认错。周围的人都认为舜是一个品行高尚的人。

尧年纪老了，让大家举荐德才兼备的人当继承人，大家就举荐了舜。尧为了观察舜是否真像大家说的那么贤德，就考验他，将自己的两个女儿娥皇、女英嫁给他，还为他修建了粮仓，赐予他很多牛羊。舜娶了尧的两个女儿后，地位提高了很多，很多人都前去追随他。

舜的后母和象看到舜受到如此礼遇，非常嫉妒，就用更厉害的手段迫害舜。

有一天，他们让舜上屋顶修理房子。舜刚顺着梯子爬上屋顶，瞽叟他们就将梯子抽去，在下面点起了火。舜在屋顶上看到下面起火，赶忙寻找梯子，但是梯子也已经不见了。当时，他身上除了两个随身携带的斗笠，什么都没有了。他急中生智，两手拉着斗笠，像鸟儿张开翅膀一样，从屋顶上飘了下来。瞽叟几人看他毫发无损，都目瞪口呆。

一计不成，又生一计，瞽叟和象又让舜去挖井。舜察觉到他们对自己有所不利，在下面挖井的时候，就事先在旁边挖了一条通道以防不测。果然，舜刚挖好通道，瞽叟和象就在上面开始往井里扔石头，他们用石头填满了井，以为舜必死无疑，这才轻松地回家了。他们不知道的是，舜发现有人往井里扔石块，就赶紧逃到事先挖好的通道里，这才转危为安。

象以为舜已经死了，得意扬扬地对父母说："这次哥哥准死了，现在咱们可以瓜分他的家产了。"于是三个人就兴冲冲地朝舜的屋子走去。他们打开舜的房门时，却发现舜正坐在床边安静地弹琴呢。象讪讪地问："你什么时候回来的？我正在想你呢。"舜回答道："你来得正好，我也想你啊。"

瞽叟和象见舜每次都能安然逃脱，以为他有神灵相助，再也不敢暗害他了。舜仍然像以前一样，和和气气地对待他们。尧听说这些事之后，认为舜不但踏实能干，还具备良好的德行，于是将首领的位子让给他。

舜继位后，选拔贤人，带领百姓发展生产，又制订了典礼之法，很快就实现了天下大治，老百姓都非常爱戴他，称他为有德之君。

孔子认为，舜的德行，是从孝道开始的。即使父亲、后母想要害死他，他依旧不改变自己的孝心，一如既往地对家人好。他的事迹感天动地，终于传到尧的耳朵里，这才有了之后的继位，被尊为天子，才被天下百姓尊为圣人。因此孔子认为，修道的第一步，就是行孝道、行大孝，上天会根据人孝道的程度来培养他，使他成为一个有大德的人。

## 武王、周公行达孝

孔子说："武王、周公，其达孝矣乎！"

这里的"达孝"，与舜是实行的"大孝"，境界又有所不同。如果是舜不计前嫌孝顺父母、爱护弟弟是一种较高规格的孝，那么武王、周公对孝道的修养则已经达到了一个顶点。

因为武王和周公都是重视祭祀的人。每逢春季和秋季，武王和周公就组织官员准备祭祀，号令人们将庙宇修好；将祭祀用的祭器擦干净，摆放整齐；将先祖用过的衣服都拿出来，摆放整齐；献上时令水果，让先祖们享用；然后才开始祭祀。

在祭祀的时候，武王和周公非常小心谨慎，不敢做出半点有违礼法的事情。他们按照左昭右穆的次序，将子孙后代的位置排列好；按照参与祭祀者官爵尊卑的顺序，分好他们的等级。直到确认一切秩序都无误，他们才命人开始正式祭祀。

祭祀完毕，武王和周公依旧命人按照礼仪行事。如，让晚辈向长辈敬酒，长辈在对待后辈的时候，无论宗亲地位高贵与否，一律平等地待他们。大家在饮酒的时候，事先要根据年龄长幼安排好座位，然后以此敬酒。也就是说，武王和周公对待自己的祖先，好像侍奉活着的长辈一样，恭敬，又符合礼仪。

祭祀这个礼仪，是为了报答祖先而设定的；郊社这个礼仪，是为了报答天地而设定的。只有圣人才能完全理解这些礼仪的意义，只有圣人才能了解这些对祖先意味着什么。如果哪位君子也能像武王和周公一样，弄明白了这些礼仪的真正内涵，那么他治理国家就不会遇到难题了，反而易如反掌，好像看到自己手掌的纹路一样清楚明白。

以上这些，就是孔子认为"武王、周公，其达孝矣乎"的原因。之所以这样说，是因为孔子觉得，治理国家的关键是要人民臣服于他，而要人民臣服自己，就要有德行、有威严。一味地通过刑罚来约束民众，其效果是有限的。而这样通过祭祀祖先的方式，可以将自己的旨意传达给上天和神灵，让上天和神灵保佑自己的国家平安无事。人们对上天和神灵是充满敬畏的，祭祀活动可以起到威慑人心的作用。因此君王要行祭祀之礼，借助祖先的力量不怒自威，让人民乖乖臣服自己。武王和周公就是因为明白这个道理，所以不用发怒，就能让臣下臣服自己，就能让百姓归顺自己。

# 《论语》故事

## 季氏将伐颛臾

孔子所在的时期，是一个礼崩乐坏的大动荡时期。孔子所在的鲁国，大权被大夫季康子把持。季康子骄横跋扈，孔子对他很有意见。

当时，孔子的两个学生冉有和子路都在季氏的府中做家臣，他们得知季氏要讨伐颛臾的消息后，结伴来通知孔子。孔子听完两个学生的来意后，气愤地说道："求，这难道不是你的过错吗？颛臾这个国家，本来是被先王册封在东蒙山主持祭祀活动的，况且还在鲁国境内，是社稷之臣，为什么要讨伐它呢？"

冉有委屈地说："这是季夫子的想法，我们两个也不同意这么做的。"

孔子说："求啊！古代的史官周任曾经说过，在一定的职位上就要做好相应的事情，如果做不好就干脆不要在那个位子上坐。遇到危险你不去护持，看见别人快摔倒了却不去搀扶，那让你们来当官又有什么用呢？而且你刚说的话实在有些没道理，让老虎、犀牛从笼子里跑出来，让龟甲、美玉毁在盒子里，这是谁的过错呢？"

冉有又说道："颛臾这个国家现在离我们这么近，而且又城坚墙厚，如果现在不去攻打他，恐怕会给后世子孙留下遗患。"

孔子很生气地说："求！君子不会为了自己的欲求来找借口！我听说，治理国家的人，不担心财富的多少，却担心分配的是否平均，不害怕贫穷，却害怕动乱。分配公平了就不会有动乱，社会和谐就不用担心人少，国家安定就不必担心危险。像这样，如果远方的人不归附，就应该靠加强自己的品德来吸引他们。别人来归附，就应该让人家安定下来。现在你们两个呢，季康子在你们的辅佐下，不能使远方的人归附，不能使国家安定，现在还要在国家内部发动战争。我恐怕季氏真正应该担心的，不是颛臾，而是国内的事吧。"

## 孔子论诗

相传孔子到了晚年，安心地在家里整理书籍典故，我国历史上最早的诗歌总集《诗经》，就出自孔子的整理。孔子十分重视对诗的学习，在《论语》中，多次出现孔子对诗的评价。

《学而》篇中，孔子的学生子贡问他贫富的问题，说道："贫穷而不谄媚，富贵却不骄纵，这样怎么样？"孔子答道："这样不错。但是不如贫穷但是快乐，富贵但是喜好礼仪。"子贡这时候引用了《诗经》中的一句话说："诗云：如切如磋，如琢如磨。说的就是这个意思吧？"孔子听后很高兴，称赞道："很对，以后可以和你一起讨论诗了。我只要说出前半句话，子贡就能想到后面那句是什么。"

在《为政》篇中，孔子对《诗经》进行了一个总体评价："诗三百，一言以蔽之，曰'思无邪'。"对诗的评价到了一个很高的高度。

而《八佾》篇中，记录了这样一段对话。

子夏问孔子说："巧笑倩兮，美目盼兮，素以为绚兮。这句诗讲的是什么？"

孔子回答说："这是在告诉我们，办事情就应该像画画一样，必须要先打好底子，然后再在画上做修饰。"

子夏又问道："学习礼仪也是这个讲究吧？"

孔子觉得子夏想得很对，于是表扬子夏的时候又提到了诗，孔子是这样说的："商（子夏的名），你才是能继承我思想的人啊！从此以后我可以和你一起谈论诗了。"

而在《泰伯》这篇，孔子讲了学习的过程，他说："兴于诗，立于礼，成于乐。"就是说，一个人要成才，首先必须从学习诗歌开始，然后学习礼仪在社会上立足，最后一步是学习音乐。孔子把学诗放在一个成功基石的位子上，认为不学诗，就不能有成功的人生。

《子路》篇中记录了孔子和儿子孔鲤的一个小故事。

孔鲤有次从大厅里过，孔子刚好看见了他，就问道："孔鲤啊，你开始学诗了吗？"

孔鲤回答说："没有。"

孔子于是说道："你不学习诗歌，我都没有话可以跟你交流。"

孔鲤听到父亲这么说，门也不出了，退回自己房里学诗去了。

《阳货》篇中，收录了孔子对弟子们的一番忠告，孔子是这么说的："同学们啊！你们为什么不去学诗呢？诗歌，可以激发感情，可以考察世事，可以结交志同道合的朋友，可以发泄心中的烦恼，往小了说，可以学习其中的知识来侍奉双亲；往大了说，可以学习些辅佐君王的谋略。此外，学诗还可以多认识些花草树木、虫鱼鸟兽的名字呢。"

仔细研究《论语》一书，可以发现孔夫子对学诗这件事的重视程度，他不厌其烦地在自己的学生、儿子面前强调学习诗歌的重要性，对于今天的人们，也有很大的参考价值。

## 颜回好学而早死

孔子号称学徒有三千之众，这其中出名的就有七十二人，在这么多学生中间，孔

老最喜欢的一个，叫做颜回。

颜回是春秋末期鲁国人，字子渊，因此也被叫做颜渊。颜回的家里很贫穷，但是他十分好学，孔子曾经评价他说："颜回这个人，只要给他一碗饭吃、一瓢水喝，他就能够在一间破房子里学习，还过得很安逸的样子。要是换了别人，发愁都来不及。颜回呢，不但不因为日子贫苦而烦恼，反而能在这种艰苦的环境中保持乐观的心态，继续勤于学业，实在不能不让人佩服。我是自愧不如啊！"

颜回

颜回平时话不多，但孔子却十分喜欢和他交流。孔子曾经说过："颜回是最能和我产生共鸣的人啊！他能够保持三个月的时间而不违背仁义之道，若换成我别的学生，能坚持一个月也就了不得了。我平时讲课的时候，他从来不发表看法，好像没听懂的样子，其实你仔细观察他就会发现，我讲的每个字，他都了然于心，并有自己独特的见解。我告诉大家的一些道理，也只有颜回能够毫不懈怠地去执行下去。对于受人重用就出来做官，不被人赏识就能够隐居起来研究学问这件事，恐怕也只有颜回和我可以做到了。"

孔子经常在别的学生面前夸奖颜回，惹得子路很不高兴。子路常常以自己的勇猛自负，"于是问孔子："现在如果派您去带兵打仗，您会选谁跟您一起去？"孔子回答道："如果是那种只知道徒手打老虎，徒步去涉水过河，死了还不知道后悔的人，我是绝对不会带他去的。我要带去的人，是那种遇到事情知道担忧，然后发挥自己的聪明才智想到最好的解决方法后再去解决困难的人。"子路听完后没有再说话。

有次，孔子问子贡说："你自己觉得你和颜回哪个更有才能呢？"子贡回答说："我怎么可以和颜回相比较呢。颜回这个人，如果他听到一个道理，就会自己再想出十个道理来；至于我嘛，能想出两个就了不得了。"孔子听到后竟然很不给子贡面子地说道："对呀，我也是这么想的，你确实不如颜回。"

颜回虽然很好学，也深得孔子的喜欢，但是他身体一向不好，到二十九岁的时候，头发就全白了，三十二岁就英年早逝。颜回死后，孔子大哭不止，不住地哭喊道："这是老天要亡我啊！这是老天要亡我啊！"学生们怕孔子再哭下去哭坏了身体，都纷纷劝说道："老师您悲伤过度了。不要再哭了。"孔子哭着回答道："悲伤过度吗？颜回这样的人死了，我如果还不尽情悲伤一次，谁死了又值得我哭呢？"

鲁哀公问孔子："你的学生中谁最好学？"孔子叹息着回答道："我曾经有个学生叫颜回，这个人从来不会因为自己生气而迁怒于别的人和事，只要犯了错就会立刻改正，不会再犯第二次，特别的谦虚好学。可惜，他不幸早逝。颜回死后，我就再也没听说过如此好学的人了。"

## 子路好勇

在孔子的学生中，最勤奋好学的是颜回，最勇敢直率的就是子路。子路，名仲由，字字路，又字季路，是春秋时期鲁国人，孔子门下七十二贤人之一，以政事见称。

子路在孔子的学生中，是个性最为鲜明的一个。司马迁在《史记》中曾评价他道："子路性鄙，好勇力，志伉直。"很是贴切。子路比孔子小了九岁，在他十八岁那年，孔子刚好周游到他的家乡下地。当时的子路还是一个没有受过礼仪教化的蛮人，打扮的甚至有些野人的风格，头上插着鸡羽毛，腰间佩戴着野猪的牙齿，行为粗鲁，好勇斗狠。孔子见到子路后，很是赏识，但是子路却想欺凌他，孔子对子路以礼相待，又向他展示了礼仪的风范，子路被孔子的风度所折服，于是就师从孔子，做了他的学生。

做了孔门学生的子路，并没有从此改掉自己直率、坦诚的性格，根据《论语》的记载，我们可以得出结论，子路是孔子的学生中唯一一个敢正面批判自己老师的人。有一次，季氏的家臣公山弗在费地搞叛乱，征召孔子前去做官。一心想施展自己理想的孔子心动了，打算前往，这时候子路很不高兴地对孔子说："您就是再没地方去，也不能投靠这个反动分子啊！"听到子路的这番话后，孔子急得连忙解释道："我去那个地方，是为了能够复兴周朝的礼仪啊！"结果最后孔子也没有去成。还有一次，卫灵公的宠妾南子召见孔子，南子当时深受卫灵公的宠爱，要想受到卫灵公的召见与重用，必须通过南子这关。孔子为了自己的理想抱负，只好硬着头皮去了。子路知道这件事后，很不高兴，认为孔子做了违背礼仪道德的事，孔子知道后，急得他在子路面前指天发誓道："我如果做了什么违背礼的事情，就叫老天抛弃我好了！让老天抛弃我！"

子路做了孔子的学生后，不仅仅只是跟着孔子学习知识，还兼职扮演着保镖、车夫的角色。孔子周游列国时，子路总是在他身边陪伴。很多以前嘲讽、欺负孔子的人，因为忌惮子路的勇猛威武，都不敢再轻看孔子了，孔子还曾经感慨道："自从我得到子路以后，就没有再听到那些恶言恶语了。"子路和孔子，既是师徒，也是朋友，更是亲密的战友。子路敬佩孔子，忠于孔子，但这种忠诚又不同于一味地盲从，更为难能可贵。孔子曾经说过："如果我不能实现自己的理想，而要到海外去避世，到时候还能跟随我去的，恐怕只有子路了。"

后来子路到卫国做了大夫孔悝的宰相，孔悝的母亲伯姬跟人谋划立自己的弟弟蒯聩当国君，于是胁迫孔悝弑杀卫出公，卫出公听到消息后就逃跑了。子路当时在外面，听到消息后就进城去见蒯聩。蒯聩命人击落了子路的帽子，子路目眦尽裂，严厉呵斥道："大丈夫就算死去，也要堂堂正正地带好帽子再死！"说完很认真地将落地的帽子捡起戴好，从容赴死。

## 子贡善辩

端木赐，字子贡，春秋战国时期鲁国人，是孔子的学生中成就最大的一个。

子贡是一个各方面表现都很优秀的人，他文化知识丰富，政治才能突出，口才很好，是一个优秀的外交家，此外，子贡还是一个成功的商人。由于篇幅有限，现在我们只介绍一下子贡的口才。

司马迁在《史记》中对子贡的评价是："子贡利口巧辩，孔子常黜其辩。"子贡的才华是得到孔子的肯定的，孔子对《诗》评价甚高，曾说出"不学诗，无以立"这样的话，但他曾经这样评价过子贡："始可与言诗矣。"对于孔子来说，这样夸一个人应该是不常见的。

齐国的田常想要搞动乱，于是打算将军队派到鲁国去挑衅，然后自己好在国内行动。孔子知道这件事后，问手下的弟子谁愿意前往处理这件事，好几个人都毛遂自荐，但孔子一直没点头，直到子贡说自己愿意前往后，孔子才同意。子贡先后出使了齐国、晋国、吴国和越国，他凭着自己的三寸不烂之舌，将利益关系揭示给各国看，结果鲁国完好无损地保存了下来，没有招致祸患，齐国被扰乱，晋国、吴国、越国也因为子贡的这次活动，势力发生了不小的变更。司马迁评价这次行动说："子贡一使，使势相破，十年之中，五国各有变。"在这次活动中，子贡善辩的特长被发挥到最高水平。

凭借自己的才华，子贡很快就谋到了一个很好的官职，名声一度响亮得盖过了自己的老师。孔子被困于陈蔡时，最后还是凭借子贡去求楚王才得以脱险。但成功的子贡并没有骄傲自满，他还是一样的谦虚仁厚，一样的尊师敬长。孔子曾问过子贡，他和颜回比，谁更优秀。子贡的回答是："当然是颜回更优秀。他听到一个道理可以自己再联想到十个，我最多也就能想出一两个。"有人在子贡面前诋毁孔子，子贡总是挺身而出，说道："孔子是无法诋毁的。别的贤人，最多就像丘陵一样，虽然有高度，但都是可以越过去的，孔子不一样，他就像是天上的日月一般，是无法超越的。"

孔子死时，子贡不在身边，于是在别的学生守完孝的三年后，子贡又守了三年孝。

## 子禽释疑

子禽，姓陈名亢，字子禽，孔子的学生。子禽生性多疑，他曾先后三次对孔子的人品和才学产生了怀疑。

第一次，子禽怀疑孔子周游列国，其实并不是为了宣扬"仁政"，而是想求官做，政治上有野心，于是他问子贡道："我们的老师每到一个诸侯国，必定会关心那个国家的政事，这是他自己的所求呢，还是别人主动请他关心的呢？"

子贡知道子禽的意思，他是想说老师都这么大年纪了，又在这么糟的处境下漂泊了这么久，居然始终保持着治理国家的热情，他究竟是出于一己之私欲，还是缘于天下之公心呢？子贡才思敏捷又能言善语，他的回答很有技巧："我们老师之所以得到闻政的机会，靠的是温和、良善、恭敬、节制、谦逊。如果说这是老师之求，那么这种求法也和别人都不相同吧？"

通过这次释疑，子禽相信了自己的老师的确不是一般人，他以德闻政，志向高远，他的政治动机是纯洁的。

第二次，在孔子去世以后，子禽看孔子一生未得大用，他的才学、修养、政治理念以及整个学说并不被世人广泛地认同，因此对老师的声名也产生了怀疑。于是，他问子贡："子贡学长您太过谦恭了，仲尼老师难道真的比您贤能吗？"

子贡晚年被鲁国重用，立下了不少功劳，所以子禽便以成败论英雄，对老师产生了这样的怀疑。面对这么高的赞扬，没想到子贡却非常冷静，他回答道："如果我们的老师能获得治理国家的权位，那么凭借他那非凡的号召力，一定可以使百姓安居乐业，可以使国家秩序井然。"

这次，子禽明白了，不要因为老师没有治国平天下的事就否定他的一切。

## 子贡赎人

春秋时期，鲁国有一条法律规定，如果鲁国人在国外沦为奴隶，有人见到后出钱把他赎回来，就可以到国库中报销赎金。这条法律实施了很多年，使很多流落在外的鲁国人因此而得救。

孔子的弟子子贡是一个很有钱的商人，有一次，他在一个国家行商的时候，碰见了一个沦为奴隶的鲁国人，便替那个人赎了身。但是回到鲁国后，他拒绝收下国家给的补偿金，因为他认为那些小钱对于自己不算什么，而且出于道德的考虑，这样做也是应该的。不料，孔子知道后却批评了他："赐（子贡的名字叫端木赐，子贡是他的字），你这样做是不对的。你开了一个不好的先例，从今以后，鲁国就不会再有人肯替沦为奴隶的本国同胞赎身了。你收下国家的补偿金，并不会损害你的行为价值；但你不肯拿国家的补偿金，就破坏了鲁国那条代偿赎金的好法律。"

"子贡赎人"不要补偿金本是一件好事，本应该被树为道德典范，孔子为什么反而会批评他呢？因为孔子认为，其实鲁国制定这条法律的用意，是为了鼓励每一个鲁国人，让他只要有机会，就可以在做一件大好事后得到实惠。因为事后国家会给他补偿和奖励，最后这个行善举的人不仅不会有任何损失，而且能得到大家的赞扬，那么长此以往，愿意替本国同胞赎身的人就会越来越多。子贡的错误，就在于把原本人人都能达到的道德标准超拔到了大多数人难以企及的高度。因为大多数人没有子贡那么有钱，无法像他那样不在乎这笔赎金，如果白白付出了这笔赎金，那么自己的生活就可能受到很大的影响。而如果自己不能拿回代付的赎金，那么即便看到本国的同胞在外沦为奴隶，有机会将同胞救回来，大多数人也会放弃这个机会，不去救自己的同胞。真正的道德，其实应该是一种人人都能够做到的无损于己而又有利于人的行为。

## 知与不知

一天，孔子问弟子子路一个问题，子路不知道答案，但他又不好意思说自己答不上来，便胡乱编造了一个答案。

孔子听后，很生气，对子路说："由，为师平时是怎么教你的？知道就是知道。不知道就是不知道，这才是聪明人的做法。"

见子路低下头不敢吭声，孔子缓和了一下口气，继续说道："做人要诚实，做学问也是一样，必须端正态度。探求学问或了解事物，应采取极其诚实的态度，懂得就是懂得，不懂就是不懂，切不可不懂装懂，否则，对于不懂的东西你永远都弄不明白，结果吃亏的还是自己。你明白了吗？"

子路点了点头，说："老师，您教育的是，学生记住了，以后坚决做一个实事求是的人，请您放心。"

孔子听后，满意地点了点头。

## 季氏违礼

春秋末期，奴隶制社会正处于土崩瓦解的过程中，因此礼仪教化日益遭到破坏。

当时，违犯周礼、犯上作乱的事情不断发生，使社会秩序愈来愈混乱。孔子一生崇尚礼教，对破坏礼教的事件深恶痛绝。所以，对于季氏的两次违礼事件，孔子都表现出了极大的愤慨。

有一次，大夫季氏去了泰山祭祀，孔子知道后，就责备当时身为季氏家臣的子路："难道你不能劝阻他吗？"因为，按照周理规定，只有天子才有祭祀泰山的资格，诸侯只能祭祀在其封地境内的名山大川。季氏不过是鲁国的大夫，却去祭祀泰山，这是严重的越礼行为。

子路无奈地回答说："不能！"

孔子叹息道："唉！难道说祭祀泰山的人还不如林放知礼吗？"（林放因不知礼而求教于孔子，这里孔子用林放比作不知礼的人，不如林放，就是更不知礼。）

谁都知道，不知礼而所为与知礼而违之是两个不同性质的事件。很显然，身为大夫季氏并不是不知礼，他之所以知礼而违之，是因为怀有篡夺政权的野心。孔子从表面的礼制批评季氏，其实也在揭露季氏的野心。

还有一次，孔子听说季氏用64个乐师在自家的庭院中演奏乐曲。便气愤地对弟子们说："这样的事他（指季氏）都忍心去做，还有什么事情不可狠心做出来呢？"因为，按周礼规定，只有周天子才可以使用64个乐师，诸侯可使用48个，卿大夫可使用32个，士只能用16个。季氏当时是正卿，所以只能用32个乐师。在孔子看来，这是极严重的违反周礼的事件，实在让人气愤。

## 孔子择婿

孔子的哥哥孟皮去世后，留下了一个未成年的女儿，由孔子抚养。孔子自己也有一个女儿，孔子对侄女、女儿一视同仁，都尽心养育，并且都为她们俩选得了如意郎君。

孔子为侄女选的女婿叫南宫适。南宫适，字子容，出身鲁国没落贵族，是孔子的弟子，为七十二贤人（孔子门下最贤德的七十二名弟子）之一。很多人想不明白，南宫适是个破落贵族，想必一定有些贵族少爷的不良习气，更何况他还得罪过国君，嫁给这样的人怎会得到幸福？

然而，孔子却不这样认为，他觉得南宫适是"君子"、"尚德"之人，因此足以让自己的侄女托付终身。孔子曾这样评价南宫适："政治清明，天下太平的时候，他能够有所做为；政治昏暗、天下大乱的时候，他又能够保全自己。"

那么，孔子为自己的女儿选的女婿又是怎样的人呢？

孔子把自己的女儿嫁给了公冶长。公冶长，字子长，同样是孔子的弟子，并且也是七十二贤之一。虽然聪明好学，博通书礼，德才兼备，但从小家境贫寒，而且相传他通鸟语，并因此获罪坐牢。

事情是这样的，传说有一天，一只大鸟飞到公冶长家院子的一棵大树上，对他说："公冶长，公冶长，南山上有只羊被老虎咬死了，你快去把它捡回来，我只吃羊的内脏，羊肉都归你。"公冶长跑到南山上一看，果然有一只死羊，便将死羊背回了家。可是他却忘了对大鸟的承诺，没有把羊内脏留给大鸟。大鸟很生气，就伺机报复公冶长。又一天，大鸟见了公冶长就叫道："公冶长，公冶长，南山上有只羊被老虎咬死了。"公冶长信以为真，跑去一看，原来是具死人的尸体，正要走时，却与赶来的捕快碰了个正着。公冶长有口难辩，就被捉拿收监了。

孔子深知弟子的为人，因此坚信公冶长是无辜的，而且对他没有丝毫的嫌弃。于是就把女儿嫁给了他。

由此可见，孔子择婿，看的不是门第、财富。虽然没有钱，但人品好，有才能，就可以选作女婿；即使是坐过牢的，因为不是他的过错，是被冤枉的，也可以选作女婿。这说明，孔子择婿的标准只有两条：德行和才能。在他看来，一个品德高尚的人，断然不会对妻子始乱终弃、打骂虐待；一个才能出众的人，会让自己和家人生活安定，即使不能富足，也至少不会穷困。因此，一个德才兼备的人，是最好不过的做女婿的人选。

## 朽木不雕

在孔子的众多弟子当中，其中有一个名叫宰予的，属他最能说会道，利口善辩，所以刚开始孔子很喜欢这个弟子，以为他一定会很有出息。

但后来孔子对他越来越失望，因为时间长了，孔子才发现宰予既无仁德又十分懒惰。

有一天，开始讲课了，孔子发现宰予还没来，就派弟子去找。过了一会儿，去找的弟子回来报告说："老师，宰予正躺在床上睡大觉呢。我叫他，他也不起来。"

孔子听后，很伤感地说："腐烂的木头不能雕刻，粪土一样的墙壁不能粉刷。以前我听了别人对一个人的评价后，就会相信这个人的行为一定与别人说的一样；从今以后，我听了别人对一个人的评价后，要先考察一下这个人的行为再做判断。是宰予，让我改变态度的。"

从此以后，人们在说到一个人不上进、不可造就的时候，便会用"朽木不可雕"来作比喻。

## 师徒明志

颜回和子路都是孔子的得意门生。一天，二人与老师孔子在一起交谈。

孔子说："你们各自都有什么志向，说来听听吧。"

子路先说："我愿意将自己的车马、衣服、皮袍等统统拿出来，与我的朋友们共同使用。就算用坏了，我也不会有任何抱怨。"

孔子听后点了点头，表示称赞。

接着，颜回说："我愿意不夸耀自己的长处，不表白自己的功劳。"

孔子听后也点了点头。

这时，子路向孔子问道："老师，您的志向是什么呢？"

孔子回答说："我的志向就是，让全天下的老年人安心养老，让我的朋友们都信任我，让年轻的子弟们都得到应有的关怀。"

颜回和子路听后，对老师孔子更加敬佩了。

这一次的师徒明志，其实主要谈的还是个人道德修养及人为处世的态度。孔子之所以让其弟子们自述志向，是为了培养他们"仁"的道德情操。从本次师徒的谈话中，可以看出，还是只有孔子的志向最接近于"仁德"。

## 冉有济私

冉有，字子有，春秋末期鲁国人，孔子最器重的弟子之一。他在空门中以善于处理政事而闻名，曾做过鲁国贵族季氏的家臣。

冉有出身卑微，但性格开朗，秉性刚直，为人善良。有一次，孔子派弟子公西华出使齐国，公西华托付冉有照看家中的老母亲。公西华走后，冉有到他家去看望他的母亲，发现公西华老母亲家里的粮食吃光了，于是冉有回到学校后，就向孔子请求道："老师，公西华的母亲没有粮食吃了，请您送给她一点吧。"

孔子一听，便对冉有说："那你赶紧去拿六斗四升粮食，给老人家送过去。"

冉有去取粮食时，觉得六斗四升太少了，就自己做主多拿了好多粮食（远超过公西华母亲所需要的粮食），然后给公西华的母亲送了过去。

孔子知道后，批评冉有道："君子应该想办法接济有困难的人，而不应当为富人赠送财富。为人慷慨是好的，但也要有道义界限，决不假公济私；宁可雪中送炭，决不锦上添花。"

其实帮助别人是好事，但是要把帮助给予那些真正有困难的人；为人慷慨也是好事，但决不能假公济私，或者滥用自己手中的权力。

## 闵损拒官

闵损，春秋末年鲁国人，字子骞，是孔子的弟子，为七十二贤之一。在孔门中以德行和老成持重著称，而尤其以孝行超群闻名于世。此外，他敢于辞官，守身自爱的情操也颇为世人称道。

闵损自幼丧母，后来曾一度受到继母的虐待，生活得非常苦。母亲去世后，他的父亲又娶了一个妻子，并为他生了两个弟弟。继母对他很不好，冬天的时候，继母给她的亲生儿子做棉衣用的是棉花，而给闵损做的棉衣用的却是芦花。芦花并不能保暖，因此闵损常常受冻。由于太冷浑身没劲，所以闵损与父亲一起拉车时常弄掉绊绳。他父亲不了解事情的真相，以为是他偷懒，就常常鞭打他。后来有一天，父亲又在鞭打他的时候，把他的棉衣打破了，芦花露了出来，父亲终于知道了继母虐待他的事情。父亲十分恼怒，便要将继母赶走。这时，闵损却连忙替继母求情，劝父亲道："有继母在，只是孩儿我一个人受寒；而一旦继母离去了，那么您的三个孩子就只能都穿单衣服了。"因为如果继母走了，那么她生的那两个孩子就会变得跟闵损一样，失去母亲的照顾。闵损的善良感动了父亲和继母，也深得远近之人的赞赏。闵损长大后，不仅对父亲十分孝顺，对继母也很好，而且对两个同父异母的弟弟也十分友爱，因此家人和

邻居都对他赞不绝口。就连他的老师孔子，也夸奖他孝行超群。

闵损不但孝行超群，而且德行也十分突出。一次，季氏派人去请闵损出任费邑宰，闵损却要来人替他推辞掉。来人不肯，坚持要他去，闵损于是就说："如果再来召我的话，那我就渡过汶水出国去了。"在孔子众多的弟子当中，闵损是唯一一个明确主张不做官的人。因为当时社会黑暗，闵损不愿与贪官污吏、权臣显贵同流合污。

后来，晋国、楚国都想用高官厚禄诱使闵损去干有损仁德的事，但都被他断然拒绝了。此事一时间被传为美谈。孔子后来在评价其得意门生时，曾将闵损与以德行名世的颜回相提并论。

## 安贫乐道

颜回，字子渊，春秋时期鲁国人，他十四岁时即拜孔子为师，此后终生跟随孔子。在孔门诸弟子当中，孔子对他称赞最多，不仅赞他"好学"，而且还称他是"仁人"。

颜回的一举一动，都十分合乎孔子的心意，因此孔子常常用他的事例来教育其他的弟子。有一天，孔子在讲学的时候，对弟子们说："颜回，是一位真正的贤者啊！他整天住在荒僻的巷道里，过着极其艰苦的生活。他用竹子做的筐来盛饭，用木头做的瓢来舀水。这要是别人，谁能忍受得了？但是颜回却始终都感到满足和快乐。所以，颜回确实是个十分贤德的人啊！"

孔子十分赞赏颜回的这种品德。然而这究竟是一种什么样的品德呢？其实这就是孔子极力提倡的"安贫乐道"。

在孔子看来，真正有理想、有志向的君子，不会总是在为自己的衣食住行而奔波劳碌。对于他们而言，即便是吃粗粮，喝白水，弯着胳膊当枕头，也会乐在其中；而不符合于道的富贵荣华，他们是坚决不会接受的。

孔子希望人们在贫穷的时候，都能够达到"安贫乐道"的境界，这并不是说他崇尚贫穷，他只是想让那些处境贫困的人，仍能乐于坚守自己的信仰，做一个有理想、有信念、有准则的人。

其实，在提倡"安贫乐道"的同时，孔子还提倡"富而好礼"。"富而好礼"的意思是富有但不骄纵无礼，也就是说一个人在富裕的时候，不能骄傲自大、不讲礼节、道义。

孔子认为，只要社会上无论贫或富都能做到各安其位，便可以保持社会的安定了。

## 以貌取人，失之子羽

以貌取人这种事，自古就有很多。孔子虽为圣人，也有这方面的失误。孔子有一名弟子叫澹台灭明，字子羽，是鲁国人。子羽相貌丑陋，而且体形矮胖，当初他拜孔子为师的时候，孔子认为他资质低下，不会有什么前途，起初不愿意收他，后见他一片诚心才勉强收了他。但是孔子对他的态度一直十分冷淡，后来子羽只好主动退学，回去自己钻研学问。子羽原本就是一个热爱学习和喜欢独立思考的人，离开孔子以后，他更加发奋努力了。而且他处事光明正大，不走邪路；不是为了公事，从不去会见公卿大夫。于是，子羽不久便成了一个很有名的学者。很多青年因此而慕名到他门下求学，他的名声也很快在诸侯之间传开了。

后来，子羽南渡长江讲学的时候，跟随他同行的弟子足足有三百多个。事情传到孔子那里时，孔子后悔不已，说："都是因为我以貌取人，才失去了子羽这个人才啊！"孔子凭相貌去判断一个人品质能力的好坏，结果对子羽的判断就错了。

因此，在看待别人的时候，我们千万不能以貌取人，否则到头来受损失的只会是我们自己。

## 仁智之别

有一次，弟子樊迟向老师孔子问道："老师，怎样的人才算是一个有智慧的人？"

孔子回答说："一个人，如果能专心致力于老百姓应该遵从的道德，虽尊敬鬼神但远离它，那么就可以说，这个人是一个有智慧的人。"

樊迟又问："那么，怎样的人才算是一个有仁德的人？"

**孔子周游传学**

孔子回答道："把难做的事，做在别人的前面，但等到收取成果的时候，他却得在别人的后面。如果一个人能这样做的话，那么可以说他就是有仁德的人。"

其实孔子的回答，不仅说出了仁、智之间的区别，同时他还借机提出了"敬鬼神而远之"的主张，否定了宗法传统的神权观念，目的是想让相信鬼神的樊迟不要再迷信，做一个既有仁德，又有智慧的人。

## 子见南子

南子是春秋时期卫灵公的夫人，原为宋国公主，长相十分俊俏，富有风情，但作风不大好，还喜欢玩弄权术。

这一年，孔子带着弟子周游到了卫国。当时南子深受卫灵公的宠爱，且常常参与政事。南子久慕孔子之名，如今一听孔子来了，就很想亲眼目睹一下他的风采，于是她便向孔子发出了邀请。

对于南子的盛情邀请，孔子刚开始婉言谢绝了。但南子并不甘心，再次邀请他。见孔子还是不肯去，南子的使者便说："夫人（南子）说了，四方之君凡是愿意与她的丈夫卫灵公结为兄弟的，都要拜见她的，这是卫国的礼节。再说了，按照周礼大义，您要是不去，也是有违礼节的。"

孔子觉得使者的话也有道理，另外，他也不想为这点小事得罪了南子。于是，孔子很慎重地换上了礼服，前去拜见南子。南子也穿上了礼服，并用周礼之仪隔着帘子与孔子交谈。南子向孔子请教了一些学术上的问题，虽然二人交谈的时间并不长，但南子还是感觉受益匪浅。等孔子走后，她命大臣们好好招待孔子等人，不得怠慢。

由于南子名声不好，因此孔子的弟子们对孔子见南子一事颇有非议，尤其是一贯耿直的子路竟当面指责他："老师常给弟子们讲礼义廉耻，而您自己为什么偷偷地去见南子？"

孔子明白子路的意思，但他也不愿多做解释，只是发誓道："如果我做了什么违礼之事，老天会惩罚我的！老天会惩罚我的！"

从孔子的誓言中可以知道，他与南子之间并不曾有什么浪漫之情，至于后人那些"圣人出格事"的传言，则更是无稽之谈。

## 信而好古

孔子治学有道，育人有方，这是众所周知的，因此他每游行到一个地方，都有很多人前来拜访，或与他谈经论道，或向他请教问题。

孔子刚在一个地方落脚，就有很多人来拜访他。其中有一个人向孔子请教道："先生，我们大家都很仰慕您的人品和才学，也很想知道您是怎么研究学问的，您能传授给我们一些秘诀吗？"

孔子微微一笑，回答说："其实，也没有什么秘诀。我这个人嘛，就是相信并爱好古圣遗教,而且一门心思想从历史文化中寻找出王道脉络。"

那个人又问道:"您在学术上也作出了很大的贡献,那么,您的治学精神又是什么呢?"

孔子答道:"首先是学而不倦,并将所学过的东西熟读牢记,然后我再用自己所掌握的知识来传播历史文化,歌颂王道,培养弟子们成才。"大家听后,颇受启发,于是又有人问道:"先生,您在教学育人上也很有一套,能跟我们讲讲您的经验吗?"

孔子回答道:"要说经验,其实也没什么,我只不过是勤于教导学生,并且永远不会倦怠罢了。

## 道与六艺

孔子周游列国后,又回到了鲁国,并兴办起了学堂。由于当时孔子已经是极负盛名的人了,因此前来拜师学习的人更加络绎不绝。

孔子跟弟子们讲道与六艺的关系。他说:"要想学有所成,每个人一开始都要树立起远大的理想,并下定决心为追求仁治王道而奋斗不息,甚至以身殉道。"

弟子们纷纷点了点头,表示记住了先生的教诲。

孔子接着说:"在基于道德的基础上,每个人为人处世都要力求于仁,每时每刻都要以仁来要求自己,并坚持自己的道德准则,不能做丝毫有违背仁义的事情。"

弟子们又点头称是。

孔子最后说:"在以上两点的基础上,你们才可以广泛地去学习礼、乐、射、御、书、数六艺,使自己可以得到全面而均衡的发展,从而能够成为一个既具有专业技能,又发展全面的有用人才。只有这样,你们才能实现自己的理想,才能为王道大业作出应有的贡献。"

正如孔子所说,他就是这样培养自己的弟子的,他以仁、德为纲领,以六艺为基本,让学生能够得到全面、均衡的发展,并最终成为一个对社会有用的人。

## 大智大勇

孔子虽然学识渊博,久有经国济世的抱负,但苦于受时代和社会的限制,他的才能始终得不到施展,因此渐渐产生了一种郁郁不得志的心态。

孔子与他的几个弟子在一起讨论各自的人生抱负。孔子率先说道:"如果老天肯开开眼,赐给这个世界一个开明的君主的话,那么我就可以全力济世,大干一场。但如果老天一直这么不开眼,让昏君当道,那么我注定不被赏识,也只好归隐山林,决不再出世了。"说着,他指了指颜回:"就目前来看,能这样做的大概也只有你我二

人了。"

颜回不但聪明好学,而且对孔子的"仁政"思想有深入的理解,并能将"仁"贯穿于自己的行动与言论当中,是孔子最满意的学生,所以孔子常常夸奖他。

子路生性耿直,见孔子又把颜回抬到这么高的地位,便十分不服气,他想:"论写文讲道,自己是比不过颜回,但若统帅三军、兴兵打仗,颜回又怎么能与我相比呢?"于是,子路站起来向孔子问道:"先生,治理国家,是离不开军队的。假如要您统军打仗,那么您会让谁做您的副将呢?"

孔子明白子路的意思,他这是在攻击颜回胆小的弱点。正好,孔子也想借机指出子路的弱点,便笑着说:"这个嘛,我还真没考虑过,不过我敢肯定,我是不会挑选那种赤手空拳就考虑与老虎搏斗或不找到船只而只想渡河的人在一起统领兵士的。打仗的时候,只有一股蛮力是远远不够的,要不然,怕是打了败仗也还不知原因出在哪里呢。"孔子的言下之意就是说子路这人缺少智慧,而且过于鲁莽。

## 宰予昼寝

宰予名予,字子我,鲁国人,是孔子的著名弟子"孔门十哲"之一。然而,宰予曾经因为白天睡觉使得孔子对他大为恼火。有一天,孔子看到宰予在大白天睡懒觉,于是恨铁不成钢地说道:"腐烂的木头经不起雕琢,粪土垒成的墙不能粉刷。像宰予这样的学生,我该责备他什么呢?"然后他又说:"以前我评判一个人,只听他说话就可以相信他的行动了;然而从宰予开始,我评判一个人,听了他说的话以后还要观察他的行动。"

在孔子的学生中,宰予算是能言善辩、比较爱说话的学生,但是可能他嘴上说得好听,具体到实际行动就不愿意做了;也可能宰予此时刚说完"做人要勤奋努力"这句话,然后就打个哈欠回去睡觉了。孔子见到这样的情况,才会这么严厉地批评宰予,否则只是因为白天睡觉这个小错,不可能大动肝火说出"朽木不可雕"这样的话。孔子很少说负面评价的话,这里说宰予"朽木不可雕"应该算是比较严重的批评了。

孔子因为宰予的行为而改变了自己"听其言而观其行"的说法,决定以后正确地评价一个人不仅要听他怎么说,更重要的是看他怎么做。对此,儒学大师朱熹在他的《论语集注》中说道:"孔子在这个时候才知道应该听其言,观其行,他并不是因为宰予这件事而对所有人都变得不信任了,他只是以这个事例教育大家,告诉我们做人应该言行一致,不要光说不做。"

## 冉求自限

冉求(即冉有),字子有,鲁国人。当时,鲁国的贵族季孙氏想要改变田赋制度而增加赋税，冉求是季孙氏的家臣，他因为这件事去征求孔子的意见，孔子告诉他季孙氏这样做是不对的。然而冉求没有听从孔子的话，他仍然帮助季孙氏推行了新的田赋制度，为季孙氏敛得了更多钱财。孔子对于他这种蔑视民生的态度十分气愤，甚至说冉求不是他的学生，还号召他的学生们一起对冉求口诛笔伐。

然而孔子对于冉求的评价其实也是很高的。他曾说："冉求这个人，有一千户人口的私邑，可以让他去当邑长；有百辆兵马的封地，可以让他去当总管了。"在孔子的学生中，冉求算是比较有才能的了，然而他似乎并不热衷于学习孔子传授的仁义道德，他更感兴趣的是怎样才能做大官。他没有尽心尽力学习孔子的学说，还为自己找借口说："不是我不赞同您的学说，而是我的力量太薄弱了，学不了您的学说。"孔子则尖锐地指责道："如果你的力量真的不够用来学习我的思想，那么你走到一半就会走不动；但现在，你是自己在面前的地上画了一条线，自己不肯再向前走了。"

冉求原本是个很有能力的学生，但他给自己设定了一个障碍，认为自己只能达到某个水平，于是便停滞不前，停留在这条线后面，不想再前进。相反，孔子最宠爱的一个弟子颜回也说过孔子的智慧："仰之弥高，钻之弥坚"，但是颜回穷其一生都在钻研、学习孔子的思想，从来没有停止过。所以，今天的我们也应当注意不要像冉求一样画地为限。每个人都会面临很多害怕做不到的事情，但是每个人都有着无限的潜能，画地自限只能使我们发挥不出原有的能力，因为我们限制了自身能够达到的水准。无所畏惧，就能够创造人生的奇迹。

## 子路受牛

一天，子路在河中救起来一个失足落水的人，那人为了感谢他送给了他一头牛，子路收下了。孔子很满意地说道："这下，鲁国再有落水的人，那么无论是谁都会勇敢地去下河救人了。"

表面上看来，子贡放弃赎金比子路受牛更加高尚一些，但是在孔子看来却不是这样。子贡是孔子门下优秀的学生之一，在社会上有着很大的影响力，他的一举一动都会为世人所效仿。人们都会认为子贡的行为很高尚，但如果真的学习他这种行为的话又会给自己带来损失，所以最后往往就会导致放弃赎人以避免这种尴尬的情况。而子路救人之后，接受了他人的回报，这样才会让大家效仿他。孔子从一件小的事情，就能看出教化的潜移默化的影响。

## 觚不觚

觚是一种器具，古代用来盛酒。它的形状上面是圆的，下面是方的，边缘有棱角，

容量大概有两升。后来，觚的形状被改变，引来了孔子的不满，认为觚不像觚了。他生气地说道："觚不像个觚了，这也算是觚吗？"

孔子一生克自复礼，想要恢复周礼文化，在他的思想体系中，周礼的文化是不可以被更改、变动的。无论是刑法体例，还是井田法制；无论是丝竹音乐的器具，还是喝酒用的酒具，周礼中规定的一切都是完美的，在他看来是神圣不可侵犯的。然而在春秋时的社会条件下，大多数人都不会遵从周礼，"君不君，臣不臣，父不父，子不子"的社会现实让孔子觉得深深地遗憾和失落，更是让他无法容忍。改变觚的形状只是一件小事情，却折射出了社会上的事物名不副实的现状，因而孔子才会如此生气，发出这样尖锐的责问。

## 阳货馈豚

阳货想见孔子，孔子却百般推脱不想见他，于是他托人赠送给孔子一只烤熟的小猪。在封建礼教中，如果有人赠送了你礼物，那么你必须要登门拜谢，按照礼节，孔子这么遵从礼教的人自然就会乖乖地去见他了。可孔子打听到阳货不在家的时间，去往阳货的家里拜谢，不想二人在路上相遇。阳货说："你过来一下，我有话对你说。"待孔子走到他跟前时，他说道："空怀一身才能却不发挥，任凭国家迷乱，这是仁爱的体现吗？"然后他自己回答道："不算。"接着又问道："明明喜欢参与政事却又屡次错过机会，这是聪明的体现吗？"于是又自己回答道："不算。"又说道："时间是不等人的，它每天都在流逝。"孔子说道："好吧，我这就答应你去做官。"

孔子之所以这么反感阳货，是因为阳货是他非常鄙视的乱臣贼子，他与国君的夫人南子有染，还想勾结叛乱。如此大逆不道之人，孔子当然不愿意和他交往，更不愿意在他手下做官。但是出于礼数，他又不得不登门拜谢，所以他挑了阳货不在家的时候前去。可见，孔子不是一个迂腐的书呆子，人各有志，但不能因为外界的诱惑而违背了自己的原则，在为人处世中，孔子既巧妙地坚持了自己的原则，又体现了自己睿智处事的一面。

## 子路强辩

子路在鲁国担任季氏总管的时候受到了季氏的信任，他推举子羔去担任季氏下辖的乡邑费邑去担任行政长官。子羔的年龄比子路小了整整21岁，所以孔子认为子羔还太年轻，学业未成，处事也不会灵活变通，还没有达到出去做官的条件。再加上费邑是一个争端比较多的地方，民风不好，鲁国的内乱有几次就是源于这个地方。孔子批评子路误人子弟，子路其实也知道自己理亏，但还是强行辩解道："那里有百姓需要管理，有政府需要打点，学习的途径又不是只有读书一种。"子路的这种强词夺理的行为引起了孔子的不满和厌恶，他生气地说："所以说，我讨厌油嘴滑舌巧言强辩的人！"

孔子的教育重点和主旨在于"成人"，只有完成了自我修养才能够入仕从事政事。"达则兼济天下"，在还没有准备好的时候仓促走上仕途，很可能会害人害己。所以孔子会责怪子路"误人子弟"。

## 行藏之辩

从古至今被遗落于世而没有官位的人很多，比如伯夷、叔齐、虞仲、夷逸、朱张、柳下惠、少连，等等。孔子说道："达到了自己的志向而又没有辱没自己身份的人，应该是伯夷和叔齐吧？"然后又说道："柳下惠和少连虽然降低了自己的志向也辱没了自己的身份，但是他们的行为合乎情理，言语也合乎法度。他们做人也不过如此。"又说道："虞仲、夷逸敢于直言，修身也合乎清高。而我跟他们这些人都不一样，没有什么是非这么做不可的，也没有什么是非不要这样不可的。"

伯夷和叔齐为了反抗周武王武力推翻殷朝的做法，不愿意吃周朝的粟米，而饿死在首阳山，在孔子看来这两人是典型的逸民风范；柳下惠三次做官、三次被罢免，有人劝他离开鲁国，他却非要坚持下去，孔子认为他忍辱负重，内心坚定的气节还是没有发生改变；而像虞仲、夷逸这样隐居起来完全不管世事的，是做到了清高孤傲，用舍弃了做官的行为来表示自己通权达变的思想。

孔子以为他自己和这些人都不一样，他提倡的是积极入仕的态度，只要符合正义，不违背自己的原则。所谓"用之则行，舍之则藏"，该做官的时候就要做官，该罢官的时候一秒钟也不要多留。所以，隐士也好，圣人也罢，虽然他们的穷大行藏各不相同，但是他们都有自己的做事原则和志向，只要不违背他们的做事原则，他们就会为了自己的志向不断努力。

## 富人子贡

子贡是个很聪明的人，他在学业和政绩方面有着很突出的成绩，同时他的聪明更体现在他理财经商的能力上。子贡在经商上的成功使得他的家里非常有钱，堪称当地的巨富。因为这样的家世背景，子贡心里便产生了关于贫和富想法。

这天，子贡向孔子询问道："贫穷却不阿谀奉承，富裕却不骄傲自大，这样的人生怎样？"孔子听了说道："可以了，但是这样的人生态度还不如安于贫穷而津津，富裕却谦虚有礼。"子贡说道："《诗经》上说，要向对待象牙玉石一样，先开料，再粗糙地挫开，最后小心地雕刻，然后打磨光滑。是这样的意思吗？"孔子满意地说道："我现在可以同你谈论《诗经》了，告诉你一件事情，你已经可以举一反三了。"

孔子先是否定了子贡的说法，提出关于安贫乐道、富而好礼的看法，子贡因此而领悟到追求安贫乐道的境界就像打造出一块好的玉石一样要精雕细琢。这种看法得到了孔子的高度赞扬，认为子贡是一个能举一反三的学生。

## 瑚琏之器

子贡想知道孔子对他的看法，于是跑去问孔子："我这个人怎么样？"孔子说："你就像是一个器具。"子贡有些好奇地继续问道："什么器具啊？"孔子回答说："是瑚琏。"

瑚琏是古代在宗庙进行祭祀的时候，用来盛放小米、黄米的器具。因为是祭祀所用，所以它是十分尊贵的器具，上至国君和诸侯，下到普通百姓都会使用它；大堂之上、宗庙之中都有放置它的地方。

子贡听孔子用瑚琏形容自己，很高兴，认为孔子在用瑚琏比喻他是说他对于国家社稷有很大的贡献，处事尊贵之意。然而他不知道，他因为家中巨富而整天衣着华丽，孔子看不惯他这一点，说他像瑚琏是说他外表华丽、内心空洞之意。

## 夫子击磬

孔子在卫国的时候，有时候住在蘧伯玉的家里，有时候则住在子路亲戚的家里。孔子在音乐方面是很有造诣的，他不但会弹琴唱歌，还会击磬。这天，天气稍微有些阴沉，风拂动窗前的竹叶飒飒而响，院子里一片清明。萧瑟的景象让孔子觉得有一些寂寥，于是坐到窗前击磬。

俗话说："锣鼓听音，说话听声。"一个人内心的状态怎样，是忧愁、伤心，还是开心，我们都可以从他说话的语气中听出来。古人弹琴、吹箫，或如孔子这般击磬，都是为了将自己的情感通过音乐的途径发泄出来，在乐声中往往就融入了自己的烦恼、喜悦等情绪。演奏的人情绪不同，乐曲曲调的变化就会不一样。

优美的磬音吸引了门外一位背着草筐路过的人，他伫立在门边静静地听了一会儿，然后忍不住说道："这位击磬的人，真是个有心人啊。"接着又说道："这声音如泣如诉，是在抱怨自己没有知己吗？既然认为没有人可以了解自己的心思，那就自己了解自己好了。《诗经》里面说，'深则厉，浅则揭。'面前有一条河流阻拦了你的去路，如果水很深，那就干脆穿着衣服游过去；如果水很浅，那不妨提起衣服走过去。"古代的房屋不像我们现在的房子般坚固，古是的房子只隔着一层薄薄的土墙，他在外面这么说着，孔子在屋子里面就听到了，感叹道："这个人说得真是好，真是有道理，让我连反驳的话都说不出来。想要说服他，我更是没有办法啊。"

## 天之木铎

孔子在鲁国当过一段时间的大司寇，后来孔子离开鲁国到了卫国。公元前496年，孔子在卫国已经停留了快一年了，这期间，卫灵公没有重用孔子，但是对他还是很不错的。后来，有人给卫灵公进了谗言，卫灵公对孔子起了戒心，派人监视了孔子的住处。于是，孔子决定离开卫国去陈国。在路过卫国仪邑的时候，这个地方的封疆官想要会见孔子。他说："凡是来到我这个地方的贤能之才，我没有不见的。"会见过后，他对孔子的弟子们说道："诸位，你们何必因为你们的先生失去了官职而忧虑着急呢？天下无道已经很久了，上天是把你们先生当做木铎，来传道于天下的呀！"

木铎就是木舌金铃，是古代的一种打击乐器。在夏商周时期，各地的大小官员们经常会摇动木铎，在街道上巡查以宣传政令。封疆官用这种说法表达出他对孔子的高度赞扬和崇敬。

## 子畏于匡

孔子周游列国的时候遭遇到了很多艰难困苦，他离开卫国去往陈国的时候，路过一个叫做"匡"的地方。孔子驾车的弟子颜刻曾经跟着阳货攻打过匡，他想起了当时来此地打仗时的情形，用马鞭指着一个地方说道："以前我来这里的时候，就是从这个缺口进去的。"

匡人得知颜刻回来的消息，顿时警觉起来，不巧的是孔子和阳货长得又很像。阳货带兵攻打匡地的时候，曾经做了很残暴的事情，匡人对阳货恨之入骨。现在看到他和颜刻在一起，就把孔子当做了阳货，一腔怒气全都发泄在他的身上。一个叫做简子的匡人就带兵把孔子一行人给围了起来。这一围，就是五天。

孔子在当时是个知名的人物，匡人慑于他的名声也不敢加害于他，因而只围不攻。弟子们都很担惊受怕，子路见到老师被困，气愤地拿起武器就要和匡人拼命。孔子急忙拦住他，说："周文王已经逝去了，周礼制度不是还在我们这里吗？如果是上天想要让周礼的文化传承下来，那么匡人又能拿我们怎么办呢？"在匡人虎视眈眈地盯着他们，随时可以要他们的命的困境中，子路弹琴唱歌，孔子和他相和。

匡人也许是感受到了这个被困阵中却从容不迫、温润尔雅的人并不是那个残暴的阳货，于是就放了他们。子畏于匡，显现出孔子面对生命的威胁不忧不惧的大家风范。

## 罪无可祷

卫国的权臣王孙贾问孔子："别人都说，与其去奉承奥神，不如奉承灶神。这话是什么意思呢？"孔子解释道："不是这样的，如果把天都得罪了，那么我们还能去哪里祷告呢？得罪了上天，向任何神祇祈祷都没用了啊。"

王孙贾原本是卫国的权臣，据说是因为得罪了周王才在卫国出仕。奥神里的"奥"，指的是后室的西南角，这个方位被古人视为尊者所居住的位置；古人认为灶里是有神的，所以会在灶边祭祀，灶神主管的是一家人的粮食。所以，虽然灶神的地位不如奥神高，但是它主管着饮食，所以奉承奥神不如奉承灶神。

当时，孔子在卫国居住了很久，卫灵公对他也不错，给他的待遇很好。卫灵公有个宠姬叫做南子，她想利用孔子的声望来壮大自己的声势，便召见了孔子。王孙贾得知有这回事，以为孔子会趁机向卫国求取官职来做，便对孔子说了这番话。王孙贾对孔子说这些话颇有嘲讽孔子的意思，他用"奥神"来比喻国君，也就是当时的卫灵公和他的宠姬南子，用"灶神"来比喻自己，暗示孔子巴结卫灵公和南子，还不如来巴结自己。孔子当然拒绝了他的"好意"，说他可不这样认为。上天是这个世界上最大的神，人们做了坏事就降祸于他，做了好事就赐福于他。顺应上天的意愿做事，自然会获得好报；如果一味按照自己的私心做事，违背了天理，做出了大逆不道的事情，就会得罪上天。孔子正直的反驳，表明了自己的政治立场，也彰显了他不屈于权贵的高尚形象。

## 司马牛之忧

司马牛名耕，一名犁，字子牛。他是宋国人，也是孔子的众多弟子之一。司马牛的哥哥是宋国的大夫桓魋，因为参与宋国的叛乱，兵败后桓魋逃往国外，也连累到了司马牛。司马牛无奈之下被迫离开宋国，逃亡到了鲁国。司马牛时常惦记自己的哥哥，桓魋被卷入政治战争中无法脱身，他也常常心怀忧虑和恐惧，担心桓魋会出事。司马牛被这种不安折磨得坐卧难安，便向孔子问道："先生，我该怎么才能摆脱这种忧虑和恐惧的心情呢？"孔子回答他说："真正的君子是没有忧虑也没有恐惧的，只要你内心认为自己平时的所作所为是无愧于天地的，也会经常自我反省改正自己的不足，内心毫无愧疚，便也不会有让你忧虑和恐惧的事情了。"孔子说的是自身行为良好、品德高尚就不会在内心产生忧惧的情绪了，而不是教导司马牛怎样摆脱已经形成的忧惧的情绪，因而司马牛并没有理解孔子的话。

过了几天，司马牛愁眉苦脸地找到了子夏，对他说："别人都有兄弟姐妹，只有我自己没有一个亲人。"子夏就劝他,说道:"我听人家说,生死是由命运来决定的,富贵是由上天来安排的。君子谨慎做事,认真做人,对待他人谦恭而有礼貌,那么天下人都会成为你的兄弟。你又何愁没有兄弟呢?"

朱熹后来在《论语注解》中说道:"牛有兄弟而云然者,忧其为乱而将死也。"意思是,司马牛的哥哥桓魋当时还没有死,只是因为他深陷麻烦之中难以脱身,司马牛担心自己的哥哥突然有一天会死于战乱,那时自己就真的没有亲人了,因此才非常担心和忧虑。子夏的劝解既让司马牛安于上天安排的命运,减少了他心里的焦躁难安志强,也让他将自己的注意力放到了修行自身上来。所以朱熹评价子夏说,他"实是仁人善语,不愧是孔子的高徒"。

## 陈蔡之野

孔子在蔡国居住了三年的时候,吴国出兵攻打陈国,陈国向楚国求助,于是楚国派出了军队驻扎在城父。楚国军队的将领听说孔子就住在陈国和蔡国的边境上,便派人去请孔子,孔子接受了聘请欣然前往。得知此事后,陈国和蔡国的大夫有些慌了,他们在一起商议说:"孔子是一位德才兼备的贤能之人,他毫不畏惧地指责和讽刺各国弊病,如今却要让他停留在陈国和蔡国之间,我们的一举一动都不会符合他的意思。楚国是个大国,他要来聘请孔子,如果孔子被重用了,那我们岂不是危险了?"于是,双方派出一些兵马把孔子围困在了蔡国的郊外。

孔子和他的弟子们没办法行动,身上带的干粮很快就吃完了,跟随着他的弟子们一个个饿得面黄肌瘦,有的连站的力气都没有了。孔子却若无其事地还在给他的弟子们讲学,弹琴唱歌,朗诵诗歌。子路很生气,不客气地指责孔子说:"君子也会有困顿的时候吗?"孔子说道:"君子遇到困境会坚定自己的意志不动摇,小人遇到困境就会手忙脚乱做出不对的事情。"

孔子知道弟子们不高兴,便叫来子路问他:"《诗经》里说过,不是犀牛也不是老虎,却徘徊在旷野之上。我们的学说难道不对吗,不然我们怎么会落到这种地步呢?"子路回答道:"大概是我们的德行还不够,所以不能让人信任我们;我们的智谋大概也是有欠缺的,所以他们才不会让我们通行。"孔子不认同他的看法,说:"如果仁德的人总是能够得到他人的信任,那么伯夷和叔齐怎么会饿死在首阳山呢?如果有谋略的人总能畅通无阻,那么比干怎么会被剖了心呢?"

子路走后,孔子问了子贡同样的话。子贡回答道:"这是因为老师您的学说太博大了,所以才没有一个国家能够容纳得下,老师何不将自己的要求降低一些呢?"孔子也不认同他的说法,反驳道:"善于耕种的农夫不一定有好的收成,手艺精巧的工匠做出来的东西也不一定能够让人满意。有仁德的人钻研自己的学说,就像织一张网一样,先勾勒出大致形状,再进行梳理,然而这也不一定会被世人所接受。你不把心思放在

钻研自己的修养学说上，反而想通过降低要求来取得别人的认同，你的志向太不远大了啊。"

最后孔子召见了颜回，以同样的问题相问。颜回答道："老师的学说太博大了，所以才没有一个国家能够容纳得下。但是即便是这样那又有什么关系呢，老师还是要继续推行自己的学说，这样才能显示出君子的本色。一个人不钻研自己的学说是自己的耻辱，不被接受是当权者的耻辱，能不能被天下接受又有什么关系呢？不被接受才能显示出君子的本色。"孔子听到这样的说法很开心，笑着说道："是这样的，如果你有很多钱财，我会做你的管家。"

后来，孔子派了子贡到楚国求援，楚国调动军队前来迎接孔子，孔子和他的弟子们这才成功脱困。

## 叶公问政

叶公原名沈诸梁，字子高，是楚国的贵族。他处理政事的时候，每一件事都会做到公正严明，他体恤人民减少赋税，被人民所称赞。孔子觉得叶公算得上是施行"仁政"的榜样了，所以他来到了楚国。

叶公听说后很高兴，迫不及待地跑来问孔子君子该如何从政。孔子说道："能够做到近者悦，远者来，就是最大的成功。"春秋战国时期，土地十分辽阔，而人口却很少，所以一个国家的综合国力往往需要众多人口的支撑。所以孔子说，能够让跟随着你的人感到心悦诚服，不愿意离开你；在外面的人都惦记着你的恩德，都想回来，这就是成功了。而相反的，在你统治之下的人们都想离开，在外面的人离开了也都不回来，这就是君主的仁德不够，不能让人民折服。引申到外交上，就是能够与周边相邻的国家相处和睦，也能够与离自己很远的国家礼尚往来，这就做得很成功了。

有一次，叶公的家乡发生了一件事情。他的家乡有一个年轻人为人十分正直，他父亲偷窃了别人的羊被他知道了，他便向官府告发了这件事情，害得他父亲吃了官司。叶公就过来对孔子说："夫子，这个人的行为是不是不孝呢？"孔子不假思索地回答道："确实是不孝啊。父亲和儿子的关系是特殊而亲密的，正确的做法是，父亲能够为儿子隐瞒一些事情，儿子也为父亲隐瞒一些事情。这样做了，正直也就在其中了。"

孔子认为，所谓的正直应该合乎人情，父子之间相互隐瞒，虽然不诚实，但是却是正直的。他的意思不是让儿子替父亲隐瞒偷羊的事情，而是让儿子替父亲承认羊是他偷的，这样才是正直的做法。

## 子路问津

公元 490 年仲夏时节，孔子率领着自己的众多子弟从楚国返回蔡国。途径一处河流，河面正在涨水，湍急的溪流挡住了他们的去路，孔子便让子路去四下打听哪里有渡口。子路四处一看，有两位隐者正在耕地，于是便走过去问他们。

隐者长沮忙着手中的活计，头也不抬地问子路："车上的人是谁啊？"子路回答道："是我的老师孔丘。"长沮这才抬起头来，问道："是鲁国的孔丘吗？"子路点头称是，长沮用嘲笑的语气说道："既然是孔丘，他不是应该生而知之的吗？怎么会不知道渡口在哪里呢？"

子路见他不肯告知，便转身问另一位隐者桀溺。桀溺收起手里的木耜，问他："你是谁？"子路回答到："我是仲由。"桀溺说："哦，你是孔丘的弟子吧？"子路点头回答是，桀溺便说："当今的天下，哪里都是一样纷乱，有谁能改变天下这种大势呢？你跟随你的老师到处奔波躲避暴君和乱臣，还不如向我们一样归隐田园做个隐士，乐得逍遥自在呢。"说完，自顾自地去忙着田里的活，再也不理会子路了。

子路无奈，只得回来对孔子如实相告。孔子怅然地叹了口气，说道："我怎么能够隐居在山林里面与鸟兽为伍，和鸦雀同群呢？我不和人们在一起生活，还能跟谁在一起生活呢？就算这天下合乎正道，我也不会改变自己的主张的。"

## 子路请祷

孔子七十高龄的时候生了一场病，病情来势凶猛，很久都不见痊愈。他的弟子们都很着急，尤其是子路，更是着急得坐立不安。他便请求孔子，让他为他向鬼神祷告。孔子躺在床上，问他："以前有过这样的先例吗？"子路急忙回答："有的！《诔》里面说过的，'为了你向天下的神祇祷告。'"孔子微微摇头，拒绝了子路的建议，他说："我自己已经祷告很久了。"

向鬼神请祷，是为了督促自己做事更加小心谨慎，而不是让鬼神保佑和偏袒自己，不然哪里还有公正可言？如果祭拜鬼神，向鬼神多多进献祭品就可以求得自身平安，得到更多佑护的话，那天下人就什么都不用做了，不用工作也不用学习，只祭拜鬼神就可以了。所以，孔子又说道："我祭祀鬼神的时候，鬼神就在那里。"

孔子病得更加厉害，弟子们都觉得他快不行了，子路便指挥着其他的弟子准备丧事。在春秋时期，只有诸侯死去才能有家臣，孔子只是士大夫，有家臣的话就是一种不符合礼的行为。孔子病情好转后知道了这件事，就把子路叫过来责备他："我病了这么久了，你的行为实在太虚假了！按照我的身份本来不应该有办丧事的家臣的，你却一定要他们充当家臣。我欺骗谁呢，欺骗上天吗？再说了，我与其死在治丧的家臣手中，还不如死在你们这些学生的手中。即使我不能风光下葬，你们难道还会任凭我死在大路上吗？"

孔子对自己的祷告是没有形式的，在他看来，只要自己的日常行为没有冒犯神明，只要自己做的事情是无愧于心的，这就等于天天在祷告了；而子路想要为孔子做的祷告，虽然是祷告，但却带着动机和企图，这样的祷告在实质上已经远离神明了，所以就算祷告了也是没有用的。大病之中，孔子还能保持着这种理智和泰然处之的心态，既体现了他知天命的人生观，又体现了他无愧于天地的圣人形象。

## 申枨之欲

有一天，孔子讲完了学，和弟子们闲散地坐在一起聊天。孔子突然叹道："我还没有见过刚强不屈的人呢。"这时马上就有弟子说道："申枨是刚强不屈的人啊。"孔子略加思索，说道："申枨啊……他那顶多算是贪欲，怎么能说是刚直不阿呢？"

申枨字周，也是孔子七十二贤之一。然而，孔子这个见多识广、阅人无数的人都说自己没有见到过刚直不阿的人，说明这种人确实是很难得的。申枨平时是一个志得意满的人，不把一般人放在眼里，所以当孔子说出这种话的时候，有一些认识肤浅的子弟便说申枨就是这种人。孔子就提醒他们，贪得无厌不是刚强，"刚"和"欲"恰恰是对立的，贪婪地追求外界物质的人容易被扰乱了心神，被外物所凌驾、驱使；人们常说"无欲则刚"，不被贪欲所诱导的人才是真正刚强的人。

孔子认为，一个人欲望太多，他就会做出违背周礼的事情。欲望太多，有时候就会做不到"义"，有时候就会做不到"刚"。孔子没有普遍地反对人们的欲望，但是如果有志成为具有崇高的理想的君子，就要舍弃欲望，潜心向道。

后来的学者朱熹说道："能战胜欲望的人，才能被称为刚，能够凌驾于万物之上；为了物质遮掩的人，这叫做欲，只能屈于万物之下。"所以，贪欲和刚强是两回事，贪婪的欲望非但不能让一个人变得刚强，反而会毁掉这个人刚强的心志。所以孔子才会说，他从来没有见过刚强的人。

## 陈亢探异闻

伯鱼是孔子的儿子，陈亢心想伯鱼既然是孔子的儿子，孔子应该会偏爱于他，会教他更多的教诲和德行。于是，有一天陈亢便叫住了伯鱼，问他道："你在老师那里，有没有听到别的教诲啊？"伯鱼回答他说："没有啊。有一次，他独自站在走廊上，我快步从庭前走过，他叫住我问我：'你学《诗经》了吗？'我回答说：'还没有。'他说：'不学《诗经》，就不会懂得怎么说话。'于是我就回去学了《诗经》。不久后的一天，他独自站在院中，我快步从院子里面经过，他又问我：'你学礼了吗？'我摇头回答道：'没有。'他说道：'不学礼，你就不会懂得该怎样立身修德。'于是我便回去学了礼。只有这两件事情。"

陈亢回去以后，很高兴地跟自己身边的人讲："我问了一个问题，却得到了三个方面的收获：我听了关于《诗经》的道理，听了关于礼的道理，也知道了君子不应该偏爱自己的儿子的道理。"

伯鱼的行为表现出了一个儿子对自己父亲的敬畏，看到自己的父亲独自站立在一边，他"快步"从父亲身边走过，所以可以看出孔子平时对伯鱼的教育是很严格的；孔子借和伯鱼擦肩而过的机会，告诉他要学诗、学礼，伯鱼回去就马上付诸行动没有一丝拖沓，可以看出伯鱼是很听父亲的话的；而伯鱼说话的内容，又让我们知道孔子是一位伟大的教育家的同时，还是一个成功的受到自己孩子敬重的父亲。

## 伯牛有疾

伯牛是鲁国人，生于公元前544年，姓冉名耕。他性格耿直，为人正派，在待人接物方面很有一套。孔子在鲁国担任大司寇的时候，曾任他为宰相。孔子在总结自己学生的特长和优劣的时候，把他列在德行优秀的人里面。

可是这样一个被孔子看重的人，却患有严重的皮肤病，不方便让人面对面的探视。孔子前来探望伯牛的时候，只能从窗外和他讲几句话。有一次，伯牛的病到了很严重的地步，孔子来到他的窗前，忍不住把手从窗户伸了进去握住了伯牛的手，他沉痛地说道："失去这样的人，这是命中注定的吧！这么品行优秀的人怎么会得这样的病啊！"

在孔子的观念中，人的生死是由上天决定的。可是像伯牛这样的好人居然也会得这样的病，他又觉得"老天爷"不长眼。

## 一以贯之

"一以贯之"在论语中出现过三次。第一次出现是因为子贡，子贡比孔子小三十一岁，他思维敏捷，能言善辩，是孔子比较欣赏的一个学生。孔子问他："子贡啊，在你眼里我是不是一个能够广泛地学习各种知识并将他们都记住的人？"子贡说：

"是啊，难道您不认为自己是这种人吗？"孔子摇摇头说："不是这样的，我是有一个中心思想来贯穿我所有的知识的。"子贡认为孔子见多识广，读过很多书懂得很多学识，然而孔子却认为，如果没有一个主要的中心思想将他的学说串联起来，那么他是不能够成为一个好老师的。但是孔子说完后，子贡没有继续追问下去，这段谈话不了了之。

孔子大概很想有个机会可以说自己的"一以贯之"指的是什么。他教给学生诗书礼乐，却无法将自己的思想和主张完全地教给他们，因为他们跟着孔子念书只是为了以后出仕做官，而不是为了传承孔子的思想。在一次讲学中，孔子又问起了这个问题。孔子问道："曾参啊，我的人生理想是由一个中心思想贯穿起来的。"曾参回到道："是的，的确如此。"孔子说完离开了教室，弟子们就围着曾参问道："老师说的这个中心思想是什么呢？"曾参回答道："老师说的大概是忠和恕吧！"

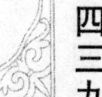

后来有一次，子贡问孔子："有没有哪一个字是可以让我们奉行终身的呢？"孔子回答说："大概是恕这个字了吧。"自己不喜欢做的事情，也要设身处地地为别人想想，不要把自己都不愿意做的事情强加到别人身上。

## 子在川上

孔子站在河岸上，仰起头看看无垠的天空，再低头看看脚下奔腾的河水，心里感慨万千，说道："岁月就像这河中的河水一样逝去，无论日夜，永不停歇，它不会因你我的挽留而停止哪怕一分一秒啊。"

孔子抬头看天，便会想到日月的运行和昼夜的更替，一日复一日，没有外力能够阻断这一切；他低头看地，便会想到花开花落，草木荣枯和四季变换的大自然规律，一年复一年，谁也不可逆转这力量。大自然规律如此，每个生活在这世界上的人也是一样没有例外：每个人都是从出生以后开始成长，到少年，再到壮年，最后老去。过去一天就是一天，谁也没办法回到这天之前；过去一年就是一年，谁也没办法让时光倒流。同样的，历史的发展也是不可逆的，孔子生活在春秋战国时期，想起历史上的三皇五帝、夏商周朝，以及他所仰慕的周礼文化，即使他想回到西周时候也是不可能的了。无论是大自然还是人，抑或是历史，都是孔子所说的"逝者"，都像这河里的流水一般昼夜不停地消逝，流走了便不会再回来。

## 泰山其颓

清晨，孔子从睡梦中醒来，他拄着手杖，背着手在门外闲散地散步。清新的空气中传来鸟儿清脆的叫声，还有花朵四溢的清香，孔子唱道："泰山要塌了吧，栋梁要坏了吧，哲人要枯萎了吧！"唱完就回到了屋子里，只留下一个孤绝的背影。

子贡听到了孔子的歌声，说道："如果泰山塌了，那还有什么能让我仰望的？如果栋梁坏了，那么檩条和椽子往哪里支撑？哲人枯萎了，那么我还能向谁仿效，谁来做我的榜样呢？老师大概是要生病了吧！"于是快步走到孔子的屋里。

孔子见到子贡前来，说道："子贡啊，你怎么来得这么晚呢，夏朝的时候人们把灵柩停在正对着东阶的堂上，那是处在主位的位置；殷朝的时候人们把灵柩停在大堂上的东楹和西楹之间，这是处在主位和宾位之间的位置；周朝的时候，人们把灵柩停在正对着西阶的堂上，这就是宾客的位置了。我孔丘是殷人，昨天梦见自己坐在两楹之间。当今天下没有明主，天下也没有人能够尊重我，更不会让我坐在两楹之间的尊位上。我做这样的梦，是死的前兆啊。"

此后，孔子卧床七天，溘然长逝。

# 《孟子》故事

## 以羊换牛

齐宣王问孟子说:"你可以将齐桓公、晋文公称霸的事给我讲讲吗?"

孟子回答说:"因为孔子的弟子中没有讲齐桓公、晋文公事情的人,所以他们称霸的事情已经失传了。我因此也不知道,既然我不能说他们得事情了,我就给您讲讲王道吧!"

齐宣王说:"那么,要具有怎样的德行,才可以称王于天下呢?"

孟子说:"人民安居乐业就可以称王,这样的君王是没有人可以抵抗得了的。"

齐宣王说:"那么您看我这样的人,是否可以安顿百姓呀?"

孟子说:"当然没有问题。"

齐宣王说:"你从什么地方看出我可以呢?"

孟子

孟子说:"我从胡龁那里得知,您坐在大殿上的时候,看到有人牵着一头牛从殿下走过。然后您就问这个人:'你将牵着牛去哪里呀?'那个人回答说:'这是准备用来祭祀钟的牛。'然后您说:'把它放了吧!我不能容忍他没有罪过就这样死去,我不忍心看到它恐惧战栗的模样。'那人听您这么说,就问:'如果不杀他,难道取消祭钟仪式吗?'您回答说:'祭钟不可以取消,那就用羊来代替它吧。'不知道是不是有这样的事情呢?"

齐宣王回答说:"确实有这事。"

孟子说:"如果大王您有这样的不忍之心,那么,您就可以称王于天下了。百姓都认为是大王您吝啬,我知道是您于心不忍而已。"

齐宣王说:"确实,有很多百姓都认为我那样做是吝啬。齐国虽然土地面积不大,但是我也不至于会吝啬到连一头牛都舍不得吧?我就是不忍心看到它恐惧的样子,所以才没有杀它,而是用羊代替了它。"

孟子说:"至于百姓认为您吝啬也并不奇怪,拿一个小的换一只大的,他们如何能够理解您的心思呢？但是，您想过没有，你不忍心杀死牛，可是，牛和羊有什么差别吗？"

齐宣王回答说："这又怎么说呢？我真的不是因为吝啬才用羊换牛的，如此说来百姓说我吝啬也是应该的。"

孟子说："这些都是没关系的，反而正是表现了您的仁爱之道，只不过是因为您看到了牛而没看到羊。一个仁人之人，看到活着的飞禽走兽就不忍心看着他们死去，听到它们死去时的哀鸣声就不忍心再去吃它们的肉。因此，君子从来不靠近厨房。"

齐宣王听到孟子这么说，心中的郁闷一扫而空，说："《诗经》中说：'能够揣测到他人的心思的人。'说的就是您啊！我虽然这样做了，可是当我去想我为什么做的时候，我却想不出来原因。可是，听到先生说的这些，我的心中就有所明白了！那么，这样的心思为什么符合王道呢？"

孟子说："如果说有人对大王说：'我可以举起三千斤东西，但是却举不起一根羽毛；我的眼睛可以看清楚鸟儿秋天新生的细毛的末端，但是却看不到一整车的柴草。'那么，大王您相信他吗？"

齐宣王说："当然不相信了。"

孟子说："如今您已经将恩泽推广到禽兽身上，但是老百姓却感受不到您的恩泽，这又是为什么呢？如此看来，连一根羽毛都举不起并不是没有力气的原因；看不见整车的柴草也不是视力的原因。老百姓没感受到恩泽也不会是不施恩的原因。因此，大王您没有统一天下不是不能做，而是不肯做。"

齐宣王说："不能做和不肯有什么区别，怎么才能看出两者的不同呢？"

孟子说："如果说想要用胳膊夹着泰山跳过北海，您说您做不到，那么，这个是确实做不到。在长辈面前鞠躬作揖，您说您做不到，那么，这就是不肯做。您现在之所以还没有统一天下，并不是让您去完成用胳膊夹着泰山跳过渤海这样做不到的事情，而是因为大王没有去做向长辈鞠躬作揖这样可以做到的事情。尊敬自己家的老人，进而尊敬别人家的老人；爱护自己的孩子，进而爱护别人家的孩子。如果能够按照这样的道理去做，那么，统一天下便易如反掌了。《诗经》说：'一个君王首先要是自己妻子的榜样，然后推广到兄弟中间，然后才可以治理好一个国家。'这句话的意思就是说要将爱家人的心推广到他人身上。因此，推广恩泽就可以安抚天下的百姓，如果不推广恩泽，则连自己的妻子儿女都不能安抚。古代的圣人之所以可以比他人要有所成就，就是因为他们善于推广他们的良好品行。现在，您的恩泽已经推广到了禽兽身上，现在老百姓还没有得到您的恩泽，这其中有什么原因呢？只有用秤称过才可以知道轻重；用尺量过才能知道长短，每件事情都是这样的，人心更是如此。大王，请您好好思考一下吧！"

## 缘木求鱼

孟子给齐宣王讲了推广恩泽、行仁政才可以统一天下，为了进一步论证自己的观点，孟子又给他讲了其他的例子来说服他实行仁政。

孟子说："大王，您是不是认为发动战争，让将士们冒着生命危险去战斗，同各诸侯国结下怨恨，您心里才会舒服呢？"

齐宣王说："不是的，我这样做怎么会使心里舒服呢？我只是想要用这样的办法来得到我最想要的东西而已。"

孟子说："不知道大王您最得到什么东西？可不可以告诉我？"

齐宣王听到孟子的问话并没有回答，只是笑而不语。

孟子又说："您是因为美味的食物不够吃呢？还是以因为暖和的衣服不够穿呢？或者是因为这个世界太单调，您还没有看够各种色彩呢？难道是优美动听的音乐没有听够呢？难道说您身边受宠的人不够用？难道您真的是为了这些吗？您的大臣们完全都可以给您提供呀！"

齐宣王说："不，我并不是因为这些。"

孟子说："照这么说，我就知道大王最想看、最想要得到的东西，那就是疆土。您想要秦国、楚国都来朝见您，然后统治整个中原地区，使得四方的少数民族都在您的安抚之下。可是，依照您这样的做法，想要实现这样的理想，无异于缘木求鱼，像爬到树上去抓鱼一样，方法都错了，能有收获吗？"

齐宣王说："真的像你说的如此严重吗？"

孟子说："后果恐怕还要严重。爬到树上去抓鱼，虽然得不到鱼，却没有什么影响、后果；如果依靠打仗去实现您的理想，即使费尽心思恐怕也会带来灾祸。"

齐宣王说："您说的这是什么意思呢？能不能给我解释一下呢？"

孟子说："我问您，假如邹国和楚国开战，谁胜利的可能性大呢？"

齐宣王说："是楚国。"

孟子：："小国家原本就不该和大国为敌，人少的国家原本就不该和人多的国家为敌，弱小的国家原本就不该和强国为敌。现在的天下，国家的土地面积纵横有一千多里的有九个，齐国也算是其中之一。你以一分的力量去对抗八分的力量，这样的形式同邹国与楚国打仗有什么差别呢？您不如回到根本上来吧。

"假如你能实行仁政，那么，天下当官的人就都想到您的国家做官，种田的人也都想到您的国家来耕种，商人也会想把货物存放在您的集市上，旅行的人都想在您的国家的道路上行走，那些各国憎恨他们君主的人也都会跑过来向您申诉。如果您将国家治理成这个样子，谁还可以抵抗的了您呢？"

齐宣王说："听您这么说，我更加不明白了。希望您可以帮助我实现愿望。指导我统一天下，虽然我不聪慧，但是请让我试一下吧。"

孟子说："没有长久可以维持生活的产业但是却具有善心的人，也只有贤德士人才能够做到，老百姓不过是普通人，他们如果没有固定的产业来依靠，那么，就没有长久不变的心。如果百姓没有长久不变的善心，就会产生叛乱、不服从治理。等到百姓犯罪，朝廷用刑法去惩罚他们，无疑是在害百姓。没有那种具有仁人之心的君王却做危害百姓的事情！因此，凡是明君都会给予百姓规定一定的产业，让他们上则可以赡养父母，下则可以养活妻子、儿女；在收成好的时候可以做到丰衣足食，在收成不好的时候也不会因此饿死。在他们丰衣足食之后，君王要引导他们有善心，因此百姓就会比较信服君王，愿意跟随您。

"现在，百姓所拥有的产业，上不能赡养父母，下不能养活妻子、儿女，即使收成好也非常困苦，收成不好的时候被饿死则是常有的事情。都不能够丰衣足食，百姓怎么会去讲究礼仪呢？

"如果大王是真心想要施行仁政，那就从根本上来实行。每户给予五亩的住宅，在院子里种上桑树，种上了桑树，五十岁的老人就可以有丝绸衣服穿了；不要错过饲养鸡、狗、猪的机会，这样一来，七十岁的老人就会有肉吃了；百亩的田地只要不破坏生产，一家几口也就有足够的粮食吃了。注重教育办学校，教导人们孝敬父母、尊敬兄长的道理，那么，就不会出现老人背负重物出现在路上了。七十岁的老人可以穿丝质衣服，可以吃肉，百姓衣食无忧，做到这个程度，就没有不称王的人了。"

## 独乐乐不如众乐乐

齐国的大臣庄暴前来拜见孟子，他对孟子说："先生，我去拜见大王的时候，他对我说他喜欢音乐，我不知道该如何回答。"他停顿了一下，接着说："喜欢音乐到底好不好呢？"

孟子回答说："大王如此喜欢音乐，那么，他距离王道就不远了，齐国不久就会强盛起来。"

过了几天，孟子拜见齐王的时候，就对他说："大王是不是曾经对庄暴说过您喜欢音乐？"

齐王听后，脸色立刻就变了，讪讪地回答说："我喜欢的不是先王喜欢的那种优雅音乐，只不过世俗的音乐而已。"

孟子说："大王如此独自喜欢音乐，那么齐国距离王道就远了。如今的音乐就是源自于古代的音乐。"

"为何这样说呢？能不能给我讲解一下？"齐王说。

"一个人独自欣赏音乐，和别人一起欣赏音乐，哪一个更快乐呢？"

"当然是和其他人一起欣赏音乐更快乐了。"

"和少数人欣赏音乐同和大多数人一起欣赏音乐,哪一个得到的快乐更多呢?"

"当然是和大家一起更快乐,人多才会更快乐。"

于是,孟子对齐王说:"大王请准许我为您讲解一下快乐的含义。如果现在大王在皇宫中奏乐,宫外的百姓听到了鼓乐声,个个皱起眉头说:'大王喜欢音乐,却为什么让我落到如此境地呢?父子不能相见,兄弟分别,妻离子散。'

"如果现在大王到野外去打猎,百姓听见大王的车马声,看见整齐的仪仗,但是却皱着眉头说:'大王喜欢打猎,但是为什么让我落到如此的境地呢?父子不能相见,兄弟分别,妻离子散。'如果是这样的情况,那么,就说明大王不能与民同乐。

"如果说大王现在在宫中奏乐,百姓听到了音乐声,纷纷开心地说:'大王身体肯定康健没有疾病,要不然宫中也不会有音乐响起。'如果大王去打猎,百姓看见了高兴地说:'看来大王的身体非常健康,不然怎么会出来打猎呢?'如果是这样,那么说明大王可以做到了与民同乐。如果大王可以与民同乐,那么,不久您就可以称王于天下了。"

## 王顾左右而言他

孟子经常对齐宣王说一些治国的道理,一次,孟子对齐宣王说:"大王,在您的臣子中,有一个人,他要去楚国游历,因此他就将自己的妻子和孩子托付给了给他的朋友照顾。可是,等到他回来的时候,他看见他的妻子和孩子在受冻、挨饿,您说,这个人应该如何对待他的朋友呢?"

齐宣王回答说:"这样的朋友如此对待自己的妻子和孩子,那就和他绝交,不再和他做朋友了,将他抛弃。"

孟子又问说:"大王,如果说一个国家的司法官不能够好好管理他的下属,那么您将对司法官怎么做呢?"

齐宣王回答说:"如此不称职的官员,当然是要罢免了他。"

孟子再次问道:"如果一个人不能将国家治理好,那么应该对他如何做呢?"

齐宣王这次听到孟子的话后,没有做任何的回答,而是向周围看了看,就和其他的大臣谈起了其他的事情,不再和孟子探讨下去了。

王顾左右而言他,现在就形容某个人在回答他人的问题时,总是不回答正题,而是说一些不着边际的话,就好像齐宣王一样,当问到自己心虚的问题时,他就不再回答了,而是将话题岔开。

## 齐人伐燕

齐国攻打燕国,打败了燕国。齐宣王问孟子说:"现在我打败燕国了,有人对我说要我吞并燕国，也有人对我说不要我吞并燕国。我这样一个拥有一万辆车的国家去攻打同样拥有一万辆车的燕国，结果仅仅用了五十天就胜利了，能够做到这种程度，仅依靠人的力量是远远不够的。如果我不吞并燕国，恐怕上天会有灾祸降临的，如果我吞并了燕国，那又会怎么样呢？"

孟子回答说："如果您吞并燕国时，燕国百姓十分开心，那么您就去吞并。古代并不是没有这样的事情，您看武王就是这样做的。但是如果您吞并了燕国，燕国百姓不开心，愁眉苦脸，那么，您还是不要吞并了。古代同样也有这样的例存在，文王就是这样做的。您是一个有一万辆车的国家，现在您去攻打另一个实力相当的国家，百姓看到您则带着美酒和粮食来欢迎您的到来，百姓这样做难道有其他的要求吗？他们是想要您将他们带出水深火热的生活。如果您的到来不能解救他们苦难的生活，反而使得他们的生活更加水深火热，那么，百姓自然也不会跟随您，转身就去追随他人了。"

其他诸侯国看到齐国攻下了燕国，就想联合起来去救燕国。齐宣王听说了之后，就问孟子说："现在很多诸侯谋划着想要来攻击我，我应该怎么做呢？"

孟子回答说："我听说只要有一个七十里方圆的地方就可以统一天下了，商汤就是这样的实力，最后统一了天下。但是，我从来没有听说过一个拥有千里方圆土地的君王还会惧怕他人，根本没有必要。《尚书》上说过：'商汤从葛开始征讨。'商汤已经得到了天下百姓的信任和爱戴，如果他向东去征讨，那么，西边的人们就会对他有所埋怨，如果他向南征讨，那么，北边的人们就会对他有所埋怨，他们不是埋怨商汤的征汤，而是会说：'商汤为什么不先到我们这里征讨呢？我们为什么要排在那边的后面呢？'这是人民对他的盼望，就好像人们处在大旱中一直盼望大雨的到来一样。商汤的军队无论到了哪个地方，那里的人们根本不会感到恐惧，商人依旧到集市上做买卖，农民则依旧到田地中耕种劳作。商汤杀死该暴君，将百姓从水火中救出来，就好比是一场及时雨从天而降，百姓会感到十分欣喜。《尚书》中还说：'我们在等待君王的到来，君王如果来了我们就可以获得美好的新生活，就好像新生了一样。'

"现在，您看燕国的统治，齐国的君主暴虐地对待百姓，如果大王去征讨燕国，百姓不但不会反感，反而会认为你会将他们从水深火热中拯救出来，因此，他们就会用竹筐盛着饭菜，瓦壶装着美酒，前来迎接大王的军队。但是，如果您将他们的父兄杀死，将他们的子弟囚禁起来，将他们的宗庙毁掉，将他们国家的宝物搬走，恐怕他们也不会乐意，您怎么能这样做呢？齐国的强大本来就让天下有所畏惧，如今齐国的土地面积扩大了一倍，但是却不施行仁政，如此的做法怎么会不招致天下的诸侯出兵攻打您呢！大王不要犹豫了，赶快下诏，将那些抓来的老人、孩子送回去吧，不要再拿燕国的宝物了，您应该同燕国人一起商议选出一个新的君王，然后，你将军队撤离燕国，那么各国的诸侯就不会前来攻打您了。"

## 事半功倍

孟子有一个弟子叫公孙丑，是齐国人。有一次，他问孟子说："如果您能掌握齐国的大权，能建立一个像管仲、晏子那样的伟大功绩吗？"

孟子回答说："你不愧是一个齐国人啊，只知道有管仲、晏子而已。曾经有人问曾子的孙子曾西说：'您和祖父曾子相比谁更贤德呢？'曾西听了之后慌张地回答说：'他是我敬畏的祖父，我怎么可以和他相比呢？'那个人又问说：'那么，你和管仲相比，谁更贤德呢？'曾西听后十分生气地说：'你怎么能把我和管仲相提并论呢？管仲那么被齐桓公信任，可是，他在齐国当政那么长时间了，功绩却那么小。你怎么能把我和他比呢？'"

说到这里，孟子停顿了一下，然后接着说："管仲，这样一个连曾西都不愿意和他相比的人，你以为我就愿意和他相比吗？"

公孙丑说："管仲辅佐齐王称霸于诸侯之间，晏子辅佐齐王使其在众诸侯中地位显赫，难道这样他们还不能够做为人们的榜样吗？"

孟子说："以齐王的实力来，如果想要称王天下，易如反掌。"

公孙丑更加不明白，于是他又问："老师，弟子听您这一说反而更加迷惑了。您看文王如此高的德行，活了一百岁，却也没有统一天下。武王和周公继承他的事业后才完成统一大业。现在您说齐国称王易如反掌，那么文王就不是天下的榜样了？"

孟子回答说："文王为什么能够和商朝相比？商朝从商汤到武丁，出现过六七个贤明之君，而且天下属于殷的时间长了也就不容易改变了，老百姓已经习惯。武丁大会诸侯坐拥天下，就像在手中把玩一样容易。商纣和武丁时期相差的并不久远，因此，当时的社会风气还存在，而且还有微子、微仲、王子比干、箕子、胶鬲等忠良贤臣辅佐，短时间之内商朝也不会灭亡。天下的土地都是属于商朝的，天下的百姓也都属于商朝。反过来看文王，只有方圆百里之地，想要起来也是很困难的。

"齐人有句俗语：拥有智慧，不如拥有机会，拥有锄头，不如拥有日头。现在就是一个很好的机会，你看一下夏、商、周最鼎盛的时候也不过圆一千里，但是，齐国如今就有千里之地。在四海之内都可以听到鸡鸣狗叫的声音，到处都是齐国的百姓。不用拓展疆土，不用兼并百姓，只要实行了仁政就可以称王了。天下已经很长时间没有出现过贤明的君主了，以前从来不会出现这种现象，老百姓忍受这残酷政治的虐待。饥饿之人不会挑剔食物，口渴者不会挑剔茶水。孔子说过：德行传播的速度比政令还要快。现在的世道，如果一个拥有一万辆车的国家实行仁政，那么百姓就会高兴地好比有人将他们从倒挂在墙上被解救下来一样。现在只要付出古人一般的努力，就可以收获多出一倍的成就，事半功倍说得就是现在！"

## 孟子四十不动心

公孙丑问孟子说:"如果老师能做齐国的卿相,让您施展才能辅佐齐王称霸天下,肯定没有人会有异议,这样您会心动吗?"

孟子淡然地回答说:"不会,我从四十岁开始就学会不动心了。"

公孙丑说:"假如真像老师您说得这样,那么,您比勇士孟贲要强悍很多。"

孟子说:"其实想要做到这点并不是什么难事,告子比我还先做到不动心呢!"

公孙丑问道:"想要做到不动心,有什么方法没有?"

孟子回答说:"当然有了。北宫黝培养勇气的方法是皮肤被刺伤而一动不动,看见可怕的不逃避,即使有一根毫毛被别人伤害,也觉得犹如在大庭广众下遭到鞭打一样,他不受制于贪财的人,也不受制于大国的君主;把刺杀大国君主看做如同刺杀普通平民一样;他不畏惧诸侯,如果受到了欺负,就一定要反击。

"孟施舍培养勇气的方法是即使没有胜利也要看做是胜利了一样。面对敌人,要先估算对方的实力,然后再决定前进还是后退,没有十足的胜算把握是不会前进的。但这样的人是不适合打仗的,因为这样的人必然不会胜利,只不过不害怕而已。孟施舍像曾子,北宫黝像子夏。这两个人培养勇气的方法不知道到底哪个更好,但是,相比较而言,孟施舍的方法更简单一点。

"从前,曾子对子襄说过:'你喜欢勇敢是吗?我曾经听我的老师说过关于大勇的解释,是这样的:从内心中反省,即使对方是低贱的人,也不去冒犯;从内心中反省,即使面对千军万马,也可以勇往直前。'这样看来,孟施舍培养勇气的方法又不如曾子的简单。"

公孙丑问道:"我想了解一下您的不动心和告子之的不动心,可不可以告诉弟子?"

孟子说:"告子说过:'如果不能在语言上战胜他人,那么,就不要依靠思想;如果在思想上战胜不了他人,就不要依靠意气。'在思想上战胜不了他人就不要依靠意气,这句话是可行的;但是在语言上战胜不了他人就不要依靠思想,就不对了。一个人的思想意志是意气的统帅。意气充满全身各个地方,思想是先到的,意气是后到的,因此应当说:要思想坚定,不要意气用事。"

公孙丑说:"既然老师说思想在前,意气在后,那么,为什么又要说坚定思想,不要意气用事呢?"

孟子回答说:"如果思想专注于某一件事情,则意气就会转移到某件事情上;意气如果专注某件事情,思想也会受到影响。好比一个人跌倒后,爬起来再奔跑,意气会造成思想的起伏变化。"

# 浩然正气

公孙丑问孟子说:"请问先生最擅长的是什么?"

孟子说:"我擅长剖析他人语言,培养自己的浩然正气。"

公孙丑说:"想请教老师,什么是浩然正气?"

孟子说:"浩然正气并不是三言两语就可以解释清楚的。这个气是天下最大、最刚的气,是用正直培养出来的,不会有任何损害地充满天地之间。浩然正气不是一时半刻就可以培养出来的,而是需要长年累月的积累而成,需要用正直和道义供养,而且如果出现不忠不义的行为,气就会崩溃。因此我说过:告子并不懂得道义,他认为其是身外之物。培养这种气的时候,心中不要有其他杂念,要时刻将其铭记在心。千万不要像如下的那个宋人:

有一个宋人,他总是担心地里的庄稼不长,嫌弃禾苗长得太慢了,于是,他就将禾苗一个个地向上拔了拔。劳作了一天,他就回家了,对家人说:'快把我累死了,我帮助禾苗长高了很多。'他的儿子听到后,赶紧跑到田里去看,结果,禾苗都枯死在地里了。天下的人不犯拔苗助长错误的人少之又少。认为浩然正气没有用而不去培养的人,就好比是舍弃庄稼不种的人;急于求成的人就好比是拔苗助长的人,不仅没有好处,还会带来损害。"

公孙丑有些明白浩然正气的意思了,于是他又问:"什么是剖析他人的语言呢?"

孟子回答说:"不全面的话可以看出片面的地方,过激的话可以看出不足的地方,不公正的话可以看出偏离的地方,闪烁其词可以看出理屈的地方。人们说话是源自心中的思想,如果将这些有危害的话用到政令上面就会危害社会。一个圣人,肯定会按照我说的去做的。"

公孙丑说:"宰我和子贡是外交的能手,非常善于说外交辞令;冉牛、闵子、颜渊擅长叙说德行;孔子则两者兼有,但是他却说自己最不擅长辞令。如此说来,先生已经是圣人了?"

孟子听到弟子的话,对其责备说:"你怎么能这么说呢?从前子贡问孔子说:'先生您已经是圣人了?'孔子回答说:'我还没有达到圣人的高度,只是能够做到学而不厌、教而不倦而已。'子贡说:'学不厌,就是智者;教不倦,就是仁者。您兼具仁和智,怎么会不是圣人呢?'你看孔子都不敢自称为圣人,你怎么可以说我是圣人呢?怎么可以说这样的话?"

公孙丑问:"伯夷和伊尹这两人怎么样?"

孟子回答说:"这两个人不是一个道路上的人。伯夷这个人,如果不是遇到自己理想的君主,他便不辅佐,如果不是遇到他理想的百姓,他也不治理,乱世隐退,太平盛世则出来为官;伊尹则是无论遇到什么样的君主,他都可以辅佐,无论遇到什么样的百姓，他都可以治理，无论乱世还是太平盛世，都会出来做官。孔子则是想做官就做官，想隐退就隐退，想做多久的官就做多久的官。他们都是圣人，但是我还达不到他们的高度。三人中，我希望自己可以做到孔子那样就满足了。"

公孙丑说："他们三个人一样吗？"

孟子说："自然不一样，伯夷、伊尹比不上孔子，还没有人可以比得了孔子。"

公孙丑说："伯夷、伊尹和孔子，难道没有相同的地方吗？"

孟子说："当然有。他们的相同点就是不做不义之事，如果让他们做不义之事，杀无辜之人，他们都不会去做的。"

公孙丑问："老师能给我说一下他们不同的地方吗？"

孟子说："宰我、子贡、有若，他们的智慧仅可以了解圣人，不会奉承他们不喜欢的人。宰我说过先生比尧舜还贤德；子贡说过即使在百年之后评论国王的政治也不会违背孔子的意思；有若说过圣人是老百姓中的出类拔萃者，从有人类以来还没有人比得过孔子。"

## 不忍之心

孟子主张的人人性本善，因此他认为每个人生下来都是善良的，都是有不忍之心的。

孟子说："每个人都有不忍之心。以前贤明的君主因为有了不忍之心，因此才可以推行不忍之心的仁政。用不忍之心去施行仁政，天下就可以掌握在其手掌中了，治理起来就易如反掌。

"为什么说每个人都会有不忍之心呢？如果看见一个小孩子就要掉到井里面了，看到的人是不是都会有所揪心，感到心惊胆战？所以每个人都会有同情之心产生。这些人会有如此反应并不是因为他想要结交孩子的父母，也并不是想要在乡间邻里落下了一个好名声，更不是因为受不了孩子的哭喊声。由此可见，没有同情之心的人不算是人，没有羞耻之心的人也不是人，没有谦让之心的人不是人，没有是非之心的人更加不是人。同情之心是仁的开端，羞耻之心是义的开端，谦让之心是礼的开端，是非之心是智的开端。人的仁、义、礼、智四分开端就好比是人的肢体一样，如果一个人具有仁、义、礼、智这四种开端却说自己做不到的，那是自己放弃自己，不让自己向好的方向发展。如果有人说他的君主做不到仁、义、礼、智，那么就是在害他的君主。既然知道了有仁、义、礼、智这四种开端，那么，就要将其发扬光大，这就好比是刚刚点燃的烈火，刚刚涌现的泉水，一定要尽心呵护。如果能够将其发扬光大，那么，就可以拥有天下，如果不能的话，就连侍奉父母的事情都做不好。"

## 得道多助，失道寡助

天时、地利、人和，现在人们在做事情的时候，都非常注重这三个条件，这三个概念是孟子提出的，他认为打仗就要天时、地利、人和，特别重要的就是人和，从而规劝君王施行仁政，这样才能笼络人心。

孟子说："作战的时候拥有利于作战的天气条件，不如拥有利于作战的地理形势，而有利的地理形势又不如拥有团结的人心。攻打一个只有方圆三里的内城，方圆七里的外城的城郭，将其包围起来却攻打不下来。如果能够将其包围起来攻打，那么，一定是拥有了有利于作战的天气条件，但是不能够取胜的原因就是因为有利于作战的天气条件不如拥有好的地理形势，所谓天时不如地利。但是丢弃城郭而逃走，并不是因为城墙不够高，护城河不够深，武器装备不精良，粮食供给不充足，这就是因为有利的作战地理环境不如人心的团结，所谓地利不如人和。

"因此说，让人民安居乐业定居下来不迁到其他地方去，并不能单纯地依靠疆域的划分；巩固国防不能够仅依靠山河的险要；想要威震天下也不能仅依靠能打仗的兵力。一个能够施行仁政的君主的身边往往帮助、跟随他的人就多，不能够施行仁政的君主的身边往往帮助、跟随他的人就少。不帮助他到了极点，连亲戚都会背叛他；帮助他到了极点，天下的人就会自动归顺于他。如果那个得到天下人帮助的君主甲去攻打连亲戚都背叛的君主乙，那么，君子甲不战则已，一旦开战必将胜利。"

## 孟子不受召

孟子准备出门去拜见齐王，但是，恰好齐王派人来对他说："我本身想要起身去见你的，但是，却感染了风寒，不能出门被风吹。早上有朝会，先生可不可以过来，让寡人见你呢？"

孟子听到齐王的意思，回答说："真是不幸运啊，我也生病了，因此不能去参加早朝了。"但是，第二天，孟子却出门去给东郭家吊唁。

公孙丑看到老师这样的行为大为不解，就问他说："老师，你昨天说有病推辞没有去早朝。今天怎么就出门吊唁了呢？这样做会不会不大妥当？"

孟子回答说："昨天的病，今天已经痊愈，为什么不能出门吊唁呢？"

齐王派人来询问孟子的病情，孟子不在家，孟仲子就对侍从说："昨天大王已经下了命令，但是先生因为身体不适才没有早朝。今天病有所好转，他已经去早朝了，不知道现在到了没有。"然后派人将孟子拦在路上，把情况向他说明，让他去早朝。

孟子自然不会去早朝，也不能返回家中，于是就躲在了景丑氏家里。

景子知道孟子的事情后，对他说："在家中要尊敬父子，在朝廷之上要尊敬君主，这是做人最起码的道德标准。父子仁爱，君臣互敬，为伺齐王对你这么尊敬，你却不知道尊敬齐王呢？"

孟子说："你说的这是什么话？你看齐国没有一个人和齐王去谈论仁义的，难道是仁义不好吗？不是的，是他们心中认为大王没有资格谈论仁义，这样的做法才是大不敬。如果不是尧舜的大仁义我都不敢在大王面前说，难道在齐国还有比我更尊敬大王的人吗？"

景子说："不是的，我说的不是这个意思。《礼经》上面说过：'父亲召唤还没回话就要起来；君王召唤马车没有准备好就要出来。'你本来要去朝会的，但是听到大王的命令反而不去了，似乎这样做不符合礼仪啊！"

孟子说："你不能这样说。曾子说过：'晋国和楚国的富裕是哪个国家都比不上的，他们因为富有而自豪，我则以拥有仁爱而自豪；他们以地位高而自豪，我则以道义而自豪，我哪里比不上他们？'曾子说的话难道是错的？天下有三种人值得尊敬，地位高者、年龄高者、品德高者。在朝廷上自然尊重地位高者，在家中邻里自然尊重年龄高者，在辅佐君主治理百姓的人中自然尊重品德高者。人不能仗着自己拥有其中一个方面而怠慢其他两方面的人。因此，那些有大做为的君王，肯定有不轻易诏请的臣子，如果有事要和他商量，一定会亲自前往。大成者必定都尊重品德高尚的人，不然是很难成就大事业的。当年，商汤就是亲自去请教伊尹，然后再请其出来辅佐自己，因此才能统一天下；齐桓公对待管仲也是这样的，因此他才能称霸诸侯。你看现在天下的各国，在哪方面都是旗鼓相当，没有特别突出的君主，这就是因为现在的君主喜欢教诲他人，却不愿意听他人教诲。商汤对伊尹，齐桓公对管仲都不敢轻易召请，所以才能成大事。就连管仲都能有如此待遇，更何况我呢？"

## 孔距心知错

孟子在齐国居住的时候，有一次到平陆去视察。他来到平陆后，就对此地的大夫孔距心说："如果你手下站岗的士兵一天中有三次私自离岗，那么，你会不会将他革职呢？"

孔距心回答说："当然会，不等到三次我就会将他革职！"

孟子说："如果你这么说的话，你失职的地方也有很多！在灾荒之年，平陆的百姓饿死、冻死的老弱病残，流落他乡的年轻劳力，恐怕也有几千人吧！"

孔距心回答说："这并不是我所能够解决的问题啊！"孔距心认为他做为地方长官根本控制不了这样的事情，这些都应当由君主来亲自处理。

孟子说："假如说，有一个人替他人放牧，管理牛羊，那么，他就要为牛羊安置牧场、准备草料。如果他没有能力找到牧场和草料，那么，你说他是眼睁睁看着牛羊饿死，还是将牛羊归还给他人啊？"

孔距心听到孟子的话后，知道是在指责自己没有负责任，就惭愧地说："依照您这么说，确实是我的错误。"

过些日子，孟子前来拜见齐王，对他说："大王，我代您管理地方官员的五个人中，只有孔距心能够认识到自己的错误，其他人一概不知！"然后将自己和孔距心的对话给齐王叙述了一遍。

齐王听后，也非常惭愧，就说："如此说来，这件事也是寡人的过错啊！"

## 何谓大丈夫

有一个名叫景春的人，他前去拜见孟子，对孟子说："公孙衍、张仪难道不是大丈夫吗？只要他们一发怒，各个诸侯就感到害怕，不敢胡说。如果他们安静待在家中，那么，天下就没有了战争的气息。"（公孙衍和张仪都是魏国人，皆擅长纵横学说，常常游历在各诸侯之间，导致诸侯之间产生战争，相互讨伐，因此，各诸侯都对他们有所畏惧。）

孟子回答说："这怎么能够叫做大丈夫呢？你难道没有学过礼仪制度吗？男子在二十岁的时候举行冠礼，表示成人了，父亲会教导他们成人必须遵守的礼仪道德；女子出嫁的时候，母亲会教导她如何做一个贤妻良母，将她送到婆家的门前，告诫她说：'你到了婆家以后，一定要谦恭谨慎，不要违背丈夫的意思。'那种顺从他人、取悦他人的规范，不过是妇人需要遵守的礼仪道德罢了。如果想要立志于天下，不是天下最正确的居所不居住，做在天下最正确的位置上，走天下最正确的道路。理想如果要实现，就要和百姓一起前行，兼济天下；如果理想没有实现，则要自己独善其身；富贵不能淫，贫贱不能移，威武不能屈，这样才是真正的大丈夫。"

## 古之君子于仕

周霄曾经问孟子说："古代的君子做官吗？"

孟子回答说："当然出来做官。《传》中说：'孔子三月没有得到君主的任用，他就会感到惶惶不安。他如果到其他国家去，肯定会给君主带去很多见面礼。'公明仪说：'古代的贤德之人如果三个月没有得到君主的任用，那么，朋友都会前去安慰他。'"

周霄听到孟子的话很吃惊，就问道："才三个月没有得到君主的重用而已，就前去安慰。这样做是不是太心急了？"

孟子说："士大夫失去自己的职位，就好比是诸侯失去自己的国家一样。《礼》中

说：'诸侯的国君亲自参加耕种，是为了生产出可以供祭祀用的粮食。夫人亲自养蚕缫丝，是为了能够制造出祭祀时候可以穿的衣服。祭祀用的牲畜不足够，祭祀用的粮食和器皿不洁净，祭祀穿的衣服不准备好，是不敢前去祭祀的。当士大夫失去了自己的田地，也是不能够去祭祀的。'牲畜、粮食、器皿、衣服没有准备充足就不敢祭祀，如果不能祭祀就不能举行宴席，士大夫都到了这般的境地，难道还不该去安慰一下吗？"

周霄又问说："那么，去其他国家要给君主带上见面礼，这又是为什么呢？"

孟子回答说："士人在仕途的追求，就好比是农民在田里耕地一样，一个农民难道出了自己的国家就会丢掉自己的锄头等农具吗？这是一个道理！"

周霄说："晋国也是一个士人喜欢前来做官的国家，但是也没有听说过会有如此着急做官的人啊！士人对做官如此地心急，但是却很难得到合适的职位，这又是为什么呢？"

孟子说："男子生下来，家人总是希望他能够有一个好的家室；女子生下来，家人总是希望她能够嫁一个好的人家。父母的苦心普天下都是一样的。如果一个人不遵从父母的命令，不遵从媒妁之言，就相互通过墙洞、门缝而相互偷看，甚至爬过墙去幽会，就会遭到父母以及他人的轻视。古代的贤明之人没有不想走向仕途的，但是却又不喜欢旁门左道。因为如果采取不正当手段做官，那么就好比是钻墙洞、扒门缝的人一样无耻。"

## 食志和食功

孟子的弟子彭更问孟子说："老师，您看跟随您的车有十数辆，跟随您的人有几百个，而又有诸侯专门供给您食物，这样的做法是不是有些不妥？"

孟子说："如果你走的是不正确的道路，不用正当手段得到，那么，即使是一点食物也不能接受。如果你采取正当手段获得，那么，即使像舜一样接受尧给予的天下也不会感到不安，你认为我的做法不妥当吗？"

彭更说："我并没有这样认为。但是，士者没有从事劳动而获得食物，还是不可以的。"

孟子说："如果你不和其他的各行各业交换产品来补充自己没有的东西，那么，农民就会有剩余的粮食吃不完，织布的女子则会有剩余的布料用不完。如果你和其他人交换物品，那么，无论是伐木工、木匠、车匠等都会得到自己想要的其他东西。一个人在家中要尊重父母，在外面要善待自己的兄弟，遵守祖先流传下来的伦理道德，并且向后生传授这些伦理道德。如果是这样的人，你认为不应该得到充足的粮食，那么，为何你对那些工匠们却十分尊重？传播道义的人就该轻视了吗？"

彭更说："那些制造家具、车辆的工匠，他们工作的目的就是为了获得足够的粮食。仁义君子在传播道义的时候，他们的目的难道和工匠们一样也是为了获得食物？"

孟子说:"你为什么说他们的目的呢?那些工匠们对你有帮助,就应该获得食物。那么,你供给他们食物,是为了他们的目的,还是因为他们的帮助呢?"(工匠工作的目的是为了获得食物,即食志,工匠们因为对他人有帮助而获得食物,即食功。)

彭更回答说:"食志,为了满足他们的目的。"

孟子问道:"如果有人将你房屋的瓦片揭掉了,有人将你房屋的白墙纳弄脏了,他们这么做的目的也是为了获得食物,你会给他们吗?"

彭更摇头回答很说:"自然不会。"

孟子说:"如果这么说,你给予他们食物是以他们帮助了你,而不是满足他们获得食物的目的。"

## 陈仲子充廉士

齐国人匡章问孟子说:"陈仲子算不算是廉洁的人呢?他居住在于陵,有一次,他三天没有吃饭,饿得头晕眼花,耳朵嗡嗡直响听不清声音,眼睛直冒金星看不清东西。这个时候,他发现井上有一个李子,还是一个被螬吃过一半的李子。于是,他就爬着过去,将李子拿过来吃掉了。直到吃了三口后,耳朵才逐渐可以听见东西,眼睛才可以看清楚东西。"(陈仲子是齐国人,以廉洁闻名。)

孟子听完他说的话后,就开口说:"纵观齐国的士人,我认为陈仲子却是一个独一无二特别的人。不过即使这样,陈仲子依旧不能算是廉洁之人!依据陈仲子的操行来看,他不过是可以排在蚯蚓的后面罢了。蚯蚓,一般都是爬到地上吃一点泥土和烂草根,到地底下喝点水而已,这样可以称做是廉洁。你看陈仲子,他所居住的房子,是伯夷那样的贤人建造的呢?还是盗跖那样的贼人所建造的呢?他所吃的食物,是伯夷那样的好人种植的呢?还是盗跖那样的坏人种植的呢?这些都是我们所不知道的。"

匡章又说:"但是,谁建造的房子和谁种植的粮食又有什么关系呢?反正都是陈仲子自己编织草鞋,他的妻子纺织麻线换来的。"

孟子说:"陈仲子,他出生在一个齐国的贵族家庭中。他的兄长陈戴在该地,一年的俸禄就有上万锺粮食。但是,他却认为自己哥哥的俸禄是不仁义的俸禄而拒绝吃,他认为哥哥的房子是不仁义的房子而拒绝住。于是,他就避开兄长,辞别了母亲到于陵居住。

"有一次他回家的时候,看到有人给他的哥哥送去了一只活的大白鹅。于是他就很不高兴地皱着眉头说:'为什么送一只呱呱叫的东西呢?'过了几天,他的母亲将鹅杀死送给他吃。他正好在吃的时候,他的哥哥回来看见了,就说:'你吃的正是那个呱呱叫的东西的肉。'他听到后,就跑出去大吐起来。他母亲做的食物他就不吃,但是妻子做的食物却吃。哥哥的房子不能住,就住在了于陵的房子里。这样能培养廉洁的行为吗?像陈仲子这样的人,也只能站在蚯蚓的后面去培养自己的廉洁了!"

# 无规矩不成方圆

孟子说:"即使一个人能够有离娄那样的好视力,有鲁班一样的好的木工技能。他们如果没有圆规和直尺也画不出完美的圆形和方形来,无规矩不成方圆。即使一个人能够有师旷那样灵敏的耳朵,如果不用六律(古代音标的名称)也不可能校正五音(是指五个音节)。即使一个人具有尧舜那样的伟大的理想,如果他不实行仁政,那么他也笼络不了天下,天下也是不能得到太平的。现在只有仁者的心以及仁者的思想,百姓却没有被这种仁惠及到,也没有给后人做一个榜样,让他们可以效仿。之所以这样就是因为没有实行古代贤明之君的治国方针政策。因此说只有一颗善良的心是不能够处理好政事的,只有好的法律没有实行也是不能治国的。

"《诗经》中说:'不愆不忘,率由旧章。'意思就是说不要违背、不要忘记,要严格遵守正确的法规。如果一个人遵守了古代贤君的法律而依旧出现错误,那是不可能的。圣人殚精竭虑,几乎耗费自己毕生的精力用自己的眼睛创造出来的圆规、尺子、准绳用来画方圆直线,我们就应该好好利用,这些对我们来说是足够的。圣人殚精竭虑用自己的耳朵创造出来六律用来校正五音,对我们来说也是够用的了。圣人用尽了自己的思想,绞尽脑汁想出了仁政的政策,我们只要将政策合理地利用、具体实施、这样,就可以得到一个充满仁爱的社会了。因此说,建造楼台就要选择高的地方,挖掘水池就要选择地势低的地方。管理国家却不采用古代圣人的思想,难道能说是聪明的吗?只有具有仁人之心的人才能够管理国家,才能够胜任统治者的位置。

"如果是不仁之人处在统治者的位置,那么,他一定会将他的邪恶思想到处传播。如果统治者没有一定的法纪、法规和道德底线,那么,被统治、治理的人肯定就不会遵守法纪法规,毫无道德而言。如果朝堂之上的人不讲道德信义,那么,工匠也就不会有法规。如果君子们违反道义,那么,平民百姓自然会去触犯法律。在这样的情况下国家还不灭亡,那么,只能说是运气好。所以说城墙不完整,士兵的武器装备不精,并不是国家的灾难;荒地闲置不开垦,财富没有聚集起来,也不是国家的灾难;统治者、贵族不讲礼仪,平民百姓没有道德心,乱民贼子越来越多,那么国家离灭亡的日子就不远了。

"《诗经》中说:'天之方蹶,无然泄泄。'意思是说天下要兴盛的时候,不要懈怠拖沓以对。侍奉君主,臣子不按照信义去处事;不按照礼仪去处理政事;开口说的都是古代贤明君王的治国道理,这些都是国家懈怠的表现啊,国家已经开始衰败了!因此说能够指出君王的错误是恭,说善言,避开邪说歪理是敬,说君主不能实行仁政则是贼。"

孟子还说过:"圆规和直尺,是方形和圆形的典范;圣人,是人们为人处世的模范。如果你想做一个贤明的君主,就要尽到自己做为君主的责任,用君主的道义来治理国家。如果你想要做臣子，就应当遵守臣子的职责。无论是君主还是臣子都要以尧、舜做为榜样来学习。如果臣子不用舜对尧的态度来对待自己的君主，是对君主的大不敬；如果君主不用尧的方式来治理国家，那么就是在危害百姓。孔子说过：'道二，仁与不仁而已矣。'就是说治国有两条道路，仁或者不仁。残酷对待百姓的君主，会国家灭亡，自己被杀。这样的君主，谥号只能为幽、厉，即使他们的子孙很孝顺，谥号也永远不能够更改。《诗经》说：'商纣借鉴的例子并不远，不过是夏桀后面而已。'这里说的就是这个意思。"

## 后羿之过错

逢蒙是后羿的徒弟，他仰慕后羿的射箭本领就前来拜师学艺。当逢蒙将后羿的本事都学会之后，他就认为天下比自己的射箭本领高的人就只剩下了后羿一个人了，于是他就将后羿射死了。孟子对这件事情的看法是这样的："后羿也是有他的错误的。"

后羿

公明仪听到孟子这么说，就反对说："后羿好像没有过错呀。"

孟子回答说："只不过他的错误没有那么大而已，也不能说他完全没有过错。郑国曾经派遣子濯孺子去攻打卫国，卫国派庾公之斯前去追赶子濯孺子。子濯孺子看到有人追赶自己，就愁闷地说：'看来我今天是死定了，我今天病了，连弓箭都拿不起来，怎么对抗敌人呢！'过了一会，他问随从：'来追杀我的人是谁啊？'随从回答说：'是庾公之斯。'

"子濯孺子听到后，欣喜地说：'看来我今日可以活命了。'他的随从很不理解，就问：'庾公之斯是卫国很擅长射箭的人，您反倒说可以活命了，这又是为什么呢？'子濯孺子回答说：'庾公之斯的射箭本领是向尹公之他学习的，而尹公之他的射箭本领又是跟我学习的。尹公之他是一个非常正直的人，那么，他的学生也必然会是一个正直的人，所以我今天肯定不会死。'

"不一会，庾公之斯就追了上来，他看见子濯孺子后，问道：'你为什么不拿起弓箭反击呢？'子濯孺子回答说：'我今天生病了，握不起弓箭。'庾公之斯听到后说：'我是跟随尹公之他学习的射箭本领，而尹公之他是想您学习的。我实在是不忍心用您传授的本领来伤害您，但是，今天的事情是国家的事情，我又不能私自做主，也不能置之不理呀。'说完，庾公之斯抽出箭，在车轮上敲了几下将箭头去掉，然后向子濯孺子射了几下就走了。"

后羿最大的错误就是没有像庾公之斯一样教授一些正直的学生,而是把射箭本领传授给了不该传的人。

## 曾子和子思同遇寇

曾子曾经在武城居住的时候,恰好遇到了越过的军队进犯,他的弟子就对他说:"敌寇马上就要到达武城了,我们是不是应该去躲避一下呢?"

曾子欣然同意,并且说:"我的房子不能借给其他人住,也不要毁坏旁边的树木。"然后他就离去了。

等到敌寇走了之后,他对弟子说:"我就要回去了,先去把我的房子修缮一下吧!"等房子修缮好后,曾子就回到了武城。

他身边的人有人不理解曾子为什么这样做,就说:"武城的人对先生是这样的尊敬,敌寇过来了先生就赶紧离开了,敌寇走了先生才回来,先生这样做不妥当啊!"

曾子的弟子沈犹行就对他们说:"这个并不是你们可以理解的道理。当年,曾先生住在我那里,有负刍起来作乱,跟随先生的七十多个人中,没有一个参与的。"

曾子这样的行为和子思刚好相反,子思在卫国居住的时候,齐国的人前来进犯,有人说:"敌寇就要来了,赶紧去躲一躲吧?"子思回答说:"如果我出去躲避走了,那么谁会留下来和君王一起守卫城府呢?"

面对曾子和子思不同的做法,有人很不理解,孟子是这样说的:"曾子和子思在面对敌寇的时候,虽然采取的是不同的做法,但是他们的道理是相同的。曾子为人师者,老师,也就是长辈;子思为人臣者也,是地位低下的。如果两个人站在对方的位置上,恐怕也会做出一样的做法。"

## 齐人一妻一妾

齐国有一个人,他有一个妻子和一个小妾。这个做丈夫的人,每次出门回来以后必定是酒足饭饱,享受过美食之后才回到家中。于是,他的妻子就问他他是和谁一起吃的饭,都是些什么样的人。丈夫回答说都是一些大富大贵之人。他的妻子不相信他,就对小妾说:"你看我们的丈夫,每次出去后,都是酒足饭饱之后才回来,我问他是和什么样的一起吃饭,他说是和大富大贵的人一起吃的饭。但是我怎么从来没有见过我们家里有什么富贵之人来过呢?我打算跟着他看看他到底去哪里了,到底和谁一起吃的饭。"

第二天一大早,丈夫出去后,妻子就尾随在他的后面一路跟着走。妻子跟着丈夫走遍了整个城,都没有一个人停下来和丈夫进行交谈的。接着,丈夫来到了城东的坟地，向祭祀扫墓的人讨要了一些剩下的祭品吃了，如果没有吃饱，他就向其他的扫墓者再要一点。原来这就是吃饱喝足的方法啊！

妻子看到后，回家将这一切告诉了小妾，并且说："丈夫是我们依靠一生的人，但是没有想到他今天竟然落到了如此境地，做出这样的事情。"于是，两个人就在一起咒骂丈夫，又相互哭泣了起来。丈夫对这一切一无所知，竟然还像往常一样得意扬扬地回来了，在妻子和小妾面前依旧炫耀着。

从君子的角度看，人们升官发财的方法，可以不让他的妻子和小妾感到羞耻哭泣的，基本上也是没有的！

## 舜号泣于旻天

孟子的弟子万章问他说："舜在前往田地的时候，一边叫喊着天一边哭泣。您说他为什么要这样悲痛地哭泣呢？"

孟子回答说："这是在埋怨父母，也是依恋父母的表现啊。"

万章说："如果父母喜欢你，那么，你也不会因为高兴而对之懈怠；父母如果讨厌你，那么，你也不能因为伤心而产生怨恨啊。这么说，舜是在怨恨他的父母？"

孟子说："以前的时候，长息问他的老师公明高说：'舜前往天地，我是明白其中的道理的，但是，他呼喊哭泣，呼喊父母哭泣，我就不理解是怎么回事了。'公明高回答说：'这并不是你能明白的。'公明高认为一个孝子的心是不可以不理会的：我努力耕田，全力做到一个儿子应该做的事情，但是父母却不喜欢我，叫我该如何是好呢？尧帝让他的九个儿子、两个女儿一起去帮助舜，让百官带着牛羊以及粮食到田地间帮助舜。天下很多人也纷纷跑到舜的那里帮助他，依附于他，尧帝都打算将整个天下给予舜了。但是，舜就是得不到父母的喜爱，这样的感觉就好比是穷人无家可归，无所依靠一样。每个人都希望能够得到天下人的爱戴和喜欢，舜做到了，但是即使这样也不能给他排忧解难，消除他的忧愁。天下的男子都想得到美丽的女子，舜得到了尧的两个女儿，但是也不能抵消他的忧愁。人人都希望富贵，舜已经富有到拥有天下了，可是他依旧心中不开心。尊贵的地位是人人想得到的，舜已经贵为天子，但是他心中的忧愁依旧没有排解。受到他人的尊敬和爱戴，拥有美丽的妻子，拥有财富，拥有地位，这些都不能够使得舜消除心中的忧愁，只要得到父母的喜爱，他就会立刻开心起来。人在小的时候，十分依恋父母；逐渐长大懂事了就喜欢美女；等到有了妻子儿女，则喜欢妻子儿女；做官了则心中仰慕君主，假如得不到君主的喜欢，便会感到郁闷烦躁；大孝之人则一辈子都会依恋父母，到了五十岁还依恋父母的人，我只见过舜一个人而已。"

万章又问说："《诗经》中说：'娶妻的时候该如何做？一定要禀告父母。'信守这道理的，应该没有人能比得上舜的。但是，舜在娶妻的时候却没有告诉父母，这又是

为什么呢？"

孟子说："如果说舜将娶妻这件事情告诉父母了，那么，他就娶不了了。男婚女嫁，这是人类最重大的伦理关系，如果舜告诉了父母，就会因此娶不了妻，他会反过来埋怨父母的，因此，他就没有告诉父母。"

万章说："舜娶妻不告诉父母原来是这样啊，我知道了。但是尧帝将女儿嫁给了舜，却不告诉他的父母，这又是为什么呢？"

孟子说："这是同样的道理是，因为尧帝知道如果告诉了舜的父母，他的女儿就嫁不了舜了。"

## 齐东野语

孟子的弟子咸丘蒙问孟子："俗话说：'一个非常有道德礼仪的人，君主就不能将他当做臣下了，父亲也就不能将他当做儿子了。'舜做了天子以后，尧就带领着众诸侯前去拜见他，他的父亲瞽瞍也前往拜见他。当舜看见瞽瞍的时候，他的神色就显出了非常不安的情况。孔子对此是这么说的：'当这个时候，天下已经到了最危险的时候了！'老师，您看真的有这句话吗？"

孟子曰："当然没有，这样的话怎么会是出自君子的口中呢，应该是齐东野语也。（齐东野语，是指齐国东部乡下人说的话，也就是没有文化、没有水平的人才会这样说的意思。）尧老了已经没有能力管理国家，所以舜才会管理朝政。《尧典》中说：'二十八后，尧去世后，百姓就好像自己的父母去世了一样，舜为其守了三年孝。'孔子说：'天上不可能会有两个太阳，国家不可能会有两个君主。'舜虽然为天子，但是他又带领着天下的众诸侯为尧守丧三年之久，因此他是一个二天子罢了。"

咸丘蒙说："哦，我明白了，舜并没有将尧当做臣子，老师，经过您的解释我已经懂了。《诗经》上说：'普天之下没有哪个地方不是天子的土地；四海之内没有哪个人不是天子的臣民。'舜既然已经成为了天子，那么，他的父亲瞽瞍却不能算是他的臣民，请老师告诉我，这又是怎么回事呢？"

孟子说："这首诗的本意并不是你说的那个意思，做这首诗的人是因为自己公事繁忙而不能好好地赡养、服侍自己的父母。这里的意思是说：这里没有哪件事情不是公事的，但是劳碌的人却只有我一个人。因此给诗词做解说的人，千万不可以因为字面的意思而使得词句的意思大打折扣，也不能因为词句的意思而导致全诗的意思发生扭曲；一定要用自己的切身体会来揣测作者的意思，把握主诗歌的整体意境。如果一个人仅仅局限于对词句的解释，那么，这首《云汉》诗词就会变成这个意思了：周朝剩下的那些百姓们，没有一个留下来的。'如果你听信了这样的解释，那么，这句话的意思也就变成了周朝没有一个人留下来。世间最孝顺的孝子就是对父母的尊敬；而对父母最大的尊敬就是能够奉养父母。做为天子的父亲，这恐怕是世界上最尊贵的地位了，用整个天下来奉养父亲，世间也没有比这再高的奉养了。《诗经》上说：'人应该永远不要忘记孝道，孝道就是法则。'这里说的就是这个意思。《尚书》中说：'舜去见瞽瞍总是十分恭敬，谨慎又畏惧，瞽瞍也没有什么不顺心的。'父亲并没有不把他当儿子！"

## 尧让天下

万章问孟子说："是尧把天下让给了舜，是这样的吗？"

孟子回答说："不是这样的，天子是不能将天下让给他人的。"

万章不解地说："如果这样说，那么舜是怎么得到天下的，谁给他的呢？"

孟子说："是上天给他的。"

万章说："上天在给舜天下的时候，是怎么给的呢？是不是反复对他说、对他嘱咐给他的？"

孟子说："不是这样的，天是不会说话的，只是让舜通过自己的言行来得到天下人的认可而已。"

万章说："用自己的言行来向天下之人显示，这样又是如何做到的呢？"

孟子说："天子可以向上天推荐做天子的人，但是却不能让天命令他做天子。就像诸侯可以向天子推荐人才，可是他却不可以让天子任命其天子的职务啊。大夫可以向诸侯推荐人才，但是他却不可以让诸侯任命此人官职。从前的时候，尧将舜介绍给了上天，上天接受了他；然后尧又将舜介绍给了百姓，百姓也接受了他。因此说上天是不会说话，他只会让一个人通过自己的言行来得到天下人的认可罢了。"

万章说："老师，我还想问一下，您说向上天推荐，上天接受了，向百姓推荐，百姓接受了，这又是怎么回事呢？"

孟子说："要想上天接受他，就让给他主持祭祀的事情，当上天享用了祭祀的用品，也就是接受了他；要想让百姓接受他，就让他主持朝政，如果天下被治理得井井有条，那么，说明百姓接受了他。上天可以授予他天下，百姓也可以授予天下，因此说天子并不能将天下给予他人。舜曾经辅佐尧二十八年，这是天意，并不是其他人所能做到的。尧去世，舜守丧三年后，为了让尧的儿子可以继承天子之位，自己则逃到了南河的南边。可是，天下人都不认可尧的儿子，从来不把他当天子朝拜，而是去朝拜舜。歌功颂德的歌曲说的也都是舜。因此这是天意，并不是舜的意思。在这样的情况下，舜只好做了天子。假如说舜逼迫尧的儿子让位，那么这就是篡位，但是现在却不是，而是天意。《泰誓》中说：'百姓的眼睛就是天的眼睛，百姓的耳朵就是天的耳朵。'就是这个意思。"

# 禹不传于贤

万章问孟子说:"有人说'天下到禹的时候道德就衰败了,禹不将帝位传于贤人,而传给了自己的儿子。'是这样的吗?"

孟子回答说:"并不是这样的,不能这样说。上天如果想要将天子之位传给贤德的人就会传给贤德之人,如果上天想要传给禹的儿子就传给禹的儿子。当年,舜将禹推荐给了上天。十七年后,舜去世了,禹守丧三年然后就躲在了阳城,并不想要得到天子之位。但是,百姓却都跟随着大禹,奉他为天子,就好像当年尧去世时,百姓不认可尧的儿子而拥立舜为天子一样。禹当天子的时候,禹向上天推荐了益,七年后禹去世了,益同样在守丧完毕后躲到了箕山的北边,想将天子之位让给禹的儿子启。当时人们并没有追随益,而是奉启为天子,有什么问题都找启解决,歌功颂德的歌曲也只给启唱,他们都将启当做了自己的君主。

禹

"尧的儿子丹朱是个不成材的人,舜的儿子也不得人心。舜辅佐尧,禹辅佐舜,时间久了,他们对老百姓的恩惠就多了,老百姓也就认可他们了。启是一个很贤明的人,他继承了禹的好品质,能够得到大家认可。益则因为辅佐禹的时间比较短,他的恩惠百姓并没有得到多少,因此,他得不到拥护。这一切都是上天的安排,无论是舜、禹、益辅佐时间的长短,还是他们儿子的好与坏,一切都是注定的,人们是改变不了的。这并不是故意的安排却出现了,就是天意,没有人请他们来他们却来了,这也是天意,因此,启的继位是上天的安排。

"一个得到天下的人,他的道德行为必然也会和舜、禹一样,并且一定得到了天子的推荐。所以,孔子虽然是一个圣人,但是他得不到天子的推荐,他还是得不到天下的。如果是代代而传的天下,如果上天不想让他继续得到天下,那么,他的下场必然也会和夏桀、商纣一样。你看益、伊尹、周公之所以得不到天下,是因为有了残暴的君主。伊尹辅佐汤得到了天下,汤去世后,儿子太丁还没有继位就死了,外丙在位仅两年,仲壬在位不过四年。太丁的儿子太甲违反了汤时所制定的刑罚,被伊尹流放到了桐三年;太甲对此感到十分后悔,他心中有愧,于是在桐地实行了仁义。三年后,太甲已经完全遵从了伊尹的仁政教诲,于是,他又回到了亳当上了天子。周公之所以不能得到天下,和益、伊尹得不到天下的道理是一样的。因此孔子说:'尧、舜禅让天下给他人,夏、商、周传位于子孙,道理是一样的。'"

## 伊尹割烹要汤

伊尹是商汤时期的著名的大臣，他辅商汤执政，但是，有人说伊尹之所以能够得到商汤的重用，是因为他高超的厨艺，孟子的弟子万章不知道这是不是真的，于是他就去请教孟子。

万章问孟子说："我听到有人说'伊尹以割烹要汤。'意思是伊尹利用高超的烹饪技术得到了汤的任用，是这样的吗？"（割烹就是烹饪的意思）

孟子回答说："根本不是这样的。伊尹在莘国的田野耕作的时候，他就非常喜欢尧、舜的治国道理，如果不合乎尧、舜的治国道理，那么，即使你将天下给他，他也不会接受的，几千匹的马放在他面前，他看也不会看一眼。他不会给予他人一丁点儿孝不符合道义的东西，同时他也不能接受他人的不符合道义的东西。

"商汤派人去带了重礼去聘用他，他却不以为然地说：'我为什么要汤的这些聘礼呢，有什么作用呢？我辅佐汤哪里有我自己在田野中自在呢？只要能够研究尧、舜的道义我就非常快乐了！'直到汤第三次派人去请他，他才改变了自己的看法，说道：'与其我一个人在田野中拿尧、舜的治国之道自娱自乐，为什么不辅佐汤成为一个像尧、舜一样的君王呢？我为什么不将现在的百姓变成尧、舜时期那样的好百姓呢？我是如此向往尧、舜时期的盛世，可是，我为什么不去亲自建造一个这样的社会呢？社会上的人，总是让先知道道义的人去唤醒那些不明白道义的人，让先领悟道理的人去教授那些还没有懂得道理的人。如今我就是这样一个先知道道义的人，因此，我应当去唤醒那些还在懵懂中的人们，如果我不去唤醒他们谁还会去呢？恐怕没有人了。'于是，伊尹就决定前去辅佐商汤。

"伊尹认为天下的人们，无论是男人还是女人，如果没有感受到尧、舜的恩泽，那么，就好比是自己将其推入了鸿沟中一样。他是将天下的大任揽到了自己的肩膀上，要救助百姓，因此说伊尹到了商汤那里就劝他挞伐夏桀。我从来没有听说过，自身枉屈的人可以去矫正他人，更不要说自身污浊的人去治理天下了。圣人的行为或许与众不同，看着怪异，他们不是隐居山林，就是出仕辅佐君王；不是不屑为官，就是坚守官职不离不弃，但是无论怎样，圣人就是圣人，他们的心总是纯洁的。至于伊尹，我只听说过他用尧、舜的道理去见商汤，并不是因为高超的烹饪手艺取得商汤的重用。《伊训》中说：'从攻打牧宫开始讨伐夏桀都是天意，是我在亳辅佐上商汤时发起的。'"

## 百里奚自鬻

百里奚，是春秋楚国人，辅佐秦穆公，是著名的贤臣，传说，他用五张羊皮的价

格将自己卖给了秦国一个养牛羊的人，因此才得到了秦穆公的赏识，当时孟子并不这样认为，他认为百里奚是一个贤德聪慧之人。

孟子的弟子万章问孟子说："我听有人说：百里奚将自己以五张羊皮的价格卖给了秦国养牲畜的人。他依靠着替人养牛而得到了秦穆公的重用。有这样的事隋吗？"

孟子回答说："没有，当然没有这样的事情，这些事情不过是一些喜欢传播是非的人编造出来的而已。百里奚是虞国人，晋国人献给虞国垂棘出产的璧玉和屈地出产的上乘马匹，想要从虞国借道来攻打虢国。当时虞国的大臣宫之奇劝谏国王不要答应晋国的要求，但是百里奚却没有说任何话，因为他知道虞公是听不进其他人的劝谏的，因此，他就离开了虞国。百里奚来到秦的时候已经七十岁高龄了，他不知道用替人养牛的方法来获得秦穆公的赏识是不光明的行为吗？这并不是一个聪明的人可以做的事情！百里奚知道虞公即将灭亡，于是他就事先离开了，不能不说他非常聪明。当时他被推举到秦国辅佐秦穆公的时候，他知道秦穆公是一个贤明之人，将来必定会大有做为，这样的人岂能不聪明？如果他不是一个贤能之人，那么他可以辅佐秦穆公使他名满天下，流芳百世吗？将自己卖掉了成就一个君王，即使是一个乡间的普通人也不会这么做，更何况是百里奚这样的贤能之人呢？"

## 舍生取义

孟子说："鱼是我想要得到的，熊掌也是我想要得到的。如果两者不能够同时得到，那么，我就舍弃鱼而要熊掌。生命是我要得到的，道义也是我想要得到的，如果两者不可以同时得到，那么，是我就舍弃生命而选择拥有道义。生命是我想要得到的，但是我想要得到的东西还有比生命更宝贵的，因此，我不能苟且偷生，做出对不起道义的事情。死亡是我讨厌的东西，但是世间还有比死亡更加讨厌的东西，因此有些灾祸是我所不能躲避的。

"如果一个人所热爱的东西没有超过生命的，那么，无论如何他都会有生存下去的办法，还有什么方法不能够采用的呢？如果人们所讨厌的事情没有超过死亡了，那么，人们则会想尽办法去躲避灾祸，因此，就没有他们所不采用的方法。有很多方法可以使人生存下去，但是人们为什么却不这样去做呢？人们避免灾祸的方法也有很多，但是，人们为什么不全部去采用呢？由此可以看出，这个世界上是有比生命还宝贵的东西的，这个世界上也是有比死亡还让人讨厌的事情的。这样的情景不只在贤人身上发生，每个人都是这样的，只是有些人将其丧失了，贤人却没有放弃而已。

"人们只要有了一碗米饭、一碗肉汤就可以活下去不用死。但是，如果你是恶声恶气地将饭菜给予人家，即使是即将饿死的人也是不会接受的，如果你将饭菜践踏过之后才给予人家，就连乞丐也是看都不会看一眼的。如果他人给予你万钟这样高的俸禄，你连问都不问它是否合乎礼仪就坦然接受，那么，如此之高的俸禄对我能够什么增益呢？是为了得到富丽堂皇的住所、妻妾的侍奉还是那些我所认识的穷苦人的感激？以前是宁死也不肯接受这些，可是现在为了富丽堂皇的住宅就接受了？为了妻妾的侍奉就接受了？为了得到穷苦人的感激就接受了？如果这样做了，就丧失了做人的根本！"

## 礼仪与食色

曾经有一个任国人，他向孟子的弟子屋庐子说："礼仪和吃饭，两者相比较哪一个更重要呢？"

屋庐子回答说："自不必说，当然是礼仪重要了。"

任国人又问："那么，妻妾和礼仪比较起来，哪一个更重要呢？"

屋庐子回答说："还是礼仪重要啊！"

任国人就说："如果遵从礼仪去寻找食物，那么肯定会因为得不到食物而饿死，而不遵从礼仪去寻找食物就可以填饱肚子，那还要不要遵从礼仪呢？如果遵从礼仪去迎娶妻妾反而得不到妻妾，如果不遵从利益去迎娶妻妾，反而可以得到妻妾，那么，还要不要去遵从礼仪呢？"

屋庐子听了任国人的话，一时无言以对，不知该如何回答。于是，他第二天就来到了邹国，向自己的老师请教这个问题。他见到孟子，就将两个人的对话向老师叙述了一遍。

孟子听完之后，就说："想要回答这个问题也并没有多难。如果你将两件事物放在一起对比高低，但是不考虑其的起点，那么，即使是一寸见方的木头也比高楼大厦高。金子是比羽毛重的，但是，如果只有三钱金子，那么比一车的羽毛还要重吗？将吃饭的重要性与礼仪的细节性相对比，肯定能够说明吃饭比礼仪要重要吗？拿婚娶的重要地方和礼仪的细节处相对比，那么，婚娶势必要比礼仪重要。你去对他说：如果说拽住你哥哥的胳膊抢夺了他的饭你才可以得到食物吃，如果你不拽不抢就得不到饭吃，你会去拽吗？如果说你只有翻越了东边邻居的墙头去劫持人家的女儿才可以娶到妻妾，否则的话你根本就娶不到妻妾，那么，你会去翻墙头劫持人家吗？"

## 有仁义才有和平

宋牼，战国时期宋国著名的学者，他主张和平，反对战争，因此想要劝说诸侯停止战争。

宋牼准备前去楚国，结果在石丘这个地方让孟子遇上了他。孟子看见他后，就问他说："先生如此匆忙，是准备到什么地方去呀？"

宋牼回答说："是这样的，我听说秦国和楚国发生了战争，我不想看到战争的爆

发，因此，我现在准备到楚国去，拜见楚王劝说他停止出兵不要去征战。如果楚王不听我的劝告，那我就去拜见秦王，同样也要劝说他不要出兵。我相信这两个国王，总有一个会被我劝说到的，这样战争就不会发生了。"

孟子听完他的叙述后，就说："我想知道你想如何去劝说他们让他们停止战争，不需要太详细，只要给我说一个大概意思就可以了！"

宋牼解释说："我会前去告诉他们，作战是一个对国家非常不利的事情。"

孟子说："先生您的出发点是好的，但是，您的做法未必行得通。先生您想用利去劝说秦王和楚王，秦王、楚王会因为听到有利而放弃战争，停止军事行动，这是因为有利可图而使他们高兴才这样的；军队的将士听到有利也会为此高兴，于是他们也会倾向于罢兵。一个做臣子的人，心中总是想着利害关系而来侍奉君主，做儿子的也总是心怀利害关系来侍奉父亲，做弟弟的也总是心怀利害关系来侍奉哥哥，那么，如此一来，君臣之间、父子之间、兄弟之间还有什么仁义可以说呢，他们之间除了利害关系也就没有其他了。国家已经到了这样的地步，必然会导致国家灭亡的。

"假如先生用仁义的道理去劝说秦王和楚王，让秦王和楚王因为拥有了仁义而开心，然后他们放弃战争，不再进行军事行动；军队的将士也因为仁义而开心，不去作战。做臣子的人则以一颗仁义之心来侍奉君主，做儿子的以一颗仁义之心来侍奉父亲，做弟弟的用一颗仁义之心来侍奉哥哥，那么，这样的君臣关系、父子关系、兄弟关系就没有什么利害关系，而是用仁义来相互对待，国家之内将充满了仁义。如果一个国家能够做到如此程度，那么，天下就会自然而然地归顺于他，还没有哪个国家不是这个样子而没有统一天下的呢，何必一定要先去讲利呢，是不是？"

## 良臣之道

春秋时期，诸侯争霸，各国纷争不断，孟子对此十分担忧，此文中他指出了为人臣者应该做的事情，如何做才是一个良臣之道。

孟子说："春秋五霸，相对于夏禹、商汤和周文王三王来说，他们就是罪人。现在的众诸侯们，相对于春秋五霸来说，他们也是罪人。现在的众大夫们，相对于众诸侯来说，他们也是罪人。

"天子到诸侯的封地去称做'巡狩'，诸侯前来朝拜天子称做是'述职'。天子在春天的时候巡查田地里耕种的情况而去赈济贫穷的人，秋天的时候到诸侯那里察看收获的情况，赈济歉收的人们。如果在诸侯的领地中，土地得到了很好的开发，庄稼管理得非常好，老人能够得到赡养，贤人得到尊敬，朝廷之中都是俊杰之人，那么天子就会给予诸侯赏赐，给予他更多的封地。如果诸侯的封地中，田地荒芜杂乱，庄稼没有好收成，老人得不到赡养甚至被遗弃，贤人不被人尊重、任用，在朝廷上都是一些腐败贪污、剥削百姓之人，那么，诸侯就会受到天子的责备。诸侯如果有一次不来朝拜天子，那么，天子就会降低他的爵位，如果两次不来朝拜天子，那么，天子就会削减他的封地，如果三次不来朝拜，那么，天子必然会率兵攻打讨伐他。春秋时期的五霸，都是领着诸侯来讨伐诸侯的人，因此，春秋五霸相对于三王来说，他们是罪人。

"在春秋五霸中，以齐桓公的实力最为强大，在葵丘之盟的诸侯大会上，他并没有让出席各国君主歃血为盟，因为他知道众诸侯是不敢违背盟约的。他们的第一条盟约为：杀死不孝之人，不能随便废立太子，不能立妾为妻。第二条盟约为：要尊敬贤人，培养人才，表彰高尚有德之人。第三条盟约为：尊敬老人，爱护幼小。不能怠慢贵宾和客人。第四条盟约为：士人不可以世袭官职，不可以身兼数职，根据才能来任用，不能擅自杀死士大夫。第五条盟约为：不能到处设防，不禁止邻国采购粮食，不能有了封赏而不报告。最后一条说的：凡是参加盟约的国家，在订立盟约之后，就要恢复友好交往的关系，互为友好。虽然盟约上是如此说的，可是，现在的诸侯没有一个不违背这些盟约的。因此说，现在的诸侯相对于春秋五霸来说他们都是罪人。

"如果君主有了过错，做人臣子的不能够进行劝阻，而是一味地顺从，那么，这也只是一个小罪而已；如果君主有了过错，为人臣子的不仅不去劝阻，反而还要阿谀奉承，帮助君主犯错，那么，这样的罪是很大的。现在的大夫一个个都喜欢巴结逢迎君主，而不会主动指出君主的过错。因此说，现在的大夫。相对于今天的诸侯，他们都是罪人啊！"

## 慎子攻打齐国

鲁国想要任命慎子为将军，然后让他带兵去攻打齐国，夺回南阳一地。孟子听到后，就说："不事先训练教授百姓本领而直接让他们去打仗，这就是在残害百姓。残害百姓的人，如果在尧、舜统治的时期是不会容忍他存在的。即使这场战争战胜了齐国，得到了南阳，依旧是不可以做的。"

慎子听到孟子的话后，非常不高兴，于是他就说："这不是我所明白的事情。"

孟子说："那就让我好好给你讲讲吧。属于天子的土地，方圆有一千里，如果达不到一千里就没有资格招待诸侯。属于诸侯的土地，方圆必须要有一百里，如果连一百里都没有，那么，就没有资格尊奉祖宗的礼法制度典籍。周公当时被封在鲁国的时候，方圆的土地有一百里，并不是说土地不够了，而是封给他的土地就刚好是一百里。姜太公被封在齐国的时候，给予他的也是一百里土地，这样做也并不是因为土地不够了，但是给他的就刚好是一百里。你看，现在鲁国的土地面积大概是一百里的五倍了，你认为假如有圣明的君王出现，会将鲁国的土地减少呢，还是增加呢？从其他国家无缘无故掠走土地而送给另一个国家，凡是一个有仁人之心的人都不会去这样做的，更何况要用杀人这样的手段呢？做为一个君子在侍奉君王的时候，一定要将其引导到正路上面，让其实行仁政，这才是一个君子应该做的事情。"

## 白圭定税率

白圭，名丹，是战国时期洛阳著名的商人。他曾在魏国做过官，后来又到了齐国、秦国，是历史上著名的经济谋略家。白圭知道孟子主张的是仁政，国家也要实行薄赋税，因此，白圭就刻意过来问孟子关于税率的事情，而孟子也从实际情况给出了他一个中庸的答案。

白圭问孟子说："先生，您看我想将税率定为二十抽一，您觉得怎么样呢？"

孟子回答说："你这样定税率的方法是貉国的办法。我问你如果拥有一万户人的国家，却只有一个人是做陶器的，你认为会出现什么样的情况？"

白圭说："当然不行了，那么多的人如果只有一个人做陶器，必然会导致国家内陶器不能满足国人的使用啊。"

孟子说："貉国，是一个土地不能生长五谷，而只能长黍子的国家；在貉国没有城墙、没有宫廷、没有祖庙和祭祖的礼仪，这个国家和其他诸侯之间也没有礼尚往来和宴饮的需求，更加没有各种衙署和官吏，因此说他们只需要二十抽一的税率就完全足够了。但是，你看现在中原国家，如果不需要社会伦理道德，将各种管理国家的官吏取消掉，那可以吗？显然是不行的啊！如果做陶器的人太少了，就会使一个国家出现混乱，导致国家用品不够使用，如果说一个国家没有了官吏会是个什么情况呢？想要比尧、舜十分抽一的税率更加轻的那只能是大貉小貉之类的国家；想要比尧、舜十分抽一的税率更重的国家那也只会是大桀小桀那样的国家。"

又一次，白圭对孟子说自己比大禹治理洪水好多了，结果却遭到了孟子的反驳和批评。

白圭对孟子说："我认为我治理洪水比大禹要强许多。"

孟子说："你说这话就不对了。大禹治理水患是顺着水的流势和本性进行疏导，因此所有的水都流到了大海中。但是你看看你现在治理的洪水，却让洪水流到了其他的国家，如果河水逆流，就称做洪水了，你这并不能被称做是治水。你这样做是会让仁慈的人讨厌的，因此说你做错了！"

## 好善之人

孟子的弟子乐正子刚刚跟随子敖来到齐国。

到了第二天，乐正子才前来拜见老师孟子，孟子看见他，就说："你还知道前来看我吗？"

乐正子不明白老师为什么不高兴，于是就问："老师为什么说这样的话呢？"

孟子问他："你来这里几天了？"

乐正子回答说："昨天刚刚到这里。"

孟子说："昨天你就到了，为什么到现在才过来看望我呢？难道我这样说你有什么错吗？"

乐正子解释说："老师，不是这样的。是因为我昨天还没有找到住的地方，因此没有过来。"

孟子说："难道你听到有人对你说，必须找到了住的地方，然后才可以前来拜见老师吗？"

乐正子听了之后，惭愧地回答说："老师，弟子知道错了。"

孟子对自己的弟子乐正子还是比较喜欢的，说他是一个好善之人，此次虽然责怪了他，是因为孟子非常不喜欢子敖这个人，甚至连话都不愿意和他讲一句，看到自己的弟子和他在一起，孟子自然是不大高兴的。

曾经，齐国人浩生不害问过孟子说："乐正子这个人怎么样啊？是个什么样的人？"

孟子回答说："乐正子是一个非常好的人，善良诚实。"

浩生不害又问："什么叫做善？什么又叫做诚信呢？"

孟子回答说："让他人喜欢便可以称做善了，他的身上确实存在一些好处就叫做信了。如果他的身上充满了好处那么就叫做美。将那些好处充分地表现出来就就叫做大。如果本身的思想可以大到能够教化他人了，就可以称做是圣人了。如果圣的程度到了不可言喻的地步，那么，就可以称做神了。乐正子，是在善和诚实之间，但是却在美、大、圣、神之下。"

鲁国国王想要任用乐正子来辅佐自己治理国家，孟子听说了这件事情后非常高兴，就说："我听到这个消息，高兴得晚上都睡不着觉了。"

公孙丑问他说："是不是因为乐正子非常厉害啊？"

孟子说："不是的。"

公孙丑继续问："那是因为乐正子非常聪明您才高兴的？"

孟子说："不是的。"

公孙丑问："那么，您是因为乐正子见多识广了？"

孟子说："不是的。"

公孙丑说："那您为什么能够高兴得晚上都睡不着了呢？"

孟子说："我高兴是因为他为人好善啊！"

公孙丑说："仅仅好善就足够了吗？"

孟子说："好善之人对于治理整个天下来说都是可以的，更何况一个小小的鲁国呢？一个人只要他是个好善之人，整个天下的人都会在千里之外来到他面前，将善言善语说给他听得。如果一个人是个不好善之人，那么，别人就会学他的模样，只会说我早就知道了，将他人拒于千里之外，也就不会有人前去对他说一些善言了，反而那些阿谀奉承的人就会来到他的面前。一个人如果和阿谀奉承的人一起治理国家，他能治理得好吗？"

## 善养老人

孟子说:"伯夷为了逃避殷纣王的残暴,就躲避到了北海的边上去居住了。他听到了周文王兴起,就说:'为什么不到周文王那里去呢?我听说周文王是一个能够好好善待、侍奉老人的人啊!'

"姜太公为了逃避殷纣王的残暴统治,就来到了东海的边上居住,他听说周文王要兴起了,于是,他就说:'为什么不到周文王那里去,我听说周文王是一个能够善待、侍奉老人的人啊!'

"天下出现了可以善待、侍奉老人的人,那么,原先躲避隐居的仁人之人就会有了想回去的念头,他们认为天下将要换一个新面貌了。一个占地五亩的宅院,在屋子的墙下种上桑树,让家中的妇女养蚕,那么,家中的老人就会有丝帛衣服穿了。家中养上五只母鸡、两头母猪,适时让它们自然繁衍,那么,老人家就可以有肉吃了。一块百亩大小的土地。让成年人来耕种,全家八口人的粮食就有了保障,不会出现饿肚子的情况了!人们之所以说周文王能够善待老人,就在于他制定的土地制度,他能够教导人们去种桑养蚕、圈养家畜,引导人们去善待老人。人们到了五十岁的时候,如果没有丝帛衣服穿就会感到寒冷,如果没有肉可以吃就会感到吃不饱,这样吃不饱、穿不暖的情况,就叫做忍饥受冻,老人如果生活在这样的情况下,说明是统治者的不做为啊!周文王统治下的百姓中,根本就没有这样的老人,每个老人都可以做到老有所养。因此说周文王善养老人!"

## 再作冯妇

齐国遭遇到了很严重的饥荒,陈臻对孟子说:"老师,齐国国内的人们都以为您会再次劝谏齐王将棠地的粮仓打开,放粮来赈济灾民,您不会再这样做了吧!"

孟子说:"如果我再次这样去做的话,我不就成为冯妇了吗?从前,晋国有个叫冯妇的人,他非常擅长打老虎,是个有名的打虎之人,但是,后来他改做了善士,就不再从事打虎的事情了。有一次,他来到了野外,看到很多人正在追赶一只老虎。那只老虎背靠在一个山势险要的地方,人们看见了,竟然没有一个敢上前去抓住它的。正在这个时候,大家看到了正在不远处的冯妇,于是,大家就赶紧跑过去迎接他,让他帮助打虎。冯妇一听众人需要他打虎,他就立刻下了马车,将袖子挽起前去打虎了。众人看到冯妇能去打虎都非常高兴,但是,冯妇却遭到了士人们的讽刺和嘲笑。"

冯妇重操旧业,为什么遭到世人的讽刺和嘲笑呢?其实,就是因为冯妇不能坚持自己做善士的追求,看见有人让自己打虎,就可以前去打虎,人们不应该因为环境而放弃自己的追求和原则!

# 《周易》故事

## 文王拘而演《周易》

周王季历死后，姬昌继位，他就是赫赫有名的周文王。

姬昌在位的时候，勤于政事，重视农业发展，在全国推行仁政，倡导笃仁、敬老、慈少商人往来不收关税，罪犯妻子不连坐。他还礼贤下士，许多外来人才及从殷纣王那里转而投奔来的贤能之人，他都以礼相待并给予重用，如夷、叔齐、太颠、闳夭、散宜生、鬻熊、辛甲等当时著名的能人异士，都被他收罗在麾下。更难得可贵的是，周文王身为周民族的部落首领，生活非常节俭，丝毫没有首领的架子。他穿着普通人的衣服，亲自到田里从事农业劳动，以身作则，兢兢业业地治理岐山一带的领土，国力日渐强大。

周文王

很多诸侯听说了姬昌的美名，都慕名拜访他、归顺于他。诸侯之间有矛盾了，也找他来调节。如虞、芮因为争夺田地而发生纠纷，姬昌以仁德感化两国国君，使他们这些原本是商朝的附庸，转而成为周的支持者，当时很多河东小国都将文王看成取代商纣的"受命之君"，天下已经呈现"天下三分，其二归周"的局面。

姬昌的崛起，引起了商王朝的不满。谗臣崇侯虎对殷纣王说："西伯侯（即姬昌）到处行善举，在诸侯国之间树立自己的威信，诸侯国都听他的话，恐怕对大王您有所不利。"殷纣王虽然骄纵，但总算识相，他也认为不能任由姬昌发展壮大威胁自己的地位，于是就命人将姬昌抓起来，囚禁在羑里（今河南汤阴县）。

姬昌被囚后，殷纣王想出很多野蛮的手段侮辱他，如将他的长子杀害做成肉羹，逼迫他吃下去。奸臣还进谗言说索性杀掉他。按照当时的形势，姬昌能否生存是一个大问题。姬昌很想知道自己的命运究竟如何，就不顾囚禁生活的屈辱，根据传说中伏羲氏创造的八卦，把天、地、雷、风、水、火、山、泽八种物质做为万物之源，将其改造成为后天八卦。然后又将世上纷纭复杂的事物抽象为阴阳两个范畴，根据刚柔相对、变化其中的原理，将八卦推演为六十四卦和三百八十四爻。在被囚禁的七年时间里，文王能坚定不移地推演八卦，用蓍草把六十四卦和三百八十四爻演绎得出神入化，终于创造出了《周易》。他做这件事原本是为了预测自己的命运，长子的死让他强忍悲痛，以忘我的精神投入到这项事业中。可以说《周易》是苦难催生出来的，是姬昌坚韧的意志和不屈的斗争精神演化出来的。

与此同时，周国的臣子都在想办法营救姬昌。闳夭等人为营救文王出狱，为殷纣王送去很多珍贵的礼物：莘国的美女，骊戎国带有花纹的宝马，熊国的骏马以及无数奇珍异玩。殷纣王看到这些礼物很高兴，对宠臣费仲说："仅仅有这个美女，我就可以放了西伯侯。何况他们还有其他宝物孝敬我呢！"于是下旨赦免姬昌出狱，还赐予姬昌弓、矢、斧、钺等，并赋予他征讨其他诸侯国的权力。

姬昌出狱之后，一面向纣王献地以麻痹他，一面在周和其他诸侯国中行善，借以壮大自己，为灭殷商做了充足的准备。后来，殷商终于被姬昌的儿子武王所灭，"文王拘而演《周易》"的故事也随着周人而流传了下来。

## 利见大人

乾卦第二爻曰："九二，见龙在田，利见大人。"

意思是说：龙已经从深水中出来，来到地面上。比喻人的才干已经为大家所知道，这时候急需有权势、有帝位的人提携，因此称做"利见大人"。

舜的贤德为天下人所知的时候，就是"见龙在田"的时候，他急需得到"大人"的提携。

帝尧管理天下的时候，没有设置官吏。天下之事，除了帝尧亲自打理，剩下的事就让东、南、西、北四大诸侯协助管理，这四个人并称"四岳"，其中东岳是羲仲；西岳是和仲，南岳是羲叔，北岳是和叔。这四个人分管四方，是帝尧的左膀右臂，每每有重大决策出现的时候，帝尧都会将这四个人召集在一起，大家一起商量着办。

帝尧自感年事已高，处理国家大事的时候已经力不从心，于是将"四岳"召集过来，讨论继承人的问题。

在"四岳"来之前，有人知道帝尧的意图，就劝帝尧立自己的儿子丹朱为继承人。可帝尧清楚，丹朱好逸恶劳，不务正业，天下如果交到他的手里，恐怕会引起大乱，因此坚持不将帝位传给自己的儿子，而是从天下贤良之中选择一个合适的继承人。

"四岳"来到帝尧的面前，明白帝尧选取人才的标准之后，异口同声向他推荐了舜。因为舜不但能干，而且对于自己顽固不化的父亲、蛮横骄纵的母亲、桀骜不驯的弟弟，都能无怨无悔地恪尽孝道，爱护弟弟。他的这些优良品德已经传遍了天下，没有人不知道舜有如此好的德行。因此，将帝位传给这样一个人，相信天下都会信服。

对于舜的孝道和品德，帝尧也有所耳闻，但也只是知道这件事而已，并没有刻意想过他会成为继承人。现在既然"四岳"都一致推荐了舜，可见舜的确名不虚传，于是决定考虑一下大家的建议。

人通常都是很奇怪的，有些事明明自己认为是正确的，但是如果没有绝对的把握，不会轻易做出确定。如果有第三方告诉他，你那个决定就是对的，或者说第三方的意思与他的想法一致，他就会因此受到鼓舞，真的相信自己的决定是对的。尽管帝尧已经听说过舜的事迹了，但这时候他的贤德只是帝尧个人的看法。当"四岳"一致推荐舜的时候，毫无疑问，帝尧对舜的好感进一步得到加强，因此就决定选择这个人才，而不是像丹朱被提名一样，立即就否定了。

毕竟掌管天下苍生不是一件小事，继承人的问题不能有丝毫含糊，于是帝尧就对舜进行了一番考验。如我们前文所说，舜原本就是"龙"，是一个有德行、有才干的人。所谓"真金不怕火炼"，尽管帝尧对他的考验长达三年，不过他还是很成功地通过了考核，被帝尧指定为接班人。

舜能顺利继位，他的才干和品德是最重要的因素，但若不能"利见大人"，没有大人物的举荐，他登上帝位，恐怕还要费一番周折。或许他根本不可能登上帝位，只是民间一个名声很好的人而已。历史上有很多贤德之人、饱学之士，不见得都能当上帝王，也不见得都能做出一番事业。因此，关键时候，人的才干还需要大人物的发掘、提拔、重用，需要得到"伯乐"的赏识，"龙"才有可能成为龙，而不是"潜龙"。

## 亢龙有悔

乾卦的最上爻为："上九，亢龙有悔。"

它的意思为：极盛则衰，衰极则盛。因为龙行至于亢时，必定有遗憾之事发生，因此形象地称之为"亢龙有悔"。这个卦爻的主旨在于，身居高位的人，要戒骄戒躁，骄傲自满会做出令你后悔的事。

殷纣王身居高位，但却不知道戒骄戒躁，因此做出令自己悔恨终身的事，身死亡国，这就是"亢龙有悔"。

殷纣王是皇后所生，是嫡子，因此他做为继承人的命运，从他出生就开始了。人们知道他就是未来的君王，从小就巴结他，吹捧他。加之他原本天资聪颖，身材威猛，善于言辞，是一个帝王的材料，所以殷纣王对于人们已经夸张了的吹捧，也一并接受了下来，真的认为自己是一个勇猛过人、德才兼备的"圣人"。

帝乙去世之后，纣王理所当然地继承了帝位。不过，他的确是一位难得的帝王材料。他统治前期，重视农桑，国力强盛。后来，他发起对东夷、徐夷的战争，打败他们，将商王朝的国土扩张到江淮一带，比起他的父亲，可谓建立了"不世功勋"。不仅如此，纣王还革除旧弊，不让奴隶服役，而是让他们参加劳动，或者补充兵员，这些都进一步增加了商王朝的强大。此外，他还重视人才，唯才是举，不管人才的身份地位如何。总之，在殷纣王统治前期，殷商的国力比之前任何一个时候都强大。

殷纣王统治后期，他开始骄纵，加之他自从登上帝位之后，身边吹捧巴结的人更多，殷纣王更飘飘不知所以然了。他自以为自己是"圣人"，即使不理朝政，天下也会太平。因此，终日喝酒狂饮。为了让自己玩得更尽兴，他还命人在沙丘上建立了一个专门玩乐的鹿台。劳民伤财所修建的鹿台，不但广大——方圆有数里，而且布置很奢华。里面有不计其数的宫室，有不计其数的大池，每个池子里都灌满了酒，方便殷纣王随时饮用，此为"酒池"。宫里到处还悬挂着香肉，便于殷纣王随时享用，是为"肉林"。然后，殷纣王还在全国征召美女，让她们光着身子住进鹿台，他就终日与这些美女们在酒池肉林中玩乐。后来倾国倾城的美女妲己进入鹿台之后，殷纣王更是荒淫无道，而且对妲己的话言听计从，彻底荒废了朝政。

为了维持自己荒淫无道的生活，殷纣王增收全国各种赋税，引起百姓的怨声载道，原本强大的殷商王国，很快被他弄得乌烟瘴气——百姓家破人亡，小人得道，正直的大臣得不到重用。哪个大臣如果敢劝谏他，就立刻会被殷纣王贬为平民。纣王还设置了各种严酷的惩罚制度：炮烙之法，刳胫之刑，这些刑罚都用来对付劝谏的政治大臣，人们都吓得不敢再进谏了。

殷纣王的暴行激起全国人民的反对，百姓们都祈祷说："上天啊，你快些下命令吧，将这个残暴的殷纣王消灭。"各地诸侯因为不满殷纣王的残暴，也纷纷起兵讨伐他。

当各地起兵的消息传到殷纣王耳朵里时，殷纣王仗着自己"天资聪颖，身材威猛，善于言辞"，仗着自己曾建立起"不世功勋"，对各诸侯的反抗不以为意，竟然还狂妄地说："我是真命天子，他们能奈我何？"于是，继续沉湎于酒色，继续在全国推行残暴统治。

这时候，岐山一带的周民族发展起来，天下诸侯在周文王、周武王父子的带领下，会盟与盟津，誓师讨伐纣王。不过诸侯听说殷纣王身边还有三位贤良的大臣：箕子、微子、比干，认为天命还不到亡商的时候，誓师之后就回去了。

纣王听到这个消息，更加嚣张，以为大家都害怕自己，从此就更肆无忌惮地实行残暴统治。他的三个贤臣，也先后遭到他的迫害——比干被他挖心而死，微子逃走，箕子装疯之后被殷纣王关进监狱。

纣王迫害三贤的消息传扬开来，天下的人更痛恨他了，武王打着"替天行道"的名义，率领各诸侯国军队讨伐殷纣王。殷纣王的百姓像久旱盼春雨般热烈欢迎武王，连纣王自己的军队也不肯再为他效劳，纷纷临阵倒戈。殷纣王的京都很快被武王攻破，走投无路的殷纣王自绝于鹿台，殷商亡国。

纣王的故事，较好地解释了"亢龙有悔"。龙在飞天的时候，已经发展到鼎盛，这时候要做的事就是采取措施维持盛状，不要亢盛，否则盛极而衰，物极必反，最好的状态会变为最差的状态。殷纣王身居高位，殷商的国力又空前强大，这时候他就应该戒骄戒躁，采取积极的措施维持盛状，而不是相反做一些祸国殃民的事，否则衰退得更快，这就是为什么他一手缔造了殷商的最强盛时代，又身死亡国的原因。

## 箕子之明夷

明夷一卦中，说道"箕子之明夷，利贞。"

意思是说，箕子明白事理，获得了较好的结局。

这个卦爻讲的是箕子的故事。

箕子是纣王的叔父，号称中华第一哲人，善于见微知著。

殷纣王前期励精图治，重视人才，重视农耕，殷商达到了鼎盛。后期，殷纣王对自己所取得的成就很满意，变得居功自傲，不再理会朝政。

当时，殷商仍然很强盛，一般大臣没有发现殷纣王的变化。

殷纣王以为自己是"天命所归"，又建立起不世功勋，便变得骄傲起来。后来的人之所以看到殷纣王的奢侈，是因为他斥巨资修建其豪华的宫殿，酿造了许多美酒储备与大殿之中。然而这些还是后来的事，箕子早就通过一双筷子就预知了这些事。

有一次，箕子看到纣王用了一双象牙制的筷子，忧心重重地劝谏他说："大王用了象牙筷子，就一定不满足于象牙筷子，还想用玉杯子与筷子相配。用上了玉杯子，就会想要得到更多珍奇异宝来与玉杯子相配。自然而然，大王就会想用绫罗绸缎及其他种种奢侈的物品来满足自己。我担心大王从此会沉迷于安逸的生活，不再进取了。"

纣王觉得只不过是一双筷子而已，没必要大惊小怪，因而不肯听从他的劝谏。后来，果然一切如箕子所预料的那样，纣王越来越奢侈，越来越贪图享乐，不但兴建了专供玩耍的鹿台，还设置烤肉架子，登上酒糟堆成的山丘，不再理会朝政。箕子多次劝说，纣王都不肯听从。

有人对箕子说："大王已经不肯听从良言了，商朝恐怕将有祸患了，你怎么不逃走呢？"

箕子说："身为臣子，如果大王不肯听从劝谏就选择离开，这种行为其实就相当于肯定大王那些荒唐的行为，我不能这样做。"但他又没有办法改变这一切，索性装疯，甘愿当别人的奴隶，不再过问国家大事。

后来，殷商被周武王所灭，箕子被武王请来教导自己治理国家。箕子就根据自己的从政经验，告知他要遵循天地伦常。周武王对这个答案很满意，就将朝鲜这一封地赐给他，箕子从此从事朝鲜的开发，在东方建立起君子国（即"箕氏侯国"，这个国家后来被汉朝时的卫满所灭）。

箕子身为殷商遗民，又为殷商王室中人，周朝建立后原本会受到排挤，但他却"见微知著"，能预言殷商的命运，是为"大贤"。武王在孟津会师的时候，原本听说箕子、微子、比干还留在朝中做事，担心他们的贤能会对周朝不利，因而虽然大军已经浩浩荡荡地度过了黄河，还是班师回朝，由此可见武王对他们的敬重。殷商亡国之后，武王不计前嫌，不但向箕子讨教治国的道理，还将朝鲜的封地赐给他，让他拥有自己的诸侯国，结局不可谓不"贞"。

## 利用刑人巽发蒙

蒙卦的第一爻为："初六，发蒙；利用刑人，用说桎梏。以往吝。"

这个卦爻的含义为：在脱去孩童的蒙昧无知之前，在脱去桎梏之前，容易发生祸患。

周成王从年幼无知到成熟，可以很好地解释这一卦爻。

武王死后，周成王继位。天下人仗着成王年幼无知，听说武王去世，竞相造反，这些造反者包括他的叔叔管叔、蔡叔、霍叔等人。

周公为人忠诚，又曾经是武王的左膀右臂，因此，周公就充当摄政王，掌握了国家大权。一些别有用心的人，如管叔、蔡叔等人，就利用成王的蒙昧无知进谗言："周公野心勃勃，想要夺取你的王位，自己登上帝位。"最初，周成王并不相信这些谣言，相信周公对自己是忠诚的。

俗话说：谎言说上一千遍，人们就会信以为真。周成王虽然信任周公，但难以抵御奸佞小人对周公的反复造谣中伤，久而久之便对周公起了疑心。

例如，周公如果有朝政请示周成王，从前，周成王听了会说："一切按叔父所说的办吧！"可自从对周公有所怀疑之后，周成王会说："让我听听其他大臣的意见再下结论。"这里的"其他大臣"，指的就是那些进谗言的人，这样做往往使正确的决断被忽视。

对于周成王的怀疑，周公不是不知道。尤其是他平定了叛乱、诛杀了管叔、蔡叔之后，这种感觉更加明显。因为又有人向周成王进言道："周公诛杀这两位有权力的叔叔，是为了彻底架空大王您，让您没有丝毫还击之力。"

眼看叔侄的关系越来越疏远，周公很着急，于是就写了一首诗，名曰《鸱鸮》。诗中有两句是这样说的："鸱鸮鸱鸮，既取我子，无毁我室。"意思是说：猫头鹰啊猫头鹰，你已夺走了我的孩子，就别再毁坏我的家室了。暗指那些散布流言的人，你们已经导致了国家的动乱，就不要再做出危害社稷的事了。周成王看到这首诗之后，仍旧不相信周公。

周公对周王室的忠心，是举目共睹的，周成王如此怀疑一位忠臣，引起了上天的不满。秋天的时候，到收庄稼的季节了，全国人民都在等待这个收获的季节。突然天降大风，顷刻之间雷电交加，正待收割的庄稼全部被风吹倒，连大树都被连根拔起。

天灾在全国造成了恐慌，周成王担心这是上天有所暗示。那些一直进谗言的人就趁机对周成王说："上天果然发怒了，他这是警告您：怎么还不约束周公？警惕周公会篡权夺位！"周成王再次相信了奸人的话，于是就寻找古籍，希望从中找到对付周公的办法。

在寻找古籍的时候，周成王无意中发现了一篇名曰《金滕》的文章。文章出自周公，内容为周武王病危时，周公向上天祈祷，内容即愿意用自己的健康乃至性命换取武王的健康。看到这里，周成王才意识到，周公的确对周王室忠贞不二，自己的怀疑险些让国家失去这样一位忠臣。于是他赶紧请来周公，流着眼泪对周公说："叔叔，您为国操劳，我小子年幼无知，误听奸人之言，险些惹起天怒人怨，还请叔父您原谅我，以后国事还有劳您多担待呢！"

叔侄俩冰释前嫌，君臣二人从此联手，将周国打造得更强大。七年之后，周公觉得成王已经长大成熟了，有能力自己管理国家了，就自动辞去摄政王的职位，将朝政交还于周成王。有了前面的教训，周成王从此处事更谨慎，管理国家更用心，天下迎来繁荣的"成康之治"。

人在蒙昧未知的时候，遇到问题，容易受到蒙蔽或者他人的蛊惑，会导致灾难的发生。因此，当蒙昧除去的时候，就好像受刑之人去掉了枷锁，也去除了祸患。周成王年幼无知，还没有成熟的辨别是非能力，险些铸成大错。这就警告人们，有些事当自己不太确定的时候，不要听信他人的片面之辞，要多方考证，让自己的思想成熟起来，如此才可接近自己想要的目标。

## 王三锡命

师卦第二爻为："九二，在师中，吉，无咎，王三锡命。"

这个卦爻是说：人要自律自重，做符合自己身份的事，处事要合乎为人师表的规范，这样就能充分发挥自己的才干，得到提携和重用。

召公虎的故事就能很好地诠释这一卦爻。

早在周成王时期，淮河流域一带的淮夷民族就被周成王所征服，这块土地和他们的民族就成了周天子的国土和臣民。西周末年，周王室衰微，淮夷在贵族的煽动下闹起了独立，想要摆脱周天子的控制。于是很长一段时间，淮河流域一带的人民就处于动乱中，人们生活得非常辛苦。

周宣王继位之后，有感于淮河流域百姓的痛苦，决定派兵征讨淮夷，大将召公虎奉命前往讨伐淮夷。

召公虎率领三军，很快就赶到了淮河流域。大军稳定之后，召公虎开始着手制订作战方案，打算一战定胜负。不料一位谋士对召公虎说："大帅，万不可这样做！否则会引起朝中大臣的嫉妒。如果他们在君王面前进谗言，您的处境就很危险了。"

召公虎听后，觉得这番话很有道理。但他又想起临行前周宣王对自己的教诲，心想：只要自己问心无愧，帮助周国排忧解难才是真正应该考虑的事。因此就打消了个人安危的顾虑，义不容辞地按照既定方案，与淮夷展开搏杀。

淮夷只是周王室一个少数民族，怎么可能是周王室的对手？淮夷的军队一个月之后就被召公虎击溃，召公虎凯旋班师，指日可待。朝中一方面称赞召公虎英勇杀敌，一方面，一些小人不免因为嫉妒开始重伤召公虎，朝中果然出现了不利于召公虎的流言。有的人说："召公虎真的打了那么多胜仗吗？恐怕他是为了讨大王您欢心而编造出来的吧！"有的人说："召公虎手握兵权，大王您要小心提防他啊！"还有人的说："召公虎编造胜仗的谎言，恐怕是有所图谋啊！"等等。

这些谣言很快传到召公虎的耳朵里。召公虎很担心，他想：万一大王听信了别人的谗言，我该怎么办？于是后悔当初没有听从谋士的建议。

当然，这些流言也传到了周宣王的耳中。周宣王听到这些流言，非常气愤。不过他是气愤这些乱说话的人。在上朝的时候，周宣王怒气冲冲地对众大臣说："现在召公虎冒着生命危险讨伐淮夷，你们有些人不但不为他的安危而担心，反而散布流言中伤他，你们这是何居心？以后如果谁再敢议论召公虎的不是，我一定杀了他！"这样一来，那些人才不敢再造谣、污蔑召公虎。

召公虎正要停止战斗时，周宣王派的使者正巧来了，于是召公虎忐忑不安，不知道周宣王会怎样处置自己。

周宣王下了两道诰命。第一道诰命：赏赐圭瓒，表彰他作战有方，立下战功；第二道诰命：赏赐美酒，表彰他立下显赫战功。这两道诰命，犹如定心丸，让召公虎没了后顾之忧，于是他便更卖力地攻打淮夷，淮夷叛乱很快被平定。

召公虎班师回朝时，周宣王率领百官，亲自出城迎接，并为他举行了隆重的庆功宴。在庆功宴上，周宣王又赏赐召公虎一大片土地做为奖赏。

依照周朝的礼仪，君王在任用官吏的时候，要下达三道诰命：第一道诰命授予官职，第二道诰命曰"再命授服"，第三道诰命为"三授位"。这三道诰命被称做"三锡命"。召公虎由于恪尽职守，没有为了个人命运而做出有违自己职位的事，因此被"王三锡命"。这就体现出了信任的重要性，君王既要信任自己的大臣，大臣也要信任君王而卖命工作，如此双方互相信任，都做出符合自己身份的事，才不会有祸患发生。

## 履霜，坚冰至

坤卦第一爻为："初六，履霜，坚冰至。"

这个卦爻的意思是说，脚踏在初秋的轻霜上，结着严冰的冬天就要来临。暗指灾祸就要来临。

骊姬乱晋的故事较好地解释了这一卦爻。

晋献公原本是一位很有做为的君主。他在位期间，不但活捉了戎狄的首领诡诸，还向虞国请求借路讨伐虢国，趁机灭了虢国、虞国两国，还攻灭骊戎、耿、霍、魏等国，史称"并国十七，服国三十八"，成为诸侯国中声望最高的国君之一。

晋献公不但在对外关系上获得了成功，而且对内，也将国家治理得井井有条。他的三个儿子，太子申生、重耳、夷吾，都是当时鼎鼎有名的君子，在各国中都享有一定的威望，他们兄弟之间的感情也很好，没有发生争权谋利的事。大家都很羡慕晋献公，认为他百年之后还有优秀的继承人，晋国一定会更强大。

这时候，"秋霜"来了。晋献公在夫人齐姜死后，又娶了两位妻子骊姬和少姬。其中骊姬不但美貌如天仙，而且很有计谋，能经常为晋献公提一些不错的建议，晋献公很宠信她，经常让她伴于左右，对她言听计从——听信和取悦于夫人，这与殷纣王有什么分别呢？晋国的灾难已经不远了。

后来，骊姬为晋献公生了一个儿子奚齐，晋献公爱屋及乌，对这个小儿子非常疼爱。骊姬利用晋献公对自己的宠信，多次要他改立自己的儿子为太子。晋献公很想答应下来，但太子申生为人处世很讲礼仪，没有任何借口可以废掉他。于是晋献公就立骊姬为夫人，这样奚齐就成了嫡子了，有资格继承王位。

晋献公

但众大臣不同意立骊姬为夫人，他们的占卜结果为："专之渝，攘公之。一薰一莸，十年尚有臭！"即立骊姬为夫人会为晋国带来十余年的灾难。大臣史苏甚至以"履霜，坚冰至"的道理来劝晋献公防微杜渐，并告诫晋献公不要成为下一个殷纣王。但晋献公此时已经"鬼迷心窍"，坚持立骊姬为夫人，众臣无奈。此时的晋国，已经离"坚冰"不远了。

骊姬被立为夫人之后，无论是人脉，还是威望，都比过去有所增加，因此在施展计谋的时候也更得心应手。晋献公的两个宠臣，优施和梁五，都被她拉拢过去。他们三个人里应外合，为晋国带来了一连串的灾难：太子申生被迫害致死，公子夷吾逃到梁，公子重耳被迫流亡十余年不得归国。在此期间，晋国一直处于动乱中，直到十九年后重耳被迎回国登基，骊姬带给晋国的灾难这才停止，正印证了当初的占卜结果"一薰一莸，十年尚有臭！"

寒霜降，坚冰至，虽然只是一种常见的自然现象。但它却告诉人们，坚冰到来之前，必然会降霜。这就是说，任何坏事，不是无缘无故出现的，之前必定会有一些预兆。要想避免更大的灾祸，就要在它萌芽的时候就阻止它，不要任其发展下去，这就是"履霜，坚冰至"所要传达给人们的道理。

# 含章可贞

坤卦第三爻说："六三，含章可贞。或从王事，无成，有终。"

这个卦爻的意思是说：含蓄地做事，保持美好的德行，如果从政的话，能做到不居功、不炫耀、胸怀才华而不显露，就能获得较好的结果。

晋文公成为霸主的故事，就较好地诠释了此卦爻的含义。

春秋初期，天下有一百多个诸侯国。这些诸侯国每年要朝贡周天子，受周王室的管辖。后来，这些诸侯小国彼此之间经常攻伐，连年兼并别国的土地，一些诸侯国逐渐发展壮大起来，他们对周天子也渐渐不恭起来。到了郑庄公时，郑庄公甚至与王室开战，一箭射中周天子的肩膀，成功打败了王室之军。这件事之后，周天子不敢再轻易与诸侯国开战，凡事只能苟且隐忍。那些强大的诸侯国因此胆子越来越大，很多国家甚至对于周天子的号令视而不见，听而不从。

周王室衰微，这个局势已经无力控制；更可怕的是，后来的周天子自己也不争气，周王室衰落得更厉害，连周王室内部的人都对周天子不客气起来。到了周襄王时期，王室终于爆发了一场丑闻。

周襄王好美色，他的宠臣颓叔与桃子便投其所好，四处为他寻找美女。后来，他们得知翟国国君的公主叔隗是位绝世美女，便立刻将她推荐给了周襄王，并自告奋勇自己前去提亲，周襄王高兴地答应了。

有大臣劝谏周襄王说："大王您贵为天子，怎么能迎娶夷国女子呢？"

周襄王不听，坚持迎娶叔隗。将叔隗接回王宫后，周襄王还效仿殷纣王，将自己宠爱的女子立为王后，对他言听计从。没想到，这位王后却让他吃了大亏。

周襄王有一个弟弟，叫做子带。子带表面上是一位谦谦君子，其实却是一个小人。他很快就与新王后勾搭在一起，让周襄王戴了绿帽子。起初，周襄王并不知道这件事，还一味地宠信叔隗。

这时候子带又做了一件令人讨厌的事。他与王后私通还不满足，还要强奸王室的一个小宫女。小宫女担心遭到王后的报复，但又不敢违背子带，两下为难，就跑到周襄王面前，将王后与子带有私情的事禀告给他，于是周襄王终于知道了这件丑事。

自己宠爱的女子竟然与弟弟有苟且之事，这让周襄王恼羞成怒。他愤怒地将叔隗打入冷宫。子带闻讯，逃往翟国。曾经将叔隗推荐给周襄王的颓叔与桃子担心受到连累，也逃到翟国；这三个人见到翟国国君，向他编造了一番谎言，并且说周襄王虐待他的女儿，煽动翟国出兵讨伐周襄王。翟君信以为真，调兵五千，以子带之名攻打周王室。

周襄王虽然贵为一国国君，但实际上却是一个空架子，他的军队连小小的翟国都打不过，周襄王狼狈逃走。当周襄王逃到郑国的汜地时，将自己的处境告诉给当时的诸侯大国鲁、晋、秦等国，希望他们救自己。这些国家认为不值得为这样一个落魄的天子贡献出自己的兵力，因此只是派来使者送来粮食、钱财，没有做出任何救援的行动。

晋文公听说这件事之后，很同情周襄王的遭遇，于是将周天子请回自己的国家，以天子之礼款待他，并且出兵帮助他平定了叛乱，将他重新扶上王位。

危难之中方可见真情，对于晋文公的义举，周襄王很感激。于是他重新登上王位之后，为晋文公举行了隆重的庆功宴，将阳樊、温、原和攒茅四个邑赐给了晋文公，并封他为"方伯"，授予他有权"得专征伐"，即可以打着天子的名义征讨其他诸侯国。晋文公因此成为诸侯国中的霸主，晋国从此称霸中原很久。

春秋时期，虽然"礼崩乐坏"，已经没有多少人还遵从周初的礼仪，也没有诸侯国将周王室、周天子当回事。晋文公身为贵族大国的国君，没有仗势欺人，反而挽救周襄王于危难之中，帮助周天子平定叛乱，匡扶王室，还以天子的礼仪对待他。此举自然赢得了周天子的赏识，所以能得以拥有其他国君所没有的待遇，成为春秋一霸。

这就是本篇所告诉我们的，为人处世时刻"含章可贞"，维护正义，就能获得名利，利人利己。

## 不克讼，归而逋

论卦第二爻曰："九二，不克讼，归而逋，其邑人三百户无眚。"

这个卦爻的意思是说：在发生刑事案件的时候，不要轻易逞强，否则会败诉被捕，田地被没收。相反，处事低调就不会看不清局势，从而避免祸患的发生。

这个卦爻其实讲了一个故事。

齐国有一位贵族，叫做伯偃，他有很多封地。伯偃虽然身为贵族，但却不是纨绔子弟，治理家业也井井有条。糟糕的是，他却容易轻信人。他的管家章禾，表面上为人谦恭，处事大方，但其实却是一个善于伪装的人。他取得伯偃的信任之后，拥有管家的权力之后，开始露出狰狞的面目。而且章禾的妻子也是一位贪财的人，夫妻俩经常算计怎样搜刮百姓的钱财，伯偃封地上的人民因此怨声载道。

章禾接手伯偃的封邑之前，封邑内的百姓人人丰衣足食，不愁吃穿。但章禾才接手管理封邑一年，封邑内的百姓就被他剥削得不能解决温饱了，很多人家都穷得没有衣服穿。

封邑内的人对比前后生活的变化，都知道是章禾搞的鬼，于是几个有名望的人联合起来，准备向伯偃告发章禾的罪行。章禾知道这件事之后，赶忙派人将这几个准备告发自己的人囚禁起来，还让自己的心腹联名向伯偃尚书说：封邑在章禾的治理下，已经变成了齐国最繁荣的封邑了。伯偃听到这里，很高兴，从此就更信任章禾了。

然而纸包不住火，天下没有不透风的墙，不久，伯偃就知道了章禾的倒行逆施。

不过章禾比较善于伪装，伯偃最初只是怀疑而已。

伯偃问章禾："我在外面听说了一些对你不利的流言。"

章禾又伪装出一副谦恭的表情，温和地说："敬爱的伯氏，我是您最忠诚的奴仆。您也知道，自从您任命我为管家之后，您的封邑已经成了齐国最繁荣的封邑了。以至于我走出封邑的时候，其他封邑的管家都向我请教经验。我对他们说这一切都是您的功劳，我只不过是按照您的盼咐做事罢了。人们因此都很羡慕我，说我有一个英明的主人。"

这番话说得伯偃眉开眼笑，不再怀疑他。后来再有邑人控告章禾时，伯偃不但不相信，反而还将控告之人训斥了一顿。伯偃遇到其他封地的贵族时，还将这番话转述给大家听，说章禾是一位难得人才。其他贵族听了这番话，都暗地里嘲笑他。

伯偃封地的百姓无法再容忍章禾的所作所为，而主人伯偃又不肯相信自己，于是联名将章禾的罪行告到相国管仲那里，管仲立刻命人彻查此事。章禾的恶性，只有伯偃一个人蒙在鼓里，其他所有人都可以作证章禾做了哪些坏事，于是这起案件很快就水落石出了。

可笑的是，章禾竟然以为管仲与伯偃一样好打发，还派人为管仲送去厚礼贿赂他，以为自己可以继续作威作福。管仲身为千古名相，怎么可能为这样一个奸佞小人所摆布，他毫不客气地下令将章禾处以极刑，严令斥责伯偃轻信他人。封地的三百户人家不肯原谅伯偃，纷纷表示不愿再在伯偃的封地生活。管仲于是将封地上的三百户人家没收了，伯偃失去了自己的封地与百姓。但对此惩罚，伯偃并无怨言，认为一切都是自己的错，从此粗茶淡饭了却一生。

章禾为非作歹，又不知道低调行事，终于惹起众怒。他自己做了坏事尚且没有自知之明，还想贿赂主审官，因此被处以极刑，可谓罪有应得。他的主人伯偃因为轻信他人，被他连累，落得"邑人三百户无音"的下场，这也是无可奈何的事。观国之光，利用宾于王

象卦中说："六四，观国之光，利用宾于王。"

这个卦爻的意思是说：只以旁观者的身份关心异国的国家大事和风土人情，由于六四最切近九五而且得正，观察得最明朗，因此适宜于进于王朝施展自己的抱负。

这个卦爻的意思有些抽象，如果用陈敬仲奔齐的故事来诠释此卦，可得正解。

周桓王十三年（公元前707年），陈国国君陈桓公去世，陈国王室因为争夺王位而发生内乱。内乱的结果，陈桓公的庶弟五父佗杀了太子勉，自立为君。太子勉有三个弟弟，跃、林和杵臼，其中跃是蔡女所生，这三兄弟就请蔡女色诱五父佗，然后借机杀了五父佗。五父佗死后，跃理所当然地继位，这就是陈厉公。

陈厉公有一个儿子，叫陈敬仲。陈敬仲年少的时候，周太使带着《周易》见陈厉公，陈厉公请他为儿子算卦，占卜的结果为观卦；六四繇变卦，变后的卦是否卦。

周太使说："这个卦叫做'观国之光，利用宾于王。'这个孩子会代替陈国拥有国家。但是这个国家不是陈国，而在别的国家；不是他自己享用，而是他的子孙享用。

光的远照使他物灿烂，庭院的各种物品都充足，拥有天地各种美好的食物。他的后代在异国有所享用的话，必然姓姜。姜为太岳之后。物体不能有两个大的，他的子孙后代昌盛，陈国必然衰弱。"

这番话说得甚是奇妙。后来，陈国大夫的女儿嫁给敬仲，大夫也占卜询问吉凶。占卜的结果为：吉。卦为"凤凰于飞，和鸣锵锵，陈姓之后，将育于姜。五世其昌，列于正卿。八世之后，莫之与京。"意思是说，他们夫妻生的儿子会在姜姓的齐国繁衍，从第五世开始昌盛，第八世之后，齐国没有人比他们的地位更高。这个卦的结果更令人丈二和尚摸不着头脑。

陈厉公在位仅仅七年，就去世了。他死后，陈敬仲没有继位，而是陈厉公的弟弟林继位，是为陈庄公。陈庄公继位七年后，也去世了，其最后一个弟弟杵臼继位，是为陈宣公。

陈宣公二十一年（公元前672年），陈宣公打算将宠妃的儿子款改立为太子，于是找借口杀了太子御寇。陈敬仲与太子御寇的私交很好，太子御寇死后，陈敬仲担心自己会遭到迫害，就逃亡到齐国。

齐国国君齐桓公很看重陈敬仲，让他做齐国的卿。陈敬仲是一个很知趣的人，连忙推让说："我是一个长久寄居他乡的客臣，幸亏陈国不计较，幸亏齐国不嫌弃，使我免于承担罪过，卸下我身上的负担。国君您的恩惠，我已经得到太多了，怎么敢再接受这么高的官位呢？我担心自己不称职啊！所以才敢以性命告诉您这些。正如《诗经》所说：'翘翘车乘，招我以弓。岂不欲往？畏我友朋。'"齐桓公听他这样说，就不再勉强他，而让他做了工正，掌管齐国百工。

齐桓公认为陈敬仲是一个贤人，就来他家做客。按照周朝的礼仪，以陈敬仲的身份，原本是没有资格宴请国君的，但是既然齐桓公来了，就要隆重地招待他。齐桓公丝毫不嫌弃陈敬仲的招待，反而玩得很尽兴。天黑了，齐桓公仍然没有要走的意思，还吩咐陈敬仲点上灯火，君臣继续宴饮。陈敬仲推辞道："小臣占卜的结果，白天能招待您，还不知道晚上招待您是否吉利，不敢轻易就招待您啊！"因为，酒以成礼，不可过分，是为义。接待国君成了礼，不使国君过度，是为仁。齐桓公就不再勉强强留在陈敬仲家继续饮酒了。

从这些事上，我们可以看出齐桓公对陈敬仲的喜爱程度。陈敬仲的后代从此就在齐国繁衍起来，到了第五代田桓子（陈氏因为食采于田，后改称田氏），陈氏果然开始繁盛。到了第八代时，田氏（即陈氏）已经取代姜氏国君，成为齐国的国君，齐国进入田氏齐国时代。

陈敬仲及其后代的经历，正如卦爻中所说："观国之光，利用宾于王"。陈敬仲坚持不接受齐桓公赐予的卿位，而以旁观者的身份打量齐国的一举一动，对齐国的时局逐渐有所了解。他的后代致力于仕途，慢慢发展壮大，后来居然取代齐国国君，成为齐国势力最大的家族。

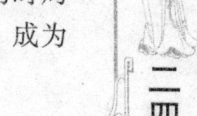

## 师出以律，否臧凶

师卦的第一爻曰："初六，师出以律，否臧凶。"

这个卦爻的意思是说：出征的军队，要遵守一定的法度，否则无论多强的军队，也会遇到灾难。

孟明视率精兵攻打郑国结果兵败的故事，就很好地诠释了此卦爻。

郑国是一个小国，在晋国的东边。晋国曾经联合秦国讨伐郑国，经过烛之武退秦师一事，秦军退兵。郑国从此与秦国交好，并请秦国的军队驻守郑国的北门。

后来，郑国国君去世，新上任不久的国君亲近晋国。秦穆公为此很生气，就想给郑国点"颜色"瞧瞧。刚好，不久之后，晋国国君晋文公去世，秦穆公就打算趁着晋国在举行国丧无暇顾及其他的时候，命孟明视率精兵攻打郑国，与守候在郑国北门的秦国人里应外合，趁机灭掉郑国。

但秦国的老臣蹇叔却不这样认为，他认为秦军攻打郑国必经晋国国土，晋国不可能无动于衷，秦军远行千里去讨伐郑国，必然失败。秦穆公不听蹇叔的劝告，主将孟明视也不以为然，专门挑了三千精兵。他们想，秦国将领个个善战，精兵是最善战的，怎么可能会兵败呢？

一路上，孟明视率领的精兵像飞鹰一样，快速地奔驰。王子虎被周天子派去观察，王子虎看到秦军如鹰如虎的样子，感叹道："秦军如此勇猛，必定会打胜仗。"十多岁的王孙满看到秦军的步伐之后，却不以为然地说："秦军虽然强壮，但是不讲礼法，肯定会失败。"

秦军经过滑国（在今河南省偃师县南）时，恰好郑国商人弦高到成周（今河南洛阳）做生意，他听说秦国要攻打自己的国家，赶忙假装犒劳秦师，同时却派人飞速回国报信，让郑国做好预防工作。孟明视见弦高以郑国的名义来犒赏秦军，还以为郑国已经做好了准备，只好返回，可是又怕回去无法向秦穆公交代，就顺便灭了滑国。

在返回的途中，经过崤山，早已经埋伏在这里的晋国士兵突然冒出来攻打秦军。崤山地形险恶，晋军已经占据了有利地形，秦军远行千里本已经疲惫不堪，却遭此突袭，自然难以招架。结果三千精兵全部被杀，孟明视则被晋军俘虏。

秦国虽然尚武，秦军虽然很强壮，但战争的胜负，多数时候取决于很多因素，并非只有彪悍的勇士就可以获得战争的胜利。秦国趁郑国、晋国两国国君去世的时候攻打郑国，原本就是非正义的，容易遭到对方强有力的抵抗。秦国的军队又不讲法度，只顾由着自己的野性奔驰，最终却落得失败的下场。正所谓"师出以律，否臧凶"。

其实这个卦爻不仅仅适用于军队，还适用于其他场合。一个国家，不仅仅需要人才，还需要好的法度，这个国家才会强盛下去。否则人才没了之后，这个国家也就失去了兴盛的武器。正如齐国一样，齐桓公因为有管仲而称霸，管仲去世之后，齐国衰落，霸主也易位他国。

## 黄裳元吉

坤卦曰："六五，黄裳元吉。"

此卦的意思是说，穿黄色的下衣，吉祥。"六五"以柔处尊，但却处在坤卦的位置，因此属于臣道。坤卦要顺从乾卦，所以不能过分地表现自己。黄色在古人看来属于中色，不容易引人注意，因此穿一件不引人注意的下装，就是恪守臣道，符合礼仪，这就是吉祥。

南蒯叛乱的故事，就较好地诠释了此卦爻的意思。

南蒯是季氏的家臣。季平子掌控季氏家族的时候，对南蒯不礼貌，南蒯准备发动叛乱。鲁昭公十二年（公元前530年），南蒯准备行事。在行事之前，他请人为自己将要做的事进行枚筮。

古人占卜问吉凶，如果用龟甲，称之为"卜"；如果用蓍草，称之为"筮"。在占卜的时候，如果用龟甲，就是要问神灵内容；如果不具体说是什么事，只是泛泛地询问神灵吉凶，就称之为"枚筮"。因为南蒯知道自己发动叛乱不是什么光明正大的事，因此才用"枚筮"。

枚筮的结果为，得坤卦，转比卦，卦辞曰："黄裳，元吉。"南蒯看到这个卦有吉的意思，于是就认为此次叛乱一定能成功，就将这个卦辞拿给子服惠伯看，并表示，这是上天的旨意，他要立刻行动起来。

南蒯毕竟心虚，他将这个卦辞拿给子服惠伯看的时候，也没有明白交代自己要干什么，只是自己有事要占卜，让子服惠伯帮忙分析一下。

子服惠伯当然知道南蒯所为何事，于是就接着这个卦辞，借题发挥劝导南蒯："我曾经学习过《易经》。如果是做好事，那么这个卦辞的结果就是吉兆；反之，如果做坏事，这个卦辞的结果就是凶兆。因为比卦的外卦为坎卦，表示刚强；比卦的内卦为坤卦，表示柔顺；外面刚强，内部柔顺，这就是'忠'啊。坎为土，坤为水，水与土相和，和顺就是'信'啊。因此，'黄裳元吉'这个卦辞，这里的黄是内衣的颜色，裳是下衣，皆表示恭顺；元是百善之长。内心如果不忠诚，就会与这个黄色不协调；身处在下位而不知道恭顺，就会与这件下衣不协调。因此，如果所要询问的是坏事，就是处处不协调，也就不会'吉'了。

"只有内心和外表和谐一致了，才是忠；做事符合礼仪了，这就是信。遵守忠、信、善，才能达到'吉'，才能成功。反之，如果所做的事与这三者不协调，就与这个卦辞名不副实。《易经》只占卜善事，不占卜坏事，如果你所做的事是好事，就会如卦辞所说'吉'，如果做坏事，就会违背卦辞的意思而败亡。究竟你要问神灵什么事呢？是不是要做什么不恭敬的事？

"黄为中美，元为上美，裳为下美。只有这三个条件都满足了，才会符合卦辞所说的'吉'。如果缺少任何一样，勉强行事，得到的结果会与卦辞相反，是凶兆。"

南蒯不理会子服惠伯的劝告，坚持认为行事会吉，因此在费邑发动了叛乱，叛乱果然失败，南蒯被迫逃亡到齐国。

南蒯身为臣子，理当顺从国君，不要做违背国君的事情。卦辞就是警告他恪守臣道，不能过分地表现自己，否则就会与卦辞的结果相违背，引来灾难。南蒯不听子服惠伯的分析，一意孤行，结果兵败逃亡，自食其果。

## 秦穆公卜卦擒晋惠公

《周易》中的卦爻，对人们究竟有什么影响。看看同一件事在秦、晋两国的解释。

鲁僖公十四年（公元前646年），秦国发生饥荒。秦穆公想起前一年晋国发生饥荒的时候，秦国曾经伸出援助，于是这次就向晋国借粮。但晋国国君晋惠公不肯借粮给秦国，秦穆公大怒，于是出兵攻打晋国。

行军之前，秦穆公请占卜师占卜此行结果。占卜师卜徒父按照程序占卜了一番之后，告诉秦穆公为吉。秦穆公很高兴，就率兵出发了，但是渡黄河的时候，前方传来消息："秦国的战车队大败！"秦穆公于是就问卜徒父怎么回事。

卜徒父告诉秦穆公，此乃"吉"。秦穆公很奇怪，战车队的大败怎么会是吉呢？

卜徒父对他说："大王您第三次打败晋国军队时，能抓获晋国的国君，这是蛊卦所决定的，它的爻辞说：'千乘三去。三去之余，获其雄狐。意思是说，大王的军队三次遇到阻挡，您驱逐了三次，就能俘获那只雄狐狸。'这里的狐狸，就是指晋国的国君。蛊的内卦为风，代表秦国；外卦为山，代表晋国。现在正值秋季，秋风吹起，秦国就能将敌人树上的果实吹落，获得敌人的木材，这就是吉兆啊。晋国果实落地，木材被我们获得，他们怎么会不失败呢？"

秦穆公听了很高兴，就继续攻打晋国。果然，秦国连续打退晋军三次，迫使晋军撤退到韩地。秦、晋又发生韩原之战，晋军再次被打败，晋惠公被秦军活捉。秦国原本准备杀了晋惠公的。然而秦国大臣子桑说："杀了晋国的国君会引起晋国人的仇恨，那时候我们就很被动了。不如现在我们让晋惠公回国，而让他的太子做人质，这样我们就可以获得很大的利益。"况且秦国、晋国素来交好，有联姻，晋惠公的姐姐秦穆姬就是秦穆公的夫人。秦穆姬带着孩子以死威逼秦穆公，秦穆公才免晋惠公一死，将他囚禁在灵台。结果，晋惠公的太子就被送到秦国当人质，晋惠公这才回到晋国。

当初，晋国打算将秦穆姬嫁到秦国时，也曾经占卜过吉凶，得到的结果是归妹卦，变为睽卦。晋国的占卜师史苏说："这个卦不吉利。'男子杀羊，不见流血；女子捧筐，未见果实。'对西边邻国的责怪，我们无言以对，只能自认理亏。归妹卦变睽卦，就是说我们难以得到帮助。离卦象征着火，这表示秦国会打败晋国。车厢和车轴脱离，大火焚烧军旗,这说明我们出兵会遇到灾难,晋国一定会在韩原吃败仗!"

晋惠公见自己果然在韩原兵败,自己还落得被俘的下场,回想当初秦穆姬出嫁时的占卜结果,禁不住感慨道:"如果早听史苏的话,我也不会遭此劫难!"

晋国大臣韩简跟晋惠公一起被俘,他听到这话,就对晋惠公说:"依据卦爻推断吉凶,前提是必须要有事物,再有事物的预兆,预兆之后是演变,最后才是根据演变的结果归纳卦爻。先王做了太多坏事,才造成了今天的灾难。卦爻虽然能预示这个结果,但却不能改变结果。即使他听从了史苏的占卜,不将您的姐姐嫁给秦穆公,对今天也没有什么好处。《诗经》中说:'百姓遇到灾难,不是上天降下的,而是人间的议论和憎恨造成的,归根结底仍然是人的因素。'"

## 叔孙豹的宿命

叔孙豹是鲁国世家庄叔得臣的儿子,无论是其为人处世的风范,还是其办事能力,都是鲁国卿大夫的佼佼者,总之他是一个很有魅力的人。

公元前546年,齐国权倾一时的大夫庆封到鲁国当顾问。叔孙豹看到庆封坐的华丽车子,说出一句骇人的话:"服美不称,必以恶终。车美亦是如此。"庆封听到他这样说,自然很不高兴,因此跟他一起用餐的时候,脸色就不好。叔孙豹为此作诗曰:"相鼠有皮,人而无仪。人而无仪,不死何为?"这首是后来被收录在《诗经》中,即那首有名的《相鼠》。庆封知道这首诗在骂自己,更不高兴了。

庆封回国后不久,就被国君驱逐了,于是他逃到鲁国。再次来鲁,庆封将自己的车子献给了季武子,叔孙豹再次与庆封一起吃饭。庆封在宴席上祭拜诸神,叔孙豹很不高兴,于是作诗《茅鸱》讽刺庆封,庆封却听不懂其中的意思。

后来,庆封又逃到吴国,在吴国聚敛起巨额财富,他将自己的族人都召集了过去。有人将这件事告诉了叔孙豹,并告诉他说:"老天让坏人变得这么富有,庆封又发财了。"叔孙豹不以为然地说:"上天使好人变得富有,那是奖赏;上天让坏人变得富有,那是惩罚,恐怕庆封要遭殃了,他的族人也要全部跟着他被杀了。"人们对叔孙豹做出的这个预言很吃惊,不知他怎么会得出这样一个结论。

不久,楚灵王会合诸侯伐吴,庆封全族果然全部被人诛杀,庆封所贪来的钱财,也随之化为灰烬。

这件事只是叔孙豹众多预言中的一个,他大部分的预言其实都是很准确的。然而这样一个"先知",却无法预知自己的结局。

早在叔孙豹出生的时候,他的父亲叔孙得臣就请人用《周易》给他占卜,结果为明夷卦,变为谦卦。叔孙得臣将占卜结果拿给鲁国的占卜师楚丘看,楚丘为他解释道:"将来这个孩子会出逃,不过还是会回来给你祭祀。不过,他回来的时候,会带回来一个坏人,这个坏人的名字叫做牛,这个孩子会因为牛而被饿死。"

为什么会有这样的结局呢？

楚丘解释道："明夷是太阳，太阳的数字为十，一天分为十时；地也分为十等分。从王以下，依次是公、卿。太阳出来了，晨鸡报晓，这相当于王。天色发亮，相当于公。早晨，太阳刚刚出来，这相当于卿。明夷卦变为谦卦，意思就是说，天刚亮，太阳还没有完全出来，就是早晨，是卿。也就是说，他将来的地位会是一个卿，会为你祭祀。

"明夷卦，离卦在上，坤卦在下。离可以为日，可以为鸟。变为谦，就会日光不足，因此是鸟，卦辞中所说的'明夷要飞'就是这个意思。太阳还没有完全出来，鸟儿就不飞，因此垂着翅膀，所谓'垂其翼'。太阳要运动了，所以'君子于行'，预示着他将要出逃。他的位置在卿，排列第三，这就是卦辞中所说的'三日不食'，他将会有三天不吃东西。离卦象征着火，艮象征着山，火在山下面烧，山就会被毁。艮就是人的言语，言语被毁，就是谗言，这就是卦辞中所说的'有攸往，主人有言'。

"而离卦与坤卦结合，这就是牛。世道混乱的时候，谗言尤其能发挥作用，所以这个人的名字叫做牛。谦象征着不满足，所以他虽然能飞，但也飞不高，翅膀下垂着，因此也飞不远。因此，你这个孩子虽然将来能位列卿，但却不得善终。"

占卜师竟然将叔孙豹的命运算得这么清楚，最终怎样死的、死于谁之手，都说得清清楚楚，这事有几分正确？

叔孙得臣死后不久，他其中一个儿子叔孙侨如继承他的爵位和家业。叔孙侨如是叔孙豹的哥哥，但他却是一个小人。叔孙侨如不但与鲁成公的母亲私通，还打算除掉鲁国的两大家族季孙和孟孙。这些行为在叔孙豹看来都是会招致灾祸的，因此逃亡齐国。后来，叔孙侨如果然因为这些恶性被鲁国人驱逐，叔孙豹则被鲁国人请回来，将他奉为叔孙得臣的继承人。

# 《尚书》故事

## 尧禅让帝位给舜

尧问:"我现在已经在位七十年了,谁能够顺应天命,接替我的位置呢?"

大臣放齐说:"你的儿子丹朱是一个不错的人选,他聪明能干,应该可以胜任。"

尧摇摇头,说:"丹朱鲁钝,好顽劣,为人处世又没有信用,这样的人怎么能担当大任呢?"

尧终日政务繁忙,他问:"谁能代替羲仲、和仲,帮我处理政务呢?"

大臣欢兜说:"共工能团结百姓,是个不错的人选。"

尧不以为然:"共工虽然才能还可以,但是一个刚愎自用的人,不会轻易听从政令,难以辅佐。"

此时,天下洪水泛滥,尧将个部落召集在一起开会。他心痛地对大家说:"现在洪水咆哮,土地淹没,人们失去了家园,失去了土地,百姓流离失所,谁能治理洪水呢?"

大家一致推荐了鲧。

尧不是很满意,他说:"鲧经常违抗命令,擅自脱离部族,这样的人恐怕难以担当起治水的重任吧!"

众部落首领补充道:"情况不是这样的啊,不妨先让鲧试试吧。如果鲧的能力确实不行,到时候再免除他的职位也不迟啊!"

既然大家都这样说了,尧就勉强同意让鲧治水。但鲧治水治了九年,仍然无法改变洪水泛滥的现状。

尧的年纪越来越大,也越来越想找一个合适的继承人,前面大臣和部落首领提到的这些人选,明显能力都不行。于是,尧再次将各部落首领召集在一起开会,询问大家继承人的事。

尧首先说:"各位部落首领,你们之中,谁能顺应天命?我就将位置传给他!"

众部落首领连忙推辞:"我们的能力有限,德行不足以服众,不敢接替您的位置。"

尧就说:"那么,你们身边有没有德才兼备的人?如果没有的话,偏远的地方有没有可以胜任的人才?"

其中一个部落首领站出来说:"听说民间有一个叫做舜的人,虽然他生活艰苦,但却是一个德才兼备的人。"

他这样一说，其他部落首领也纷纷认同，大家补充道："舜是一个瞎眼乐官的儿子。虽然他的父亲愚钝，母亲狡诈，弟弟桀骜不驯，但舜丝毫不在意他们怎样对待自己，反而恪守孝悌之道，对双亲、对兄弟都非常友好，努力维持家庭的和睦。他虽然出身寒微，家庭成长环境不好，但并没有因此自甘堕落，反而成为一个德才兼备的人。"

尧听到大家一致说舜的好话，就说："我要考验考验这个人，我先将两个女儿嫁给他，借助她们的眼睛观察舜的一举一动。如果确实如大家所说，那我就将位置传递给他。"

于是，尧除了将女儿娥皇、女英嫁给舜，还让舜参与政事。不过为了考验他，也为了让他先熟悉帝的工作流程，尧先给了他一个官职做，让他慢慢接触政事。

尧让舜做的第一件事，是教会百姓五种美德，结果百姓在舜的教诲下懂得了遵从。尧又让舜统领百官，百官在他的管辖下，一切政事都处理得井井有条。尧又让舜接待四方朝见的部落首领，考验他的外交能力，其他诸侯在舜的引导下，都能恭敬顺从。尧最后让舜守护山林，舜在山林中恪尽职守，即使遇到狂风暴雨的天气，也不会迷路。

舜果真如大家所称赞的那样，为人谦和能干，做事踏实可靠，善于发现人才。尧认为舜的言行都符合礼仪，做事又很周全，于是在考察三年后，就让他继承了帝位。但舜为人谦虚，不肯接受，尧再三坚持，舜才答应。尧在祖庙为舜举行了盛大的登基仪式，将帝位禅让给舜，从此，舜开始竭尽全力治理天下。

## 舜治天下

舜登上帝位之后，烧了三把火。

首先，舜率领百官举行了盛大的祭祀活动。他率领百姓祭祀天地，祭祀四季，祭祀山川之神，完成泰山封禅，祭祀祖先。通过祭祀活动，一方面让天下百姓得到心安，另一方面，舜走遍名山大川，对天下有了更宏观的把握，他因此将全国分为十二个州，并在十二座山上祭祀，以示对这一政事的隆重纪念。另外，在四方祭祀的过程中，舜还考察各地的风土人情，监督天下百官的为政情况，加强了地方上的管理。

其次，舜制定了刑罚制度。他命人将刑罚画成图像，让人们了解什么是五刑，触犯之后会得到什么样的惩罚。通过这项政策，百姓从此有法可依，不会做出有违人伦之事。然上天有好生之德，舜并不是一个不讲情面的人，他还制定

舜

了大赦制度，规定遇到灾祸的时候，犯人会因为大赦而免罪。大赦与刑罚制度互相作用，人们才会觉得社会更和谐。

为了确保刑罚制度得到强有力的执行，尧做了一些"杀鸡儆猴"的举动：将犯人共工流放到北部幽州，将欢兜遣送到南部崇山，将三苗调到西部的三危，将鲧流放到东部的羽山。这四个人都曾是德高望重的人，然而因为他们违反了刑罚制度，所以舜毫不留情地对这四个人做出惩罚。这样百姓就会觉得，刑罚制度是不分地位、不看功劳的，只要触犯这些制度，就应该受到惩罚。从此，百姓都遵从号令，不敢做出违反制度的行为，天下从此太平。

第三把"火"是大量选拔人才，全国有能之士都聚集在舜的周围，任其调用。

舜执政二十八年，尧去世，天下的百姓都像死了亲生父母一样悲痛，舜令全国哀悼尧三年，取消一切娱乐活动。三年后，舜下令恢复祭祀，恢复正常的政务活动。

为了下一步工作更好地开展，舜将各部落首领召集在一起开会。舜首先勉励了十二州的行政官员，让大家从此工作更谨慎小心，为百姓做更多好事。然后，他问各部落首领："你们之中，谁能建功立业、扩大尧帝的事业？我封他做百官之首，辅佐处理全国的政务。"

各部落首领都一致推荐了大禹。舜认为可行，他对大禹说："你治水有功，就封你做司空。"

大禹推辞，要将这个职位让给皋陶、稷、契中的一个，舜坚持让他当司空，大禹这才接受。

然后，舜对稷说："现在的粮食不够百姓吃，你教导百姓学种庄稼吧！"

他又对契说："有些部落之间不能友好相处，有些百姓之间关系不够和睦。现在你就当司徒，负责传导五常的道理，帮助大家协调彼此的关系。这样我们的政令才能更好地推行下去。"

他最后对皋陶说："蛮夷扰乱华夏民族，天下的百姓都受到牵连。你就做士官，负责天下的刑狱案件吧。注意一定要秉公办理案件，做事尽职尽责，这样才能让百姓信服，让我们的刑罚制度得到更好地贯彻。"

舜又征求大家的意见："现在，你们觉得谁可以当百官之首？"

大家一致推荐了垂。于是舜就将这个职位给了垂。但垂也是一个有品德人，推让不肯接受，舜坚持给他这个职位，他才接受。

最后，舜又分别列出管理山川河流、草木鸟兽、主持祭祀大典、充当乐官的官职，伯益做虞官负责山川河流、草木鸟兽的管理，伯夷则主持祭祀大典，夔充当乐官，龙充当纳谏之官。

至此，舜建立起完整的官吏制度，这二十二个人一同协助舜管理天下诸事。为了确保为官者的清明，舜还规定，每三年，他会考核大家的政绩，有功之人奖励，有过之人免除官吏。这样一来，整个国家的各项政事都十分正规，一切事务井井有条，天下在舜的治理下兴旺发达。

## 大禹谋划政事

　　大禹因为治水有功,被封官职,辅佐舜治理国家。
　　大禹对舜说:"君主能看到君主的困难,臣子能看到臣子的困难,这样政事才能得到得体的处理,百姓就能很好地遵守德行了。"
　　舜认为他的话很有道理,他说:"是这样的,如此善言就不会被隐藏起来,贤能之人也不会被埋没,全国人民就能得到安宁。天下的政事都要征求大家的意见,让自己的错误主张得到改正,舍弃自己的私见,不报复孤零无助的人,不忽略穷困的事。这些尧帝都做到了。"
　　伯益也认同,他说:"尧帝的盛名是众所周知的,因此上天都顾念他,让他做天下人的君主。"
　　大禹又接着说:"处理政务,顺从善事,就会得到迹象;顺从恶事,就会得到灾祸。它们之间的关系,正如影子顺从形体、响声顺从声音一样。"
　　伯益附议道:"是啊,尤其要注意它们之间的影响关系。要坚持法度,避免安逸,用人不疑,邪恶的官吏要坚决罢免。要听从百姓的心声,不要一味顾着自己的私心。只有坚持做到这些,才能得到天下各部落的臣服和朝见。"
　　大禹又补充道:"伯益说的这些话也正是我的意思,帝您要谨记呀!君主的德行主要表现在施政的优越上,施政的关键是让百姓得到庇佑。因此,要修水利、存火种、冶炼金属、伐木材、开垦土地、播种五谷,让人民得到最大的便利,修整人民的德行,促进民生的和谐。以上这九件事都应该得到较好的执行,如果这九件事都办好了,就应该广泛宣扬。以上这些是应顺从的地方。然后要注意的地方在于:训斥百姓和颜悦色,监督百姓要令行禁止。只有这样,人们才会顺从政令,不会做出违法的行为。"
　　舜很赞同大禹的这些观点,他说:"确实如此,说得太好了!水、火、金、木、土、谷六件事办好,便利、德行、和谐三件大事办好,天下就太平了。如今我已经在帝位上三十三年了,年纪老迈,无力处理诸多政事了。大禹你如此努力,过来继承我的帝位吧!"
　　大禹推辞道:"我的德行不足以服众,恐怕无法胜任。皋陶勤勉为政,施恩于民,人们都喜欢他。您应该首先想到皋陶。况且他同时兼具谋划德行、宣传德行、施行德行的重任,帝您要想到他这些功绩啊!"
　　舜就说:"皋陶。自从你出任士官以来,没有百姓违反政事。你推行了五教,人们从此不再做出越轨的事,天下政通人和,这些的确都是你的功劳,你真是了不起!"
　　皋陶连忙说:"这都是帝您的政绩啊。您所指定的行政手段简略有效,以一颗仁爱之心管理天下苍生。即使刑罚,也不连累子孙,奖励,却恩泽后代。一切罪过从轻处理,重罪轻判,轻罪轻轻发落,有时候甚至放过偶然犯罪的人。您是如此体恤百姓,所以百姓才安分守己，不做出违法乱纪的事来。"

舜却说："让我根据人民的愿望治理国家，让四方人民闻风而动贯彻我的法令，这都是你的功劳。"

接着舜依旧对大禹说："大禹还是你来吧。洪水泛滥的时候，看到百姓流离失所，我是非常震惊的。你能信守承诺，排除万难，治理好洪水，这是你最大的功劳。不仅如此，你还辅助我治理国家，勤勤恳恳，兢兢业业，并且一点也不骄傲。天下没有谁比你的才能更突出了。你只是不炫耀自己的功德，如果真正论起功德来，恐怕天下也没有人能比得上你。你是如此高尚，对天下苍生又有这么大的功劳，上天已经将帝位的单子交给你了，你必定会成为一个伟大的君主。将来你当了君主，要记得诚实、公平，不可偏听偏信，也不可独断专行。慎重地对待你的君位，做人们希望看到的事。不要让百姓受穷，否则上天对自己的恩赐也就终结了。"

舜已经如此诚心地邀请大禹了，大禹还是坚持不接受帝位，最后实在无奈，就对舜说："要不我们就占卜一下吧，哪个大臣的占卜结果最吉祥，就让哪个大臣当帝。"

舜不以为然："占卜官肯定不会透露自己的想法，我的意见已经确定，大家也都同意我的意见。所以鬼神也会听从我的意见，占卜的结果肯定与我们大家的想法是一致的。我看就不必占卜了，你直接继位吧！"

大禹反复推辞，实在推辞不掉，就答应接受帝位。舜为他举行了隆重的登基仪式，大禹正式继位。

大禹继位之后，舜对他说："大禹，现在有苗氏不听从命令，你率兵去攻打他们。"

大禹受命，临行前，他对众军士发表演讲："众将士，都听从我的号令。现在有苗氏昏庸无道，轻慢刑罚制度，妄自尊大，败坏道德。有贤能的人被逼下野，无量小人占着官位。人民抛弃他，上天也会降罪于他。现在我们根据天意，帝舜命令我们讨伐他。大家应当同心协力攻打他，建立功业。"众将士听命，大禹率领大家前去讨伐有苗氏。

战争进行了三十天，有苗氏还是不肯听从命令。

伯益对大禹说："施恩德可以感动上天，当然也能降服敌人，不论这个敌人离我们多么遥远。满招损，谦受益，这是真理。帝舜先前在历山耕田的时候，天天向上天哭泣，甘愿承受父母的罪过，诚惶诚恐地对待自己的父兄。他的孝心感动了瞽瞍，答应了他的要求。心诚是能感天动地的，何况有苗氏呢？"

大禹觉得伯益的建议很好，于是就命令军队返回。然后在有苗氏这里推行仁政，止戈为武。果然，七十天之后，有苗氏被感化了，归顺了大禹。

## 皋陶的政治智慧

皋陶对大禹说："若想让先王的德政得到真正的贯彻，就要决策英明，大臣们要团

结互助。"

大禹说:"确实如此,可是怎样才能做到这一点呢?"

皋陶回答说:"要想做到这一点,君主自己要谨言慎行,洁身自好,注意陶冶自己的情操,首先严格要求自己。然后,再让九族之内的亲属都宽厚顺从。政令要由近及远地推行,这才是为政的关键。"

大禹认为这个说法简直太妙了,忍不住赞叹:"说得好!"

皋陶又补充道:"最重要的是,要知人善任,让百姓感到安心。"

大禹听到这里,忍不住道:"的确应该如此啊。可是要完全达到这个目标,连帝尧都感到困难。知人善任,用人得当,这需要明智的决断。安定民心,只有通过施恩惠实现。为政的时候,同时做到决断明智、施恩惠,那就不必担心有欢兜这样的人了,也不必担心有苗氏作乱了,更不必担心奸诈之徒的巧言令色了。"

皋陶说:"是啊,一个人只有同时具备了九种品德,才能说他是一个有德行的人,他才能得到重用。"

大禹问:"哪九种品德?"

皋陶说:"宽容又谨慎,温和又自主,谦虚又严肃,有才干又做事认真,善于纳谏又刚毅果断,正直又温和,直率又注重小节,刚正又实干,勇敢又符合道义。一个人的所作所为如果符合这九种品德,就会获得吉祥。一个人即使不能全部发挥这九种品德,每天哪怕只发挥其中三种,每天兢兢业业地努力执行,就可以管好一个部落;如果每天发挥其中六种,恭敬地处理一切事,就能治理好一个国家;如果九种品行都能做到,就能政通人和,如果天时、地利又协调,那么就会万事如意,各项事业都一帆风顺。"

接着,皋陶又补充了具体的做法:"不要贪图安逸,不要放纵自己的私欲。官吏每天都要兢兢业业地处理政务,不要虚设一些没用的官职。上天既然为我们安排了种种事务,就说明需要配备相当的人才来完成。上天为我们安排了固定的次序,君臣、父子、兄弟、夫妇、朋友之间,就要遵循一定的礼法,并将这种礼法普及到日常生活中去,这样政事在大家上下一心的情况下,才能得到完美的贯彻。上天会照顾有德行的人,所以国君、诸侯、卿、大夫、士五种等级的礼服上面会有不同的纹饰,显示他们不同的德行。上天也会惩罚那些不遵守礼法的有罪之人,会根据他们不同的罪行安排五种刑罚手段。处理政务就要这样,一切听从天意的安排。不用担心会出现差错,因为上天洞察一切,赏罚分明,上天的奖励或者惩罚都是根据民意来决断的,上天与人民之间是通达的。因此,有国土的国君,要按照上天和百姓的意思,兢兢业业治理国家。"

皋陶说完,问大禹:"上面我的说的,可以得到完整地执行吗?"

大禹说:"能!按照你所说的做,一定能将国家治理好。"

皋陶则说:"我的才智不高,我只是想帮助您治理好国家而已。"

## 甘誓

大禹死后，他的儿子夏启继承了帝位。夏启建立了新的制度，但有扈氏不肯执行他的制度，夏启便决定讨伐他，战场就在扈氏国都的南郊甘这个地方。夏启亲自率领将士出征。临行前，夏启召集六军将领，对他们发表了一篇简短有力的演说。

夏启道："六军的将士听令，现在我宣布：有扈氏违背天意，不重视金、木、水、火、土这五行，怠慢我们的法度，抛弃我们的历法，上天决定断绝有扈氏的国运。我们秉承上天的旨意，对有扈氏进行征讨。

"现在我宣布一下军规：战车左边的士兵，如果不善于用箭射杀敌人，这些士兵就是不奉行我的命令；战车右边的士兵，如果不善于用矛刺杀敌人，这些士兵也是不奉行我的命令；中间驾车的士兵，如果不善于驾车，这些士兵也是不奉行我的命令。奉行我命令的士兵，我就在祖先的神位面前犒赏他；不奉行我命令的士兵，我会将你们降为奴隶，或者杀掉你们！"

甘之战，以夏启的胜利告终。

## 五子之歌

太康继承夏启的王位之后，终日享乐，不理政事，遭到百姓的反感。然而太康仍旧不思悔改，继续游乐。有一次，他心血来潮，到洛水南边打猎，这一去就是一百天。这一百天之内，自然无人理会朝政，百姓怨声载道。此时有一个叫做有穷国的国君羿乘虚而入，派兵把守住黄河的渡口，让太康没法返回，最终羿夺取了他的国都。

太康有五个兄弟，他们弟兄五个和自己的老母亲被羿赶到洛水入河口。五兄弟都怨恨太康无道，禁不住想念大禹时期的训诫，于是将这些做成歌谣以示哀悼。

第一个兄弟说：我们的先祖曾经告诫我们，人民可以亲近却不可以看轻。因为人民是国家的根本，根本牢固了，国家就安定了。天下的人，人人都能超过我。一个人怎么会犯下这么多的过错，直到民怨沸腾时还没有察觉呢？见微知著，应当趁一切没有成形的时候站出来治理。我治理兆民，心中不安，感觉好像用一根腐朽的绳索驾着六匹马。太康身为国君，怎么就不知道敬重百姓呢？

第二个兄弟说："先祖还告诫我们：迷恋女色，贪图游乐，喜欢饮酒和音乐，喜欢高达建筑和雕饰。这四件事中只要出现一样，都会导致亡国。"

第三个兄弟说："帝尧让我们有了冀州，如今太康放弃了帝尧的教诲，破坏了帝尧的政策，弄乱他的治道，终于导致了的灭亡。"

第四个兄弟说："我们的祖父，是万邦之王。他制定了典章制度，将它们传给我们这些子孙。他征赋公平，国家、王府内的仓库各个殷实。现在太康废弃祖父的传统，断绝了祖父的祭祀，终于危害到我们这些宗亲。"

第五个兄弟说："唉！现在我们可以去哪里呢？我的心情是如此悲痛！天下的百姓都仇恨我们，我们又能依靠谁呢？我忧愁郁闷，非常惭愧。太康不肯修德政，不遵循祖宗传下来的美好国策，现在我再后悔、再遗憾又有什么用呢？"

## 胤征羲和

太康失国后，羿将太康的弟弟仲康扶上王位，从此，仲康开始管理天下。

此时，羲和不忠于职守，经常在自己的府邸饮酒作乐，荒废政事。仲康就命胤侯为六军统领，让他去征讨羲和。

胤侯对众将领说："众将士听令。圣人曾经训诫我们，要我们安分守己，确保国家的安定。先王谨慎地遵循上天的旨意，兢兢业业地治理国家，他的大臣也都遵守法度，兢兢业业辅佐先王，国家才越来越强盛，使天子成为最英明的君主。每年正月，负责宣传政令的官员就会在游行中，向百姓宣传政令，各级官吏也会趁此向天子提出好的建议，百工则根据他们的技艺进谏。如果有人胆敢不服从，在国家法度的指导下，他就会受到惩罚。

"羲和失德，不但自己沉迷酒色，还荒废政事，擅离职守，导致天文历法发生紊乱。九月初一这一天，日月星辰运行发生紊乱，形成日食，进而导致国家一切政务出现紊乱。乐官开始击鼓，啬夫开始驱马奔驰，百姓开始慌乱，相互奔走。主管天文历法的羲和，对这件事却丝毫不知情，丝毫搞不清楚天象为何发生变化，这已经触犯了先王定下的法度了，罪当诛杀。《政典》中说：'历法先于天时，杀无赦；历法后于天时，杀误杀。'

"现在我们接受上天的旨意，与众将士一切讨伐羲和。尔等要与天子同心同德，协助我完成天子庄严的命令。大火如果烧掉昆山，玉石俱焚；天子的士兵行使正义之仗，我们的兵刃将会比烈火更厉害。我们应当勇往直前，消灭罪魁祸首。如果是羲和的胁从，过去曾经跟着羲和做过坏事，如今只要改过自新，我们一律不追究他的过错。其余的，就看众将士的了，只要大家坚决执行天子的命令，毫不心软地惩罚奸恶之徒，我们一定能打胜仗。要是你们对敌人太过慈爱，忘记了我们严明的军纪，我们就会失败。因此，众将士一定要全心全意执行天子的命令！"

## 汤誓

夏朝国君夏桀为政不清，荒淫误国，引起人民的愤慨。另一个部落首领成汤，借机发展壮大起来，先后灭掉夏朝的一些小部落，拆掉夏朝的保护屏障，为彻底灭亡夏朝做准备。

最后一仗终于来临，为了确保一举得胜，成汤在开战之前，发出了庄严的动员令，召开了誓师大会。

成汤激情昂扬地对大家说："众将士听令，大家从此刻开始，都要听我的话。不是我胆敢犯上作乱，而是因为夏桀太过无道，他罪恶昭彰，上天决定诛灭他。

"你们之中，也许会觉得：成汤太不体恤百姓了，现在放弃收庄稼，反而浪费时间讨伐夏桀。我非常明白大家这种心情，但夏桀不做国君应该做的事，对国家和人民犯下罪孽。我成汤敬畏上天，上天决定诛灭他，我不敢不从。

"你们当中，可能还会有人觉得：夏桀到底犯了什么过错，我们要兴师动众地去讨伐他？我现在告诉你们，他耗尽民力，盘剥百姓，致使百姓都没有动力再做工，根本不愿意再听从他的号令。老百姓甚至说：'太阳啊，你什么时候才能灭亡呢？我们宁愿与你一起灭亡！'由此可见人们对夏桀的残暴是多么痛恨，我们必须听从上天的旨意，前去灭了他。

"希望你们协助我完成上天的指令，灭掉夏桀。之后，我一定会重赏有功之臣！你们要相信，我们一定会成功，你们也一定会获得赏赐的，不要怀疑我的这个决定。如果你们不听从我的号令，我会惩罚你们，将你们跟你们的子女降为奴隶，或者全部杀掉，而且绝不留下赦免的机会！"

盟誓大会后，成汤的军队士气高昂，凶狠地向夏桀的军队扑去。夏桀因为荒淫无道已经失去民心，夏朝军队都不肯好好抗敌，夏军一击即溃，夏桀落荒而逃，夏朝灭亡。成汤在亳建立了商王朝，商朝开始。

## 汤诰

成汤战胜了夏桀，班师回朝，在亳建立新的都城。然后，成汤向天下各邦国、诸侯发出诰令，文曰：

"各邦国、各诸侯的人民，现在请听从我的告诫：伟大的上天，将善德降给天下苍生，君子应当拥有上天的善德，根据善德安定各自的邦国、部落。夏桀无良昏君，背弃上天之德，滥用法度，使四方百姓受虐，天下百姓无不遭受他的残酷统治，无不受到其凶残的迫害。百姓无法再忍受他带给大家的痛苦和折磨，一起向上天哭诉他的暴行。上天有好生之德，让好人得到奖赏，让坏人得到惩罚，夏国因此受到了惩罚，借以彰显夏桀的罪过。所以我秉承上天旨意，不敢擅自赦免夏桀的罪过。我特意用了黑色的公牛向天祭祀，明确告诉天地神灵，请求上天对夏桀施以惩罚。我还邀请了圣人伊尹跟我一起努力，祈求上天不要将罪过降临在黎民百姓身上，只惩罚夏桀。上天会真诚地保佑天下苍生，废黜了夏桀。

"现在，黎民百姓犹如春夏之草木，正欣欣向荣、蓬勃地生长繁衍。上天安排我安邦定国，让我来率领众部落治理天下。此次讨伐夏桀，我不知道曾是否得罪过诸位，心中惶恐不安，好像站在深渊面前一样，小心翼翼。因此我规定，凡是我建立起来的部落，不要做出任何违反法度的事，不要追求安乐的生活，要遵纪守法，接受上天给予的一切。你们如果有善行，我不会隐藏不奖赏；如果是我自己犯了过错，我也不会原谅我自己，因为这些事上天都清清楚楚。如果是诸位邦国、部落犯了过错，那么我愿意承担责任；如果罪过在我，那么我不会连累你们诸位邦国、部落。但愿我这一片诚心，能成功赢得天下的信任。"

## 伊训

成汤死后，太甲继位，伊尹为他写了《伊训》、《肆命》、《徂后》三篇文章，教导他怎样当一个好的君主。太甲元年十二月乙丑日，伊尹祭祀万先王，侍奉着太甲，与其一起恭敬地祭拜商朝的祖先。此时的诸侯都在祭祀者的行列，他们率领着自己的官员，一起听伊尹的命令。伊尹于是以昔日先祖成汤的盛德来告诫太甲。

伊尹说："从前，夏朝的先君，兢兢业业施行仁德，国家没有发生天灾，山川的鬼神也没有不安宁，连鸟兽虫鳖等动物，生长繁衍也都很顺利。夏朝后代的子孙，不再遵守先君的仁德，上天便降下灾难，最后借助于我们的先王成汤之手，灭了夏朝。上天曾经有命，先讨伐夏桀，于是我就从亳都开始，为讨伐夏桀做准备。我们商朝的成汤，是一个好君主，他用宽和代替暴政，以德立威，所以天下万民都相信我们，愿意臣服于我们。现在君要秉承成汤的美德，对亲人有爱，对长辈尊敬，首先从家开始，进而推广至全国、全天下。

"先王曾经要求，做人要讲究纲纪，要善于纳谏，听从先贤的话，不要违反纲纪。处在君位，要能明察秋毫，让臣子尽忠。在结交的时候，不要求全责备，要时刻反省检点自己，好像再不进行就来不及一样。只有这样才能确保天下太平，让天下万邦都臣服我们，这才是最难得的。

"还要注意在普天之下求取贤德之人，让他们帮助我们的子孙后代制定《官刑》，进而管理百官。《官刑》中说：胆敢经常在宫中跳舞、在房中嗜酒酣歌者，是巫风；胆敢贪慕金钱、女色、游猎者，是淫风；胆敢轻视圣人的教训、拒绝纳谏、疏远年老有德、亲近愚钝幼稚者，是乱风。这三种不正之风，十种过错，卿士如果有其中一条，他的家业一定就会消亡，国君如果有其中任意一条，他的国家也必定守不住。臣子如果不帮助国君纠正这种不正之风，就应当遭受墨刑。因此，下士之上的官吏都要明白这个道理。

"国君要谨记这些教导，不要忘记，因为圣人的教训都是很美好的。上天的教训不一定都在家中。做善事，上天会赐给他百福；作恶事的，上天会赐给他百殃。君修德，哪怕很少，天下百姓也会感到庆幸；你作恶，哪怕很小，也会导致国家的灭亡。"

## 盘庚迁都

　　商朝的国都已经迁移了好几次了，盘庚做国君的时候，又将都城迁移到殷。这已经是商王朝第五次迁都了，百姓们很不喜欢这样迁来迁去，也不喜欢在殷生活。盘庚因此号召自己的宗亲站出来宣扬迁都的好处，同时尽量防止百姓不满。

　　盘庚的宗亲对天下百姓说："国君迁都并将国都定在殷这个地方，这是他爱护黎民百姓的表现，他不想让我们遭到灾难。我们自己无法互相帮助找到生路，不妨秉承上天的旨意，搬家到新的都城。根据以往的教训，我们不能总在一个地方待下去，我们也不知道上天的旨意究竟如何。如同倒下去的大树会重新生出嫩芽一样，上天会让我们永远定居在新的都城里，发扬光大先王的事业，稳固四方。"

盘庚

　　盘庚告诉百姓说，大家要做好分内的事，负责政务的大臣要遵守旧有的制度，还说："百姓如果对我迁都的事有谏诫，任何大臣不能隐瞒不报！"

　　盘庚将所有大臣都召集在朝堂，跟大家讨论迁都这个事。他对众大臣说："来吧，让我来开导你们。我要告诫你们，任何人不要有私心，不要以安定为借口贪图安乐。从前，我们商朝的先王，跟旧臣一起处理国家大事，先王发布的正确号令，众大臣都能完美地执行，不敢隐瞒任何政令，先王因此也重视众大臣。这些大臣不会发出错误的言论，百姓们也不会有错误的行为。现在你们这些大臣不听从我的好意，自以为不迁都是正确的，甚至还煽动百姓来反对迁都，我不知道你们究竟有什么意图！

　　"不是我忘记了任用旧臣的美德，是因为你们这些旧臣不怀好意，不帮助我完成迁都。当前的形式，我洞若观火。如果你们认为我是一个不善于谋划的君主，那你们就错了。臣子对君主的服从，就好像将网结在纲上，这样整个国家的政事才会有条不紊。又好比农民在田里劳动，只有努力耕作，才会有收成。现在如果你们克服自己的私心，将实实在在的好处施恩给百姓，这样你们的亲朋好友才会到处宣扬你们的恩德。如果你们不担心未来可能出现的大灾祸，而是像懒惰的农民一样寻求安逸，不努力工作，不去田间从事劳动，就不会有粮食可吃。

　　"现在，你们不跟我共同向百姓宣扬迁都的好处，反而为了自己的安逸向百姓散播不利于迁都的谣言，败坏君王的政事，引火烧身，已经做出危害百姓的事了。将来必定会自食其果，如果那时候才知道后悔，又有什么用呢？看看我们的百姓，他们尚且知道说话谨慎，牢记我的训诫，你们这些臣子，命运原本就操纵在我的手里，现在反而说出不利于国君的话！你们有什么好说的？现在尽管对我直接说，没有必要向我的百姓散播妄言，蛊惑人心。你们这种行为，已经导致大火在原野上燃烧，不能靠近，更难以扑灭。这是你们自找麻烦，不是国君我的过错。

"迟任（上古贤人）曾经说过：'人都是安于现状的，但在占有器物上却喜新厌旧。'从前，你们的祖辈、父辈曾经陪同先王，与他一切治理国家，我怎么会过度惩罚你们这些功臣之后呢？你们的祖先曾经为国家建立过功劳，我一点都不否认。即使现在我要对先王举行隆重的祭祀，也会将你们的祖先请出来一起享受。你们行善，获得幸福，作恶，则招致灾祸，这一切都是你们自找的，我绝没有任何私心滥用刑罚。

"我在治理国家的时候遇到困难，你们应该向射箭有箭靶一样，以我为中心，不敢偏离我。你们不要因为老年人岁数大而轻视他们，也不要因为年幼者岁数小而怠慢他们。你们每个人都有自己的所管辖的一些人，你们要在我的安排下，努力听从于我，完成我下达的命令。不论关系远近，我都会用刑罚制度来衡量这一切。拥有功劳的人，我会表彰。如果将来国家治理好了，是大家的力量。如果治理得不好，这是我一个人的罪过。

"你们大家好好想想我这番话。从今以后，每个人都要做好自己的分内事，配合我，为迁都做好准备。只要埋头做事就行了，闭上你们的嘴巴，不要乱制造谣言。否则，我会毫不留情地惩罚你们，到时候后悔也晚了。"

盘庚这一席话令众大臣不敢懈怠，连忙着手准备迁都的事。过了一段时间，迁都的准备工作都做好了，盘庚决定带领百姓渡过黄河，迁到新的都城殷。临迁都前，盘庚召开最后一次会议，将那些不愿意迁都的顽固分子召集过来，然后对他们进行了一场开诚布公的谈话。

那些不愿意迁都的人来到朝堂之后，心里很不安。盘庚请他们走到里屋，然后才说："现在，你们要认真地听我说，不要对我的命令听而不闻。

"古时候，我们的先王都非常体恤百姓，都有高瞻远瞩的忧患意识，不想让我们的人民遭到灾祸。一旦我们商王朝遇到天灾，先王一点也不留恋旧有国都，而是以百姓的利益为先，迁移国土。为什么你们没想过先王迁都时的英明呢？我一贯体恤百姓，爱护你们。现在我之所以号召大家迁都，也是为了百姓和大家的利益，好让所有人都过上没有灾祸的好日子。

"现在我想让你们都迁都，好让我们国家都安定下来。你们不为君王我的苦恼而苦恼，竟然不乐意服从我迁都，还想用自己的顽固打动我取消迁都的决定，这真是自讨没趣。迁都如行船，船在水中停滞不前，最终会让满船的货物都烂掉！你们若不想跟我迁都，那就等着洪水将你们淹死吧，不会有更好的出路了。到时候你们再后悔，再埋怨，还有什么用呢？是你们自己目光不长远，不做长远的打算，丝毫不考虑可能会面临的灾难，只愿安于现状，完全不考虑将来的祸患。这种只有今天没有明天的生活，你们以后凭什么生存下去呢？现在我命令你们放弃自暴自弃的生活，也不要散播谣言让自己走上犯罪的道路。我现在根据天意来拯救你们！以神明的命令来保护你们！

"先王成汤，曾经让你们的祖先为国效劳，念及祖先的功劳，我也不会惩罚或羞辱你们，一心只想着保全你们。但是你们现在已经严重延误了迁都的时机，如果再这样下去的话，恐怕先王要怪罪我了，也许会说：'你为什么让我们的百姓受到威胁呢？'现在你们这些百姓不寻求生路，不跟我一起迁往安全的地方，先王会降罪于你们，他也许会责备你们：'为什么不跟我的子孙齐心协力将国都迁往安全的地方呢？'因此，如果你们再不服从我迁都的命令，先王就会惩罚你们，你们无法逃脱他的惩罚！

"我原本顾念你们的祖先曾经为先王立下汗马功劳，才将迁都这个好主意分享给你们。你们却不领情，反而误了我迁都的大业，先王会命令你们的祖先不再保佑你们，你们将难以得到救护，就会遭到灾祸，甚至灭亡。现在你们扰乱我的政事，只考虑自己的私欲，你们祖先会对先王说：'请惩罚我那些不听话的子孙！'正是你们祖先自己为先王提了惩罚你们的建议，先王才会降灾于你们。

"现在我再警告你们，不迁都就会有灾祸，你们不要再拒绝迁都了。你们应跟着我，怀着同舟共济的心态辅佐我。如果谁再敢不听从我的号令，自以为是，或者散播谣言坏我大事，我一定会将他赶尽杀绝，不留下任何子孙，避免谣言再危害我新的国都。

"走吧，跟我迁往新的都城吧，我将带你们建立永久的家园！"盘庚最后鼓舞道。

在盘庚的再三坚持下，商朝的都城终于成功迁到殷。新都一切安定之后，盘庚再次召开会议，对众人说："现在我诚心诚意地将我的想法告诉众位，你们不要不认真，也不要懒惰，要将我的命令传达出去。那些曾经阻止迁都的人，现在我也不会惩罚你们，你们也不要联合起来反对我一个人。

"从前，先王想光大我们的事业，将国都迁到山地，当时的确减少了洪水之灾，我们也获得了不错的收成。现在，我们的臣民再次因为洪水而流离失所，没有固定的住处，你们还要反问我为什么惊动大家迁都吗？

"上天要我们重新发扬高祖的美德，光大我们的事业。我非常急切地想要做到这一点，非常恭敬地想要遵守上天的旨意，因而率领大家居住在新的国都。所以我虽然年轻，但不是要抛弃你们的想法，而是要遵守上天的旨意；不是要违背占卜的结果，而是要发扬光大先王的事业。

"各位大臣，各位部落首领，各位邦国领袖，你们都要好好考虑这一点。我会认真考核你们对黎民百姓的体恤情况。那些贪财好利的人，我是不会让他担此大任的，谁自力更生，谁帮助百姓在新国度建立家园，我就会好好奖赏谁，提拔谁，重用谁。现在我已经将我的想法告诉了你们大家，你们可要重视起来。不要一味地敛财贪财，要切切实实地让百姓获得好处，让百姓感受到你们的德政，让百姓在你们的安顿下安心居住下来！"

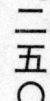

# 傅说说命

商朝国君武丁做了一个梦，梦见先王赏自己一个治国的贤才。众臣根据他的描述，将这个贤才的肖像画出来，然后根据肖像在全国寻找，结果找到了正在修筑宫墙的傅说，武丁就将傅说任命为辅政大臣，因此写文章三篇，即《说命》。

武丁在服丧时，三年不理政事。三年结束后，他依旧不理政事，群臣都劝谏他："通晓事物的道理，就是明哲，明哲的人可以制作法则。天子管理天下，百官根据天子的法则行事。天子的话就是政令，天子不发话，百官就无政令可以执行。"

武丁于是写信告诉大臣："现在让我管理天下，恐怕我的德行还不够，所以我不敢发话。晚上，我一直在想怎样才能将国家治理好，就做了一个梦。在梦中，先王赏给我一个优秀的辅政大臣，他会代替我发布政令。"武丁将梦中辅政大臣的外貌描述了一番。于是大臣们根据他所说的梦中那个人的特征画出了梦中人的人物肖像，然后在全国四处寻找。

当大臣们找到傅说时，他正在傅岩的郊野修筑宫墙，他的样貌与武丁梦中人的样貌最接近，于是就将他请到朝堂。武丁见过他后认为同自己在梦中见到的那个人十分像，于是就封他为相，将他留在自己左右辅佐自己。

武丁吩咐傅说："你要每天早晚教导我怎样执政，帮助我提高执政水平。你就当我是金属器具，你是磨刀石；或者说我想要渡河，你就是渡河的船桨；又或者说现在遭遇大旱，你就是及时雨。请大力展现你的智慧，来丰富我的思想吧。就像药石一样，如果不够苦涩，就不能治好疾病。又像赤着脚走路，不观察地面，就会划伤脚。你与其他大臣一起齐心协力地辅助我，匡正国家社稷，让我跟随着先王的脚步，跟着先祖成汤的工业造福天下百姓。你一定要记住我这些话，始终如一地辅佐我。"

傅说回答道："木头经过木线的校正后会正直，君主接受臣子的纳谏后会英明。君王您一定很英明，臣不等您吩咐也会根据实际情况来进谏，谁敢不听从您英明的教导呢？"

武丁让傅说统领百官，傅说接受了。

傅说对武丁进谏道："英明的君主都会顺从天道，建立邦国，设置都城，为各个邦国设置王公、首领，然后设置各级官吏辅佐他们。这样做，并不是为了安逸和享乐，而是帮助天子更好地管理国家。

"上天是英明的，圣明的天子可以效法上天来管理国家，让群臣都臣服您，让百姓都顺从您。号令轻易出口，会引起羞复；甲胄轻易运用，会引起战争；礼服放在箱子里保管，会伤害自己；干戈放在仓库里，会伤害自己。君王您要牢记这些，如果谨慎地做到这些，并明智地采纳正确的建议，治理国家就会游刃有余。

"治理国家的关键，在于治乱兴废、群臣是否奉公守法。因此，君王您在任命各级官员的时候，不要一味地凭着自己的喜好，要看他们办事能力的高低。品德败坏的人，不能得到爵位，贤德谦虚才是最重要的。

"凡事考虑好之后再执行，执行的时候要把握好时机。执政的时候不要自以为是，您认为做得好的地方，事实上一定是不好的；您认为自己无所不能，实际上是一事无成。凡事只有事先准备好，遇事才能从容不迫，才不会留有后患。不要宠信小人，要能容忍别人的轻慢，不要为了避免批评而将错就错。凡事三思后行，确保政事有条不紊。不要怠慢祭祀，否则就是不敬；礼仪不要太繁琐，否则容易乱套，并引起神明的不满。"

武丁听了傅说的话，连连称赞："说得太好了，的确应该按照你说的做。你要是不向我进言，我就不知道该怎么做了。"

傅说跪下叩头道："知道这些道理并不难，难的是怎样执行这些道理。君王您如果不想执行起来那么困难，就要根据先王的功德来执行。这一点我要是不说出来，就是我的罪过了。"

武丁对傅说说道："傅说，你过来一下。从前我曾经跟随甘盘学习，后来出巡到野外，居住在河州，又从河州回到亳都，以至于学习没有什么进展，我也没能明白什么道理。现在你这番话，让我突然茅塞顿开。这就好像酿酒，你就是那关键的酵母；又好像煲汤，你就是调味的盐和梅。你给了我很多教诲，以后也要多方教导我，不要抛弃我，我一定全心全意地听从你的教诲。"

傅说则说："君王啊！人们学习知识，是为了成就一番事业，怀着这样的目的，学习古人的教诲，才会获得新知。如果不效仿古训，想要建立一番事业，我没有听过这样的事。为君者要学会抑制自己的私欲，让自己努力勤勉，一心想着国家社稷，这样才能逐渐提高自己的德行。

"就学习这件事来说，教和学的功劳各占一半，你只有坚持不懈地学习，一点一滴地提升自己的品德修养，参照先王的制度治国，才会不会犯下过错。在这个基础上，我可以帮助您招揽人才，让他们按照您的旨意帮助您管理国家。"

武丁说："傅说！现在天下人都敬仰我的德行，这都是你教育有方的结果。手和足都完整，这才是一个额健全的人；具备良臣，这才是一个圣明的君主。从前，伊尹辅佐先王成就了一番事业，可是伊尹却说：'我未能让君王成为尧、舜那样的圣主，深感羞愧和耻辱，好像走在集市上被人鞭打一样。'哪怕一个人才没有得到重用，他都会说：'这是我的失误！'他就是这样要求自己的，先祖在他的辅佐下取得了跟天一样大的功劳。希望你也跟伊尹一样，怀着这样的心态来辅佐我，商朝贤臣的美名，不要让伊尹一个人独享。君王没有贤臣就不能治好国家，贤臣没有君王的扶持也没有用武之地。我希望你能帮助你的君王光大先王的事业，让天下苍生永远得到幸福安定的生活。"

傅说听完，跪下来叩头，并保证："我一定帮助您光大先王的事业！"

## 西伯戡黎

殷纣王昏庸无道,激起民愤。他听信谗言,囚禁了西伯侯,惹怒了西周。西周后来强大起来,征讨殷纣王。

西伯侯战胜黎国之后,大臣祖伊非常惊慌,赶忙跑来找殷纣王。

祖伊说:"天子啊!恐怕现在上天要断绝我们殷商的国运了!我曾让那些知道天命的占卜官来占卜,没有占卜出任何好消息。这不是先王不庇佑我们殷商,实在是因为大王您终日沉迷酒色、戏耍玩乐所致,是您自己让上天放弃我们呀!上天从此不再眷顾我们,不让我们过安定的生活,不让我们正常地饮食。大王您不揣摩天的性情,不遵循固有的法度,现在所有的百姓没有一个不希望我们殷商亡国的。他们说:'上天为什么还不对殷商降下惩罚呢?'由此可见,天命已经不再属于我们殷商了,大王您现在打算怎么办呢?"

殷纣王说道:"啊?难道我天子的命运不早就由上天决定好了吗?"

祖伊反问道:"您犯下那么多的过错,上天都已经知道了,难道您还祈求上天能再保佑您吗?殷商马上就要灭亡了,这点从您的所作所为上都能看出来,您的国家难道还不会被周国消灭吗?"

## 泰誓

周武王(姬发)在位的第十三年春天,武王在孟津召开诸侯大会。

武王说:"各位友邦国君、各位官员、各位将士:请大家听我宣誓:天地是万物之父母,人类是万物之灵长,圣明君主是万民之天子,天子庇佑天下臣民的父母。

"如今殷纣王违反天意,人民因此遭受灾祸。他贪杯好色,对人民施以暴政,用酷刑惩罚人民,用灭族的方法残害生灵,用世袭的方法任用人才,大兴土木,修建宫殿房屋,修建楼榭亭台,修建池塘水泽,穿着奢侈华丽的衣服,却用凶残的方法残害黎民百姓。如他用炮烙之刑烧害百姓,他解剖孕妇,剔除她们的骨头。这是多么残忍的事啊!上天都看不过去了,于是命令我的父亲周文王顺从他的意思,灭掉商王朝,可惜文王大功未成就去世了。

"曾经,我跟各位友邦国君到商朝考察情况,借此向商朝传递上天的警告。可殷纣王丝毫不以为意,依然故我,不祭祀神灵,也不祭祀祖先,更不管祭祀大小事宜,连祭祀用的牲畜被偷光了也没人管。即使这样,殷纣王还大言不惭地说:'黎民百姓会支持我,神明会保佑我。'对于自己的所作所为,完全没有悔改之意。

"上天有好生之德,它为百姓设置了君王,为百姓提供了军队,君王和军队上承天意,下安邦定国,担负着上天和百姓的双重希望。有罪之人,应当受到惩罚,无罪之人,当受到赦免,我怎敢违背上天的意思呢?

"力量相当时,就以德行为衡量标准;德行相当时,就以道义为衡量标准。殷纣王有亿万臣民,有亿万条心,我有三千臣民,但却共有一条心。殷纣王已经恶贯满盈,上天让我派兵讨伐他,如果我不顺从上天的旨意,恐怕我的罪过就与殷纣王的罪过相同了。因此小子我日夜担忧,从文王那里接过上天的旨意,祭祀上天,祭祀灶神,现在再率领大家完成上天赋予我们的使命。上天爱戴百姓,百姓想要做的事,上天一定会答应。希望大家从今以后协助我,让天下重新恢复安定。现在是时候了,我们不要失去这个机会。"

众人听从武王的号令,武王开始讨伐殷纣王。一月二十八日戊午,周武王的大军来到黄河北岸,与其他诸侯军队顺利会师。武王环绕着军队,宣誓道:

"西方的各位诸侯,现在都听从我的号令。我听说,好人做好事,时间永远不够用,坏人做坏事,时间也永远不够用。如今殷纣王恶贯满盈,整天做不符合法度的事,抛弃年老的大臣,重新启用邪恶有罪的人,嗜酒好色,暴虐残忍。他的臣子受到他的影响,也纷纷做坏事,结党营私,同室操戈,互相诛杀,使无罪的百姓向上天哭诉自己的冤屈,殷纣王的这些罪行,上天已经知道了。

"上天是眷顾黎民百姓的,君王应顺从天的意思爱护百姓。夏桀因为不顺从天的意思爱百姓,反而做出许多残害百姓的事,于是上天便帮助成汤没收了夏桀治理天下的权力。如今殷纣王比之夏桀,其罪过有过之而无不及,他挖掉比干的心,残杀进谏的辅政大臣,还大言不惭地说自己有上天庇佑,或者说上天也没什么了不起等话,不重视祭祀,滥用重刑。他的下场我们可以清楚地看到,夏桀就是一个例子。

"上天已经将管理天下百姓的责任托付给我了,昨天我做的梦与占卜结果是一致的,我们一定能够打败商王朝的军队。殷纣王虽然有亿万臣民,但人们离心离德,我虽然只有十个能干的大臣,但同心同德,殷纣王虽然有至亲的臣子,但也比不上我们拥有仁人。上天看到的也是百姓看到的,上天听到的也是百姓听到的。百姓有所抱怨,那肯定是抱怨我不赶快灭掉商朝,所以现在我一定前去灭掉它。

"勇士们!举起你们的武器,打倒商王朝,捉住罪魁祸首殷纣王。我们所进行的这项光辉的事业,比成汤当年伐夏还要辉煌!努力吧我的勇士们!不要轻视我们的敌人,我们要做好战胜的心理准备。现在商朝的臣子已经开始慌乱了,好像被打掉了头角的牲口一样。啊!只要你们想过要建立功业,就能灭掉商王朝,永享荣华富贵!"

武王的这番话激起将士们必胜的决心。第二天,周武王进行了大规模的阅兵仪式,再次向众将士传达指令:

"西方的各位将士们!上天自有治理天下的法则,推行善政的人会受到表彰。如今殷纣王轻慢五常,荒淫无道,自己弃绝于天,为人民所不满。他砍下早晨蹚水者的小腿,挖去贤人的心,杀戮无罪之人,杀戮无数,他的残暴统治已经遍布天下。他宠信邪恶有罪之人,放弃太史太保,抛弃法典,将正直之士收监,不祭天,不祭宗庙,终日沉迷酒色，取悦夫人。上天不会再放任他这样胡作非为，断然降下灭亡商王朝的命令，希望众将士努力帮助我实现上天对殷纣王的惩罚。

"古人云：'爱护我的人是君王，虐待我的人是仇人。'殷纣王残暴无道，是你们世世代代的仇敌。建立美好的德行需要一点一点地增长，祛除邪恶之事需要毫不留情地根除，我小子现在率领大家前去诛杀你们的敌人，众将士要英勇果敢，成就你们的君王。有功之人，我会重赏，不拼命杀敌的有罪人之人，我会秉承天意惩罚他。

"我的父亲文王，像日月照耀大地一样，光辉遍及全天下，尤其是西方。所以我们大周会被众邦国、诸侯所拥戴。这次如果我们旗开得胜，不是我的功劳，是因为我的父王没有对上天和百姓犯过错误；如果不幸被殷纣王打败，这不是我父王的罪过，是我自己做得还不够，希望大家多多支持我！"

## 牧野誓师

周武王率领三百辆战车、三千名勇士，与殷纣王的军队在牧野展开决战。甲子日，天蒙蒙亮，周武王一早就率领将士来到牧野，举行了宣誓仪式。

周武王左手举着金色的大斧子，右手挥舞着白旄旗子，对众将士说："辛苦了！西方的诸侯们、我友好邦国的君王们、臣子们、司徒、司马、司空、亚旅、师氏、千夫长、百夫长们以及庸、蜀、羌、髳、微、卢、彭、濮等友国的士兵们，现在举起你们的戈，排好你们的盾，竖起你们的矛，我们现在开始宣誓。"

众将士听从了他的号令。

武王接着说："古人云：'母鸡不打鸣，母鸡若打鸣，说明这户人家就要衰落了。'现在殷纣王一味听取妲己妇人之言，轻视祖宗，不用祭祀报答他们；轻视同宗兄弟，不重用他们；对天下的罪过之人、逃犯，却尊敬又礼让，重用提拔，让他们做卿士、大夫。这些人残害百姓，在商邑做出违法乱纪的事。我根据上天的旨意，与殷纣王展开决战。

"在决战的时候，我们的阵列，前后距离不得超过六七步，每列队伍都保持整齐。众将士要努力，阵列左右的距离，不得超过斯四五伐，也要保持整齐。各位将士要遵守这个军纪。努力吧！希望在这场战争中，你们会像老虎和貔那样勇猛，像熊和罴那样顽强。但注意，对那些倒戈投降的士兵，我们可以让他们到西方为我们所用。奋勇杀敌吧，我的将士们！你们当中如果有谁不奋勇杀敌者，你们必定会被杀死！"

## 康叔建国

康叔是武王的同母幼弟，成王的小叔叔。武王灭商之后，将康地分封给他。周公平定管叔和蔡叔的叛乱之后，将原来殷商周围的土地和人民分封给康叔，因此做《康诰》、《酒诰》、《梓材》三篇文章。

周公说："我的弟弟封（康叔之名）呀，贤明的文王重视德政，慎重对待一切惩罚，不轻慢鳏寡孤独，任用当任用的人，尊敬当尊敬的人，威令当威令的人。上天知道了他这些德政，对他大家赞赏，于是赋予他诛杀殷纣王的使命。后来，武王继承了文王的德政和天命，兢兢业业地治理国家，管理百姓，周国越来越强大。因此你才能现在去东方封地统治康地。

"我的弟弟封呀，你要好好考虑怎样宣扬父王的德政，你的百姓正在观察你，想要知道你继承了什么好的政策。因此，你到了封地之后，要多方探寻殷商先王治理国家的好方针，向殷商有德行的人学习德政，认真听取他们的意见。另外，还要经常学习古代圣贤的治国之道，让封地的人民都臣服于你，这样你的国家就会受到上天的庇佑。如果你能继承先王的德政，也就不负周王室对你的期望了。

"我的弟弟封呀，你治理国家可一定要勤奋呀，上天只帮助心诚的人。殷商的贵族，你可以很轻松地了解，但当地的百姓就很难了解了。你去了封地之后，要尽心尽力地考擦民情，不要好逸恶劳，这样才能管好百姓。我听说：怨恨无所谓大小，让不顺从的人顺从，让不努力的人努力，这就好了。你现在年纪轻轻，就接受任命去治理封地的分民，也是帮助周王室完成上天的使命了。

"我的弟弟封呀，你去了封地之后，要认真地对待各种刑罚。一个人若犯了小小的过错，如果是故意的，而且屡教不改，那么不管他的罪过多么小，也要杀掉。一个人犯了大的过错，但若只是无心之过，并且愿意坦白，这样的罪人就不要轻易杀掉。

"我的弟弟封呀，你去了封地之后，刑罚制度要条理清楚，这样才会让百姓臣服于你。百姓之间会互相监督，互相勤勉。正如治病一样，你要想办法让百姓远离罪恶。治理国家。就像抚养一个婴儿一样，要考虑怎样才能让百姓得到庇佑。你要记住，你不责令杀人，就不会有人杀人，你不下令施行割鼻削耳的酷刑，就没有人受到这样的刑罚。处理罪犯，一定要把握好尺度，这样国家才能稳定、兴盛。如果准备囚禁犯人，在下决定之后，要考虑五六天，甚至十几天才能做决定。在实施刑法的时候，你可以采用殷商合理的地方，不要按照自己的意思进行刑罚。如果一切都按照自己的意思随心所欲地处罚凡人，你自以为一切都井井有条了，其实并不是如此。啊！你这个家伙，我说的这些话也许你不爱打听，但你应该明白我的心意。凡是百姓自己犯罪的，做出偷盗、抢劫、为非作歹、杀人越货的行为，人神共愤，你就应当给予严惩！

"封呀！作恶固然可恨，但更可恨的是对父母不孝，对兄弟不悌。儿子不愿意孝顺父亲，让父亲伤心；父亲不疼爱儿子，儿子会受到伤害；做弟弟的不恭敬自己的哥哥，是为违反人伦；做哥哥的对弟弟不友善，是不正直。如果一个人违反了上面其中一条尚且没有得到惩罚，那么上天赋予我们的人伦纲常就会丧失，国家便会陷入混乱。因此，你要根据文王所指定的刑罚制度，对违反纲常的人给予重罚！

"不顺从的人自然要受到惩罚，那些在诸侯国做过庶子、训人、正人、小臣、诸节

的人如果不顺从，更应受到惩罚。他们不但自己违反法度，他们的身份地位还会在百姓中造成不好的影响。他们既不做好本职工作，又起不到表率作用，容易让百姓心生不满，危害自己的国君。因此，你应当根据文王的德政，迅速制定出一套刑罚办法，追捕和诛杀这些引人作恶的人。还有那些在东方做过国君和首领的人，如果他们虐待自己的家臣、正人，骑在他们头上作威作福，这也严重违反了君王的旨意，单纯利用仁德已经无法感化他们了，必须根据法律严惩。

"你自己也要认真对待法律政治，按照文王的刑罚制度约束自己，如果你能对自己的百姓说：'我要赶上文王的治国水平！'那我就没有别的希望了。

"封呀，你去了封地之后要想怎样让百姓过上好生活。你可以回顾殷商先王治理国家的办法，将百姓的幸福安康当做自己的施政目标。如果你的百姓没有过上富裕安定的说话，那么你就没有建立清明的政治。

"封啊，我考虑了一下，你可能会想不到借鉴殷商的统治经验，因此才让你施行德政和刑罚。现在在你的封地中，也许还会有人蠢蠢欲动，民心不稳，我曾多次劝导，但仍有些殷商余孽不肯臣服于我们周国。如果真的是上天在惩罚我，那我也没什么好说的。这些人的罪过，无论大小，都要赶紧解决。

"你要好好治理国家，不要抱怨，不要使用错误的方法治国，也不要辜负周王室的心意，在东方安心治理国家。平常多反思，处事要有远虑，让国家的财政充足。如果百姓们都富裕了，就不会与你作对了。努力吧！你这个家伙。你要知道，上天的旨意不是固定不变的，不要让天命在你的手中断送。要清楚你此行的职责和使命，广泛听取各方意见，治理好你的封地。

"封，上任去吧！一切小心谨慎，不要疏忽大意，记得我对你的告诫，你就可以让世世代代的殷商百姓臣服于你了。"

以上是《康诰》中的内容，后来周公又作《酒诰》告诫封。他说：

"封呀！过去辅佐我们的西方诸侯国国君及他们官吏和子孙都能接受文王的教诲不酗酒，因此今天我们周国才能接受天命却倒殷商。我听人说，过去殷商的先王曾经告诫他们的百姓：要畏惧天威，注意修身养性，以智慧治理国家，因此从成汤到帝乙，殷商的诸位君王都能成就王业，那些官员也都能严格要求自己辅佐君王，没有一个人敢放纵玩乐，更别提酗酒了，他们的各级官吏，也没有一个人沉迷于酒色的。不是他们不敢饮酒，而是因为他们忙着治理国家，根本就没有时间饮酒作乐。我还听说，到了殷纣王时，纣王放纵酒色，政令因而无法在全国推行，但他对百姓关于他的抱怨却一点也不在意，更别提修改政令了。正是因为他违背了法度而沉湎于酒色，贪图享乐丧失权威，殷商贵族没有一个不痛恨他的。但他依旧不知悔改，反而做出更多歹毒和残忍之事，人们在殷商看不到半点施行仁政和祭祀的现象，百姓们怨声载道，贵族们却饮酒作乐，因此上天放弃了殷商，不再庇佑殷商。因此，殷商的灭亡，不是上天对人不公，而是殷商的君王和臣民自取灭亡。

"封呀！我现在告诫你，古人云：'人不仅要以水为镜，还要以人为镜。'殷商因为饮酒作乐、贪图享受失去了国家，我们不应该从他们灭亡的教训中吸取一些经验吗？你一定要将这些告诉给你封地的大臣和各级官吏，让一切法度都得到井然有序地执行，各级官吏都要尽到自己应尽的职责。

"具体来说，你要在全国下达戒酒令。如果有人向你报告说，有人在聚众饮酒，你要将他们抓起来，送到都城，我会将他们全部杀死！如果是殷商的遗民在聚众饮酒，先不要杀他们，你要先训斥他们、教导他们，如果他们仍然不听从你的政令，那么你就不要客气了，抓起来，送过来，格杀勿论。封，你一定要牢记我的这个告诫，不要让你封地的人饮酒作乐。"

以上是《酒诰》的内容，后来周公又作《梓材》劝告封。他说：

"封呀，你去了封地之后，一定让你的大臣查明殷商旧臣的情况，然后报告给你，确保自己对他们的情况了如指掌。如果能坚持这么做下去，你就会找到能启发你的人；你的司徒、司马、司空在管理百姓的时候，也会自豪地说自己没有滥杀无辜。对于殷商的各级官吏，你上任之后的第一件事，就是去慰劳他们。过去那些做了坏事的殷商遗民，你去了之后要给予赦免。

"国家设置监国，其目的是为了更好地管理百姓。因此你要对监国说：'不要迫害黎民百姓。'对于鳏寡孤独者，要给他们提供基本的生活保障。对于诸侯及百官，你要教导他们考虑怎样更好地造福百姓这个问题，如此才能确保国家的长治久安。

"这就好比种地，必须先整治田地，修造疆界和沟渠；又像盖房子，必须先要建好墙壁，涂饰好墙壁，装好屋顶；又像制作木器具，削好之后，要涂刷颜料。我总是想，先王有那么大的功业，与他的德政分不开。如今你也要实行德政，安抚远方的殷商遗民，使他们感受先王的德政并臣服于你。你只有以这样的心态管理百姓，我们周王室的美名才能远扬，周国的子子孙孙才会永久地拥有天下！"

## 周公还政

洛邑建成之后，周公向周成王辞行，他先跪下行礼，然后才说："现在我将政务还给您，您要是不接受上天的使命继承王位，我就辅佐您治理东方的领土。现在您还是登上王位，做大周英明的天子吧！

"乙卯日早晨我到了洛邑，在黄河北岸的黎水占卜，在涧水的东岸和瀍水的西岸占卜，三次占卜结果，只有在黎水边的占卜结果吉利。现在，我派人回来将规划图和占卜结果呈报给您。"

成王对周公还了大礼，然后赞道："你恭顺天命，到洛邑查看新的都城，我认为它与周王室很匹配，很好。您确定的城址，并派使者呈报给我看，很吉祥。现在让我们一起分享这个成果吧，你用亿万年的基业来报答上天的美意，我应行大礼感谢你的教诲和努力。"

周公忙说:"大王您第一次根据殷商的礼仪在新的都城举行盛大的祭祀仪式,一切都应当遵循原来的章程,不要加入繁文缛节。我会交代群臣,让他们跟着您去。我会对他们说:'大王有要事要做。'大王这时候就可以发布命令说:'现在记录下群臣的功劳,将来祭祀宗庙的时候,就以大家功劳的大小做为是否有资格参加重大祭祀的标志。'然后您就对我下命令:'你接受新的授命,辅佐天子,你要负责查看他们的功劳簿。'然后您可以亲自教导众大臣哪些事不能做,这样,小人就不敢作乱了。如果有人作乱不听从您的命令,您就让他们离开祭祀,不要让他们像火焰一样蠢蠢欲动。否则他们容易被人效仿,以后就很难杜绝这种坏现象了。您要让所有官员都遵守法令制度,让他们在处理政事的时候要像我一样。然后您带领所有官员前往新都,接见当地的官员,要求他们认真管理百姓。如果所有的官员都能做好自己的本职工作,那么您的王业就会传至千秋万代!

"现在大王您的年纪还小,应该考虑考虑将来的事。您要考虑各诸侯国对朝廷的朝奉情况,看他们是否有人没有朝奉。诸侯的朝奉,应该大于朝廷给予他们的待遇,如果朝奉与待遇相等,那跟没有朝奉一样。因此您要多加留心,如果您不加强这一点,他们就会不朝奉,到时候诸侯朝贡就会出现混乱,诸侯国就会轻视周天子您。因此,您上任之后一定要颁布诸侯国的朝奉政令,将这件事规范起来,以后我是没有时间管这些了。

"我将怎样让百姓富裕的办法传授给您,你要认真管理百姓,否则难以长久地统治天下。以后您寻找官员,要让他们像我一样认真做事,不要忽视了天子的政令。您到了新的都城之后,要认真处理一切政务。我会努力发展生产,致力于农业生产,让我们的百姓都富裕起来,这样不论多么遥远的部落,听到您的威名都会臣服于您。"

周成王对周公说:"周公啊,我希望你能为我这个小孩子护驾,你也来新都吧!你继承了先王的仁德,能帮助我发扬光大先王的功业,能帮助我完成上天赐予周王室的使命,能帮助我管理天下的百姓。你还教导我在全国实施利益,教导我怎样高效地祭祀。你的德行光照天下,你的政策恩泽四方,因为这些,天下人都能和平共处,远离迷茫和混乱。你以文王和武王的事例来告诫我,这些我都会铭记在心的。啊!周公,你的职责就是教导我,请不要拒绝我的要求。

"周公啊,我现在就打算立刻从洛邑回到宗周,想要将你留下来。因为治理天下的工作还没有完成,宗庙礼仪还没有完全确定下来,这些都是你的工作,你还要监督我的士大夫、军队和各级官吏,教导他们变成我得力的左、右手。你留下来吧!留下来帮助我执行政令,帮助我推行德政。你不要让我一个人面对这一切。还有刑罚制度,也需要你亲自执行,我们周王室还要靠它维护世代的统治。"

对于成王的极力挽留,周公行了一个大礼,然后说:"大王您命我到洛邑承担辅政及光大先王事业的使命,我郑重接受。大王到洛邑巡查新都,颁发典章制度,赏赐殷商的顺民,制定新的法度。这些都是强大周国的重要举措。但您要学会谦恭,这样以洛邑为中心的天下臣民,才会和乐安康。我率领群臣光大您的功业,以此来报答洛邑的百姓。

"要想使周国强盛起来，首要您要学会讲信誉。您依照我告诉您的方法管理国家，就可以宣扬文王遗传下来的功德。从前使者曾经前来慰劳殷商的臣民，也慰劳了我。我说：'祭祀，拜行大礼，让神灵好好享用。'我不敢留下他们慰劳给我的礼物，将它们献给了文王和武王的在天之灵。如果大王也能给予殷商遗民施恩惠，民心所向，连殷商遗民都享受了您的恩德，国家就会不生动乱。殷商的遗民也会世世代代教育自己的子孙，让您的德行世世代代传递下去，他们的后代子孙都履行了文王和武王的德行，会永远怀念您对他们的仁德。"

戊辰这天，成王在新都举行了祭祀，给文王、武王分别献祭了一头红牛。然后，成王吩咐史官向神灵造册，报告周公在新都管理政事的情况。各级官吏及诸侯在成王祭祀的时候，都严格遵循成王的法令，帮助成王完成祭祀。成王后来到大堂祭祀，周公被继续留在洛邑辅政。

## 蔡仲之命

周公担任太宰统领百官时，他的弟弟散布他的流言。于是周公杀了管叔，囚禁了蔡叔，用七辆车将蔡叔送到郭邻。同时他还将霍叔降为庶人，声明周王室三年之内不会录用他。

蔡叔的儿子姬胡（即蔡仲）是一个重视德行的人，后来周公就将他提拔为卿士。蔡叔死了，周公告诉成王，姬胡是一个可以重用的人才，成王便将给了蔡仲一个封地。

成王对蔡仲说："年轻的姬胡，你继承了我们先祖的德行，改变了你父亲的行为，恪守为臣之道，所以我将东边的领土封给你，你去做诸侯吧！你到了封地之后，要谨慎行事呀！对于前人的罪过，要掩盖，避免光大，这才至忠至孝的行为。你还要勉励自己，勤政为民，让你的后代以你为榜样。你还要遵循祖父文王的教诲，不要学你的父亲做出违背天命的事！

"上天没有要亲疏的人，只辅助那些有德行的人。百姓心中没有恒定的国王，只爱戴有仁爱之心的君主。你要多行善事，虽然每种善事是不相同的，但都能达到安抚人心、稳定政局的局面。作恶事虽然也是不相同的，但都会导致动乱。你要以此为戒！

"你要谨慎地对待事物的出发状态，考虑它最终的结局，这样可以避免困窘。如果你不事先考虑可能会遇到的困境，则之后会陷入困穷。你为政要勤勉，对待自己的四邻要和善，让兄弟之邦感到和谐，让百姓感到安心，最终起到保护周王室的作用。你要遵循以往的法度，不要擅自扰乱纲常。你要审视你的视听，避免偏听、偏信改变法度。你能做到这些，我就心满意足了。"

最后，成王对蔡仲说："去吧！年轻的姬胡！去你的封地上任吧！不要忘记我的告诫。"

# 顾命

成王病危，他招来召公、毕公及各诸侯辅佐儿子康王，因此作文《顾命》。

四月，新月才刚刚升上天空，成王就病重了。甲子这一天，成王洗干净头发和脸庞，命人为他穿上朝服，带上王冠，依靠着玉几坐下。然后，他命人召见太保奭公、芮伯、彤伯、毕公、卫侯、毛公、师氏、虎臣、百尹、御事等官员，交代他们后事。

成王说："唉！我的病越来越严重，病情在日益恶化，恐怕我要死了。我担心死后继承人的问题没有搞清楚，因此现在就跟大家讨论一下这件事。

"我们先前的君王，文王、武王都是有德行的人，他们为我们制定了礼法，施行了教化制度，谦恭地对待天命，因为打败了殷商，成就一番事业。他们之后，我小心地侍奉着上天，继承文王、武王的法度，遵守他们的教诲和高洁，不敢做出任何愈礼的行为。现在上天为我降下疾病，我恐怕不能活多久了。希望你们认真听我的话，保护我的太子钊登基，帮助他顺利应对新王登基时的困境。同时安抚好百姓的情绪，交接远方的氏族，劝勉各诸侯国维持安定。我觉得，人有时候会自己变得昏庸起来，做出违背礼法的事，因此你们要监督钊，不要让他做出违反法度、违背道义的事，将自己弄到无法收拾的境地。"

大臣们接受了成王的遗命，整理整理自己的衣服，退了出来。第二天，成王就去世了。

太保奭公任命仲桓、南宫毛俾各拿一把干戈，带领一百名专门守卫王宫的士兵，与齐侯一起到王宫的南门，迎接太子姬钊，将他迎入宫殿，安置在侧室住下来，同时负责主持成王的丧事。隔了一天，太保奭公命令人制定文书，安排好成王的丧事。

到了第七天，即癸酉日，总司仪命人准备好丧事用的器具；乐官命人准备好黑白相间的花纹、屏风、帷帐；朝南的窗户铺设了边缘为黑白相间的双层竹席和五彩矮几；朝东的西墙上铺设了双层细席和绘有贝文的矮几；朝西的东墙上铺设了双层的浦席和玉雕矮几；朝南的西夹方铺设了双层马尾包边的青竹席和漆制矮几；西墙下放着越国生产的玉器及朝贡的宝物；东墙下放着大宝石、夷玉、天球、河图；西夹房中放着胤地的舞衣、大贝、鼖鼓，在西房、东夹房里放着兑地的戈、和地的弓、垂地的竹矢；正殿西面台阶下面放着大辂车；正殿东面台阶下放着缀辂车；左侧堂屋前放着先辂车；右侧堂屋前放着其他辂车。

两名卫士头戴雀形皮帽，手持三棱矛枪站在正门旁；四名卫士头戴皮帽，手持长戈站在台阶两旁；一名卫士头戴礼帽，手持斧钺站在大堂东面；一名卫士头戴礼帽，手持戣站在大堂西面；一名卫士头戴礼帽，手持锐站立在侧阶上。

新国王头戴麻制的帽子，下身穿黑白相间的衣服，从台阶的西侧走向大堂。卿和诸侯头戴麻制的帽子，下身穿着黑色的衣服，各自站在自己的位置上；三公头戴麻制的帽子，下身穿着红色的衣服。其中太保捧着玉圭，太宗捧着玉瑁，太史捧着简册，他们三人由西面登汤，面向新国王宣读简册。

简册曰："君王依靠着玉几坐下，向我们宣布了他的遗命，命您继承他的王位。从此您就要君临天下，要遵循周国的法度，安邦定国，以此报答文王、武王赐予您的告诫！"

新君王面对册封书简叩拜了两次，才站起来说："我微不足道，怎能治理天下，侍奉上天呢？"他接受了玉圭和玉瑁，然后向前慢慢行了三步，祭拜成王三次，然后又退步三步。

太宗高声喊道："飨！"于是太保接受，走下台阶去洗手，用另一只秉璋当做酒器，装满酒，答谢。然后将酒器交给宗人，再向新君王行礼，新君王回礼。然后太保再次接过酒器，盛满酒，祭祀成王，然后退下。宗人再次接过酒器，再次向新君王行礼，新君王再次答谢。太保也退下了。自此，新君继位的礼仪已经完成了，诸侯们走出祭祀场所，候在庙门之外等候。

## 康王之诰

康王即位成为周天子之后，随即向诸侯发布诰令，因此作文《康王之诰》。

康王走出祭祀的庙门，来到王宫的正门之内。此时，太保正带领西方的诸侯走到王宫正门的左边，毕公正带领东方的诸侯走到王宫正门的右边，所有的诸侯都身穿着黄朱色的衣服。

司仪官大声喊道："捧玉圭和礼物！"

诸侯齐声回应道："一两个王室的护卫向王奉献特产！"接着连着拜了两个大礼，康王都给予他们回礼。

太保与芮伯一起走向前，相对作揖了之后，再面向康王行了两次大礼，说："我等斗胆告诫天子，上天取消了殷商的天命，改将天命赏赐给我们的文王、武王，我们的先王接受上天的指示之后安抚了西方。刚刚升天的成王制定了严明的赏罚制度，因此能光大文王和武王的事业，能为子孙后代留下较好的基业。大王您要认真对待这份基业，您要记得扩充我们的六军，不要坏了文王的天命啊！"

康王回到道："各位邦国的诸侯们，各位大臣，现在君王钊我正式昭告天下：先前的文王和武王，他们为大家创造了很多财富，在全国公平施行刑罚制度，安邦定国，取信于百姓，因而能在天下赢得仁德的美名。他们同时还有英勇如熊罴的士兵、忠心耿耿的大臣，借助他们的力量保卫我们周王室，因此我才能顺利地接受上天的天命。上天也会顺从他们的统治方法，把天下四方交给我们这些后代，并让我们建立起诸侯，建立起护卫，照顾我们的后代。希望伯父您能够照顾我，希望你们能像你们的祖先曾经辅佐过先王那样辅佐我。虽然现在你们都在自己的封地，但是心思不要远离周王室，

要时刻记得侍奉你们的君王，不要让我这个小子感到羞辱！"

诸侯听完康王的诰命之后，互相行礼，然后小步快走，退下去。康王脱掉王冠，再次换上丧服。

## 毕命

康王命人做简册，之后作文《毕命》。

康王十二年六月庚午，新月开始生明发光。第三天是壬申日，康王一早起来，就从镐京赶到丰邑，命太师毕公将成周的百姓安置在东郊。

康王说："啊！父师！文王和武王的德行遍布天下，因此我们才能承接殷商的天命，取代殷商的君王。周公曾经辅助先王安邦定国，告诫殷商的遗民，让他们迁徙到洛邑，接近周王室，他们因此被周公的训诫给感化了。自从他们迁徙以来，现在已经过了三百年了，世易时移，他们的风土人情也变化了。现在天下太平，没有诱惑，我感到很放心。然治道有起有落，政教也要随着风俗做出改革。若我们不能重用贤能之人，人民也就没有劝勉和仰慕的对象。父师您的德行天下人都知道，您不但能在小事上勤勤勉勉，而且辅佐过四代君王，能严肃公正地带领下属，他们没有不敬重您的。您的德行如此美好，先王因此很重视您，我小子只不过是垂衣拱手仰仗着您的成功罢了！"

康王又说："啊！父师！现在我将周公的重担交付给您，您前往就任吧！您到了那里之后，应当鉴别善恶，奖赏善良的行为，痛恨邪恶的行为，为人们树立一个良好的风气。如果有人不遵循教法和国家的日常法度，您就改变他的井居田界，让他对您产生畏惧和尊敬。您还要重新出郊圻的边境，加固当地的封疆守备，确保四海之内皆安定。注意，施政的可贵之处，在于有恒心；说话的时候，言语要能体现您所要表达的精华，不要以自己的好恶而转移。

"殷商之地的旧俗，喜欢奢靡的生活，喜欢巧辩，这个不良的风气至今没有断绝，父师您要考虑怎样改变这一点啊！我听说：'世世代代都享受禄位的人，一般不遵守礼法。'他们处事放荡，轻慢有德行的人，这种行为实在是背离天道，腐败的风俗，万世都是一样的。如今殷商遗民已经受宠很久了，他们依靠自己的强大，不再重视德行和道义，经常穿着华丽的衣服，过着骄纵的生活，还常常自夸，我相信他们最终不得善终。虽然他们今天已经收敛了放纵任性的习惯，但恐怕他们还是会闹事。如果富足的生活会让他们接受教训，那么他们就可以长久地生存。注重德行，行道义之事，这是天下给我们的训诫。对他们要用古训，否则他们没有顺从的时候。"

最后，康王又说："啊！父师！周国的安危，就看这些殷商遗民表现得怎样了。对他们的教化，应以不刚不柔为宜。开始的时候周公能够谨慎地对待这件事，后来，君臣能让他们彼此和谐起来。现在，我相信父师您一定能成功地做到这一点。你们三个人合力教化殷商遗民，让我们的德行和法度在他们那里得到普遍的发挥，就有助于理顺政事，进而起到润泽万民的作用，天下四方的百姓也会受到恩惠，我小子也会因此万古流芳。父师您应当治理好成周，为周国建立无穷的基业，您也会因此拥有无穷的盛名。后代子孙按照我们这些已经制定好的办法行事，天下就会安定下来。您不要说自己做不到这一点，您要尽您最大的努力，不要因为百姓少就不努力管理，还是应当谨慎行事。请您认真治理好先王的功业，做出比前人更好的成绩吧！"

## 君牙

周穆王将君牙封为大司徒，因此作文《君牙》。

穆王说："啊！君牙，你的祖父和父亲，代代都是纯厚忠正之人，他们为周王室的兴盛作出了重大的贡献，这些都记载在画有日月的旗子上。我小子继承了文王、武王、成王、康王的基业，也想像先王一样，获得辅助我治理天下的贤臣。我自己责任重大，但才能却有限，为此我昼夜忧虑不安，那种感觉好像踩着老虎的尾巴，好像走在春天的薄冰上。

"现在，我命令你辅佐我，充当我的心腹大臣。你要继续先前你的工作态度，不要连累了你祖先的名声。你要向天下传达五常的教育，要将使人们和谐为自己的使命。你自己处事端正的话，人们不敢不端正，人们心中是没有一个恒定标准的，你的所作所为就是他们的标准。

"夏天炎热多雨，人民就会抱怨；冬天太冷，人民也会抱怨。由此看来，管理人民是一件非常困难的事。你在施政的时候，要想到他们的困难，多想一些好的办法，让人民过上幸福的生活，民心才会安定。

"啊！光明的是我们文王的谋略！一脉相承的是我们武王的功业。他们的做法可以启发我们这些后来者，他们的德行也会庇佑我们这些后来者，让我们都有法可依，以正道管理国家。你当坚持不懈向人民宣传你的教化，让他们恭顺我们的先王。你要报答文王和武王的教导，努力追求他们的业绩，争取做出比前人更大的成绩。"

最后，穆王说道："君牙！你应当奉行先王公正的典章制度，能否成功治乱，就看你的了。你应当效仿你的祖父，辅佐你的君王，帮助我管理好天下。"

## 文侯之命

周幽王荒淫无道，宠爱褒姒，废掉申后和太子宜臼，立褒姒的为后，立褒姒的儿子伯服为太子，引起天下诸侯的不满。申后的父亲申侯联合犬戎杀掉幽王，拥立宜臼为王，这就是周平王。后来周平王遇到叛乱，晋文侯、郑武公等辅佐周平王平定了叛

乱。周文王奖赏了晋文侯的功绩，史官因此作文《文侯之命》。

周平王说："族父义和啊！光明的文王和武王，他们重视德行，他们的德行可上达上天，在下能传播四海，上天因为文王、武王降下福命。从前的诸侯、公卿大夫都能很好地辅佐他们的君王，对于君王的大小号令，没有不遵从的，因此先王都能安然处在君位。

"现在，我这个不幸的年轻人继承了王位，却遭到了上天的惩罚。我们有福利恩德赏赐给百姓，很多人都侵犯我的国家。现在我的众位大臣，没有德高望重的人长期在位，得不到有利的辅佐，我担心自己真的不能胜任君王的位置。我考虑着，也许祖辈和父辈所封得那些诸侯国君会辅助我，会照顾我，现在看来，果然如此，文侯您果然不负所望，让我能长久安定地处在王位上。

"族父义和啊！您的功德已经光耀门，使你们的显祖唐叔都感到无上光荣。您努力驾驭文武百官，汇合各路诸侯，让君王得到了延续，让文王和武王的功业得到继续光大。您真好啊，在我最困难的时候帮助了我，像您这样的功劳，我非常欣赏。

"族父义和啊！现在您回去继续治理您的臣民吧，继续安定您的国家：我赐给您一卣黑黍香酒；一张红色的弓，一百支红色的箭；一张黑色的弓，一百支黑色的箭；四匹马。您带着这些荣耀回去吧！回去安抚远方。要记得亲善你的近邻诸侯，爱护您的百姓，不要荒废了政事，不要贪图安逸的生活，勤勉治理您的国家，让天下百姓都看到您的德行。"

# 《诗经》故事

## 燕燕

庄姜是齐国的公主,嫁给卫国国君卫庄公为妻。她出身高贵,外貌美丽,又是一位很有才华的诗人,又嫁给一位国君,所以出嫁的时候很风光。美中不足的是,她嫁人之后,一直没有生育,因而受到卫庄公的冷落,生活得并不快乐。

卫庄公后来又娶了陈国的女子厉妫及厉妫的妹妹戴妫。戴妫生了两个儿子,公子完和公子晋。公子完后来被立为太子,庄姜很照顾太子。

后来卫庄公又娶了尚武。尚武不但长得漂亮,而且很有谋略,经常与卫庄公谈论时局,因而很受卫庄公喜爱。尚武为卫庄公生了一个儿子,名字叫卫州吁。卫州吁仗着母亲受宠,非常自大。而公子完虽然贵为太子,因为母亲和庄姜不得宠的缘故,也不被卫庄公所喜爱,这就助长了卫州吁的野心。

卫庄公死后,太子即位,是为卫桓公。不久,不甘心的卫州吁诱杀了卫桓公,自己即位当上国君。卫桓公的母亲戴妫因此受到连累,不能再在卫国待下去。庄姜由于是齐国的公主,卫州吁不敢对她怎样,于是庄姜就继续留在卫国。于是,庄姜身为国母,将戴妫送到她的娘家。

在送行时,庄姜难掩离别之情,作诗《燕燕》,诗曰:

燕燕于飞,差池其羽。之子于归,远送于野。瞻望弗及,泣涕如雨。

燕燕于飞,颉之颃之。之子于归,远于将之。瞻望弗及,伫立以泣。

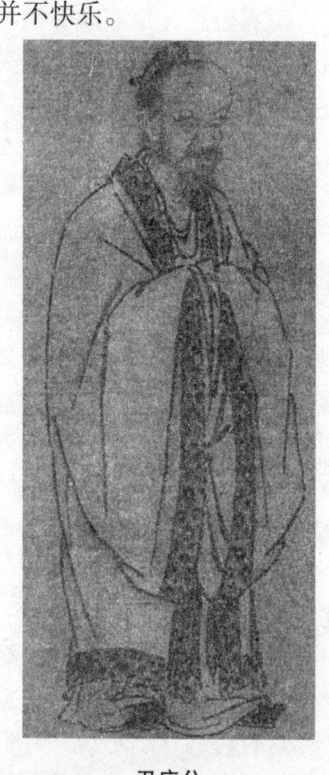

卫庄公

燕燕于飞,下上其音。之子于归,远送于南。瞻望弗及,实劳我心。

仲氏任只,其心塞渊。终温且惠,淑慎其身。先君之思,以勖寡人。

意思是说:燕子在天上飞,参差着舒展着它们的羽毛。妹妹今天你要走了,我将你送到郊外的路边。远远望去看不见你的人影,我禁不住泪雨纷飞。燕子在天上飞着,

它们的身影忽上忽下。妹妹今年要走了，我送别你总觉得路不够长。远远望去看不到你的人影，我禁不住泪流满面。燕子在天上飞着，它们呢喃着、低唱着。妹妹你今天要走了，我向南方远远地送别你。远远望去看不见你的身影，心中实在北上难过。二妹妹做事稳当，思虑较远，温柔又恭顺。你要常常想着先王，不要让他挂念。

全诗行文悲切，抒情优美，令人感动。由于将戴妫暂时送走是石蜡和庄姜的计谋，目的是为了麻痹卫州吁。后来州吁被杀，戴妫和她的儿子晋被重新迎回卫国，晋被立为宣公。宣公跟庄姜团聚的时候知道了这首诗，很感动，于是这首诗很快流传开来。

## 二子乘舟

卫宣公是一个寡廉鲜耻的人，他还没有继位的时候，就与庶母夷姜私通。他即位后，将夷姜封为夫人，将夷姜的儿子急子封为太子。

急子到了成婚的年龄了，大臣尾为他安排了一桩婚事，未婚妻是齐僖公的女儿宣姜。卫宣公听说未来的儿媳妇很漂亮，就起了歹意，于是以为太子建造别院的借口，在新台建造了一所豪华的宫殿。急子娶妻那天，卫宣公将宣姜直接接到新台，自己也住到新台，自己娶了宣姜。而对于急子，却为他安排了另一名女子。国人都为卫宣公感到羞耻，于是作诗《新台》来讽刺他。

转眼间，宣姜已经在的卫国待了好多年了，她先后为卫宣公生了两个儿子，公子朔和公子寿。卫宣公因为曾经夺取急子之妻的缘故，自知理亏，因此对太子急子也不再疼爱，反而爱屋及乌，很宠爱宣姜所生的朔和寿。

寿和朔长大之后，公子寿是一位谦谦君子，对急子犹如亲生哥哥，公子朔却是一位阴险小人，不但对急子不好，而且还妄想夺取急子的太子之位，甚至想要通过阴谋害死他。后来，经过种种变故，急子被废除太子之位，被卫宣公和朔联合设计陷害。公子寿因为袒护急子的缘故，也被杀。卫国人为痛失两个贤德的公子而悲伤，因此作此诗怀念两人。诗曰：

二子乘舟，泛泛其景。愿言思子，中心养养！
二子乘舟，泛泛其逝。愿言思子，不瑕有害？

这首诗的意思是说：你们两个乘船走了，船儿飘远。我是多么思念你们啊，心中的情意无法消失。你俩乘船走了，船儿的身影渐渐也淹没了。我是多么思念你们呀，但愿你们不会遭遇什么灾难！

## 相鼠

卫国王室出了很多违背礼仪和道德的事，除了卫州吁弑君自立、卫宣公强娶太子之妻、宣公与宣姜联手陷害太子急子，还有两件令国人不齿的事件。

太子急子和公子寿被害后，公子朔理所当然地继承了王位，他就是卫惠公。由于从前太子急子为人宽厚，在朝野之内有很大的影响，所以他死后，他的支持者不满卫惠公的所作所为，就联合一些旧臣，将卫惠公赶走。卫惠公逃到齐国，请齐襄公帮助自己复国。齐襄公联合鲁、宋、陈、蔡等国伐卫，成功帮卫惠公复国。但齐国又担心卫国从此不再臣服自己，于是让卫宣姜与公子朔的庶兄公子顽结为夫妇。卫惠公虽然觉得母亲与异母弟弟结婚有违人伦，但为了自己能稳坐宝座，也答应了。卫国的百姓本来就不满宣姜淫乱后宫及急子被杀的事，因此对王室这桩肮脏的交易更痛恨。

卫惠公死后，他的儿子赤继位，这就是卫懿公。比起他的父亲，卫懿公更让国人痛恨。这个国君有一个特殊的嗜好：爱好养鹤。无论是王宫大殿，还是朝歌西北鹤岭，还是东南鹤城，均养着很多鹤。更荒唐的是，卫懿公还为这些鹤设立了品位俸禄：长得好的鹤，拥有大夫的俸禄；稍微次一些的鹤，拥有士族的俸禄。这引起了朝中大臣的不满，但卫懿公依然我行我素，只要外出，必带着鹤跟自己一起，他自称自己是"鹤"将军。如果有人投其所好，给卫懿公进贡鹤，卫懿公还有重赏。总之，他好鹤成瘾，不但浪费很多钱财豢养这些鹤，还不理朝政，不管人民的死活，人们怨声载道。后来，北方翟人攻打卫国，卫国发兵抵抗，大臣们都说："大王你喜欢鹤，就让鹤抵抗吧。"或者说："鹤享有高官厚禄，我们的地位不及它们，怎么能代替它们打仗呢！"卫懿公无奈，只好带领自己小部分亲兵抵抗，结果兵败被杀，卫国的国土全部沦陷。幸好许穆夫人多方奔走，齐国才答应出兵帮助卫国复国，不过卫国从此由一个大国沦落为一个诸侯小国。

由此可见，卫国王室从来都不缺少违反人伦、违反道义的事，卫国的百姓对王室这种见不得人的勾当十分痛恨，因此咬牙切齿地指责他们，还作诗讽刺他们。诗曰：

相鼠有皮，人而无仪！人而无仪，不死何为？
相鼠有齿，人而无止！人而无止，不死何俟？
相鼠有体，人而无礼，人而无礼！胡不遄死？

意思是说：老鼠尚且还有一张皮呢，做人怎么能失去威仪！人若失去威仪，还不如立刻死去！老鼠尚且还有牙齿，做人怎能没有廉耻！人若失去廉耻，不死还待何时！老鼠尚且还有肢体，做人怎能没有礼仪！人若失去礼仪，还不如赶快断气！

由此可见卫国人对王室的痛恨，指责他们还不如老鼠，诅咒他们赶紧灭亡。

## 载驰

公元前660，狄人伐卫，卫国国君卫懿公喜欢鹤，不务正业，卫国在他的治理下国势很弱，卫军被翟人打败，卫国被翟人占领。

卫国国君向来昏庸无道，不得人心，因此也没有诸侯国愿意伸出援手。这时候，一位巾帼英雄站了出来，她就是许穆夫人。许穆夫人是卫公子顽和宣姜的女儿，即卫惠公同父异母的弟弟顽和卫惠公的母亲的女儿，这位乱伦生下来的女儿，却不同于他们的父辈，是一个很有骨气的女人。

卫国是一个中等诸侯国，原本有一定的国际地位。但由于卫国王室总出现一些违反道义的事，国家日趋衰落。许穆夫人从少女时代就在为祖国的明天担忧，总想为国家做一些力所能及的事情。

由于许穆夫人生得美貌，又是一位诗人，可谓才貌双全，所以在国际上很有名气。她到了适婚年龄时，许国国君和齐国国君都派来使者求婚。许穆夫人从国家利益出发，原本想要答应齐国国君的求婚，因为齐国比较强大，离卫国也近，将来万一卫国发生危难，齐国还可以出兵援助，但许穆夫人的父母，因为贪图许国国君送来的厚礼，坚持将她许配到偏远又弱小的许国，她因此成了许国国君许穆公的妻子，人称"许穆夫人"。

后来，许穆夫人听说自己的祖国被翟人占领了，十分着急，连夜赶车到达曹邑。许国大夫从本国利益出发，不准她回娘家救助卫国，因此在她回娘家的路上，半道阻拦他。许穆夫人非常愤怒，她为祖国的危亡而忧心，因此作诗《载驰》。诗曰：

载驰载驱，归唁卫侯。驱马悠悠，言至于漕。大夫跋涉，我心则忧。

既不我嘉，不能旋反。视尔不臧，我思不远。既不我嘉，不能旋济？视尔不臧，我思不閟。

陟彼阿丘，言采其蝱。女子善怀，亦各有行。许人尤之，众稚且狂。

我行其野，芃芃其麦。控于大邦，谁因谁极？大夫君子，无我有尤。百尔所思，不如我所之。

意思是说：架起车轻快地奔驰，回去吊唁卫侯。赶着马车悠悠地走，到达漕邑。许国的大夫长途跋涉而来，我的心中却充满忧愁。既然不赞同我的建议，我又不能就这样返回去。比起你们的用意不良，我怀念祖国难以放弃。既然不赞同我的意见，我也无法返回故里吗？比起你们的用心不良，我可是非常怀念故土的。攀登到山丘上，采摘贝母，回去治疗我的哀伤。女子心怀善意，你们各自有各自的道理。许国人都怪我，实在是狂妄又幼稚的行为。我缓缓行走在田野上，看到陇上密密的麦子。想要去大国陈述我的冤屈，可是又能依靠谁呢？许国的大夫和君子们，不要担忧我。你们考虑上百次，不如我亲自跑一趟。

许穆夫人在《载驰》中痛斥许国人鼠目寸光，表达了自己的热爱祖国、拯救祖国的高尚情操。齐桓公知道这件事之后，念着旧情，立刻派兵救援卫国。与此同时宋国和许国也派人参与了救助，翟人被赶走，卫国复国，此后这个国家又延续了四百多年，这与许穆夫人当年积极奔走是分不开的。

## 硕人

庄姜是齐国的公主。因为齐国是姜子牙的封地，姜就是齐国皇族的姓，由于庄姜后来嫁给卫国国君卫庄公，夫家的名字与娘家的姓组合在一起，便成了她的名字"庄姜"。

庄姜不但出身高贵，而且是一位出了名的美人，所以她出嫁时很风光，以至于人们都作诗称赞她。诗曰：

硕人其颀，衣锦褧衣。齐侯之子，卫侯之妻，东宫之妹，邢侯之姨，谭公维私。

手如柔荑，肤如凝脂，领如蝤蛴，齿如瓠犀，螓首蛾眉，巧笑倩兮，美目盼兮。

硕人敖敖，说于农郊。四牡有骄，朱幩镳镳，翟茀以朝。大夫夙退，无使君劳。

河水洋洋，北流活活。施罛濊濊，鱣鲔发发，葭菼揭揭。庶姜孽孽，庶士有朅。

意思是说：高大白胖的女郎，穿着华丽的棉衣。她是齐侯的公主，也是卫侯的新娘，她是太子的妹妹，也是邢侯的小姨，还是谭公的小姨子。她的手像春荑一样柔嫩，皮肤像凝脂一样白而润，她的脖子像蝤蛴一样优美，牙齿像瓠犀一样齐整，额头丰满，眉毛细长，嫣然一笑，令人动心，秋波一转，摄人心魂。高大细条的女郎，马车停在郊外的农田旁。马车边的四匹车多么雄壮，红绸系在马嚼上，华丽的马车徐徐驶向朝堂。诸位上朝的大夫退出朝堂，不要让君王感到太疲劳。黄河的大水白茫茫，向北流入大海。下水的渔网哗哗地响，鱼儿戏水发出哗哗的声响，两岸的芦苇长又长。陪嫁女郎身材高大，陪嫁男士相貌堂堂。

"巧笑倩兮，美目盼兮"，庄姜的美可谓到了极点。人们不惜笔墨，多方位地描写了她的美好：出身高贵，天生丽质，仪仗隆重，连男侯女侣都像庄姜一样精美。这一切的一切，都让人感到庄姜的美好，都让人记得庄姜出嫁时的风光。

人们之所以怀念庄姜出嫁时的情景，一方面是因为她出嫁时确实风光，另一方面，庄姜出嫁后的命运太过凄惨，所以她美好的一面显得更加珍贵。因为庄姜有生平一大憾事：不能生育，她虽然拥有这么好的个人条件，但却未能为卫庄公生下一男半女，因而后来遭到卫庄公的冷落，生活得并不快乐。加之，卫庄公脾气暴戾，庄姜经常被他欺负。后来，卫庄公又娶了陈国之女厉妫，厉妫所生的儿子死了，于是庄公又娶了厉妫的妹妹戴妫，戴妫帮卫庄公生了两个儿子。再后来，卫庄公又娶了尚武，尚武因为喜欢帮助卫庄公谈论军事，因而得到宠爱，她的儿子卫州吁也因此获宠，庄姜的处境就更悲惨了。

更糟糕的是，卫庄公死后，卫国又发生宫廷政变，庄姜一个孤苦女子，在连环的宫廷谋杀中，悲苦地度过了一生。庄姜是如此美丽，她的所作所为又都符合当时社会的道德规范，但却因为不能生育而拥有这样的人生遭遇，因而人们都非常同情她，《诗经》中好几首诗都与庄姜有关。

# 黍离

周王朝刚刚建立的时候,周王室力量强大,周天子也拥有很大权力。当时的诸侯国也都遵守礼仪,每年都定期朝贺周天子,为其送去本国的物产。到了后来,各诸侯国因为连年征战,彼此之间互相兼并土地,有些诸侯国变得强大起来,如齐国、晋国等,便不再把周天子放在眼里。大家不但不再定期朝贺周天子,如果周天子惹恼了他们,他们可能会联合起来将周天子废了,周厉王就是一个例子。

到了周幽王时,周天子的力量已经衰竭不堪。可叹周幽王不识时务,为人刚愎自用。为了获得美女褒姒一笑,他竟然在烽火台上点燃烽火,将各诸侯国骗过来保卫京都。因为点燃烽火是周朝通知其他诸侯国有敌人入侵的信号,所以各诸侯国看到烽火之后都手忙脚乱地赶来。当诸侯们知道这一切仅仅是为了获得褒姒一笑,纯粹拿烽火一事调戏自己时,非常愤怒,于是当敌人真的来袭京都,周幽王命人点燃烽火时,各诸侯国都不再来救援了。

结果周幽王被敌人杀死,西周灭亡。建立了约250年的西周国都镐京,也被敌人抢光、烧光,昔日强盛的国都,只剩下残垣断壁。新继任的周天子,看到国都已经遭到破坏,况且西边的国土已经被敌人攻占,于是便放弃这个国都,迁往洛邑(今河南洛阳)。

烽火戏诸侯

从此,镐京就真正被人们遗忘了。

一位大夫无意中经过西周都城镐京,看到昔日宗周的城阙宫殿。这里已经没有了京都的繁华,只有黍苗长得正茂盛。物非,人也非,他又想起昔日京都的繁华,忍不住悲从中来,于是作诗抒发自己的心情。诗曰:

彼黍离离,彼稷之苗。行迈靡靡,中心摇摇。知我者谓我心忧,不知我者谓我何求。悠悠苍天!此何人哉?

彼黍离离,彼稷之穗。行迈靡靡,中心如醉。知我者谓我心忧,不知我者谓我何求。悠悠苍天!此何人哉?

彼黍离离,彼稷之实。行迈靡靡,中心如噎。知我者谓我心忧,不知我者谓我何求。悠悠苍天!此何人哉?

意思是说:那边的黍子长得排列整齐,长得非常茂盛,那边的高粱刚刚冒出新苗。

缓缓地走在土地上，心神不安。理解我的人，知道我这是心中忧愁，不理解我的人，问我还有什么寻求的。苍天悠悠！这是一个什么样的人啊！那边的黍子长得排列整齐，长得非常茂盛，那边的高粱已经结穗了。缓缓地走在土地上，心中昏昏然。理解我的人，知道我这是心中忧愁。不理解我的人，问我还有什么寻求的。苍天悠悠！这是一个什么样的人啊？那边的黍子长得排列整齐，长得非常茂盛，那边的高粱已经结果实了。缓缓地走在土地上，心中郁结。理解我的人，知道我这是心中忧愁。不理解我的人，问我还有什么寻求的。苍天悠悠！这是一个什么样的人啊？

"知我者谓我心忧，不知我者谓我何求"又将这种忧愁推到一个更高的境界，因为有些人，根本不知道周王室发生过这些事，忘记历史就等于背叛，因此主人公更感到悲伤，情不自禁地发出"悠悠苍天！此何人哉？"的感慨，颇有陈子昂"念天地之悠悠，独怆然而涕下"的悲壮，此诗因而成为"王风"中的佼佼者。

## 有女同车

北戎攻打齐国。郑国是当时最强大的国家，于是齐僖公派人到郑国"搬救兵"。郑庄公派太子忽领兵前往救齐，在郑国、齐国及其他诸侯国的帮助下，齐国人赶走了戎军，并擒获戎军两个主帅大良和少良。

齐国人为了答谢各国对齐国的帮助，就派人将厚礼送到为齐国驻守边疆的各国军队。分派礼物顺序的重任，被交到齐国的邻居鲁国人手中。鲁国人不知因为什么，将郑国放在最后一个。郑国是大国，太子忽又是一个骄傲的人，他认为攻打北戎自己立下很大的功劳，现在却被最后一个分发礼物，因此十分生气。

齐僖公担心得罪太子忽，就想将自己的女儿嫁给太子忽，但太子忽后来又拒绝了。他说："我对齐国没有功劳，不敢娶齐国的公主。我是奉了国君的命来解救齐国，现在却带着妻子一起回去。这样以战争换来的婚姻，别人会怎么评价我呢？"于是不接受礼物，也不接受齐国的女子，兀自告辞了。

但事实证明，这样贸然拒绝他国的好意，是不理智的，太子忽后来又后悔了。人们根据这件事作了一首诗，诗曰：

有女同车，颜如舜华。将翱将翔，佩玉琼琚。彼美孟姜，洵美且都。

有女同行，颜如舜英。将翱将翔，佩玉将将。彼美孟姜，德音不忘。

意思是说：有位姑娘跟我坐在同一辆马车上，她的脸好像绽放的木槿花。马车不停地奔驰，好像正在飞翔，她佩戴的美玉随着马车的奔驰而晶莹闪亮。这位大姐真是美丽啊，确实名不虚传。有位姑娘跟我同行，她的容颜好像木槿花那样娇嫩。马车不停地奔驰，好像正在飞翔，她佩戴的美玉随着马车的奔驰而发出铿锵的响声。这位大姐真是美丽啊，她的美好永记在我心中。

诗歌中的两段，第一段所写的女子是陈女，第二段所写的女子为齐侯之女。前者是当时著名的美女，后者不仅有美貌，又有德行，这样双方对比，更显得齐侯之女的可贵。本诗通过赞美齐国女子的美貌与德行，表示太子忽其实并不嫌弃她，而是因为有别的原因。还有人说，太子忽原本不知道齐侯之女的美貌与德行，拒绝之后才发现，所以心中懊悔，但已经来不及了，只好作诗"德音不忘"，可谓刻骨铭心。

## 还

齐国国君齐哀公喜欢打猎，猲山周围就是他经常打猎的地方。在他的影响下，齐国人打猎成风，在野兽出没的地方，经常会遇到猎人。人们根据这件事作了一首诗，诗曰：

子之还兮，遭我乎猲之间兮。并驱从两肩兮，揖我谓我儇兮。
子之茂兮，遭我乎猲之道兮。并驱从两牡兮，揖我谓我好兮。
子之昌兮，遭我乎猲之阳兮。并驱从两狼兮，揖我谓我臧兮。

意思是说：你是这么矫健啊，与我相遇到猲挠（齐国山名）。我们两个并驾齐驱追赶两只大兽，你作揖夸奖我身手矫健。你是这样的善于狩猎啊，与我相遇在猲挠山的山道上。我们两个并驾齐驱追赶两个公兽，你作揖夸奖我善于狩猎。你是这么强壮啊，与我相遇在猲挠山的南面。我们两个并驾齐驱追赶两只狼，你作揖夸奖我勇敢。

表面上开来，这是一首两个猎人互相赞誉对方猎技高超的诗，其实却是一首讽刺诗。由于齐哀公经常打猎，不理朝政，荒废了政事，终于导致了惨事的发生。

此时诸侯国的势力已经逐渐强大，不再听命于周天子，而且此时的周天子也没有软弱到不敢吭声的地步。所以诸侯国中如果有谁做了对不起周天子的事，周天子依旧会毫不客气地对付他。

同时，诸侯国之间为了争夺土地明争暗斗。齐哀公由于只顾打猎，不顾政事，纪国国君便趁机偷偷向周天子进谗言，挑拨二人之间的关系。周天子大怒，就将齐哀公传到朝堂，命人将他放在鼎中，到了滚水，下面用火烤着，活活将他煮死了。齐国人虽然恼怒国君不务正业，但他死得这么惨，因此为他感到悲哀，所以他死后称呼他为齐哀公。

## 南山

齐襄公是一个荒淫无道的国君。他的妹妹文姜，因为貌美，齐襄公又终日与妹妹相处，于是就对妹妹产生了不伦之情，发生了乱伦关系。也许他们的父亲齐僖公知道这件事，于是在文姜成年之后，就将她远嫁到鲁国，成了鲁国国君鲁桓公的夫人。

对于妹妹的远嫁，齐襄公也许是很不乐意的。齐僖公死后，齐襄公继位，他一即位，就立刻想办法让妹妹回国。

文姜嫁鲁桓公的第十五年，也就是齐襄公的第三年，齐襄公向周庄王的妹妹周王姬求婚。按照当时的礼仪，齐国要邀请和周天子同姓的鲁国国君来主持婚礼。文姜身为齐襄公的妹妹，已经远嫁，没有必要来参加哥哥的婚礼。但文姜坚持回国，鲁桓公于是不顾大臣反对，让她和自己一起到齐国。

齐襄公看到文姜，又想起过去两人在一起的点点滴滴，于是接着将文姜请到自己的宫殿，以叙旧的名义。当晚齐襄公与文姜又勾搭在一起，文姜留宿宫中未归。第二天，文姜回到驿馆时，鲁桓公知道了她与齐襄公有私情，很恼火，就骂了文姜。

文姜将鲁桓公已经知道他们私情的事告诉了齐襄公，齐襄公担心这件事会引起国际纠纷，况且他也不想妹妹再与鲁桓公在一起。于是，齐襄公设宴款待鲁桓公，借机将他灌醉，然后命公子彭生将鲁桓公送回驿馆，并且嘱托他在送回的路上杀了鲁桓公。彭生照做了。

这件事传开之后，齐国百姓都为自己的国君感到羞耻，于是作诗讽刺齐、鲁两国的国君及文姜。诗曰：

南山崔崔，雄狐绥绥。鲁道有荡，齐子由归。既曰归止，曷又怀止？

葛屦五两，冠绥双止。鲁道有荡，齐子庸止。既曰庸止，曷又从止？

蓺麻如之何？衡从其亩。取妻如之何？必告父母。既曰告止，曷又鞠止？

析薪如之何？匪斧不克。取妻如之何？匪媒不得。既曰得止，曷又极止？

意思是说：南山山势高峻，雄狐缓缓走着寻找配偶。鲁国的大道宽广又平坦，齐国的公主从这里出嫁了。既然已经出嫁，她为何还念念不忘我们齐国的东西呢？她有一双麻葛等制成的单底鞋，有一双帽带垂耳旁。鲁国的大道宽广又平坦，齐国的公主在使用这条路（出嫁）。既然她已经嫁到了鲁国，为什么又听从于他（指齐襄公）呢？想种大麻时怎么办？将土地的陇改变走向。想要娶妻怎么办？必须首先告诉自己的父母。既然已经告诉了父母，（鲁桓公）为什么又放任她？想去砍柴怎么办？没有斧子是没有办法的。想要娶妻怎么办？没有媒人作证是办不到的。既然已经找到了媒人明媒正娶，（鲁桓公）为什么又放纵她回娘家呢？

这首是的前两段是讽刺齐襄公，谴责他不顾礼法，与鲁国夫人、自己的亲妹妹乱伦；后两段是讽刺鲁桓公的昏庸无能，无力管束自己的夫人。全诗因为涉及两国国君，所以叙事的时候非常隐晦，以公狐求偶指代齐襄公，以鞋子、冠绥成双成对的东西暗射齐襄公，以种麻必先整治田垄、砍柴必具刀斧来暗射鲁桓公不知道用礼法来控制事态的发展。

鲁桓公死后，鲁国人大为愤怒，一定要齐襄公给鲁国人一个交代。于是齐襄公就杀死了彭生，当是对鲁国的交代。鲁国人虽然不满意，但也没办法，齐、鲁两国就算结下了仇恨了。此后，文姜频频往来于齐、鲁之间，她的儿子鲁庄公不但接替父亲的主持人身份为齐襄公和周王姬主婚，还默认了母亲和舅舅的不正当关系，并在齐、鲁交界的禚地建立宫舍，方便母亲和舅舅约会。

# 黄鸟

秦穆公是一位有做为的君主，秦国在他统治的时代，国力强盛，秦国统一了今甘肃、宁夏等地，为秦国的崛起奠定了基础，因此被周襄王任命为西方诸侯之伯。秦穆公最大的特点是重视人才，百里奚、蹇叔、丕豹、公孙支等贤臣都是他在位期间的治世能臣。

以百里奚为例，他原本是虞的亡国大夫，虞被晋国亡国。晋献公听说他是一个有才能人，想重用他，但百里奚因为痛恨晋国灭亡了自己的祖国，所以宁死不从，于是就被降为奴隶，成为晋国公主的奴仆。后来，秦、晋联姻，晋献公的大女儿嫁给秦穆公。秦穆公也听说了百里奚的美名，想借此机会获得百里奚。不想百里奚在晋国公主出嫁的时候逃走了。秦穆公一直在打听百里奚的下落，当听说百里奚被楚国抓获在放牧牛羊时，立刻就想派人用重礼将他赎回来。但有大臣劝他说，这样做，楚王就知道百里奚是个人才，一定不会放他走。秦穆公于是就以五张羊皮，以换取奴隶的名义，将百里奚请回秦国。百里奚来到秦国之后，为秦穆公的才干及抱负折服，于是不但答应辅佐他，还为他推荐了蹇叔。秦国在百里奚和蹇叔的辅佐下，果然日益强大。

但秦国的风俗非常迷信而又野蛮，秦穆公虽然英明，但却不能免俗。他死的时候，用了177人为他殉葬，这是西周以来殉葬人数最多的一次。由于他重视人才，这177人里面，也有三位杰出的人才，它们是子车奄息、子车仲行、子车针虎，他们因为才干出众被称做"子车氏三良"。这么优秀的人才，秦穆公却拿他们来殉葬。秦国的百姓很心痛，因此作诗表达自己的悲愤，诗曰：

交交黄鸟，止于棘。谁从穆公？子车奄息。维此奄息，百夫之特。临其穴，惴惴其栗。彼苍者天，歼我良人！如可赎兮，人百其身！

交交黄鸟，止于桑。谁从穆公？子车仲行。维此仲行，百夫之防。临其穴，惴惴其栗。彼苍者天，歼我良人！如可赎兮，人百其身！

交交黄鸟，止于楚。谁从穆公？子车针虎。维此针虎，百夫之御。临其穴，惴惴其栗。彼苍者天，歼我良人！如可赎兮，人百其身！

意思是说：黄鸟发出交交的声音，它在酸枣树上停了下来。谁为秦穆公殉葬了？是子车奄息。这奄息，是百里挑一的杰出人才。到了秦穆公的墓穴，人们都胆战心惊。苍天啊！你为什么要坑杀好人！如果可以赎回奄息，一百个人情愿去死！黄鸟发出交交的声音，它在桑树上停了下来。谁为秦穆公殉葬了？是子车仲行。这仲行，是百里挑一的抵挡良将。到了秦穆公的墓穴，人们都胆战心惊。苍天啊！你为什么要坑杀好人！如果可以赎回仲行，一百个人情愿去死！黄鸟发出交交的声音，它在荆树上停了下来。谁为秦穆公殉葬了？是子车针虎。这针虎，是百里挑一的御敌人才。到了秦穆公的墓穴，人们都胆战心惊。苍天啊！你为什么要坑杀好人！如果可以赎回针虎，一百个人情愿去死！

本诗就是秦国人为痛失三位杰出的人才而哀伤，甚至以"如可赎兮，人百其身"来表达自己的愤慨。后来也证明秦穆公以"子车氏三良"殉葬确实非常不明智，他死之后，在整个春秋时代，秦国国力虽然不至于衰退，但却没有再出过良臣将相。

## 株林

夏姬是郑穆公的女儿，天生丽质，年少风流，未出阁之前就与兄长及郑国的大臣有不正当关系。传说他曾经学过"素女采战术"，不但精于床笫之事，而且知道返老还童、青春永驻的方法。后来，陈国大夫夏御叔有幸娶了她，因此她名曰"夏姬"。夏姬婚后不到九个月，就生下儿子夏南，夏御叔虽然怀疑夏南不是自己的儿子，但因为被夏姬的美貌所蛊惑，也不再追究此事。

夏南十二岁的时候，夏御叔去世，夏姬就隐居在株林。夏姬还不到中年就守寡，风流成性的她不甘守寡，就开始与附近的达官贵人行苟且之事。陈国大臣孔宁和仪行父与夏御叔交情不错，夏御叔死后，他们二人为夏姬的美貌所惑，因此成为株林的常客。

有一次，孔宁从夏姬那里出来之后，偷出夏姬一件内衣，很是自豪，就拿着这件内衣向仪行父夸耀。仪行父嫉妒，于是下次去夏姬那里时，要夏姬送自己一件礼物做为回报。夏姬毫不知廉耻，就接下碧罗襦赠给仪行父。

孔宁知道这件事之后，也很嫉妒，不知怎样报复。于是就向国君陈灵公进谗言，夸夏姬多么美艳，多么熟悉房中术。陈灵公原本就是一个不知廉耻的君主，听说天下竟然有这样的奇女子，就让孔宁将夏姬介绍给自己。于是，夏姬后来也成功地勾搭上了陈灵公。为了讨好陈灵公，陈灵公走的时候，夏姬解下自己贴身穿的汗衫做为纪念。

第二天上朝的时候，陈灵公奖赏了孔宁，并责怪他和仪行父既然尝试过这等奇女子为什么不早些介绍给自己。孔宁和仪行父不想让国君知道自己跟他共有一个女人，不肯承认。陈灵公就告诉说他有证据证明他二人与夏姬有私情，于是亮出夏姬送给自己的贴身内衣，孔宁和仪行父也纷纷亮出夏姬赠给自己的贴身衣物。陈灵公不但不觉得荒谬，反而觉得很好玩。孔宁和仪行父看陈灵公不生气，也嘻嘻哈哈笑起来。从此三人经常一起去株林与夏姬约会。

大臣泄冶对陈灵公三人的秽行实在看不下去了，就向陈灵公进言，希望他好好治理陈国。陈灵公不喜欢听，还将此事告诉了孔宁与仪行父。孔宁与仪行父便建议杀死这多事的大臣，陈灵公竟然听其二人恶言，果真杀了他。这件事很快就传遍了全国，陈国的百姓被陈灵公的荒淫无道所激怒，作诗《株林》来讽刺他们的丑行。诗曰：

胡为乎株林？从夏南！匪适株林，从夏南！
驾我乘马，说于株野。乘我乘驹，朝食于株！

意思是说：为什么要到株邑（陈国的都城）？因为要去找夏南。其实根本不是要到株邑，而是要找夏南！驾上四匹马拉的车，停留在株邑的郊外。陈灵公乘马，他的大臣孔宁、仪行父乘驹，赶着到达株邑吃早餐！

《诗经》中的诗歌，即使讽刺君王和大臣，相对也比较隐晦，如《硕鼠》、《伐檀》，至少还有了借代或比兴的手法，很少像《株林》中这样赤裸裸地揭露国君罪行的。诗歌直呼夏南其名，矛头直指陈灵公君臣的狗彘之行。

且说夏姬的儿子夏南，渐渐长大成人，知道母亲所做的事不光彩，因此总是避开陈灵公三人。陈灵公为了讨好夏姬，就让夏南当陈国的司马官职，执掌兵权。夏南对陈灵公的中庸很感激，于是就在家中宴请陈灵公。酒酣之余，君臣之间说话有些放肆起来。陈灵公与孔宁和仪行父开玩笑，说夏南是夏姬与另外两人的私生子，又说夏姬交往的男人太多，夏南有很多父亲。夏南听到这些话非常愤怒，当时就将母亲锁起来，然后招呼士兵，杀了陈灵公，孔宁、仪行父逃走。

杀了陈灵公之后，掌握兵权的夏南立太子午为新君。楚国人听信孔宁、仪行父二人的片面之词，就来讨伐陈国，于是夏南被诛杀，陈国内乱平息。此后夏姬被献给楚庄王，楚庄王担心自己不得善终，将她送给连尹襄。结果连尹襄几天后就战死沙场，而后夏姬又被送到郑国。楚国大夫屈巫久慕夏姬，借机到郑国与夏姬约会。结果，屈巫这个足智多谋、能言善辩的楚国贤人被夏姬蛊惑之后，就背叛楚国投靠了晋国，他的家族被楚庄王诛杀殆尽。屈巫为了报仇，使计谋离间楚王和伍子胥的关系，伍子胥被迫逃往吴国。后来伍子胥为了报仇，带领吴国攻打楚国，楚国险些被吴国灭亡，从此从一流的中原大国沦落为二流的中等诸侯国，可以说，这一切都拜夏姬所赐。

# 北山

周代社会是严格按照宗法制度组织起来的，最上层的是君王，接着是诸侯，往下是各级官吏。各级官吏又分为卿、大夫、士三个等级，这三个等级之间的尊卑，不可逾越。做为最低等的士人，因为没有高贵的血缘，在统治阶级内部，就处于最受奴役和压迫的地位，做最多、最辛苦的工作，却拿到最少的报酬。

很多士人对自己当时的状态很不满，于是作诗发表自己的不满。《北山》是最典型的一首，诗曰：

陟彼北山，言采其杞。偕偕士子，朝夕从事。王事靡盬，忧我父母。
普天之下，莫非王土；率土之滨，莫非王臣。大夫不均，我从事独贤。
四牡彭彭，王事傍傍。嘉我未老，鲜我方将。旅力方刚，经营四方。
或燕燕居息，或尽瘁事国；或息偃在床，或不已于行。
或不知叫号，或惨惨劬劳；或栖迟偃仰，或王事鞅掌。
或湛乐饮酒，或惨惨畏咎；或出入风议，或靡事不为。

意思是说：登上那高高功德北山，我去采集枸杞。身强力壮的士子，每天从早忙到晚。君王吩咐的工作太多，我为年迈的父母感到忧伤。普天之下的土地，没有一片不属于君王。四海之内的臣民，没有一个不是君王的臣子。大夫派给我的差事太不公平，唯独我从事的工作很辛苦。四匹公马不停地奔跑，君王的政事多得做不完。还夸奖我体壮不输老，夸我身体强壮。夸我血气方刚，可以办四方之事。有的人在悠闲地休息，有的人在为国鞠躬尽瘁；有的人躺在床上休息，有的人却不得不四方奔走。有的人辛苦却不叫嚷，有的人劳累又忧愁；有的人安逸又舒适，有的人政务缠人。有的人沉湎于酒桌，有的人忧心忡忡总担心遇到祸患；有的人夸夸其谈，有的人什么事都不用做。

《北山》的前三句描述了士子工作的繁忙，但又不仅仅是直陈其实，而是以"嘉我未老，鲜我方将"这样的语句刻画出上层统治者驾驭士子的手腕。后三句铺陈了十二种现象，用了六个对比，刻画了士大夫和士子两个阶层完全相反的两种生活状态，诗人即使不发表任何议论和抒情，宗法制度的不合理性也一目了然。

## 大明

周王季历的妻子太妊，她是一位贤德的女子，她嫁给周王季历之后，恪尽职守，谨遵妇德。不久，她为周王季历生了一个儿子，这个儿子就是后来的周文王。

周文王很怀念自己的先祖，于是一言一行都以先祖的德行和仁爱来要求自己，兢兢业业地治理国家，不敢有丝毫怠慢。如果他的宗族兄弟做了违反法律和人伦的事，文王就会依照典章制度惩处他们。如果周文王听到哪些事对百姓是有利的，就会根据人们的建议去执行；如果有人对其进谏，他也都会听从。神灵对他的表现很满意，没有降下任何灾难给周国。周国在周文王的治理下，风调雨顺，国泰民安。

周文王的妻子太姒，原本是莘国的女儿，她后来嫁给周文王，为他生了儿子周武王。太姒继承了太妊和太姜（古公亶父之妻）的美德，恪尽职守，一言一行都符合礼仪。在她的教诲下，武王的后代子孙都很懂得礼仪。

周武王继承了文王的作风，一举一动都很符合礼仪。他对长者尊敬；在庙堂祭祀的时候，他对祖先谦卑；在公共场合，他都保持着一个君王应有的威仪与和善；他自己独自相处的时候，总是反省自我，时刻检查自己是否有哪些地方做得不够好，避免让自己做出任何不符合礼仪人伦的事。由于周文王的谦恭和谨慎，周国没有发生过任何灾难，也没有瘟疫和疾苦的发生。

大人有高尚的品德，小人也会效仿他们的高尚品德。由于武王的鼓励和教育，没有谁做出违反道义的事，人们都选择优秀的人才培养，国家因此逐渐繁盛起来。殷纣王误国误军，武王就号令天下诸侯，与殷商展开牧野之战。打完了这一仗，殷商就结束了天命，他的天命被周国所继承。由此可见，天命不可违，国君要诚心诚意地按照

天意行事，才能获得上天的赐福。

周朝取代殷商之后，周民族对周文王、周武王两代人的努力很敬重，于是作诗《大明》称赞他们的功德，诗曰：

明明在下，赫赫在上。天难忱斯，不易维王。天位殷适，使不挟四方。

挚仲氏任，自彼殷商，来嫁于周，曰嫔于京。乃及王季，维德之行。

大任有身，生此文王。维此文王，小心翼翼。昭事上帝，聿怀多福。厥德不回，以受方国。

天监在下，有命既集。文王初载，天作之合。在洽之阳，在渭之涘。

文王嘉止，大邦有子。大邦有子，俔天之妹。文定厥祥，亲迎于渭。造舟为梁，不显其光。

有命自天，命此文王。于周于京，缵女维莘。长子维行，笃生武王。保右命尔，燮伐大商。

殷商之旅，其会如林。矢于牧野，维予侯兴。上帝临女，无贰尔心。

牧野洋洋，檀车煌煌，驷騵彭彭。维师尚父，时维鹰扬。凉彼武王，肆伐大商，会朝清明。

## 绵

从小瓜到大瓜，瓜藤一串一串的。周民族的兴盛，就像瓜田里的瓜一样，大瓜接连着小瓜，一步步走向兴盛。周民族的祖先公刘，曾经带领周人从邰迁居到豳，周人在豳安居下来之后，周民族由默默无闻走向兴盛。到了第九代古公亶父的时候，周朝先民的历史再次走向一个新的起点。

周人居住的地区经常受到戎狄人的骚扰。古公亶父推行仁政，就送财物给戎狄，希望两国相安无事。但戎狄依然来犯，百姓们都义愤填膺，想要跟戎狄打一仗。但古公亶父不愿意做这种劳民伤财的事，就劝勉大家不要大动干戈。但是他也不能不为百姓考虑，于是他就效仿祖先公刘，准备将大家迁徙到一个更好的地方。

清早起来，古公亶父就骑上马出发了，他要寻找更好的土地。他从豳西水兵出发，来到岐山下，观察了这里的地形和地势，觉得附近周原地区很不错，于是回去之后就动员人民，全民族就搬到周原地区。

周原确实是一个好地方，土地肥沃，疆域辽阔，就连这片土地上生长出来的苦菜，吃起来都是香的。古公亶父带领大家举行了隆重的祭祀活动，根据龟甲的占卜结果，这里确实也适合他们居住。于是大家就安心在这里住了下来。由于这片土地很辽阔，周人就根据自己的喜好选择居住地点，有人住东边，有人住西边，这样一来，无数的周人就像种子一样，在周原的土地上落地生根了。

周人在周原地区开垦农田，播种、种植农作物，没有一个人偷懒不干活的。古公亶父让司空帮助人们建筑房屋，让司徒帮助人们管理劳役，周民族在他的安排下，一切井井有条，百姓各司其职。就拿建筑房屋这件事来说，有的人忙着用准绳拉线，有的人忙着往两块甲板上装图，有的人忙着铲土，有的人忙着垒墙，有的人为了鼓舞精神，还发出号子声。总之，就是一副热火朝天的劳动场面。房屋建筑好了，有富丽堂皇的宫殿，有庄严的神庙，有居家的普通屋子，也有专门的休闲娱乐场所。看到自己的新家，周人都开心极了。

不料，戎狄再次来犯。为了捍卫周人的尊严与礼仪，古公亶父这次命令百姓奋起抵抗。戎狄被打跑了，四处鼠窜。古公亶父没有派人将他们赶尽杀绝，而是号召百姓继续从事农业生产，继续美好和乐的日子。

四周国家的百姓都听说了古公亶父的美名，都前来投奔他，依附他，周人越来越多，国家也越来越强大。周民族的强大，可以说是古公亶父决定迁岐山的结果。古公亶父之后，他的儿子周王季礼和孙子文王，都延续了他的事业：发展农业生产，整顿吏治，周民族愈发强大，为周国的建立和强大奠定了基础。

周人为古公亶父而骄傲，因此作诗《绵》来称赞古公亶父迁岐奠定周王朝基业的故事，诗曰：

绵绵瓜瓞。民之初生，自土沮漆。古公亶父，陶复陶冗，未有家室。
古公亶父，来朝走马。率西水浒，至于岐下。爰及姜女，聿来胥宇。
周原膴膴，堇荼如饴。爰始爰谋，爰契我龟，曰止曰时，筑室于兹。
乃慰乃止，乃左乃右，乃疆乃理，乃宣乃亩。自西徂东，周爰执事。
乃召司空，乃召司徒，俾立室家。其绳则直，缩版以载，作庙翼翼。
捄之陾陾，度之薨薨，筑之登登，削屡冯冯。百堵皆兴，鼛鼓弗胜。
乃立皋门，皋门有伉。乃立应门，应门将将。乃立冢土，戎丑攸行。
肆不殄厥愠，亦不陨厥问。柞棫拔矣，行道兑矣。混夷脱矣，维其喙矣！
虞芮质厥成，文王蹶厥生。予曰有疏附，予曰有先后。予曰有奔奏，予曰有御侮！

## 皇矣

上帝的眼光是锐利的，谁做了什么事，都逃脱不了他的法眼。夏朝、商朝两国的国君荒淫无道，人们不肯听从他们的政令，自然也不拥戴他。上帝努力寻找新的顺应天命之人。他反复查看，发现岐山一带的人，国君贤明，人们和乐，于是就打算将天命交到这国国君的手里，周人因此顺天命而生。

周人在古公亶父的带领下，兢兢业业地从事农业劳动，认真地疏通水渠，披荆斩棘开垦土地，清除丛生的灌木，拔掉土地上的杂草，周原一带渐渐发达起来。上帝为了庇佑周人，还传达天命，让他们将山上没用的树砍掉，让有用的松树和柏树接受阳光、雨露，生长得更加旺盛。

古公亶父的众位儿子中，季礼是最贤德的一个。他爱护百姓，关爱兄弟，对人宽厚仁慈。在处事的时候，季礼又能明辨是非，赏罚分明，即使他的兄弟触犯了法律，他也根据法律惩罚他。他的这些做法赢得了上天的赏识，上天赏赐他为新的王，让周围国家的百姓都归顺他。在季礼的管理下，在上天的庇佑下，周人没有一个人违反法纪，全国人上下同心，他的国家因此出现路不拾遗、夜不闭户的好作风。

后来，周王季礼被商朝国王文定杀害，季礼的儿子昌继承了他的王位，这就是周文王。周文王是一位更贤良的国王，他继承了季礼的谦恭和谨慎，国家在他的治理下更加强大。上天对文王说："你不要飞扬跋扈，不要乾纲独断，不要贪图荣华富贵，这样才能让天下的百姓都归顺于你。"文王听从了上天的旨意。

后来，邻国密国骚扰周人，侵略阮国，讨伐功共国。周文王为了维护本民族人的利益，出兵讨伐密国，经阮国回到自己的国家。胜利班师回朝之后，周文王登上高山，俯瞰天下，已经有了天下大邦的架势。

上天又对周文王说："我看重你的德行，希望你不要贪恋声色全满，不要使用重刑，要谨遵上天的教诲。"又对他说："你要明辨是非，分清哪些是敌人，哪些是朋友。要联合朋友，发动你们的军队，出征杀敌，讨伐崇国。"

于是文王就联合人民和友国讨伐崇国，一举拿下崇国，俘虏了无数奴隶，周人都将俘虏的左耳割下来回去庆功。文王还为此事举行了盛大的祭祀，昭告天下，抚慰神灵，鼓舞士气。天下人知道文王的军队很强大，都不敢再来侵略周人。文王仍旧记着上天的旨意和先祖的功德，一举一动都符合典章制度。后来他还顺应天命兴邦安国，完善了法制，巩固了边疆，进一步扩大了周人的势力，为周国的建立奠定了坚实的基础。到了文王的儿子武王时，殷商终于被周国所灭，周人接管天下。这一切都是文王等前辈们的功劳啊！

周人为祖先的功德而骄傲，因此作诗《皇矣》称赞他们，诗曰：

皇矣上帝，临下有赫。监观四方，求民之莫。唯此二国，其政不获。维彼四国，爰究爰度。上帝耆之，憎其式廓。乃眷西顾，此维与宅。

作之屏之，其菑其翳。修之平之，其灌其栵。启之辟之，其柽其椐。攘之剔之，其檿其柘。帝迁明德，串夷载路。天立厥配，受命既固。

帝省其山，柞棫斯拔，松柏斯兑。帝作邦作对，自大伯王季。维此王季，因心则友。则友其兄，则笃其庆，载锡之光。受禄无丧，奄有四方。

维此王季，帝度其心。貊其德音，其德克明。克明克类，克长克君。王此大邦，克顺克比。比于文王，其德靡悔。既受帝祉，施于孙子。

帝谓文王：无然畔援，无然歆羡，诞先登于岸。密人不恭，敢距大邦，侵阮徂共。王赫斯怒，爰整其旅，以按徂旅。以笃于周祜，以对于天下。

依其在京，侵自阮疆。陟我高冈，无矢我陵。我陵我阿，无饮我泉，我泉我池。度其鲜原，居岐之阳，在渭之将。万邦之方，下民之王。

帝谓文王：予怀明德，不大声以色，不长夏以革。不识不知，顺帝之则。帝谓文王：啕尔仇方，同尔弟兄。以尔钩援，与尔临冲，以伐崇墉。

临冲闲闲，崇墉言言。执讯连连，攸馘安安。是类是祃，是致是附，四方以无侮。临冲茀茀，崇墉仡仡。是伐是肆，是绝是忽。四方以无拂。

这首诗写了周国古公亶父、周王季、周文王周朝建立之前三代人的事迹，与《生民》、《公刘》、《绵》、《大明》等长篇诗作一样，都是周部族开国史诗之一。

## 生民

《生民》讲述了周民族始祖后稷的传奇事迹，通过后稷发明农业生产工具的事迹，表现了当时农业已同畜牧业分离的事实。因此，本诗虽然带有神话色彩，但也有一定的真实性。

后稷的母亲姜嫄，是帝喾（黄帝的曾孙）的妻子。一天，她祭祀祖先和神灵，希望赐予她一个儿子，延续帝喾的血脉。祭祀完毕，姜嫄在侍卫的保护下返回宫殿。在回去的路上，姜嫄一脚踩到一个微微凹陷的坑里。这个坑的形状看起来像一个巨大的脚印，大家猜测那是上天的脚印。姜嫄心中宽慰，就站在这个脚印上休息了一会儿，然后才继续前进。

不久，姜嫄果然怀孕了。为了保护这个孩子，姜嫄不敢做出任何失礼的事，每天谨言慎行，一切都按照礼仪形式。十个月之后，孩子顺利出生，姜嫄没感觉到任何痛苦，大家都觉得这件事很奇怪。

姜嫄心中也纳闷，她问自己："难道祭祀的时候供奉的物品上天不喜欢，因此上天才不高兴，让这个孩子这么容易就生出来？"姜嫄担心这个孩子会招来祸患，于是就派人将孩子扔到郊外，任他自生自灭。

被吩咐去扔孩子的侍从按照姜嫄的吩咐，将婴儿扔了。过了几天，侍从心中不安，于是便回去查看，结果发现孩子被一头牛和一头羊养着——它们正用自己的奶水轮流喂那个可怜的婴儿。

侍从担心姜嫄怪自己办事不力，于是又将婴儿扔到偏僻的深山里，不料又被一个砍柴的樵夫看见了。侍从只好再度抱起婴儿，这次他将其扔到结了冰的湖上。他想："这次自己总能交差了吧！"结果他走了几步后回头一看，却发现一群飞鸟落到湖面上，用自己的羽翼小心翼翼地为婴儿取暖。侍从心中很不安，他觉得这个婴儿身上有一种奇异的力量，总是保佑他化险为夷。既然在生产这个孩子时如此与众不同，这说明他可能是上天特意赐予的。正想着，那些飞鸟飞走了，婴儿开始大哭，哭声传得非常远，于是侍从赶紧抱起孩子，将他带回宫殿，将自己所见所闻报告给姜嫄。姜嫄听完也觉得很神奇，心想也许这就是上天的旨意，于是就决定将他抚养长大。因为这个孩子原本是打算丢掉的，所以姜嫄为他取名为"弃"。

弃从小就表现出与其他孩子不一样的特质：他特别喜欢玩种庄稼的游戏。长大之

后，他就开始学着种庄稼。他种植的大豆，长得非常茂盛；他种植的水稻，穗子很结实；他种植的小麦、麻、瓜、果，也都长势很好。大家知道他这个特质之后，都纷纷效仿他种庄稼，结果获得了大丰收，天下百姓不再为饥饿而烦恼。

帝尧听说了弃的事迹，于是就将邰地分封给他，命令他管理天下的农作物，还称他为后稷。全天下的百姓们跟着后稷学种庄稼，到了秋季，都获得了大丰收。为了纪念这件大喜事，人们决定举行盛大的祭祀活动。

祭祀的场面非常壮观：篝火盈盈，其乐融融，人们有的人在春米，有的人在揉搓谷粒，有的人在淘米做饭，还有的人正在杀羊宰牛。整个空气中弥漫着食物的清香，人们都在高兴地议论着盛大的祭祀。正式祭祀开始了，人们将祭品献给上天，感谢他赐予人们富足的生活。上天似乎对这一切也很满意，空气中散发的香气也许就是上天在品尝美食。

从此，在后稷的带领下，人们不再为饥饿而担忧，终年过着富足美满的生活，祭祀也就渐渐成为一种习惯，一直延续到今天。

周族人为先祖的英明而骄傲，因此作诗《生民》称赞这件事，诗曰：

厥初生民，时维姜嫄。生民如何？克禋克祀，以弗无子。履帝武敏歆，攸介攸止。载震载夙，载生载育，时维后稷。

诞弥厥月，先生如达。不坼不副，无菑无害。以赫厥灵，上帝不宁。不康禋祀，居然生子。

诞寘之隘巷，牛羊腓字之。诞寘之平林，会伐平林。诞寘之寒冰，鸟覆翼之。鸟乃去矣，后稷呱矣。实覃实訏，厥声载路。

诞实匍匐，克岐克嶷，以就口食。蓺之荏菽，荏菽旆旆。禾役穟穟，麻麦幪幪，瓜瓞唪唪。

诞后稷之穑，有相之道。茀厥丰草，种之黄茂。实方实苞，实种实褎，实发实秀，实坚实好，实颖实栗。即有邰家室。

诞降嘉种：维秬维秠，维穈维芑。恒之秬秠，是获是亩；恒之穈芑，是任是负。以归肇祀。

诞我祀如何？或春或揄，或簸或蹂。释之叟叟，烝之浮浮。载谋载惟，取萧祭脂。取羝以軷，载燔载烈。以兴嗣岁。

昂盛于豆，于豆于登，其香始升。上帝居歆，胡臭亶时。后稷肇祀，庶无罪悔，以迄于今。

## 公刘

公刘是一个好心的人，他平常勤于政事，忙着修田界，为谷上仓，或者率领周人勘定疆域，不敢有丝毫怠慢。

他最常做的事，就是跟大家一起种地，跟大家一切收粮、上仓，各种各样的袋子里都装满了粮食。因为丰衣足食，百姓们都很满足，没有人做违法乱纪的事。农耕生活之余，人们就练习武艺，有的人张开弓，有的人竖起盾牌，有的人举起长矛，有的人扛上板斧。

粮食充足，兵器准备好了。公刘依旧不敢怠慢。原来，他看中了一块土地——豳，号召大家迁到这块新的土地上去，于是周人就从邰迁居到豳。然后大家就在豳上修建房屋，开垦土地，重新过上美好富足的生活。

即使人民的生活已经安定下来了，公刘依旧不停息。他又开始忙着观察豳地的河流，忙着视察豳地的平原有多少土地，忙着登上豳的山岗俯瞰新国土的地形。然后根据这些观察的结果，指导人们在合适的地方种植合适的谷物，指导人们学会引用水渠灌溉庄稼。在公刘的正确指挥下，周人在豳地生活得很好，人们安居乐业。过往豳的别国百姓，都受到周人的热情招待，大家像认识多年的朋友一样，尽情地享用美食，开怀地畅饮、聊天，其他地方的人们无不羡慕周人的富足安康。

即使如此，公刘仍然不满足。为了让人们过上更好的生活，他多方奔走、学习，为周人制定了一套国家制度，并在此基础上选拔了一批德行和才干均很出众的人才。这些人才后来都成了周人的官吏，他们按照公刘所制定的制度，按照顺序依次入座，君臣之间便形成了这样的施政方式，后来的上朝制度，就是从这里慢慢开始的。为了庆祝这一大事，周人举行了盛大的宴席，公刘就是周人的君主，大家便是他的臣子。

国家制度确定以后，公刘开始带领各级管理管理国家。他首先率领百姓开垦土地，拓展国家的疆土。为了便于管理，他还命人测量湿地和平原，命人勘探河流的走向，命人测算怎样挖掘水道更科学。在公刘的努力下，人民获得的土地更多了，大家都开心地在自己的田地上劳动，没有一个人偷懒——国君尚且如此不辞辛劳，臣子怎么敢喊累呢！

总之，在公刘的带领下，所有百姓都干劲十足，公刘的国家也越来越兴盛。很多人听说公刘是一个勤劳的国君，于是纷纷投奔他。公刘的国家，不但土地越来越多，百姓的人数也越来越多，建造的房屋也越来越多。无论是周人，还是后来投奔的人民，都感受到公刘的仁德，人人都过着富足安康的生活，周民族越发强大起来。

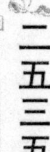

# 《礼记》故事

## 孔子与丧礼

孔子非常注重礼仪,平时就严格要求自己的行为。而且,孔子尤其重视丧葬之礼。每当孔子面对丧礼的时候,都要求自己一切按规定办事。

在孔子很小的时候父亲就死去了。但是,孔子父亲的坟墓在哪儿,孔子的母亲并没有告诉孔子。孔子的母亲去世以后,孔子严格按照规定办事,想要将父母合葬。于是,他先把母亲的棺材安置在五父(五父,即五父衢,在今山东曲阜东南部)的街道上。看孔子这样做,街道上的许多人都认为孔子在行送葬的礼仪。不久,孔子从一个老乡的口中得知了父亲坟墓的位置,孔子这才把父母一起合葬在防(今山东费县东北)地了。

埋葬父母的时候,孔子对弟子们说:"我听说,人们不喜欢在坟墓上堆一个高高的坟头。但是我千辛万苦才找到父亲的坟墓,一定要做一个标记。"说着,孔子就堆起了一个坟头。孔子留下弟子们,自己先回去了。没想到,突然下起了大雨,弟子们回来得非常晚。于是,孔子就问弟子们为什么回来得这么晚。弟子们说:"突然下起了大雨,您堆起的坟头倒塌了。"弟子们见到孔子默不作声,就重复了好几遍。孔子突然大哭起来,并说:"我早就听说过,没有人在坟墓上堆起坟头的啊!"

孔子对于服丧的礼仪,也十分讲究。在为母亲守丧的时候,孔子也是真诚地哀伤。服丧期满以后,五天之内,孔子仍然不能弹出完整的琴乐。过了十天以后,孔子才能够吹奏笙。

但是,有的人却不能像孔子一样做得这么好。当时,鲁国有一个人白天脱了丧服,晚上就开始奏乐玩乐。孔子的弟子子路听说了,就讽刺这个人。孔子就说:"子路,你怎么一直苛责别人呢?这个人已经服丧三年了,已经做得很好了。"孔子后来又对别的弟子说:"哎,如果这个人能够在一个月以后再奏乐,那就更好了。"但是,孔子却并不赞成死者的亲人过度哀伤。孔子的妻子死了一年以后,孔子的儿子孔鲤仍然每天悲伤痛苦。孔子听见有人哭,就问是谁在哭。有人告诉孔子,是孔鲤在哭。孔子就教育儿子说:"你的母亲已经去世一年了,你还是这么悲伤,有些过度了吧。"于是孔鲤就没有再哭泣了。

无论是谁的葬礼,孔子都十分讲究礼仪的规范。对于弟子们的葬礼,孔子也十分注重言行合乎礼法。孔子喜爱的弟子颜渊死后,孔子就非常悲伤。有人送来了许多祭祀用的肉，孔子接受了。但是，孔子为了表现自己不是过度伤心，在弹了琴之后，才开始吃祭肉。孔子的另一个弟子子路死了以后，孔子很伤心，就在正厅中为子路举行葬礼。随后，孔子问："子路死的时候是什么情形？"有人对孔子说："子路是被人剁成肉酱而死的。"孔子听了，就命人将家里所有的肉酱都扔掉了。

　　孔子去卫国的时候，途中遇到了曾经的房东家里正在办丧事。孔子祭奠之后，就吩咐子贡把赶路的马送给房东家。子贡当时非常不理解，就对孔子说："先生，您的弟子们死的时候，您没有这么重视。为什么对这个以前的房东这么看重呢？"孔子就说："我刚刚难过得留下了泪水，我不能只是悲伤，却没有什么表示啊。"子贡只好听从了孔子的吩咐。

　　到了卫国以后，孔子遇到有人办丧事。看到丧事办得非常合乎礼仪，孔子就对弟子们说道："哎，这个丧事办得很合规矩，你们要记在心里啊。"听到这儿，子贡就问老师为什么说这个丧事办得好。孔子回答道："你看那个人送葬的时候，就像孩子留恋父母一样依依不舍。那个人往回走的时候，却又不停地回头，好像有什么事放不下一样。"子贡不以为然地说："我觉得那个人还不如早些回家祭拜呢。"孔子就教育弟子们说："你们一定要谨记这个人的行为，我都做不到这么好。"

　　对待朋友的丧礼，孔子也十分重视。有人对孔子说："您的老朋友柏高死在了卫国。"孔子就考虑在哪儿哭泣柏高。孔子说："如果我的兄弟死了，我会去家族的祖庙里为他哭泣；如果我父亲的朋友死了，我会在庙门外面为他哭泣；如果我的老师去世了，我会在屋子的正厅里为他哭泣；如果我的好朋友死了，我会在屋子的正厅外面哭泣；如果我的普通朋友死了，我会在郊外哭泣。对于柏高，我不能在郊外哭泣。否则，会显得我和柏高的关系冷淡。但是，我在正厅里哭柏高的话，又有些过于庄严。这样吧，我是经过子贡认识柏高的，就到子贡家里祭拜吧。"因此，孔子就命子贡主持丧事，并对子贡说："如果宾客是你的朋友，并且这个宾客是因为你才来哭柏高的话，你就要拜谢宾客；如果这个宾客只是来哭柏高的，你就不需要对这个宾客行叩谢的礼仪。"

　　吴国的贤德公子季札（即延陵季子）去了齐国。在季子回吴国的路上，季子的大儿子死了。季子就打算将儿子埋在齐国的嬴地（今山东莱芜县西北）、博地之间。孔子认为，季子是非常讲究礼仪的人。于是，孔子就和弟子们去看这场葬礼。到了那里，孔子看见墓穴并不深。在装殓的时候，孔子看见季子的儿子穿的是普通衣服。而且，季子并没有让人堆很高的土。一切仪式都做完了以后，季子就露出左胳膊，围着墓地又转了三次。季子转的同时，还大声哭了三次。季子说："一个人的死生有命，死后虽然身体回归黄土，但灵魂却无处不在啊！"说完这些，季子就带人离开了。看到这儿，孔子非常赞赏季子的做法。

　　一天早晨，孔子起得非常早。他两只手背在身后，并且两手拄着拐杖，唱着歌慢悠悠地走着。歌的内容是这样的："巍峨的泰山很快就要塌陷了，坚固的梁木不久也要坏掉了，智者也要陨落了吧！"歌毕，孔子就进屋了。子贡听到这首歌，就想："泰山倒塌了的话，我们就没有可以仰望的高山了；梁柱坏了，智者陨落，我们就没有学习的榜样了。是不是老师得重病了呢？"于是马上去看望孔子。

看到子贡来了，孔子就说："哎，你应该早点来啊。我早就知道，夏、商、周三代安置灵柩的位置不同。夏后氏命人把棺材安置在主人经常出入的东阶上，这说明人们仍然把死者当做主人；殷人们把棺材安置在两根梁柱之间，这说明人们已经不再把死者当成主人，而是把死者放在宾主之间的位置了；周朝的人将棺材安置在宾客经常出入的西阶上，这就说明人们已经把死者当成外人了。我是殷商的后人，照理，应该执行殷商的礼仪。况且，我昨天夜里

季札

却梦见被安置在梁柱之间。我想，这可能有两种解释。一种是梁柱之间是正厅的中央，是受到天下仰慕的非常尊贵的位置。但是，我觉得现在并没有圣明的君主啊，天下有谁尊敬我呢？所以，只有可能是另一种解释了。这就是，我可能命不久矣了。"果然，孔子在病了七天之后，就去世了。

给孔子举办葬礼的时候，孔子的弟子们都不知道应该用什么丧服。这时，子贡说："以前，先生为颜渊和子路办丧礼的时候，曾用对待儿子的礼仪对待他们，而且没有穿丧服。所以，我们也遵从先生的心意，也这样举办先生的葬礼吧。"于是，孔子的弟子们在为孔子举行葬礼的时候，就没有穿任何的丧服。

## 曾子与丧礼

曾子即曾参，是孔子的杰出弟子之一。对于丧葬之事，曾子没有孔子那么透彻通晓。但是，曾子也非常注重礼仪。一天，曾子和子思（孔子的孙子）闲谈。曾子说："我为父亲服丧的时候，七天没有吃、没有喝。"子思却说："前代君主制定礼仪的目的，是为了让恭敬得过头了的人能够有些顺从礼仪，也为了让那些没有做到礼仪规范的人能够不断地努力做到守礼。因此，有修养的人服丧的时候，只需要坚持三天不吃不喝就可以了。一个人即使是三天不吃不喝，都会没有力气走路。"曾子认为这有道理。

一次，子夏因为儿子的死而哭瞎了眼睛，曾参就去安慰子夏。曾子说："如果一个人的朋友的眼睛看不见了，这个人是要为朋友哭泣的。"然后，曾子就哭了起来。子夏又哭道："哎呀，我到底有什么罪呢？老天怎么对我这么不公平呢？"听到这儿，曾参

非常生气地说："子夏，你是有罪的人啊。曾经我们俩在洙水（今山东新泰东北）、泗水（今山东济宁泗水县）之间服侍先师孔子，你没有学到什么东西，后来却去西河岸边养老了。因此，西河岸边的人只听说了你，很多人都不再相信我们的先师有才能了，这是你犯的第一个错误；你只顾自己退隐，连你的父亲死了，你也不让人们知道，这是你犯的第二个错误；还有，你因为儿子死了，就过度悲伤，还哭瞎了眼睛，这是你犯的第三个错误。这些不是事实吗？难道你还没有意识到这些吗？"曾子的一番话，惊醒了沉浸在痛苦中的子夏。子夏就扔掉了拐杖，并对曾子说："啊，我的确是做错了！我一个人独处的时间太长了。"曾子曾经这样说："如果一个人的朋友坟墓上长出了青草，这个人就不用再为朋友哭泣了。"

曾子不断地要求自己要严格遵守丧礼的规范。有一次去卫国的负瑕（今山东兖州北部）祭拜。哪知，曾子到了以后，这家人已经在祖庙内举行过祭奠了。看到曾子来了，这家人重新把棺材安置在了祖庙中，以便让曾子祭拜。这时，曾子的弟子就问道："老师，这样做合乎丧葬之礼吗？"曾子就回答说："祖庙里的祭奠只是暂时的礼仪，既然是暂时的，这么做就没有什么不妥的了。"弟子们又拿这件事去问子游，子游回答说："丧葬的仪式是循序渐进的。在窗台旁边举行饭含礼（古代的丧葬礼仪之一，即把米、珠、贝、玉等东西放在死者的口中）；在正室里举行小范围装殓的礼仪；在东阶举行大范围装殓的礼仪；在祖庙举行家族的祭奠之礼；最后是埋葬在郊外。这些是有先后顺序的，象征着死者逐渐远去。因此，丧葬只有前进的，却没有返回后退的啊。"弟子们将这些话告诉了曾子，曾子就感慨地说："子游让我懂得了更多的丧葬礼仪啊！"

后来，曾子去参加一个葬礼。他用衣服盖住了丧服里面的衣服。同去的子游却敞开外面的衣服，露出里面的裘衣。曾子就有些不高兴，对其他人说："你们看，子游平时一直研究礼仪规范，今天却露着裘衣参加葬礼！"子游没有说什么话。不久，丧礼就开始了。小范围的丧礼举行完了以后，主持丧礼的人就把臂膀露出来，并且用几根麻布扎住头发。这个时候，子游在头上和腰上都系上了麻布，穿上了一整套的丧服，然后才进入厅中。曾子这才恍然大悟地说："啊，子游是对的，是我做错了啊。"

一天，曾子和许多人正在闲聊。突然，曾子看见一个弟子急匆匆地走出房门。曾子就问这个弟子："你为什么这么着急？"这个弟子回答道："老师，我的父亲去世了，所以我着急去奔丧。"听到这里，曾子就说："那你赶紧去吧。"弟子走了之后，曾子也面向北，以宾客之礼向弟子的父亲表示祭奠。

曾子严格要求自己的一切礼仪要合乎规范，至死都没有改变。曾子卧病在床以后，他的儿子和弟子们都在床边伺候着。曾子的儿子曾申、曾元在曾子旁边服侍，曾子的弟子乐正子春、门童都照顾着曾子。门童端着蜡烛的时候，忽然发现了曾子漂亮的席子。门童就说："这张竹席真漂亮啊，它是那么的光洁顺滑，应该是大夫用的席子吧。"子春连忙说："小声点，别让老师听见了！"哪知，曾子已经听见了。曾子就问什么事，门童回答说："这张华丽的席子是大夫用的吗？"曾子低低地说道："没错，这张竹席是季孙送给我的，一直没有收起来。"然后，曾子就让儿子曾元给自己换掉席子。曾元不

想换，就说："父亲，您需要好好休息，不能随便移动啊，换席子的事过几天再说吧。"曾子就斥责儿子道："儿子，你还没有那个门童理解我的心意啊。有修养的君子爱一个人，就会成全这个人优秀的德行。相反，小人爱一个人，常常会无视这个人的缺点。我这一生没有什么遗憾了，只想平平淡淡地离开人世。换席子成全我的品德，这件事你做不到吗？"听曾子这样说，曾子的儿子和弟子就把曾子抬起来，准备为他换掉席子。只是，还没有把曾子放下来，曾子就离开了人世。

曾子一生都在追求合乎规范的礼仪，换席子的事情更加说明了曾子始终严格要求自己，从不让自己有丝毫的懈怠。

## 丧欲速贫

一天，有子（孔子的弟子之一，即有若）问曾子道："你有没有听先生（即孔子）说过官员丢了官职之类的事？"曾子想了一会儿，然后说："是的，我听先生说过这一类事情。先生说的是：'丢了官职以后，就想马上变得贫穷；死了以后，就想自己的尸体马上腐烂掉。'"

听到曾子这样说，有子接着说："这不像有修养的人说的话，我觉得这不是出自先生本意的话。"曾子见有子不相信自己，就对曾子说："我真的听先生说过这样的话啊，我没有骗你。"有子仍然说："我还是认为，这不是品行高尚的君子说的话。"曾子见有子仍然不相信自己，最后只好说："这真的是先生说过的话，我和子游都听先生说过。如果你不相信的话，可以去问问子游啊。"然后，有子说："没错，先生确实说过样的话。不过，先生是在特定的环境下说了这句话的。"

不久，曾子将这些话告诉了子游。子游听了之后，拍着手说："哎呀，有子说的话真是太对了啊！从有子说的话看，有子已经领悟了先生的心意，有子说话非常像先生说话了！"停顿了一会儿，子游又说："事情是这样的。当时，先生在宋国居住。宋国的司马桓魋为自己打造石椁（石椁，在古代，棺是指里面的小棺材，椁指包裹在小棺材外面的大棺材），三年都还没有造好。看到这种情况，先生就说：'如果一个人建造石椁都要像这样的奢侈浪费的话，那么这个人死了以后，还不如赶快腐朽掉，而且越快越好。'因此，'死欲速朽'是先生针对宋国司马桓魋而说的话。鲁国的南宫敬叔曾经被罢免过官职，后来，又得到任用。因此，南宫敬叔回到鲁国以后，为了报答天子，南宫敬叔经常送很多珍器珠宝给天子。先生知道这件事情以后，就非常不高兴。先生说：'如果一个人像这样用钱财贿赂天子，那么这个人丢掉官职以后，还不如很快就贫穷的好。'所以，'丧欲速贫'是先生针对南宫敬叔而说的话。"

后来，曾子又把子游的话对有子说了。有子就说："的确是这样啊，我本来就觉得这不是先生说的话啊！先生即使说过这句话，也是在一定的前提下说的。"曾子还是有些疑惑，就问道："那么你是凭借什么判断出来的呢？"有子回答说："先生曾经在中都

（今山东汶上县西部，孔子曾担任过中都宰的职位）制定礼仪之法。先生规定，棺木要厚达四寸，椁木要厚达五寸。所以，从这件事来看，先生并不希望人死后，人的尸体马上腐烂掉。以前，先生丢掉了鲁国大司寇的职位，并打算去楚国找事做。那时，先生首先让子夏去楚国说明先生要去应聘的事情。随后，先生又命冉有前去重申先生的这个打算。因此，从这件事情来看，先生并不希望丢掉官职以后马上清贫如洗。曾子这才恍然大悟。

这就是所谓的"丧欲速贫，死欲速朽"的典故。

## 重耳仁亲以为宝

春秋时期，晋献公死了以后，秦穆公就派人鼓动晋献公的儿子重耳趁机夺权。但是，重耳坚持非礼勿听，并且用非常得体的外交辞令否定了秦穆公的建议，并没有趁机夺取国家政权。这也就是人们所说的重耳"仁亲以为宝"的故事。

晋献公死后，秦穆公派使者子显（公子絷，字子显）向重耳传话。当时，重耳仍然流亡在母亲所在的国家狄国（狄，也写作翟，古时候的一个游牧民族。重耳在狄国待了十二年）。秦国使者子显就把秦穆公的话告诉了重耳："我曾经听说过，一个人容易在国君死的时候失去国家，也容易在这个时候得到国家。虽然你现在非常伤心，你每天都庄严肃穆地为父亲守孝，这是你应该做的。但是，从长远来看，你的这种服丧不应该持续很长时间。况且，你也不能长时间地在晋国以外逃亡。因此，现在是你夺取晋国政权的最佳时机啊，你要慎重考虑这件事啊！"

按照常理来说，这个时候，很多人就会顺理成章地夺取政权。但是，重耳却没有草率地做出决定，而是把秦穆公的这些话告诉了舅犯（即狐偃，重耳的舅舅，字子犯）。舅犯听了以后，就对重耳说："你最好不要听从秦穆公的建议，还是拒绝了秦国的使者吧。只是，你流亡在外，也没有什么珍奇异宝送给秦国。只有你对待亲人的仁爱之心，才是你最宝贵的东西。况且，你的父亲死了，这意味着什么呢？这是一件非常令人悲伤的事情啊。如果你趁这个机会夺取了晋国的政权，日后，天下的百姓会怎么评价你呢？到了那个时候，没有人会听你的辩解之词。所以，多方面考虑以后，你还是不要答应秦国的建议。"

听到这儿，晋公子重耳再一次去见秦国使者子显。重耳对秦国使者说："贵国的国君真是太好了，竟能派人来安慰我这个逃亡在外的人。我流亡多年，现在父亲去世了。做为儿子的我，竟然不能亲自到父亲的灵柩面前哭泣奔丧，也让你们的国君为我担心。而且，我心中的悲哀一直无法释怀。父亲去世，这是怎样一件悲伤的事情啊！这个时候，我怎么敢有夺取国家政权的非分之想呢？而且，这也有损于贵国国君对我的一片仁义厚爱之情。"

重耳说完这些话，就跪下磕头并且行稽颡之礼（稽颡，即古人在父母死了以后，跪拜宾客的礼仪)。但是，重耳并没有以自己是晋国继承人的身份拜谢秦穆公。随后，公子重耳哭着站起来。重耳站起来以后，也没有再和秦国的使者说什么话。可以说，重耳的一言一行都非常合乎礼仪规范。

秦国使者子显回国以后，就把公子重耳的这些话告诉了秦穆公。秦穆公听了以后说："公子重耳真是一个仁爱讲道义的人啊！重耳只是磕头却没有行拜谢的礼仪，这说明重耳并没有把自己当成晋国国君的继承人啊。重耳哭着站起来，表明重耳非常敬爱他的父亲。重耳站起来以后，就没有和宾客私下说什么话，这说明重耳不是一个贪图私利的人。哎，重耳竟然远离权力的诱惑，不把自己看做晋国的国君，这真是让人敬佩的行为啊。"

试想，面对权力的诱惑，多少人可以像重耳这样做呢？可是，公子重耳却抵制住了利益的诱惑，坚持非礼勿行，严格要求自己的言行。在那样一个礼仪盛行的时代，重耳这样做是很明智的。从此，重耳的仁爱之风为人们熟知。后来，重耳成为春秋霸主之一，这与公子重耳仁爱道义的美德是分不开的。

## 杜蒉罚酒

杜蒉罚酒，指的是春秋时期杜蒉劝谏晋平公的典故。杜蒉凭借自己聪明的辩术，并用献酒的方式成功说服了晋平公。

春秋时期，王室衰微，公卿大族势力较大。对于这个现象，晋平公一直忧心忡忡。不久，晋国六卿之一的智悼子荀盈死了。智悼子还没有下葬的时候，晋平公就毫无顾忌地与师旷、李调两个人饮酒作乐，奏起欢快的乐曲。

这时，负责宫中每天膳食的杜蒉刚刚从外面办完事回来。杜蒉听见钟鼓奏响的声音，就问侍卫："钟声是从哪里传出来的？"旁边有人回答说："大人，钟声是从后宫里传出来的。国君由师旷和李调陪着，他们正在后宫里奏乐。"

听到这儿，杜蒉就三步并作两步走，急速地来到后宫。果然，杜蒉远远地就看见国君在饮酒奏乐。于是，杜蒉就快步走上台阶，来到了晋平公面前。然后，杜蒉就倒了一杯酒，并对师旷说："师旷，现在请你把这杯酒喝了。"师旷不知道杜蒉要做什么事情，但还是喝了这杯酒。随后，杜蒉倒了第二杯酒，并且对李调说："李调，现在也请你把这杯酒喝下去。"李调也是一脸茫然，不过也喝了这杯酒。接着，杜蒉站在堂上倒了第三杯酒，自己面向北喝了这杯酒。杜蒉喝完了酒以后，就转身向外面快步地走了出去。

这个时候，一直沉默的晋平公坐不住了。晋平公命人把杜蒉叫来，并且问杜蒉："杜蒉，你刚刚是想劝导我的吧？所以，我才没有和你说话。现在我问你，你为什么让师旷喝酒呢？"

杜蒉回答说："古时候，桀在乙卯这一天死去，纣在甲子这一天死去。因此，人们认为乙卯和甲子这两天十分不吉利。人们就规定不能在这两个禁忌日里奏乐，用来警戒世人不要像桀纣那样宴饮无度。况且，现在智悼子的棺材还没有下葬。但是，您却又喝酒又奏乐，这岂不是比冲撞乙卯、甲子这两个不吉利的日子还要严重吗？师旷是负责礼乐的太师，却没有把这些道理告诉您。所以，我要罚师旷喝一杯酒。"

晋平公又问："那么，你为什么也让李调喝酒呢？"

杜蒉回答说："李调，是你亲近的臣子。但是，李调只顾着吃喝享乐，却没有尽到规劝国君的本分。所以，我也要罚李调喝一杯酒。"

听到这儿，晋平公接着问："那么，你为什么也面向北喝了一杯酒呢？"

杜蒉回答说："我负责宫中膳食，不去切菜剁肉，却不顾自己身份卑微而在这儿劝说国君。所以，我逾矩越权了，也要被罚一杯酒。"

晋平公就说："这样说的话，我也有不对的地方，不能在上卿智悼子死的时候饮酒奏乐。那么，也请你为我倒一杯酒吧。"

于是，杜蒉就把酒杯洗得干干净净。然后，杜蒉倒满了一杯酒，把酒杯高高地举起来，并且呈献给晋平公。晋平公又对身边的下人说："你要替我记住，要永远记杜蒉刚刚举杯的方式。哪怕到我死了以后，国家也不能废除这个举杯的仪式。"

所以直到今天，凡是向国君和宾客献酒之后，然后高高举起酒杯的方式，就被称做"杜举"。

国家的重臣刚刚死去，国君却喝酒奏乐，这显然是不符合礼仪的事情。因此，杜蒉才要想尽办法劝谏国君。晋平公知道了自己的行为不合礼法，然后才接受杜蒉的进谏。从这件事情来看，古人是十分重视礼法规范的。

## 文王世子

周文王还是太子的时候，就以孝顺闻名四方。文王对待父亲王季非常恭敬，每天都要问候父亲三次。早晨鸡刚刚叫之后，文王就穿上衣服，来到父亲住的屋子外面。然后，文王就向值班的内臣询问道："我父亲今天休息得怎样呀？睡得好吗？"内臣回答说："大王睡得很好。"周文王听到这儿，就非常高兴。中午的时候，文王也来给父亲问安。到了晚上的时候，文王还是会来问安。文王一旦听说父亲有一点不舒服，就非常担心。这时候，文王无论做什么事情都没有心思，一脸担忧的样子，走起路来也是摇摇晃晃的。直到王季的饮食起居恢复正常以后，文王才会一切如常。

文王给父亲送食物的时候，一定要亲自看看饭菜的冷热程度。等王季吃完了，饭菜撤了下去以后，文王还要问父亲吃了多少。而且，文王还要告诉掌管膳食的官员："以后不要再送和这次同样的饭菜来了。"看到负责膳食的官员答应了以后，文王才会离去。

文王的孝行影响了儿子武王，周武王的一言一行丝毫不敢不及自己的父亲。一次，周文王生病以后，武王就衣不解带地在床前伺候了几天几夜。在这期间，文王吃一口东西以后，武王才会吃一口东西；文王吃两口饭以后，武王才肯吃两口饭。这样一直持续了十二天，文王的病好了，武王才放心了。

有一次，武王做了一个梦。文王就问武王："你梦到什么了呢？"武王回答说："父亲，我梦到上天让我活到了九十岁。"文王又问儿子："那么你觉得这个梦应该怎么解释呢？"武王说："西方一共有九个诸侯国，我想父亲不久就可以统领这九个诸侯国了。"文王就说："我觉得不是这样的。古时候，年龄这两个字是放在一起使用的，而牙齿也代表年龄。我能够活一百岁，你能够活九十岁，我就给你三年吧。"因此，周文王死的时候九十七岁，周武王死的时候九十三岁。

周成王刚刚即位的时候非常年幼，所以还不能亲自处理朝政。于是，周公就暂时以大王的身份处理国家大事。周公经常提及周文王做太子时候的言行举止，以此来教育自己的儿子伯禽。原来，周公是借教育伯禽让周成王明白君臣、父子、长幼的礼仪。一旦周成王有什么过失，周公就用鞭子抽打伯禽，以此来达到教育周成王的目的。因此，周公是间接地用文王做太子时候的行为，督促周成王。

## 魏文侯问乐

魏文侯是春秋时期有名的贤君，有一次他问孔子的学生子夏说："我只要穿着很正式的朝服去听那些古时候的音乐，很有可能没多大会儿就会睡着。但是要是让我去听那些郑卫地方的音乐，就是时间再长我也不知道疲倦，我想请问一下，为什么古乐会让人疲倦，而最新的流行音乐却会使人不知疲倦呢？"

子夏回答说："您所说的那种古乐，它在表演的时候，常常是齐进齐退，古乐的乐声十分的平和，音域也很宽广。管弦之类的乐器，都依附于鼓声的节奏来进行演奏，开始是以鼓声领起，结束时用金铙来作结。指挥结束的乐曲时用相，控制音速是通过压。而且古乐很多时候是君子们用来表达深刻的意义的，或者是用来歌颂圣主的业绩的，表现的是那种修身、齐家、治国、平天下的事迹。而您

魏文侯

说的那种流行音乐，在表演的时候往往混杂不堪，乐曲中又充斥了奸佞邪恶的感情，往往能够令人沉溺于此而不能自拔。而且经常是夹杂着那些倡伶艺人之类的表演，男男女女、父父子子，混杂在其中不能分辨。您花费时间将它们听完后，往往一点收获也没有，既不会体味出什么深刻的道理，也不会得出上古贤君的英雄事迹。这些，就

是新乐的表现。虽然您认为您现在问的是乐，其实是在讨论音的问题。所谓音乐，音和乐看似一样，其实是很不同的。"

魏文侯于是问道："请问有些什么不同呢？"

子夏接着说道："古时候，天地是极其和谐的，四时也是极其恰当的，老百姓都安居乐业，培养自己善良的品德，庄稼每年都是大丰收，没有疾病的流行，也没有妖魔鬼怪之事作祟，这就是我们现在所说的太平盛世啊！到了后来，出现了圣人，他们为了治理天下，开始划定伦理纲常，设定了礼仪之事，这样一来，天下也算安定。天下安定下来后，接着圣人又制定了六律，调和了五声，再配合那些乐器和诗歌，就成了有德行的音乐，这样的音乐才能被称之为乐。《诗经》中曾经说过，德音听起来是多么的淡漠，而德行却又是那么的光明正大，光明正大又合乎德行的，才是能够胜任君王之位的人，在这样的人的治理下，国家才能够强大，人民才能够幸福。等到文王的时候，德行达到了最高的境界，没有什么遗憾了。文王接受了上天的庇佑，又把这种庇佑传给了他的子子孙孙。这些，说的就是德音的问题啊！您现在所喜欢的，大概是那种被称为溺音的声音吧。"

魏文侯接着问道："那再请问，您所说的溺音又是从哪里产生的？"

子夏回答道："郑国的音乐，听起来显得轻佻而浪荡，容易使人产生淫邪的念头；再说宋国的音乐，听起来有种说不出的缠绵悱恻感，很容易让人产生消极的感觉；而卫国的音乐呢，节奏大多十分急促，常常会使听的人觉得十分疲惫，意志消沉；齐国的音乐又是另一番景象，听后让人能够产生一种骄傲蛮横的感觉，使人变得自傲。这四种音乐，都会使人沉溺，从而不利于德行的培养，所以在祭祀的时候是绝对不能使用的。《诗经》中提到过，只有严肃舒缓的音乐，先人们才愿意聆听。做为国君，不应该完全凭一己的好恶来选择爱好，一定要从对国家社稷、黎民百姓有利的方面来严格要求自己。因为国君榜样的力量是无穷的，所谓上行下效，说的就是上面常常有什么样的举动，下面的群众就会竞相模仿，形成一股流行势力。《诗经》中所说的：诱导民众很容易。说的就是这个意思吧。

"圣人后来又制作了六种不同的乐器，用它们来发出德音。接着再用钟、磬、竽、瑟这些乐器来进行调和，再用干、戚、旄、狄来进行伴舞，这样制作好的乐才可以被用来祭祀先王宗庙，才可以用来排列官职的大小等级，才能向后世的人们昭示尊卑的顺序。

"钟这种乐器，声音铿锵响亮，可以用作号令，容易令人振奋，这样才会建立武功，君子听到钟声就会想到武臣；石磬这种乐器的特点呢，就是声音非常的坚定有力量，可以令人分辨节义，只要能够分辨节义，这样就不会畏惧牺牲了。君子只要听到石磬的声音，就会想到那些为国裹尸沙场的英雄们；至于弦乐，它的特点就是音色缠绵，听起来十分的哀怨。哀怨则可以使人产生正义感，这样就会使人树立远大的志向。所以，君子只要听到弦乐声，就会联想到那些有操守的大臣们；至于箫管这类用竹管制成的乐器，因为将声音聚拢在一起才能够演奏，所以可以聚集起人心。君子听到竽、

笙箫、管的声音，很快就会想到那些团结人心的力量；至于鼓皮，因为它的声音很喧闹，所以常常会令人激动，以此来促使人们不断前进。君子听到后，就会想起那些统帅军队的将士们。所以说，君子听音乐，不仅仅只是单纯地听那种节奏感，更多的是想从音乐中收获和自己理想相契合的部分。"

## 孔子主持射礼

有一次，孔子在矍相这个地方主持射礼。孔子早早地带着子路等人来到了矍相的一块很大的空地，开始做起了准备工作。过往的人群看见有人在主持射礼，都十分好奇，渐渐地聚拢了过来，到最后，人群多得像是一堵墙一样，四面八方都透不进去一丝风。

正式的射礼仪式开始之前，先是行乡饮酒礼，然后原先担任司正的人开始转任为司马，而射礼活动马上就要开始了。正在大伙都想一睹为快之时，主持射礼的孔子突然命令这次活动中担任司射职务的子路走了出来。只见子路手里拿了一张弓箭，先是盛情邀请围观的群众来参观这次活动，接着又说道："我们的活动马上就要开始，现在我讲一下可以进场观看人员所应该具备的资格。首先，凡是打过败仗的军人，是不能够进来观礼的；其次，国家已经灭亡的士大夫，也不可以进来；再次，那些为了贪图富贵，把自己硬生生过继给别人做后嗣的人，也是不可以进来的。除此之外，大家都进来吧。"

子路说完这番话后，人群中立马少了一半的人，进入场内的只剩下一半的人。孔子接着又叫公罔之裘和序点将酒杯举起来，然后来宣布活动的规则。

公罔之裘首先举起自己手中的酒杯说道："首先恭喜大家能够进来观看我们的活动，但是由于此次活动所设置的来宾席数量有限，所以我们只能再从大家中间挑选一部分人留下来。我现在想问的是，我们中间有没有二三十岁左右的人，但是已经能够懂得孝顺父、母亲，和自己的兄弟和睦相处的？有没有六七十岁的老人们，平时对礼义这门学问很有讲究，又不受那些庸俗之风气的影响，能够一直以高尚的品德来提高自己的修养，一直到老去为止？如果您的标准符合我上面所说的两条，就请到这边的来宾席上。"

公罔之裘这番话说完后，来的人中又走了约莫一半数量的人。接下来序点又举起了酒杯，更进一步地说道："留下的都是很值得我们尊敬的人。但是我现在还有几个条件要讲。我们中间有没有年纪很轻，但是十分热爱学习，每天都孜孜不倦地研究学问、爱好礼义，而且愿意一直这样下去不改变自己志向的？有没有已经八九十岁的年纪，甚至已经达到一百岁，但是一直都奉公守法，从来没做过那些胡作非为的坏事的？如果有的话，请再往前一步，到我们这边的贵宾席来就座。"

等到序点的话说完后，留下来的人早已经寥寥无几了。

## 曾子论孝

在儒家思想文化中，"孝"是一个最核心的观念。曾子说："孝可以分为三等，下等的孝是只能供养父母，中等的孝是不侮辱父母的名声，上等的孝是让父母能够获得尊敬。"公明仪问道："那么先生您可以称得上'孝'了吧？"曾子说道："这是什么话！君子为孝，应该在父母表达之前就知道他们的意思，事先做好，又能通过所做的事情让父母明白做人的道理。我现在只是供养父母，怎么能算得上是孝呢？"

曾子说道："身体发肤都是受之于父母，用父母留给我们的身体来行动，怎么敢不恭敬呢？日常生活中的起居不庄重，这是不孝；侍奉君主不忠心，这是不孝；身在官位不谨慎行事，这是不孝；交朋友不讲信用，这是不孝；上战场打仗不勇敢，这是不孝。这五个方面如果做不到，就会使灾祸连累到父母，怎么敢不恭敬呢？仅仅是把饭做好，品尝以后献给父母，这不是孝，只是供养而已。君子所说的孝，是指要让人们都发自肺腑地称赞：'你有这样的儿子，真是幸运啊！'这样才是真正的孝顺。孝是教化民众的根本，它在行为上的表现就是赡养。赡养也许是人人都可以做到的，但是'敬'不是轻易能做到的；敬也许是有些人可以做到的，但是要自然而然地做到就难了；自然也许有人是可以做到的，但是要坚持一生都如此就难了。当父母去世了，还能谨慎行事，不让父母背负上恶名，这可以称得上是终身为孝了。仁义的人会以孝为根本，懂礼的人会行孝，有大义的人会让自己的行为合乎孝，信者会自己践行孝义，强者会一直做到孝。快乐因行孝而产生，刑罚则是由于不孝的行为带来的。"

曾子说："树立了孝道就会充满天地，不重视孝道就会分散在天下各地，能够施及后世的必将永远存在。推行它并将它放到东海是行为的准则，推行它并将它放到西海是行为的准则，推行它并将它放到南海是行为的准则，推行它并将它放到北海是行为的准则。《诗经》里说的：'从西到东，从南到北，没有不遵从的'也就是这个意思。"

曾子说："砍伐树木要等到符合季节的时候，猎杀禽兽也要等到合适的季节。老师曾说道：'砍伐树木，猎杀禽兽没有合乎时宜，那就是不孝。'孝有三等，小的孝只用花费力气，中孝可以建功立业，大孝则没有欠缺。想念父母的慈爱，忘记自己的辛苦，这可以说是出了力气；崇尚仁德的行为，遵从道义做事，这可以称得上建功立业了；把仁德的观念推行到天下，使每个人都能够受益，这可以称得上没有欠缺了。父母夸奖自己，那就高兴地记在心里不敢忘记；父母若批评自己，那就要反省自身行为，更加谨慎地行事而不要有怨言；父母有过失的地方，应该婉言相劝而不要妄加责备、随意指责；父母如果去世，要用仁者的粟米来祭祀，这样才称得上终身行孝啊。"

曾子的弟子乐正子春下堂的时候扭伤了脚腕，几个月都没有出门，闷在屋里面带忧虑之色。有弟子不解，问他："先生，您的脚已经好了，但是为何几个月都不出门，还这么忧愁呢？"乐正子春说道："你这个问题问得好啊！我从老师曾子哪里听说：'天

所生育的，地所养育的，没有比这样的人更大的人了。父母完整地生育子女，子女应当完整地归还给父母，这样可以称之为孝。不损害自己的身体，不侮辱自己的身体，这样可以称之为完整了。所以，君子每走一步都不能忘记孝啊。'如今，我忘记了孝道，所以才会面有忧虑之色。每走一步都不能忘记父母，每说一句话都不能忘记父母。每走一步都不敢忘记父母，所以走路的时候要走大路不能抄小径，渡河的时候要坐船而不游泳，不敢用父母给的身体去做危险的事情。每说一句话都不敢忘记父母，所以从不对别人恶言相向，愤怒的和埋怨的话语才不会反过来伤害到自己，不会侮辱到自己，也不会羞辱自己的亲人，这样才可以称之为孝。"鲁哀公问礼

鲁哀公问孔子："大礼应该是怎样的呢？说到礼的时候，君子的态度为什么都会这么庄重呢？"孔子说："我孔丘只是一个小人物，还不配议论礼呢。"鲁哀公说："不是这样的，请您谈谈礼吧。"

孔子便说道："我听说，礼是百姓的生活中最重要的东西。没有了礼，就不能正确地侍奉天地间的神灵；没有了礼，就无法分辨君臣、上下和老幼的地位；没有了礼，就没办法区别男女、父子之间的感情；没有了礼，也不能把握婚姻和亲疏等人与人之间的关系。所以君子会十分敬重礼，并以之教导百姓，指导他们在合适的时节进行礼仪活动。等到他们的教导有了一定成效，再制作祭祀的器具、制作行礼的服饰来完善礼法；人民顺从的时候，再进一步指定服丧的期限，准备祭祀用的器具和牲畜、修葺宗庙，每年的同一时候都进行祭祀，祭祀的时候要排定长幼的顺序；同时，君子要自己安排住处，要衣着简朴，住在矮小简朴的房子里面，马车上不要有装饰用的花纹，祭祀的器具上也没有雕刻的花纹，吃饭简单，与百姓有福同享，有难同当。从前，君子们就是这么做的。"

鲁哀公又问道："那么，当今的社会为什么没有君子这样做呢？"

孔子回答道："当今的君子们只懂得享受眼前暂时的利益，而且十分贪婪，从来没有满足的时候。过分地要求得到，得到了又不舍得放手。心里想要的多，身体又懒惰，但是态度却很傲慢，一心想要耗尽人民的钱财，将人民的利用价值压榨殆尽。他们违反人民的意志，肆意侵犯好人、欺负老实人，为了满足自身的欲望，他们横行霸道什么事情都敢做出来。从前的君子施行的是前面说的方式，当今的君子施行的是后面说的方式，当今的君子已经不愿意再遵从那种古老的礼仪了。"

孔子在鲁哀公身旁坐着，鲁哀公问他道："在治理百姓的措施中，哪一项是最重要的呢？"

孔子的表情马上变得十分严肃，说道："您能问出这个问题，可真是百姓的福气啊！我虽然见识浅薄，但又怎敢不认真回答这个问题呢？在治理百姓的措施中，最重要的应该是政治啊。"

鲁哀公问道："那么什么叫做政治呢？"

孔子回答道："政治，就是正直。君王能够做到正直，百姓也就会跟着正直了。君王的所作所为，都会成为百姓学习的榜样；君王不做的行为，百姓又怎么会去做呢？"

鲁哀公说："那就请您谈一谈怎样施行政治吧。"

孔子说道："夫妇之间有分别，父子之间能相互关心，君臣之间要相互尊敬，这三件事情做好了，能做好其他的事情也就不在话下了。"

鲁哀公说："我虽然不是您所说的古代君子，但我也想知道这三件事情应该怎样做才能够做好，您能说给我听听吗？"

孔子说道："古代君王处理政事，最重要的是要做到爱人；而要做到爱人，首先就要治礼；治礼的话，就要先学会恭敬。恭敬最极致的表现是在君王和诸侯的婚姻上，他们的婚姻将是恭敬中最难做到的。结婚时，君王要穿着礼服亲自前去迎接，这是为了表示对女方的爱；爱对方也就是爱自己了，所以君王应该用崇敬和爱慕的感情和女方相爱。夫妻之间没有了敬意也就失去了诚意，没有了诚意也就没有了爱慕，而没有了爱慕的夫妻便不会有敬重，没有了敬重，那就不是正当的婚姻。爱人和恭敬，大概算得上是政事的根本了。"

听到这里，鲁哀公对孔子的说法表示出了一点疑问，他问："我有话想问，穿着礼服去见一个女人，这是不是有些太隆重了？"

孔子严肃地回答道："婚姻是两个姓的结合，古代帝王传递后代，才有了现在江山社稷的主人，怎么能说这样的行为太过隆重呢？"

鲁哀公说："我真是愚蠢，但是我如果不愚蠢，我也就听不到您这番话了。我想请教您，但又找不到合适的说法。现在您请接着往下说吧。"

孔子说道："如果天地不相互配合，那么万物就不能生育。婚姻能够延续后代，使子孙后代繁衍不绝，您怎么能说太隆重呢？"

孔子又说："夫妻对于宗庙中主持的祭祀而言，他们足以和神明相提并论。对外发号施令，使得大家都能恭敬地听从；宗庙内外都有了礼，臣子如果有失职的地方就可以及时纠正，君王有了错误也能得到及时地改正。所以说，施行政治要以礼为基础，礼是政治的根本。"

孔子接着又说道："在夏商周时代，君王们治理政事都十分敬重他们的妻子和儿子，他们这样做是很有道理的。百姓也是一样的，因为自己想到其他百姓，因为自己的儿子想到其他百姓的儿子，因为自己的妻子想到其他百姓的妻子。君王对这三者都一样敬重，天下的人也就会做到这三敬，礼就会在天下普及。过去的周太王就是这样做的，能够这样做，社会就会安定，国家就会长治久安了。"

鲁哀公问道："请问，什么叫做敬重自身呢？"

孔子回答道："君王说错了话，百姓便跟着会说错话；君王做错了事情，百姓便会跟着效仿也做错事情。所以君子一定要谨言慎行，不能说错话，也不能做错事，做事要有原则。这样一来，不用花力气去吩咐指导，百姓就会恭敬，这就是敬身。能够做到敬身，也便可以成就父母的美名了。"

鲁哀公问："什么叫做'成就父母的美名'呢？"

孔子回答说："君子这个美称是用来称赞人的，百姓如果能够把君子这个美称送给

他，说他是君子的儿子，那么他的父母就可以成为君子了，这样就成就了父母的美名。"孔子又进一步解释："古代君王处理政事的时候，很重视仁爱。不能爱人的人，别人也不会爱他，他又怎能保住自身呢？自身都保不住了，又怎么能保住国土？保不住国土，他就会归罪于天；把一切罪责都归罪于上天，他也就不能够成就自己了。"

鲁哀公又问道："那么什么又叫'成就自己'呢？"

孔子说道："做事情没有过失就能够成就自己了。"

鲁哀公问道："请问，君子为什么要崇拜天道呢？"

孔子说："崇拜天道是因为它永远不会停止啊！比如日升月沉，东升西落，日夜运行不息，这是天道；畅通无阻，永远如一，这是天道；自然没有任何做为而能成就万物，这也是天道。上天孕育了万物，功德多么显著，这也是天道啊。"

鲁哀公叹道："我真是愚蠢顽固啊，恳请先生多多指教啊。"

孔子马上离开座位，说道："仁德的人做事是没有过失的，孝顺的人做事也是没有过失的，所以仁德的人侍奉父母会像侍奉上天一样，侍奉上天也会像侍奉父母一样。所以，孝顺的人是可以成就自己的。"

鲁哀公说："我听了您这番话，担心以后我还会出现过失啊，这怎么办呢？"

孔子欣慰地说："您能说出这样的话来，就是百姓的福分啊！"

## 童子汪踦舍身救国

童子汪踦舍身救国，讲述的是春秋时期，鲁国的少年汪踦为了报效国家，牺牲自己生命的故事。人们为了纪念汪踦，按照成人的礼仪标准厚葬了少年汪踦。

春秋时期，诸侯国之间频繁地发生战争。鲁哀公十一年（公元前484年）的春天，齐国攻打鲁国，双方在山东曲阜附近的郎邑展开了激战，打得不可开交。

一天，鲁国的公叔禺人看见一个背着兵器的人来到城中休息。而且，这个人满脸疲惫，一副劳累不堪的样子。于是，公叔禺人就十分痛心地感叹道："自从我们鲁国抵御齐国以来，鲁国就不断地要求百姓服兵役和交纳更多的赋税。看看现在，日益沉重的兵役，已经将百姓折磨得劳累不堪了；愈来愈重的赋税，也让百姓食不果腹，困顿不已了。在普通百姓们为国家贡献人力物力财力的时候，那些大臣公卿们又是怎么做的呢？看看那些拥有重权的卿大夫之中，有几个人是能够尽心尽责地为国家效劳的呢？而且，那些任中下级官职的士人们，又有几个人是可以为了国家献身的呢？如果全国的人民都不愿意为国家出力的话，我们靠谁击败齐国军队呢？既然我已经这样说了，就从我开始吧。"

于是，公叔禺人就找邻居汪踦商量。当时，汪踦还未成年。听到公叔禺人这么说，汪踦也十分同意，就和公叔禺人去前线作战了。在战场上，公叔禺人和汪踦两人不顾生命危险，奋勇杀敌。不久，公叔禺人和汪踦两个人都战死在疆场上。后来，鲁国击退了齐国。

人们为了纪念死去的少年汪踦,就打算用成人的礼仪厚葬他。但是,汪踦还没有成年,人们又非常讲究礼仪。根据《礼记》中对丧服的规定,普通的义士死的时候,仍然按照普通人的标准举行丧礼。于是,有人就建议去问孔子。孔子听说了这件事以后,就说:"童子汪踦拿起武器,和成人一样保卫国家。这就说明,汪踦把自己做为一个成年人来看待。我们为什么不能成全汪踦的忠义呢?"于是,人们就按照成年人的标准厚葬了汪踦。

## 孔子闲居

孔子在家闲居,他的学生子夏在一旁陪侍。

子夏问孔子:"老师,《诗经》上说'快乐平易的君子,是民众的父母',为什么说这样就称得上民众的父母呢?"

孔子回答说:"要成为民众的父母,他必须懂得礼乐的起源,达到'五至',施行'三无',并普及天下,哪里有混乱,必然预先知道。这样的人就是民众的父母了。"

子夏又问:"民众父母的意思我已经明白了,那'五至'是什么意思呢?"

孔子回答说:"有正确的思维意识,就会说出相应的话;言语表达得准确,行为就合乎规范;各自的行为合乎规范,相互之间就会快乐;相互之间有快乐,就会有同情。相互之间的同情和快乐是互相引发的,这种道理即使端正明亮的双眼,也不会看见;即使竖起仔细倾听的双耳,也不会听到,这就是'五至'的意思。"

子夏说:"我知道'五至'的意思了,请问'三无'又是什么意思?"

孔子说:"无声的音乐,无形的礼仪,无丧服的服丧,就称为'三无'。"

子夏说:"'三无'的意思我已经大致明白了,请问哪句诗的意思和它比较接近呢?"

孔子说:"'朝夕谋政宽又静',这就近似于无声的音乐。'仪表安和,无可挑剔',这就近似于无形的礼仪。'凡民有难,全力救助',这就近似于无丧服的服丧。"

子夏说:"老师,您说得真是完美、充分啊!到这里是不是就算说完了?"

孔子说:"怎么这就算完了?除了要做到这'三无',君子还必须做到'五起'。"

子夏问:"什么是'五起'?"

孔子说:"一起:无声的音乐,与心情、情趣相一致;无形的礼仪,态度温和谦逊;无丧服的服丧,宽容、真切地同情别人。二起:无声的音乐,显示满足的快乐;无形的礼仪,表情沉着庄重;无丧服的服丧,推广到四方之国。三起:无声的音乐,与大众的情趣一致;无形的礼仪,使上下和睦同心;无丧服的服丧,关爱世上所有的人。四起:无声的音乐,一天天传遍四方;无形的礼仪,一天天扩大影响;无丧服的服丧,纯粹的仁爱无私。五起:无声的音乐,激发起振奋的精神;无形的礼仪,遍及

到全世界；无丧服的服丧，施行于子孙万代。

子夏说："夏禹、商汤和周文王的德行，参照天地的规律，请问是怎样参照天地规律的？"

孔子说："要遵照'三无私'的精神管理天下。"

子夏说："请问什么是'三无私'？"

孔子说："天无私心地覆盖一切，地无私心地承载万物，日月无私心地照耀四方。用这三种精神管理天下，就是'三无私'。这种精神体现在《诗经》中，就是说：'天命不可违，成汤登上天子之位。成汤降世正适时，他圣明又谨慎。光明正大的德行永不改变，对上天一直十分敬重。上天就命成汤统一了九州。'这就是成汤的德行。上天有春夏秋冬四季不断变换，有风霜雨露滋润万物，这就是圣人施行教化需要仿效的法则。地负载万物的生气，风雷运行在天地之间，所到之处，万物生长繁衍，这也是圣人施行教化需要仿效的法则。圣人的德行无比清明，思想意志犹如神明，心中想有所做为，一定会事先显示出什么征兆。正如上天将要下雨的时候，山川间就会有雾气出现。这种精神体现在《诗经》中，就是说：'巍巍五岳，直插云天。五岳降下神灵，他们就是甫侯和申伯。甫侯和申伯，是周王朝的栋梁。四方各国都受到他们的保护，周天子的恩德遍及四方。'这就是周文王与周武王的德行。三代的圣王，都是在还没有当君王之前就获得了美名。《诗经》中说：'圣明的天子，其美名永远被世人传颂。'这就是周太王的德行。"

子夏听到这里，猛地起身站起来，背靠着墙，恭敬地说："弟子怎敢不接受这番教诲呢？"

孔子的意思大概是说：人要有修养，首先要确定追求仁爱的志向。有追求仁爱的志向，自然就会有心去学习合乎规范的礼仪，并在学习的过程中使自己的修养不断提高。当一个人的修养达到了较高的境界，就会表现出相应的气质。气质不一定非要通过语言和行动来表现，而是时刻都存在着，随时都会显示出来。

孔子所说的"无声的音乐"，指的不仅仅是音乐，还指对美好事物的感受，相互愉悦的快乐，平和的心境和振奋的精神。"无行的礼仪"也不是指没有固定动作的礼仪，还指为人正直、性格大方、自尊敬人、诚实守信、与人和睦相处。"无丧服的服丧"，主要是指要有爱心和同情心，对别人要宽容、慈悲、和善，也就是有广博的爱心。

孔子说的"三无私"其实就是：一个人的心胸，就应该像上天覆盖一切，大地承载万物，日月普照四方那样无私。这就是孔子所提倡的最高精神境界。

## 投壶之礼

古代士大夫在宴饮时，为了劝酒和活跃气氛，便常做一种叫投壶的游戏。游戏时，投壶者要把没有箭头的箭，投入与其有一定距离处的壶口中，投中支数多者获胜。投壶是一种讲究礼节、从容儒雅的活动，在战国时得到一定发展。

春秋时期，在诸侯宴请宾客时的礼仪当中，请客人射箭就是其中之一。那时，成年男子不会射箭被视为一种耻辱，而且主人请客人射箭时，客人不得推辞。但是有的客人确实不会射箭，为了不使客人难堪，后来就用箭投酒壶代替。久而久之，投壶就代替了射箭，成为宴饮时的一种游戏。

到了战国时期，文人墨客开始倾向于内心修养，投壶这种讲礼节、重儒雅的活动，正符合他们的需求。此外，随着社会的发展，投壶取乐的现象在民间也越来越普遍。

投壶既是一种游戏，又是一种礼仪，因此它有很多规矩，也有特定的程序。

首先，宾主就位。宾主坐到各自的席位上，投壶礼仪开始。

然后，三请三让。主人双手捧着投壶用的四支箭，再让另一个人拿着壶。主人来请宾客："我有不直的箭，窄口的壶，希望它能给你们带来快乐！"宾客辞谢道："您已经赏赐给我们美酒佳肴了，还让我们投壶取乐，真是不敢当。"主人又请道："只是不直的箭，窄口的壶罢了，不值得辞谢，请你们来玩吧！"宾客又辞谢道："美酒佳肴就足够了，再赏赐给我们投壶，真的是不敢当。"主人第三次请道："只是不直的箭，窄口的壶罢了，不值得客气，请你们一定要参加。"宾客便说："既然盛情难却，那我们只好恭敬不如从命了。"

宾客向主人行拜礼，接受主人奉上的四支箭。主人还拜礼。宾主再相互行揖礼，礼毕后，到各自的席位上正坐，做好投壶的准备。

接着，投壶开始。司射把两尊壶放到宾主席对面的席子上（壶离宾主席位的距离为二矢半），分别正对宾客与主人。

司射返回自己的席位，向宾主宣布比赛规则："投壶之礼，需将箭头投入壶内才算投中；宾客与主人交替投箭头，如果一方连续投，投中也不予计分；投中获胜者给没有投中者倒酒，这酒称为罚酒。"说完，司射对乐工吩咐道："请演奏《狸首》（古乐曲名，古人行射礼时，天子、诸侯分别以《驺虞》、《狸首》之曲为发箭节度）。"

投壶时，宾主依次投壶，八支箭全部投完后，为一局。

另外，在投壶的时候，司射会告诫双方的年轻人说："不要怠慢，不要骄傲，不要背对着大堂站立，不要大声喧哗，否则都要受到惩罚。"

由此可见，投壶在春秋战国时代已成为一种正规的礼仪。

## 石祁子知礼

卫国大夫石骀仲去世的时候，留下了六个孩子，皆为侧室所生。因此，无法决定让哪个孩子来继承他的爵位。当时，人们在决定不了什么事时，就会用占卜龟甲来看上天的安排。于是，也只好用这个办法来选石骀仲的继承人。

占卜开始前，占卜师要六个孩子先去洗干净头和身子，再穿戴干净整齐，并佩戴

上一块美玉，这样的话，占卜的结果就会对孩子们有益。

孩子们都想当继承人，于是就立刻去洗头、洗身子，然后一个个穿着干干净净、整整齐齐的衣服，佩戴上一块美玉出来了。但是，只有一个孩子例外，他就是石祁子。石祁子既没有洗头，也没有洗身子，更没有佩带美玉。

占卜师感觉很奇怪，便问石祁子："你为什么不按照我说的去做呢？难道你不想继承你父亲的爵位吗？"

石祁子回答道："在为父亲守丧期间，哪有可以去洗头、洗身子，身上还要佩带美玉的事？这是不知礼的表现。"

占卜师说："占卜前要净身换衣、佩带上美玉，这不但是为了尊敬神明，也是为了让自己获得好的征兆呀。"

但是，石祁子还是坚持不肯去洗，也不肯佩玉，他觉得要是自己那样做了，就是对父亲不恭敬。

然而，占卜结果出乎大家的预料，因为龟甲上显示的是只有石祁子是继承人的合适人选。很快，这件事就被传开了，当时所有的卫国人都认为占卜龟甲果真是很灵验的。

人们觉得，遇到像丧父、丧母这样重大的丧事，真正孝顺知礼的儿女，内心一定悲痛至极，不可能再有闲情逸致去注重自己的外表。石祁子在为父守丧期间，即使为了自己的前程，他也坚持不去洗头、洗身子，更不去佩带美玉做为修饰，因此他才是真正孝顺又知礼的孩子。而这样的孩子，是不会被老天抛弃的，所以占卜才会显示出那样的结果。

从此以后，石祁子知礼一直被传为美谈。

## 孔子论蜡祭

春秋时期，每年的十二月份，因为全年的农事都已经结束，而且新的一年马上就要到来，所以上至天子，下至乡里的地方官都会召集民众，举行盛大的蜡祭，以祭祀掌管农作物的神明，表达感谢并祈求福佑。

这一年，城里又举行了蜡祭活动，子贡刚参加完蜡祭回来。孔子问子贡："怎么样，是不是感觉很开心呢？"

子贡回答说："在祭祀的过程中，气愤很热烈，人们都跟疯了似的争相拜神，热闹得很，但是我不觉得有什么好开心的。"

孔子笑了笑，说："人们都辛辛苦苦忙了一整年了，现在，因为受了君主的恩惠，才得以参加这么盛大的蜡祭活动，能不开心吗？看来，你还没有明白举行腊祭的真正目的。举行这个活动，除了祭拜神明以外，更重要的是给老百姓一个放松身心的机会。如果人们的生活一直像拉紧的弓弦一样，一刻都不得放松，就算是周文王、周武王这样的圣君，也是无法办到的；但是如果像一直松弛而从不拉紧的弓弦一样生活，那又是不能够的。所以在紧张了一段时间之后，也要适当地放松一下，这才是明智的为政之道呀！"

子贡听后点了点头，说："老师，我这下终于明白了。像蜡祭这类典礼的安排，应该是君主深切地了解了一张一弛的道理，所以才有心为调节人民的身心而制定的，使人民劳逸结合，从而更有精神去做接下来的事情，对吗？"

孔子微笑着点了点头。

## 赵文子论人

晋国的大夫赵子文和叔誉在九原散步，这个地方风景秀丽，风水也很好，所以很多晋国的贵族死去之后都会被葬在这里。眼前是林立的墓碑，整齐地排列着；松柏和野草把这里的气氛衬托得有些萧瑟。赵子文心生感慨，问叔誉道："如果这些死去的人能够复活，那么在这些人里面，我跟随谁是明智的呢？"

叔誉回答说："晋襄公时有一个叫做阳处父的人，大家公认他是个德才兼备的人，跟随他应该可以吧？"

赵文子想了想，摇头说："这个人没什么了不起的。在晋国的朝廷里面，就他喜欢独揽大权、争名夺利，遇到事情无论是不是他的职责，他都想要插一脚。他以为自己很有才华，所以太过自负，因而显得刚愎自用，得罪了很多人，最后不得善终。他连自己的性命都没办法保全，就说明他的才华其实是有限的，他不值得受到这样的称赞。"

叔誉想了想说道："那么，晋文公的舅舅子犯这个人怎么样？晋文公逃亡在外的十几年里，他一直追随着晋文公不离不弃，大家都说他是真正的君子。"

赵文子依然摇头，说："他的确追随了晋文公十九年，然而，在晋文公终于可以结束逃亡，渡过黄河回国当官的时候，他却提出了离开晋文公的要求。晋文公流落在外十九年，在国内一点根基都没有，现在正是最需要他的帮助建功立业的时候，他却想要离开。他真的要离开吗？不是的，他是在趁火打劫。结果，他逼得晋文公当场发誓，回国后一定会和他的舅舅同心协力，他这才继续跟随晋文公回国辅助他。在晋文公最需要帮助的时候，他趁机要挟以达到自己的目的，为了一己之私欲至君主的安危于不顾。这样的人你说他是君子，但我却认为他的品德也是不值得称道的。"

叔誉很久没有说话，只有风声回荡在两个人的身边。过了一会儿，赵文子轻轻说道："依我看，当年的随武子倒是一位值得追随的人。他的才智高人一等，他的德行也没有人能够比得上。对于臣子来说，当自己效忠的君主遇到危险的时候，他们就应该奋不顾身地扑上去保护君主，哪怕牺牲自己的性命也在所不辞。但是，谁又曾想过，他们如果真的牺牲了，这又何尝不是国家的损失呢？随武子就不是这样的，他一方面

能够做到忠于自己的职守，时刻保护君王的安危；一方面他又十分重视保护自己，他的一生中几乎没有遇到灭顶之灾，他的才智由此可见一斑。同时，他不但能够保证自己的性命无虞，还能够保护自己的朋友们。当他得到了一些好处时，他总会想到自己的朋友们还在困难之中，就会把自己所得到的分出一部分去照顾朋友们，他的宽厚德行也由此可见了。"

赵文子的这番话后来都被大家知道了，晋国上下的人都认为赵文子是真正的慧眼识人，他能够不失偏颇地正确评价一个人的优点和缺点，而不被私人感情所蒙蔽，不被外物的表象所迷惑，大家都很佩服他。

赵文子身材纤弱，平时说话声音很小，听的人需要仔细分辨才能听清楚他在说什么。但是他每说一句话都是中肯的，从来不说废话。因而国君十分信任他，他说的话没有不采纳的；他所推荐上来的人才，国君都会重用。一些管理仓库的人经他举荐后成为大夫的，算起来不少于七十个人。

尽管如此，这么多人因为他的推举而升官发财，功成名就；国家因为他的举荐而人才济济，政治清明。然而，在赵文子有生之年，从来没有因为这个向国君请求过赏赐，也没有向他举荐的那些人收取报酬。直到他逝去，他也没有交代过任何一个人多加照顾他的儿子。

# 《春秋左传》故事

## 郑伯克段于鄢

郑武公的妻子是申国人，叫武姜，武姜为郑武公生下两个儿子：长子庄公和次子段。在生长子庄公时，由于难产，武姜受到惊吓，所以很不喜欢这个长子，为他取名"寤生"，以示自己受到了惊吓。而对于自己的小儿子段，武姜就很喜欢，想让他成为王位的继承人，因此多次向郑武公建议立共叔段为嗣，郑武公没有答应。

郑武公死后，长子继位，是为庄公。武姜替小儿子说话，请求庄公同意段到分封地制邑。

不料庄公说："制邑这个地方比较危险，从前的虢叔就是死在这里的，不过我可以将其他城邑分给弟弟。"

于是武姜就请求将太叔京邑分给她的小儿子，庄公同意了，将这座城池分给弟弟之后，封他为京城太叔。

大夫祭仲向庄公建议道："封地的都城，如果城墙超过三百方丈，就会对国家产生危害。先王曾经说过，最大的城邑，其城墙尚且不能超过国都城墙的三分之一，中等的城邑，则不得超过五分之一；小城邑则不能超过国都的九分之一。京城太叔封地的城墙长度，超出了先王规定的范围，这是不利于您的统治的。"

郑庄公

庄公无奈地说："这是我母亲姜氏的主意，我有什么办法可以改变这一局面呢？"

祭仲毫不留情地回答："对于京城太叔的权力，她什么时候有过满足呢？既然如此，不妨趁早遏制，避免京城太叔越来越猖狂，不把国君放在眼里。否则，若不及时处理的话，会产生很多问题，其他城邑可能也会效仿，到时候麻烦就大了。"

庄公则回答说："多行不义必自毙。先不管京城太叔，将来他肯定会自乱阵脚，自己垮台。"随后不再理会这件事。

不久，京城太叔将郑国的西边和北边的土地占为己有，使得这里成为既属于自己又属于郑国的两属之地。

庄公的大臣公子吕看到这种情况，向庄公建议道："一个国家不能有两个国君，现在京城太叔已经和您一样成了郑国的国君了，大王您打算怎么处理这件事呢？如果您放任京城太叔做郑国国君，那么我请求将我派到他那里，臣服于他。如果您不想让他做郑国国君，那么我现在立刻就去除掉他，避免为百姓造成困惑，影响国家的稳定。"

没想到庄公仍然决定不予理会，他说："你不用在意他，他已经自掘坟墓了。"

由于庄公的不加理会，京城太叔更嚣张了，又将郑国的另外两处地划为自己的封地，他所统辖的太叔京邑，疆域已经扩展到廪延。

公子吕再次向庄公献策："现在是时机消灭他了吧？他的领土如果进一步扩大，老百姓会拥护他，这样就不利于大王您的地位了。"

庄公态度依旧："他这样对国君不义，对兄长不亲，即使他的领土扩大了，他最终仍然会垮台的。"

京城太叔看庄公仍然没有制裁自己的意思，趁机休整自己的城池，准备好军粮和武器，寻找时机向庄公发动进攻，妄图夺取整个郑国。而他的母亲武姜，一向宠爱这个小儿子，已经决定在郑国都城内接应他，母子二人共同对付庄公的协议已经达成。

庄公得知弟弟和母亲的阴谋后，对臣子们说："现在我们可以还击了！"

战事正如庄公所料，当他将子封率领二百辆战车讨伐京邑时，京邑的人民都起来反抗京城太叔，这是京城太叔始料未及的，他苍茫中逃跑至鄢城。庄公又命人赶到鄢城讨伐他，京城太叔不得已逃亡共国，后世称之为共叔段。

## 石蜡大义灭亲

卫庄公先后娶了几位夫人。第一位夫人庄姜无子，卫庄公又娶陈侯之女厉妫为夫人，她生的儿子孝伯早早夭。于是卫庄公又娶厉妫的妹妹戴妫，戴妫生下两个儿子公子完、公子晋。戴妫很早就香消玉殒，夫人庄姜就代为抚养公子完，卫庄公就将公子完封为王位继承人。

除了以上几位夫人，卫庄公还有一名宠妾，她叫尚武，喜欢与庄公谈论用兵之道，因而深得卫庄公喜爱。这名宠妾为卫庄公生了一个儿子卫州吁，子凭母贵，卫庄公因为宠爱宠妾的缘故，对卫州吁也非常宠爱。卫州吁就在父亲的娇惯和母亲的纵容下，变得目空一切，狂妄自大。

臣子石蜡向卫庄公劝谏道："臣听说，爱自己的儿子，要教导他遵守规矩法度，不要纵容他走向邪恶之路。目空一切，狂妄自大，就是走向邪路的开端啊！大王如果您宠爱卫州吁，想立他为王位继承人的话，不要过于宠爱他，否则会导致祸端。因为一个人是很难做到受宠而不骄横、骄横而能安于下位、地位在下而不怨恨、怨恨而能克制的。况且，公子州吁地位低贱，有碍高贵，如果他以年轻的身份欺负哥哥的年长，疏离亲人之间的感情，进而新人离间旧人，导致弱小的反而逼迫强大的，这样会违反道义。这六件事都是违背道理的。而国君行仁义，臣子恭顺，为父者慈爱，为子者孝顺，为兄者爱护弟弟，为弟者尊敬兄长，这六件事才是合乎道理的。现在国君纵容公子州吁，就是背离道理，行违理之事，这是导致灾难的预兆啊。现在一切都还在大王您的控制范围之内，只要您及早除掉祸患，一切还来得及。如果不加以阻止，反而纵容公子州吁，恐怕会加速灾难的来临。"

对于石蜡的苦口婆心，卫庄公不予以理会，依然宠爱宠妾和公子州吁，而公子州吁在父亲的溺爱下，变得越发骄纵，还结识了一些狐朋狗友，借此培养自己的势力。石蜡的儿子石厚，就是公子州吁的"狐朋狗友"之一。石蜡苦苦劝导儿子远离公子州吁，但石厚并不听其劝告。

卫庄公死后，公子完继位，是为卫桓公。石蜡已经意识到局面无法控制了，于是向卫桓公告老还乡。

鲁隐公四年春（公元前719年），周天子薨，卫桓公以国君的身份前去凭吊。公子州吁联合石厚，趁机发动政变，杀死卫桓公，自己继位当上国君。但是卫国的百姓不能原谅他弑君的行为，人心不服，民怨沸腾，不肯臣服于他。公子州吁无奈，于是通过石厚，向老臣石蜡请教稳定民心的方法。

石蜡说："只要他去朝见周天子，受到周天子正式的任命，他的继位就名正言顺了，就能安抚人心。"

石厚问："怎样才能顺利朝见周天子呢？"

石蜡道："周天子现在宠信陈国国君陈桓公，而陈国一向与我们卫国交好。公子州吁只要向陈桓公求救，让他在周天子面前为自己说一些好话，周天子就一定会接见公子州吁。"

石厚听后大喜过望，赶紧把这个好消息告诉了公子州吁，他们二人立即赶往陈国请求帮忙。

与此同时，石蜡派人到陈国，对陈桓公说："卫国地方狭小，我又一把年纪了，不会有什么做为了，没有能力制伏凶手。那两个前去陈国寻求你帮助的人，就是杀害我们国君的凶手，希望您能帮助卫国除掉这两个人。"

陈桓公与石蜡关系不错，就答应了他的请求。结果公子州吁和石厚刚一到达陈国，就被抓了起来，然后送到卫国，让石蜡自行处理。

石蜡派右宰丑，在濮地杀了州吁，然后又派自己的家臣懦羊肩在陈国杀害了自己的亲生儿子石厚。石蜡为卫国除掉两害后，与众大夫联合，推举公子晋为国君，这就是卫宣公。

石蜡这种大义灭亲、为卫国除害的举动受到人们的赞扬，人们称他为纯粹正直的臣子。

## 卫宣姜之乱

卫宣公喜欢美色，还没有即位，他就与自己的庶母夷姜私通，他即位后封夷姜为夫人，将她所生的儿子急子定为太子，还让右公子辅佐太子。

宣姜是齐僖公的女儿，貌美如花，于是右公子就多方奔走，欲使他成为急子的妻子。宣姜还没有正式嫁过来，卫宣公听说了她的美貌，于是就建筑了一座豪华的宫室新台，将宣姜据为己有，自己娶了她，并将她安置在新台。而对于太子急子，卫宣公则将他支走，给他另外娶了新的妻子。

这件事为国人所不齿，《诗经·邶风·新台》就是人们为他做的讽刺诗，诗曰："新台有泚，河水㳽㳽。燕婉之求，籧篨不鲜。新台有洒，河水浼浼。燕婉之求，籧篨不殄。鱼网之设，鸿则离之。燕婉之求，得此戚施。"意思是说：新台的河水好清澈，河水流个不停。美丽的女子本想嫁给一个美少年，结果却嫁了一个鸡胸老太公；新台的河水洒洒地流，水流平貌。美丽的女子本想嫁一个美少年，但却嫁了一个不吉祥的鸡胸老头子。撒下的渔网，落了空，只有一个癞蛤蟆。美丽的女子本想嫁个美少年，没想到却嫁给一个鸡胸的丑老头。

对于人们的讽刺，卫宣公一点都不在乎，照旧我行我素。后来，宣姜为卫宣公生了两个儿子：寿和朔。由于宠爱宣姜的缘故，加之已经与太子急子"撕破脸"，卫宣公就将自己全部的父爱集中在寿和朔的身上，对急子则很讨厌，甚至是憎恨。这就助长了小儿子的夺嫡之心。

公子寿天性善良，至孝至善，对急子犹如亲生哥哥。但公子朔就不同了，他天性狡猾，为人阴险毒辣，仗着母亲得宠，不将急子放在眼里。他还私自养了一些死士，企图通过这些人夺得太子之位。终日怀着夺嫡之心，朔不免在父亲面前重伤急子，他还联合母亲一起谗言毁谤急子。卫宣公宠幸宣姜，对宣姜母子所言深信不疑，加之他因为夺急子之妻心中有鬼，对急子也是杀之而后快。但急子是一位天性仁孝的人，没有做出任何失德的行为，卫宣公也找不到一个合适的罪名来处置这个儿子。

齐国约卫国出兵，一起伐纪，卫宣公便和公子朔谋划，希望借此机会除去急子。卫宣公派急子到齐国约定出兵的日期，给他白旄做标记，暗中却让公子朔派遣死士诛杀他。死士不认识急子，公子朔便对他说：你只需埋伏在通往齐国的要路莘野等待，看到一个带有白旄做标记的人，杀掉他即可。

公子寿知道了他父亲和弟弟的阴谋，连忙向急子通风报信。但急子是一位君子，不愿意逃跑，怕连累了父亲的名声。公子寿情急之下，用酒将急子灌醉，然后自己带上白旄，假装急子。死士来了之后，看到公子寿身上有白旄，就将他杀了。急子酒醒之后，得知真相，跑到死士面前，承认自己才是真正的急子，于是也被死士所杀。

死士担心误杀了公子寿会被责怪，公子朔却暗自窃喜：两个哥哥都死了，自己十拿九稳是继承人，因而也不在意。卫宣公虽然讨厌急子，但却宠爱公子寿，现在听说寿也死了，难以承受打击，不到半月便郁郁而终，公子朔理所当然地继位，是为卫惠公。

急子的部下左公子泄、右公子职，因为怨恨卫惠公进谗言害死急子和寿，便想为他们报仇。卫惠公继位四年后，左、右公子暗中联合急子和寿的旧部，发动内乱，拥立急子同母弟弟黔牟为新君，于是卫惠公只得逃到他外公的国都——齐国。

八年后，卫惠公的舅舅齐襄公讨伐卫国，帮助外甥成功复国，黔牟逃亡到周。为了巩固齐国和卫国的联盟关系，齐襄公逼迫卫宣公的庶子硕迎娶寡居的宣姜。

不久，卫惠公去世，他的儿子懿公继位。懿公比起自己的爷爷卫宣公来说，有过之而无不及，不但喜欢美色，而且荒淫无道，喜欢厚敛百姓钱财来养白鹤，玩物丧志，不理国事。不久，北狄讨伐卫国，懿公号召全国抵抗，但百姓和兵士都不服从他，懿公被北狄杀死，剁成肉泥。

对于卫惠公和他的儿子懿公，卫国的百姓都不服，认为是他们谋害了急子，因此日夜咒骂他们。现在他们真的都死了，卫国百姓欢呼不已，将黔牟同母弟弟昭伯的儿子申迎立为新的国君，是为卫戴公。卫国自宣姜以来的长期混乱，终于平息。

## 华督父乱政

卫国公子州吁发动变乱时，州吁为了树立自己的威严，决定送郑公子段（晋国国君的弟弟）回国。但州吁是一个心眼儿很活的人，他知道自己难以被卫国人所服，就想拉一个同盟，表示自己是名正言顺的。

于是州吁派人对宋国国君宋殇公说："公子冯（宋穆公之子，被送到郑国当人质）在郑国对宋殇公不利，请您和我一起讨伐郑国。"宋殇公答应了。但是卫国和宋国护送公子段回国并没有成功，宋国反而与郑国结怨，两国从此战乱不断——宋殇公在位十年，却与郑国打仗十一次。

宋国白白招来一个仇国，引起人民的不满。眼看郑国越来越强大，宋国太宰华督父为避免招来祸患，就想与郑国改善关系，同时借此来提高自己的地位，获得更大的权力。但宋殇公却不同意与郑国重修旧好。此时宋国的大权为孔父嘉所有，宋穆公临死时把宋殇公托付给了孔父嘉，所以华督父虽然官居太宰、居"六卿"之首，但在宋殇公面前，却不及孔父嘉有分量。于是华督就想除去孔父嘉。

同时，孔父嘉的妻子是一个很美丽的女子，华督父想将她据为己有，更想除掉孔父嘉。于是他首先利用国人对战乱的不满，散布谣言：这都是孔父嘉煽动的结果，我要替人们杀了孔父嘉。果然不久，他就派兵攻入孔家，杀死孔父嘉，夺走孔父嘉的妻子。

华督父拭杀孔父嘉，引起宋殇公的强烈不满。华督父索性一不做，二不休，将宋殇公也杀掉了。然后，华督父接回在郑国的人质公子冯，拥立他做新君，是为宋庄公。因为拥立宋庄公有功，华督父篡取国内大权，宋国在他把持下，常常干涉卫国和郑国的内政，宋国政局一直不稳。如庄公九年，宋国扣押郑国大臣祭仲，强迫郑国改立公子突为郑国国君，后又逼迫郑国还贿赂，再次引起宋国和郑国的矛盾。后来宋庄公的长子宋闵公被南宫长万杀死，华督父奉命讨伐长万，被杀死，他的儿子被新即位的宋桓公重用。

在宋庄公期间，因为华督父乱政，宋国政局一直不稳。直至宋襄公继位，宋国才逐渐安定下来，宋国也因为宋襄公的图霸走向大国行列。但国内的权力斗争从来没有间断过，也许这就是华督父所遗留下来的传统。

## 齐桓公夺位

齐僖公有三个儿子，太子诸儿、公子纠和小白。齐僖公驾崩后，太子诸儿继位，是为齐襄公。

齐襄公是位暴君，品质卑劣，他继位后在全国推行暴政，引起民怨，齐国的大臣都为国家的前途而忧虑。公子小白看不惯国君的行为，于是入宫劝谏，但效果不佳。公子小白自感在齐国没什么做为，于是便在辅佐大臣鲍叔牙的劝告下，离开齐国。

这时候的公子纠和小白，虽然不是国君，但都有一个比较好的辅政之人，公子纠的辅政之人是管仲，公子小白的辅佐之人是鲍叔牙。鲍叔牙最初辅佐小白的时候，并不积极，因为他知道小白已经无望继承国君，自己也难以有大的做为，于是经常称病，不去帮助小白。

管仲知道后，就劝导他说："齐国人都不喜欢公子纠的母亲，因而也不喜欢公子纠。公子小白就不同了，他自幼丧母，人们比较同情他。将来治理齐国的贤能，不是公子纠便是公子小白。现在公子小白虽然不及公子纠聪明，而且性子比较急，但却是一个有远虑的人，我非常了解这样的人。即便日后公子纠废掉现在的国君自己继位，也不会有什么做为，到时候齐国还是要指望公子小白，这还不是你鲍叔牙在安邦定国吗？"鲍叔牙听了这番话后才开始用心侍奉小白。

在朝堂，齐襄公继续做出不利于齐国的事，他与鲁桓公的夫人文姜私通，并在酒醉的情况下杀死了鲁桓公。一场尖锐的矛盾即

管仲

将展开。管仲和鲍叔牙都是有远见的人，为了避免殃及自己的主子，于是都在想办法为主子寻找出路。公子纠的母亲是鲁国国君的女儿，于是管仲就将公子纠护送到鲁国。公子小白的母亲是卫国国君的女儿，但是卫国距离齐国太远，于是鲍叔牙就保护公子小白到齐国的南邻莒国躲避。然后，两个在异国避难的公子，就分别在管仲和鲍叔牙的帮助下，静观其变，准备随时返回齐国有一番作为。

齐襄公十二年（公元前686年），齐国经历了齐襄公多年的暴政，终于发生内乱。齐襄公的堂兄弟公孙无知率先举起反叛的大旗。

其实这对堂兄弟的矛盾，早在齐僖公时就种下了。齐僖公虽然喜欢太子诸儿，但对自己的侄子公孙无知也很优待，这对堂兄弟所享受到的待遇一模一样，这令太子诸儿很不满。他继位后，多方找茬，说堂兄弟的权力太多，想要剥夺他一部分权力，这引起公孙无知的极度不满。于是便勾结齐国大夫，在内乱爆发时，闯入宫中，杀死齐襄公，自己继位，成为齐国国君。齐国最后落入他的手中，这是管仲和鲍叔牙都不愿意看到的。

公孙无知是靠叛乱登上国君地位的，名不正，言不顺，国内难免有怨言，结果继位之后才一年，就被齐国贵族联合杀死。这下，齐国陷入群龙无首的混乱中，逃亡在外的公子纠和公子小白，觉得机会来了，都想快点回国，夺取国君的宝座。

此时的齐国臣子，势力最大的是正卿高溪。正卿高溪与公子小白自幼就是朋友，他自然是支持公子小白的。于是当群臣商议该由谁继位新君时，正卿高溪派大夫国氏立即前往莒国，将公子小白请回国内。公子小白接到正卿高溪的消息后，仔细研究了国内的形式，也觉得回去有望继承国君，于是便向莒国借了些兵马做后盾，日夜兼程往齐国赶。

而公子纠此时正在鲁国避难，他的外公鲁庄公知道齐国的局势之后，非常焦急，赶紧派人护送自己的外孙公子纠回国，希望他能继承王位。而此时的小白已经出发了，公子纠没有胜算在他之前赶回齐国，公子纠的辅政管仲就自告奋勇前去阻止。

管仲率领乘兵车，来到莒国通往齐国的路上埋伏。公子小白行至此的时候，管仲突然冒出来，拿着弓箭就向公子小白射去。只听得"当啷"一声响，公子小白应声倒下。管仲以为公子小白已被自己射死，于是就率领人马回去复命。公子纠放下心中包袱，以为自己准能继承齐国国君，就不慌不忙地向齐国赶去。

实际上，公子小白并没有被射死，管仲的一箭只射中了他的铜制衣带勾上，他是假装死去而倒下的。虽然大难不死，但公子小白和鲍叔牙都不敢再大意，行路的时候更小心，行驶的速度也更快，终于有惊无险地先于公子纠到达齐国。

到了齐国后，公子小白和鲍叔牙并没有急着进城，而是先由鲍叔牙回到城中观察形势，趁机游说各大臣拥护小白。由于齐国势力最大的正卿高溪和大夫国氏都拥护小白，小白便被迎回城内，成为齐国国君，这就是日后鼎鼎有名的齐桓公。

齐桓公继位后，就派使者告知公子纠不必再回国，新君已经确立。管仲这才知道小白装死，一怒之下杀了来使，公子纠则在外国的支持下，率领500名鲁国士兵与齐国开战，不料以失败告终，只得和管仲逃回鲁国。有了公子纠这件事，齐、鲁两国不可能再相安无事，齐桓公就派兵攻打鲁国。与齐国相比，鲁国是一个小国，不久便无力应对。鲁庄公觉得没必要为外孙影响自己的国家，于是派人与齐国讲和，鲍叔牙提出两个条件：杀掉公子纠；将管仲送到齐国，鲁庄公照办了。自此，齐桓公终于坐稳了国君的位置，他在鲍叔牙的推荐下，齐桓公大度地任命昔日敌人管仲，正式开始大

展宏图的一生。

## 曹刿论战

　　因为齐桓公与公子纠争夺王位的事，齐国与鲁国成了敌人。鲁庄公取得暂时的和解之后，决定回国操练军队，司机报复齐国。为了鲁国的强大，他在政治上也做了一些小小的改良，如平民百姓可以劝谏国君等。

　　一段时间以后，鲁庄公觉得自己的军队已经比较强大了，时机成熟了，可以再与齐国大战一场了，于是准备再次举全国之力，准备向齐国发起战争。恰逢此时，齐桓公自恃实力强大，咽不下鲁国当年包庇公子纠的行为，又向鲁国发动攻击，鲁庄公雄心勃勃地决定迎战。

　　这时候，有一个叫做曹刿的平民百姓，要求觐见鲁庄公。他去之前，他的同乡就忍不住打击他："国家大事自有国君和臣子们操心，你何必掺和进去呢？"

　　曹刿不以为然："国君和臣子们的目光短浅，不见得能深谋远虑。"说罢，依然前去拜见鲁庄公，没想到获得了接见。

　　曹刿见到鲁庄公，问："大王您凭借什么打这场战？"

　　鲁庄公回答说："衣服、食物这些生活必需品，我不会独自享用，一定会将之分给身边的人。"言外之意，他认为自己是一个还不错的君主。

　　没想到曹刿对这个答案并不满意，他给鲁庄公泼了盆"冷水"："衣服、食物，这些只是小恩小惠，况且一般的平民百姓难以获得这些福利，他们是不会听从于您的。"

　　鲁庄公接着说："在祭祀的时候，所用到的猪牛羊等牲畜、贡品玉器、丝织品等，我不会虚报数目，对神明一向虔诚。"

　　曹刿仍然泼"冷水"道："即使您如实上报数目，这些对神明来说也只是小信用，他们也不会保佑您的。"

　　鲁庄公又说："国内无论大、小案件，如果我没时间一一处理，我也一定盼咐大家秉公办理，使一些诉讼案件都能得到公平、公正的裁决，不让任何百姓受到冤屈。"

　　曹刿这次似乎比较满意，他说："这些都是大王您应该尽的本分，您都做到了，百姓会乖乖臣服于您的，您可以凭借这个同齐国作战。如果现在要开战的话，请让我跟谁您一起出征吧！"

　　鲁庄公同意了，还让曹刿跟自己同乘一辆战车。

　　齐国军队和鲁国军队相会于长勺，于是打起了著名的长勺之战。

　　双方军队列阵完毕，鲁庄公就命人击鼓，准备率先发难，进攻齐军。曹刿看到之后连忙制止："现在还不是进军的时候。"鲁庄公很相信曹刿，果然不再下令进军。

　　一直到齐军击鼓三次，曹刿才表示，鲁军可以进攻了，双方军队正式开始厮杀。战争的结果是齐军大败，仓皇出逃。鲁庄公大喜过望，准备命人驾车追赶齐军。

曹刿这次又拦住鲁庄公，说："现在还不是乘胜追击的时候。"经过前面的事情，此时鲁庄公对曹刿的才能已经深信不疑了，果然乖乖地听话，不准鲁军追击。曹刿则跳下战车，仔细检查齐军车轮碾过的痕迹，然后又登上战车，遥望远处，检查齐军撤退时的情况。然后才对鲁庄公说："现在可以乘胜追击了。"鲁庄公于是下令鲁军追击，鲁军获得了最终的胜利。

鲁庄公对于曹刿这种奇怪的作战方式很好奇，于是忍不住向他询问。

曹刿这才解释道："战争靠的是英勇和勇气，哪一方比较有勇气、比较勇敢，哪一方就能获胜。战场上的击鼓，第一次击鼓，最能振奋士兵的勇气；第二次击鼓，士兵的勇气会有所衰退；到了第三次击鼓的时候，士气已经差不多耗尽了。敌人击鼓三次，我们才第一次击鼓，我们的士兵正憋着劲儿准备好好与敌人打一仗，我们以最强的士气进攻对方最弱的士气，自然更容易取胜。战胜后我们不要急着追击，这是因为对方是大国，瘦死的骆驼比马大，我们不可轻敌，他们在败退的时候可能也有很强的兵力，我们盲目追击可能会导致被他们反扑而失败。我仔细检查敌军的车轮痕迹，车辙已经混乱，我登高远望，看到敌军的旌旗也东倒西歪的。这些混乱无序的状态，说明他们真的是狼狈逃窜了，没有精力布置兵力。确定了这一点，我们就可以乘胜追击了。"

齐、鲁长勺之战，原本只是诸侯之间规模不大的战争，但曹刿在此发表的关于政略、战略和策略的思想，在军事史上有着重要的地位。

## 齐桓公伐楚

鲁僖公三年（公元前657年）的一天，齐桓公与夫人蔡姬乘舟游玩。蔡姬一时兴起，故意晃动小船，小船摇摇晃晃的，吓得齐桓公脸色都变了。他连声阻止蔡姬不要晃动了，但蔡姬不听，反而晃动得更厉害了，吓得齐桓公都要魂不附体了。

上岸后，齐桓公仍然对此事耿耿于怀，一怒之下，将她赶回了娘家蔡国，但却没有宣布断绝夫妻关系，只是两口子闹别扭让老婆回娘家了而已。未料，蔡姬的哥哥，即蔡国国君蔡穆侯，随之将自己的妹妹改嫁了。这等耻辱，齐桓公怎么忍得下，于是派兵攻打蔡国。此时的齐桓公已经是春秋一霸，蔡国哪里是齐国的对手，蔡国很快溃败。战胜之后的齐国军队没有返回，而是大军南下，前锋直逼楚国边境召陵。

实际上，齐国因为蔡姬改嫁而讨伐蔡国只是一个借口，根本原因在于，蔡国是楚国的屏障。

早在二十多年前，陈国公主息妫出嫁到息国时，途径蔡国。蔡国国君蔡哀侯，即息妫的姐夫，看到小姨子漂亮，不免出言轻佻，可能也做出一些越轨的事。息国国君知道了这件事，非常生气，于是就决定报复蔡国。但他的报复方法实在可笑，他对楚国国君楚文王说："你假装派楚国军队来攻打我，我再向蔡国求救，蔡国国君的夫人跟我夫人是姐妹，蔡国必定答应出兵救我。等到他来救我的时候，我们两国一起联手攻打蔡国。"楚文王当时正在向北上扩张，息国国君主动要求打自己，这不是送上来的肥肉吗？于是非常爽快地答应攻打息国，而且假戏真做了。前来救援的蔡国知道事情的前因后果之后，非常生气，于是挑唆楚文王抢了息妫，灭了息国。蔡国从此一直追随楚国，成为楚国的门户。

因此，齐国因为蔡姬的原因攻打蔡国，其最终目的是伐楚。此时中原诸小国已经归顺齐国，唯独南方的楚国，是一个"难啃的骨头"。

楚国地处南方，与中原诸国联系不大，独自在南方发展，国势也比较强，所以不像中原小国那样害怕齐国。对于齐国的大军压境，楚王一点都不害怕，还派了一个使者前去质问。

使者是一个很会说话的人，外交辞令无可挑剔："齐国离楚国很远，即使两国的牛马走失，胡乱跑，也不可能跑到对方的国境内，可谓'风马牛不相及'。齐国的军队为什么能跑到楚国呢？"

管仲的外交辞令可谓狡辩，不过勉强也讲得通。他说："我国的先君姜太公，曾经被周天子授权，任何不主动向周天子纳贡的诸侯国，齐国都有权讨伐它，以此确保所有诸侯国都臣服周天子。楚国做为诸侯国之一，齐国自然有权征讨你们。楚国不是生产菁茅吗？楚国应该向周天子进贡这种香草，因为你们没有进贡，搞得周天子现在缺乏香草，连祭祀都没法正常进行了。这还只是我们攻打楚国的原因之一。另外，以前的周天子周昭王，去南方征战的时候，没有回来，死在你们楚国，这难道不是你们的罪过吗？"

对于第一条罪状，楚国没有向周天子纳贡，确实如此，于是楚国使者认错。但对于第二条理由，楚国使者却无法认同，因为周昭王都死了好几百年了，况且是自己淹死的，不是楚国人打死的，这笔账不能算在楚国的头上。但话又不能说得这么直白，楚国使者干脆说："君其问诸水滨！"

管仲当然不会"问诸水滨"，因为"水滨"诸小国都是楚国的势力范围，齐国称霸于北方中原地区，楚国称霸于南方，真要开打，齐国不见得有胜算。况且齐军大军南下，远离国土，战线拉得太长，与楚国打仗，难以占到上风。因此，楚国使者这样回答，其实是说，不承认齐国的质问，也不怕齐国的问罪，要打就打，并不怕齐国大军压境。

权衡利弊，管仲没有下令齐军攻打。当楚国第二次派使者屈完来交涉时，齐桓公将自己的军队摆好阵势，邀请屈完登上自己的战车，随同自己一起检阅军队。

齐桓公指着大军中依附齐国的北方小国军队，对屈完说："这些诸侯国是因为我而来到齐国的吗？他们只不过是秉承先君姜太公的遗愿，继续与我们保持友好的关系罢了。你们楚国，是否也愿意同我们齐国建立友好的关系呢？"

楚国明白，自己同齐国打起来，也捞不到什么好处，还不如索性议和。于是屈完痛快地答应道："承蒙贵国不嫌弃，愿意降尊屈贵接纳我们楚国，我们的国君自然乐意。"

齐桓公补充道："现在我率领这些诸侯国作战的话，恐怕没有谁能够抵抗。只要我让他们攻打某个城池，再坚固的城池，也不愁拿不下。"说这话其实在维护自己的尊严。表示自己不是不敢攻打楚国，而是自己不想攻打楚国。

屈完不卑不亢地回答道："如果大王您用仁德来安抚诸侯国，谁敢不屈服呢？如果大王您强用武力攻打，那么方城山就是楚国的城墙，汉水就是楚国的护城河，大王您的军队再多、再强，恐怕也不能攻下楚国。"

双方外交辞令针锋相对，但彼此都明白这场战争对双方的损伤都很大。于是楚国勉强承认齐国在北方的盟主地位，双方签订盟约，各自退兵，达成协议，伐楚以和平告终。齐军撤到召陵（今河南偃县），因此此时也被称做"召陵之盟"。从此齐国不再南犯，楚国也不北上侵扰北方小国，双方在南北形成对抗之势。

## 庆父不死，鲁难未已

鲁庄公有三个弟弟：庆父、叔牙、季友。其中庆父为人专横残暴，他与叔牙结党，图谋君位。而且，他还与鲁庄公的夫人哀姜私通。

鲁庄公在位的第三十二年，生了重病，鲁庄公自知命不久矣，就考虑继承人的问题。但这件事却让他难以放下心来，他的正室夫人哀姜没有儿子，这就意味着没有嫡传儿子，只好从庶子中寻找继承人。哀姜的妹妹叔姜也嫁给了鲁庄公，她生下了公子肩。鲁庄公最宠幸的是爱妾孟任，她生下了公子般。还有一个妾成风，她生下了公子申。在这三个儿子中，鲁庄公最看好的是公子般。但究竟由谁来继承君位，还要看庆父的立场。他知道，庆父为人专横残暴，而且与哀姜关系暧昧，有能力主导大局，新任国君很可能成为他的傀儡。所以，鲁庄公并不信任庆父，只好找来二弟叔牙商议继承人的事。

但叔牙早已经被庆父收买，他极力劝说鲁庄公立庆父为继承人，鲁庄公没有说什么。然后鲁庄公又叫来三弟季友商量继承人的事，季友明白庄公的心思，极力在他面前称赞公子般，并表示愿意拥护公子般继承王位，于是鲁庄公就立了公子般为继承人。

几个月之后，鲁庄公驾崩。季友设计毒死了叔牙，借此孤立了庆父，然后宣布庄公遗诏，拥立公子般为新君。庆父一向专横，怎么忍得下这等屈辱，他在密室里与哀姜偷情之后，就同她谋划。二人谋划的结果是：一定要除掉新君。至于谁继任新君，哀姜极力怂恿庆父亲自登基。但庆父认为，目前的局势还不适合自己登基，不如立八岁的启登基，然后再寻找时机除掉这个傀儡，自己登基。恰逢此时，般得知自己的外公去世，庆父觉得这是一个时机。于是，庆父在般前去吊唁的时候发动政变，拥立启为新的国君，是为鲁闵公。与此同时，在般的必经之路杀了般。季友意识到自己待在国内有危险了，于是带着公子申逃亡到邾国。

哀姜和叔姜都是齐桓公的公主，按说鲁闵公有外公撑腰，王位已经稳定了。但庆父仍然担心未来会有变数，于是便派人请求齐桓公务必保护鲁国，得到同意之后，这才踏实。从此，庆父更加嚣张，不但与哀姜的关系毫不掩饰，还诛杀异己，党同伐异。第二年，他就借机杀掉了鲁闵公，也即哀姜的外甥，自己当上鲁国的国君。

齐桓公一看，自己罩着鲁国，外孙尚且被杀，非常气恼，就借着吊唁的名义，派大夫仲孙湫前往鲁国察看情况。仲孙湫回来之后报告他说："如果不杀死庆父，鲁国的灾难是不会停止的。"

与此同时，鲁国人眼见庆父连续杀害两个国君，又专横残暴，胡作非为，对他的所作所为早已不满。当人们听说齐国要来攻打庆父时，立即起来反抗庆父。躲在邾国的季友也时刻关注着国内局势的发展，当他看到庆父终于引起公愤时，也发出讨伐庆父的檄文，并拥戴公子申为新的国君，得到鲁国人的响应。

庆父自知罪孽深重，如今众叛亲离，寡不敌众，只得逃到莒国。季友将申带回鲁国，拥立他为新君，即鲁僖公。然后季友通过外交手段买通莒国，将庆父押解回国，庆父知道回国没有好下场，就在途中自杀了。至于哀姜，她在鲁国动乱的时候逃到邾国，齐桓公为有这样一个女儿而生气，将她召回齐国，杀了她。

## 虞公贪婪失国

虞公是周皇室的后裔，虞国是周天子分给他国土。但虞国的国君虞公是一个无道的国君，以至于虞国很早就被其他诸侯国给灭了。

当初，虞公的弟弟虞叔有一块珍贵的宝玉。虞公听说后，就想要这块宝玉，让弟弟给自己。宝玉是虞叔的宝贝，他怎么会舍得给人呢？于是没有答应虞公。但后来回过神来，觉得自己拒绝国君实在是不应该，所以他对于自己的拒绝感到很后悔。他说："周人曾经说过：'匹夫无罪，怀璧其罪'，意思是说，一个人本来没有罪，却因为拥有宝玉而获罪，我又何苦因为这块玉为自己招来灾祸呢？"于是，虞叔忍痛割爱，将自己的宝玉献给了虞公。

没想到，虞公是一个很贪婪的人，得到人家的宝玉后不但不感谢，反而想要索求更多。他听说虞叔还有一把锋利无比的宝剑，便又想索取虞叔的宝剑。虞叔看到国君又索取自己的宝物，很不高兴，他私底下对人说："虞公索要宝物没有尽头，这是他不满足的表现。既然他如此贪得无厌，肯定会杀了我。"于是，虞叔趁虞公不注意，起兵讨伐虞公。虞公因为长期做出不符国君身份的事，引起人们的不满，于是在虞叔的号召下，全民起来反抗他。虞公丢掉了国家，只好逃亡到共池避难。

虞公后来又想办法复国了，但其贪婪的性格依旧没有改变。晋国利用他贪恋宝物的性情，以屈地出产的良马和垂棘出产的美玉诱惑他，让晋国从虞国借道，结果反而招致晋国入侵，虞国彻底灭亡。

虞公这样贪婪的性情，在人们看来就是无道的表现，终于导致了国家的灭亡。

## 竖刁、易牙之乱

竖刁、易牙都是齐桓公的近臣，他们为了讨好齐桓公不惜残害自己及亲人。如竖刁为了讨齐桓公欢心，挥刀自宫为阉人。而易牙呢，他的举动就更令人恐惧了。

易牙擅长烹饪，经常为齐桓公做好吃的。有一次，齐桓公对易牙说："整天吃这些山珍海味，我都吃腻了。唯独没有吃过人肉，不知道好不好吃。你会做菜，应该知道人肉好不好吃。"齐桓公号称春秋一霸，怎么会做出如此丧尽天良的事？只不过开玩笑罢了。没想到易牙却当了真，他回去之后看到自己的儿子，就将儿子杀了，做成一盘菜给齐桓公吃。齐桓公这次吃饭的时候，吃到一盘非常鲜嫩的肉，非常奇怪，就问易牙这是什么肉。易牙哭着告诉他说："这是小臣儿子的肉，我将他杀了奉献给大王，您不是很想知道人肉是何滋味吗？"齐桓公虽然很不舒服，但一想到易牙为了满足自己的愿望竟然将亲生儿子杀了给自己吃，就很感动，从此就更宠信易牙了。

其实不管竖刁自残为宦官也好，还是易牙献子也好，他们都是为了取悦齐桓公。背地里，他们却与桓公的长卫姬和开方等人结成党，排挤管仲、鲍叔牙等正直的大臣。

后来管仲病重，齐桓公前去探望，并问他谁可以继任他的位置当相国。

齐桓公先问管仲："你觉得易牙怎么样？"

管仲回答说："易牙为了讨好大王宁愿杀了自己的亲生儿子，这样没有人性的人，大王您万万不可亲近他，怎么能将相国这么重要的位置交给他做呢？"

桓公又问："你觉得竖刁怎么样？"

管仲又回答说："竖刁为了讨好大王而残害自己的身体，此为不通人情。况且他本来是千乘之封的太子，他能舍弃自己的太子之位，其野心相比更大。这样人，大王也不要亲近他，更不能将相国这么重要的位置交给他做，否则会将齐国搞得大乱。"

齐桓公还算英明，管仲死后。他根据管仲的遗言立鲍叔牙为相，将易牙和竖刁赶出王宫。但不久，已经习惯了易牙和竖刁之流奉承的齐桓公不能忍受没有他们的日子，又将易牙和竖刁接了回来。没多久，鲍叔牙也死了，易牙和竖刁就把持了朝政，齐国日益衰败，原先的霸主风范一去不返。

公元前643年，齐桓公病倒了。竖刁、易牙第一时间得到了这个消息，他们一方面将宫门堵死，假传圣旨，不准齐桓公的儿子和大臣入宫探视齐桓公。另一方面，他们趁机改立齐桓公长子无诡为太子。好在齐桓公有先见之明，知道自己的五个儿子将来会争夺王位，提前将太子昭送到宋国，竖刁、易牙才没有及时害死太子昭。

最糟糕的是，一向"忠心耿耿"的竖刁、易牙，此时对齐桓公的死活不管不顾了。由于大臣不能近前，齐桓公又病又饿。一位妇人冷不防跳过宫墙，齐桓公还以为自己得救了，让妇人给自己找些吃的。没想到妇人却回答说没有吃的。齐桓公又向她要喝的，妇人仍然回道没有水喝。齐桓公觉得很奇怪，就问为什么偌大的宫殿竟然没有自己可以吃喝的东西。妇人将竖刁、易牙趁机作乱的事给齐桓公讲了。齐桓公这时才看清两人的真实面目，可惜悔之晚矣。他觉得自己死后没有脸再见管仲，因此扬起自己的衣袖遮住脸部，活活饿死了。

齐桓公死后，竖刁、易牙忙于发动宫廷政变，无暇顾及齐桓公的尸体。此后长达三个月的时间里，都没有人处理齐桓公的尸体。最后齐桓公的尸体竟然在大殿里腐烂了，蛆虫爬出门外，可怜一代霸主，最终竟然落得如此下场。

话分两头，暂且看竖刁、易牙又做了哪些坏事。他们假传圣旨，对候在宫殿之外的大臣痛下毒手，发动卫兵残杀他们，然后将长公子无诡扶上王位。齐桓公的另外三个儿子，公子潘、公子商人与公子元不服，各自带领军队与王军对抗。各方势力相持两个多月，都没有人埋葬齐桓公的尸体。

后来，还是宋襄公出面，打着帮太子昭复国的名义，纠集卫、曹、邾等诸侯小国出兵伐齐，齐国的内乱这才停止。最终，竖刁被杀，易牙逃奔鲁国，太子昭即君位，这就是齐孝公。齐孝公稳定政局之后，将竖刁、易牙之党彻底清除出齐国，齐国动乱这才最终平息。此后，齐国做为大国虽然在国际上拥有较大的影响力，但国内经常发生震荡、战乱，齐桓公的霸主时代一去不返。

## 宋襄公图霸

襄王九年（公元前643年）十月七日，齐桓公驾崩，齐国发生易牙之乱。

齐桓公有六个儿子，全部是庶出，齐桓公担心自己死后儿子争夺王位，将太子昭托付给宋襄公。齐桓公死后，他的宠臣易牙、竖刁、开方联手废掉太子昭，除掉不服从者，拥立公子无诡为新君，太子昭被迫逃亡宋国。宋襄公见齐国发生内乱，太子昭又曾被齐桓公托付给自己，就决心利用这个机会，帮助太子昭复国，借此继承齐国的霸主地位。

周襄王十年（公元前642年），宋襄公打着护送齐国太子昭回国的名义，召集诸侯国会盟，令各诸侯国派兵帮助。很多诸侯国看这次会盟的主持人是宋国国君，都没有兴趣，不肯应招，只有卫、曹、邾几个比宋国国力更小的国家派了一些兵来了。宋襄公就统领四个国家的军队杀向齐国，齐国的贵族原本就同情太子昭，因为不清楚宋国的实力，就联合起来杀了无诡与竖刁，赶走易牙，在国都临淄隆重地将太子昭拥立为新君。太子昭继位，是为齐孝公。

齐国在当时仍然是大国，还是霸主，宋襄公帮助齐国太子复国，这是天大的功劳。宋襄公认为，凭借这个功劳，自己已经建立起很大的威信了，可以称霸诸侯了。于是再次召开会盟，想将自己的盟主的地位给确定下来。

周襄王十一年（公元前641年），宋襄公向各诸侯国发出邀请，但只有几个小国的国君前来参加。宋襄公扣押了滕国国君滕宣公，命令邾国国君邾文公将鄫国国君当做祭品，想借此建立盟主威严，逼迫东方强国臣服于自己。他的这些举动自然引起了其他诸侯国的不满，曹国是首先表示不服的国家，同年秋，宋襄公出兵包围曹国。陈国国君陈穆公也不服，他和蔡、楚、郑等国在齐国结盟。如此一来，诸侯国中就形成两股势力，以宋国为首的卫、邾、曹、滑等小国联盟，以齐国、楚国为首的郑、陈、蔡等大国联盟，宋襄公妄图称霸的事，暂时难以达成。

周襄王十三年（公元前639年），宋襄公派使者出使楚国和齐国，再次提起诸侯国会盟的事，希望这两个大国同意自己当盟主。当时，宋国的国力最多算得上中等，齐国、楚国两个大国根本不可能同意他当盟主。因此，楚成王接到宋襄公寻求支持的信之后，嘲笑宋襄公不自量力。

楚国大夫成得臣说："宋襄公有名无实，自以为可以胜任盟主。我们可以借这个机会北上中原，趁机夺得盟主的位置。"

楚成王觉得这个建议不错，于是将计就计，假意支持宋襄公，答应参加会盟。

周襄王十三年（公元前639年）春，宋国、齐国、楚国三国国君在齐国的鹿地会面。宋襄公以霸主的身份自居，未经齐国、楚国同意，擅自拟定了一份会合诸侯、共扶周天子的通告，日期就定在同年秋。楚国和齐国原本就看不起宋襄公，对于他这种自以为是的做法更看不上眼，但碍于情面，还是在通告上签了字，表示同意他的决定。

秋天，到了各国会盟的日子，楚、陈、蔡、许、曹、郑六国国君相继前来，齐国和鲁国的国君却没有如约。宋襄公也不以为意，急着在会盟上彰显自己的身份，他说："既然大家都来了，我们现在就开始会盟吧。具体做法参考齐桓公时的传统，大家订立盟约，彼此之间停止战斗，建立和平社会，共同协助周天子。大家觉得寡人这个提议怎样？"

楚成王不怀好意地问："这个提议很好，但不知道谁来当这个盟主呢？"

宋襄公说："这个好决断。有功就论功，有爵位的就论爵位，谁的爵位最高就让谁当盟主吧！"

楚成王说："楚王早就称王了，宋国是公爵，地位比王要低一等，所以盟主自然由楚国国君获得，寡人不才，愿当盟主。"说完，毫不客气地坐在盟主的位置上。

自认为胜券在握的宋襄公闻此大怒，指着楚成王的鼻子大骂："我的公爵是周天子亲封的，这是大家都公认的事实。楚王的王，是自己封的，周天子并不承认，你有什么资格当盟主？"

楚成王反问道："如果你认为寡人的王位是假的，那么你为何叫我来参加会盟？"

宋襄公辩解道："楚国本来只是子爵，子爵是不能压公爵的。"这时，楚国大夫成得臣就脱去长袍，露出来里面的铠甲。他一手举一面小红旗，一手挥动，顷刻之间，那些扮作家仆和侍者的楚国人，都变成身穿铠甲全副武装的士兵。会盟时各国本来已经约定不带兵来的，否则就是不仁不义，因而各诸侯国都没有带兵，楚国带的兵一下子就控制了局势。他们冲上前台，各诸侯国国君四处逃开，宋襄公被楚国士兵扣押起来，然后楚成王率领五百士兵杀向宋国。

宋国大臣早已有防备，他以解救国君的名义号召全民抗敌，楚成王在团结一心的宋国民众面前无奈，只好退兵，将宋襄公带到楚国，一心图霸的宋襄公过了几个月的俘虏日子。直到后来，齐国和鲁国出面调停。楚成王见扣押了宋襄公也无法让宋国臣服，便将宋襄公放回国。宋襄公图谋霸主以失败告终。

## 宋、楚泓之战

自会盟时楚国俘虏宋襄公之后，宋襄公就对楚国怀恨在心，恨不得立刻灭了楚国。但楚国国力强大，兵强马壮，宋国不是它的对手。宋襄公听说郑国积极支持楚成王为盟主，郑国又是一个国力弱小的国家，就想靠攻打郑国出出心头的恶气。不久，郑国国君郑文公拜访楚成王，宋襄公认为这是一个伐郑的好机会。

周襄王十四年（公元前638年）夏，宋襄公不顾公子目夷与大司马公孙固的反对，执意出兵伐郑。理由是：楚国是蛮夷之国，不受中原礼仪的约束，郑国堂堂中原之国，其国君却以堂堂伯爵之位结交蛮夷之国，这是公然与我们礼仪之邦为敌，因此应该受到讨伐。

由于宋国在东夷小联盟国中有一定的地位，所以宋襄公就联合卫国、许国、滕国共同出兵。这几个小国，只有卫国稍微有点实力，其他小国只是跟去壮大声势，让人觉得宋襄公攻打郑国是天经地义的，郑文公已经引起公愤了。

郑文公面对杀气腾腾的四国联军，胆怯了，于是向楚国求救，楚成王派兵支援，但却没有向围攻郑国的军队进军，而是直接率兵扑向宋国。宋襄公顾不上围困郑国，急急忙忙回国解救，宋军刚在泓水边扎好营盘，楚国的军队就赶到泓水对岸。宋、楚泓之战拉开帷幕。

公孙固对宋襄公说："楚军出兵的目的只是解救郑国，现在宋国已经从郑国撤兵，他们的目的也达到了。宋国的国力不及楚国，我们不能跟他们硬拼，不如现在趁机与楚国讲和。"

宋襄公却认为："楚国虽然兵强马壮，但是不讲信誉（指的是楚成王不顾礼仪带兵参加会盟），是不仁不义的。我们虽然势单力薄，但却是仁义之师。不仁义的士兵怎能战胜仁义之师呢？"所以坚持开展，并命人做了一面大旗，旗上绣着"仁义"二字。

战争最开始的时候，形势是有利于宋军的。宋国已经在泓水边上摆好阵势，阵容严整，以逸待劳。而楚军此时尚在河对岸，正要渡河。宋国大臣就建议此时攻打楚军。宋襄公却认为此举不仁义，是"乘人之危"，因此坚持等楚军渡河之后、布阵完毕再打。大家都认为此举不可，想要开战，宋襄公却严令自己的士兵不得擅自行动，否则格杀勿论，所以宋军只好眼睁睁地看着楚军渡河。

楚军刚上岸的时候，阵营大乱，有的士兵闹哄哄地上岸，有的士兵在河对岸等着渡河。这是进攻楚军的良好时机。大司马子鱼对宋襄公说："敌众我寡，如今楚军大乱，正是我军出动消灭楚军的大好时机。此时不打，更待何时？"

宋襄公听到子鱼的建议，"义正词严"地说："这样做太不仁义了！我们是堂堂的仁义之师，做事要光明磊落，怎么能趁火打劫，做些不符合仁义之事！你跟随寡人多年，怎么还没有一点长进？"子鱼听了，闷闷不乐地退下了。

过了几个时辰，楚军全部成功渡河，但楚国的士兵，要么趴在地上吐水，要么脱了衣服将水拧干，要么被军官催促着，楚军阵营更乱了。子鱼又趁机进谏道："机不可失，时不再来，现在楚军这么散漫，是我们进攻的最好时机，一旦他们摆好阵势，一鼓作气进攻我们，我们就完了。"

宋襄公不高兴地对他说："现在对手不堪一击，我们出动，即使赢了又有什么意思呢？打仗，要给对手充分的准备时间，待他们爬起来，拍拍身上的泥土，吃饱饭，喝够水，然后我们再打他们。这样赢也赢得光彩，天下人也会心服口服。我们不仅仅是要打败他们，更是要让天下人佩服我们，觉得我们宋国是真正有实力称霸天下的国家。"于是宋军又等待楚军。

又过了几个时辰，楚军终于排好了阵势，宋襄公这才决定开战。他派子鱼前去传话："楚军你们已经排好阵营了吗？现在我们可以开始打仗了吗？如果没有开始，还要等多长时间？"楚军无人理会这样的话。

此时已到午饭时候，宋襄公等了楚军一个上午，这会儿感觉到饿了，急着吃午饭，于是对部下说："现在不等楚军了，开始打仗吧！"

早已等候多时的宋军听到国君发话，一窝蜂地冲进楚军的阵营里。但两国的兵力根本不可同日而语，在兵强马壮的楚军面前，平均一个宋军被几个楚军打，宋军几近败退。

宋襄公看到这样的打法，忍不住摇头："楚军太不讲究章法了，寡人从来没见过这么打仗的。"

宋襄公正在感慨的时候，从楚军的大营里飞过来一只长矛，正中宋襄公的大腿，宋襄公差点从战车上摔下来，幸亏身边侍卫眼疾手快，帮他杀出重围。其余宋军，则被楚军全歼。那只写着"仁义"的大旗，早已不见了踪影。

宋襄公回到都城之后，宋国的百姓都骂他贻误战机，导致大批宋国将士被杀，人们没了父亲、儿子。宋襄公觉得自己很委屈，认为国民背离了"仁义"二字，于是忍着腿上的伤痛，为全国的百姓写了一篇文章，文章大意是说：宋国乃仁义之国，打仗要以德服人，不能乘人之危攻打楚军。楚军中那些年老的士兵，我不忍心俘虏他们，他们家中也有妻子、儿子。仁者无敌，我们要照顾他们这些情绪。宋襄公的迂腐激起了全国人民的不满。

因为泓水之战受伤，宋襄公的伤势一直没有好，五年之后去世了。好在他是一个讲究仁义的人，此后晋国公子重耳前来避难，宋襄公在战败后全国穷困的情况下，仍然出手阔绰，送给他20乘车的大礼。这个仁义的举动也在后来救了宋国，五年后，楚国趁宋国大丧期间攻打宋国，此时已经成为晋文公的重耳出兵救宋，导致了规模宏大的城濮之战，迫使楚国很久不敢贸然进攻中原。

宋襄公仿效齐桓公，妄图称霸，虽然最终以失败告终，但毕竟安定了齐国，形成了以宋、卫、曹为核心的东夷地方霸权，对内则稳定了宋国，使得宋襄公死之后几十年内宋国有能力发起弭兵之盟，为此后的晋楚争霸格局的奠定起到了一定的积极作用。

## 骊姬乱晋

晋献公有六个妻子，五个儿子，其中齐姜生了太子申生，戎国大戎狐姬生了重耳，狐姬的妹妹小戎子生了夷吾，骊戎族人骊姬生了儿子奚齐，骊姬的妹妹生了卓子。

骊姬是位貌美的女子，她很擅长献媚取怜，而且为人阴险狡诈，因此很容易就获得了晋献公的专宠，晋献公甚至允许她参与朝政。为了表示自己对她的宠爱，晋献公准备立她为夫人，按照祭祀习惯，要立夫人需要先找人卜卦，于是晋献公便差人来为他卜卦。第一次卜卦的结果，显示不利于纳骊姬为夫人，因为卦爻显示：专宠变心，夺公善行。一香一臭，香易消，臭难除，十年犹有臭。但晋献公不甘心，于是又卜卦一次，可这次的卦爻却又显示吉利，于是晋献公就按照这次卜卦的结果，如愿将骊姬封为夫人。

晋献公有五个儿子，其中前三个儿子申生、重耳、夷吾都是品行高尚的人，是人们眼中的贤德之人，其中申生的外公还是鼎鼎有名的齐桓公，背后的支持势力也很大。骊姬的儿子奚齐若想挤走前面三个强劲对手成为继承人，非常困难。骊姬就想尽办法，一心将前面三个"绊脚石"赶走。

骊姬先是贿赂晋献公的宠臣大夫梁五和东关嬖五，希望这两个人说服晋献公，让太子申生和重耳、夷吾三位哥哥离开京都，这样就能为自己的儿子制造机会。大夫梁五和东关嬖五被骊姬收买后，就向晋献公纳谏，说北边的戎族人和狄族人常常侵犯晋国，如果让晋献公的三个儿子去驻守边关，以王子的威仪对抗戎族人和狄族人，必然能奏效。于是晋献公就将太子驻守在曲沃，重耳驻守在蒲城，夷吾驻守在二屈。这三个地方都远离京都，远离晋国的政治权力中心。

即便如此，骊姬仍然不放心，她半夜起来对晋献公哭诉道："我听说太子善于收买人心，他长期驻守在曲沃，恐怕将来急着夺取王位，会对大王您不利，我非常担心。"

晋献公不以为然地说道："他既然善于收买人心，怎么会做出爱百姓却不爱自己亲生父亲的事来呢？"

显然，晋献公并没有废弃太子的意思。一计不成，骊姬又生一计。她找了机会将太子召回来，宴请他吃饭，然后又向晋献公哭诉，说太子调戏自己，并以"我父王老了"这样的话来刺激晋献公。晋献公自然不信。于是骊姬第二天就邀请太子跟自己一起郊游，但事先在自己头发上涂了蜂蜜。结果在郊游的时候，很多蜜蜂都围绕着骊姬，骊姬便让太子帮自己赶走。太子从身后用袖子赶骊姬头上的蜜蜂。这一幕被骊姬刻意安排在一旁偷看的晋献公看到了，晋献公非常生气，当时就想杀了太子。

但是狡猾的骊姬却帮太子求情："是我让太子回来的，如果他现在被杀了，这不都是我害的吗？家丑不可外扬，其他人不知道这件事，大王您这次就放过太子吧。"晋献公想想也对，就将太子赶回了曲沃。

在太子临走前，骊姬找机会对太子说："你父王昨晚梦到你的母亲齐姜，她说她很思念你，你要赶快祭祀她，以免她牵挂。"于是太子听命。

但暗中，骊姬却命人把太子祭祀用的酒和肉偷走，在里面偷偷放了毒药，然后以太子的名义将酒和肉献给晋献公。但她的目的不是毒死晋献公，自然不会让晋献公吃到这些食物，而是借机让晋献公将肉喂狗，结果狗吃了下了毒药的酒、肉，自然就被毒死了；将这些酒、肉给小臣吃，小臣也被毒死了。晋献公看到这种情况，大怒，以为太子要杀害自己，准备惩治他。太子听到这个消息，吓得逃到曲沃，太子逃跑了，晋献公就杀害太子的老师杜原款。

有人向太子建议："你为什么不揭发骊姬的阴谋呢？相信只要你为自己申辩，大王查明真相，就会饶恕你。"

太子却说："父王如果没有骊姬娘娘的照顾，会寝食难安。如果我向父王说明真相的话，恐怕她要受到父王的惩罚。父王其实是不想惩罚娘娘的，他这么大年纪了，我怎么能做出让他为难和伤心的事呢？"因而不为自己辩解。

知情人为太子担心，但太子坚持不告发骊姬，就只好劝他快些逃出晋国，可太子却不肯，他说："现在父王对骊姬的罪过还不知情，我现在带着毒害父王的罪名逃走，哪个国家敢接纳我呢？"由于实在没有办法解决这些难题，于是太子被逼上吊自尽。

除掉了太子之后，骊姬依然不肯罢休，又将魔爪伸向重耳和夷吾。她向晋献公道："重耳和夷吾两个人都知道太子要毒害您的阴谋，但却知情不报。"

昏庸的晋献公，听信了骊姬的恶言后，竟然派兵攻打重耳。重耳无奈，但又不能背负着不忠不孝的罪名还击，于是他一边命手下的人不准抗击父王的军队，一边带领贤士赵衰、狐偃、咎犯、贾佗、先轸等人逃往狄族人居住地。夷吾则逃到了屈城。

第二年，晋献公派军队到屈城攻打夷吾，夷吾虽然抵抗，但难以抗击父王的一国之力，就与屈人订立盟约，然后出走，也准备逃往狄族人的居住地。

夷吾的手下却芮说："重耳已经逃亡到狄国去了，现在你效仿他也逃到狄国，说明你也是有罪的。不如去梁国吧。梁国是秦国的邻居，你去梁国之后，容易得到秦国的庇佑。"于是夷吾逃往梁国。

至此，骊姬已经除掉了三大障碍。晋献公去世后，她的儿子奚齐顺理成章继位，成为晋国国君，骊姬请荀息当国相辅佐自己的儿子。但奚齐继位才一个月，就被太子的支持者——晋国大夫里克杀死，这时候晋献公还没来得及安葬呢，可怜骊姬白白筹划了这么久。当时的国相荀息，在奚齐死后，拥立晋献公的小儿子卓子为国君，但才一个月不到，里克又杀了卓子，荀息被逼自尽。接着，里克按照长幼顺序，邀请晋献公的二儿子重耳回国继位，但重耳婉言谢绝了。里克只好邀请晋献公剩下的唯一一个

子嗣夷吾，拥立他登上了国君的宝座，是为晋惠公。晋惠公担心自己重蹈奚齐、卓子的覆辙，对里克很不放心，于是他逐步削弱了里克的军权，然后找机会包围了他的府邸，里克在家中自尽而亡。至此，晋国才勉强恢复了稳定，由骊姬造成的灾难才逐渐平息。

## 重耳四处流亡

重耳的支持者虽然不及太子申生那么强大，但由于重耳的贤德，他身边还是聚集了一些人才，其中以赵衰、狐偃、咎犯、贾佗、先轸五人最为出色，有"五贤"之称。重耳受到骊姬的迫害，无法再在晋国待下去，只好带着"五贤"流亡国外，没想到此后近20年都要过着流亡的生活。

重耳首先流亡到狄国。当时狄国人刚好战胜了一个叫做唐咎如的部落，俘获了该部落君长的两个女儿：叔隗和季隗，这两个女人被赏赐给重耳。重耳取季隗为妻子，将叔隗赏给了跟自己一起流亡的赵衰。重耳与季隗生了伯儵和叔刘两个孩子，赵衰和叔隗生下了日后鼎鼎有名的赵盾，此为后话，暂且不提。

重耳

在狄国待一段时间，重耳想去齐国了，于是对妻子说："你等我二十五年吧，如果二十五年后我没有回来，你就改嫁把。"季隗则回答说："我现在已经二十五岁了，再过二十五年，那时候都该进棺材了，还会改嫁吗？还是让我等你吧。"不过重耳还是在狄国生活了十二年才离开。

在去齐国的路上，重耳经过卫国，卫文公轻视他，对他很不讲礼仪，重耳只能勉强过着贫民的日子。在最艰苦的时候，甚至不得不像乡下人讨饭吃。而乡下人竟然给了他一块泥土，重耳很生气，本想用鞭子抽那个乡下人的。狐偃劝导他说："泥土就是国土，这是建立国家的预兆。"于是重耳就向乡下人叩头表示感谢，然后将泥土接过来放到车上，继续赶路。

此时的齐国，管仲刚死，齐桓公急需一个贤德之人来辅佐自己，以使霸业更上一层楼。重耳是当时天下有名的贤人，因此到了齐国之后，齐桓公对这个没有血缘关系的外孙很好，为他娶了妻子姜氏，还赐给他八十匹马，重耳在此过上了舒适的生活。对于这种生活状态，重耳很满意，但随行的"五贤"却不喜欢，一方面，这样的生活太安逸，重耳已经以天下为己任，另一方面，齐桓公对重耳也有所猜疑。因此，与重耳一起来齐国的那五个贤人偷偷商量着想要离开。但他们在私下的一段关于出逃的谈话刚好被一个女奴听见，女奴就将这件事报告给了姜氏。

姜氏将女奴杀了，然后问重耳："你们是不是打算远行？我已经将知道你们秘密的人给杀了。"

重耳回答说："没有的事。"

姜氏通情达理地说："你还是走吧。在齐国过着安逸的生活，会影响你的前途。"

重耳本是不愿意走的，但姜氏与狐偃商量之后，就用酒灌醉重耳，然后将他运出齐国。重耳酒醒之后，大怒，拿起戈就要击打狐偃，口中还骂着："现在我们重新过上颠沛流离的生活了，如果不能复国，我要吃你的肉！"

狐偃则说："如果复国失败了，我也会死在荒郊野外，被狼吃。如果复国成功，晋国的肉都是你的，又何必吃我的肉呢？"

事已至此，打他也没有用，重耳只好带着大家继续流亡。

重耳天生异相，重瞳子，并且肋骨紧密相连如一整体。流亡到曹国时，曹共公就想看看重耳这些奇特的生理特征。于是在重耳洗澡的时候，曹共公就凑过去看重耳的裸体。

曹国大夫僖负羁的妻子对丈夫说："我觉得晋国公子的随从各个都是胸怀天下的能人异士，晋国公子在他们的辅佐下可能会回到晋国复国，他当上国君之后，一定能在诸侯国中成就霸业。曹共公如今做出这等失礼的行为，日后如果他要讨伐对自己无礼的国家，曹国肯定首先遭难。你现在为什么不借着这个机会，向晋国公子表示自己与曹共公是不同的呢？"

于是僖负羁就听从妻子的建议，为重耳送了一盘饭，饭中藏了一块宝玉。重耳接受了他的饭食，但将宝玉退还给了僖负羁。

重耳一行人继续流亡，又来到宋国。宋襄公以仁义治国，重耳又是贤德之人，宋襄公自然优待他，不但以与齐桓公相似的规格招待他们，还送给重耳二十辆马车。重耳对宋襄公的仁义牢记在心。

离开宋国，重耳等人又流亡到郑国，对于这位落魄公子，郑文公也不以礼相待。他对前来通报的人传达：

"每年从我们国家经过的诸侯、公子数不胜数，我哪有那么多钱招待大家。"因而不予接待。

郑国的大夫叔詹劝郑文公说："重耳是晋国有名的贤德之人，况且他又有三件不同寻常的事：第一，父母同姓的后代（重耳父母都姓姬），原本不可能昌盛的，但他却一直活得好好的；第二，如今他流亡在外，晋国国内局势却一直都不安定，这就说明有一条路等着他开辟；第三，即使在流亡，才智过人的人还是愿意跟随他、辅佐他。这一切都说明，或许上天就是打算立他为国君呢。再加上晋国和郑国是同等地位的国家，晋国的公子经过郑国，原本就应该受到礼待的，大王您还是依礼款待他吧！"

郑文公不但不听叔詹的劝告，还催促重耳一行人快些离开，不要在自己的国家闲呆。重耳无奈，只得再次流亡，这次他们到了楚国。

楚国国君楚成王以礼相待重耳，以丰盛的宴席招待他。在宴席上，楚成王问重耳："如果公子成功复国，会怎么报答我呢？"

重耳回答说："大王不缺少美女、宝玉、丝绸，也不缺象牙、兽毛、鸟羽和皮革。晋国所有的特产，都是您所拥有的。我还有什么好东西再来报答您呢？"

楚成王说："即使如此，你也总得拿些什么东西表示表示吧？"

重耳回答道："托您的福，如果我能够复国成功。将来晋国和楚国如果发生战争，双方军队正面对峙，我让晋军后退九十里。如果您仍旧不依退兵的话，我就只有左手拿马鞭和弓梢，右手拿箭袋和弓套，跟您较量一番了。"

楚国的大夫子玉听到这样的回答，觉得重耳不容小觑，就建议楚成王杀掉重耳。

楚成王自有一番打算，他说："晋公子是一个志向远大的人，他生活俭朴，言辞文雅，一切都合乎礼仪。他的随从，个个待人比较恭敬，对晋公子也比较忠心。现在晋国的国君晋惠公不得人心，国内外的人都很讨厌他。既然上天已经为晋公子安排了这么好的局面，我又何苦违背天意杀了他呢？我听说姓姬的一族中，唐叔的一支是目前比较昌盛的，也许晋公子就是靠这支获得振兴吧！"

于是，楚成王没有杀重耳，将他和他的随从送到了秦国。

秦穆公愿意支持重耳复国，不过要重耳答应，日后继承君位后，要将河东五城割让给秦国。重耳考虑一番后，答应了，秦穆公大喜，送给重耳五名女子做妻子，这其中包括自己最宠爱的女儿文嬴——文嬴曾经嫁过晋惠公的儿子晋怀公，也就是说，她是重耳的侄媳妇。重耳很尴尬，胥臣引经据典告知娶她为妻的好处，重耳才勉强答应接受。文嬴因为是公主，所以难免骄纵，重耳也不以为意。秦穆公看重耳这么明白事理，更愿意支持重耳复国。况且晋怀公还是晋国公子在秦国做人质的时候，自己将女儿嫁给他以示优待，他为了回国继承君位，竟然不辞而别，这也让秦穆公很气恼，所以他宁愿辅助重耳。

公元前636年春，秦穆公派三千名秦军护送流亡十九年的重耳渡过黄河，到达晋国。重耳联系昔日旧部，栾氏、郤氏、狐氏、胥氏、先氏等强族皆积极响应重耳。加之晋怀公统治不得人心，很多人都表示归附，重耳很顺利地就打败了晋怀公，被拥立为新的国君，即晋文公。晋怀公在逃亡的途中被杀，重耳继位后处死了两个支持惠公的权臣，稳固了朝政。

政局稳定后，晋文公赏赐了许多在逃亡时对自己有恩惠的人，很多人都得到重赏。曾经割下自己腿上一块肉让重耳充饥的介子推没有为自己争取俸禄，晋文公也没有特别优待他。后来他死后，重耳非常哀伤，下令全国将介子推被焚烧的日子三月五日定为禁火日，仅吃寒食，中国因此形成一个非常有名的节日——寒食节。

# 秦、晋韩原之战

秦穆公十三年（公元前647年）冬，晋国遭遇旱灾。晋国无奈，于是向邻国秦国购买粮食度荒。秦穆公就此事召集群臣开会。

大臣丕豹与晋惠公有杀父之仇，因此他明确地反对向晋国出售粮食。他还对秦穆公说："晋国国君曾经对大王您无礼，这件事大家都知道，晋国国君已经失去了民心了。况且晋国遭遇灾难，这说明晋国国君又失去了天命。我们不应该售粮给他们，反而要顺从天意，趁此机会讨伐他。"

秦穆公认为百姓无罪，但也没有明确表态，于是询问公孙枝的意见。

公孙枝说："大王您曾经帮助过晋国国君，他却对您和百姓都做出无礼的事。现在因为干旱有求于您，这也许是天意。如果您不售粮给他们，上天反而会怜悯晋国百姓。万一百姓有所怨言的话，晋国国君反而说这是您不肯施恩惠，您反而得罪了百姓。不如我们售粮给他们，百姓的眼睛是雪亮的，他们会因此感谢您，而对他们的国君有所怨恨。如果以后晋国国君做出不听命的事，我们即使讨伐他，晋国的百姓也不会帮助他。"

秦穆公依旧不表态，又询问百里奚的意见。

百里奚说："诚如大王所说，各国都可能遇到天灾，百姓是没有罪的。晋国国君曾经对您不恭，他们的百姓对您不恭了吗？救助灾民，体恤百姓，这是天道。大王遵循天道行事，肯定会获得福报。"

听完大家的议论，秦穆公决定售粮给晋国，解决了晋国的燃眉之急。

所谓无巧不成书，第二年，秦国又遇到了灾荒，秦国使者来到晋国，向晋惠公买粮。晋惠公也就此事召开群臣会议。

一开始，晋惠公想让黄河以西的五个城邑给秦国运粮。

大臣虢射却认为此事不妥："不将这五个城池给秦国（骊姬之乱时，晋惠公曾经以割让黄河以西之地为条件请秦国发兵，帮助自己登上王位，但他继位之后却反悔），却让这五个城邑运粮食给秦国。这样秦国不但不会感谢我们，反而会更怨恨我们。我们干吗白白将粮食借给他们却招来怨恨呢？不如不卖！"

晋惠公觉得虢射讲得很有道理，但是另一个大臣庆郑却说："既然已经违背誓言不给秦国土地，干吗还要再吝惜这一点粮食给呢？这是公然背叛他们曾经对我们的善意和对我们的友好。如果我是秦国国君的话，恐怕会来攻打晋国。"

晋惠公听到这话很不高兴，就斥责他："你懂什么？！"于是下令不准出售粮食给秦国。庆郑听到这个命令后，不禁感叹道："国君将来肯定要为这个决策后悔！"

晋国连着两次对秦国做出忘恩负义的事，让秦国很恼火。秦国渡过灾荒之后，就率领大军讨伐晋国。秦军出征前，秦穆公让卜徒父占筮，得到的是吉兆，并且预言说晋惠公一定会被俘虏。原本晋惠公已经做出有失民心的事了，现在听了这样的占卜结果，秦军犹如吃了定心丸，斗志昂扬地向晋军发起了进攻。

战事果然像占卜师所预言的那样，秦军连战连胜，三败晋军，渡过黄河之后，直接深入晋国境内，到达韩原。晋惠公亲率大军，也来到韩原。两国在韩原地区兵戎相见。

决战前，晋惠公命大夫韩简侦察秦军，韩简回来报告说：秦军各个骁勇善战。晋惠公知道自己遇到了劲敌，但已经不可能退回了，只好硬着头皮开战。

公孙枝对秦穆公说：“大王您过去不拥立重耳为晋国国君，是因为您知道重耳贤德，您不愿意有这样一个敌人。因而立夷吾（即晋惠公）为国君，以为他会听命于您。结果夷吾却一而再地对您忘恩负义，现在如果您反而被他打败的话，其他诸侯国恐怕会嘲笑我们啊！既然夷吾不贤德，您为何不让他自己败亡呢？”

秦穆公也说：“我的确不愿意拥立贤德的人为晋国国君，不过重耳如果不愿意坐国君的话，我该怎么办呢？晋国两次背信弃义，我却每次都对他施以恩惠。我相信上天会为我主持公道的，我一定能打败晋国。”

战争正式拉开帷幕了，秦军虽然骁勇善战，但人数却少于晋军，可晋军却输在气势上。因此双方可谓旗鼓相当，战事非常激烈。在交战的过程中，晋惠公的战车陷入泥泞，无法前行，秦军趁机蜂拥而上。晋惠公看见庆郑，让他赶紧救命。庆郑竟然说："大王您不听我的劝谏，不相信我的占卜，原本就应该失败，还指望能逃跑吗？"说完，竟然独自离开了，不过他是寻找救兵去了。

战场上的事原本就瞬息万变，庆郑的援兵还没有赶来，晋惠公已经被秦军俘虏了。这边秦穆公虽然也险遭晋军侵犯，但最终因为晋惠公被俘虏而转危为安，晋军因为失去主帅而全军溃败，韩原之战以晋军的失败而告终。

同年底，秦、晋谈判，晋国割让黄河以西的土地给秦国，并以太子做人质换回了晋惠公，晋惠公这才回国，战事才算结束。

## 城濮之战

城濮之战是发生在晋国和楚国之间的战争，它遏制了楚国北进的势头，稳定了中原局势，在春秋历史上具有重大意义。

晋文公即位后，在国内整顿内政，发展生产，晋国在他的治理下变得日益强盛，于是晋文公也想像齐桓公那样，在中原地区成就一番霸业。此时刚好有一件事给了他一个机会。

此时的周天子周襄王因为同父异母兄弟太叔带联合大臣和狄国获得了天子之位，只得带领几十名随从逃命。当逃到郑国时，他发出天子命令，要求各国诸侯派兵将自己送到都城洛邑，赶跑篡位者。各国诸侯听闻天子命令后，有的诸侯国派人前去慰问，有的诸侯国派人送去食物,至少做足了表面功夫,但如果想让自己派兵攻打狄国,这种事是严重损害自己利益的,无人愿意出兵。

周襄王的一个侍从对他说:"现在各诸侯国中,只有秦国和晋国是最强大的,也只有这两个国家能打退狄国。"

于是周襄王就派人邀请晋文公,要他派兵护送自己回朝。晋文公听到周天子的号令,立即派兵向东攻打,打退了狄国,杀了太叔带和支持他的大臣,顺利将周襄王扶上天子之位。这件事之后,晋国在诸侯国中树立了较大的威望,一些小国开始表示臣服或友好。

两年后,宋国国君宋成公向晋国借兵,楚国纠结陈、蔡、郑、许及本国兵力攻打宋国。晋文公让众大臣讨论各自的看法,大家纷纷表示,楚国总是欺负中原各诸侯国,晋国应该帮助有困难的国家,借此也建立起晋国的威信。于是鲁僖公二十八年(公元前632年),晋文公扩充三军,浩浩荡荡前去帮宋国解围,城濮之战正式拉开帷幕。

当时的"国际"背景是,齐桓公死后,国内大乱,北方霸业衰落,南方的楚国趁机北上,先后控制了郑、蔡、卫、宋、鲁等众多中小国家,国力空前强盛,楚成王成为新的霸主,楚国有望进一步向北扩展。而晋国,虽然在中原诸侯国中属于比较强大的国家,但崛起的时间短,无论是国力还是兵力,都稍逊一筹,但一心想建立霸业的晋文公也不甘心任由楚国强大。城濮之战就是在这种局势下展开的。

晋国与宋国之间,隔着曹、卫两国,这两国都是楚国的附庸国。晋国若绕过这两个国家直接攻打楚国,容易腹背受敌,加之楚国比较强大,晋国没有必胜的把握,局势对晋国很不利。晋文公就在狐偃的建议下,先攻打曹、卫两国,一方面可以打击楚国的势力,将战线南移;另一方面,可以借此引诱楚国北上,拉长楚国的战线。结果,曹、卫两国在晋军面前不堪一击,这两个国家的国君最终被俘虏。

虽然成功俘虏了曹、卫两国的国君,然而晋文公的目的却只达到了一个,楚军不肯北上,依旧全力围攻宋国国都商丘。在宋国国君接连发出告急通知的情况下,晋文公既担心宋国投降,又担心如果晋军南下,远离本土,战线太长,不利于自己。晋国群臣再次召开军事会议,仔细分析了当前的局势,最终做出这样的决定:建议宋国表面上疏远晋国,然后由宋国出面,给秦国、齐国这两个中原大国送去一份厚礼,让这两个大国出面恳求楚军撤兵。为了打消宋国的疑虑,晋国将自己战胜获得的曹、卫国的一部分土地赠送给宋国。

晋国的这些建议,宋国都一一照做了。结果,楚国看到齐、秦两国要求楚国撤兵的恳求之后,竟然不同意,因为曹、卫两国原本是属于楚国的势力范围的,现在已经成为晋国的势力了,楚国怎能甘心就这样撤兵呢?因此,楚国没有接受这两个大国的建议。齐、秦两国原本是这场战争的中立国,但如今在楚国丢了面子,所以很自然成为楚国的对立国,并与晋国结盟。这样一来,双方的兵力发生了明显的变化,楚国不得不面对晋、齐、秦三大强国。

既然形势已经不利于自己,楚成王也识趣地将楚军撤退到申地(今河南南阳),放弃对宋国的围攻。但是，围困宋军的令尹子玉很自大，不把晋军放在眼里。当楚成王要求他撤兵以免与晋军发生冲突时，子玉毫不在乎，坚决要求让自己与晋军大战一场。楚成王是个优柔寡断的君主，既然子玉坚持，他就同意了，但却没有给子玉足够的兵力，只从国内派了少量兵力前往增援。

子玉原本就骄傲自大，楚成王又派出了救援，因而更加狂妄。在开战之前，他开出一个苛刻的条件以激怒晋军主动同自己开战。他要求：晋军从曹、卫撤军，使之复国；然后自己的军队撤出宋国。这个条件表面上看来没什么，但却打消了晋国号令群雄、称霸中原的机会。

没想到晋文公采取了更高明的对策：将计就计。他暗地释放了曹、卫两国国君，答应帮助他们复国，但要求他们先与楚国断交。然后，他扣留了楚国的来使。子玉原本是来救曹、卫两国的，没想到这两个国家临阵倒戈与自己绝交，而且自己的使者还被晋国扣押。这让骄傲自大的子玉恼羞成怒，气得直跺脚，然后就率领楚军及附庸小国军队，气势汹汹地向晋军逼近。

晋文公这时候又下令军队"退避三舍"，表示自己兑现了流亡时期向楚成王许诺的"后退九十里"的约定。此举赢得了"国际"上的赞同，大家都以为晋文公是一位真正的君子，晋军在舆论上占了主导。其实，晋文公的真正目的是避开楚军锋芒，避免更大的伤亡，借此诱敌深入，寻找有利的时机后发制人。

晋军的突然撤退，使楚军中的不少人感到蹊跷，建议停止追击。但刚愎自用加恼羞成怒的子玉根本听不进去他人的建议，反认为这是夺回曹、卫的大好时机，坚持前进，于是他带领军队一直追击到晋军的驻扎地城濮。此时，齐、秦、宋诸国的军队也陆陆续续与晋军汇合。晋文公借助目前对自己有利的"国际"局势，检阅了部队，振奋了士气，全军憋足了劲儿与楚军一战。

公元前632年4月，晋、楚两军在城濮展开决战。晋军率先集中兵力攻击子玉战斗力最差的翼侧军队，楚右翼迅速被歼灭，然后又利用楚军不谙虚实的弱点，打击楚军的左翼军。子玉所率领的中军，虽然是战斗力最强的，但由于失去了左、右两军，败局已定，匆忙率领中军撤出战场，这才侥幸保全中军。城濮之战就此以晋军获得决定性胜利而宣告结束，子玉大军后退至连谷时，子玉觉得没法向楚成王交代，便被迫自杀了。

晋军大败楚国的消息传至东周京都，周襄王和大臣都为晋文公感到高兴，周襄王还亲自到践土（今河南原阳西南）慰劳晋军，晋文公借此机会为周天子修建了一座新宫，并以周襄王的名义召开了诸侯大会，签订盟约。这些都让晋文公出尽了风头，晋文公从此成为中原地区的霸主。

## 烛之武退秦师

鲁僖公三十年（公元前630年），晋国、秦国大军联合围困郑国。

晋国围攻郑国，原因有二：其一，晋文公重耳当年流亡时，经过郑国，郑国国君郑文公不但不以礼相待，还催促重耳快些离开郑国，不要在郑国久留。现在重耳已登基成为中原霸主，对于当年被驱逐的事，自然要个说法。其二，在晋国与楚国的城濮之战中，郑国曾出兵帮助楚国。虽然楚国战败之后郑国曾派人到晋国示好，但也没有让晋文公释怀。更何况，对外扩张势力本来就是各诸侯国的梦想，怎么会轻易放过这样一个名正言顺的报复机会呢？因此，晋军不可能主动从郑国撤军。

秦国为什么围攻郑国呢？第一，秦国也想要扩张自己的势力，如今中原大国主动联合自己攻打郑国，这么容易分得一杯羹的事，秦国怎么会放弃呢？第二，在城濮之战中，秦国原本就是晋国的同盟国，郑国是楚国附庸国，原本就是敌对的双方。更何况，秦国与晋国原本就有"秦晋之好"的佳话，这两个国家一直关系很好，秦国自然愿意帮助晋国。

现在对郑国来说，危机严重，晋军驻扎在函陵，秦军驻扎在氾水的南面，时刻有灭掉郑国的架势。

郑国大夫佚之狐是一位很有谋略的人，他对郑国国君郑文公说："现在郑国处于危险中，大王如果重用烛之武，派他去见秦国国君，他一定能说服秦伯撤军。"

郑文公同意了，派人将烛之武请

当烛之武明白郑文公的意思之后，拒绝了这个使命。他说："我年轻的时候，能力尚且不如别的大臣。现在我老了，更没能力为大王您效命了。"

郑文公连忙安慰他："过去没有重用你，这是我的失误。现在郑国陷于危机，你怎么能不出来挽救呢？郑国灭亡了，对你又有什么好处呢？"

烛之武见国君承认了自己的错误，而且郑国的局势确实不容再推辞，于是就答应了出使秦国的使命。

当晚，郑国人用绳子将烛之武从城上放下去，烛之武来到秦军的阵营，见到了秦伯。

烛之武对秦伯说了这样一番话："现在秦、晋两国围攻郑国，郑国知道自己必定要灭亡了。但是灭亡郑国对秦国来说又有什么好处呢？郑国离晋国比较近，离秦国比较远，即使郑国灭亡了，我们的国土肯定也是被晋国占领。因为晋国在秦国与郑国之间，秦国怎么可能越过晋国获得我们郑国这点边境的土地呢？最终结果肯定是白白便宜了晋国，使它的国土增加了，国家更强大了。邻国强大，往往意味着自己的国家就会衰弱，郑国的灭亡只会有利于晋国而不利于秦国。现在，如果您放弃围攻郑国，我们郑国甘愿当秦国东道上的主人，秦国使者来来往往经过我们国家时，我们都会提供最好的招待，确保使者获得自己所需要的一切东西，这对秦国来说不是好事一桩吗？更何况，晋文公流亡的时候，您曾经有恩于他，他当初不是答应复国之后会把焦、瑕二邑割让给您吗？可结果又如何了呢？他早上才渡过黄河回到晋国，晚上就修筑城墙拒秦，当初的承诺哪去了？事实上晋国是不会满足的，现在他想灭了郑国将我们当做东部的疆界，他日，他也会扩张西部疆界。秦国就在晋国的西部，他不侵略您的领土侵略谁

呢？灭了郑国让秦国受害，晋国获益，大王您好好掂量掂量吧！"

秦伯听完这番话，恍然大悟，就与郑国订立盟约，留下杞子、逢孙、杨孙三员大将守卫郑国，然后撤军回国。

晋国大臣子犯看到秦国撤军，就请求攻击秦军。

晋文公说："不能攻击秦军。如果没有秦伯的支持，寡人就没有今天。寡人借助他的力量登上了君位，现在反过来恩将仇报，这样做是不仁义的。秦军是我们的同盟国，我们攻击它，就失去了这个同盟，这是不明智的。晋军整装待发，秦军已经在归国的路上，以我们整齐的军队攻打散乱的军队，胜之不武，这是不勇武的。我们还是撤军吧。"于是晋军也撤离了郑国，郑国的危机就这样被解除了。

## 蹇叔哭师

周襄王二十四年（公元前628年），晋文公病逝，晋国大丧，公子欢被拥立即位，是为晋襄公。

晋襄公一面主持葬礼，一边派使者将晋文公去世的消息告知各诸侯国，中原诸侯国对晋文公都非常敬畏，都连夜赶去参加晋文公的葬礼。唯独秦穆公，接到晋文公死去的消息之后，没有出现在葬礼上。他的外孙晋襄公对此选择了隐忍。

事实上，对于晋文公这个女婿的去世，秦穆公不但没有悲伤，反而很开心，因为这意味着秦国崛起的机会来了。因此，当驻守在郑国的三位大将杞子、逢孙、杨孙告知他有机会占领郑国国都时，秦穆公想都没想，就下令三军以出击郑国为名出发，其实打击晋国。

秦军出兵之前，秦穆公向秦国老臣蹇叔征求意见。

蹇叔说："让军队千里迢迢远行偷袭一个国家，我从来没听说过有这等打法。我们的军队千里奔波，筋疲力尽地到达郑国，迎接一个已经做好防备的郑国，我们这样做可行吗？再说，在行军的过程中，秦军的一举一动，势必会传到郑国的耳朵里，必定会想好计策对付我们。可怜秦军白白奔波，但却一无所获，肯定会产生抵触情绪。秦军带着这种情绪千里迢迢征战，谁不知道呢？"

然而，秦穆公太想扩张自己的势力了，没有听从蹇叔的意见，坚持召见孟明视、西乞术、白乙丙三位将领，让他们率军出发。

蹇叔听闻秦穆公已经下令出兵，就哭着对孟明视说："孟明啊！恐怕我现在能看到你们出发，却看不见你们回来了。"意思是说，你们必败，会战死沙场。

秦穆公听到蹇叔这样的哭诉，很不高兴，派人不客气地说："你知道什么？这说明你将要老死了，等到大军胜利凯旋归来，恐怕你坟上种的树都长得很粗了，要两手抱才能抱住。"

蹇叔的儿子也随着秦军远征，蹇叔哭着送别儿子，说道："晋国人必定在崤山有埋伏，会在这里攻击秦军。我告诉你，崤地有两座山头，南面的山头是夏王皋的坟墓，北面的山头是周文王避风雨的地方。你们肯定会战死在这两座山之间，我就在那里为你收尸。"

秦穆公不理会，坚持命令秦军向东进发。

蹇叔真是一位"先知"，秦军行至一半，得知郑国已经做好防备，于是返回。在返回的途中经过崤山，果然被埋伏在这里的晋军袭击，全军覆没，主帅等被俘，秦穆公深悔不听蹇叔的劝告，可惜已经晚了。

在攻打郑国这件事上，秦穆公所犯的不仅仅是军事指挥上的错误，他的所做所为在"国际"上也站不住脚：他因为秦晋之好首先与晋国结盟，但后来又与郑国结盟，置"秦晋之好"于不顾，现在又攻打郑国，违反与郑国的盟约，对两个国家都背信弃义，可谓言而无信，不讲任何道义，接连做出这等遭天谴的事，秦国战败，也是咎由自取。

## 殽之战

秦军别过蹇叔，向东进发。第二年春，秦军经过东周都城洛邑的北门，左右两边的秦军都脱下战盔，下车向周天子致敬，然后，又上车继续前进，三百辆兵车的战士无不如此。

当时，周朝的贵族子弟王孙满还是一个孩童，当他看到秦军这幅情景时，对周天子说："秦国的军队这么轻狂，不讲一点礼貌，肯定会战败。"一个孩童就有这样的见识，可见秦军有多糟糕。

秦国大军继续前行。

郑国商人弦高准备到洛邑做生意，他在滑国（都城在今偃师市东南）遇到了秦军，知道秦军要攻打郑国，于是大惊。他一面派人火速告知郑国做准备，一面想对策。他诈称自己是郑国使臣，先为秦军送上四张熟牛皮，又送上十二头牛，以此来犒劳秦军，表示自己愿意投降秦军。他还对秦国将领说了这样一番话：

"敝国国君听说三位将领率兵来，特意令我犒劳秦军，希望不算太冒昧。敝国并不富裕，如果秦军要久住，住一天，我们就提供一天的粮食。如果你们要走的话，就要做好当夜的防卫工作。"

秦军主帅听弦高这样说，以为郑国已经有了防备，便不敢贸然东进。于是顺便灭了滑国，率军西归。

与此同时，接到弦高报信的郑穆公派人行官查看杞子等人情况，发现杞子及其部下已经捆好了行装，喂饱了马匹，磨快了兵器。很明显，他们已经做好了当内应的准备。

于是郑穆公就派皇武子向杞子等人致辞。皇武子对他们说："你们在敝国已经居住

了这么长时间了，现在敝国没有吃的东西了，恐怕你们也该走了吧。郑国有兽园，秦国也有兽园，相信你们回到本国一样能猎取麋鹿，这样也好让我们国家的兽园得到暂时的安宁。怎么样？你们要回去吗？"

杞子等人听到这里，知道秦军攻打郑国的阴谋已经败露，于是仓皇出逃，杞子逃到齐国，逢孙、扬孙逃到宋国。

再说晋国，因为忙着为晋文公准备丧礼，当听到秦军千里袭郑、灭滑而还时，知道秦国野心不小。于是群臣暂停丧事，商量对策。

大臣原轸主张讨伐秦师，他说："秦国不听蹇叔的意见，贪得无厌地东征郑国，致使秦军心中怨恨。这是上天赐给我们的好机会，我们不要轻易放过这个敌人，要趁机消灭他们，以绝后患。如果违背了上天赐予我们的这个机遇，可能会后患无穷，所以我认为晋国要坚决讨伐秦军。"

另一个大臣栾枝不同意，他说："秦国帮助晋文公复国，是我们晋国的恩人。现在我们没有报恩，反而攻打他们的军队，如何面对死去的晋文公呢？他活着的时候可是不主张攻击秦军的呀！"

原轸不以为然，他反驳道："我们的国君死了，秦国没有前来吊丧，反而趁此机会讨伐我们的同姓之国（晋、滑同姓），这就是无礼，我们对无礼之人还报什么恩呢？况且今日放纵敌人，他日必定为晋国几代人带来灾难。即使为后世子孙考虑，我们也应该攻打秦国。"

晋襄公觉得原轸的话有道理，决定发布诏令，攻打秦国。

四月十三日，晋襄公穿着孝服，亲自指挥战斗。当天，毫无准备的秦军行至崤山，遭到晋军的伏击。此时的秦军，千里远征，无功而还，士气低落，人疲马乏。而晋军，因为早已守候多时，以逸待劳，士气高昂，加之晋襄公身着孝服亲自督战，士气更高。秦军很快被晋军打败。孟明视等三帅，被晋军生擒，其余秦军，全部被歼灭。此役过后，秦晋之好彻底终结，秦国彻底丧失了与晋国争霸的资本。

这时候，晋文公的夫人文嬴，也即秦穆公的女儿，开始站出来为"娘家人"说好话。

她对晋襄公说："这三个人没有一点好处，白白离间秦国与晋国的关系，我父王如果得到他们三个人，肯定会气得吃了他们的肉，你又何必费事亲自惩罚他们呢？不如将他们放回秦国受罚，这样也满足了秦穆公的心愿。"

晋襄公觉得她的话有一定的道理，就答应放走这三位秦国大将。

先轸得知晋襄公放走了孟明视等三帅，气得大骂："战士们花了很大代价才将这三个人从战场上抓过来，现在您听从妇人之言，轻轻松松就放走了他们。这等于自毁成果，助长敌人的气焰，亡国没有几天了！"骂完依旧不解气，对着晋襄公吐了口唾沫，头也不回地走了。

晋襄公大悟，于是赶忙派阳处父追孟明视等人，此时孟明视等人已经登舟离岸了。阳处父解下车左边的骖马，以晋襄公的名义，假意说赠给他马。

孟明视不会放过逃生的机会再回"虎口"，于是不肯登岸，在船上叩头道："贵国国君真是一个宽宏大量的人，不将我等俘虏赶尽杀绝，反将我们送回秦国受罚。如果国君杀死了我们，我们即使死也记得你们国君的功劳。如果国君能领会到贵国国君的好意赦免了我们，那么三年后我们一定来拜谢贵国国君的恩赐！"说罢，下令船只快行。

秦穆公此后已经知道秦军的惨败，他穿着孝服在郊外等候归来的将领，后悔地哭诉："寡人违背了蹇叔的劝告，让你们受到这等委屈，这是寡人的罪过。你们有什么罪过呢？我不会因为自己的过失抹杀你们的功劳。"最终没有惩罚孟明视等人。

崤之战后，秦国知道晋国依旧很强大，不敢轻易再向东行动，转而向西发展，征服了西戎，从此成为西方霸主。

## 赵盾执政

晋文公死后，晋襄公即位，多年跟随晋文公的赵衰成为晋国的执政大臣。赵衰死后，他的儿子赵盾接替了父亲的职位，开始执政晋国。赵盾是一位治世之能臣，他全心全意辅助国君修订律例，选拔贤能，被时人尊称为赵宣子。

晋襄公做了两年皇帝就去世了，他死时嘱咐立太子夷皋为帝，但是太子当时年纪很小。出于为国家命运的考虑，赵盾主张立晋襄公的弟弟公子雍为帝。他说："太子年幼不能理政，这对国家的霸业不利。公子雍年长博学，深受文公喜爱，如果立他为帝的话，国家的霸业或许可以延续。"

中军佐贾季（狐偃之子，狐偃与赵衰一样为晋文公出生入死多年）则主张立公子乐为帝，因为公子乐的母亲辰嬴是晋文公的宠妃。赵盾坚决反对，他派士会去秦国接公子雍回来，准备拥立他为新君。贾季不服，偷偷派人去陈国迎回公子乐。赵盾听说后，只好派出刺客将公子乐等人杀死。贾季看大事不妙，逃亡翟国。

且说秦康公接到赵盾的书信后，立即派遣部队护送公子雍回国继位。太子夷皋的母亲穆嬴听说赵盾不顾先王遗嘱，坚持立公子雍为新君，很生气，每天抱着太子在朝廷上哭诉，还派人到赵盾家中叩头。赵盾拗不过她，只好拥立夷皋为国君，是为晋灵公。秦康公听到这个消息之后，大怒，因为公子雍与他是表兄弟，他自然拥立公子雍，因而派兵攻打晋国。于是赵盾不得不发兵，抵御秦国护送公子雍的军队，秦军战败，公子雍逃亡。秦、晋两国后来在晋国大夫士会的调解下，两国又重归于好。赵盾派人将士会接回国，与其一起辅助晋灵公。

后来秦国与晋国再次决裂，晋国的霸主地位因为失去这一强大的盟国而岌岌可危，诸侯国都对晋国虎视眈眈。赵盾非常明白这一点。为了保住晋国的霸主地位，赵盾殚精竭虑，呕心沥血。在国内，他选贤任能，完善法律，发展生产，训练军队。在国外，他与秦国重续秦晋之好，又与宋、卫、许三国建立四国联盟，为晋国争取了休养发展的时间。经过数十年的厉兵秣马,他指挥晋国军队击败楚穆王,降服郑穆公,攻破蔡都,与诸侯会师于扈,使得晋国再度成为中原诸侯中的佼佼者。赵盾也以晋国霸权维护者的身份,声名远扬。

赵盾虽然身居要位,但是他仍然时刻提醒自己要谦虚谨慎,善待百姓。他出游首山时,见到一个饿汉卧在桑树下,赵盾非常可怜他,就让人拿来食物给他吃。那个饿汉吃了一半食物,将剩下的放进怀内。赵盾问他为什么不吃完,他说:"我家中尚有老母,这些留给母亲吃。"赵盾深受感动,又给了他很多食物,然后就离开了。

赵盾为国鞠躬尽瘁,按说应当得到国君的重视。但晋灵公长大后,胸无大志,却遗传了母亲穆嬴泼辣蛮横的性格。他见赵盾权倾朝野,心中不快,不但事事与他作对,还常常借助虐待别人来发泄自己的不满,后来终于导致了"赵盾弑君"事件的发生。晋灵公死后,晋成公即位,晋成公对赵盾信任有加,还将自己的姐姐嫁给了他的儿子赵朔。晋成公的儿子晋景公即位不久,赵盾去世。赵盾去世后,晋国的霸业也日渐衰落。

## 晋、楚邲之战

崤之战之后,秦晋之好打破,秦、晋两国关系恶化,彼此攻战不息,秦国还经常联合楚国抗晋,晋国的霸主地位有所动摇。加之晋灵公之后晋国卿权日重,诸卿政权多事,内政混乱,国力衰退。而与此同时,楚国楚庄王在令尹孙叔敖的辅佐下,国势日盛,楚庄王一心想建立新的霸主,因此不断挑战晋国的霸主地位,双方为争夺中间地带而矛盾加剧,邲之战就是在这种形势下展开的。

楚庄王因为郑国时而背叛自己、时而臣服自己而不满,于是亲率大军围攻郑国都城新郑,迫使郑国投降。郑国曾经臣服于晋国,因而郑国被困的时候,晋景公派遣荀林父、先縠、赵朔等人率领晋军救援郑国。

当晋军到达黄河的时候,听说郑国已经与楚国讲和。荀林父便决定率兵回国,他说:"既然现在郑国已经臣服于楚国了,我们再去救援已经无意义了。不如等楚军回国之后,我们再攻击郑国,那时候才是建功立业的好时候。"

晋国大夫士会说:"我认为将军的话很有道理。用兵之道,贵在看准时机。一个国家的德义、刑罚、政令、事务、典章、礼仪如果没有改变轨道,这个国家就是不可抵挡的,征讨这样的国家也是不明智的。

"楚国讨伐郑国,是不满意他时而臣服,时而背叛,臣服时赦免他,背叛时讨伐他,占了德义、刑罚两条,归顺时行德义,背叛时对其进行刑罚,这是完全对立的。

"楚国去年讨伐陈国,今年又讨伐郑国,百姓没有感到疲劳,没有民怨沸腾,这说明政令是合乎人心的,没有偏离常道。

"楚武王创立了荆尸的阵法,每战必胜。农民、商人、工匠等都各司其职,步兵和战车之间彼此和睦，大家各司其职，互不干扰。孙叔敖做了令尹之后，又根据楚国的国情制定了合理的法典，使军队行军更规范，右军夹辕可以保护兵车前进，左军准备好粮草等内勤食物，主将在中间制定谋略，殿后是精锐的部队。各级军营都根据各自的旗号分别行动，军中政务井井有条。这些都说明，楚国的典章制度已经比较完善了。

"楚庄王在选拔人才时，与国君同姓的是亲属，与国君异姓的是旧臣后代。有德行的人选拔、赏赐时不遗漏有功劳的人。对老年人给予恩赐，对外国人也注重恩赐。德高望重的人得到尊重，低贱之人分不同等级给予分别对待。君子和小人，各自有不同的衣服色彩。也就是说，楚国的礼仪制度也比较完善了。

"现在，他们德义树立起来了，刑罚实施分明，政令通达，国事舒畅，典章制度合理，礼仪井然。在这种各方条件都有利的形势下，我们怎么能攻下它呢。有战机就前进，没有战机就退兵，这才是用兵之道；兼并弱小的国家，进攻昏庸的国家，这也是用兵之道。现在我们可以整顿一下军队，研究新的战术，反正还有好多弱小又昏庸的国家，为什么一定要攻打强大的楚国呢？仲虺说过：'讨伐动乱的国家，攻打将要灭亡的国家。'这就是兼并弱小的原理。《诗经》有云：'武王的军队精良，应该攻打昏庸的国家'、'武王的功绩，应该是消灭昏庸的商朝'。安抚弱小的国家，讨伐昏庸的国家，正是武王成功建立国家的根本。我们应继承武王这样的事业。"

士会一口气讲这么多，无非是说，楚国现在非常强大，晋国不宜这个时候攻打它。然而副将彘子（先縠）不同意他的说法，他说："晋国之所以称霸诸侯，是因为军队作战勇敢，臣子们效力。现在郑国被楚国侵占，如果我们不去援助，就会在诸侯国中失去威信。我们就没法再对其他诸侯国说我们的兵力强大。现在强敌当前，如果不出战，就没有办法建功。晋国霸主的地位如果从我们手中丢失了，那真是死也不能挽救的耻辱。既然现在我们的国君已经派兵救援郑国，如果仅仅因为楚国的强大就退却，这不是大丈夫所为。接受国君的命令却不执行，你们这样做好了，我可做不出这种事。"说完，彘子独自率领中军，渡过黄河前去救援。

知庄子说："彘子的军队有危险呀！根据《周易》的卦爻，出兵应该有纪律，违反纪律就会不吉利。统帅明白这个道理并能取得成功，就是'臧'，反之就是'否'。军队离散就是柔弱，河川堵塞是沼泽。军队若不执行命令，就像枯涸的沼泽，这为凶兆。彘子的军队在这种不利的形势下如果再遇到强大的楚军，必败无疑。因此，彘子要为战败负主要责任，即使他能侥幸逃出战场，回到晋国也会有灾难。"

韩厥则对荀林父说："如果彘子领导的军队失败，你做为元帅，你的罪过就更大了。军队不听你的号令，难道不是主帅的错吗？丧失郑国这个属国，丢掉彘子的军队，两个罪过，恐怕你很难承受得了。既然如此，还不如挥师征讨楚国，万一战争失利，大家可以跟你一起分担罪过。与其你一个人承担罪过，倒不如我们六个将领一起承担。你觉得呢？"

荀林父听到这里，觉得也只好如此了，于是下令晋军渡过黄河，与楚军一决胜负。

再回头说楚庄王这边，楚军原本不打算与晋军交战的，但一听说晋军已经渡过黄

河，君臣又有了新的想法。

楚庄王本人是想回国的，宠臣伍参则想与晋国作战。

总之，就是否攻打楚国这件事，晋国将领之间仍然没有形成统一的意见。

这时候，楚国派使者到晋军来试探军情。使者说："我国国君年少遭逢不幸，缺乏文辞。我国的两位先君从前从这里北上征战，也只是教训郑国，可不敢得罪晋国啊。现在还希望晋国的诸位将领立即回国吧。"

原本晋军对是否打这一仗都在犹疑，听到这话，士会就顺着其意说："周平王曾经对我们的先君文侯说：'晋国和郑国都是辅佐周天子的诸侯国'，如今郑国听从周天子的命令，我们的国君派我们质问郑国，怎么能侵犯楚国边境呢？问完我们才能复命。"

彘子认为士会的话太客气了，于是让赵括赶紧接着说。赵括说："使者您的话不对，我们的国君要我们来把贵国的足迹赶出郑国，还对我们说：'不要回避敌人。'我们做臣子的，怎么能对国君的命令视若无睹呢？"

楚庄王知道晋军将帅之间不合，于是又派使者到晋军军营，表示求和。晋军答应了，双方商订了订立盟约的日子。但还没有正式盟约，楚军突然派许伯、乐伯、摄叔驾单车挑战晋军，杀死一名晋军，俘获一名晋军。楚庄王此举仍然是在试探晋军虚实。

此时，晋军中的两个将领魏锜、赵旃，一个曾要求做公族大夫，一个曾要求做卿，但都没有得到自己想要的职位，因而心中不满，就想让晋军战败，于是主动请命，获得允许。他们二人走后，上军将郤克认为：晋军主力要做好大战准备了，否则晋军必败无疑。彘子到这时候依然自大，认为郑国人已经听从了晋国，楚国人又向晋国求和，晋国必胜，没必要太小心谨慎。他不肯做战斗准备。于是士会便命人在敖山前设七道伏兵，赵婴齐则在河岸准备了船只，便于晋军战败之后能抢先渡河。

魏锜先到楚营挑战楚军，被楚将潘党赶跑。夜里，赵旃命部下袭击楚营，战败。晋军在这两个人出发之后派轺车随后接应。很快，楚军和晋军陷入混战状态。

原本等待盟约的晋军主帅荀林父，突然见到楚军赶来，以为楚军大举来攻。由于晋军没有准备，原本就没有必胜的把握，此时他心中更加惊慌，慌乱之下竟然发出一道昏庸的命令："率先渡河的人有奖！"一时间，晋军的军心一下子就散了，正在混战的士兵争相涌向河岸，争先强渡。先上船的人为了自保，竟拿刀乱砍自己的兵士，一时间船中留下许多断指。至此，晋军的右翼已经溃败，上军因为之前有所准备，从容地撤退了。

晋下军大夫荀首的儿子在混战中被俘，荀首率领自己的军队向楚军扑去。晋军乱中小胜，俘获了楚大夫公子谷臣，也为晋中军、下军成功渡河争取了时间。渡河晋军虽然远离楚军，但不得不在河中挣扎，溃散的晋军，一整夜都在河中喧嚣，扔掉的车马更是不计其数。

第二天，楚军在衡雍祭祀河神，为楚国的胜利而欢呼。同年秋，荀林父率领残兵败将回到晋国，自请死罪。晋灵公没有批准。

邲之战是晋、楚争霸中的一次重要战役，楚胜晋败，郑国自然成为楚国的附属国。楚庄王以此为跳板，又攻击宋国。中原眼看成为了楚国的囊中之物。晋国在晋楚争霸中暂处下风。

## 宋及楚平，尔虞我诈

楚国国势很强大，楚庄王根本不把周围小诸侯国放在眼里。

一天，楚庄王派大夫申舟访问齐国，并嘱托他说："不要向宋国借路。"同时，他也派遣公子冯到晋国访问，嘱托他说："不要向郑国借路。"其言外之意，就是告诉他们对宋国、郑国这两个小国不必介意，只管经过就行了，不必按照礼仪向该国国君请示。

申舟在孟诸打猎时，曾经得罪过宋国，因此就更担心此行了。他对楚庄王说："郑国比较明白事理，但宋国却不会。因此出使晋国的使者不必担心被郑国所害，我出使途中经过宋国，必定会被宋国杀掉。"

楚庄王

楚庄王却坚持要他不借道而行，并信誓旦旦地对他说："宋国要是敢杀你，我就派兵攻打宋国。"

申舟无奈，只得按照楚庄王的盼咐出发。临走前，他托楚庄王照顾好自己的儿子。

果然，由于没有借路，申舟被宋国抓住了。宋国大夫华元知道这是楚庄王故意安排的，对楚庄王的无礼非常气愤。

他对宋文公说："楚国的使者经过我们国家却不通知我们，这就是把宋国当做附属国了。等于说我们的国土就是楚国的国土，其实就是说我们已经亡国了。如果现在我们杀掉楚国使者，楚国一定会借此来讨伐我们，最坏的结果不过也是亡国。与其这样，还不如杀掉楚国使者，至少宋国可以扬眉吐气。"

宋文公听了他的话，觉得很有道理，就命人杀掉了申舟。

消息传到楚国，楚庄王气得火冒三丈，连鞋子都顾不上穿，宝剑也顾不上佩戴，就要去朝廷上下令攻打宋国，幸亏随从赶得快，匆忙帮他穿好鞋子、带好剑。当年九月，楚国军队就包围了宋国。

宋国虽然是个小国，但要想灭掉它，也不是一件容易的事，因为宋国有一个强大的靠山——晋国。当楚军来袭时，宋国国君立即派乐婴去晋国求援。

晋景公本想立即出兵援救宋国，但他的大臣伯宗说："我们最好不要出兵援宋。古人说过：'虽鞭之长，不及马腹'。楚国在上天的眷顾下国势日益强大，晋国虽然也很强大，但怎么能违背天意呢？我们坚决不能同它发生战争。俗话说：'高下：在心。'河流湖泊中能藏污纳垢，山林草莽中有毒虫猛兽，美玉中隐含着瑕疵，国君忍辱负重，这也是上天的旨意。大王您还是忍一忍，不要轻易出兵与楚为敌了。"

晋景公听从了伯宗的劝告，决定不出兵援助。但他派解扬到宋国，让他告诉宋国人说："你们坚持住，不要向楚国投降，晋国的援军已经出发了，很快就会到达宋国。"

解扬在前往宋国的途中，经过郑国，郑国将解扬捉住，献给了楚国，楚庄王想用重金收买他。于是送给他一份厚礼，让他对宋国人说相反的话。解扬开始不答应，但在楚庄王的威逼利诱之下，他勉强答应了。

接着，楚庄王就让解扬登上战车，向宋国人喊"晋国不会再来救宋国了，你们最好投降"之类的话。但解扬凭借这个机会，喊出了晋景公交代给自己的话，达到了本次出使的目的。

楚庄王认为自己受到了戏弄，大怒，想要杀掉解扬。他派人问解扬："你既然已经答应了我，怎么又违背自己的诺言呢？不是我不讲信用，而是你不讲信用。现在你也应该受到惩罚，准备受死吧！"

解扬回答说："鄙人听说，国君制定出来的正确命令，叫做'义'，臣子执行国君的命令，这叫'信'，在'义'的前提下行'信'，这叫做'利'。谋划只要坚持这些美德，就能捍卫国家的利益，才能捍卫百姓的权力。合乎道义之事，不可能对两种人讲诚信，讲究诚信，不可能接受两个国君的命令。大王您用厚礼收买鄙人，就是不懂'信无二命'。我已经接受了我国国君的命令出使，我宁愿死去也不会背弃我的使命，这难道是可以用厚礼收买的吗？我之所以答应您，是为了完成我国国君交给我的使命。现在即使我死了，我一样成功地完成了使命，这对我来说是莫大的福分。我们国君有很多像我这样忠心的臣子，臣子又都能宁死也要完成使命，我们还有什么好求的呢？"

楚庄王听完这一席话，一时无言以对，只好释放解扬，让他回到自己的国家。

楚国的军队攻打宋国，从秋天一直持续到第二年夏天，还没将宋国的都城攻下来。楚庄王没办法，只好下令撤军。

申舟的儿子申犀为自己的父亲抱屈："他明知道此次出使会死，但又不愿意违抗大王您的命令。大王曾经说过父亲如果死了就攻打宋国，现在又撤军，你违背了自己的誓言。"楚庄王又无言以对。

大臣申叔正在为楚庄王驾车，听到申犀和楚庄王的对话，想出来一个办法："现在我们修建房屋，将在宋国种田的人都召集回来（这样一来，宋国就无人种田了，就会面临饥荒），宋国人一定会乖乖地听从大王。"楚庄王觉得这个主意不错，就命人照做了。

果然，宋国人害怕了。宋国国君派华元偷偷潜入楚军大营，找到楚军大将子反睡觉的地方，将他叫起来，说："我们国君让我告诉你现在我们宋国的危难。现在我们的百姓已经在互相交换孩子吃了，将孩子的尸骨劈开烧火做饭。如果你们现在真的还要为难我们，逼迫我们签订盟约。那么就算我们宋国亡了，也不会答应签约。如果现在楚军撤离宋国三十里,咱们讲和,那么以后宋国愿意追随楚国。"

子反很害怕,就与华元签订了盟约,然后报告楚庄王。最终,楚军退兵三十里,宋国与楚国讲和,华元成了人质。双方在盟约上明明白白地说:"你不欺骗我,我也不欺骗你。"

实际上,这个时候各诸侯国之间彼此尔虞我诈,订立"你不欺骗我,我也不欺骗你"这样的盟约,其实是"此地无银三百两"。

## 齐晋鞌之战

邲之战之后,楚国北上中原,西联秦国,东联齐国,灭了很多诸侯小国,成为中原地区的霸主。晋国国力、影响力都大不如前,在楚国、秦国的打压下日趋萎靡,加之北方有赤狄、白狄的威胁,昔日号令群雄的局面不返。与此同时,齐国在齐桓公之后,虽然失去霸主地位,但仍旧是中原地区的大国,在晋国衰落的时候,齐国想再度崛起,欲与晋国一比高下。

周定王十四年(公元前593年),晋国消灭了赤狄,准备在断道(今山西省沁县东北)召开诸侯大会。晋国派大夫郤克出使齐国,邀请齐国赴会。齐国国君齐顷公不但拒绝参加断道之会,而且态度傲慢,对郤克很不客气,郤克很生气,回国后时刻找机会报复齐顷公。鞌之战就是在这种背景下展开的。

周定王十年(公元前589年)六月十七日,齐国和晋国的军队在鞌相遇,大战一触即发。

齐国的战车上,主帅齐侯居中,左边是驾车邴夏,右边是保护者戎右逢丑父。晋国的战车上,主帅是郤克,左边驾车是解张,右边为戎右郑丘。

齐侯迫不及待地交战,他说:"先让我消灭了这些人再吃饭。"然后,顾不上为马披上战甲就驱马奔驰。

晋国的主帅郤克被箭射伤,血一直流到鞋上,但晋国的战鼓依然没有停止。郤克忍不住喊道:"我受伤了。"

驾车解张说:"战争一开始,我的手和肘就被箭射中了。我折断箭杆,继续为您驾车。您看左边的车轮已经被我的鲜血染成了黑红色,我还不敢轻易说自己受伤呢!您就先忍着吧!"

戎右郑丘则说:"从战争开始到现在,只要遇到地势不平的地方,我都会下去推车,难道您没看到这些吗?不过,您的伤势确实很严重,恐怕难以支持了。"

解张说:"我们的战鼓和战旗就是军队的耳朵和眼睛,士兵的前进和后退都会受到它们的影响。我们这辆战车上,我们三个人只要有一个人保护好'耳朵'和'眼睛',战事就会成功。怎么能因为您的一时疼痛而坏了我们国君的大事呢?本来我们穿上盔甲,拿起兵器,就抱定了送死的决心,伤痛还不至于死人,您还是好好指挥战斗吧!"

说完，解张换左手握起辔绳，腾出来右手接过邵克手中的鼓槌擂鼓。张侯由于单手无法控制缰绳，驾车的马儿狂奔起来，晋军跟着主帅狂奔，军心大振。齐军被这来势汹汹的势头给吓着了，齐军溃败。于是晋军紧迫齐军，绕着华不注山追了他们三遍。

晋国大夫韩厥作战前，梦到去世的父亲对自己说："明天早上作战的时候记得避开战车的左右两侧！"因此韩厥的战车在中间，奋力追赶齐侯。

齐侯的驾车邴夏说："射那个驾车的，那个人是个皇室贵族。"

齐侯说："既然他是皇室贵族，现在射他是不合礼仪的。"于是改下令射韩厥左、右两边的人，于是韩厥左、右两边的人都被射中而倒下。

晋国的将军綦毋张在战乱中失去了战车，于是搭上韩厥的战车。但是无论他坐在左边还是右边，韩厥都不允许，而是让他站在自己的身后——这是他父亲昨晚在梦中警告后，他的谨慎安排，以避免綦毋张受到伤害。然后，韩厥弯下身子，将倒在车中的戎右安放稳当。

逢丑父为了保护齐侯，趁韩厥弯下身子的时候与齐侯调换了位置，想着万一战败，好让晋军认为自己才是关键人物。他们的战车将要逃到华泉时，齐侯两边被树枝挂住。在此之前一晚，逢丑父在辇车里睡觉时，他的身后出现了蛇，在他用手臂击打蛇的时候被蛇所伤，所以手臂隐隐作痛直至今日作战，因此无法下车推车，就这样，齐侯的战车被晋军追上了。

韩厥手持拴马绳站在齐侯的马前，按照臣下见国君的礼仪，向齐侯拜了两拜，然后下跪，头低到地上，捧着一杯酒和一块玉璧，将之献给齐侯，并说："我国国君派我们这些大臣为鲁国、卫国求情。他说：'不要让军队深入到齐国的土地。'小人不才，刚好在军队中任职，无法逃避责任，更何况我的逃避会给您和我国国君带来耻辱。因此，小人鲁莽，站在一名战士的立场上向您报告，以临时将领的身份，不得已履行应该履行的职责。"其言外之意是：我是不得以来俘虏齐侯你的。

此时逢丑父坐在齐侯的位置上，假扮齐侯，命令坐在戎右位置上真正的齐侯下车到华泉给自己打些水喝。于是齐侯趁机逃到郑周父所驾的副车上，逃跑了。

韩厥将逢丑父献给邵克，邵克一看就知道这个人不是真正的齐侯。邵克的将领知道邵克曾被齐侯侮辱、轻慢，现在又被人代替而逃跑了，于是叫嚷着要杀掉这个假齐侯。

逢丑父喊道："从今以后不会有人代替国君受难了，现在这里已经有一个人被你们抓住了，难道国君还要被杀死吗？"

邵克说："一个人甘愿以生命来保卫自己的国君，现在杀了他是一件不吉利的事。还是赦免他吧，这样可以鼓励人们继续为国君效命。"于是逢丑父被赦免。

齐国战败之后，齐顷公派大夫国佐前去求和。国佐献上灭纪国所得的甗和玉磬，并表示齐国愿意割地。但邵克不接受，还说："除非以萧同叔子为人质，并且使齐国的陇亩全部改为东西向（这样，晋国一旦向齐国进兵，就可长驱直入）。"

国佐回答说："萧同叔子是我们国君的母亲。晋国与齐国地位相当，她也等同于晋国国君的母亲。将国君的母亲当做人质，这是非常不孝的，晋国怎能提出这样的要求呢？恐怕以后难以号令群雄了。先王治理天下，施行因地制宜，怎么将陇亩改为东西向呢？难道仅仅是为了晋国士兵的方便吗？如果晋国再要逼迫我们，齐国也不害怕，我们会以死抗争。"

此时，鲁国和魏国两国也劝说晋国，于是郤克便同意与齐国讲和。

鞌之战的胜利，使晋国成功打破了楚国和齐国的联盟，晋国的大国地位得到稳固。

## 楚归晋知罃

在晋楚邲之战中，知罃被俘虏。十年之后，晋国与楚国关系好转，晋国提出以楚国公子谷臣和连尹襄老的尸首为条件，交换知罃，楚国人答应了。

楚国国君在送别知罃时，问："你怨恨我吗？"

知罃回到说："两国交战，下臣能力不济，不能成功，做了俘虏。大王和您的臣子没有用我的鲜血来祭鼓，反而将我送回国去接受本国人的制裁，这都是大王您的恩惠啊！是下臣自己没有才能，怎么会怨恨别人呢？"

楚国国君就问："那么你感激我吗？"

知罃回答说："两国交战，都是为了本国的利益，都是为了本国百姓生活得更好。现在两国都压住自己的愤怒，采取了互相谅解，两国都同时释放被俘的囚犯，以此为据结成友好之国。两国交好，下臣并没有参与，又怎么有资格感激谁呢？"

楚国国君又问知罃："那么你回去之后，打算怎样报答我？"

知罃回答说："下臣没什么好怨恨的，大王您也不接受恩德。如今没有怨恨，没有恩德，也就无所报答。"

楚国国君依然不甘心，继续问道："即便是这样，你心中总归会有些想法吧？你现在正在想什么，请一定告诉我。"

知罃回答说："承蒙大王您的关照，身为囚犯的下臣，如果能活着回到晋国，晋国国君如果杀死我，那么即使我死了，也是不朽的。晋国国君如果因为大王您的缘故赦免下臣，将我赐给您的外臣，我会向晋国国君请求，将我杀死在宗庙中，即使死了也是不朽的。如果晋国国君不杀我，反而让我继承宗子的位置，这样按照晋国的次序习惯，我也能当晋国的军师，有资格率领偏师治理边疆。那么将来碰到贵国的文武官员，我也不会躲避，只会竭尽全力奋斗到死，不会再有其他念头，只有这样才能尽到人臣的本分，这也是对大王您关照这么久最好的报答。"

楚国国君听到这里，感叹道："最好还是不要跟晋国竞争了。"

知罃被俘之后依然对自己的国君忠心耿耿，将自己的职责视为至高无上，他这种为国拼搏的精神感动了楚国国君。后来，知罃官至中军帅，帮助晋悼公恢复了晋国的霸主地位，终结了楚国的霸主历史。

# 弭兵会盟

弭兵会盟是春秋历史上重大的外交事件，宋国在其中扮演了重要的角色。

宋国大夫华元，既与晋国执政卿栾武子交好，也是楚国令尹子重的朋友。当他得知晋国和楚国互派使臣时，便想促进两国的和平共处。

鲁成公十二年（公元前579年）冬，华元先后奔走与晋国和楚国之间，调节两国的矛盾，促成两国的友好。在他的努力下，两国终于决定冰释前嫌。晋卿士燮、楚公子罢、许偃及华元，来到在宋国的西门之外会盟。

盟誓曰：晋国和楚国从此不再兵戎相见，大家从此同仇敌忾，共同面对灾荒和危难，相互周济。如果有人危害楚国，晋国要帮忙讨伐；如果有人为难晋国，楚国也要帮忙讨伐。大家礼尚往来，道路畅通；对于有分歧的地方，大家一同讨论对策，对于不朝于王庭者，大家共同讨伐他。如果有人违背这个盟誓，那么神明会诛杀他。

弭兵会盟体现了各诸侯国追求和平的梦想。然而晋、楚之间真的能从此放下成见和平共处吗？在近半个多世纪的晋、楚争霸中，两国早已经结下难以化解的恩怨仇隙，怎么可能通过一纸合约就能化解？目前只是晋、楚双方在形势对自己不利时，希望通过休战的方式暂时调整，当形势有所好转时，便会撕毁盟约，发生新一轮的霸权征战。

三年后，楚国首先违背盟约，进攻晋国的附属国郑国、卫国。楚国的令尹子囊虽然质疑："我们和晋国已经结盟了，这样做是不是违背盟约了呢？"但子反毫不留情地反驳："只要是对楚国有利的事，都可以做，还管什么盟约？"

郑国立即发兵抗战，晋国也纠集吴国和众诸侯召开中原诸侯盟会，准备共同讨伐楚国。楚国见形势逆转，连忙将汝阴之田送给郑国，郑国被收买，临阵倒戈，并在楚国的支持下讨伐亲晋的宋国。于是卫国也在晋国的支持下讨伐亲楚的郑国。鄢陵之战爆发。

鄢陵之战最终以楚国的失败告终，楚国陷入发展困境。与此同时，晋国国内也发生了危机，晋国上层贵族之间权力争夺加剧，陷入内乱。秦国又趁晋国内乱之际，频频出击晋国。晋国和楚国都陷于内忧外患之中。

在这种形势下，晋国和楚国都有再次休整停顿的意思，于是在大夫向戌的积极奔走下，晋国和楚国在鲁襄公二十七年（公元前546年），在宋国的西门发动了第二次弭兵会盟。第二次弭兵会盟，参加的国家已不仅限于晋、楚两国，还包括齐国、秦国、鲁国、卫国、陈国、蔡国、郑国、许国、宋国、邾国、滕国等，共14个国家。

第二次弭兵会盟的盟誓曰：晋国的附属国要朝拜楚国，楚国的附属国要朝拜晋国。但亲晋的齐国和亲楚的秦国，二者属于大国，不用朝拜楚国和晋国。而邾国为齐国的附属国，滕国为宋国的附庸国，这两个国家不参与会盟，因而不用朝拜晋国、楚国任何一个国家。

不过第二次弭兵会盟是在被逼无奈的情况下发生的，各诸侯国更没有诚意，晋、楚虽然歃血为盟，但为了争夺盟主一职，他们将气氛搞得更紧张。楚国的令尹子木曰不无感慨地说："晋国和楚国指尖的恩怨已久，现在纯粹是为了自己的私利而已，怎么可能会诚信地对待盟约呢？"

第二次弭兵会盟后，晋楚争霸暂时停止，国与国之间的战争明显减少，晋、楚两大国之间40年内没有发生过直接的军事冲突，这也让长期不得不追随大国的中原诸小国得到了喘息的机会。但是，这些小国从此不得不将自己的物产同时贡献给两个国家，虽然不再承受战争的灾难，但却要承受晋、楚两国的经济剥削，对晋国、楚国承担繁重的赋税。各诸侯国为了缓和国内的矛盾，在政治、经济等方面都采取了一些符合历史潮流的改革，建立起新的政治、经济制度。春秋历史，从前期的诸侯国之间争霸，转变为国内大夫间兼并，中原诸国的历史，进入一个新时代。

另外，吴国做为新生的国家，因为参与第二次弭兵会盟，从此崭露头角。春秋的争霸战争，也从中原地区，转移到东南地区的楚国、吴国、越国之间进行了。

## 吕相绝秦

自殽之战之后，秦晋之好结束，秦国与晋国的关系持续恶化，不仅互相敌对，更是互相仇视，绝不可能重修旧好。吕相绝秦可以说是一篇晋国声讨秦国的战斗檄文。

吕相是晋国的一名大臣，晋厉公派他出使秦国，与秦国绝交。

吕相说："我们的先君晋献公曾与秦穆公交好，当时大家一心，以盟誓来明确两国的关系，以联姻来加强彼此的友好。后来，上天为晋国带来灾难，迫使晋文公流亡到齐国，晋惠公逃亡到秦国。后来晋献公局势之后，秦穆公不忘从前的交情，让晋惠公有机会重回晋国支持祭祀。但是秦国又没有完成它的功劳，反而迫使我们发生了韩原之战。事后秦穆公觉得对不起我们，于是帮助我们晋文公复国，这也算是秦穆公大功一件了。

"之后，晋文公亲自戴盔披甲，不畏艰难险阻，四方征讨，终于让虞、夏、商、周的后代都来拜祭秦国国君，这些已经足以报答过去秦国对他的恩德了。郑国人曾侵扰秦国的边疆，是我们晋文公率领诸侯，联合秦国包围了郑国。但秦国人却背信弃义，不跟我们国君商量，就擅自与郑国签订盟约。秦国这种背信弃义的做法，是任何诸侯国都深恶痛绝的，大家都想要同秦国拼命。但我们晋文公担心秦国受到损害，就努力说服了大家，秦国军队这才安然无恙地回国。这多亏了我们晋国，晋文公对秦国有大恩啊。

"后来我们晋文公不幸去世，秦穆公不怀好意，蔑视晋文公，轻视我们的新国君晋襄公，还侵扰我们的国土殽，甚至断绝与我国的友好关系，攻打我们的城堡，灭却我们的滑国，离间我们的盟国，侵略我们的盟国，阴谋颠覆我们国家。即使如此，晋襄公依然记得秦国曾经的功劳，但为了避免晋国灭亡，才勉强同意在殽与秦军打一仗以捍卫晋国。我们本想秦国饶恕我们不得已而为之的自保，秦国同意了，但却联合楚国来算计我们。幸亏苍天有眼，晋国的大敌楚成王死了，秦穆公试图勾结楚国侵犯我国的阴谋落空了。

"再后来，秦穆公和晋襄公也都去世了，两国国君分别是秦康公和晋灵公。秦康公还是晋献公的外甥呢！但这个外甥却试图颠覆我国，他扶持晋文公的庶子公子雍回国争位，让他骚扰我国，迫使晋国发生令狐之战。秦康公依然不知悔改，还入侵我国的河曲，攻打我国的涑川，掠夺我国的王宫，夺走我们的羁马，迫使我们发生河曲之站。我们国家通向东方的道路被阻塞，这正是秦康公所害啊。

"秦国又有新的国君即位了，我们的国君晋景公伸长了脖子遥望西边：'多么希望秦国能与我们再交好啊！'但是他没有等到这个结果，秦国的国君依然不肯开恩与我们结盟，反而趁我国遭遇狄人祸乱的时候，侵略我国临河的县邑，焚烧箕、郜两地，毁坏我们的庄稼，屠杀我们边境的人民，迫使晋国发生辅氏之战。后来秦国国君也意识到了自己的果实，于是向先君献公和穆公求福，然后派车命令我们的晋景公说：'我们想和你们重修旧好，抛弃昔日的仇恨，恢复过去的友好，以此来纪念我们的先君从前的攻击。'不幸的是，盟誓还没有完，我们的晋景公就去世了，晋国不得已召开令狐盟会。此时秦国国君又开始产生歹意，背弃了刚刚立下的盟誓。秦国的敌人白狄，是我国的姻亲。秦国国君命令我们说：'你跟我一起联手打白狄。'我们的国君为了珍惜同秦国的交情，不惜舍去这位姻亲，接受秦国的命令攻打白狄。但没想到秦国两面三刀，对白狄说：'晋国准备攻打你们。'白狄虽然表面上听从了你们的劝告，但他们心理实际上是憎恨你们这种做法的，将你们的所作所为告诉了我们。楚国人也知道秦国喜欢反复无常，也主动跑来告诉我们说：'秦国背叛了令狐之盟，跑来向我国结盟。他们对着皇天上帝、秦国的三位先公和楚国的三位先王宣誓道：我们虽然和晋国有来往，但我们只关注自己的利益。'楚国对我们说，他们讨厌你们这样反复无常的行径，之所以公开这些事，是为了惩戒那些同样反复不专一的人。其他诸侯国听到楚国这些话，都为秦国的所作所为感到痛心，都愿意同我们接近。

"现在我奉命率领使团来到秦国，完全是为了大家好，目的在于结盟。如果大王您能开恩眷顾各诸侯国的情感，可怜我国国君，赐予我们盟誓，这就是我国国君最大的心愿了，我国国君会安抚诸侯国不满的情绪，让大家遣散，不让他们闹事。如果大王您不推行大恩大德，我们的国君也就没能力遣散其他诸侯国了。现在我已经转达了全部意思，怎样做才是对秦国有利的，望权衡再三！"

## 鄢陵之战

鄢陵之战是晋楚争霸时最后一次主力军队的大战，此战对晋国、楚两国都有重大意义。

晋国派吕相与秦绝交之后，率领晋国四军及中原诸侯国军队伐秦，发起麻隧之战，最终获胜，这使晋国的势力更大了。楚国在麻隧之战时没有及时援助，因此面对如日中天的晋国，楚国处于下风。

公元前 577 年，郑国仗着背后有晋国撑腰，派子罕攻打楚国的属国许国，但战败。郑成公不甘心，率军亲征许国，迫使许国割地求和。楚国不满郑国"狗仗人势"，为了替附属国出头，楚国派兵攻打郑，顺便对晋国的另一个附属国——卫国也顺带攻打了。在晋国的干涉下，最终许国旧地归郑国所有，但仍是楚国的附庸。第二年，楚王以土地诱惑郑国，郑国背叛晋，成为楚国的附庸。同年，郑国派遣子罕攻打晋国的追随者宋国。晋国一面兴师伐郑，一面联合卫国、齐国、鲁国，誓给郑国一个沉痛的教训。郑国国君郑成公急求于楚，楚共王派司马子反、令尹子重、右尹子革统领三军，与晋军交战于郑地鄢陵（今河南鄢陵县）。

晋国大夫士燮不愿意同楚军交战，说："在秦晋韩原之战中，晋惠公不能整军而归。在晋狄箕之战中，主帅先轸未能回来复命。在晋楚泌之战，主帅荀林父率兵溃逃，这些都是晋国惨痛而耻辱的教训，这些您也是知道的。现在我们面临楚军，更增加了耻辱。"

他还说："以前我们的先君多次与人作战是有原因的。秦国、狄国、楚国都是强国，如果晋国不努力，子孙后代就要被欺凌。现在三个大国，已经有两个屈服了，只剩下一个楚国。一个国家既保证内部的稳定又保证不存在外来忧患，只有圣人才能做到这一点。如果外部太安宁了，内部肯定有问题。现在我们为何不暂时放过楚国，让晋国可以随时保持着对外的警惕？"

六月二十九日，在月末的最后一天，楚军一大早就摆好阵势，威逼晋军。很多晋军军官看到这阵势都感到害怕。

上军佐范匄看到后鼓励大家说："把井填平，把炉灶铲平，在自己军用中拉出阵势，将队伍之间的行道疏通。晋国和楚国都是天意所归的国家，还担心什么？"

士燮听了大怒，拿起戈将他赶出去，并怒吼道："上天决定了国家的存亡，你一个小孩子知道什么？"

中军将栾书说："楚军心浮气躁，只要我们坚守阵营等待，三天之后，楚军一定会撤退。等他们退走的时候，我们再出击，肯定能胜利。"

新军佐郤至说："楚军有六个弱点：两个统帅彼此不和睦；亲兵都是贵族子弟，况且都不是精兵；郑国军队阵容不整；楚军中的蛮人不会布阵；布阵没有避开月末这天，这犯了天忌；士兵之间很闹，彼此只关注自己退路，没有斗志。我们只要抓住这六个有利时机，就能取得战争的胜利。"

楚共王登上战车，观望晋军的动静，楚国令尹子重派太宰伯州犁跟随楚共王左右。

楚共王问："我看见晋军正驾着兵车左右奔跑，他们这是干什么？"

伯州犁回答说："那是他们在召集军官。"

楚共王说："那些人都到中军营集合了。"

伯州犁回答说："这是他们要召开军事会议。"

楚共王又说："他们搭起了帐幕。"

伯州犁回答说："这是晋军在占卜，希望他们的先君能为他们指点吉凶。"

楚共王说："可是他们又撤去帐幕了。"

伯州犁回答说："这说明晋军快要发布命令了。"

楚共王说："现在他们那里很喧闹，尘土飞扬。"

伯州犁回答说："这是他们填平了井、铲平了灶，已经摆开了战斗的阵势。"

楚共王说："他们都登上了战车，左右两边的人拿着武器下车了。"

伯州犁说："这说明晋军的主帅要发布誓师令。"

楚共王问："要跟我们开战了吗？"

伯州犁说："我也不知道。"

楚共王又说："他们现在又上了战车，左右两边的人又都下来了。"

伯州犁说："这是战前的起伏，他们正在向神明祈祷。"

然后，伯州犁把晋厉公亲兵的位置告诉了楚共王。

与此同时，晋厉公也知道了楚共王的亲兵位置。晋厉公的随行将士说："楚国最出色的士兵已经调在中军了，人数很多。"

晋厉公的随行苗贲皇却认为相反，他说："楚国的精锐是楚共王身边的亲兵，因此我们要留出来一些精兵攻击楚国的左、右两军，最后集中三军力量攻打楚王的亲兵，一定能获胜。"

晋军占卜的结果是"大吉"，晋厉公认为这是一个好兆头，准备开战。

在战争的过程中，晋厉公采取苗贲皇的建议，先集中力量攻击楚军的左、右军，后攻中军。战争从早晨持续到暮色，楚共王的眼睛被晋军射中，公子筏被俘，楚军略受挫，不过最终胜负尚没有定，楚共王决定第二天再战。当夜，苗贲皇故意让晋军放松对战俘的看守，让战俘逃回楚军大营，报告晋军的战备情况。楚共王得知晋军做好了充足的准备，便召集子反讨论对策。子反当晚醉酒，未能及时应招，楚共王不敢连战，下令楚军连夜撤退。楚军撤退到瑕时，子反自杀，鄢陵之战以晋国的小胜而告终。

不久，晋国召集齐、宋、鲁、邾等诸侯国再次伐郑，继而伐陈、蔡。郑国子罕夜里奇袭盟军，宋、齐、卫三国军队被击败。不久，郑国正卿子驷主动出击晋军，卫国出兵援晋。此后，晋国多次联合诸侯小国伐郑，楚国也多次出兵救郑，郑国最终没有被晋国征服。

鄢陵之战是晋楚争霸中继城濮之战、邲之战后第三次主力军队的战争，它是晋、楚两国为争取小国附庸而进行的战争。之后，楚国在中原地区的霸权走向衰落，晋国虽然借此机会重获霸业，但对中原各诸侯小国的控制力也逐渐减弱，春秋各国进入一个新的历史时期。

## 晋景公病入膏肓

晋景公是晋成公的儿子。他比之祖父晋灵公。更"不君"。他听信谗言，滥杀无辜，赵盾一族的赵朔、赵同、赵括及赵氏一族人，全部被他杀死，历史上赫赫有名的"赵氏孤儿"也是他一手造成的。

有一次，鲁国国君鲁成公前往晋国访问，晋景公自认为晋国强大，因此对鲁成公态度很傲慢。鲁国随行的大夫季孙行父说："晋景公将来肯定恐怕不能善终。《诗经》中说：'要恭敬行事，得到天命太不容易了！'晋景公身为诸侯中的霸主，他的一举一动直接决定着各诸侯的行为，他为人处世怎么能这么傲慢呢？"

晋景公继位的第十年，晋景公做了一个噩梦。他梦见了一个披头散发的恶鬼，指着自己的鼻子说："你灭了我的全族，杀了我的子孙，这是不义。我要报仇，这已经得到上天的同意了，今天就是你的死期！"说万就踢坏宫门，闯进晋景公的卧室。晋景公吓得躲进内室，恶鬼又踢坏内室的大门，眼看就要向自己杀过来了……晋景公就这样吓醒了。

晋景公醒来之后，知道这是赵氏族人前来复仇，赶紧找占卜师为自己占梦。占卜师根据卦辞，所描述的事与晋景公梦中的情景一模一样。晋景公吓坏了，赶紧问自己会怎样。占卜师遗憾地对他讲："大王您恐怕吃不到新收的麦子了！"言外之意，就是说晋景公活不到收麦子就要死了。

晋景公很害怕，于是到秦国寻找名医，秦桓公为他派了一名名叫缓的医生。医生还没有到达时。晋景公又做了一个梦，在梦中，他的疾病变成了两个小孩。其中一个小孩说："缓是一个名医，恐怕能治好他的病，我们逃到哪里比较好呢？"另一个小孩说："我们藏在肓（心脏与隔膜之间）的上边、膏（心尖脂肪）的下边，看那个医生能把我们怎么样！"

缓来到之后，为晋景公检查了一番，对他说："大王您的病已经没法治了，您的病已经发展到肓的上边、膏的下边，这个地方既没法斟酒，又没法使药力到达。恕臣无能为力。"

晋景公见他所说的与自己梦中梦到的情景一样，知道自己无法好转了，于是就对缓说："你果真医术高明！"然后命人赏赐给缓很多厚礼，让他回秦国了。

六月初六，新麦子成熟，晋景公想起占卜师对自己说的话，于是就命人将新麦子烹煮了端到自己面前，然后命人将占卜师叫过来，以此证明他说自己吃不到新收麦子的预言是错误的，证明赵氏族人的复仇也是错误的，然后趁机杀了占卜师，避免他再危言耸听。然而占卜师来到之后，晋景公刚要吃新麦做好的饭，突然感觉肚子疼，于是就上厕所，结果掉进厕所里淹死了，果真验证了他吃不到新麦的预言。

# 祁奚举贤

晋国贵族之间权力斗争很激烈,人们都想让自己手下的人掌握更多的政权。

大夫祁奚因为年迈,便向晋悼公告老还乡。

晋悼公问他:"你走了之后,谁有资格接替你的职务呢?"

祁奚回答说:"解狐可以。"

晋悼公奇怪地问:"他不是你的仇人吗?为何举荐他?"

祁奚回答说:"大王是问谁可以接替我的职务,而不是问谁是我的仇人。"

晋悼公就立解狐接替他的职务,但解狐未来得及上任就死了。于是晋悼公又问祁奚:"你觉得谁可以接替中军尉一职呢?"

祁奚回答说:"祁午可以。"

晋悼公感觉更奇怪了,问道:"祁午不是你的儿子吗?为什么你既推荐与你有仇的人,又推荐与自己的关系密切的人?"

祁奚回答说:"大王是问我谁可以接替中军尉,而不是问谁是我儿子。"

不久中军佐羊舌职死了,晋悼公又问祁奚谁可以接替这一职位,祁奚推荐了羊舌职的儿子,他的回答仍是"大王问我谁适合这个职位,而不是这个职位与我有什么关系。"

晋悼公觉得祁奚是一个正直的人,便任命他的儿子祁午为中军尉,任命羊舌职的儿子羊舌赤为中军佐。

祁奚雕像

后来,晋国大臣范宣子杀死大夫羊舌虎,并株连其兄叔向入狱。有人劝说叔向求助于宠臣乐王鲋,让他帮忙说情。叔向却认为,唯有正直的祁大夫能救他。祁奚听说这件事之后,不顾自己年迈,驾车来见范宣子。

他对范宣子说:"《尚书》有云,对于有智慧、有韬略的人,应该相信他、保护他、安慰他。叔向在参与国家大事的时候很少出错,教诲人又不知道疲倦。对于这样的人,我们应该重用、安抚,怎么能株连他呢?株连这样的人才是我们国家很大的损失啊。历史上,鲧虽然被处死,但他的儿子大禹却得到重用;管叔、蔡叔虽然被杀逐,他们的兄弟周公却能辅助成王。现在,你怎么因为羊舌虎而不顾大局株连他的弟弟呢?"

这番说辞,义正言辞,范宣子很感动,就和他一起见晋平公,说服晋平公赦免了叔向。然后祁奚悄然离开,叔向连登门拜谢的机会也没有。

祁奚这种以国家社稷为重,这种外举不避仇、内举不避亲、举贤不为谄、救人不图报的行为值得推崇，受到世人的称赞，孔子称其"唯有贤能才可以举荐贤能啊！"司马迁也称赞他"可谓不党矣！外举不隐仇，内举不隐子。"

## 师旷论卫人出其君

晋国大夫师旷博学多才，尤其在音乐方面有很深的造诣，是一位著名的乐师。然而他的才华又不仅于此，他对政治也有非凡的见解，深受诸侯及民众敬重，晋国国君、齐国国君都曾向他问政。其中师旷论卫人出其君是他关于政治见解的最精彩论述。

卫国国君卫献公因暴虐而被国人赶跑，就这件事，晋悼公问师旷："卫国人赶跑了自己的国君，这是不是太过分了呢？"

师旷回答说："这也许是卫国国君太过分了。贤明的国君，应该是奖赏好人，惩罚坏人。对自己的百姓，要像对待自己的亲生儿女一样；对百姓的宽容，要像对大地那样宽容。只有这样，老百姓才会爱护自己的国君，像敬爱自己的父母一样的敬爱他，像对待日月一样敬仰他，像对待神明一样崇拜他，像害怕雷霆一样害怕他。国君能做到这些，难道百姓还会赶走他吗？

"国君是祭祀神明的人，也是百姓的希望。如果百姓的生计都得不到保障，神明没有人祭祀，百姓绝望，国家没有主人，那么这个国家还要国君干什么呢？不赶走他赶走谁呢？

"上天创造百姓，并为百姓们选择了一个国君，就是让国君治理和爱护他们，不让他们丧失天性。有了国君，又安排人辅佐他，让这些人监督他、保护他，避免他做出越轨之举。因此天子有公辅佐，诸侯有爱卿辅佐，大夫有贰宗辅佐，士人有朋友帮助，平明、商人、工匠、奴仆、养牛人、养马人，都有自己亲近的人。这样大家互相帮助，善良的人应该受到赞扬，有过错的人就应该得到纠正，有患难的人应该得到救援。

"自天子以下，人们又都有各自的父兄子弟来监督和爱护。太史负责记录国君的言行，乐师为国君作讽谏的歌诗，乐工为国君吟诵规谏的文辞，大夫为国君开导、劝谏。士人传达大夫的话，平民可以公开论政，商人可以在市场上公然发表言论。正如《夏书》所说：'宣令官摇着木舌铃沿路宣告，官员自由规劝，工匠可以以自己的才艺劝谏。'正月初春时节，宣令官该沿路宣告了。

"上天是爱护百姓的，难道会让一个人骑在百姓头上任意妄为吗？肯定不是这样的。卫献公被赶跑，可说是咎由自取。"

卫献公被赶跑，站在国君的立场上，是"犯上作乱"，但站在广大人民群众的立场上，可以算是"水可以覆舟"。师旷敢于在晋悼公面前阐述"民贵君轻"思想在当时可谓难能可贵。

# 蔡声子论"楚才晋用"

楚国大夫伍举与蔡国大夫蔡声子私交不错，两人经常就有关事宜交流看法。

有一天，伍举的岳父申公子牟获罪，逃跑了。人们就说："肯定是伍举为岳父通风报信，护送他逃跑的。"伍举担心自己获罪，也吓得逃跑了。他先逃亡到郑国，再逃亡楚国的敌国晋国去。

恰逢此时，蔡国出面调解楚国和晋国的矛盾，蔡声子做为使者被派往晋国。当他离开晋国去楚国的时候，在途中遇到了逃亡的伍举。两个好友就把荆草铺在地上，一边吃东西，一边闲聊。听完伍举的遭遇，蔡声子愤愤不平，他让伍举先去晋国，并说自己一定有办法让他重回楚国。

蔡声子来到楚国之后，先解决楚国和晋国的矛盾，然后拜见楚国的令尹子木。子木问了蔡声子很多关于晋国的事，其中有一个问题是："晋国的大夫和楚国的大夫，哪个国家更贤明？"

蔡声子回答："晋国的卿不及楚国的卿贤明，但晋国的大夫却比楚国大夫贤明，都是可以做卿的人才。正如杞木、梓木和皮革等珍贵物品都是从楚国运过去使用一样，楚国的人才，也都在被晋国使用。"

子木问："难道晋国没有同族和姻亲做大夫吗？为什么偏偏用楚国人做大夫呢？"

蔡声子回答："晋国当然有自己的大夫，但总体来说，还是楚国人担任大夫的人数多。楚国经常滥用刑罚制度，楚国人难以忍受，不得已逃亡到其他国家。逃亡到别的国家之后，就做为谋士，为那个国家服务。这样反过来不利于楚国，但楚国又无法挽救局面，这就是楚国人运用不了贤能之人的缘故。"

为了说明楚国人确实不重视人才。蔡声子还举了很多例子。

如楚申公子仪之乱时，楚国大夫析公受到牵连，不得已逃跑到晋国，晋国人对逃到晋国的析公像获得了宝贝一样。在楚晋之战中，析公以谋士的身份，被安排在晋君的战车后面。当时晋军已经无力招架楚军了，打算逃跑。析公说，轻浮急躁是楚军的作风，他们很容易动摇，晋军只要坚持一会儿，并且在多处同时击鼓，趁着夜色发动攻击，楚军肯定会逃跑。晋国人听了析公的意见，照他的说法去做了，果然，楚军夜里就溃逃了。晋国乘胜追击，还顺便袭击了楚国的附庸国蔡国和沈国，俘虏了沈国的国君，并且大败了驻守在楚国申、息两地的军队，迫使郑国不再敢与楚国联盟。楚国因此丧失了在中原号令群雄的局面。

再如，楚国的大夫雍子，因为家庭有矛盾，被父兄联合诬告。楚国国君及大夫不能明确判断这桩家务事，雍子被迫逃到晋国。晋国对雍子也很优待，赐予他土地，雍子也对晋国的知遇之恩给予回报。在晋楚彭城之战中，晋军败退的时候，雍子在关键时候站出来。他挑选了一些精兵，命人喂饱战马，再次摆开战势，焚烧自己的军营，打算率领晋军与楚军决一死战。晋军在他的鼓励下，士气空前高昂，当夜成功袭击楚军,楚国因此失去了东夷,逼迫令尹子辛被杀,楚国因此元气大伤。要是没有雍子的话,很难想象会出现这样对晋国有利的局面。

子木听了蔡声子这一番话,半天没有说话,沉吟许久,他才说:"你说得太对了。我们楚国确实如此。"

蔡声子表示:"可惜的是楚国这些情况至今仍然没有改变。伍举只不过娶了申公子牟的女儿,申公子牟获罪逃跑也就罢了,为什么要连累伍举呢?他现在在晋国终日南望自己的家乡,渴望楚国能宽恕他,让他重新回来为国效力。但楚国丝毫不理会他这种心情。晋国对他可是非常器重,对他的看重程度,都要赶上贤臣叔向了。如果将来伍举也在关键时候做出有利于晋国而有害于楚国的事,楚国可是无能为力了。"

子木听到这里,心中很不安,立刻向楚康王禀报自己所听到的,希望他请回伍举,恢复他的官职。

## 季札观乐

吴国公子季札来鲁国访问,双方谈论完正事,鲁襄公邀请季札欣赏周朝的音乐和舞蹈。

欣赏完《周南》和《召南》,季札情不自禁地赞叹:"真好啊,说明周朝已经奠定了王业的基础,已经开始教化了,只是还没有完成而已。即使如此,百姓再辛劳也不会怨恨啊!"

鲁襄公见季札竟然能根据音乐猜测出当时的创作背景,很高兴,于是又让他欣赏其他乐曲。

鲁襄公让乐工为他表演《邶风》、《庸风》和《卫风》。季札听完《卫风》,就情不自禁地赞叹道:"真好啊!这个音乐层次已经比较深了,已经有了忧思,反映执政者忧而不困的气度,但还不至于困窘。我听说卫国的康叔、武公就是这样的德行。也许这就是《卫风》的内涵吧!"

鲁襄公让乐工为季札表演《风》。季札听完,赞叹道:"真好啊,音乐宏大而深远,这应该是一个国家的乐歌啊,可以成为东海诸位诸侯国的榜样,这正是姜太公的国度,国运不可限量!"

鲁襄公让乐工为季札表演《郑风》。季礼听完评道:"真好啊,温婉细腻,让人感动。只是太细腻了,说明国家制度太过繁琐,百姓难以忍受。恐怕郑国要先于其他诸侯国而灭亡了。"在座的人对他得出这样的解释表示奇怪,季札解释道:"《郑诗》曰'其出东门,有女如云。'又曰'溱与洧,方涣涣兮;士与女,方秉蕳兮'。这种靡靡之音掩盖了高雅的艺术,说明郑国百姓的整体艺术水平不高,所谓'礼乐崩坏',这是亡国的征兆啊!"

鲁襄公让乐工为季札表演《南风》。季札听完赞赏道:"真好啊,气势博大、坦荡,欢乐而又不放纵,周公东征时,就应配这样的乐曲。

鲁襄公让乐工为季札表演《秦风》。季札听完赞赏道："真好啊，宏大到了极点，可做为正声。周王室的故地，才有资格放这种乐曲吧！"

鲁襄公让乐工为季札表演《魏风》。季札听完赞赏道："真好啊，粗犷而不失婉转，变化曲折又自然流畅，如果辅助于德行，可以让人成为贤明的君主了。"

鲁襄公让乐工为季札表演《唐风》季札听完后说："这个思虑深远，陶唐氏的遗民在吗？如果不是这样，为什么这首音乐给人的感觉这么忧思呢？如果不是出现了贤德的后代，谁会这样呢？"

鲁襄公让乐工为季札表演《陈风》。季札听后只是说："国家没有了主人，还能够长久吗？"

鲁襄公让乐工为季札表演《郐风》以下的乐歌，季札听完就不评论了。

乐工为季札表演《小雅》。季札听完说："真好啊！一心忧思，即使有怨恨也不诉说，这应该是周朝德政衰微时出现的音乐吧，先王的遗民还是存在的。"

乐工为季札表演《大雅》。季札只说一句："真广阔啊！"

乐工为季札表演《颂》。季札称赞："真是好到极点！正直不傲慢，委曲不厌倦，哀伤不忧愁，欢乐不荒淫，利用不匮乏，宽广不张扬，施予不耗损，收取不贪求，安守不停滞，流行不泛滥。五声和谐，八音协调；节拍有法度，乐器先后有序。这都是拥有大德大行的人共有的品格啊！"

乐工为季札表演舞蹈《象箫》和《南龠》，季札看后评价道："好是好，但有美中不足之处。"

季札这种通过音乐议论政治形势的做法让鲁襄公产生很大兴趣，于是就命人演奏本国的乐曲、舞蹈，看看季札如何评价。

乐工为季札表演舞蹈《大武》，季札欣赏后评价道："真好啊，周朝兴盛的时候，大概就是这支舞蹈所传达的内容吧。"

乐工为季札表演舞蹈《韶》，季札欣赏后评价道："圣人虽然伟大，但也有不足之处，做圣人委实不易！"

乐工为季札表演舞蹈《大夏》，季札欣赏后评价道："真好啊！这支舞蹈所传递的内容，为民请命却又不居功自傲。这样的人，除了夏禹外，还有谁呢？"

乐工为季札表演舞蹈《韶箫》，季札欣赏后评价道："贤德到极点了，真是伟大啊！欣赏完这支舞曲，感觉就像上天包容万物、大地包罗万象。恐怕即使超过大德大行的人也无法达到这支舞蹈所能传递的力量，真是最高境界了。如果还有其他舞蹈，我也不奢求再欣赏了，没有什么能超过这支了！"

季札以音乐和舞蹈教化功能的强弱来形容时代的兴衰，是认为音乐有教化人心、辅佐政治的作用，政治的清明与否也会影响到音乐的表达。这与周代将音乐舞蹈做为礼仪的一部分来治国是有一定关系的，因而那些描述普通百姓生活的部分，如《郑风》，季札不屑一顾，因为"乐"做为一种统治手段，应该是为统治者服务的，与一般百姓无关。

# 栾氏之乱

栾氏的先祖因为拥护重耳复位，因此后来成为赵国最显赫的家族之一。历经数代的发展，到了栾书时，栾氏俨然已经成为赵国的执政者，是继赵盾之后执政时间长久、影响力最大的其中一位正卿。

所谓盛极而骄，这句话用来形容栾氏是再恰当不过了。栾书虽然是晋国的权臣，但他结党营私，为了维护自己的权力不择手段，得罪了很多家族，也激化了国内许多矛盾。后来晋悼公继位后，栾书被废黜，栾氏家族有所衰落。

晋悼公顾及栾书曾经帮助自己登上王位，所以对栾书的儿子栾黡还比较优待，即使他强悍霸道，得罪了所有的家族，悼公一直还让他充当下军主将。然而栾黡做事根本不考虑后果，为栾氏家族的灭亡埋下了伏笔。

在秦晋迁延之战中，栾黡因为不服从中军统帅的命令，导致了整个战争的失败。栾黡的弟弟栾针感到很羞愧，就与中军副帅范匄的儿子范鞅商量想挽回晋国的颜面，于是二人率兵一起冲入敌营。结果栾针战死，范鞅活着回来了，栾黡知道后气得暴跳如雷，要让范鞅抵命，范匄无奈，只得让儿子范鞅流亡到秦国。自此，栾、范两家结下了恩怨。

范鞅来到秦国之后，秦景公问他："你觉得晋国的大夫谁会最先灭亡？"

范鞅回答说："恐怕是栾氏。"

秦景公询问原因。范鞅说："栾氏为人骄横，这已经是众所周知的，不过栾黡可能还不至于获罪，但他的儿子可能就没那么幸运了。"

秦景公好奇，就进一步询问原因。

范鞅说："栾黡的父亲栾书，因为辅佐晋国有功，百姓们都怀念他。现在栾书不在了，人们就将这份感情寄托在他儿子栾黡的身上。但是栾黡死后，人们可能不会怀念他，他的儿子也不能从他这里得到什么好处，而栾书过去的善行恐怕也逐渐为人们淡忘了。所以栾氏如果有难的话，也会发生在栾黡儿子的身上。"

秦景公觉得他说的这番话很有道理，于是就替范鞅向晋国求情，帮他回国复职。

栾黡的妻子是范匄的女儿，她为栾黡生了儿子栾盈。栾黡死后，栾盈就继承了他的职位和家业。范鞅因为曾经受到过栾黡的迫害，所以心中对栾氏家族不满，即使对自己的外甥栾盈也不例外，大家一起上朝的时候，经常闹不愉快。

栾黡的妻子在栾黡死后与家臣私通，致使家臣几乎侵占了栾盈所有的家产，栾盈很不高兴。她的母亲担心儿子会对自己不利，于是对娘家人说："栾盈可能要叛乱。他认为我们范家专权害死了栾黡，并说栾黡不但没有惩罚范鞅的过错，还重用他。没想到范鞅独断专行，侵害我们家利益。现在栾黡被范家害死了，范家独揽大权。他宁可自己死，也不能任凭范家胡作非为。我担心我的儿子会伤害我的父亲，所以不得不提醒你们啊！"

原本栾盈是一个喜欢施舍的人，很多人都愿意归附他，范匄担心他会借机笼络人心，正想找机会除掉这个外孙。他听了女儿的话，就派栾盈到著地筑城，借机将他赶出了都城。栾盈知道范匄要迫害自己，就逃到了楚国。范匄借机将支持栾盈的十位大夫杀死，痛击栾氏家族的势力。

栾氏在逃亡的过程中经过周王室，就对周天子申诉："从前我的祖父栾书为周天子尽心尽力，天子也很重视我的祖父。我的父亲没能光大祖父的事业，现在我又流浪在外。天子如果忘记了祖父的功劳，只记得父亲的罪过，那么臣就是一个将死的人了，回国就会被无辜治罪。现在我将自己的命运交给天子，将要怎样处置我，一切就看您的意思。"

周灵王也认为晋国不该驱逐栾盈，于是就派人将栾盈送走。

晋平王召集诸侯大会，让各诸侯国都不要收留栾盈。栾盈只好逃到晋国的敌国楚国，但楚国也不能常留，最后齐国收留了他，齐庄公为此还跟晋国及其他诸侯小国打了一仗。齐国与晋国因此矛盾加重。

后来晋平公要将公主嫁给吴国，齐国便派了一名女子做为公主的陪嫁，公主的马车上藏着栾盈。栾盈随着送亲队伍来到曲沃，想要联合曲沃的大夫发动叛乱，得到曲沃大夫胥午的支持。

栾盈和胥午的士兵到达晋国都城时，范匄吓坏了。有人劝告范匄说："栾氏在国内有很多敌人，你是国家的主政大臣，还怕没有人支持你吗？只要有权，肯定能平定叛乱。"

于是范匄将国君安排到别宫，率领士兵与栾氏抵抗。结果，栾氏战败，被灭族，永远退出了晋国的政治舞台。

## 卫献公复国

卫献公十三年（公元前564年），位子安宫让师曹教爱妃鼓琴，爱妃没有认真学，师曹就打了她。爱妃将这件事告诉了卫献公，卫献公又将师曹笞打三百下。

献公十八年（公元前559年），献公宴请大夫孙文子、宁惠子。这个两人一早就去等候，但直到天黑也没有看到献公，他们这时候才知道献公去打猎去了，于是便很不高兴。卫献公打猎回来，丝毫不讲究礼仪，穿着打猎的衣服就去接见孙文子、宁惠子。孙文子、宁惠子觉得卫献公对自己很不礼貌，很愤怒，于是就跟师曹一起，将卫献公赶出了卫国。

卫献公原本打算逃到齐国，于是先让弟弟子展去齐国，然后自己再逃过去。他的另一个弟弟子鲜也跟着他一起逃到齐国。齐国人将他们三兄弟安置妥当。

另一方面，鲁襄公派人到卫国慰问，使者说："听说贵国国君失去了国家，目前正流亡在外。卫国与鲁国是同盟，所以我们的国君派我来慰问大家，并且嘱托我说：'如果你们的国君不善，臣子也就不会明白事理；国君如果不义，臣子也会不恪尽职守。

如果大家的怨气都积攒了很久，最后发泄出来，会怎么样呢？'"

卫国大夫太叔仪回答："是我们不够贤能，得罪了国君。国君没有惩罚我们，反而抛弃了我们，独自流亡在外。承蒙贵国国君还记得先君的恩情，派您来慰问我们，又对我们的不明白事理表示同情。我在这里替卫国的百姓谢谢贵国的关心，谢谢你们对我们的同情。"

鲁国使者回国之后，报告说："臣觉得卫国国君肯定能成功复国。国内有太叔仪这样的大臣，国外有胞兄追随他，有人在国内帮他安抚人心，国外有人帮他经营，他怎么可能不复国呢？"

于是鲁国国君又派使者去看望卫献公，卫献公表现得很不礼貌。于是这个使者对手下的人说："我恐怕卫献公不能复国了，他说话很不礼貌。现在他都流亡在外了，还不知道悔改，他这样的德行怎么可能复国呢？"

子展和子鲜知道使者的意思之后，立刻前去拜访这位使者。这次兄弟二人说话温婉有礼，处事落落大方，使者很高兴，于是又对手下人说："卫献公肯定能复国，因为他有两个这样优秀的弟弟，他不复国都不可能啊！"

六年后，甯惠子生病了，他在病榻前对儿子宁喜说："我将国君赶走，犯下大错，现在后悔也来不及了。我的名字就在诸侯的简册上，上面肯定写着：'孙文子、甯惠子赶走了他们的国君。'如果我们的国君还能回国的话，可能还能帮着我掩盖罪名。现在能帮我掩盖这件事的，只有儿子你了。如果你也做不到这一点，如果真有鬼神的话，我死之后，我宁愿挨饿也不接受你的祭拜。"直到宁喜答应帮助父亲除去人生污点，甯惠子才咽气。

又过了五年，晋平公召开诸侯大会，邀请了卫献公，并将夷仪给卫献公居住。卫献公定居夷仪之后，就让宁喜帮助自己复位，宁喜答应了，不过要求一定要有子鲜在场，于是得到卫献公的许可。

太叔仪知道这件事后，感叹地说道："《诗经》中曾经说过：'我自己尚且还得不到别人的谅解，怎么还能照顾自己的后代呢？'君子有所行动，就要考虑会出现什么后果。宁喜对待国君不够谨慎，恐怕以后会有祸患啊，他后代恐怕要灭亡了！"

第二年春，卫献公又让弟弟子鲜帮助自己复国，子鲜拒绝了，他的母亲十分不解。子鲜向其母亲解释说："国君是一个没有信用的人，臣弟恐怕将来要有灾难。"但他的母亲不同意，坚持要求他帮助哥哥复国，子鲜不得已答应了。

子鲜对宁喜说："如果国君成功回国了，政事会交给宁氏管理，祭祀则要国君亲自主持。"宁喜答应了。

然后，宁喜就联合诸位大臣商讨帮卫献公复国的事。

大臣蘧伯玉说："当年我没有听说国君出走了，现在也不敢听到他回国的消息。"然后就从最近的边关逃走了。

右宰谷说："我不同意卫献公复国，这样就得罪了两个国君，谁还能容下我？"他的意思是说，他从前得罪了卫献公，现在又要得罪卫殇公，他不能这样做。

宁喜就对他说："父亲临死的时候逼迫我完成这件事，我不能不听从。"

右宰谷于是说："我想出去查看一下形势。"然后就去参见卫献公，回来之后对宁

喜说:"我们的国君在外流亡十几年了,我一点也看不出他的忧愁,也看不出他的贤德和宽容,他跟从前是一样的,没有变化。如果你坚持要帮助他复国的话,恐怕我们都要死了。"

宁喜安慰他说:"不是还有子鲜在吗?子鲜是一个贤人,不会任凭我们获难的。"

右宰谷生气地说:"子鲜在有什么用,他能顾上自己逃走就不错了,哪里还顾得上我们。"

但宁喜心意已决,坚持帮助卫献公复国。于是他很快组织了一批人马攻打孙文子,杀了卫殇公和他的太子,将卫献公迎接回国。

卫献公回国的时候,有些大夫们笞打三百下。

献公十八年(公元前 559 年),献公宴请大夫孙文子、甯惠子。这个两人一早就去等候,但直到天黑也没有看到献公,他们这时候才知道献公去打猎去了,于是便很不高兴。卫献公打猎回来,丝毫不讲究礼仪,穿着打猎的衣服就去接见孙文子、甯惠子。孙文子、甯惠子觉得卫献公对自己很不礼貌,很愤怒,于是就跟师曹一起,将卫献公赶出了卫国。

卫献公原本打算逃到齐国,于是先让弟弟子展去齐国,然后自己再逃过去。他的另一个弟弟子鲜也跟着他一起逃到齐国。齐国人将他们三兄弟安置妥当。

另一方面,鲁襄公派人到卫国慰问,使者说:"听说贵国国君失去了国家,目前正流亡在外。卫国与鲁国是同盟,所以我们的国君派我来慰问大家,并且嘱托我说:'如果你们的国君不善,臣子也就不会明白事理;国君如果不义,臣子也会不恪尽职守。如果大家的怨气都积攒了很久,最后发泄出来,会怎么样呢?'"

卫国大夫太叔仪回答:"是我们不够贤能,得罪了国君。国君没有惩罚我们,反而抛弃了我们,独自流亡在外。承蒙贵国国君还记得先君的恩情,派您来慰问我们,又对我们的不明白事理表示同情。我在这里替卫国的百姓谢谢贵国的关心,谢谢你们对我们的同情。"

鲁国使者回国之后,报告说:"臣觉得卫国国君肯定能成功复国。国内有太叔仪这样的大臣,国外有胞兄追随他,有人在国内帮他安抚人心,国外有人帮他经营,他怎么可能不复国呢?"

于是鲁国国君又派使者去看望卫献公,卫献公表现得很不礼貌。于是这个使者对手下的人说:"我恐怕卫献公不能复国了,他说话很不礼貌。现在他都流亡在外了,还不知道悔改,他这样的德行怎么可能复国呢?"

子展和子鲜知道使者的意思之后,立刻前去拜访这位使者。这次兄弟二人说话温婉有礼,处事落落大方,使者很高兴,于是又对手下人说:"卫献公肯定能复国,因为他有两个这样优秀的弟弟,他不复国都不可能啊!"

六年后,甯惠子生病了,他在病榻前对儿子宁喜说:"我将国君赶走,犯下大错,现在后悔也来不及了。我的名字就在诸侯的简册上,上面肯定写着:'孙文子、甯惠子赶走了他们的国君。'如果我们的国君还能回国的话,可能还能帮着我掩盖罪名。现在能帮我掩盖这件事的,只有儿子你了。如果你也做不到这一点,如果真有鬼神的话,我死之后,我宁愿挨饿也不接受你的祭拜。"直到宁喜答应帮助父亲除去人生污点,甯惠子才咽气。

又过了五年，晋平公召开诸侯大会，邀请了卫献公，并将夷仪给卫献公居住。卫献公定居夷仪之后，就让宁喜帮助自己复位，宁喜答应了，不过要求一定要有子鲜在场，于是得到卫献公的许可。

太叔仪知道这件事后，感叹地说道："《诗经》中曾经说过：'我自己尚且还得不到别人的谅解，怎么还能照顾自己的后代呢？'君子有所行动，就要考虑会出现什么后果。宁喜对待国君不够谨慎，恐怕以后会有祸患啊，他后代恐怕要灭亡了！"

第二年春，卫献公又让弟弟子鲜帮助自己复国，子鲜拒绝了，他的母亲十分不解。子鲜向其母亲解释说："国君是一个没有信用的人，臣弟恐怕将来要有灾难。"但他的母亲不同意，坚持要求他帮助哥哥复国，子鲜不得已答应了。

子鲜对宁喜说："如果国君成功回国了，政事会交给宁氏管理，祭祀则要国君亲自主持。"宁喜答应了。

然后，宁喜就联合诸位大臣商讨帮卫献公复国的事。

大臣蘧伯玉说："当年我没有听说国君出走了，现在也不敢听到他回国的消息。"然后就从最近的边关逃走了。

右宰谷说："我不同意卫献公复国，这样就得罪了两个国君，谁还能容下我？"他的意思是说，他从前得罪了卫献公，现在又要得罪卫殇公，他不能这样做。

宁喜就对他说："父亲临死的时候逼迫我完成这件事，我不能不听从。"

右宰谷于是说："我想出去查看一下形势。"然后就去参见卫献公，回来之后对宁喜说："我们的国君在外流亡十几年了，我一点也看不出他的忧愁，也看不出他的贤德和宽容，他跟从前是一样的，没有变化。如果你坚持要帮助他复国的话，恐怕我们都要死了。"

宁喜安慰他说："不是还有子鲜在吗？子鲜是一个贤人，不会任凭我们获难的。"

右宰谷生气地说："子鲜在有什么用，他能顾上自己逃走就不错了，哪里还顾得上我们。"

但宁喜心意已决，坚持帮助卫献公复国。于是他很快组织了一批人马攻打孙文子，杀了卫殇公和他的太子，将卫献公迎接回国。

卫献公回国的时候，有些大夫们在边境迎接他，卫献公拉着他们的手跟他们说话；有些大夫在路边迎接他，卫献公对他们作揖而已；有些大夫在城门口迎接他们，卫献公只对他们点点头而已。

卫献公回到王宫之后，派人责怪太叔仪："我流亡在外，很多大夫都关心我，唯独你不关心我。不要怪我怨恨你。"太叔仪回答说："臣知错了，是臣才能不足，臣这就以死谢罪。"说完就打算逃跑，卫献公阻止了他。后来卫献公果然找机会杀了宁喜。

孙文子投靠了晋国，晋国于是联合诸侯国讨伐卫国，卫献公被抓。后来，齐国和郑国为卫献公说情，晋国这才放了卫献公，卫献公这才真正复国。

## 子皙夺妻不得善终

郑国徐吾犯的妹妹很漂亮，子南很喜欢她，于是就送去了聘礼，和她订了婚。但子皙也听说此女子的美貌，于是不顾她已经跟别人订婚，硬将自己的聘礼送过去，强逼她当自己的妻子。

徐吾犯担心这事不好收场，就询问子产意见。子产说："这是国家混乱的缘故，不关你的事，你也不用担忧。还是让你的妹妹来做决定吧，她喜欢嫁给谁，就让她嫁给谁。"于是徐吾犯就将这事跟妹妹、子南、子皙三人说了，妹妹就让他们两个找个日子来比试一下。

比试那天，子南穿着从军的衣服，左右开弓射了两箭，然后飞身上马，走了。子皙则穿着华丽的衣服，带了贵重的礼品，将礼品陈列在徐吾犯的堂上，也走了。徐吾犯询问妹妹的意见，妹妹说："子皙长得很好看，但我觉得子南更有男子汉气概。男人应该有男人的样子，妻子应该有妻子的样子，这才是天经地义。"所以她选择了子南，于是二人很快成婚。

落败的子皙很生气，就穿着盔甲找子南挑战，还想要杀掉子南，抢夺他的妻子。于是二人就打起来，结果，子皙被子南的戈打伤。子皙托着受伤的腿对其他大夫说："我好心去恭贺子南，没想到他把我打成这个样子，他的心眼真坏啊！"

大夫们都在议论该怎样处理这件事。子产说："两人都有罪。但年纪小、地位低的人应该礼让地位高的人，这件事是子南错了。"于是大家将子南叫过来，为他定罪。

大夫们说："郑国有五条规矩：敬畏君主，服从命令，尊重位高者，侍奉年长者，供养亲人。这五大罪状你都犯下了。国君在国都，你却拿着兵器，这是不敬畏君主的表现；你违反了国家的规矩，就是不服从命令；子皙是上大夫，你是下大夫，你冒犯他就是不尊重位高者；你年纪小，不恭敬年长的人，这就是不侍奉年长者；你拿着武器追打你的堂兄，这就是不供养亲人。君王说了：'我不忍心杀你，就赦免你的死罪，但活罪难逃，就将你流放到偏远的地区吧。'现在你尽快到流放地去吧，不要再留在郑国加重你的罪过了。"

于是，子南就被流放到吴国。子南动身前往吴国前，子产就这件事又询问了游吉的看法。游吉是子南哥哥的儿子，也是游氏的族长，不过他却说："我是泥菩萨过江自身难保，怎么能保护子南呢？况且流放子南是您和大夫们根据国家的法律制定的，不是您故意难为他。您觉得怎样做符合郑国的礼仪，您就怎样做吧，不用担心。从前周公杀死管叔，流放蔡叔，这不也都是没办法的事吗？即使今天犯罪的人是我，您不也同样要按照国家法律来处理吗？现在又何必询问我有什么看法呢？"于是子南就被流放了。

因为担心子南的事将来有变故，郑简公与其他六位大夫在郑国都城订立了盟约。子皙也要参与盟约，并且让郑国的太史将的他名字写上去，成为"七子"。原本郑国只有六个卿位的，子皙硬要加入，好像他也成了卿，不过并没有人追究这件事，但是大家都很不高兴。

子皙原本就是一个骄纵的人，逼走子南之后，他更目中无人了，甚至想要犯上作乱。他跟郑国国君参加盟会的时候，连外国使者都看出子皙是一个不安分的人。因此郑国外交官公孙辉嘲笑楚国公子的服饰超出了礼仪规格的时候，伯州犁毫不留情地反驳："你们还是管好你们自己的事儿吧，子皙恐怕会让你们操心的！"后来，晋平公生病，公孙辉跟子产一起去探望。出来的时候，晋国大夫询问郑国的情况，顺便问到子皙。公孙辉说："子皙恐怕不能长久了。他不遵守礼仪，喜欢'踩'在别人的头上，依仗权势欺压他人，连自己的上司都不放在眼里，恐怕别人不能再容忍他这样下去了。"

两年后，子皙作乱，想要除掉游氏，只是由于旧伤复发而没能成功。郑国很多大夫都想借此机会杀掉他，子产赶紧从边境赶回阻止这场动乱。

为了大局，子产想让子皙自杀，于是派一个人向子皙宣告他的罪状："你一向有犯上作乱的心思，郑国已经无法再容忍你了。你攻打其他大夫，与堂弟争夺妻子，假借君王的命令与六卿并列，这些都是死罪。你还是主动死去吧，不要逼迫国家用死刑来惩治你。"

子皙不想自杀，于是就对前来传旨的人拜了两拜，说："现在我旧伤发作，很快就要死了。现在天都不让我活，就别再帮着老天来惩罚我了。"

子产知道子皙是一个祸患，坚决不能留，于是对他说："人都会死的。只不过作恶的人得不到善终。你做了坏事，这也是你的宿命，如果我不帮助老天惩罚你，难道还帮着你这个恶人吗？"

子皙依然不知悔改，要求子产答应让自己的儿子当市官。子产气愤地说："如果你的儿子以后真有才干，君王自会任命他为官；如果他没有才干，而只是想拥有权力的话，总有一天会像你一样。你的罪过原本已经不可饶恕了，为什么还要有所要求呢？你再不主动受罚，司寇就会亲自来惩罚你。"

于是子皙自缢而死。对郑国人来说，子皙的死可谓是大快人心，人们将他的尸体放在大街上示众，旁边还立着一个木牌，上面写着他的罪状。

## 子产拜相

在晋楚争霸的过程中，郑国夹在晋楚两国之间，成为两国纷争过程中必然会受到危害的国家，长期劳兵伤财。到了春秋后半期，郑国的处境已经非常困难，国内民穷财尽，盗贼蜂起，国君被弑杀，卿族争权夺利，内乱纷争，郑国处于内忧外患之中。

这时候，郑国出了一名杰出的政治家：子产。他从郑简公二十三年（公元前543年）开始担任相国一职，对郑国的政治、经济等方面采取了一系列改革，留下很多动人的故事。

如在议论时政方面。郑国人有到乡校休闲聚会的习惯，人们会坐在一起议论国家

政策的好坏。郑国大夫然明认为这是一种很不敬的行为，于是想把乡校给毁了。子产却不同意，他说："人们劳动之余聚一下，议论议论时政的好坏。如果他们觉得政策好，我们就推行；如果他们觉得政策不好，我们就及时改正。他们就相当于执政者的老师，指引我们做出正确的决策。既然如此，我们为什么还要毁掉它呢？我听说做好事可以减少怨恨，没听说过依仗权势可以堵住怨恨。正如防川一样，河水大绝口会伤害更多的人，不如开个小口，让河水畅通流出。现在我们听取大家这些议论就相当于开小口了。"然明听后佩服地说："我现在知道你确实是一个成大事的人，小人确实没有才能，我们郑国以后就靠你了。"

在用人方面。子产推崇"任人唯贤"，而对于那些没有才能的人，则不给任何机会。有一次，子皮（子产的恩人）想让自己的家臣尹河担任自己封地的主管，子产认为尹河没有能力胜任。子皮说："尹河是一个谨慎的人，我喜欢他，他也不会背叛我，通过这个机会让他学习学习吧！"子产批评道："喜欢一个人，就要做出对他有利的事。现在你喜欢尹河，却把重要的政事交给他做，这就好比让一个不会拿刀的人却切割东西，这样做很容易使他弄伤自己，以后谁还敢得到你的喜欢呢？"他还对子皮说："你是郑国的栋梁，要是你这个栋梁坏了，住在屋里面的人恐怕要遭殃了。比如说一匹漂亮的绸缎，是不能让一个不会裁剪的人用来练习裁剪衣服的。你这个栋梁之材就好比精美的绸缎，怎么能让一个毫无经验的人来练习做官呢？如果非要坚持，恐怕会对你自己造成伤害。"子皮听后了，非常感动，心悦诚服，取消了任用尹河的想法。

在法政方面，子产首次"铸刑书"，将律铸在鼎上，公布于众。晋国的大臣叔向知道这件事之后，立即写信批评子产："原来我还以你为榜样的，现在你却做出这么令我失望的事。过去郡主审理案子的时候，没有采取法律条文。担心百姓根据条文争论。现在百姓有了法律依据，就会对尊贵的人无所顾忌，敢于根据法律条文与尊贵的人争论，那么国家就难以治理了。"子产回信道："我没办法做到你所说的那种长久之计，但我现在也是为了解决社会问题考虑。"子产将法律铸造在鼎上，成为我国第一个将刑律公布于众的人，反映了他顺应历史潮流进行改革的决心。

在外交方面。鲁襄公三十一年，子产陪同郑简公到晋国缴纳贡品。晋国对郑国这个小国一点也不重视，用非常简陋狭窄的宾馆接待他们，郑国的礼物根本都无处可放。于是子产命人将晋国赐予他们的旅馆墙拆掉，让自己的马车进去。当晋平公质问他为什么拆了自己的旅馆时，子产不卑不亢地说："我们郑国是个小国，一切都听从贵国的吩咐，不敢有丝毫怠慢。现在我们国君亲自带礼物来朝拜贵国，贵国国君却一直不接待，反而用这简陋的宾馆招待我们，我们运送礼物的马车根本进不来。我担心马车上的礼物在外边会被风吹雨打受到损害，到时候贵国又要怪罪我们，只好把墙拆了，将礼物运过来。我听说从前晋文公当盟主的时候，自己住的宫殿很小，而接待诸侯国的宾馆却很大。外国使者到来时，一切事务都有人打点，让外国人感觉像到了自己家里一样，文公也从来不让外来使者久等，与外国使者同忧共乐。如今贵国却让外国使者住着像奴仆一样的房子里，门小得竟然连一辆马车都进不来，我们又不能翻墙而过。接见宾客没有时间安排，召见令又不知道何时才发。现在我们拆毁围墙也只是为了存放贡品，如若不然，我们的罪过就更大了。斗胆地问一句：现在还有什么指示吗？虽然贵国遇上鲁国的丧事很忧伤，我们又何尝不是呢？如果我们能及时献上贡品，那么我们会把围墙修好了再走，这也是贵国国君的恩惠吧，我们不会感到辛劳的。"子产这样巧妙的言辞，既解释了拆掉旅馆墙的原因，又表达了自己的不满，令晋国人无言以对。晋平公知道之后，让使者向郑国国君表示歉意，并马上接见了他们，隆重宴请了郑国国君，还送给他许多丰厚的礼物做为回报。子产以勇气和智慧为国家赢得了尊严。

为政方面。子产提倡宽猛相济，被孔子称为"贤人"。子产生病的时候，告诫太叔说："我死了之后，你就是下一个执政者。百姓行贤德的时候，要用宽和的方法执政，只有这样百姓才会臣服。百姓做出违背道德之事的时候，可以用严厉的方法执政。火虽然猛烈，但百姓会感到害怕而远离，因此只有很少人被火烧死。水虽然柔弱，百姓轻视玩弄它，但却有很多人死在水里。"子产病了几个月就死了，子太叔执政，但他不忍心用严厉的手段执政，结果郑国出了很多盗贼。子太叔执政后后悔没听子产的话，于是将逮住的盗贼都杀了，其他盗贼这才有所收敛。孔子认为这种方法很好，觉得"对百姓太过宽和，百姓就会怠慢，百姓怠慢了，就要用严厉的方法来纠正，百姓受到严厉执政的伤害时，可用宽和的方法来调节。如此循环，政事就会和谐、福禄。"由此可见他对这种执政方法的赞同，子产死的时候，孔子还哭了呢！

在子产的改革中，遇到很多争议，很多利益受到损害的人诅咒他，甚至扬言杀害他。如有一次，因为有人不满他整顿土地，便扬言："子产重新划分我的田地，将我的衣冠藏起来，谁要是杀了他，我就跟谁生活在一起。"对于这种叫嚣，子产不以为意，他说："只要是对国家有利的事，哪怕我死了又有什么关系呢？我不能因为别人的威胁就中断改革，我决心已定，非改不可！"当士大夫因为不满他而发动内战时，子产立即辞职，以免使国家陷入分裂。幸亏郑国最有实力的罕氏子皮支持子产，将动乱者驱逐出境，子产才恢复职位。

总之，子产的所作所为都是为郑国谋福利，因而赢得了人心，郑国百姓编着歌谣赞美他："我有子弟，子产诲之；我有田畴，子产殖之。子产而死，谁其嗣之？"子产为相二十多年，郑国在他的带领下赢得了内政和外交的成功，使郑国在北晋南楚的夹缝里安然生存了几十年。后世对子产的称赞不绝于书，被认为是儒家和法家思想的完美结合，是一个政治"完人"、"春秋第一人"。

## 晏婴、叔向论晋国衰败

齐国与晋国联姻，齐景公派晏子再将一个女子嫁给晋平公。订婚之后，晏子被邀请到宴席上，晋国大臣叔向陪客，宾主双方边宴饮，边交谈。

叔向问晏子："齐国最近怎么样呢？"

晏子回答说："齐国已经快到末日了。虽然我现在还不知道详细情况，不过齐国差不多已经被陈氏所有了。齐王抛弃了自己的百姓，百姓都归顺了陈氏。齐国本来有四种器量工具，分别是豆、区、釜、钟，四升为一豆，四豆为一区，四区为一釜，十釜为一钟。这其中的三种器量工具，陈氏的都比齐国的多一份，这样陈氏的一钟也就很大了。陈氏将自己的大器量工具借给百姓，然后用小的器量工具回收东西。他将山上的木材运到城中卖，价格不比山中价格高，他将海中的海产品运到集市上卖，价格也不比海边卖得贵。齐国百姓的赋税，三分之二为国家所有，只有三分之一用来维持国家开支。国家粮仓中的粮食都发霉生虫了，百姓却受冻挨饿。国都的鞋子价格很便宜，但很多人因为受刑而被砍断双脚的人不得不装上昂贵的假肢。百姓承受了如此多的痛苦和疾病，只要有人稍稍关心他们，他们就会像敬爱自己的父母一样敬爱他，像流水一样归附他。陈氏即使无意于获得民心，也没有办法避免。恐怕陈氏祖先的灵魂，如箕伯、直柄、虞遂、伯戏等人已经再次来到齐国了。"

叔向对他这种说法也表示赞同："确实如此啊，我们晋国又何尝不是到了末代呢？现在没有军马可驾马车，无法打仗。卿士们不去训练军队，也没有合适的御者和戎右可驾驭国君的战车，军队也没有可胜任的长官。在民间，平民百姓生活穷困，王宫贵族却过着豪华奢侈的生活，道路上到处都是饿死的人的尸体，因为女儿受宠而拥有荣华富贵的人家越来越多。现在百姓们听到国家的法令，就好比遇到强盗一样四处躲避。在朝堂，栾、郤、胥、原、狐、续、庆伯几大家族的势力也逐日下降，甚至沦落到与地位低下的官吏同等级别了。我们晋国的政权，已经落入卿大夫的手中，百姓没有了依靠，国君却不知道整顿和修改，终日享乐，忽视国家目前的忧患。王室已经衰落了，国家还能持续到什么时候？铭文曰：即使现在国君每天一起床就忙着处理国家大事，他的子孙也会无力应对以后的局面。更何况我们的国君现在不知悔改呢？国家是不可能长久地维持啊！"

晏子就问："既然阁下知道晋国目前的问题，那要打算怎么应对呢？"

叔向无奈地说："晋国的公族已经衰弱到尽头了。我听说，一个国家王室没落的时候，首先凋零的就是宗族，一旦宗族像树叶一样凋零殆尽，王室也会跟着凋零。我们这一宗，共有十一个族，可惜现在只剩下羊舌氏一族了，我的儿子才干又不突

晏婴

出，王室现在也没有严明的法度，将来如果我能平安地死去，已经心满意足了，不敢奢望死后还有后代宗亲来祭拜我啊！"

晏子和叔向是两个具有卓越政治智慧的人，他们从本国国君的做为和齐国、晋国目前已经呈现出的乱象出发，预言齐国和晋国已经不可避免地衰败了。果然，他们这次谈话不久，齐国政权被田氏家族获得，晋国政权被韩、赵、魏三个家族瓜分，两人的预见成了现实。

其实此时的春秋，已经走向奴隶主贵族统治的没落时期，他们加紧对人民的搜刮和压榨，这激起了人们更大的反抗，阶级矛盾已经激化到一定程度，一场大的变革正

在酝酿中，中国即将迈入封建社会。

## 楚灵王辱晋

鲁昭公五年，晋卿韩起负责送晋平公的女儿前去楚国完婚，叔向为副使。他们在路过郑国的时候，郑国的子皮和游吉款待了他们，并且对他们说："楚灵王是一个非常骄纵放肆的人，他做事总是非常过分的，你们到了那里一定要小心，不要掉以轻心啊！"

叔向听了之后，就说："楚灵王那样骄纵放肆对自己来说是一个祸害，但是怎么能说会危及他人呢？我只要按照礼仪奉献上我的礼物，遵守我的诚信，保持着我应该有的威严就可以了，而且我对他们的君王谦恭有礼，我都这样做了，无论到什么时候我都是没有错的。顺从他却不失分寸，恭敬他却不会忘记身份，我用以前贤人的话来作为指导，遵从礼仪道德，并且从晋国、楚国两国的现状和利害关系出发，他还能怎么样呢？即使他再骄纵，恐怕也不能将我怎么样！"

韩起和叔向来到了楚国后，楚灵王就召集了所有大夫到朝中，对他们说："晋国是我的仇人，如果现在可以满足我报仇的欲望，那么，无论是用什么样的手段都是都可以的。你们看现在晋国派来的人，一个是上卿，一个是上大夫，如果我将韩起的双脚砍掉，让他做一个看门的小吏，将叔向处以宫刑，让他做太监。这样我就感到心满意足了，我报仇的愿望也就达到了，你们看如何啊？"

满朝官员听了之后，没有人敢说话。此时，蘧启强说道："大王，您可以这样做。只要您做足了充分的准备，任何事情都是可以做的。但是，您现在恐怕连羞辱一个老百姓的准备都没有做，更何况说羞辱一个国家，还是晋国那样的强国呢？古代圣贤的人都非常注重礼仪，从来不会这样去羞辱一个人。他们在朝聘的时候肯定会有玉珪，在举行宴会的时候肯定会有玉璋，这就是礼仪。大国家有巡守方面的礼仪，小国家有述职方面的礼仪。如果说主人将案几摆上了却不去依靠，将酒倒满杯子了却不去喝，在宴会时要为来宾准备价值高的礼物，在进餐的时候为客人特别准备菜，在有人来访要到城郊迎接，客人回国要馈赠钱财礼物，这样的做法都是最高礼仪的表现。

"忽视礼仪的国家很容易衰败，就是因为没有礼仪就会产生祸乱。鲁僖公二十八年的时候，发生了城濮之乱，楚国被晋国打败，从此晋国就放松了对楚国的警惕，因此，到了鲁宣公十二年，晋国又被楚国打败了。经过这场战争，楚国自认为强大就不再防备，结果在鲁成公十六年在鄢陵被晋国打败。鄢陵之战后，晋国改变策略，和楚国友好往来，因此，两国之间恢复了友好关系，不再进行报复了。你看，现在的晋国和楚国已经互为姻亲，您反倒想报复，这是在给自己树敌，您可以担当得了如此重任吗？谁来收拾战争之后的残局呢？如果您可以承担后果，那么大王请随意，如果你能不能，还请您三思啊！

"晋国现在对大王如此礼遇，已经十分不错了。您想晋国让诸侯参加盟会，于是，

诸侯就被您召来了。您想和晋国结亲，结果他就将女儿送了过来。如果您想羞辱他们的话，您一定要有所准备才可以，那么，后果并不是您可以承担的。您看现在晋国的臣子，无论是以韩起为首的上卿们，还是以叔向为首的大夫们，他们都是君王难得的良臣啊！这些人很多都拥有众多兵马和城邑，都是出自大家族，势力都很大。

"假如说大王您现在要去羞辱晋国，那么，晋国虽然失去了韩起和叔向，那么，剩下的五位上卿和八位大夫就会站起来，辅佐韩起的儿子韩须、叔向的儿子杨石来报仇。您想一下，他们拥有十家九县的力量，而且国内还有四千辆车的兵力在留守，如果他们一起征战，那么，会是一个什么结果呢？他们为了报仇势必会奋勇杀敌的，在这些人的联合下，他们会失败吗？大王，您为了报仇，就将一个姻亲的国家变成仇敌，将楚国和晋国之间的友好变为仇恨，这样做您认为值得吗？您这样做不仅不符合礼仪，而且在没有准备的情况下，无疑是将我们送到虎口去啊！"

楚灵王听到薳启强的话后，想了想，说："看来这是我的过错啊，你不要再说了，我知道该如何去做了！"于是，楚灵王打消了报仇的念头，对韩起和叔向以礼相待，没有丝毫怠慢。

## 子革劝谏楚灵王

鲁昭公十二年的冬天，楚灵王到州来去巡游打猎，他将军队驻扎在颍尾后，就派遣荡侯、潘子、司马督、嚣尹午、陵尹喜五个人带领着军队将吴国的国都包围了，他想要以此来恐吓吴国。楚灵王自己则驻扎在乾溪，做为他们的后援。那天，天上下着雪，楚灵王戴上皮帽子，穿上秦国送给他的羽衣，身上还披着羽毛的披肩，脚上穿着豹子皮做的鞋子，手中拿着鞭子就出来了，他的随从析父在后面跟随着他。

晚上的时候，右尹子革来到了他的这里，拜见楚灵王。楚灵王接见了他，并且将帽子、披风脱掉，将鞭子放在了一边。然后，他对子革说："从前的时候，我们的先王熊绎和齐国的吕伋、卫国的王孙牟、晋国的燮父、鲁国的伯禽一起侍奉周康王，其余四个国家都得到了赏赐的珍奇异宝，但是偏偏就我们国家没有。如果我现在派人到周王室，让他把九鼎分赐给我国，当做以前的补偿，你说他会给我吗？"

子革回答说："他当然会给您了啊！从前，我们的先王熊绎在十分偏僻的荆山穿着破衣，住着破屋，开垦荒野，因此只能进贡一些桃弓、木箭给周天子。齐国是周康王的舅父；晋、鲁、卫是周康王的同母兄弟，所以才只有楚国没有被赏赐到宝器。现在周王室和那四位君王都已经归顺了君王您，前来服侍您，还会在乎一个九鼎吗？"

楚灵王说："从前我们的远祖伯父昆吾，曾经住在许国的旧地，现在郑国人贪恋那里的田地却不愿意还给我们。如果我向他们要求返还，他们会给我吗？"子革回答说："当然会给您了！周王室都舍弃了九鼎，郑国一块小小的地方怎么敢不舍弃呢？"

楚灵王说："以前的时候，诸侯认为我们国家地处偏远的南方而只都畏惧晋国，现在我们在陈、蔡、东、西不羹等地修筑了许多城邑，每个城邑的兵力都达到了兵车一千辆，这样的事情其中也是有你很大功劳的，你说诸侯会对我们有所畏惧吗？"子革回答说："他们会对君王有所畏惧的！只要看到这四个大的城邑，就可以让他人畏惧了，如果再加上楚国的力量，他们哪里能够不畏惧您呢？"

此时，工尹路对楚灵王请示说："君王您命令我破开圭玉来装饰斧柄，请问该如何装饰呢？"楚王听完之后，进去察看了一下。此时，析父对子革说："您在楚国是很有声望的人，您现在和君王的对话就和回声一样，您这样附和他，以后我们的国家会怎样呢？"子革说："刚才我不过是在'磨刀子'而已，时机还没有到，等一下王出来了，我就要挥刀'砍'下去了。"

楚灵王从屋中出来后，继续和子革谈话。此时，左史倚相从他面前快步走了过去，楚灵王说道："他是一个好官啊，你要好好对待他。他是个能读《三坟》、《五典》、《八索》、《九丘》这样古书的人。"

子革回答说："臣下曾经请教他，从前的时候，周穆王曾经想要放纵自己，妄想要走遍天下，使得天下的土地留下他的车辙痕迹。于是，周公的孙子祭公谋父作了一首《祈招》来阻止他的野心。周穆王因此可以在祇宫寿终正寝。我曾经问倚相这首诗，他竟然说不不知道，连这都不知道，您说年代久远的事情，他又怎么能知道呢？"

楚灵王听了之后，问他说："那么，你知道这首诗吗？"

子革回答说："我当然知道。那首诗说的是：'《祈招》的音乐如此优美，表现的是美德的声音，称赞的是我们周王的美德。想到我们天子的气度，就好像金玉一般。保存百姓的力量，不能任意放纵自己的贪婪之心。'"楚灵王听过这首诗之后，就对子革作了一揖进屋去了。接下来的几天时间里，楚灵王茶饭不思，怎么也睡不着，最后他还是没有克制住自己的欲望，因此导致了后来的灾祸。

孔子说："古代的书上有这样的记载：'能够克制自己的欲望，让自己的言行举止符合礼仪规范，那么，这就是仁。'这句话说得真好啊！如果楚灵王能够像这句古话上说的那样做，怎么能够在乾溪受到那样的屈辱呢？"

## 楚灵王多行不义必自毙

鲁昭公十一年，楚灵王想要在陈、蔡、不羹三个地方修建城邦，于是他任命公子弃疾为蔡公负责管理蔡国。楚灵王为此事还专门问了申无宇的意见。申无宇是这样回答的："世界上最了解儿子的就是父亲，最了解臣子的就是君王。郑庄公当时修建栎城的时候就派了子元驻守，后来子元将郑昭公赶走，拥立郑厉公成为君王。齐桓公修建谷城时，让管仲驻守，结果齐国直到现在都没有得到他的任何恩惠。有五种大臣不可以派遣到边境，有五种小人不可以留在朝廷上，亲族怎么可以被派到边疆，而投奔而来的大臣却留在朝廷呢？如果让公子弃疾到边疆去，流亡到此的郑丹却留在朝廷中，那么您就应该有所警惕了！"

楚灵王说："我们国家城池如此高大，可以抵御敌人的叛乱，害怕什么呢？"

申无宇说："郑昭公的京城、栎城那么高大，他不是依旧被杀死了？子游的萧城、亳城也很高大，他不也被杀死了？公孙无知拥有高大的渠丘，但也被杀死了；卫献公虽然有高大的蒲城和戚城，但他却被流放了！由此可见，高大的城墙并不能保护国家，有时候反而会成为祸害国家的原因。就好比树大招风一样，树枝很容易被风折断；就好比动物如果尾巴肥大就不容易转身一样。君王应该懂得这些道理啊！"

楚灵王是一个非常残暴的人，他曾经杀死和得罪过很多人，因此薳氏人家族、许国的大夫许围、蔡国的蔡洧、蔓成然都和楚灵王接下了怨恨。

鲁昭公十三年，楚灵王让蔡洧镇守国都，自己去了乾溪。于是和楚灵王接下怨仇的人就联合那些被楚灵王罢免的官员以及那些被楚灵王霸占了土地的人，说服了越国大夫常寿过一起发动了叛乱。他们先攻占了固城，后又攻占了息舟，然后在此驻扎了下来。

这个时候，楚国的观从也想趁机恢复蔡国，他的父亲当时因为受到牵连而被杀，他就留在了楚国，侍奉蔡大夫声子的儿子朝吴。这个时候他看到有人发动叛乱，就想要趁机复国，他就利用了蔡公弃疾的名义来发布号令，将楚灵公在追杀的弟弟子干和子皙召了回来。他们在得知实情后，被观从强迫发了盟誓。蔡公弃疾则听到后就逃走了。观从让一个人假装成蔡公，与其结了盟誓。观从对蔡地的人说："蔡公召回了子干和子皙，并且要将他们送入楚国都城，蔡公带兵去帮助他们了。"蔡人将官从抓住了，后来在官从的辩解下，又将他放了。

朝吴说："如果你们想要为楚灵公效劳，那么，就违抗蔡公的命令吧，如果你们想要安定，那么，你们就帮助蔡公吧。"蔡国人想了后，决定帮助蔡公。他们将子干、子皙召了回来，并且签订了盟约，然后依靠陈、蔡两地的人准备攻打楚灵公，帮助他们恢复陈国和蔡国。于是，他们一群人，率领着陈、蔡、不羹、许、叶等地的军队，并且依靠着薳掩、蔡洧、许围、薳居四个家族的势力，开始攻打楚国的都城。

蔡公派出楚大夫务牟等人进入楚国的国都，他们趁机杀死了太子禄以及公子罢敌，并且拥立了子干为楚王，任命子皙为令尹，暂时将军队驻扎在了鱼坡这个地方。蔡公弃疾被任命为司马，他进入王宫将楚灵王的亲信统统杀死，全都安排成为自己的党羽。然后，他派人到乾溪的军队中，说都城已经发成叛乱，并且说先回去的人可以恢复官职和财产，回去晚了就会受到割鼻子的惩罚。因此，楚灵王的军队就这样自行崩溃了。

楚灵王在得知自己的两个儿子已被杀死时，他伤心地从车上摔了下来。他还说道："看来我以前杀了太多别人的儿子，现在我的儿子也被别人杀死了！"右尹子革劝他说："不如您在郊外等候，看人们如何处置吧。"但是，楚灵公不同意，他说："众怒不可犯啊！"子革劝说他到其他地方求救，但是此刻那些地方的人都已经全背叛楚灵王了。他又劝说楚灵王到其他国家逃避一下，但是楚灵王不愿意，说自己到了其他国家做不了君主。于是，子革就离开他，自己回到了楚国都城。

楚灵王一个人沿着汉水向南走，想要前去鄢地。芋尹无宇的儿子申亥认为楚灵王对自己的父亲有恩，因此，他就前去寻找楚灵王，将他接回了自己的家中。但楚灵王还是不能接受自己亡国的事实，于五月二十五日，在申亥家中上吊自杀了。楚灵王平时作恶多端，与人结下许多怨恨，最后落到一个儿子被杀，自己自尽的结果，其实就是他多行不义必自毙的结果啊！

## 平丘之会

鲁昭公八年，晋平公修建完成了虒祁宫，因此，各国的诸侯都前来朝贺。但是，他们虽然表面上对晋室比较恭敬，可是回去之后却为晋室的奢侈却十分鄙夷，也因此产生了想要脱离晋国的想法。鲁昭公十三年，鲁国为了能够占据鄫这个地方，准备出兵伐鄫，于是鄫地人就请求晋国帮忙。晋国就召集了各诸侯准备攻打鲁国，晋大夫叔向认为有必要在诸侯面前显示一下晋国的威风，不能让诸侯们为非作歹，因此，他就命令各个诸侯举行盟会。

在盟会召开之前，晋昭公打算先和吴王夷末在良地约会，但是，因为当时水路不通，所以吴王就以此为借口而没有前往，晋昭公也只好作罢。

次年七月二十九日，晋国在邾国的南部检阅军队，以显示自己的威严，一共出动了甲车四千辆，其实这个时候的晋国也不过拥有战车四千九百多辆，此次算是全军出动了。叔向的弟弟叔鱼代理司马一职。然后，晋国就在卫国的平丘一地大会诸侯。当时参加大会的有刘献公刘挚、晋昭公、宋元公、卫灵公、郑定公、曹武公、莒著丘公、邾庄公、滕悼公、薛献公、杞平公、小邾穆公等诸侯，这次大会也是晋国最后一次会合诸侯。

晋国的大军驻扎在卫国境内，叔鱼就向卫国索要钱财货物，而且放纵手下的士兵去乱割柴草，为非作歹甚多。卫国看到此种现象，就派出大夫屠伯给叔向送去了肉以及一箱子的锦缎，并且对他说："我们各个诸侯对待晋国绝对是忠心耿耿，没有丝毫的不恭敬，也不敢有二心啊！更何况卫国是在国君的庇佑之下的，怎么可以对国军有异心呢？割草、砍柴的人和过去的人不一样，还请求您能够阻止他们。"叔向听了他的话后，就将肉留了下来，而将锦缎让他拿回去了，并且嘱咐他说："晋国有个叫叔鱼的人，他十分贪财，恐怕也会有灾祸了。你的这件事情也不难办，只要将这些锦缎赏赐给他，他就不会再任人捣乱了。"屠伯听从了叔向的话，将东西送给了叔鱼，结果，送东西的使者还没有从叔鱼那里走出来，叔鱼就下令禁止割草、砍柴的人再去捣乱了。

晋国想要延续从前的盟约，可是却遭到了齐国的反对。于是，晋昭公就派遣叔向前去告诉刘献公说："齐国不愿意结盟，这可如何是好？"刘献公回答说："结盟的目的是什么？就是为了表示国家的信用存在，如果君王是有信用，诸侯肯定不会产生二心的，这又什么好担心的呢？用严厉的文辞警示他们，用残酷的武力来对付他们，就算是齐国不同意这件事情，可是君王的成绩大家是看见的。我是天子的卿士，愿意做为将帅为您做前锋开路，只要您说什么时候去讨伐齐国都可以。"

叔向对齐国说："现在全国的各个诸侯都在这了，他们都同意继续结盟，但是只有你一个国家不同意，希望你能再好好考虑一下这件事情。"齐国回答说："继续盟约的事情只有在讨伐那些有二心的诸侯时，才是有必要的事情的，现在，各国诸侯都是严格按照盟约上的规定来做事的,哪里还需要去盟约呢?"

叔向对齐国说:"一个国家之所以会导致衰败,就是因为虽然常常有朝会,但是贡献却时有时无,不能正常进行;即使是有贡赋,但是却不遵守礼仪,这样全国就会失去正常的礼仪秩序;即使每个人都遵守礼仪了,但是却也没有任何的威严,虽然有秩序,却不能恭恭敬敬地对待啊;即使是有了威严,但是却不昭告天下,不举行盟约,虽然看上去是恭敬的,不昭告神明就不是真正的恭敬,国家的一切事物就会很难得到结果,所以才会导致国家灭亡啊。因此圣明的君主制度,都是让诸侯每年聘问一次,以此来让他们能够记住自己的职责;每三年都会朝见一次,让他们遵守并不要忘记礼仪;每六年会有一次会盟,一次来显示威严;每十二年会有一次盟约,以昭显信义。在聘问中各位诸侯可以牢记自己的职责,在朝觐礼仪可以看出等级次序,在诸侯会见中可以展示国家天子的威严,在盟约中可以向神明昭示信义。从古到今,都是这样做的,不会有任何的缺少。国家的生存和灭亡的道理就是在这里体现出来的。晋国主持盟会是按照礼仪来照办的,我们怕照顾各位盟主不够周到,因此虔诚地宰杀牛羊,询问各诸侯的意见,我们做了这么多,可是最后您的国君却说这件事情没有必要,可以废除了。还说:'我们齐国何必去做呢,干吗要去结盟呢?'希望您可以考虑一下,我们的国君等候您的消息。"

齐人听到叔向的一番理论,心中也有所惧怕,于是就说:"我们是小国,不过是提提意见罢了,事情还是需要让你们晋国那样的大国来决断啊,我们怎么能够不听从呢?我们会听从你们的命令的,到时候会十分恭敬地前去参加盟会,至于盟会的时间,那就看你们的决定了。"叔向见到晋公后,就报告说:"诸侯对晋国已经有了二心,我们必须要对他们展示出威严才可以。"八月初四,晋国举行了军事演习,但是仅仅树起了旌旗,却没有加飘带。初五,又在旌旗上加上飘带,这就意味着晋国已经做好了打仗的准备。各诸侯看到了都感到有所畏惧。

邾、莒两国向晋国控诉鲁国对自己的征伐,晋昭公于是就打算不接见鲁昭公,派了叔向前去辞谢,让他不要过来了。鲁国大夫听到后非常生气,就说:"贵国国君听信蛮夷的话,以后,我们国君不会再听从他的命令了。"叔向说:"我们晋国虽然势力不大,但是却是奉了周天子的命令来主持正义,如果我们想要征伐鲁国,联合各诸侯,以邾、莒、杞、鄫各国的愤怒来征讨你,那么,我们在你们鲁国还不是想怎样就怎样?"鲁人听了之后,感到非常害怕,就不敢再去盟约了。

八月初七,既然齐国已经服从了晋国,因此,诸侯在晋国的带领下在平丘进行了盟约。

## 伍子胥奔吴

楚平王在蔡国的时候,跟一个管理边境事务小官的女儿同居,生下了太子建。楚平王归国即位之后,太子建受到重视,楚平王派德高望重的伍奢做他的师傅,派费无极做他的少师。太子建信任伍奢，费无极因而不受宠，费无极很不高兴，就找机会诬陷太子建。

有一天，费无极对楚平王说："太子建可以娶亲了。"

于是楚平王为太子建在秦国找了一名女子嬴氏，费无极参与了到秦国的迎娶。但在迎娶的时候，费无极劝说楚平王自己取了这名女子。不久，嬴氏就以楚夫人的身份来到楚国，成为楚平王的女人。费无极通过这件事，离间了太子建和楚平王的感情。

楚平王率军攻打濮地。费无极对楚平王说："晋国之所以能在中原称霸，是因为它的地理位置，中原各诸侯国都是它的邻居。但楚国就不同了，地处南方偏僻山区，远离各诸侯国，难以称霸诸侯。大王您不妨扩建城父，将太子建镇守这里，这样就可以加强与中原诸侯国的联系，待您平定南方之后，就可以以此为根据地，取得中原了。"

称霸中原一直是楚国的梦想，楚平王一听这么容易就能称霸，当然很高兴，便爽快地按照他说法做了，太子建因此驻守在城父。

不料，费无极又对楚平王说："太子建和伍奢占据城父要地，与中原各诸侯国相近，他们自认为自己同郑国、宋国一样成了一个小国家，如果齐国和晋国支持他们的话，他们很有可能率领城父的人发生叛乱，进而危害楚国。大王您应该小心戒备啊！"

楚平王一想，万一太子联合中原诸侯国，便会不利于楚国，自己确实太被动了，于是就派人查问伍奢。

伍奢知道是费无极从中作梗，就对楚平王说："大王您这是听信谗言了啊，上次您就不该乱听别人的话迎娶本属于太子建的妻子。"

楚平王听到这话，大怒，立即将伍奢关押起来，并派司马奋扬去杀太子建。奋扬是一个正直的人，自己还没到城父，就派人通知太子建赶快逃走。后来，太子建成功逃到了宋国。但奋扬却不得不为自己的所做所为受过，他让人将自己绑到楚国。

楚平王问奋扬："杀太子建这话，从我口中说出，只传到你一个人的耳朵里，那么是谁通知太子建逃走了呢？"

奋扬说："是小臣自己告诉他的。大王您曾经告诫小人：'侍奉太子建，要像侍奉我一样。'我正是这样做得啊。小臣虽然没有什么才能，但却绝不敢有二心，因此我接受了您第一个命令全心侍奉太子建，就不忍心再执行您第二个命令再去杀害他。所以我请他逃走了。虽然后来我后悔没有执行第二个命令，但现在后悔也来不及了。"

楚平王又问："明明知道违背了寡人的命令，你现在为什么还敢再回来？"

奋扬回答道："接受国君的命令却没有完成，这已经是犯罪了。如果国君召见我我不回来的话，这是第二次犯罪了。双罪并罚，我想逃也没地方可去。"

楚平王就对奋扬说："你还是回到城父去吧，不惩罚你了。"

奋扬于是又回到城父担任司马一职。

这时费无极又不安分了，他对楚平王说："伍奢的儿子们都很有才能，如果让他们逃到吴国，将来一定会成为楚国的心头大患。大王您不妨以赦免伍奢的名义，将他的儿子召回来。他们都是推崇仁爱的人，听说父亲赦免，一定会回来的。"

楚平王就照他说的做了。他派人对伍奢的儿子们说："如果你们肯回来，我就赦免你们的父亲。"

伍奢的长子伍尚是棠邑大夫，他对弟弟伍员（即伍子胥）说："回去必死，你逃到吴国去吧，我回去救父亲。我的才智不如你，现在我为了父亲回去送死，你为了将来替父亲报仇而逃走，这样，我们两个的行为都是仁义的。现在楚王说了赦免我们的父亲，如果真的被赦免了，起码我可以尽孝了。万一不能赦免，我能回去，起码我们兄弟没有背弃仁义，没有背弃父亲，没有抹杀我们的名誉。"

就这样，伍尚回到了楚国都城，伍子胥逃跑了。

伍奢知道伍子胥没有回来之后，说道："楚国恐怕从此会多灾多难了，恐怕楚国的国君和大臣连按时吃饭都没有机会了。"

楚平王果然没有赦免伍奢，将他和伍尚都杀了。伍子胥逃到吴国，向吴王僚说了征讨楚国有那些好处，极力怂恿吴国攻打楚国。

吴国公子光说："伍子胥是因为家仇提出征讨楚国的，我们不能偏听他的。"

伍子胥说："公子光有更远大的志向，那么我现在帮他寻求勇士吧，在边境地区等待时机。"于是就一边在吴国边境种地，一边帮助公子光夺取王位。后来，一切果真如伍奢所料，伍子胥率领吴兵攻打楚国，楚平王的尸体被伍子胥鞭尸泄恨，总算为冤死的父亲和哥哥报了仇。

## 晏子论"和谐"

齐景公打猎回来，晏子在遄台随侍，齐国大夫梁丘据闻讯也赶来迎接。

齐景公很信任梁丘据，看到他来，欣慰地说："只有梁丘据与我的关系最和谐啊。"

晏子却不这样认为，他说："梁丘据跟大王您只是相同而已，怎么谈得上和谐呢？"

齐景公诧异道："和谐与相同不是一个意思吗？它们有什么不同吗？"

晏子回到道："当然是有差别的。和谐，就好比做肉羹，必须用水、火、醋、酱、盐、梅等来烹调肉，然后再用柴火烧煮。厨师在做的时候，要按照一定的比例，使各种味道恰到好处。味道不够的时候，就增加作料；味道重的时候，就用水冲淡。君子吃了这样口味恰好的肉羹，就能平和自己的心性。

"国君和臣子的关系也是这样。国君认为可以的政策，其实里面包括了不可以的东西，臣子要指出不可以的地方，让国君的政策更加完美。国军认为不可以的政策，其实里面包括了可以的成分，臣下帮助国君指出其中可行的地方就行了。只有正阳，国家的政事才会可乐生平，百姓才会没有争斗之心，不会做出任何越轨行为。因此，《诗·商颂·烈祖》中说道：'调和好的羹汤，五味适中，这就可以进献给神明享用，确保全国上下政事和谐。'先王就曾经使国家的'五味'调和得当，使'五声'调和而和谐动听，以此来平和自己的心性，成就政事的和谐。

"和谐的音乐和味道恰好的羹汤一样，由气、体、类、物、声、律、音、风、歌九个方面相互配合而成，由清浊、小大、短长、疾徐、哀乐、刚柔、迅速、高下、出入、周疏等协调而成。君子听了这样的音乐，也可平和心性，拥有较好的德行，因此《诗

·豳风·狼跋》说：'和谐的音乐是没有瑕疵的。'

"梁丘据可不是这样的和谐。国君您认为可以的地方，他也附和着说可以；国君您认为不可以的地方，他也附和着说不可以。这就好比用水来调和水，用琴瑟弹同一个音调，谁能忍受呢？因此，梁丘据对于大王您，只是'相同'，而非'和谐'。"

晏子之所以由此引发这一通关于"和谐"和"相同"的感慨，是因为想要劝谏齐景公。梁丘据是齐景公最宠信的臣子，他机灵圆滑，善于察言观色，最善于投景公所好、拍马屁，齐景公有了这样一个臣子，挥霍浪费、吃喝玩乐就有了最佳帕当，自然很宠信他。

例如，齐景公喜欢宴饮，突然心血来潮问："圣人会不会也像寡人这样喜欢吃喝玩乐呢？""马屁精"梁丘据回答道："圣人当然也喜欢吃喝玩乐，圣人也是人嘛！"齐景公听到这里，就释怀了。

还有一次，齐景公喝酒玩乐了半天，突然哭了起来："要是我死了，就没有机会享受这一切了。"梁丘据也陪着他哭。

最典型的一次是：有一天，齐景公心血来潮，半夜想起来喝酒，就出宫找大臣陪自己。他先来到相府找晏子，晏子听说国君深夜驾到，赶紧穿戴好朝服，还以为有紧急公务呢。但得知国君只是想找人陪喝酒时，立马变脸了："跟政事无关的我就不陪了，反正会有别人陪您。"齐景公在晏子这里吃了闭门羹，自然不快，于是又到将军府找穰苴陪酒。穰苴听说国君深夜来访，也是很紧张，以为有紧急军情，于是赶忙披上盔甲出来迎接，并准备进攻，但一听说是陪酒，也拒绝了他。齐景公连续碰了两个"钉子"，反而越想找人喝酒，于是又来到梁丘据的府邸。梁丘据拿着乐器，唱着歌出来迎接他，欢天喜地地陪他喝酒。齐景公大喜，忍不住赞道："没有晏子和穰苴，没有人帮寡人治理国家；没有梁丘据，就没有人陪寡人玩乐。"

因此，对于梁丘据这种只知道陪国君玩乐的人，晏子自然看不上眼。当齐景公说到梁丘据跟自己"和谐"的时候，晏子才忍不住提出"和谐"与"相同"的不同，并将这个理论上升到国家大事上，劝谏齐景公明辨是非。

## 齐国四姓之乱

在齐国，当时是陈、鲍、栾、高四个姓氏家族的势力最大，后来他们因为地位和财产之间的纷争，开始作乱，最后以陈、鲍胜利，栾、高败走结束了这场混乱。因此，历史称其为"四姓之乱"。

鲁昭公二年的时候，晋卿韩起到齐国去。他先是拜访了齐国大夫子雅，也就是栾氏家族。他见到了子雅的儿子栾氏后，就评价说："他是一个有野心的人，但并不能守住家业啊！"后来，韩起又拜见了大夫子尾，即高氏家族，见到了子尾的儿子高强，并且对他做出了相同的评价。韩起如果说自己是齐国大夫的儿子，大家不但没有人相信他，反而还会讥笑他，认为他是胡言乱语。但是，晏婴对此却深信不疑。

次年冬天，子雅去世，晏婴就断言说栾施并不是一个安分守己之人，姜氏一族要有危险了。鲁昭公八年，子尾也去世了。他刚去世，栾施就想要将其家产吞并。他先是杀死了子尾的家臣梁婴，又赶走大夫子成、子工、子车，又为子尾的儿子高强重新另立了一个家臣总管，此时，他想要吞并高氏家产的目的已经很明显了。子尾的家臣看出了栾施的动机不良，就决定要去攻打栾施，阻止他对高氏家族的侵占，于是，他们就将家臣武装一番，准备进行战斗。陈无宇听说之后，也准备帮助子尾家臣对付栾施，于是，他也将家臣武装了一番，做好了战斗的准备。

此时的栾施还蒙在鼓里，准备进一步侵占高氏财产呢！当有人将这件事情告诉他时，他有点不相信，最后等他得到确切消息的时候，他就想要亲自前去高强那里看一下，但是，后来他改变了主意，直接到了陈无宇的家中打探消息。陈无宇此时已经准备好去攻打栾施了，可是，却没想到栾施自己找上门来了，于是，他就放下了武器，开门迎接了他。

陈无宇见到栾施后，就对他说："听说高强已经做了准备要去攻打你了，是你还不知道吗？"

栾施回答说："我没有听说此事啊！"

陈无宇就说："你也去准备一下武器去战斗吧，我会和你一起战斗的。"

栾施听了陈无宇的话，回答说："我怎么可以这么做呢？这可是不道德得事情啊！高强年纪尚小，我总是想帮助他，怕他自己不能成才，因此才会替他做那么多的事情。我怎么能攻打他呢？如果我这样做了，那就对不起天地和祖宗了。《周书》曾经说过：'要给那些不知道感恩的人施加恩惠，要给那些不听劝告的人更多劝说。'我虽然不能做到如此心胸宽广，可是，却也不能去随意攻打高强啊！"

陈无宇听了栾施的话，认为自己错怪了他，于是，就改变了对栾施的看法，并且调解了两家的关系，两家人又回到了从前和睦的关系，而且高强和栾施还成了好友。虽然陈无宇成功调解了高、栾之间的矛盾，阻止了一场纷争，可是，他却不能阻止自己和他们的纷争。栾施和高强都是喜欢嫉妒的人，他们虽然拥有的权势比陈、鲍两家还要强大，可是，他们依旧不能容忍陈、鲍两家的强势，心中充满了嫉妒，并且想要将其除去。

鲁昭公十年夏天，陈无宇和鲍氏家族的大家长鲍国都得到消息说栾施和高强要前来攻打自己，于是，陈无宇就将家臣武装起来，准备迎战，并且找到鲍国和他商量对策，鲍国也已经做好了战斗的准备。两个人在商量的同时，又派人不断察看栾施和高强的行动。陈无宇对鲍国说："你看他们现在虽然没有动静，我们也没有充足的证据说明他们会攻打我们，但是，如果他们知道我们已经武装好了，肯定也不会放过我们的。与其坐以待毙，不如我们先下手为强，趁他们现在没有防备，先攻打他们。"鲍国同意陈无宇的意见，于是，两家人联合起来开始对付栾施和高强。

高强和栾施面对陈无宇和鲍国的攻打，他们认为如果可以将国君掌握在手中，那么陈氏和鲍氏就奈何不了他们了。于是，他们就来到了公宫，想要进入宫中，但是却遭到了齐景公的拒绝。无法进入宫中，他们只好去攻打南门——虎门。

晏婴听到这个消息后，就穿上了朝服来到虎门外站着，看着四姓家族。四姓家族都想要请晏婴到自己家里去，但是晏婴统统拒绝了。他的部下以为他要帮助他们其中的一方，可是，晏婴却说："无论是哪一边，他们哪里有值得我要去帮助的地方吗？"晏婴是非常看不起他们无良的品德。他的部下劝他离开，但是，晏婴却说："国君正处在危难之中，我怎么可以独自离开呢？"于是，晏婴就一直站在那里，直到齐景公召见他，他才离开。

四姓家族在稷门展开大战，结果，栾施和高强战败。第二次他们在庄路又展开战争，栾施和高强再次败走，此时，栾、高两家已经呈现出了颓败之势，失败就在眼前了。最后在鹿门一地，他们彻底失败，栾施和高强只好逃到鲁国去了。陈无宇和鲍国胜利了，随后，他们就将栾、高两家的财产瓜分了。"四姓之乱"至此结束。

陈无宇得到了栾、高两家的财产后，晏婴劝他说："你应该将分到的栾、高两家财产献给齐景公。谦让是人的最基本的德行，能够将东西让给他人更是最高的美德。争夺之心差不多每个人都有，但是，见利忘义的行为是不能做的，只要做到见利不忘义才可以胜过他人。如果你贪得无厌，不但不会给你带来利，反而会使你招致灾祸。现在放弃的利不但不会让你损失，反而会让你得到更多的利。"陈无宇认为晏婴说得很有道理，于是，就将分得的财产献给了君王，自己则告老还乡，仅求得了高唐一块小小的封地来颐养天年。陈无宇这样的做法显然是正确的，正是因为他放弃了眼前的利益，所以，后来他们陈氏家族不断发展壮大，后来他的儿子掌握了齐国政权，直到最后取代了姜氏，陈氏一族成了齐国的统治者。

## 专诸刺王僚

伍子胥逃到吴国的时候，当政的人是吴王僚。前一任吴王诸樊的遗嘱中说，让后人将王位依次传给几位弟弟。因为他最小的弟弟季札是一位贤人，父王寿梦原本就打算将王位传给季札的，只是他一直不肯，诸樊就想通过这个办法将王位传给弟弟。但是，当诸樊的其中一个弟弟夷昧临终将王位传给季札时，季札再次谢绝了，并以归隐表示自己无意国君。不得已，吴国人就将夷昧的庶兄僚立为吴王，是为吴王僚。

夷昧的儿子公子光是一位很有抱负的人，眼看王位落到叔叔手中，他很不甘心。伍子胥一到达吴国，就看出他的野心志在王位，于是就暗中帮助他，为他推荐了刺客专诸。公子光知道专诸是一位勇士，于是便像对待宾客一样地好好待他，然后寻找时机夺位。

楚国边境的钟离和吴国边境的卑梁氏因为采桑引起纷争，双方互相攻击。当时的楚国虽然不是霸主，但毕竟是一个大国，怎么会忍受吴国这样一个毫无名气的小国来欺负呢？所以楚平王为此事大怒，于是发动全国兵力，准备讨伐吴国。吴王僚派时任大将的公子光应对楚军，公子光攻下楚国两地，回来。伍子胥本想说服吴王僚继续进攻楚国的，但公子光却看穿了伍子胥为父兄报仇的私心，决定不攻打楚国。此事虽然无关于王位，但吴国却因此与楚国结为仇国。

五年后，楚平王去世，他与秦国女子所生的儿子轸继位，是为楚昭王。吴王僚认为，当前楚国举国办丧事，应该没有精力打仗，于是就想趁此机会派遣烛庸、盖余两名大将出兵楚国，同时派季札去访问中原各国，看看中原诸国对他攻打楚国有什么办法。但楚国"瘦死的骆驼比马大"，成功将烛庸、盖余的军队截断，烛庸、盖余无法率军回吴国，吴王僚手中一时没有军队。

这对于一直致力于王位的公子光来说，是一个难得的机会。他对勇士专诸说："中原地区流行这样一句话：'不去索取，怎么可能得到呢？'况且，我本应该是王位的合法继承人，我就应该得到王位。如果我成功了，那么即使季札回来了，也没有资格废除我。"

专诸则对他说："国君是可以刺杀的。不过我上有老母，下有年幼的儿子，现在我该怎么办呢？"

公子光说："从今以后，我的身体，也就是您的身体，您身后的事都由我负责了！"就这样，专诸答应了同他联手刺杀吴王僚。

公子光于是找了一个借口宴请吴王僚，但却在地下室里埋伏好了武士。吴王僚赴宴的时候，道路两旁坐的都是自己的武士，从屋里一直做到大门口，这样门口、台阶、里门和坐席上，全部是吴王僚的亲兵，他们全都拿着剑护卫着吴王僚，戒备森严。不仅如此，前来为吴王僚进献食物的人，在门外都要脱光衣服，再穿上吴王僚准备的衣服，然后才可跪着将食物端上去，这样可以有效防止刺客。而且，吴王僚在进食的时候，亲兵还会用剑挟着进献食物的人，剑尖一直挨着献食者的身体，避免他有所动作，然后，才将食物递给吴王僚的亲信，然后再给吴王僚呈上去。由此看来，要想刺杀吴王僚，困难重重。

宴席进行到高潮的时候，公子光假装脚上有病，借机进入地下室，让专诸做好刺杀的准备。专诸为吴王僚端来一条鱼，鱼腹中藏着一把短剑。专诸走到吴王僚跟前时，掰开鱼，趁机用短剑杀死了吴王僚。与此同时，吴王僚的亲兵也将手中的剑刺进了专诸的胸中，局面顿时混乱。公子光趁机放出埋伏好的武士，将吴王僚的部下全部杀死了。

接替吴王僚登上国君之位的，自然是筹谋多时的公子光，他就是后来赫赫有名的吴王阖闾。阖闾封专诸的儿子做了卿，并将鱼肠剑函封，永不再用。

## 申包胥泣秦廷

申包胥是楚王的后裔，对楚国忠心耿耿。

伍子胥父亲被陷害的时候，伍子胥出逃，临走前，对好友申包胥说："将来有机会，我一定要颠覆楚国。"

做为爱国者，申包胥不认同伍子胥的做法，但做为朋友，申包胥却也不会陷害他，只能对他说："大家一起努力吧！将来你努力颠覆楚国的时候，我就要努力复兴楚国。"

伍子胥因为帮助公子光获得君位，因而受到吴王的重用。伍子胥以"扰楚疲楚"为由，劝说吴王攻楚，得到吴王的采纳。

而此时的楚国，奸臣费无极虽然被诛杀，但由于长久以来政治不清，加之对中原小国的欺凌，已经限于内忧外患之中。吴王趁令尹子常羞辱唐、蔡两国国君的机会，派伍子胥、孙武联合两国出兵攻打楚国。楚国战败，都城郢都被吴军攻破。吴军进入郢都后，大肆掠夺，给楚国人民带来深重的灾难。而伍子胥为了报父兄之仇，派人将楚平王的尸体挖掘出来，鞭尸泄恨。

对于伍子胥的复仇，申包胥表示理解，但却无法认同他做出鞭尸泄愤这样的过激行为，更无法认同吴军对楚国百姓的蹂躏。于是，在一腔爱国热情的指示下，申包胥走上了复兴楚国的道路。

要复兴楚国，必须寻找外援。当时有力量与楚国抗衡的大国，只有秦国和晋国。但晋国长期与楚国争霸，两国积怨已深。况且吴国也是在晋国的扶植之下才强大起来的，因而外援不可能是晋国。秦国就不同了，秦国经常与楚国联盟对抗晋国，而且楚昭王就是秦国公主所生，秦国公不可能撇下外孙的国都不管。

在这种情况下，秦国就成了申包胥唯一的依靠，也是复兴楚国的唯一可靠外援。申包胥对秦王说："吴国好比一头野猪、一条长蛇，它多次侵害中原各国，楚国就是最先受到伤害的诸侯国。我们国君楚昭王无法抗衡吴军以守住自己的国家，只好流落在荒草野林之中，他派小臣向您来告急说：'吴国人的贪心是无法满足的，要是吴国成为大王您的邻国，那么他也会像侵扰楚国一样侵扰秦国。趁现在吴国还没有完全灭亡楚国，您还是出兵帮助楚国夺取一些土地吧。如若不然，楚国灭亡了，另一部分没被征服的土地就成为大王您的国土了。如果大王您能凭借自己威望来安抚楚国人，那么楚国将世世代代侍奉君王您。'"

秦哀公知道出兵对于中原各国的影响，稍有不慎，可能会招致晋国及其他诸侯国的讨伐，这对自己是不利的。因而他婉转地拒绝了申包胥的请求，对他说："寡人知道楚国目前的处境，你先暂且到旅馆休息吧，寡人召集大臣讨论一番，再告诉你决定。"

申包胥不死心："我们的国君如今还流亡在荒草野林之中，没有安身立命之所，下臣怎敢独自休息呢？"

说完，申包胥就站起来，靠着院墙痛哭起来，这一哭就是七天七夜，连一口水都没有喝。秦哀公听不下去了，为他作了一首诗：《无衣》。申包胥读完诗之后，连续叩了九个头，然后才肯坐下并停止哭泣。申包胥对于国家的忠诚打动了秦哀公，秦国于是就派亲兵出国援助了。

成功获得援兵之后，申包胥身先士卒，直面吴军。而与此同时，越国也在后方袭击吴国。吴国陷入两面作战的困境，吴军连续失败，国内引起内讧。再加上吴军对楚国人的掠夺行为惹怒了楚国百姓，吴军在楚国上下军民一心同仇敌忾的情况下，不得不退出楚国，楚国成功复兴。

楚国复兴之后，楚昭王要奖赏申包胥，但他拒不受赏，躲到山里隐居起来了。楚国做为"老牌"大国，很快从创伤中恢复过来，此后还顺利地灭了周围几个小诸侯国，依然保留了强国的地位，后来还成为"战国七雄"中最有实力的国家之一。楚国之后的一切，不得不说，申包胥是有着巨大功劳的。

## 夹谷山齐鲁会盟

周武王即位之后，为了维系东方的统治，将齐国封给姜尚，将鲁国封给周公旦的长子伯禽，这两个国家都是周天子最亲近的地方，是周王朝的两大支柱。尤其是鲁国，实际上相当于头等王国。但鲁国地理位置不佳，东边有齐国，西边有郑国和宋国，周边这些国家都很强大，鲁国始终未能发展壮大起来。不仅如此，各诸侯国并没有因为鲁国是"头等王国"而尊敬它，临近的宋国甚至经常侵扰鲁国边境。

为了确保边界人民的安全，鲁国派人出使齐国，表示愿意与齐国结盟。齐国心想：如果鲁国被削弱了或者灭亡了，自己的身边就会有一个强敌，还不如有鲁国这样一个屏障，于是也表示愿意与鲁国结盟。在这种情况下，齐鲁两国就决定会盟，成立友好联盟，共同对抗郑国、宋国。

鲁定公十年（公元前500年）夏天，鲁定公和齐景公相会于夹谷山，商讨联盟一事。孔子代表鲁国，担任这次会盟的候相。

齐国大臣犁弥知道孔子是一个厉害的角色，想要借此机会战胜孔子，于是对齐景公说："孔子虽然是一个懂得礼仪的人，但是他缺乏勇气，如果我们派人以武力劫持鲁国国君，那么我国的利益能得到最大保障。"

齐景公觉得犁弥的话有道理，于是就命莱人上前，想要以武力劫持鲁君，完成对齐国有利的会盟。

孔子识破了齐国的阴谋，连忙带着鲁定公往后退，自己手无缚鸡之力，却挺身走向前，对前来参加会盟的士兵们说："士兵们快拿起武器冲上去！齐、鲁两国国君友好相见，夷人俘虏却妄图用武力来捣乱。我相信这也不是齐国国君的意思。中原以外的人不得图谋中原，夷人没有资格扰乱齐、鲁两国的会盟。武力是不能逼迫友好的，这样做对神灵不恭，也是伤害德行的行为，至少是丧失礼仪的行为。我相信任何一个国君都不会这样做的。"

齐景公听到孔子这番话，赶紧命莱人离开。两国国君这才继续会盟。

在举行盟誓时，齐国人在盟书上加了一条不合理的条件："如果齐国军队出境作战，鲁国要派遣三百辆兵车跟随齐国，否则就要根据盟誓接受惩罚。"

孔子看到后，先作了一个揖，然后回答道："如果齐国不归还鲁国汶水北岸的土地，却反而让鲁国供给齐国的需要，那么齐国也要根据盟誓接受惩罚。"

齐国无奈，只得同意归还郓邑、瓘邑和龟阴邑等现属于齐国的土地。

盟誓完毕，齐景公说要设享礼款待鲁定公。孔子对齐景公的宠臣梁丘据说："怎么？难道齐国和鲁国以往的典礼制度变了吗？会盟已经结束了，而且没有设享礼款待，让办事的人白白辛苦。设享礼要准备牺尊、象尊和音乐，现在牺尊和象尊不能出国门，音乐之礼又不能在夹谷山这样的野外凑合进行，没有这些东西的享礼是不符合礼仪的。

这就好比以秕稗款待，是对国君的耻辱。忘却礼仪更是不可取的。齐国为什么不好好考虑一下礼仪方面的事再决定是否设享礼呢？享礼的作用是发扬光大德行，如果起不到这个作用，还不如不设享礼。"

齐景公觉得孔子的话也很有道理，于是就不再举行享礼，两国君主盟誓完毕就各自回国了。

自这次会盟之后，齐、鲁两国形成攻守同盟，两国团结一致抗敌，鲁国边境从此很少受到宋国的侵扰。夹谷山也因此成为会盟圣地，被鲁国派人保护起来。

## 齐国陈氏专权

春秋末年，陈氏家族开始发展壮大起来，齐景公死后，陈乞就开始独揽大权，掌握了齐国的权政。

在鲁昭公十年的时候，齐国发生了四姓之乱，陈无宇的陈氏家族就是在此时开始发达起来的。当时，陈无宇和鲍氏联合起来将栾施和高强赶走了，然后将他们的财产瓜分。陈无宇是一个忠厚之人，于是，他将得到的田地统统归还给了齐景公，自己则没有要一丁点赏赐，回家乡养老去了。后来，陈无宇获封高唐一带的封邑，开始逐渐强大起来。到了陈无宇的儿子陈乞的时候，陈氏家族的势力越发壮大，直到最后掌握政权。

齐景公时期，齐国是由世卿高氏和国氏掌权的，齐景公最喜欢自己的小儿子荼，想要立他为太子，可是，却遭到朝中大夫们的反对。齐景公不顾大臣的反对，坚持要求掌权的高张和国夏立荼为太子，并且将其他的公子统统赶到了莱邑这个边疆的小地方。鲁哀公五年，齐景公去世，莱邑的公子们就相继逃走了。

这个时候，陈无宇的儿子陈乞在朝廷之上做官，他是一个非常机智，善于玩手段的人。他在高张和国夏面前表现得十分谦恭，对他们阿谀奉承，在上朝的时候，还必须要他们乘同一辆车子，这样才能够显示出自己的对他们的尊敬。陈乞为了拉拢他们，总是会在他们面前说："你们看朝中的那些大夫们，他们看上去对你们很恭敬，实际背地里却在违背着你们的意思呢！我总是听见他们说你们如果得到了国君的宠信，就会欺压他们，因此，他们正在想办法除掉你们呢！你们千万不能忽视他们啊，既然他们都已经开始行动了，你们也不能坐以待毙啊！我认为，杀掉他们就是最好的办法，否则就会留下后患了！"高张和国夏听到陈乞这么说就信以为真了，心中对那些大夫们也有了防备。

来到朝廷上的时候，陈乞却又以为了防止引起大夫对自己的怀疑而招来杀身之祸而远离了高张和国夏，站到了大夫们的队伍中了。可是，在大夫们面前，陈乞依旧不老实，他又在大夫们面前诋毁高张、国夏二人。他对大夫们说："高张和国夏二人真是奸诈小人啊！他们凭借着君王对他们的信任，打算作乱对付你们呢！我总是听到他们说正是因为你们这些大夫，所以才会导致国家如此混乱，因此他们想要将你们除掉，你们现在的处境十分危险了，如果不赶紧行动起来，等待你们的就是被杀了！"大夫们听到陈乞的话，也都相信了。

于是，在陈乞这样来回地挑拨下，齐国终于发生了叛乱。鲁哀公六年六月二十三日，陈乞联合鲍牧以及众位大夫们带兵冲入齐国宫殿，开始作乱。高张和夏国听到后，就立刻前来平息叛乱，但是不幸失败了。高张和国夏等人只好逃到了鲁国。

成功赶走高张和国夏之后，陈乞就派人去鲁国请逃亡到此的公子阳生回国做国君。阳生自然是答应了，临行前他对自己的家臣阚止交代，要他照顾好自己的儿子，在此地等待自己的消息，然后就出发了。阳生到了齐国后，陈乞就派人照顾他，并且将他带入了宫中。

十月二十四日，陈乞宣布公子阳生被立为国君。但是，鲍牧却有不一样的意见，就在盟誓开始时，他进来对陈乞说："你这样做，是遵照的谁的命令啊？"陈乞为了撇清责任，就说："我遵照的就是鲍先生您的意思啊！"鲍牧听到了之后非常生气，就怒气冲冲地说："难道你忘记了景公的遗诏了吗？你不知道景公最喜欢的儿子是荼吗？"阳生看到鲍牧生气了，也怕惹怒了众大夫，于是，他就赶紧说："鲍先生您是一个仁义道德之人，如果可以立我就立我，如果不能立我就算了。但是无论如何希望国家不要发生祸乱，您是一个好大夫，希望能够为国家尽力。"鲍牧听到阳生如此说，心中也有所触动，他也怕那些支持阳生的人对自己的不利，于是就说："都是景公的儿子，为何不能立呢？"于是，阳生就顺利登上了国君之位，即齐悼公。

齐悼公继位之后，他就将公子荼流放到了赖地，后来依旧不放心，就将其杀死了。接着他还将齐景公时期的宠臣王甲、谨江说、王豹等人杀死或者流放关押。陈乞自立为相国，开始独揽朝政，齐国世卿执政的局面结束了，而开始了陈氏一族的专权时代。

陈氏专权后，陈氏家族的权力越来越大，最后导致形成了"田氏代齐"的局面，陈氏专权也就是"田氏代齐"的开始（古代田和陈同音，田就是陈）。

## 吴越争霸

吴国虽然联合晋国攻破了楚国，但却疏忽了自己身边的敌人——越国。

越国是古代越族建立的国家，被周天子封于会稽（今浙江绍兴），与吴国相邻。公元前510年，吴王阖闾攻越，尔后攻楚。吴军在楚国郢都烧、杀、抢、掠的时候，越国国君允常趁机袭击吴国，并辅助吴王阖闾的弟弟夫概登上王位。而楚国这边，由于楚大夫申包胥哭秦廷七日获得救兵，吴国顿时陷入内忧外患，不得已与楚国讲和。经此一役，吴国明白，越国是自己不容忽视的因素。而越国，在从此与楚国联盟，共同对抗吴国。吴、越两国从此争锋不断。

公元前496年，越王允常去世，他的儿子勾践继位。吴国趁越国大丧期间，起兵攻打越国。越王勾践以罪人在阵前集体自杀，吸引吴国的注意力，然后以敢死队突袭吴军，吴军败退，阖闾受伤，死于途中，阖闾的儿子夫差继位。

对于夫差来说，越国现在不仅仅是敌国，更是杀父仇人，国仇家恨并重。为了勉励自己，夫差大力整饬军旅，积极备战，还派专人候在宫门口，每逢自己进出，就让他们问自己："夫差，你忘了越王杀害你父亲的仇恨了吗？"然后夫差大声回答："不敢忘"。借此激励自己报仇。

两年后，吴国出动精兵攻打越国，在椒山一战中，打败了越军，越王勾践及五千人被吴军围困在会稽山。勾践派文种与越国讲和。文种以重金收买了吴国的太宰伯嚭，伯嚭对吴王夫差说："我听说古代征讨敌国，也只是让敌国臣服而已，现在既然越国肯臣服吴国，我们还苛求什么呢？"夫差原本是一个骄傲自大的人，根本不把越国放在眼里，现在越国自动投降、越王甘愿为奴为婢，他自然答应。

伍子胥却站出来说："大王您万不可答应越国的求和。小臣听说：'树立德行，越多越好；去除病痛，越彻底越好。'越国就是楚国的病痛。从前，有过国（夏代部落国家）的国君浇，杀了斟灌后又去攻打斟鄩，消灭了夏朝的君主相。相的妻子后缗当时正怀孕，侥幸从墙洞中钻出去，逃到自己的娘家有仍国，生下少康。少康长大之后，成了有仍国的牧正，时刻准备攻打有过国为父报仇。浇派大臣椒去抓少康，少康逃到有虞国，成为有虞国的疱正，避开了浇的追捕。后来，有虞国的国君虞思将自己的两个女儿嫁给少康为妻，并赐予他邑封。少康便在这只有方圆十里的土地上治国安邦，他以人仁政治国，虽然只有五百名士兵，但也将自己的国家治理得井井有条，有了对抗有过国的实力。他派女艾刺探有过国的情况，派季杼引诱浇的弟弟豷，里外夹击，成功灭掉了有过国，复兴了夏朝的典章制度。现在的吴国，不及有过国强大，而越国却比少康强大，如果任由越国发展、继续，吴国不是更难对付越国吗？越王勾践是一个人君，他像少康一样，在越国广施仁政，赢得国民的爱戴。现在越国与我国国土相连，两国又有世仇，吴国不趁此机会灭掉越国，反而接受他们的求和而保存越国，这不是助长仇敌吗？日后即使后悔，也无力回天了。吴王如果想用这招仁德的手法赢得霸权，肯定是行不通的，恐怕吴国亡国的日子也不远了。"

夫差不听伍子胥的劝谏，在伯嚭的怂恿下，坚持接受了越国的求和。伍子胥无奈地对人说："越国用十年时间积累财富，再用十年教育和训练人民，二十年之后，吴国就会变为荒凉的湖沼！"言外之意，二十年后越国会毫不留情地灭了吴国。

吴国虽然答应了越国的求和，但条件很苛刻：越国臣服于吴国，越王勾践要亲自来吴国给夫差当奴隶。勾践在范蠡的劝告下，忍辱负重答应了，从此像一个真正的奴隶一样，周到地服侍夫差。即使如此，伍子胥仍然不满意，认为勾践只是在掩饰自己复国的野心，经常建议夫差杀掉勾践。勾践为了骗过伍子胥，可谓无所不用其极，甚至甘愿尝夫差的粪便以治疗夫差的疾病。夫差终于被勾践所感动，认为他已经真正臣服自己了，三年后，便放他回了国。

勾践回国之后，身边总是挂着一个苦胆，有机会就尝一下苦胆，提醒自己不要忘记了，在越国曾经受到的侮辱，以便有朝一日将这一切全部索回。越国在范蠡和文种的辅政下，努力发展经济，富贵强民。越王勾践还亲自动手参与农业劳动，他的夫人亲自织布以鼓励农桑。范蠡的治国政策，勾践的亲民之举，这些都使得越国很快富强起来。

相反，夫差变得越发骄傲自满，不把潜在敌人越国放在眼里，反而在伯嚭的怂恿下逼死伍子胥，然后北上争霸。吴国最终虽然达到了目的，打败了齐国，获得鲁、邾等小国的朝拜和晋国的赏识，但却后方起火——越王勾践在他参加诸侯黄池之会时进攻吴国国都，俘虏了吴国太子友。夫差连忙从北方撤军，但经过长途跋涉的吴军回到吴国之后，犹如强弩之末，无力抵抗整装待发的越军。

无奈，夫差命伯嚭携带厚礼向越国求和。勾践考虑到一时也无法灭掉吴国，就答应了吴国的求和。但此后两国战争不断，吴军均被打败。当夫差被包围在姑苏山上时，派人再次向越国求和，勾践对使者说："过去天意让吴国灭掉越国，但吴国错失良机，接受我们的求和；现在天意让越国灭掉吴国，难道越国要违背天意吗？"吴国使者听后泪如雨下，勾践对来使说："请夫差迁到甬江以东，分给他一百户人家管理。"向来骄傲的夫差听到使者这样的汇报，羞愤交集，这才想起伍子胥的话，无奈自杀，吴国灭亡。

自此，越国已经成为地跨江、淮的东方大国，勾践率领越军渡过淮河，与齐、宋、晋、鲁等国诸侯会盟，取代夫差成为新的霸主。此后勾践一直称霸中原，战国时代被楚国灭亡。

## 黄池之会

长久以来，吴国也想效仿中原诸国，凭借自己的国力称霸诸侯。在征服越国之后，吴王夫差这个梦想更强烈。公元前490年，齐景公去世，吴国趁齐国大丧之际，出兵攻打齐国。伍子胥劝谏："越国勾践在越国广施仁政，深得民心，不除掉此人，吴国霸业难成。现如今大王不先除去心头大患，而率兵北上伐齐，这是非常荒谬的。"夫差不听，坚持伐齐，齐国新君弱，众大臣争宠，无力应对，大败。此后夫差多次伐齐，伍子胥虽然劝谏，但均未得采纳，夫差在奸臣伯嚭的挑唆下，逼迫伍子胥自杀。

公元前482年，夫差不等吴国庄稼成熟，便迫不及待地再次挥师北上。由于大军走水路，夫差之前就命人开通了沟渠，北面连接沂水，西面连接济水，直通宋国和鲁国的地界。夫差和晋定公约好，在黄池这个地方会盟。

但是，吴国和晋国的会盟还没开始，已经厉兵秣马20年的越王勾践就派兵沿海岸上行至淮河，袭击吴国，攻陷国都的外城，烧毁姑苏台，运走吴国的船只，断绝吴军回国的后路。

吴国使者飞快地将越国入侵的消息报告给夫差，夫差很担心，便召集臣子讨论，大家一致认为，越国不守信用，但目前吴军距吴国路途遥远，必须在盟主和归国还击越军之间做个选择。

一位大臣王孙雒说："面对危机的情况，不必要求年龄长幼和礼节辈分，我冒昧先来回答这个问题。如果舍弃会盟回去反击越国，这也太抬举越国了，越国的威望就大了，百姓会因为恐惧而逃亡。如果此时越国派兵从沟渠两侧发动攻击，吴军就彻底完了。但是如果参加会盟的话，吴国后方已乱，晋国会借机成为盟主。到时候晋国就成为诸侯国中的老大了，我们只能唯晋国马首是瞻，跟他一起朝见周天子了。这样，我们就没有多余的时间再回国攻打越国了，如果就这样离开会盟，失去得更多。因此，我们一定要参加会盟，并且一定要当上盟主！"

夫差问王孙雒："有什么办法可以让寡人一定可以当上盟主呢？"

王孙雒回答说："大王您不要犹豫。现在我们回国的话，路途太远，唯一的办法就是赶快结束会盟，赶快回国攻击越国。"

然后，王孙雒向前走一步，面对大家作揖，道："高超的指挥，是临危不惧，死中求生。晋国的百姓都希望长寿富贵，这与我们是相同的。现在会盟的地点与晋国近，他们可以很容易就退却，但我们却没有后路，这时候就要比谁更勇猛了。今天晚上，我们一定要向晋国挑战，安定人心。请大王发布命令，振奋士气，用金钱和爵位来刺激吴军不怕死的精神。这样在与晋军对峙的时候，我们就能站得先机，大王您就可以号令诸侯了。大王您当上盟主之后，以今年收成不好为由，让各诸侯国先回国而不必朝见周天子，这样他们就会高兴地回国。大王这时候就可以借机回国剿灭越国了。"

夫差听后认为这个方法不错，于是决定照办。

黄昏时，夫差发布命令，让士兵吃饱饭、喂饱马，穿戴整齐，摆好阵势，向晋军叫阵。晋军因为没有准备，被吴军强大的阵势所吓倒，于是派使者董褐向夫差传话："我们两国本来是商定和平共处的，不再打仗。现在贵国违反规定，请问这是为什么？"

夫差回答说："周天子有命，周王室衰微，没有诸侯国前去纳贡，连祭祀用的牲畜都不够用，姬姓的本家又不肯前去救援。他派人日夜兼程赶来告诉我这个消息，让寡人帮他主持公道。晋国不为周天子的处境忧虑，拥兵自重，却不去攻打那些藐视周天子的戎狄、楚、秦等国。寡人为国家、为社稷着想，想在会盟的日子将这些问题都解决了。但又担心不能获得成功，现在就以实力说话吧，看看我们谁能胜任盟主解决周天子危难。"

晋国使者董褐准备回去复命的时候，夫差又对左部的军吏说："你去抓少司马兹和五个王士，让他们坐在我的面前。"这六个人便一起坐在夫差的面前，当着董褐的面自杀谢罪。董褐心惊胆颤地回去复命，他对执政者赵鞅说："吴王似乎面带忧虑，可能是他宠爱的妾或者嫡子死了，要不就是国内发生了叛乱，或者越国入侵，他已经被逼到困境。我听说，人被逼到困境的时候会变得非常残暴，我们如果与他交战可能要吃亏，不如先与他歃血为盟，但

夫差

要注意不白白答应他就是了。"赵鞅同意了。

董褐又来到吴王面前传达晋国的意思:"敝国国君不敢亲自露面,派我前来复命。晋国答应恢复周天子的俸禄。虽然以前都是晋国率领诸侯国朝奉,不过现在贵国国君的声望已经传遍东海,这件事已经传到周天子的耳中,认为吴国逾礼了,诸侯国这才不敢唯吴国马首是瞻。如果贵国国君不鄙视和冒犯周天子的话,并且自称是'吴公'而不是'吴王'的话,我们晋国愿意顺从吴国,与贵国国君歃血为盟。"

夫差急着结束黄池之会回国,便爽快地答应了,于是夫差代表吴国先歃血,晋国国君排在他后面,表示晋国愿意听命于吴国。

夫差担心越国继续作乱,会导致齐国、宋国联合攻击自己,于是派王孙雒率领步兵先回国。王孙雒在归国的途中,烧了宋国国都北面的外城,以示警告。另一方面,夫差派王孙苟向周天子报告黄池之会的结果。

周天子得知吴王已经成为新的霸主,便说了一些冠冕堂皇的话:"吴王这是要继承先君的传统,拥戴寡人啊,寡人对此表示欣慰。周王室屡遭祸患,现在既然吴王愿意与寡人同心同德,这真是寡人的福气。寡人希望吴王健康长寿,使他伟大的德行得以长久地流传!"

周天子的这番话,等于承认了夫差新的霸主地位。不过传统认为,黄池之会虽然帮助夫差实现了霸主的梦想,让楚国的霸业达到顶峰,但同时也标志着吴国霸业的衰落。因为越国趁此机会袭击吴国,吴国受到重创,国势开始衰落。因此,黄池之会除了给夫差一个虚名,没有给吴国带来任何实际利益,反而导致了吴王的衰亡。

**特别提示:**

本书在编写过程中,参阅和使用了一些报刊、著述和图片。由于联系上的困难,和部分作品的作者(或译者)未能取得联系,对此谨致深深的歉意。敬请原作者(或译者)见到本书后,及时与本书编者联系,以便我们按照国家有关规定支付稿酬并赠送样书。

联系电话:010 - 80776121    联系人:马老师